Monographien und Texte zur Nietzsche-Forschung

Monographien und Texte zur Nietzsche-Forschung

Herausgegeben von

Mazzino Montinari · Wolfgang Müller-Lauter
Heinz Wenzel

Band 2

1972

Walter de Gruyter · Berlin · New York

Nietzsche und die Dialektik der Aufklärung

von

Heinz Röttges

1972

Walter de Gruyter · Berlin · New York

Anschriften der Herausgeber:

Dr. Mazzino Montinari
via dei Della Robbia 29, I-50132 Florenz

Prof. Dr. Wolfgang Müller-Lauter
1 Berlin 45, Adolf-Martens-Straße 11

Prof. Dr. Heinz Wenzel
1 Berlin 33, Harnackstraße 16

ISBN 3 11 004018 2
Library of Congress Catalog Card Number 72-81566

VORWORT

Eine auf die expliziten Äußerungen Nietzsches über Hegel und die Dialektik überhaupt sich beschränkende Untersuchung wäre wenig ergiebig; sie würde sich erschöpfen in der Nachzeichnung der Polemik des jungen Nietzsche gegen das, was die zweite Hälfte des 19. Jahrhunderts für Hegelianismus hielt, einerseits und dem Nachweis des allmählichen Wachsens einer Ahnung von der wirklichen Bedeutung der Hegelschen Philosophie beim mittleren und älteren Nietzsche andererseits.

Was hier dagegen aufgezeigt werden soll, ist die unabhängige Entwicklung der Dialektik der Aufklärung durch Nietzsche in Gestalt der Darstellung des Nihilismus als des Resultats der nicht zu Ende gedachten d. h. sich verabsolutierenden Aufklärung. Die als Gegenaufklärung bzw. als „zweite Aufklärung" auftretenden Zerfallserscheinungen der Aufklärung, die Lebensphilosophie und der Historismus, sind die Entwicklungsstadien, die der junge und mittlere Nietzsche durchläuft, und deren Grenze er in der Einsicht in die Unmöglichkeit einer Selbstbegründung des Humanismus der Aufklärung als Nihilismus reflektiert.

Das schon beim jungen Nietzsche zentrale Thema der Tödlichkeit der Wahrheit, die den Nihilismus definiert, vorerst jedoch nur als Antagonismus von Lebensphilosophie und Historismus auftritt, erscheint beim mittleren Nietzsche in einer reflektierten, diesen Gegensatz übersteigenden Gestalt als These von der Notwendigkeit des Irrtums im Selbst- und Weltverständnis des Menschen für seine geschichtliche Genese. Wenn der Mensch nur durch Irrtümer über sich selbst, durch letztlich sich der ,Logik der Sprache' verdankende Hypostasen sich dann wirklich über das tierische Dasein erhob, scheint die Aufklärung als Reflexion auf diese Genese deren Resultat revidieren zu müssen.

Nietzsche gerät hier wie die Aufklärung in für ihn unauflösbare Aporien; er hält einerseits an dem die Geschichtlichkeit des Menschen in nuce repräsentierenden, dialektischen Phänomen fest, daß „der Mensch" sich nur durch die von der Sprachlichkeit des Bewußtseins hervorgerufene Hypostasierung „metaphysischer, religiöser und moralischer Irrtümer" über das Tier erhob; andererseits läßt er den mit der Geschichtlichkeit nicht zu vereinbarenden platonischen Ansatz, von dem er sonst doch frei zu sein scheint, nicht fahren, insofern seine Auffassung der Sprache der Zeichentheorie verpflichtet bleibt.

Ist die erste Aufklärung definiert durch das Durchschauen der „metaphysischen, religiösen und moralischen Irrtümer" des Menschen, so die zweite Aufklärung durch die Einsicht in die Notwendigkeit dieser Irrtümer für seine Genese, so daß ihre Bedeutung eine ganz andere wird, nämlich eine Neuformulierung des Wahrheitsbegriffs erfordert. Sowohl die Lebensphilosophie als auch der Historismus, die beiden Gestalten der zweiten Aufklärung, verbleiben dabei ungewollt im Umkreis der Dialektik der Aufklärung, da sie den Gegensatz von Leben und Reflexion nicht aufheben können. Ein pragmatischer Wahrheitsbegriff zieht ihnen ihre philosophische Grenze. Innerhalb ihrer verbleibt auch Nietzsche über weite Strecken seines Werkes. Seine philosophische Bedeutung besteht jedoch darin, daß er die skeptische Reflexion der Tödlichkeit der Erkenntnis so weit treibt, daß er den Nihilismus als Resultat jeder die Dialektik der Aufklärung leugnenden Reflexionsphilosophie erblicken und darstellen kann.

Vor dem Hintergrund dieser Reflexion der Dialektik der Aufklärung sind dann Nietzsches Lösungsversuche des Nihilismusproblems zu untersuchen. Als ihre Grenze wird sich eine die Dialektik zur Paradoxie verkürzende Reduktion von Begriffen auf Bilder innerhalb der Ebene der Darstellung erweisen.

Eben diese Eigentümlichkeit der Darstellungsform, die aphoristisch hingeworfenen Bilder, die in ihrer Gedrängtheit so faszinierend sind, daß das Gros der Nietzscheinterpreten über das Weltanschauliche in ihnen nicht hinauskam, erforderte eine distanzierte Darstellung meinerseits; diese Notwendigkeit versuchte ich zu realisieren dadurch, daß ich Nietzsche vor der Folie der Hegelschen Philosophie einerseits und der Kantischen als d e r Aufklärungsphilosophie andererseits interpretierte. Der Gefahr einer Wiederholung der unmittelbar inhaltlichen und dann zumeist weltanschaulichen Interpretationen des Nietzscheschen Werkes versuchte ich dadurch zu entgehen, daß ich den Schwerpunkt meiner Untersuchung auf die Erhellung der begrifflichen Struktur verlegte, die hinter den inhaltlichen Aussagen Nietzsches wirksam diese allererst in ihrer philosophischen Relevanz erkennbar werden läßt. Auch diese Methode, die als Anwendung der Metaphysikkritik Nietzsches auf ihn selbst aufgefaßt werden könnte, war nur möglich durch die Mitführung der Hegelschen Begrifflichkeit als Folie der ganzen Untersuchung, womit auch deren Grenze genannt sein dürfte.

Die vorliegende Untersuchung wurde von der Philosophischen Fakultät der Johann Wolfgang Goethe-Universität in Frankfurt/M im Wintersemester 1970/71 als Habilitationsschrift angenommen.

Heinz Röttges

INHALTSVERZEICHNIS

I.
REFLEXIONEN
ÜBER SINN UND METHODE EINER BESCHÄFTIGUNG
MIT NIETZSCHE

1. Das Nominalismusproblem und die Dialektik der Aufklärung

Eine Zeit, zu deren Signatur die Spaltung des Geistes in immer mehr der
Möglichkeit sinnlicher Präsentation und damit dem allgemeinen Bewußtsein sich
entziehende Wissenschaften einerseits und in ein durch fundamentale Änderungen
nicht allein der Bewußtseinsinhalte sondern auch -strukturen bedingtes amorphes
Problembewußtsein andererseits gehört, — eine solche Zeit scheint einer philosophischen Beschäftigung mit Nietzsche, der „die großen Probleme auf der Gasse
liegen" sah, nicht ungünstig zu sein.

Aber nachdem gerade seine nichtakademischen Fragestellungen und Antworten
eine ihn gründlich verkennende weltanschauliche Rezeption erfuhren, ist es nicht
verwunderlich, daß die gegenwärtige Philosophie unter dem Zwang zur Wissenschaftlichkeit ferner denn je den gedanklichen Wegen eines Mannes zu sein scheint,
der von Anfang an der Philosophie nur halb, halb dem Bereich des Literarischen
zugerechnet wurde[1].

Offensichtlich trat Nietzsches Revision des Begriffs der Philosophie nicht ins
Bewußtsein der so Urteilenden, die sich einer Reflexion ihrer Vorstellung, was
Philosophie sei und was nicht, verschlossen und verschließen; dem öffentlichen
Bewußtsein andererseits — zumindest in Deutschland — ist er aus bekannten

---

[1] Dies gilt von Alois Riehl: „er selbst ist ein Künstler, den man mit einem Philosophen
verwechseln könnte" (,Friedrich Nietzsche, der Künstler und der Denker', S. 25) bis
Georg Lukács: „Ich glaube aber auch heute, daß Nietzsche, bei all seiner geistreichen Aphoristik, im eigentlichen Sinne des Wortes kein Philosoph gewesen ist."
(,Von Nietzsche zu Hitler', 1966 Fischer Bücherei, S. 9)
Die unreflektierte Übernahme einer spätestens seit Kant problematischen Bestimmung
der Philosophie als Grund der Abwertung des Philosophen Nietzsche zeigt sich besonders deutlich bei Georg Simmel: „Mit Nietzsche verglichen ist er (Schopenhauer,
Anmerkung von mir, H. R.) unzweifelhaft der größere Philosoph. Er besitzt die ge-
heimnisvolle Beziehung zum Absoluten der Dinge." (,Schopenhauer und Nietzsche',
2. Aufl. 1920, S. 15).

Gründen zutiefst suspekt; nicht aus erkannten Gründen, denn diese berühren sich mit der verfälschenden weil die skeptische Reflexion als das Zentrum seines Denkens ignorierenden, weltanschaulichen Rezeption.

Dabei hat die Zweideutigkeit in der Stellung Nietzsches ihre inhaltlichen Korrelate[2], denn Nietzsches Werk leistet zwar in der reflektierten Darstellung der Genese des Nihilismus die Diagnose der Gegenwart, bedeutet aber auch in der Verkündung des Übermenschen und der Metaphysik des Willens zur Macht eine theoretische Antizipation der Zuspitzung eben jener Krankheit, deren Diagnose gestellt zu haben Nietzsches Bedeutung ausmachen dürfte.

Gerade im Schein dieser Zweideutigkeit jedoch erscheint Nietzsche als der Philosoph der Moderne, denn spezifisch für das 20. Jahrhundert scheint der Widerspruch zu sein, der sich ergibt, wenn man Wirklichkeit und Möglichkeit der Humanität in dieser Epoche vergleicht: in noch nicht zwei Jahrhunderten sind die Bedingungen der Möglichkeit von Humanität durch die Technik erfüllt worden, die Emanzipation des Menschen von der Natur ist — dynamei — vollbracht. In Wirklichkeit dagegen beginnt mit dem 19. Jahrhundert der Rückfall in die Natürlichkeit sowohl des Bewußtseins als auch des Handelns und damit die Umkehrung jener Emanzipation von der Natur; die Beziehungen der Völker zu einander drohen in den Naturzustand zurückzusinken; die Steigerung der politischen Katastrophen dieses Jahrhunderts hat die letzte Stufe vor der totalen Negation des Prinzips und der Wirklichkeit der Humanität erreicht; Konrad Lorenz stellt dem Menschen aus der Perspektive eines „objektivierenden Verhaltensforschers auf einem anderen Planeten" folgende Prognose:

> „Wüßte unser Beobachter vom Mars außerdem noch von der explosiven Bevölkerungszunahme, der ständig anwachsenden Furchtbarkeit der Waffen und von der Verteilung der Menschheit auf einige wenige politische Lager — er würde ihre Zukunft nicht rosiger beurteilen als diejenige einiger feindlicher Rattensozietäten auf einem beinahe leergefressenen Schiff." (‚Das sogenannte Böse', 1963 Wien, S. 335)

Wird die Menschheit als Tierart aufgefaßt, so können auch die immer noch euphemistischen Bilder von Lorenz nicht davon ablenken, daß dann der Untergang unvermeidlich ist. Eine Chance zum Überleben besteht wohl nur noch in der Hoff-

---

[2] Am deutlichsten für den Zeitgenossen tritt diese Ambivalenz hervor in der rückhaltlosen Ablehnung des Antisemitismus durch den frühen und mittleren Nietzsche, der im Abschnitt Nr. 205 der ‚Morgenröte' ein Loblied auf das Volk Israel vorträgt, das in der Literatur seinesgleichen sucht, stellt man dieser und ähnlichen Stellen, in denen der Antisemitismus als der Neid der Schlechtweggekommenen (z. B. III, 707) definiert wird, Passagen des späten Nietzsche gegenüber, in denen z. B. die Rede davon ist: „ein Jude mehr oder weniger — was liegt daran?" (II, 1211), wobei hinzuzufügen ist, daß auch hier Nietzsche nie zum rassistischen Antisemiten absinkt, seine Polemik gilt dem ‚Jüdisch-Christlichen', mithin einem primär religiösen Phänomen.
Die — an sich überflüssige — Rehabilitierung Nietzsches, was den Vorwurf des Nazismus und Rassismus betrifft, hat Walter Kaufmann in seinem Nietzschebuch (1950 Princeton, S. 246 ff.) unternommen.

nung, daß die traditionelle Vorstellung einer Transzendenz des Aufgehens im bloß Tierischen nicht ganz unwahr ist.

Parallelen im Selbstbewußtsein entsprechen der aufgezeigten in sich gegenläufigen Entwicklung: die prinzipielle Voraussetzung der Humanität, der Gedanke des Transzendierens des Natürlichen, nur Mundanen als Wesensbestimmung des Menschen wurde immer unglaubwürdiger; der philosophisch einst so fruchtbare Gegensatz von Religion und Aufklärung ist in sein Endstadium getreten, in das der gleichgültigen Duldung der Religion durch den wissenschaftlichen Verstand und der als progressiv verbrämten Anpassung der Kirchen an die durch ihn erzeugte Welt. Mit dem Abschied des Menschen von der Religion ist zugleich der Humanismus, sofern er sich nicht zum philosophischen Begriff zu erheben vermag, tödlich getroffen; denn die vordem als Unsterblichkeit das Mundane transzendierende Unendlichkeit des einzelnen Menschen hat keinen Platz in der Gedankenwelt der Aufklärung, sofern sie durch den Abstraktionsbegriff geleitet wird, da in ihm der einzelne Mensch zum Exemplar der Gattung herabgesetzt wird, das nur endlich ist, da die Gattung ihm ein Jenseits bleibt. Hieraus ergibt sich die Aufgabe, die der Philosophie angesichts der Krise des Humanismus gestellt ist: solange die christliche Religion der Boden war, der die Welt des Bewußtseins trug, konnte der Humanismus auf eine begriffliche Begründung verzichten, ja das Bedürfnis einer derartigen Begründung entstand erst gar nicht; das Problem der Gottesbeweise stand bis Kant in keinem direkten Zusammenhang mit der Begründung des Humanismus, so daß nur wenigen die Bedeutung der Kantischen Widerlegung der Gottesbeweise aufging.

Im Verlauf dieser Untersuchung wird der Begriff der Begründung selbst noch erhellt werden müssen. Dabei wird es darum gehen, ob eine Auffassung der Begründung im Sinne des Aufweisens eines tragenden, seienden Fundaments dem Skeptizismus Nietzsches nicht a priori nicht gewachsen sein kann, sondern nur der Begriff der Begründung im dialektischen Sinne des zugrunde Gehens, so daß der tragende Grund oben und unten, Prinzip und Resultat, tragend und zugrunde gehen lassend, seiend und gesetzt ist; wenn nun die Beziehung des Begründeten zum Grund begriffen werden muß auch als zugrunde-Gehen des Begründeten, dann wird der Nihilismus, der alle ontologischen Vorstellungen eines tragenden Fundaments ad absurdum führt, zum Moment der Begründung des Humanismus. Der vollbrachte Nihilismus schlägt dann um in die theoretische Erhellung des Humanismus, und zwar auf dem Umweg über die Selbstaufhebung des vollendeten Nihilismus zur Theodizee in Gestalt der Kosmodizee. Hieraus ergibt sich für die Methode der Untersuchung die Notwendigkeit einer Wiederaufnahme der philosophischen Disziplin der Aporetik, die alle im Bereich des sich mißverstehenden, unmittelbaren Nihilismus verbleibenden weltanschaulichen Vorstellungen aufhebt und deshalb als die negative Seite der Dialektik angesehen werden kann.

Mit dem Zurücktreten der Religion wird der Humanismus — was der Nihilismus reflektiert — zur Weltanschauung, die ohne die Philosophie theoretisch den Mächten gegenüber hilflos ist, die an seiner praktischen Abschaffung arbeiten:

> „Wir sind keine Humanitarier; wir würden uns nie zu erlauben wagen, von unserer ‚Liebe zur Menschheit' zu reden — dazu ist unsereins nicht Schauspieler genug!" („Die fröhliche Wissenschaft' 5. Buch, II, 252 der Schlechtaausgabe)*

Nur eine theoretische Antwort, die die Philosophie geben muß, kann hier helfen, und ihre Aufgabe besteht darin, den dialektischen Begriff des Menschen aufzuzeigen, und zwar nicht nur den dialektischen Begriff des M e n s c h e n , sondern, da die eigentliche Schwierigkeit in der verborgenen Herrschaft des Abstraktionsbegriffs besteht, zugleich den dialektischen B e g r i f f des Begriffs, da ohne diesen der Begriff des Menschen den Kreis des Weltanschaulichen nicht überschreiten dürfte.

Innerhalb einer Nietzscheinterpretation kann es sich hierbei natürlich nicht um eine rein logische Durchführung dieses Themas handeln; es geht vielmehr um die Erhellung des Kategoriengefüges der Werke Nietzsches innerhalb des Zusammenhangs des Nihilismus mit der Struktur des Denkens im Hinblick auf das Verlassen der Ebene der Reflexion, der Wesenslogik in Richtung entweder auf die Seinslogik oder die Logik des Begriffs, anders ausgedrückt, auf Ontologie oder Dialektik. Unter dem Hinweis auf die aus der Hegelschen Philosophie stammenden Begriffe ‚Seinslogik', ‚Wesenslogik', ‚Logik des Begriffs' ist die kategoriale Zuordnung von, der Logik scheinbar völlig fremden, Phänomenen zu logischen Gestalten zu verstehen. Diese ist jedoch legitim angesichts der gegenseitigen Durchdringung logischer Strukturen und geschichtlicher Prozesse innerhalb der Hegelschen Philosophie; deren logischer ‚Teil' besteht ja in der das Geschichtliche einbeziehenden Darstellung der Genese der logischen Gestalten und ihr geschichtsphilosophischer ‚Teil' in der Interpretation der Geschichte vor dem Hintergrund der ‚logischen Idee'. Um dieses Korrespondenzverhältnis im Zusammenhang der Philosophie Nietzsches an einigen Beispielen zu verdeutlichen: als Rückfall aus der Wesenslogik in die Seinslogik bezeichne ich den Versuch Nietzsches, der Reflexion, dem Bewußtsein angehörende Bestimmungen als Seinsqualitäten zu fassen. Dies unternimmt Nietzsche, wenn er als grundlegende Kategorien solche wie die von gesundem und krankem Geist, Sklaven- und Herrenmoral statuiert, wobei die geschichtliche Genese dieses Unterschiedes selbst, der als ein letztes Unauflösliches aller Genealogie zugrunde liegen soll, ignoriert wird; ferner sei antizipierend auf die Tendenz Nietzsches verwiesen, die Zweideutigkeit der Reflexionsbestimmungen, überhaupt der des Bewußtseins, durch Rekurs auf eine vermeinte eindeutige Unmittelbarkeit und Solidität des Seins festzustellen; das gilt auch für den ‚Willen zur Macht', der im

---

* Alle Nietzschezitate sind der dreibändigen Ausgabe von Karl Schlechta, 1958 München, entnommen.

Fürsich s e i n aufgeht und auch aufgehen muß, um als letztes Prinzip unterschiedslos auf alles und jedes angewendet werden zu können.

Die geschichtliche Gestalt des Bewußtseins, in der die Krise des Humanismus explicite aufgetreten ist, scheint mir das um den Nihilismus, der aus dem Perhorreszieren der Dialektik der Aufklärung stammt, kreisende Werk Friedrich Nietzsches zu sein; die philosophische Auseinandersetzung mit ihm könnte also der erste vorbereitende Schritt zur Lösung jener Aufgabe der Philosophie, der begrifflichen Begründung des Humanismus, sein.

Eine Auseinandersetzung mit Nietzsche schließt eine Konfrontation Nietzsches mit der Philosophie Kants ein, der insofern als der Philosoph des Humanismus katexochen anzusehen ist, als er den Begriff des Humanismus im Zentrum seines Werkes ausspricht, daß nämlich die E x i s t e n z jedes Menschen als eines V e r n u n f t w e s e n s als absolut, als Selbstzweck begriffen werden muß. Dabei hängt diese Auseinandersetzung Kant—Nietzsche an der Frage, ob Kant diesen Begriff des Humanismus aussprechen kann, ohne in Widerspruch mit seiner eigenen erkenntniskritischen Reflexion zu geraten. Solange der Humanismus theoretisch unreflektiert vom nominalistischen Abstraktionsbegriff abhängt, bleibt er Ideologie, d. h. es kann nicht einsehbar werden, warum dem Allgemeinbegriff „Mensch" irgend eine theoretische oder gar imperativische bzw. normative Bedeutung zukommen soll. Nun insistiert der Nominalismus auf der Transzendenz des Einzelnen über den Allgemeinbegriff hinaus — bei Kant in Gestalt der Noumenalität, die sich hinter dem Bereich der Endlichkeit, der Phänomenalität, auftut —; aber es geht ja nicht um ein irrationales Jenseits im Diesseits, da dann jeder konkrete Inhalt fehlt und dieses ‚mehr als' zugleich als ‚weniger als' aufgefaßt werden kann, sondern um die Erhellung des Gegensatzes von Individuum und Allgemeinheit, Existenz und Gattung im Begriff des Menschen. — Es geht um die Unantastbarkeit *jedes einzelnen* Menschen, und dies ist zuerst einmal eine paradoxe Formulierung. Gerade der den Nominalismus weiter denkende Kant hat erkannt, daß die Würde des Menschen nicht in einer den Allgemeinbegriff abstrakt transzendierenden, verborgenen Individualität besteht, sondern in der A u t o n o m i e , in seiner Vernünftigkeit, d. h. Möglichkeit, das Allgemeine zu denken und als den Willen bestimmend zum Prinzip zu erheben. Kant zeigte, daß an den Menschen nur als an ein Vernunftwesen ein Imperativ gerichtet werden kann, Nominalismus und Humanität also einander auch widerstreiten.

Diese zweideutige Stellung der Noumenalität bei Kant — einmal als nominalistisches Moment, in der Lehre von der unerkennbaren Noumenalität — andererseits der gegen den Nominalismus gerichtete Vorrang des Allgemeinen, deutet auf d a s Problem der Kantischen Philosophie, nämlich das der theoretischen Erhellung der Bedingungen der Möglichkeit von Humanität, oder anders ausgedrückt: der Vermittlung der Dialektik von Aufklärung (Wissenschaft) und Humanität (Freiheit):

„So behauptet die Lehre der Sittlichkeit ihren Platz, und die Naturlehre auch den
ihrigen, welches aber nicht Statt gefunden hätte, wenn nicht Kritik uns zuvor von
unserer unvermeidlichen Unwissenheit in Ansehung der Dinge an sich selbst belehrt,
und alles, was wir theoretisch e r k e n n e n können, auf bloße Erscheinungen eingeschränkt hätte." (‚Kritik der reinen Vernunft', B XXIX)

Die Angel, um die sich der Begriff des Nihilismus und dessen Aufhebung dreht,
besteht m. E. in der begrifflichen Erhellung des Humanismus. Gegen diese Artikulation der Aufgabe der Philosophie erhebt sich eine Reihe von Einwänden: Günther
Anders beschließt seine, in der Darstellungsform für ihn selbst problematische, weil
an eine „hybride Kreuzung von Metaphysik und Journalismus" (‚Die Antiquiertheit des Menschen', 1956, S. 8) erinnernde ‚Antiquiertheit des Menschen' mit der
Behauptung der theoretischen Unwiderlegbarkeit des Nihilismus":

„Notstände sind nur abschaffbar, nicht widerlegbar. Den Nihilismus widerlegen zu
wollen, ist töricht. Nur Naive und Opportunisten machen sich an diese Aufgabe . . .
Anders ausgedrückt: die moralische Erforderlichkeit von Welt und Mensch ist selbst
moralisch nicht mehr begründbar." (a. a. O. Seite 323)

Auf diesen Verzicht auf die Kraft der Vernunft, auf diese Erbaulichkeit, die
sich der Anstrengung des Begriffs entzieht und damit sowohl methodisch wie
effektiv — in der ungewollten Propagierung dezisionistischer Praxis als dem entscheidenden Medium der Lösung theoretischer Aporien — der Inhumanität in die
Hände arbeitet, denn seit Nietzsche ist die Untrennbarkeit von Nihilismus und
absoluter Praxis manifest, muß die Philosophie verzichten; sie hat heute die Frage
zu beantworten: warum gibt es überhaupt eine Verbindlichkeit von Recht und
Sittlichkeit und nicht vielmehr bloß den Willen zur Macht? Die Metamorphose der
Themen der alten Metaphysik in der Moderne — z. B. die Transposition des
Nominalismusproblems zum Problem der Bestimmung des Einzelnen als existieren-
der Gattung als Voraussetzung der Ethik — formuliert Bruno Liebrucks in der
Vorrede zu seinem dritten Band von ‚Sprache und Bewußtsein' (Frankfurt 1966)
folgendermaßen:

„Wenn der Existenzbeweis der Philosophie von Aristoteles bis Kant am Existenzbeweis Gottes hing, so scheint er heute am Existenzbeweis des Menschen zu hängen."
(Seite X)

Hinzufügen bleibt dem nur, daß im Mittelpunkt dieser Untersuchung die
These von der Untrennbarkeit beider Satzhälften, das Vermitteltsein und die
Untrennbarkeit beider Aufgaben steht.

Wenn Günther Anders selbst einräumt, daß er dem Nihilismus theoretisch
nichts entgegenzusetzen hat, erhebt sich die Frage, von wo aus er denn gegen den
praktizierten Nihilismus argumentiert; von wo aus ist z. B. der letzte Satz der
Widmung zu Beginn der ‚Antiquiertheit des Menschen', „In Erinnerung an ihn
(seinen Vater, Anmerkung von mir, H. R.), der den Begriff der Menschenwürde
dem Sohne unausrottbar eingepflanzt hat, sind diese traurigen Seiten über die Ver-
wüstung des Menschen geschrieben worden" zu verstehen? Diese Frage wäre leich-
ter zu beantworten, wenn Günther Anders den Konservativen zuzurechnen wäre.

Nicht anders steht es in dieser Frage mit Herbert Marcuses ‚eindimensionalem Menschen'[3]: seine crux besteht in der Erfahrung, daß jede Forderung nach Glück und Freiheit von der Gesellschaft des ‚eindimensionalen Menschen' nicht verneint, sondern durch falsche Erfüllung unterlaufen wird, nämlich durch die „ambivalente Rationalität des Fortschritts, der in seiner repressiven Macht zufrieden stellt und in den Bedingungen, die er gewährt, repressiv ist" (a. a. O. Seite 132).

Es handelt sich hier also um einen gefährlichen Gegner, der nicht auf der Ebene des Seins kämpft, sondern auf der der Kritik selbst, nämlich der der Reflexion: wissend um die Dialektik von Negativität und Positivität bekämpft er nicht direkt seinen Gegner, was diesen nur stärken würde, sondern beraubt ihn seiner Kraft durch scheinbare Anerkennung, die ihn zum immanenten Moment der bekämpften Gesellschaft selbst herabsetzt; der Protest gegen die Institution wird selbst institutionalisiert und damit aufgehoben; die Folge davon ist, daß die Kritik, derart zum immanenten Moment aufgehoben, auf die Stufe des Meinens herabsinkt und nicht mehr sagen kann, was sie will:

> „Die kritische Theorie der Gesellschaft besitzt keine Begriffe, die die Kluft zwischen dem Gegenwärtigen und seiner Zukunft überbrücken könnten; indem sie nichts verspricht und keinen Erfolg zeigt, bleibt sie negativ." (a. a. O. S. 268)

Der Askese der „großen Verneinung", Rezept der Kulturkritik von Marcuse bis Arnold Gehlen gegen jene falsche Erfüllung der Utopie steht jedoch im Wege, daß ohne Institutionen dem Einzelnen die Kraft zur Askese auf die Dauer mangeln wird; diese wiederum sind ohne das Bewußtsein, daß sie die Zweckrationalität auch transzendieren, unverbindlich, so daß sich hier eine Grenze der direkten Intendierbarkeit abzeichnet. Ferner scheint diese abstrakte Negation, die „Verweigerung", nur der praktische Reflex auf jene theoretische Ohnmacht, die die Kritik auf die Stufe des Meinens absinken läßt, zu sein: versagende Kritik schlägt um in abstrakte Praxis oder die Praxis der Abstraktion.

Marcuses Thema des eindimensionalen Menschen ist nur zu verstehen vor dem Hintergrund der Aufgabe einer Transformation der Transzendenz in das aufgeklärte Bewußtsein, um die Innerlichkeit, die mehrdimensionale Spannung Seele — Welt zu retten:

> „Institutionalisierte Entsublimierung erscheint so als ein Aspekt der ‚Bewältigung der Transzendenz', wie die eindimensionale Gesellschaft sie erreicht hat. Ganz wie diese Gesellschaft im Bereich der Politik und höheren Kultur dazu tendiert, die Opposition (die qualitative Differenz!) abzubauen, ja aufzusaugen, so auch in der Triebsphäre. Das Ergebnis ist ein Absterben der geistigen Organe, die Widersprüche und Alternativen zu erfassen, und in der einen verbleibenden Dimension technologischer Rationalität gelangt das G l ü c k l i c h e B e w u ß t s e i n zur Vorherrschaft. Es reflektiert den Glauben, daß das Wirkliche vernünftig ist und daß das bestehende System trotz allem die Güter liefert." (a. a. O. Seite 98)

Aber war es nicht gerade Nietzsche, der dieses Zentrum der Kulturkritik in der Polemik gegen das Zerrbild Hegels, den ‚letzten Menschen', für den der spekula-

---

[3] Herbert Marcuse ‚Der eindimensionale Mensch', Neuwied und Berlin 1967.

tive Satz „das Wirkliche ist vernünftig, und das Vernünftige ist wirklich" zu einem Urteil über Gegenstände herabgesunken ist, antizipiert hatte?

In dieser Verwirrung der Standpunkte erscheint als Paradoxie die Dialektik der Aufklärung und des Humanismus, die die Kategorie und das Phänomen der ‚zweiten Aufklärung' verständlich macht: wenn die erste Aufklärung in ihren Folgen sich als nihilistisch erwiesen hat, so reflektiert dies die zweite Aufklärung, die zweite Phase der Aufklärung[4]. Der Leser, der in der kritischen Behandlung der Aufklärung innerhalb dieser Untersuchung eine Polemik gegen die Aufklärung überhaupt zu sehen glaubt, sollte bedenken, daß es die Pflicht gerade des aufgeklärten Bewußtseins ist, die eigenen Konsequenzen und Selbstimplikationen zu erkennen und darzustellen:

> „Daß Sade es nicht den Gegnern überließ, die Aufklärung sich über sich selbst entsetzen zu lassen, macht sein Werk zu einem Hebel ihrer Rettung ... Die Unmöglichkeit, aus der Vernunft ein grundsätzliches Argument gegen den Mord vorzubringen, nicht vertuscht sondern in alle Welt geschrieen zu haben, hat den Haß entzündet, mit dem gerade die Progressiven Sade und Nietzsche heute noch verfolgen. Anders als der logische Positivismus nahmen beide die Wissenschaft beim Wort." (Horkheimer-Adorno ‚Dialektik der Aufklärung', S. 141 f.)

Die Polemik gegen die ‚zweite Aufklärung' von der ersten aus — wie sie etwa Lukács vorgetragen hat — greift m. E. zu kurz, was sich schon an der Stellung der Wissenschaft, die ja schließlich ein immanentes Moment der ersten Aufklärung ist, demonstrieren läßt: spezifisch für deren Entwicklung seit der Aufklärung ist gerade ihr Esoterischwerden, womit sie sich dem Grundmotiv der Aufklärung diametral entgegensetzt; sowohl das Esoterische der Wissenschaft als auch die Arbeitsteilung, — diese auch ein Moment, gegen das sich die Aufklärung richtete — haben sich im Gefolge der durch die Aufklärung initiierten Entwicklung im Gegenteil noch akkumuliert.

Eine die Kritik an der ersten Aufklärung letztlich nur verwerfende Position wie die von Lukács und Bloch übersieht das philosophische Phänomen, das gesehen und dargestellt zu haben Nietzsches Bedeutung ausmacht, nämlich das der Dialektik der Aufklärung, insbesondere das der Dialektik von Aufklärung und Humanismus:

> „Nietzsche hat wie wenige seit Hegel die Dialektik der Aufklärung erkannt." (ebenda Seite 59)

Die Krise der Aufklärung, der Philosophie und des Humanismus scheinen insofern identisch zu sein, als sie insgesamt den nominalistischen Chorismos zwischen dem Bewußtsein des Einzelnen und dem der Gattung reflektieren; der

---

[4] Zu Nietzsches Stellung zum 18. Jahrhundert, dem Jahrhundert der ersten Aufklärung, siehe z. B. ‚Aus dem Nachlaß der achtziger Jahre':
„Wir sind mittelalterlicher als das 18. Jahrhundert; nicht bloß neugieriger oder reizbarer für Fremdes und Seltnes. Wir haben gegen die Revolution revoltiert..." (III, 599 f.).

Nihilismus erscheint in der Philosophie als deren rationale, nämlich in der Sinn-losigkeit ihrer Fragestellungen begründete Abschaffung; dies ist zu explizieren.

Nietzsches Stellung zur Philosophie und den Wissenschaften reflektiert den Bruch in deren Verhältnis, der bei Hegel, dessen Begriff des Systems die letzte große Antwort auf diese Problematik bedeutet, noch verdeckt ist:

> „Vielleicht sind wir Philosophen allesamt heute zum Wissen schlimm gestellt: die Wissenschaft wächst, die Gelehrtesten von uns sind nahe daran zu entdecken, daß sie zu wenig wissen. Aber schlimmer wäre es immer noch, wenn es anders stünde — wenn wir z u v i e l wüßten; unsere Aufgabe ist und bleibt zuerst, uns nicht selber zu verwechseln. Wir sind etwas anderes als Gelehrte: obwohl es nicht zu umgehn ist, daß wir auch, unter anderem, gelehrt sind." (‚Die fröhliche Wissenschaft', II, 257)

In dieser Situation steht die Philosophie vor der Alternative, den Wissen-schaften hinterherzulaufen, ihr die Schleppe nachzutragen, wenn sie schon als Lichtträger überflüssig wurde, oder diese Situation, ohne direkt eine Änderung zu intendieren, selbst zu reflektieren; im ersten Fall wird sie die Frage, ob jene Ent-wicklung der Wissenschaften nicht zum Begriff des Nihilismus gehört, überhaupt nicht zu Gesicht bekommen; im zweiten Fall muß sie versuchen, die Wissenschaft als ein geschichtliches Phänomen allgemeineren, über sie hinausgehenden Fragen zu konfrontieren und dadurch abzugrenzen, wobei die Gefahr des Absinkens auf die Ebene des Weltanschaulichen groß ist. Dieser Gefahr von vornherein ausweichen zu wollen aber bedeutete die Selbstabschaffung der Philosophie durch Reduktion auf Philologie, wodurch allerdings dann auch der Verabsolutierung der Wissen-schaftlichkeit und dem Chorismos zwischen dem Bewußtsein des Einzelnen und dem der Gattung das Feld von vornherein geräumt würde. Der die Humanität im Ansatz zerstörende nominalistische Chorismos zwischen Einzelnem und Gattung steckt also schon in der Verabsolutierung der Wissenschaftlichkeit, sofern durch sie die Wissenschaft, das allgemeine Bewußtsein bzw. das an sich exoterische Bewußt-sein des Allgemeinen, der Gattung, für sich immer esoterischer wird.

2. Der Begriff des Nihilismus als Tödlichkeit der Wahrheit

Von hier aus ergibt sich ein philosophischer Zugang zum frühen Nietzsche, zumal zur ‚Geburt der Tragödie'; Voraussetzung hierfür ist, daß man sich durch Nietzsches Verbindung antiker und kulturkritischer Motive nicht dazu verleiten läßt, in ihm nur einen schwärmenden Philologen zu sehen[5]; wie ein roter Faden

---

[5] Zu der Polemik zwischen Nietzsche und Rohde einerseits und Wilamowitz andererseits, den diese Schrift hervorrief, ist zu sagen, daß Nietzsche selbst 15 Jahre später in der 2. Auflage vorangestellten ‚Versuch einer Selbstkritik' die ‚Geburt der Tragödie' „ein unmögliches Buch" genannt hat, „schlecht geschrieben, schwerfällig, peinlich, bilderwütig und bilderwirr, gefühlsam ... ohne Willen zur logischen Sauberkeit" (I, 11). Die Kri-tik von Wilamowitz — Nietzsches Lehrer Ritschl lehnte das Buch gleichfalls ab — war

zieht sich schon durch alle seine frühen Schriften — also ‚Die Geburt der Tragödie
aus dem Geiste der Musik' (1872), ‚Über das Pathos der Wahrheit' (1872), ‚Über
Wahrheit und Lüge im außermoralischen Sinn' (1873) und ‚Unzeitgemäße Betrachtungen' (1873—1876) — der für die Reflexionsphilosophie spezifische Skeptizismus, den Nietzsche aus seiner Einschränkung auf die erkennende Subjektivität
befreit und damit den Begriff des Nihilismus in seinem Kern erfaßt und ausspricht:
in der Identität von Wahrheit und Tod sieht Nietzsche das verborgene Wesen der
Welt:

> „Der Grieche kannte und empfand die Schrecken und Entsetzlichkeiten des Daseins:
> um überhaupt leben zu können, mußte er vor sie hin die glänzende Traumgeburt der
> Olympischen stellen." (‚Die Geburt der Tragödie' I, 30)
> „In der Bewußtheit der einmal geschauten Wahrheit sieht jetzt der Mensch überall
> nur das Entsetzliche oder Absurde des Seins, jetzt versteht er das Symbolische im
> Schicksal der Ophelia, jetzt erkennt er die Weisheit des Waldgottes Silen: es ekelt
> ihn." (‚Die Geburt der Tragödie' I, 48)
> „Dem Menschen geziemt aber allein der Glaube an die erreichbare Wahrheit, an die
> zutrauensvoll sich nahende Illusion. Lebt er nicht eigentlich d u r c h ein fortwäh-
> rendes Getäuschtwerden?" (‚Über das Pathos der Wahrheit' III, 271)

Trifft meine Auffassung der angezogenen Stellen zu, so ergibt sich bei dem
Vergleich mit Schopenhauer, daß Nietzsche dort fortfährt, wo Schopenhauer
schließt, lautet doch der letzte Satz von ‚Die Welt als Wille und Vorstellung':

> „Wir bekennen es vielmehr frei: was nach gänzlicher Aufhebung des Willens übrig-
> bleibt, ist für alle die, welche noch des Willens voll sind, allerdings nichts. Aber auch
> umgekehrt ist denen, in welchen der Wille sich gewendet und verneint hat, diese
> unsere so sehr reale Welt mit allen ihren Sonnen und Milchstraßen — nichts."
> (Schopenhauers Werke herausgegeben von Löhneysen, I, 558)

In der gegenseitigen Negation der Standpunkte, die einen Inhalt durch gegenseitige Verneinung nur meinen, nicht begrifflich bestimmen läßt, bleibt es bei
einem quid pro quo. Während also in diesem Satz noch die Meinung bleibt, es gäbe
nach der Verneinung des Lebenswillens nicht nur das Nichts, dehnt der junge
Nietzsche die Geltung des Satzes von der Tödlichkeit der Erkenntnis auf den
Bereich der Kunst aus, die zum unwahren, aber höchst wirkungsvollen Stimulans
des sich gegen die Wahrheit abschirmen müssenden Lebenswillens wird:

> „Die Kunst ist mächtiger als die Erkenntnis, denn sie will das Leben, und jene er-
> reicht als letztes Ziel nur — die Vernichtung." (‚Über das Pathos der Wahrheit' III,
> 271)

bei Schopenhauer dagegen sind Abkehr vom Willen und Zuwendung zur Kunst
untrennbar:

> die Kritik des klassischen Philologen am Philologieprofessor Nietzsche, gegen den er die
> Wissenschaft und die Jugend schützen zu müssen glaubte. Die in der ‚Zukunftsphilolo-
> gie' vorgetragenen philologischen Gegenargumente gehören in einen ganz anderen Kon-
> text als in den meiner Untersuchung; ebenfalls nicht tangiert durch philologische Kritik
> scheint die Genese der Problematik zu sein, die Nietzsche dann nicht mehr losließ, das
> Problem der Wissenschaft: „Was ich damals zu fassen bekam ... heute würde ich sagen,
> daß es das Problem der Wissenschaft selbst war — Wissenschaft zum ersten Male als
> problematisch, als fragwürdig gefaßt." (I, 10).

„Beim Schönen hat das reine Erkennen ohne Kampf die Oberhand gewonnen, in dem die Schönheit des Objekts, d. h. dessen die Erkenntnis seiner Idee erleichternde Beschaffenheit, den Willen und die seinem Dienste frönende Erkenntnis der Relationen ohne Widerstand und daher unmerklich aus dem Bewußtsein entfernte und dasselbe als reines Subjekt des Erkennens übrigließ, so daß selbst keine Erinnerung an den Willen nachbleibt." (Schopenhauer I, 287)

Nietzsche verläßt den geistigen Boden, auf dem noch Kant und die Aufklärung standen, und den Hegel durch den Begriff des Geistes in den philosophischen Begriff aufzuheben suchte; dieser geistige Boden ist die christliche Gleichsetzung von Wahrheit und Leben. Der Nihilismus Nietzsches führt in das Zentrum der Krise des Humanismus, weil er dessen in der christlichen Lehre und Religion bestehenden Boden, die Einheit von Leben und Wahrheit, von Faktizität und Sinn, welcher Boden mit der Emanzipation des Humanismus von der Religion nicht mehr trägt, verläßt und in der — durch sein Verständnis der griechischen Antike[6] vermittelten Gleichsetzung von Wahrheit und Tod das Wesen des Nihilismus ausspricht. Der junge Nietzsche expliziert jedoch dieses entscheidende Thema nicht begrifflich, sondern wendet sich — da sein Interesse vornehmlich der Therapie, nicht der ausgeführten Diagnose gilt, der Interpretation der griechischen Tragödie als d e r rettenden Antwort der Antike auf den Nihilismus, der aus der rücksichtslosen Erkenntnis entstehe, zu; dabei ist zu bemerken, daß dieses letztliche Ausweichen vor dem Begrifflichen charakteristisch für das Gesamtwerk Nietzsches ist, welches Darstellungsphänomen in seiner sachlichen Relevanz noch zu erhellen sein wird:

„Hier, in dieser höchsten Gefahr des Willens, naht sich, als rettende, heilkundige Zauberin, die K u n s t : sie allein vermag jene Ekelgedanken über das Entsetzliche oder Absurde des Daseins in Vorstellungen umzubiegen, mit denen sich leben läßt." (,Die Geburt der Tragödie' I, 48 f.)

Wenn auch in den angezogenen Stellen die Kunst im engeren Wortsinn gemeint ist, so steht sie doch zugleich für die Sprachlichkeit des von Nietzsche als Künstler, d. h. Demiurg im allgemeineren Sinne verstandenen Menschen, der nur dadurch am Leben bleiben konnte, daß er in Philosophie, Religion, Staat, Sitte, Sprache und Kunst im engeren Sinne eine menschliche Welt hervorbrachte, die wie eine Athmo-

---

[6] Es scheint mir sehr bedeutsam zu sein, daß schon beim frühen Nietzsche die Tragödie und die Kategorie des Tragischen im Mittelpunkt stehen. Hegel und Kierkegaard sahen im Hintergrund der ,heiteren' griechischen Welt die Verzweiflung der Geistlosigkeit, das Fehlen der absoluten, freien Subjektivität:
„Weil aller geistige und sittliche Inhalt den Göttern angehörte, so mußte die Einheit, welche über sie gestellt wurde, nothwendig abstract bleiben; sie war also das gestalt- und inhaltlose Fatum, die Nothwendigkeit, deren Trauer darin ihren Grund hat, daß sie das Geistlose ist." (Hegel, ,Philosophie der Geschichte' Glocknerausgabe XI, 322 f.).
„Dies war es, was die alten Kirchenlehrer meinten, wenn sie davon sprachen, daß die Tugenden der Heiden glänzende Laster seien; sie meinten, daß das Innerste der Heiden Verzweiflung sei, daß der Heide sich nicht vor Gott seiner selbst als Geist bewußt sei." (Kierkegaard ,Krankheit zum Tode' S. 44). Alois Riehl, der den Philosophen Nietzsche dem Künstler Nietzsche geopfert zu haben scheint — „Er selbst ist ein Künstler, den man mit einem Philosophen verwechseln könnte" (a. a. O. S. 25) — sah dann auch in der ,Geburt der Tragödie' das Eine Buch, das Nietzsche geschrieben hätte (a. a. O. S. 153).

sphäre den Einzelnen vor der für ihn tödlichen unmittelbaren Konfrontation mit der Wahrheit und der außermenschlichen Welt schützt. Nicht seiner philosophischen Begrifflichkeit, sondern seiner Verbundenheit mit der Kunst scheint Nietzsche die Einsicht in den auch irrationalen Charakter der Wissenschaft und der durch sie geprägten Bewußtseinsstufe zu verdanken, die er, wird sie der Kunst und dem Mythos entgegengesetzt, als „Wildnis des Gedankens" verhöhnt.

Die Unversöhnlichkeit von Leben und Wahrheit, das Fehlen der freien Subjektivität steckt auch in den von Nietzsche als Elemente der griechischen Tragödie aufgefaßten Prinzipien des Dionysischen und Apollinischen; die wahre Beziehung des Individuums auf die Gattung als den Tod des Einzelnen als solchen stellt das Prinzip des Dionysischen dar, während die unwahre Selbständigkeit des Einzelnen im apollinischen Prinzip erscheint:

> „Apollo steht vor mir als der verklärende Genius des principii individuationis, durch den allein die Erlösung im Scheine wahrhaft zu erlangen ist: während unter dem mystischen Jubelruf des Dionysus der Bann der Individuation zersprengt wird und der Weg zu den Müttern des Seins, zu dem innersten Kern der Dinge offenliegt." (‚Die Geburt der Tragödie' I, 88)

Wenn Nietzsche die Spitze der Tragödie in der Versöhnung beider Prinzipien erblickt,

> „So wäre wirklich das schwierige Verhältnis des Apollinischen und des Dionysischen in der Tragödie durch einen Bruderbund beider Gottheiten zu symbolisieren; Dionysus redet die Sprache des Apollo, Apollo aber schließlich die Sprache Dionysus: womit das höchste Ziel der Tragödie und der Kunst überhaupt erreicht ist." (ebenda S. 120),

so bedeutet das für unsere Interpretation, daß die Kunst, insofern sie den tödlichen Antagonismus von Gattung und Einzelnem aufhebt, den Einzelnen nicht als abstraktes Individuum, sondern als konkret allgemeines existieren läßt.

Auf den Begriff gebracht kann jene Identität der beiden Prinzipien auch so ausgedrückt werden, daß die Negativität, durch die das lebendige Individuum sich von dem Zusammenhang mit der Gattung lösen will, um Individuum zu sein, nichts anderes als die Negativität ist, durch die die Gattung sich als Aufhebung der Individuen bestimmt.

Die in der Kunst und durch den Mythos gelungene Aufhebung des Gegensatzes von Individualität und Gattung sieht Nietzsche zerstört durch die Wissenschaft, deren Wesen als einseitige Verabsolutierung des apollinischen Prinzips bestimmt wird, weshalb Sokrates als einäugiger Gigant, durch das „Zyklopenauge" (I, 78) gezeichnet wird:

> „Hier (bei Platon, Anm. von mir, H. R.) überwächst der philosophische Gedanke die Kunst und zwingt sie zu einem engen Sich-Anklammern an den Stamm der Dialektik. In dem logischen Schematismus hat sich die apollinische Tendenz verpuppt." (I, 80)

Die Einäugigkeit des Zyklopen steht wohl für das blinde Aufgehen im Seienden, für Gebundensein an eine Perspektive, da „die Symmetrie der Augen und Ohren … in der Einheit zweier zur Deckung gelangender Wahrnehmungen Identifikation, Tiefe, Gegenständlichkeit überhaupt erst bewirkt." (‚Dialektik der Aufklärung' S. 81)

Die Bilder der „Wildnis des Gedankens" (I, 127) und des Zyklopenauges für die Verabsolutierung des wissenschaftlichen Denkens verweisen demnach aufeinander, beide stehen für das Barbarische einer nur wissenschaftlichen Kultur.

Die gegen den Mythos wissenschaftlich auftretende Philosophie Platons ist für Nietzsche nicht wahrer als die mythische Welt der griechischen Tragödie, da ihre Begriffe, gemessen an der Wahrheit, ebenfalls einer subjektiv geschaffenen, erträumten Welt angehören, der ersten übersinnlichen Welt:

> „Weckt ihn (den Menschen, Anm. von mir, H. R.) auf, ruft der Philosoph im Pathos der Wahrheit. Doch er selbst versinkt, während er den Schlafenden zu rütteln glaubt, in einen noch tieferen magischen Schlummer — vielleicht träumt er dann von den ‚Ideen' oder von der Unsterblichkeit." (‚Über das Pathos der Wahrheit' III, 271)

Der „Mythos", die zentrale Kategorie der Schrift ‚über die Geburt der Tragödie' zeichnet sich als das „zusammengezogene Weltbild" (I, 125) der wissenschaftlichen „Wildnis des Gedankens" gegenüber dadurch aus, daß er den Einzelnen in e i n e r W e l t leben und zu e i n e m Menschen sich bilden läßt[7]:

> „Ohne Mythus aber geht jede Kultur ihrer gesunden schöpferischen Naturkraft verlustig: erst ein mit Mythen umstellter Horizont schließt eine ganze Kulturbewegung zur Einheit ab. Alle Kräfte der Phantasie und des apollinischen Traumes werden erst durch den Mythus aus ihrem wahllosen Herumschweifen gerettet. Die Bilder des Mythus müssen die unbemerkt allgegenwärtigen dämonischen Wächter sein, unter deren Hut die junge Seele heranwächst, an deren Zeichen der Mann sein Leben und seine Kämpfe deutet: und selbst der Staat kennt keine mächtigeren ungeschriebenen Gesetze als das mythische Fundament, das seinen Zusammenhang mit der Religion, sein Herauswachsen aus mythischen Vorstellungen verbürgt." (‚Die Geburt der Tragödie' I, 125)

Gerade den für den Platonismus und die Wissenschaft zentralen Gedanken der Einheit des Mannigfaltigen stellt Nietzsche als den Grund für die Überlegenheit der Kunst und des Mythos der Wissenschaft entgegen; die historischen Wissenschaften, der Stolz des 19. Jahrhunderts und die Spitze der Aufklärung[8], sind für

---

[7] Dabei sind beide Einheiten durcheinander vermittelt. Der Zerfall der Welt als Einheit bedeutet den Zerfall des Einzelnen, des Individuums; es entsteht der Nihilismus, vgl. ‚Aus dem Nachlaß der achtziger Jahre' III, 882:
„Die nihilistischen Konsequenzen der jetzigen Naturwissenschaft (nebst ihren Versuchen, ins Jenseits zu entschlüpfen). Aus ihrem Betriebe folgt endlich eine Selbstzersetzung, eine Wendung gegen sich, eine Antiwissenschaftlichkeit. Seit Kopernikus rollt der Mensch aus dem Zentrum ins x."
Siehe auch Simmel a. a. O. S. 2:
„... steigt das Problem einer wirklich vollendeten Einheit auf, in der alle jene unabgeschlossenen Strebungen ihre Reife und Ruhe fänden, die die Seele aus aller Wirrnis der bloßen Vorläufigkeiten erlöste." Siehe hierzu auch Karl Schlechta ‚Der Fall Nietzsche', 1958, S. 82:
„Nihilismus ist überall dort, wo kein Sinn mehr ist. Ich darf einfügen, daß nicht Nietzsche allein, daß auch Dostojewski und Kierkegaard ‚Wissenschaft', ‚Naturwissenschaft' unter diesem Aspekt gesehen haben."

[8] Siehe hierzu z. B. ‚Menschliches, Allzumenschliches' I, 466 f. ‚Die Reaktion als Fortschritt'.

Nietzsche nicht der Ausdruck der Überlegenheit der wissenschaftlichen über die mythische Welt, sondern im Gegenteil der vergebliche Versuch des aufgeklärten und historisch gebildeten Bewußtseins, die mit dem Mythos vergangene Einheit der Welt und des Menschen wiederzufinden:

> „Worauf weist das ungeheure historische Bedürfnis der unbefriedigten modernen Kultur, das Umsichsammeln zahlloser anderer Kulturen, das verzehrende Erkennenwollen, wenn nicht auf den Verlust des Mythus, auf den Verlust der mythischen Heimat, des mythischen Mutterschoßes?" (I, 125)

Diesen Gedanken, der beim späteren Hegel im Begriff der abstrakten Unendlichkeit wiederkehrt, stellt der junge Hegel — parallel zur Polemik des jungen Nietzsche gegen den Historismus — in der Kritik der sich verabsolutierenden Bildung dar:

> „Ein Zeitalter, das eine solche Menge philosophischer Systeme, als eine Vergangenheit hinter sich liegen hat, scheint zu derjenigen Indifferenz kommen zu müssen, welche das Leben erlangt, nachdem es sich in allen Formen versucht hat.
> Der Trieb zur Totalität äußert sich noch als Trieb zur Vollständigkeit der Kenntnisse, wenn die verknöcherte Individualität sich nicht mehr selbst ins Leben wagt. Sie sucht sich durch die Mannigfaltigkeit dessen, was sie hat, den Schein desjenigen zu verschaffen, was sie nicht ist." (Hegels Werke Glockner I, 39)

Aber während der junge Nietzsche die Wahrheit der Kultur und ‚dem Leben‘ opfert, gipfelt die Kritik Hegels am nur gebildeten Bewußtsein in dem Satz:

> „Es hat nicht erkannt, daß es Wahrheit giebt." (ebenda S. 40) In Nietzsches Bestimmung des Mythos, der „als ein einziges Exempel einer ins Unendliche hinein starrenden Allgemeinheit und Wahrheit anschaulich empfunden werden" (I, 96) will, also jenseits des Gegensatzes von allgemeinem, idealem Begriff und einzelnem, realem Seienden steht[9], scheint der in seinen praktischen Konsequenzen nihilistische Chorismos von Individuum und Gattung aufgehoben zu sein; wenn auch in der Vorstellung verbleibend reicht die Darstellung des Mythos durch Nietzsche an das Zentrum der Problematik der Beziehung von Humanismus und Aufklärung heran: die Suche nach den Bedingungen der Wirklichkeit der Existenz des bestimmten Einzelnen als einer zugleich unendlichen, den Gegensatz zwischen der Besonderheit der Existenz und der Allgemeinheit der Gattung transzendierenden Welt.

Vielleicht ist jetzt deutlicher geworden, daß die ‚Kulturkritik‘ des jungen Nietzsche von philosophischer Relevanz deshalb ist, weil in seiner Darstellung der Bedingungen der Wirklichkeit der Kultur zugleich die Problematik des Chorismos von Einzelnem und Allgemeinem im Hinblick auf die Begründung von Humanität reflektiert wird.

Das nihilistische Moment der Wissenschaft, ihre Neutralisierung der Kultur[10], Ethik, Wahrheit und der Frage nach einem Sinn der Geschichte hat sein begriff-

---

[9] Siehe hierzu die Interpretation des ‚universale fantastico‘ bei Bruno Liebrucks, ‚Sprache und Bewußtsein‘ I, 268, I, 277, I, 410 f., I, 415 und dessen Bedeutung für die Kunst ebenda II, 411.

[10] Siehe z. B. ‚Unzeitgemäße Betrachtungen‘ I, 175:

liches Zentrum im Auseinanderfallen des Geistes in Sinnlichkeit und Intellektualität, wobei dieser Chorismos zugleich der zwischen dem Individuum und der Gattung zu sein sich erweist. Der *Ethik* ist durch diese Spaltung die prinzipielle Voraussetzung entzogen, da ihr Gegenstand die Erscheinung des Geistigen in der
Sinnenwelt, der Gesinnung in der Handlung ist. *Wahrheit* wird durch Übereinstimmung des Denkens mit sich selbst ersetzt* und die Erkenntnisse der mathema-
tischen Naturwissenschaften lassen sich weder adäquat sinnlich repräsentieren noch
sprachlich darstellen:

> „Es zeigt sich nämlich, daß die ‚Wahrheiten‘ des modernen wissenschaftlichen Welt-
> bildes, die mathematisch beweisbar und technisch demonstrierbar sind, sich auf keine
> Weise mehr sprachlich oder gedanklich darstellen lassen. Sobald man versucht, diese
> ‚Wahrheiten‘ in Begriffe zu fassen und in einem sprechend-aussagenden Zusammen-
> hang anschaulich zu machen, kommt ein Unsinn heraus, der ‚vielleicht nicht ganz so
> unsinnig ist wie ein ‚dreieckiger Kreis‘, aber erheblich unsinniger als ein ‚geflügelter
> Löwe‘ (Erwin Schrödinger).“ (Hannah Arendt ‚Vita activa‘, 1960, S. 9)

Kultur ist ohnehin undenkbar ohne Offenbarung des Intellektuellen im Sinnlichen, und die Frage nach dem *Sinn* des Faktischen stellen heißt schon, das Sinn-
lich-Empirische als zugleich übersinnlich-ideal zumindest zu antizipieren:

> „‚Naturwissenschaft‘ im Verstande, philosophischen Verstande Nietzsches ist, ihrem
> Wesen nach, ‚Sinn-los. Ein strenges naturwissenschaftliches Gesetz hat keinen Sinn;
> die Sinnfrage ist eo ipso keine wissenschaftliche Frage.“ (Karl Schlechta a. a. O.
> S. 82)

Die Frage nach dem Sinn, die auf die Einheit des Sinnlichen und des Intellektuellen geht, hat ihre Genese in der Zerstörung des einen Kosmos durch die ersten
griechischen Naturforscher; seitdem steht dem mundus sensibilis der mundus intelli-
gibilis gegenüber, und die Frage nach dem Sinn entspringt aus der Zuspitzung dieses Gegensatzes zur Beziehungslosigkeit. Aber sind wir so nicht schon mitten im
Weltanschaulichen angelangt, in einem Bereich, den das gebildete Bewußtsein
tabuiert hat, seitdem die „großen Probleme auf der Gasse liegen“? Diese Bedenken, deren Legitimität ich nicht bestreite, zeigen m. E. die Problematik der
heutigen Philosophie an, denn sie demonstrieren die Macht jenes Chorismos, den
zu bedenken Philosophie aufgerufen ist; dabei findet sie sich vor der Aporie, jenseits aller besonderen Methodologien aus der Erfahrung des Bewußtseins leben zu
müssen, die aber wiederum durch jenen Chorismos von Intellektualität und Sinnlichkeit selbst abgeschnitten zu sein scheint.

„Woher, wohin, wozu alle Wissenschaft, wenn sie nicht zur Kultur führen soll? Nun,
dann vielleicht zur Barbarei! Und in dieser Richtung sehen wir den Gelehrtenstand
schon erschreckend vorgeschritten ... in ihm finden wir jenes widrige Erholungsbedürf-
nis und jenes beiläufige, mit halber Aufmerksamkeit hinhörende Sich-Abfinden mit der
Philosophie und Kultur und überhaupt mit allem Ernste des Daseins.“

* Vgl. I, 10: „Ist Wissenschaftlichkeit vielleicht nur eine Furcht und Ausflucht vor dem
Pessimismus? Eine feine Notwehr gegen — die W a h r h e i t ? “

Die Differenz zwischen philosophischem und gebildetem Bewußtsein bestimmt
Nietzsche im Aphorismus Nr. 200 des zweiten Bandes von ‚Menschliches, Allzumenschliches‘ folgendermaßen:

> „Nicht daß man etwas Neues zuerst sieht, sondern daß man das Alte, Altbekannte,
> von jedermann Gesehene und Übersehene wie neu sieht, zeichnet die eigentlich origi-
> nalen Köpfe aus." (I, 814)

Das gebildete Bewußtsein umgeht elegant jene die Gegenwart reflektierenden
Themen, indem sie sie entweder als Scheinprobleme auf den Kehricht wirft oder
ihnen im Sonntagsredenstil den Lorbeerkranz der ‚letzten Fragen‘ umhängt und
sie damit entschärft[11]:

Die Mauer, durch die sich das gebildete Bewußtsein vom philosophischen ab-
sperrt, sieht Nietzsche im Aphorismus Nr. 506 des ersten Bandes von ‚Menschliches, Allzumenschliches‘ in dessen Ungeduld:

> „Nicht wenn es gefährlich ist, die Wahrheit zu sagen, findet sie am seltensten Ver-
> treter, sondern wenn es langweilig ist." (I, 696)

Das Auseinanderfallen der Philosophie in logischen Positivismus und den
‚Existenzialismus der kleinen Leute‘ ist aber genau die Gestalt, in der der Chorismos von Einzelnem und Gattung, Sinnlichkeit und Intellektualität in der Philosophie auftritt und sie neutralisiert, d. h. in ihrem Rücken bleibt und sie benutzt, jene
Fragen schon im Keim zu ersticken: in der Hegelschen ‚Logik‘ dagegen wird die
‚Phänomenologie des Geistes‘ d. h. die Geschichte des Bewußtseins und der Gesellschaft aufgehoben und ist ohne sie unverständlich, während andererseits die
Philosophie der Geschichte als Entfaltung der logischen Idee begriffen wird. Hegel
interpretiert die Geschichte als Bewegung der logischen Idee und die logische Idee
als geschichtlich werdende, sich bewegende.

Da es zum heutigen durchschnittlichen Bewußtseinsniveau gehört, reflektiert
und polemisch den gesellschaftlichen Institutionen gegenüberzustehen[12], zieht sich
das gebildete Bewußtsein aus dem Themenkreis des Gesellschaftlichen und Geschichtlichen zurück[13] und perhorresziert ihn als Bereich der Ideologie, wobei das

---

11 „Die Genauigkeit im Einzelnen, die Resignation betreffs der großen Fragen, das Be-
    wußtsein der Vorläufigkeit des Festgemachten und eine Gewißheit, die sich an Aus-
    schnitten festhält, bieten kein günstiges Klima für die pädagogischen und kulturpoli-
    tischen Leidenschaften, wie sie früher den klassischen Humanismus begeisterten." (A.
    Gehlen ‚Urmensch und Spätkultur‘ 2. Aufl. 1964 Seite 63 f.).
12 Arnold Gehlen scheint den Grund hierfür im Bruch des Ethischen in Intellektualität und
    Sinnlichkeit zu sehen:
    „Die Affekte können ja auch gar nicht mehr an der Außenwelt festgemacht werden, weil
    diese viel zu versachlicht und symbolentleert ist ... Überall schießen die ‚Ideen‘ empor,
    mit denen sich nichts anderes anfangen läßt, als sie zu diskutieren, die Diskussion ist die
    zugeordnete, angemessene Form der Außenverarbeitung." (a. a. O. S. 256).
13 A. Gehlen sieht in der Gegenwart Philosophie und Kunst vor die fatale Alternative
    zwischen Esoterik und Exoterik ohne Möglichkeit einer Vermittlung gestellt:
    „Solche Bereiche werden dann genötigt, entweder laut zu werden und aus dem Erre-
    gungsbestand der öffentlichen Meinung zu leben, womit die Expressionisten und
    Existenzialisten anfingen; oder leise zu werden und zu vereinsamen, ihre Motive aus
    sich selbst ziehend." (ebenda S. 65).

Scheitern bzw. die Ambivalenz aller ohne die ‚Intelligenz‘ undenkbaren Revolutionen dieses Jahrhunderts eine jene Reaktion begünstigende Resignation erzeugt haben dürfte. Herbert Marcuse stellt den sich aller philosophischen Besinnung mit der Begründung des Ideologieverdachts entziehenden Positivismus als die Philosophie des ‚eindimensionalen Menschen‘ und der eindimensionalen Gesellschaft dar:

> „Philosophisches Denken geht in affirmatives Denken über: die philosophische Kritik kritisiert innerhalb der Gesellschaft und brandmarkt nicht-positive Begriffe als bloße Spekulation, Träume oder Phantasien... Das gegenwärtige Bemühen, Reichweite und Wahrheit der Philosophie zu reduzieren, ist erschreckend, und die Philosophen selber verkünden die Bescheidenheit und Fruchtlosigkeit der Philosophie. Sie läßt die bestehende Wirklichkeit unberührt; sie verabscheut es, über sie hinauszugehen." (a. a. O. S. 186 f.)

Nietzsche formuliert das Irrationale dieses Vorgangs der Abkehr von den primären Problemen — hierzu zähle ich das Historismusproblem[14], das des Relativismus[15] und das der Spezialisierung[16] mit ihren Auswirkungen insbesondere auf die gesellschaftliche Konstituierung des Einzelnen — trotz ihres Ungelöstseins im Aphorismus Nr. 162 der ‚Morgenröte‘ unter dem Titel ‚Die Ironie des Gegenwärtigen‘:

> „Augenblicklich ist es Europäerart, alle großen Interessen mit Ironie zu behandeln, weil man vor Geschäftigkeit in ihrem Dienste keine Zeit hat, sie ernst zu nehmen." (I, 1123)

Nietzsches Verehrung der griechischen Antike ist nach dem Gesagten verständlich; denn jener Chorismos von Sinnlichkeit und Intellektualität, die Entsprachlichung (Liebrucks), die das Wesen der Neutralisierung von Wahrheit, Ethik, Kultur und Sinn ausmacht, trennt zugleich den Einzelnen von der Gattung und eliminiert dadurch, daß der Einzelne nicht als existierende Gattung d. h. als Selbstzweck begriffen werden kann, die Humanität im Prinzip, während die griechische Kultur als d i e populäre Kultur bezeichnet worden ist:

> „Alles Euklidisch-Greifbare ist auch populär, und das ‚Altertum‘ mithin die populäre Kunst im eigentlichen Sinne... Seit Tizian ist die Malerei immer esoterischer

---

[14] Siehe Karl Schlechta a. a. O. S. 84:
  „Wieder erscheint es mir weniger bedeutsam zu fragen, warum dies bei Nietzsche so ist, woher dieser Wille zum Nichts in ihm selbst kommt; als vielmehr dies, daß hier eine Erkenntnisweise als nihilistisch entlarvt wird, deren wir uns selbst weitgehend bedienen. Wo im öffentlichen Bewußtsein nicht ‚dumpf‘ physikalisch gedacht wird, feiert meist der Historismus sein sinnfreies Spiel."

[15] Siehe A. Gehlen ‚Der Mensch‘ S. 387: „Wenn aber nichts wahr ist, ist dann nicht alles erlaubt? Das ist das Relativismusproblem, das sich seit seiner konsequenten Herausarbeitung durch Marx, Nietzsche und Freud als das Scheidewasser erwiesen hat, von dem die Philosophie zersetzt wurde. Es entsteht... aus der Interferenz zweier verschiedener Bewußtseinsstrukturen, die wir hier in ihrer geschichtlichen Kollision, als Aufklärung und traditionelle Religion, entwickelt haben."

[16] Siehe hierzu A. Gehlen ‚Die Seele im technischen Zeitalter‘ 1957, besonders S. 44 f.: ‚Erfahrungsverlust‘.

geworden, auch die Dichtung, auch die Musik." (Oswald Spengler ‚Der Untergang des Abendlandes‘, Sonderausgabe München 1963, S. 313 f.).[17]

Wenn die Kunst eine Entwicklung einschlägt wie in Europa in den letzten 150 Jahren, entsteht nicht nur die Trennung von Intellektualität und Sinnlichkeit, wobei die letztere immer mehr zum Stofflichen hin absinkt, sondern auch die von esoterischer Kunst, die heute nur noch von Fachleuten verstanden werden kann, einerseits und Kitsch und mißverstandener ‚Klassik‘ andererseits:

> „Je gedankenfähiger Auge und Ohr werden, um so mehr kommen sie an die Grenze, wo sie unsinnlich werden: die Freude wird ins Gehirn verlegt, die Sinnesorgane werden stumpf und schwach, das Symbolische tritt immer mehr an die Stelle des Seienden — und so gelangen wir auf diesem Wege so sicher zur Barbarei, wie auf irgendeinem anderen ... Aber je mehr der Ambraduft der Bedeutung sich zerstreut und verflüchtigt, um so seltener werden die, welche ihn noch wahrnehmen ... so gibt es in Deutschland eine doppelte Strömung der musikalischen Entwicklung: hier eine Schar von Zehntausend mit immer höheren, zarteren Ansprüchen und immer mehr nach dem ‚es bedeutet‘ hinhörend, und dort die ungeheure Überzahl, welche alljährlich immer unfähiger wird, das Bedeutende auch in der Form der sinnlichen Häßlichkeit zu verstehen und deshalb nach dem an sich Häßlichen und Ekelhaften, das heißt dem niedrig Sinnlichen in der Musik mit immer mehr Behagen greifen lernt." (I, 575)[18]

Die Trennung von Sinnlichkeit und Intellektualität einerseits und die von Elite und Masse andererseits scheinen untrennbar zu sein, was schon Walter Benjamin als Zusammenhang von l'art pour l'art und Faschismus dargestellt hat[19]. Diese das Prinzip des Humanismus der Aufklärung — Ausgang d e s Menschen aus der selbstverschuldeten Unmündigkeit — zerstörende Trennung des Menschen als Individuum von sich als Gattungswesen ist also sowohl in der Kunst, Kultur als auch in der Gesellschaft e i n Vorgang; ihr Wesen ist die Entsprachlichung, die Entstehung des Chorismos von Sinnlichkeit und Intellektualität, der durch jedes Wort aufgehoben ist. Der Versuch einer Lösung dieser Aporie des Humanismus stößt auf die Schwierigkeit, die primär theoretischer Natur ist, daß jener Chorismos in den Kategorien und gedanklichen Strukturen steckt, nämlich in der Herrschaft des nominalistischen Abstraktionsbegriffs, der dem Sprechen vom einzelnen

---

[17] Vgl.: „Die antike Geometrie ist die des Kindes, die eines jeden Laien ... Alles Antike ist mit e i n e m Blick zu umfassen, sei es der dorische Tempel, die Statue, die Polis, der Götterkult ... man denke daran, daß kein deutscher Dichter, der überhaupt Erwähnung verdient, von Durchschnittsmenschen verstanden werden kann und daß es in keiner abendländischen Sprache ein Werk von dem Range und zugleich der Simplizität Homers gibt ... Der Kenner aber ist es, der zugleich mit seinem Gegensatz, dem Laien, der Antike fehlt, wo jeder alles kennt." (ebenda S. 420 ff.).

[18] Arnold Gehlen notiert hierzu 80 Jahre später:
„Die Verwissenschaftlichung a l l e r Kulturgebiete ist selbst an der Kunst aufzuzeigen: man muß abstrakte Bilder durchrechnen oder wie Geheimschriften entziffern, der repräsentative Roman — Th. Mann, Musil, Proust — hat eine Reflexionsschärfe, die man manchem Philosophen gönnen möchte." (‚Urmensch und Spätkultur‘ S. 63).

[19] Siehe z. B. das ‚Nachwort‘ zu der Schrift über ‚Das Kunstwerk im Zeitalter seiner technischen Reproduzierbarkeit‘.

Menschen als existierender Gattung jede logische Relevanz abspricht; diese unreflektierte Macht des Nominalismus erklärt dann auch, warum die Kulturkritik des jungen Nietzsche an dem Perhorreszieren der Dialektik und Geschichtlichkeit krankt und dadurch nur der Ausweg in den Irrationalismus der Lebensphilosophie bleibt. Den Mythos stellt Nietzsche dem Abstraktionsbegriff, die ‚Athmosphäre‘ und den ‚Horizont‘ der Reflexion und dem Historismus gegenüber, aber er verbleibt, weil diese seine Bilder der Reflexion nicht standhalten, im Bann des Nihilismus, den er theoretisch nicht überwinden kann, da er dessen begrifflichen Umkreis nicht überschreitet. Damit ist dieser sein Versuch einer Neubegründung des Humanismus *a priori* zum Scheitern verurteilt. Eine wirkliche Aufhebung des Nihilismus der Aufklärung kann nur dialektisch vollbracht werden, wenn nämlich dem Moment der kritischen Reflexion, dem methodischen Zentrum der Aufklärung, sein Recht zugebilligt wird, wenn Reflexion und Lebensphilosophie im dialektischen Begriff vermittelt werden. Die Untrennbarkeit von dialektischem Begriff und Begründung der Humanität im Problem des Aufweises der Aufhebung des Chorismos von individueller Existenz und allgemeinem Begriff definiert sowohl die Krise der Philosophie als auch die des Humanismus:

> „Wenn Philosophie heute nicht sagen kann, w a r u m z. B. überhaupt rechtlich gehandelt werden soll, so bleibt sie hoffnungslos rückständig.“ (B. Liebrucks a. a. O. I, 155)

Solange die Philosophie diesen ihren Existenzbeweis nicht erbringt, hängt alle Hoffnung auf ‚Überwindung des Nihilismus‘ an der Bornierung, an der Abwehr der Reflexion, und die Bornierung stellt vielleicht die größere Gefahr dar, wenn wir die geschichtlichen Ereignisse dieses Jahrhunderts als Maßstab an Nietzsches therapeutische Vorschläge anlegen. Arnold Gehlen — zumindest hier in der Nietzschenachfolge — scheint in der Bornierung auf die hypostasierte Transzendenz die einzige Rettung für die Institution und die Verbindlichkeit von Imperativen überhaupt zu sehen:

> „Von innen gesehen, ist eine idée directrice Norm, also bewegendes Motiv und geradezu Handlung im Initialzustand, und andererseits Konzentrationskern des Ich, und der Punkt, in dem das Selbstbewußtsein verwandelt heimfindet. Sie ist daher der einzige Inhalt des Bewußtseins, der e n d g ü l t i g bewußtseinsfähig ist, von der Reflexion also niemals ganz in ‚Vorstellungen‘ verfremdet werden kann, sondern der Motiv bleibt. Daraus folgt, daß ein solcher ‚Inhalt aller Inhalte‘ vor dem Verstande niemals zu rechtfertigen ist, denn dieser ist ja die verlagernde, umkombinierende, auflösende und neu zusammensetzende Instanz. Es steht sogar so, daß eine idée directrice diese Form der Ratio von einer bestimmten Grenze ab unter Hemmung setzt; daher ihre Nichtwiderlegbarkeit...“ (‚Urmensch und Spätkultur‘ S. 257)

Dem ist entgegenzuhalten — was im Verlauf dieser Untersuchung konkretisiert werden wird —, daß die Philosophie dann aufgerufen ist, die geistige Vermittlung zu leisten, wenn der Gegensatz von hypostasierter Transzendenz und alles in Immanenzzusammenhänge auflösender Reflexion sich zur Unversöhnbarkeit gesteigert zu haben scheint.

3. Das Darstellungsproblem bei Nietzsche: Aphorismus und System

Die Problematik der Philosophie seit dem 19. Jahrhundert hängt bei Nietzsche auch mit dem Darstellungsproblem zusammen, das sich mit der Aphoristik seit ‚Menschliches, Allzumenschliches‘ auftut und sich später in der Darstellungsform des ‚Zarathustra‘ und den lyrischen Abschlüssen verschiedener Schriften Nietzsches fortsetzt, wobei auch noch auf die Andeutung und die Ellipse als typische Stilmittel Nietzsches hinzuweisen ist.

Die methodische Beschränkung auf die zugespitzte Formulierung von Resultaten auf der Ebene der Darstellung scheint auf der inhaltlichen Ebene ihr Korrelat in der Negation der Subjektivität und Extramundanität des Menschen zu haben. Während in der Hegelschen Dialektik durch die Entfaltung aller jeweils denkbaren Argumente pro und contra die Dialogik des Miteinandersprechens erinnert ist, will der Aphorismus, der keinen Raum mehr für Argumente läßt, schlagend treffen[20]. Der Positivismus, die Verdinglichung des Menschen tritt bei Nietzsche sowohl in der Darstellung — in der Reduktion auf die Mitteilung von Resultaten — als auch im Inhalt — in der Reduktion des Menschen auf das bloß Seiende — auf; denn die Subjektivität als unendliche Vermittlung mit sich selbst, deren Verabsolutierung die Gegenposition zu Nietzsche, die Reflexionsphilosophie, definiert, wird bei Nietzsche schon in der Darstellungsform eliminiert, insofern der Aphorismus durch die Reduktion der Darstellung aufs Resultat die Vermittlung, das Denken selbst unterbelichtet und sich auf eine Unmittelbarkeit borniert, die aber gerade beim Aphorismus wiederum eine aufgehobene Vermittlung ist. Dies ist zu explizieren: Schon mit dem Titel ‚Menschliches, Allzumenschliches‘ wird von Nietzsche der Anspruch erhoben, das in der Überlieferung als an sich seiend Geltende als ein in einer bestimmten Situation vom Menschen aus einem bestimmten Interesse Hervorgebrachtes durchschaut zu haben; analog dazu — auf einer anderen Ebene, der der Prinzipien von Erkenntnis — wurden durch Kants transzendentale Fragestellung alle Substanzen zu Funktionen sublimiert; während jedoch Kant, da er die Frage nach den Bedingungen der Möglichkeit von Erkenntnis stellt, die als Funktionen des Verstandes durchschauten Substanzen auf das reine und damit ahistorische Bewußtsein zurückführt, fragt Nietzsche nach den Bedingungen der Wirklichkeit und damit nach der Genese in der Zeit, womit die Geschichte als Inbegriff aller Bedingungen der Wirklichkeit in den Mittelpunkt der Betrachtung rückt:

> „Alle Philosophen haben den gemeinsamen Fehler an sich, daß sie vom gegenwärtigen Menschen ausgehen und durch eine Analyse desselben ans Ziel zu kommen meinen. Unwillkürlich schwebt ihnen ‚der Mensch‘ als eine a e t e r n a   v e r i t a s, als ein Gleichbleibendes in allem Strudel, als ein sicheres Maß der Dinge vor. Alles, was der Philosoph über den Menschen aussagt, ist aber im Grunde nicht mehr als ein

---

[20] Siehe die Überschrift aus ‚Götzendämmerung‘: „Sprüche und Pfeile“.

Zeugnis über den Menschen eines sehr beschränkten Zeitraumes. Mangel an historischem Sinn ist der Erbfehler aller Philosophen." (I, 448)

Nietzsche hat Hegel nur von der exoterischen Seite her gekannt, und die Bedeutung der Eliminierung des Geschichtlichen in Kants prinzipiellen Untersuchungen nicht begriffen: nämlich die Notwendigkeit der Annahme des Begriffs der Menschheit als prinzipieller Voraussetzung der Verbindlichkeit eines Gesetzes überhaupt.

Wenn es nun keine ,ersten und letzten Dinge' — so die Überschrift des ersten Hauptstückes von ,Menschliches, Allzumenschliches' — gibt, dann ist der Metaphysik qua prima philosophia der Boden entzogen und an ihre Stelle tritt die Philosophie der Geschichte oder, wie Nietzsche es nennt, „das historische Philosophieren":

> „Alles aber ist geworden; es gibt k e i n e   e w i g e n   T a t s a c h e n : so wie es keine absoluten Wahrheiten gibt. Demnach ist das h i s t o r i s c h e   P h i l o s o p h i e r e n von jetzt ab nötig und mit ihm die Tugend der Bescheidung." (I, 448)

Die Wahrheit kann also nicht in Form von Definitionen oder Urteilen oder gar absoluten Grundsätzen ausgesprochen werden:

> „Ein einzelnes Urteil ist niemals ,wahr', niemals Erkenntnis; erst im Z u s a m m e n h a n g ,   i n   d e r   B e z i e h u n g von vielen Urteilen ergibt sich eine Bürgschaft." (III, 885)

Wie aber kann Erkenntnis dann ausgesprochen werden? Folgt nicht aus der Einsicht in die Unwahrheit aller philosophischen Aussagen, die das Werden zum Seienden feststellen, daß das Wahre als das Ganze zu begreifen ist und daraus wiederum die systematische Darstellung des universalen Prozesses des Werdens und Vergehens als methodische Konsequenz? So wie bei Kant die Ablösung des Substanzbegriffes durch den Funktionsbegriff die Substituierung der Metaphysik durch den in Wirklichkeit nie zu vollendenden Prozeß der Wissenschaft, nämlich der Erkenntnis und Darstellung der Reihe der Bedingungen bis zum Unbedingten nach sich zieht, müßte Nietzsches methodisches Ziel ein System der Geschichtsphilosophie sein; doch dies ist für Nietzsche, der in einer späteren Sentenz das System als einen Beweis für die Unredlichkeit eines Philosophen ansieht, — „Ich mißtraue allen Systematikern und gehe ihnen aus dem Weg. Der Wille zum System ist ein Mangel an Rechtschaffenheit." (,Götzendämmerung', II, 946) — ein Irrweg:

> „Dem wissenschaftlichen Menschen erscheinen auf seinen bescheidenen und mühsamen Wanderungen, die oft genug Wüstenreisen sein müssen, jene glänzenden Lufterscheinungen, die man ,philosophische Systeme' nennt: sie zeigen mit zauberischer Kraft der Täuschung die Lösung aller Rätsel . . . in der Nähe." (I, 755)

Die Ablehnung des Systems[21] als Darstellungsform durch Nietzsche, der diesen Begriff im krudesten Sinne nimmt, beruht auf der unmittelbaren, die Dialektik zur

---

[21] Karl Schlechta ist durchaus zuzustimmen, wenn er die Kategorien ,Hauptwerk' und ,System' als für die Nietzscheinterpretation unbrauchbar zurückweist:
„Schon der Gedanke an ein ,Hauptwerk' — im systematischen Sinne — stellt ein Mißverständnis in bezug auf Nietzsches Denkweise, auf Nietzsches philosophischen Stil dar.

Realdialektik herabsetzenden Rezeption Heraklits, die alles Sein in Werden auf-
löst. Realdialektisch dabei ist die Subsumtion des Erkennens und der Sprache unter
diesen rein ontischen Prozeß; statt die erste übersinnliche Welt der Reflexion zur
Dialektik, dem dritten Teil der Logik hin zu verlassen, fällt Nietzsche hinter die
Reflexionsstufe zurück in die Ontologie:

> „Im Werdenden kann sich ein Werdendes nicht als fest und dauernd, nicht als ein
> ‚das‘ spiegeln.“ (I, 750)

Hier muß eingewendet werden, daß, wenn überhaupt, dann nur in einem Werdenden sich ein Werdendes als Gleichbleibendes spiegeln kann, während in einem
Gleichbleibenden ein Werdendes sich nur als Werdendes spiegeln kann.

Nietzsches Argument trifft nicht den dialektischen Begriff des Systems, da
dieser sowohl die Abgeschlossenheit als auch Offenheit enthält, während Nietzsche
ein System nur als abgeschlossenes sich vorstellen kann. Wenn nun der Strom des
Werdens und Vergehens schon wegen seiner Endlosigkeit nicht durch ein abgeschlossenes System theoretisch eingeholt werden kann, so bleibt jede philosophische
Aussage, ja jede Theorie Fragment und wird zur Ideologie, wenn dies vergessen
oder in der Darstellung nicht reflektiert wird:

> „Eine Erbsünde der Philosophen. — Die Philosophen haben zu allen Zeiten die
> Sätze der Menschenprüfer (Moralisten) sich angeeignet und v e r d o r b e n , dadurch,
> daß sie dieselben unbedingt nahmen und das als notwendig beweisen wollten, was
> von jenen nur als ungefährer Fingerzeig oder gar als land- oder stadtsässige Wahr-
> heit eines Jahrzehnts gemeint war.“ (I, 746)

Die einzig übrigbleibende Form des sprachlichen Ausdrucks einer Erkenntnis ist
dann die des Aphorismus, d. h. die Ausdrucksform, die gerade dadurch, daß sie den
verborgenen Fragmentcharakter jeder Erkenntnis zugleich darstellt, dem Bereich
des Fragmentarischen und nur ganz eingeschränkt Gültigen entrinnen soll, so wie
die Situationsenthobenheit des Sprechens[22] sich der Aufnahme der Situation in die
Sprache, in den sprachlichen Kontext verdankt:

> „Das Unvollständige als das Wirksame. — Wie Relieffiguren dadurch so stark
> auf die Phantasie wirken, daß sie gleichsam auf dem Wege sind, aus der Wand her-
> auszutreten und plötzlich, irgendwo gehemmt, haltmachen: so ist mitunter die

Seit ‚Menschliches, Allzumenschliches‘ war und blieb Nietzsche immer Aphoristiker.
Der Aphorismus ist die seinem Denken allein adäquate Form.“ (a. a. O. S. 72).
Der Versuch Heintels, „Nietzsches ‚System‘ in seinen Grundbegriffen“ darzustellen,
verrät m. E. schon durch die Verwendung der Kategorie des Grundbegriffes ein eminen-
tes Mißverstehen des Darstellungsproblems in Nietzsches Werk; hinzukommt, daß
Heintel einerseits das System eo ipso als geschlossenes vorstellt (‚Nietzsches System in
seien Grundbegriffen‘, S. 13), andererseits sich mit dem Aufweis der Grundspannung
von Freiheit und Notwendigkeit als Beweis für den systematischen Charakter des Werks
Nietzsches begnügt; es fehlt die philosophische Erhellung des Aphorismus als philosophischer Form in ihrem Zusammenhang mit dem Inhalt.
Überhaupt scheint bei der Begründung des Systemcharakters einer Philosophie durch den
Aufweis der Wiederkehr eines inhaltlichen Themas übersehen zu werden, daß „System“
ein Methodenbegriff ist. Charakteristisch für Nietzsche jedoch dürfte das Fragmenta-
rische in Form *und* Inhalt sein.
[22] Siehe B. Liebrucks a. a. O. I, 99.

reliefartig unvollständige Darstellung eines Gedankens, einer ganzen Philosophie
wirksamer als die erschöpfende Ausführung; man überläßt der Arbeit des Be-
schauers mehr, er wird aufgeregt, das, was in so starkem Licht und Dunkel vor ihm
sich abhebt, fortzubilden, zu Ende zu denken und jenes Hemmnis selber zu überwinden, welches ihrem völligen Heraustreten bis dahin hinderlich war." (I, 562)

Undeutlich bleibt hier, wie Nietzsche begrifflich den Aufforderungscharakter
des Aphorismus erklären will. Durch seine Reduktion der Reflexionsstufe auf die
Ontologie, die Eliminierung der absoluten Reflexion, gerät er in die Schwierigkeit,
das Sollen eliminiert zu haben und als Realdialektiker am Prinzip der Bewegung
festhalten zu müssen, eine Aporie, die uns noch im Zusammenhang des Gegensatzes von ‚Übermensch' und ‚letzter Mensch' begegnen wird.

Gerade die Hereinnahme des Fragmentarischen in die Form der Darstellung
soll diese also von ihm befreien:

> „Lob der Sentenz. — Eine gute Sentenz ist zu hart für den Zahn der Zeit und wird
> von allen Jahrtausenden nicht aufgezehrt, obwohl sie jeder Zeit zur Nahrung dient:
> dadurch ist sie das große Paradoxon in der Literatur, das Unvergängliche inmitten
> des Wechselnden, die Speise, welche immer geschätzt bleibt, wie das Salz, und nie-
> mals, wie selbst dieses, dumm wird." (I, 798)

Nietzsches Aphoristik scheint damit an sich auf dem Boden des Hegelschen
Satzes „Das Wahre ist das Ganze"[23] zu stehen:

> „Ein einzelnes Urteil ist niemals ‚wahr', niemals Erkenntnis; erst im Z u s a m -
> m e n h a n g , in der B e z i e h u n g von vielen Urteilen ergibt sich eine Bürgschaft."
> (III, 885)

Nietzsches Aphoristik soll ja gelingen, was er dem systematischen Philosophieren abspricht, nämlich das Transzendieren der Endlichkeit und Unwahrheit, der
das einzelne Urteil verhaftet bleibt, auch wenn durch Aneinanderreihung der Versuch einer totalen Erfassung des Stroms des Werdens und Vergehens unternommen
wird, der der — im Hegelschen Sinne — schlechten Unendlichkeit doch nie zu entrinnen vermag. Die Hegelsche Antwort auf diese unilineare schlechte Unendlichkeit
besteht in der Darstellung der Geschichte der Erfahrung des Bewußtseins durch
deren Gliederung in Stufen bzw. Gestalten, die nicht nebeneinander stehend das
Ganze der Erfahrung ausmachen — dann bliebe jede einzelne unwahr —, sondern
die durch Erinnerung der vorhergehenden immer konkreter werden. Dies gilt dann

---

[23] Siehe ‚Phänomenologie des Geistes' (herausg. von Hoffmeister 1952) S. 21; Aphorismus
und System schließen sich also nicht aus, sondern gehören zusammen als die beiden
denkbaren Wege der Philosophie; zum Problembewußtsein Hegels in Hinblick auf die
Grenze sprachlicher Darstellung von Erkenntnis, die eine Philosophie aus absoluten
Grundsätzen unmöglich machen, siehe ‚Enzyklopädie' (1830) § 31 Anm.:
„Ohnehin ist die Form des Satzes oder bestimmter des Urteils ungeschickt, das Konkrete — und das Wahre ist konkret — und Spekulative auszudrücken; das Urteil ist
durch seine Form einseitig und insofern falsch." Siehe auch ‚Logik' I, 76: „Es muß
hierüber sogleich im Anfange diese allgemeine Bemerkung gemacht werden, daß der
Satz, in Form eines Urteils, nicht geschickt ist, spekulative Wahrheiten auszudrücken ...
ist nun aber der Inhalt spekulativ, so ist auch das Nichtidentische des Subjekts und
Prädikats wesentliches Moment, aber dies ist im Urteil nicht ausgedrückt."

auch für das Verhältnis der verschiedenen Disziplinen zu einander. Das zugrunde-
Gehen der ‚Logik‘ ist das Werden der Naturphilosophie, deren zugrunde-Gehen
die Genese der Philosophie des Geistes. Die konkrete Durchführung dieses schon zu
Hegels Zeit problematischen Weges ist für Nietzsche ganz unmöglich geworden; die wachsende Unmöglichkeit für den Einzelnen, mehr als begrenzte Aus-
schnitte der Wissenschaften sich anzueignen, reflektiert sich schon innerhalb der
Philosophie als philologische Disziplin. Über diese empirische Schwierigkeit hinaus
ist daran zu erinnern, daß dies seine sachliche Relevanz hat: seit Kants Kritik der
Metaphysik setzt eine Krise des Wahrheitsbegriffs ein, unter deren Bann dann auch
Nietzsche steht: denn schon bei Kant wird prima Philosophia abgelöst durch den
regressus in indefinitum der Wissenschaft, so, daß ein einzelner Satz nie wahr sein
kann im vollen Sinn der theoretischen Erhellung aller Implikationen, da diese als
unendliche Reihe der Bedingungen nur fragmentarisch gegeben und prinzipiell nie
empirisch erfüllt sein kann. Die Krisis des Wahrheitsbegriffs erscheint bei Kant
auch in der Problematik des Chorismos von Sinnlichkeit und Intellektualität, der
im Zentrum der Kritik der Metaphysik steht. Kant reißt einerseits diesen Chorismos — in der Lehre von den beiden ‚Stämmen der Erkenntnis‘ — durch die Einengung des Anschauungsbegriffs auf, um ihn andererseits gegen die Erkenntnis „aus
reiner Vernunft“ auszuspielen, die wiederum erst das Resultat jener Einengung ist.

System und Aphorismus sind die beiden Versuche der Lösung dieser Schwierigkeit der Philosophie, wobei im System das Moment der Sinnlichkeit unterbelichtet
ist, während es im Aphorismus stärker hervortritt, zumal dieser mehr vom Bildlichen lebt. Eine die Geschichtlichkeit eliminierende direkte Vergleichung von
System und Aphorismus erreicht nicht die Höhe des Problems, da beide Dar-
stellungsformen die Geschichtlichkeit der Erkenntnis reflektieren. Ferner weiß
gerade Hegel, daß die Erkenntnis einer geschichtlichen Gestalt des Bewußtseins das
sich Verabschieden des Menschen von ihr bedeutet. In der Vorrede zur Rechtsphilosophie stellt Hegel deshalb die Philosophie an das Ende einer Epoche, die wir
heute als die Bauernkultur (Freyer) bezeichnen. Da ferner die Substanz als Subjekt
begriffen werden muß, oder anders ausgedrückt, die Erscheinung dem Wesen
wesentlich ist, darf gerade nach Hegel — dieses ‚nach‘ im doppelten Sinne verstanden — keine Philosophie mehr als System auftreten, denn die Darstellung ist
untrennbar vom Inhalt, wenn die Erscheinung dem Wesen wesentlich ist. Ist aber
die Darstellung untrennbar vom Inhalt, so kann Philosophie nach dem Ende einer
Epoche, wenn deren Momente auseinanderfallen, nicht mehr als System auftreten;
hier bleibt die Alternative von Einzeluntersuchung und Aphorismus als Surrogat
des Systems.

Nietzsches Schwäche erscheint mir deshalb immer dann unübersehbar zu werden, wenn er das Evokatorische des Aphorismus vergißt und selber systematische
Gedanken wie den vom Willen zur Macht vorträgt.

Nietzsche antwortet auf die Frage nach dem Verhältnis von Philosophie und Wissenschaft mit der Behauptung der Möglichkeit einer Stufenfolge Wissenschaft — Philosophie, aber die wirkliche Durchführung dieser These fehlt:

> „Ich bestehe darauf, daß man endlich aufhöre, die philosophischen Arbeiter und überhaupt die wissenschaftlichen Menschen mit den Philosophen zu verwechseln . . . Es mag zur Erziehung des wirklichen Philosophen nötig sein, daß er selbst auch auf allen diesen Stufen einmal gestanden hat, auf welchem seine Diener, die wissenschaftlichen Arbeiter der Philosophie, stehen bleiben — stehen bleiben müssen;" (II, 676)

Diese Lücke überspringt der Aphorismus, und zwar nicht nur metaphorisch gesprochen; denn Nietzsche begründet, wenn auch nicht in extenso, sondern selbst wiederum aphoristisch, den Aphorismus antiplatonisch mit der spezifischen Vergänglichkeit des zu erkennenden u n d darzustellenden Gegenstandes des Aphorismus:

> „Ich halte es mit tiefen Problemen wie mit einem kalten Bade — schnell hinein, schnell hinaus . . . Bleibt wirklich eine Sache dadurch allein schon unverstanden und unerkannt, daß sie nur im Fluge berührt, angeblickt, angeblitzt wird? Muß man durchaus erst auf ihr festsitzen? auf ihr wie auf einem Ei gebrütet haben? Diu noctuque incubando, wie Newton von sich selbst sagte? Zum mindesten gibt es Wahrheiten von einer besonderen Scheu und Kitzlichkeit, deren man nicht anders habhaft wird als plötzlich — die man überraschen oder lassen muß —" (II, 256).

Der Aphorismus als Darstellungsform, der geniale Einfall als erkenntnistheoretische Grundfigur und der antiplatonische Versuch, gegen den Wert des Ewigen das Vergängliche, „das Goldaufblitzen am Bauch der Schlange vita" (III, 559) zu setzen, stellen also nur verschiedene Aspekte des gegen die eleatische Tradition der Metaphysik gerichteten Axioms der Philosophie Nietzsches dar.

Der Aphorismus erreicht die Wirklichkeit durch Artikulierung eines Moments, die zugleich durch den Reichtum ihrer Bezüglichkeiten das Ganze in nuce enthält, aufstrahlen läßt und dadurch der Unwahrheit der bloß punktuellen Relevanz entnommen ist. Die Schwierigkeit, den Begriff des Aphorismus als philosophische Form darzustellen, die sich im von mir verwendeten Bild des ‚Aufstrahlens‘ im letzten Satz bemerkbar macht, liegt in der Sache begründet: denn wenn der Aphorismus wahrer ist als die philosophische Prosa, kann sein Wesen nicht anders als wiederum selbst in Aphorismen dargestellt werden[24]. Die unbestreitbare Ver-

---

[24] Siehe hierzu Heinz Krüger ‚Studien über den Aphorismus als philosophische Form‘, Dissertation, Frankfurt/Main 1956, S. 94.

[25] Siehe Heinz Krüger a. a. O. S. 85:
„In der paradoxen Koinzidenz von Anerkennung und Ablehnung gründet sich nicht nur die oft genug das Verständnis täuschende und dem Verstand zum Ärgernis werdende Doppeldeutigkeit der von Nietzsche verwendeten metaphysischen Begriffe, sondern auch das Hintergründige seiner Urteile über Philosophie, Religion, Moral, Gesellschaft, die deshalb nicht so sehr im Sinne ihres sprachlichen Ausdrucks, viel eher aber als Entfaltungsmomente eines aus der Umklammerung der Sprache sich befreienden Denkens zu interpretieren sind. Da Nietzsche aus der Sprache mit ihrer eigenen Kraft

wandtschaft des Aphorismus mit der Dialektik[25] birgt jedoch die Gefahr in sich,
die jeder in Bildern verbleibenden, den Begriff nicht erreichenden ‚Realdialektik'
droht, nämlich methodisch die Gefahr des Zurückfallens hinter die Reflexionsphilosophie, inhaltlich die des Rückfalls hinter den Humanismus der Aufklärung;
der entscheidende Unterschied zwischen Nietzsches Aphoristik und Hegels Dialektik besteht darin, daß der Aphorismus das Ganze nur der Möglichkeit nach[26] enthält, während die Dialektik durch die Arbeit des Begriffs das Ganze, übergehend
vom unmittelbar auftretenden Urteil zum Schluß als dessen Vermittlung, explizit
darzustellen versucht:

> „Denn die Sache ist nicht in ihrem Zwecke erschöpft, sondern in ihrer Ausführung,
> noch ist das Resultat das wirkliche Ganze, sondern es zusammen mit seinem Werden;"
> (‚Phänomenologie des Geistes' S. 11)

Nietzsches Aphoristik droht dagegen die Darstellung des Werdens des Begriffs
zu eliminieren und sich auf eine in der sprachlichen Gestalt wirksam zugespitzte
Mitteilung von Resultaten zu beschränken:

> „Die meisten Denker schreiben schlecht, weil sie uns nicht nur ihre Gedanken,
> sondern auch das Denken der Gedanken mitteilen." (I, 563)

Die Kehrseite dieses Vorgehens besteht dann freilich darin, daß die Vermittlung der pointierten Resultate durch Aufschlüsselung des nicht dargestellten Kon-
textes, welche Vermittlung vom Aphorismus selbst nicht dargestellt wird, also
durch eine Auslegung[27] von seiten des Lesers vorgenommen werden muß:

> „Ein Aphorismus, rechtschaffen geprägt und ausgegossen, ist damit, daß er abgelesen
> ist, noch nicht ‚entziffert'; vielmehr hat nun erst dessen A u s l e g u n g zu beginnen,
> zu der es einer Kunst der Auslegung bedarf." (II, 770)

Unterdrückung der Erscheinung der Vermittlung, der Genese und damit eine
ungewollte Rückkehr zur Philosophie der reinen d. h. ungeschichtlichen Formen,
also Aristokratismus sowohl in Form als auch Inhalt, Ontologie, nämlich Identifizierung des Denkens mit dem Moment der Funktion an Stelle der Vermittlung von
Funktion und Reflexion scheinen also spezifisch für die Struktur des Aphorismus
als philosophische Form, wie Nietzsche sie auffaßt, zu sein, so daß der inhaltliche
Rückfall hinter den Humanismus der Aufklärung sein formales Korrelat im
Aphorismus hat.

---

auszubrechen versucht, soll man ihn nicht allein ‚beim Wort nehmen', sondern auch die
dialektische Verwendung der Worte beobachten."

[26] Wohl gegen seine Intention spricht Fink ein vernichtendes Urteil über Nietzsches Darstellungsniveau, wenn er die Aphoristik als Surrogat, das hinter dem Gemeinten zurückbleibt, auffaßt: „Nietzsches Gedanken — und das gilt grundsätzlich — sind immer
tiefer und wesentlicher als seine Begründungen, Beweise und Aufweise." (‚Nietzsches
Philosophie' S. 149).

[27] Siehe auch Fink a. a. O. S. 103:
„Man hat den ‚Zarathustra' nicht gelesen … wenn man nicht die Gleichnisse zu über-
setzen vermag in Gedanken."

4. Nietzsches Entwicklung
im Zusammenhang seiner Stellung zur Aufklärung

Damit sind wir vor die für das Problem ‚Nietzsche‘ wichtige Frage nach der Möglichkeit und der Problematik einer Rückwendung bzw. Wiederaufnahme der Antike geraten. Diese Frage kann m. E. nur einer Lösung näher gebracht werden auf dem Umweg über eine Reihe ihr scheinbar nicht zugehöriger Gedankengänge, die das Spannungsfeld zwischen Kant und Nietzsche bilden; in dessen Brennpunkt liegt die Dialektik der Aufklärung, weshalb eine die Ebene der bisherigen Nietzscheinterpretationen verlassende Untersuchung Nietzsches Werk vor dem Hintergrund der Kantischen und der Hegelschen Philosophie zu begreifen hat.

Nicht nur die Tatsache, daß Nietzsche mit ‚Menschliches, Allzumenschliches‘ seine philosophische Form der Darstellung, die Aphoristik gefunden hat, läßt dieses Werk als Wendepunkt in seiner Entwicklung erscheinen; auch inhaltlich markiert ‚Menschliches, Allzumenschliches‘ eine Zäsur innerhalb der Werke Nietzsches; am deutlichsten tritt der Bruch im Hinblick auf die Stellung der Kunst hervor: während in der ‚Geburt der Tragödie‘ die Welt „nur als ästhetisches Phänomen gerechtfertigt“ ist, erhält die Kunst für den Aufklärer Nietzsche die Stellung, die die Religion bei Marx einnimmt, nämlich durch unwahre Antizipation der humanen Gesellschaft die wirkliche Verbesserung zu verhindern, zumindest nicht zu fördern. Während in den ‚Unzeitgemäßen Betrachtungen‘ die in den Kategorien Nietzsches längst vorhandene und herrschende Reflexionsstufe noch verdeckt wird durch das im Vordergrund stehende praktische Interesse an der Abschaffung, zumindest aber Unterdrückung des kritischen, durch seine Orientierung an der historischen Entstehung das Leben und die lebenserhaltenden Horizonte und Institutionen gefährdenden Bewußtseins der Aufklärung, identifiziert sich Nietzsche von ‚Menschliches, Allzumenschliches‘ an mit der bis dahin von ihm bekämpften Stufe der Aufklärung, der kritischen Reflexion auf die Genese der metaphysischen, religiösen und moralischen Inhalte der Tradition, und zwar in einem Grade, der in Deutschland bis dahin unerhört war.

Bis heute wurden deshalb von der Mehrheit der Nietzscheinterpreten die Früh- und Spätschriften bevorzugt, sieht man vom ‚Zarathustra‘ ab: man orientierte sich an der frühen ‚Geburt der Tragödie‘, dem ‚Zarathustra‘ und dem ‚Willen zur Macht‘. Die m. E. Nietzsche wirklich repräsentierenden mittleren Schriften von ‚Menschliches, Allzumenschliches‘ an wurden eigentlich nie rezipiert, sondern als Marginalien zu den ‚Hauptwerken‘ aufgefaßt. So sieht z. B. Fink in ‚Menschliches, Allzumenschliches‘ mehr eine Zwischenstufe, die durch eine „positivistische Denkart“ (a. a. O. S. 54) bestimmt sei, die Nietzsche rasch durchlaufen habe als „ein Mittel zur Befreiung, zum Abwerfen der Traditionen“ (ebenda), wobei ihm jedoch „eine verhängnisvolle Hypothek“ bleibe, „die immer wieder sein Philosophieren belastet als seine Sophistik“ (ebenda).

Mit ‚Menschliches, Allzumenschliches' beginnt auch die sich später zum Haß steigernde Abneigung Nietzsches gegen ‚die Deutschen'. Das hat seine sachliche Relevanz: Nietzsche geht von nun an einen in der deutschen Geschichte immer nur kurz betretenen und dann schnell wieder verlassenen Weg zu Ende; die Aufklärung hatte in Deutschland — und darüber können auch nicht Lichtenberg, Heinse und später Stirner, die ja auch nur ephemere Erscheinungen blieben, nicht hinwegtäuschen — nie einen Exponenten vom Niveau des Engländers Sterne oder des Franzosen Diderot, die nun nach Wagner und Schopenhauer die Vorbilder Nietzsches werden. Zu schnell für die Reifung dieser Bewußtseinsstufe zum Nihilismus oder auch nur Atheismus wurde sie von der Dichtung der deutschen Klassik — man denke an das Schicksal des ‚Sturm und Drang' — und der großen Philosophie von Kant bis Hegel zu deren kritischem Moment aufgehoben.

Nietzsche bezeichnet selbst in ‚Ecce homo' ‚Menschliches, Allzumenschliches' als d e n Wendepunkt in seiner Entwicklung:

> „Menschliches, Allzumenschliches' ist das Denkmal einer Krisis. Es heißt sich ein Buch für freie Geister: fast jeder Satz darin drückt einen Sieg aus — ich habe mich mit demselben vom Unzugehörigen in meiner Natur freigemacht. Unzugehörig ist mir der Idealismus: der Titel sagt ‚wo ihr ideale Dinge seht, sehe ich — Menschliches, ach nur Allzumenschliches!' (II, 1118)

Ob Nietzsche hier mehr als nur eine antiidealistische Geste gibt, ist fraglich; zumindest ist die Bedeutung des Wortes ‚Idealismus' in diesem Nietzschezitat problematisch; die ‚idealen Dinge' deuten auf einen Idealismus im Platonischen Sinne, während Nietzsches eigene hier eingenommene Position — das Durchschauen von idealem Ansichsein als Resultat einer Hypostase — es berechtigt erscheinen läßt, ihn als subjektiven Idealisten zu bezeichnen.

Die durch Nietzsche also selbst begründete Auffassung von ‚Menschliches, Allzumenschliches' wurde nun schon von den ersten Nietzschekommentatoren an zum Grund für eine Dreiteilung des Gesamtwerkes Nietzsches genommen, der Art, daß auf die unkritischen Schriften, ‚Die Geburt der Tragödie' und die ‚Unzeitgemäßen Betrachtungen', die zweite Periode der kritischen Ernüchterung, die ihre biographische Parallele in der Abkehr Nietzsches von Wagner habe, folgte; als deren Resultat seien ‚Menschliches, Allzumenschliches', ‚Die Morgenröte' und die ‚Fröhliche Wissenschaft' anzusehen, worauf dann als dritte Periode die Schriften vom ‚Zarathustra' bis zum ‚Antichrist' als die positive Antwort auf den Nihilismus der zweiten Periode — gelagert um die Begriffe ‚Wille zur Macht' und ‚Ewige Wiederkehr des Gleichen' — den Abschluß bildeten. Ich gebe einige Beispiele aus der Nietzscheliteratur:

> „Auch ohne die eigene Erklärung Nietzsches zu kennen, müßten wir schon durch den ungleichen Charakter seiner Schriften bestimmt werden, diese in drei Gruppen zu sondern und drei Perioden der philosophischen Entwicklung ihres Autors zu unterscheiden." (A. Riehl ‚Friedrich Nietzsche' S. 57)
> „Die Zersetzung der ersten, unkritischen Periode besorgten ja die Werke der zweiten Periode von selbst, und die Kritik des Utilitarismus und Intellektualismus aus der

zweiten Periode wurde wiederum von den letzten Schriften angestellt." (Raoul
Richter ,Friedrich Nietzsche', 3. Aufl. 1917, S. 309)
> „Zwei kritische Wandlungen, vom verehrenden Jünger zum sich selbst befreienden
> Geist und vom freigewordenen Geist zum lehrenden Meister, begründen die Unter-
> scheidung von Nietzsches Schriften nach drei Perioden. Er glaubte zuerst ... an die
> Erneuerung der deutschen Kultur, er glaubte sodann, als schmerzlich freigewordener
> Geist, ,an gar nichts', ... bis er zuletzt, im Willen des Fatums, zum Lehrer der
> ewigen Wiederkehr wurde." (Karl Löwith ,Nietzsches Philosophie der ewigen Wieder-
> kehr des Gleichen', 1935, S. 22)

Auf das dialektische Moment dieser Dreiteilung, die Nähe der ersten zur
letzten Periode, was als Vermittlung der beiden ersten durch die dritte begriffen
werden könnte, wies dann Heintel hin:

> „Diese (die erste Periode, H. R.) steht besonders unter Mitberücksichtigung des Nach-
> lasses der Philosophie Nietzsches in der letzten Zeit oft sehr nahe, was also wieder
> mehr die Dreiteilung im Sinne der herrschenden Meinung (Thesis, Antithesis und
> Synthesis) begünstigen würde." (a. a. O. S. 166)

Gegen die früher übliche positive Bewertung der dritten Periode des ,lehrenden
Meisters' erhob meines Wissens als erster unbefangener Nietzscheinterpret Karl
Schlechta Bedenken; er argumentierte sowohl philologisch als auch philosophisch:
erstens erschütterte er durch seine philologischen Arbeiten[28] das von Nietzsches
Schwester inaugurierte Dogma von dem in den achtziger Jahren des 19. Jahrhunderts entstandenen ,Hauptwerks' mit dem Titel ,Wille zur Macht', wodurch der
Weg zu einer angemessenen Betrachtung der von Nietzsche selbst veröffentlichten,
insbesondere der mittleren Periode zugehörigen Werke frei wurde; zweitens
distanzierte sich Schlechta von der Ansicht, Nietzsche habe nicht nur in der Theorie
des Nihilismus die Diagnose der Krankheit des zeitgenössischen Bewußtseins vorgenommen, sondern auch noch deren Therapie zumindest vorbereitet:

> „Ich glaube, wir unterscheiden uns grundsätzlich darin, daß diese meine Kritiker
> irgendwie für einen neuen Anfang halten; oder — vorsichtiger ausgedrückt — daß
> sie meinen, er, Nietzsche habe doch auch einen Ausweg aus dem europäischen Nihi-
> lismus gefunden." (a. a. O. S. 96)

Allerdings ist die Gefahr, Nietzsches ,Therapie' weltanschaulich zu übernehmen, nach den geschichtlichen Erfahrungen heute nicht mehr sehr groß:

> „Man will keine kostspielige Diagnose, sondern man will handfeste Therapie. Und
> Nietzsches therapeutische Auskünfte sind durch die hinter uns — wirklich hinter
> uns? — liegende Katastrophe desavouiert." (a. a. O. S. 76)

Es ist deshalb nicht erstaunlich, wenn heute die Betonung auf Nietzsches Darstellung der Genese des Nihilismus liegt; die philosophische Frage stellt sich für uns
jedoch anders: die schockierenden Passagen des späten Nietzsche dürfen nicht als
bedauerliche Ausrutscher beiseite gebracht werden, vielmehr ist zu untersuchen, ob
sie ihre Genese nicht in den frühen und mittleren Schriften, insbesondere in
,Menschliches, Allzumenschliches' haben. Anders ausgedrückt: Diagnose und Therapie müssen bei Nietzsche zusammengesehen werden, es muß geprüft werden, ob die

---

[28] Siehe Karl Schlechta ,Der Fall Nietzsche' 1958 und den Anhang in Band III, S. 1383
bis 1423 der von Karl Schlechta 1956 in München herausgegebenen Nietzscheausgabe.

Diagnose des Nihilismus bei Nietzsche weit genug reicht, oder ob die Schwächen der Therapie nicht schon in der Diagnose stecken. Relevant in diesem Zusammenhang scheint mir besonders die Nietzschekritik Heideggers, der wohl die am weitesten reichende Interpretation Nietzsches vorgetragen hat, in den ‚Holzwegen‘ zu sein, wo er den Nihilismus schon in der Fragestellung Nietzsches, nicht erst in der Antwort zu erblicken glaubt:

> „Wenn jedoch der Wert das Sein nicht als das Sein sein läßt, was es als das Sein selbst ist, dann ist die vermeintliche Überwindung allererst die Vollendung des Nihilismus ... Ist jedoch, auf das Sein selbst gedacht, das Denken, das alles nach Werten denkt, Nihilismus, dann ist sogar schon Nietzsches Erfahrung von Nihilismus, daß er die Entwertung der obersten Werte sei, eine nihilistische.“ (S. 239)

Die Dreiteilung der Entwicklung Nietzsches verliert viel von ihrer Bedeutung, wenn, wie dies Erich Heintel schon unternahm, ein durchgehendes Thema in den Schriften Nietzsches aufgewiesen werden kann. Erich Heintel versuchte, die Einheit des Werkes Nietzsches vermittels des Nachweises einer grundsätzlichen Polarität, einer ‚Grundspannung‘, darzustellen:

> „Es wird sich zeigen, daß Nietzsches gesamtes Denken in allen Perioden aus einer Grundspannung heraus erfolgte, wobei Nietzsche im öffentlichen Wirken als Schriftsteller jeweils eine Seite stärker, oft scheinbar ausschließlich betonte.“ (a. a. O. S. 166)

Diese Grundspannung formulierte Heintel als Gegensatz von theoretischer Erkenntnis und ethischer Praxis (a. a. O. S. 157), als „Gegensatz zwischen theoretischem Naturalismus und ethischem Idealismus“ (a. a. O. S. 160 f.), oder „kurz gesagt: Nietzsche will Freiheit und Notwendigkeit in rein immanenter Betrachtung zusammendenken.“ (a. a. O. S. 179)

Gesetzt aber der Fall, dieses zentrale Thema sei die Lehre vom mit der Aufklärung manifest werdenden Nihilismus und seiner ‚Überwindung‘ durch entweder den Willen zur Macht oder eine ‚Theodizee‘ auf Grund der ewigen Wiederkehr, dann bedarf die Bewertung des mit ‚Menschliches, Allzumenschliches‘ unzweifelhaft gegebenen Wendepunktes einer Korrektur. Wenn Nietzsche an seinen früheren Schriften — vor ‚Menschliches, Allzumenschliches‘ — den ihm „unzugehörigen Idealismus“ kritisiert, so liegt die Gefahr nahe, der fast alle Kommentatoren erlagen, die Hintergründigkeit dieser Kategorie beim jungen Nietzsche zu übersehen. Die Eigenart der Darstellung des jungen Nietzsche, die mangelnde Begrifflichkeit, bewirkte, daß das Wort ‚Idealismus‘ hier unphilosophisch weltanschaulich verstanden wurde, wodurch das ganze Problem eliminiert war; inwieweit nämlich war der junge Nietzsche überhaupt ‚Idealist‘?

Als sein Grundthema ist m. E. die nihilistische Gleichsetzung von Erkenntnis der Wahrheit und Tod des Lebendigen, oder die Lehre von der Notwendigkeit des Irrtums, der Horizontbildung etc. anzusehen. Die Argumentation Nietzsches gegen den Historismus, allgemein gegen die Reflexionsstufe, erwies sich ihrer Struktur nach als selbst zur Reflexionsstufe gehörig. Der ‚Idealismus‘ des jungen Nietzsche ist also weit entfernt von jener naiv weltanschaulichen Grundstimmung, die der

Jugend gerne zugerechnet wird. Dieser Idealismus Nietzsches ist ein reflektierter
Idealismus, er weiß um die Unwahrheit des in ihm enthaltenen Platonismus. Der
reflektierte Idealismus des jungen Nietzsche kann demnach, da er vermittelt ist
durch seine bewußt praktische, die Aufklärung des Bewußtseins perhorreszierende
Zielsetzung, als Pragmatismus begriffen werden, wie überhaupt — was später
gezeigt werden wird — der Pragmatismus der in sich reflektierte Idealismus ist:

> „Hinter meiner ersten Periode grinst das Gesicht des Jesuitismus, ich meine: das
> bewußte Festhalten an der Illusion und zwangsweise Einverleibung derselben als
> Basis der Kultur." (,Die Unschuld des Werdens', Der Nachlaß, 1. Teil, herausgegeben
> von A. Baeumler, Kröner, S. 347)

Den Beleg für diese Interpretation bildet die von Nietzsche selbst nicht veröffentlichte Schrift ,Über Wahrheit und Lüge im außermoralischen Sinn' von 1873,
also aus der Entstehungszeit der ersten ,Unzeitgemäßen Betrachtung'[29]. Da
Nietzsche in der ,Geburt der Tragödie' einige seiner bedeutsamsten und bleibenden
Themen unter dem Wort ,Mythos' zusammenfaßte, andererseits der behauptete
Bruch in der Entwicklung Nietzsches unserer These zufolge als auf einem Übersehen der pragmatischen Tendenz des ,Idealismus' des jungen Nietzsche beruhend
in seiner generell behaupteten Radikalität bestritten wurde, sei diese unsere These
durch einen Rückblick auf die Problematik der Stellung des jungen Nietzsche zum
Mythos noch einmal begründet:

Es entspricht der auf der Dialektik der Aufklärung beruhenden zweiten Aufklärung, den Mythos gegen die durch die erste Aufklärung verabsolutierte Wissenschaft auszuspielen, und zwar nicht irrationalistisch, vom Gegensatz Glauben—
Wissen etwa her, sondern als z w e i t e   A u f k l ä r u n g   versucht sie, die theoretische Überlegenheit des Mythos der Wissenschaft gegenüber — im Sinne der
ersten Aufklärung — aufzuzeigen. Diese Bestimmung des Verhältnisses von
Mythos und Wissenschaft in der ,Geburt der Tragödie' kehrt z. B. bei W. F. Otto
wieder[30], — „jeder echte Mythos geht auf das   G a n z e   der Weltwirklichkeit ...

---

[29] Es war ebenfalls Erich Heintel, der auf die Bedeutung dieser Schrift hinwies, in der die
zentralen Themen und Thesen des späteren Nietzsche schon vorgetragen werden: „Wir
sehen also, daß Nietzsche in dieser frühen Schrift, in der er zum ersten Mal ein relativ
zusammenhängendes Ganzes von Gedanken in   e i g e n e r   Begriffssprache ausdrückt,
s e i n   g a n z e s   , S y s t e m'   v o r w e g n i m m t." (a. a. O. S. 185).

[30] Siehe hierzu auch Ernesto Grassi, ,Kunst und Mythos', Hamburg 1957, S. 90:
„Eine solche mythische Welt ist von der profanen grundsätzlich unterschieden, denn das
Profane setzt ein Zeitliches, Vergängliches voraus, ein Immer-Anders-Sein; es kennt
weder ein Zentrum der Wirklichkeit, noch eine Randzone, denn es betrachtet alles als
relativ, also veränderlich. Darum ist auch der profane Raum nie geschlossen, sondern
verliert sich ins Unübersehbare und Grenzenlose ... In seinen Handlungen erkennt er
nur noch eine Verantwortung historischer, d. h. relativer und zeitlich beschränkter Art
an — wogegen in der mythischen Welt alle Handlungen und Gesten exemplarischen
Charakter tragen, ,Wiederholungen' sind, vermittelst deren das Göttliche, Unvergäng-
liche, Ewig-Gegenwärtige verwirklicht wird." und ebenda S. 37:
„Das Spezifische der Empirie liegt darin, daß ihre Feststellungen niemals zur Ganzheit
eines Kosmos, einer geordneten Welt gelangen, wie es die Kunst tut."

weil der Mythos immer das Ganze der Weltwirklichkeit ... erfaßt, spricht er zugleich auch das Ganze des Menschen, das Sein des Menschen an." (‚Das Wort der
Antike‘, S. 361) —
der damit den traditionellen Vorwurf des Anthropomorphismus an die Wissenschaft zurückgibt, insofern er argumentiert, die Erfahrung und die Methoden, auf
die sich die Wissenschaft stütze, seien relativ auf einen kleinen Ausschnitt der
mythischen Welterfahrung:

> „Lächerlicherweise wirft diese Zeit dem antiken Göttermythos ‚Anthropomorphismus‘
> vor, während der radikalste Anthropomorphismus eben das Weltbild dieser Wissen-
> schaft und Technik der Kritiker selbst" ist (ebenda S. 360).

Diese eher philologische Rehabilitierung des Mythos leidet jedoch an einer
philosophischen Schwäche, deretwegen vielleicht Nietzsche diese Position von
‚Menschliches, Allzumenschliches‘ an verlassen hat: diese Bestimmung des Verhältnisses von Mythos und Wissenschaft ist nämlich selbst das Resultat einer aufgeklärten, reflektierten, historisch-philologisch gebildeten Bewußtseinsstufe[31]; der
Mythos dagegen ist gerade keine im neuzeitlichen Sinn theoretische Bewußtseins-
gestalt, sondern kann nur aufgefaßt werden als „das wahre Wort, nicht im Sinn
des richtig Gedachten, Beweiskräftigen, sondern des als Tatsache Gegebenen,
Offenbargewordenen, Geheiligten, und so unterschieden von jeder anderen Aussage" (W. F. Otto, a. a. O. S. 358), was aber wiederum nicht in eine erkenntnistheoretisch reflektierende Aussage übersetzt werden kann:

> „Der Mythos ist gar nicht zu übersetzen (so wenig sich eine Plastik oder ein Musik-
> werk in unsere Sprache übersetzen läßt), und er ist weder ‚richtig‘, noch ‚unrichtig‘.
> Richtig und unrichtig ist ein Gedankengang." (ebenda S. 359)

Ohne diesen Abstand zum Mythos könnte der Philologe wohl auch nicht den
Mythos als theoretische Position gegen die Welt der Aufklärung ausspielen, da
innerhalb der mythischen Welt diese Reflexion als Reflexion den Mythos zersetzen
würde. Anders ausgedrückt heißt dies, daß der auf Grund seiner historisch-
philologischen Bildung den Mythos ‚verstehende‘, moderne Mensch gerade als Ver-
stehender den Mythos mißversteht[32]. Dieses Problem wird uns auch noch im

---

[31] Diese Aporie formulierten Horkheimer und Adorno in der ‚Dialektik der Aufklärung‘
als Unversöhnlichkeit von Mythos und Aufklärung:
„Auf welche Mythen der Widerstand sich immer berufen mag, schon dadurch, daß sie
in solchem Gegensatz zu Argumenten werden, bekennen sie sich zum Prinzip der zer-
setzenden Rationalität, das sie der Aufklärung vorwerfen. Aufklärung ist totalitär."
(S. 16). —

[32] Die — der Intention nach — unmittelbare Wiederaufnahme des Mythos führt zum
schlechten Mythos, da der Mythos nicht gewollt, nicht direkt intendiert werden kann,
sondern nur als auch gegeben denkbar ist.
Bruno Liebrucks versucht deshalb, auf langen Umwegen über das Thema ‚Sprache und
Bewußtsein‘ einen Begriff des Mythos zu artikulieren, der den Gegensatz rational-
irrational, Gedanke-Bild transzendiert. Dieser Umweg über die Philosophie, die immer
an sich die Sprache intendierte, wo sie vom Absoluten sprach, besteht, global formuliert,
in dem Aufweis, daß Bewußtsein — Denken, Handeln etc. — immer mythisch war
und ist. Die moderne Auffassung sieht sonst im Mythos bloß eine andere Art des
Denkens, die uns dann wenig interessieren dürfte.

Zusammenhang der Grenze der direkten Intendierbarkeit, die bei der Bestimmung der Genese der Institutionen erscheint, beschäftigen; denn wenn auch die These zutrifft, daß Institutionen nicht auf zweckrationales Handeln zurückgeführt werden können, so gehört diese These selbst wiederum der institutionenzersetzenden Reflexion an; dies macht sich darin bemerkbar, daß in der Einsicht in die Nichtintendierbarkeit von Institutionen diese in Gegensatz zur Zweckrationalität geraten, welcher Gegensatz natürlich unwahr ist, da sich keine Institution halten läßt, die nicht auch zweckrational wirksam, also durch wirkliche Nützlichkeit prämiert ist.

Diesen Widerspruch im Versuch, eine vergangene Gestalt des Bewußtseins unmittelbar wiederbeleben zu wollen, was für eine vergangene Kultur ebenso gilt, hat schon Hegel in der ,Phänomenologie des Geistes' im Zusammenhang des ,Kampfes der Aufklärung mit dem Aberglauben' enthüllt:

> „Sowie daher die reine Einsicht für das Bewußtsein ist, hat sie sich schon verbreitet; der Kampf gegen sie verrät die geschehene Ansteckung; er ist zu spät, und jedes Mittel verschlimmert nur die Krankheit, denn sie hat das Mark des geistigen Lebens ergriffen . . ." (S. 387)

Es scheint mir deshalb auch zu einfach zu sein, wenn Ernst Cassirer versucht, den Antagonismus von Mythos und Aufklärung zu einem friedlichen Nebeneinander von Wissenschaft, Religion und Kunst zu mediatisieren[33]; philologisch ist dieses Vorgehen sicherlich korrekt, jedoch sobald die philosophische Frage nach der Wahrheit gestellt wird, kann man sich bei diesem Relativismus nicht beruhigen. Auch ein wirklich dem Mythos noch verbundener Mensch kann die ihm unerträgliche Aufklärung nicht dadurch kompensieren, daß er ihn vermittelst theoretischer Erwägungen, also durch Reflexion auf Formen der Erkenntnis verteidigt, sondern er wird den Sieg der Aufklärung selbst wiederum als mythischen Vorgang erfahren, wie Hölderlin[34]; er faßte das Verschwinden der mythischen Gestalten nicht als das Ende einer borniertem Bewußtseinsstufe auf, sondern stellte es im Gegenteil als sich vom Menschen Verabschieden der Götter dar, als ein sich Zurückziehen der Götter in andere Sphären, welchen mythischen Vorgang der aufgeklärte Mensch als Sieg der Aufklärung, als Resultat der Einsicht in die Unwahrheit des mythischen ,Weltbildes' fehlinterpretiere.

---

[33] Siehe ,Philosophie der symbolischen Formen' I, 8 f. und: „Jede von ihnen — wie die Sprache und der Mythos, die Religion und die Kunst — erweist sich jetzt als ein eigentümliches Organ des Weltverständnisses und gleichsam der ideellen Weltschöpfung, das neben der theoretisch-wissenschaftlichen Erkenntnis und ihr gegenüber seine besondere Aufgabe und sein besonderes Recht besitzt." (,Die Begriffsform im Mythischen Denken', in ,Wesen und Wirken des Symbolbegriffs', 1959, S. 7).

[34] Siehe hierzu z. B. die siebente und achte Strophe aus ,Brot und Wein'; auch Nietzsche spricht nicht von der Zerstörung der Illusion, es gäbe Gott, sondern vom ,Tode Gottes'; da dies logisch gesehen eine contradictio in adiecto ist, läßt Nietzsche diese Worte den ,tollen Menschen' sagen.

Nietzsche war kein Hölderlin, aber auch nicht so sehr der Philologie verhaftet, daß er sich bei einer bloß historischen Betrachtungsweise des Mythos beruhigt hätte. Ihn verbindet zwar mit W. F. Otto das Bewußtsein, daß der Mythos nicht nur eine bloß erkenntnistheoretisch relevante Variante ist, sondern eine Welt, die den Menschen die Natur und sich selbst vielleicht unverkürzter erfahren ließ. Aber gerade deshalb dürfte der Mythos nicht unverändert zurückzugewinnen sein. Jener Antagonismus von Mythos und Aufklärung reflektiert sich bei Nietzsche als Unvereinbarkeit von Leben und Wahrheit; spätestens in ‚Menschliches, Allzumenschliches‘ ist Fruchtbarkeit und Größe einer Bewußtseinsstufe kein Argument mehr für deren Wahrheit. Die unreflektierte Übernahme der frühen Position Nietzsches durch W. F. Otto bringt diesen zweifellos gegen seine Intention in bedenkliche Nähe zu einem ganz unmythischen Wahrheitsbegriff, nämlich dem pragmatischen:

> „Seine (des Mythos, Anm. von mir, H. R.) Wahrheit hat als Gegensatz nicht den Irrtum, sondern das Unursprüngliche, Unlebendige und Unschöpferische. Der echte Mythos bringt Lebendiges hervor." (a. a. O. S. 362)

Die Wahrheit dieses Satzes in dieser Form ist uns ein Vergangenes; er fällt unter den Satz, mit dem sich Nietzsches Wendung zu ‚Menschliches, Allzumenschliches‘ aufweisen läßt:

> „Der I r r t u m hat den Menschen so tief, so zart, erfinderisch gemacht, eine solche Blüte, wie Religionen und Künste, herauszutreiben. Das reine Erkennen wäre dazu außerstande gewesen." (I, 469)

Von ‚Menschliches, Allzumenschliches‘ an läßt Nietzsche sich also von der dem Nihilismus zugrunde liegenden These von der Tödlichkeit der Wahrheit, vor der er in den frühen Schriften in einen versteckten Pragmatismus auswich, auch methodisch leiten und wendet sich der skeptischen Reflexion der ‚ersten und letzten Dinge‘ der Metaphysik, Religion und Moral zu.

Das erste Hauptstück dieses Werkes trägt einen Titel, der in seiner Hintergründigkeit über dem gesamten Werke Nietzsches stehen könnte: ‚Von den ersten und letzten Dingen‘. Dieser Titel, der unmittelbar als Ankündigung metaphysischer Erörterungen verstanden werden kann und muß, erweist sich bei der Lektüre als ironisch, insofern in diesem Kapitel die ‚ersten und letzten Dinge‘ ad absurdum geführt werden sollen, und zwar nicht nur die metaphysischen Antworten, sondern auch schon die metaphysischen Fragestellungen[35]. Dieser Titel

---

[35] Arthur C. Danto, dessen Schrift über ‚Nietzsche as Philosopher‘ (1965 New York) Nietzsches Philosophie „from the perspective ... of contemporary analytical philosophy" (S. 13) her untersucht, verweist darauf, daß Nietzsches Metaphysikkritik die der analytischen Philosophie antizipiert: „The chief problem in philosophy, as he saw it, was not to try to provide solutions to the questions that had divided philosophers down the ages ... but rather to show how these quarrels might have arisen." (S. 70). Danto hebt die Verwandtschaft des ‚Irrationalisten‘ Nietzsche mit dem logischen Positivismus hervor, ohne sich jedoch auf die Frage einzulassen, — was ja im Kontext und ange-

scheint deshalb auf das Zentrum des Nietzscheschen Werkes zu deuten, weil er die Metaphysik Nietzsches, nämlich die Antimetaphysik einleitet:

> „Insofern aber alle Metaphysik sich vornehmlich mit Substanz und Freiheit des Willens abgegeben hat, so darf man sie als die Wissenschaft bezeichnen, welche von den Grundirrtümern des Menschen handelt — doch so, als wären es Grundwahrheiten." (‚Von den ersten und letzten Dingen' Nr. 18, I, 461)

Dieser Ausschnitt aus dem Werk Nietzsches, der m. E. stellvertretend für das gesamte Werk stehen kann, wird im Mittelpunkt der folgenden Untersuchungen stehen. — Eine ähnliche Rolle spielt in Nietzsches Schriften die ‚Götzendämmerung' — auch hier deutet der Titel auf Desillusionierung, Entlarvung wie in ‚Menschliches, Allzumenschliches'; sie kann jedoch wegen mancher Verkürzungen nicht dem ersten Hauptstück aus ‚Menschliches, Allzumenschliches' an die Seite gestellt werden, zumindest als Gegenstand einer Untersuchung wie der unsrigen, obwohl die sprachliche Darstellungskraft Nietzsches hier ihren Höhepunkt erreicht, vielleicht jedoch auch ihre Grenze zu überschreiten beginnt.

Da alle Hauptthemen Nietzsches in diesem ersten Kapitel von ‚Menschliches, Allzumenschliches' auftreten, werden wir die Interpretation von diesem Abschnitt ausgehen lassen und dadurch die Vielheit der Gedanken des ganzen Werkes zusammenzubinden versuchen, ohne jener Mannigfaltigkeit Gewalt anzutun so, als ob sie bruchlos jenem Ausschnitt subsumiert werden könnten.

---

sichts der Reflexionshöhe der Philosophie Nietzsches durchaus denkbar wäre —, ob Irrationalismus und logischer Positivismus eine vollständige Disjunktion oder auch nur eine Alternative bilden:

„I want only to emphasize that Nietzsche, who is so naturally taken as a precedor of the irrationalistic tendency in contemporary philosophy, in his own writings exhibits attitudes toward the main problems of philosophy which are almost wholly in the spirit of Logical Positivism." (S. 82 f.).

II.
HISTORISMUS UND GESCHICHTLICHKEIT

Schon die beiden ersten Abschnitte des ersten Hauptstücks ‚Von den ersten und letzten Dingen' aus ‚Menschliches, Allzumenschliches' manifestieren eine Wandlung in Nietzsches Entwicklung, die den bei der Lektüre Nietzsches chronologisch verfahrenden Leser an der Identität des Autors zweifeln lassen könnte: Der ehedem gegen Historismus und Aufklärung polemisierende Nietzsche fordert nun eine „Chemie der Begriffe und Empfindungen", sieht die „historische Philosophie", „die allerjüngste aller philosophischen Methoden" als Korrelat der Naturwissenschaft an und erblickt den „Erbfehler der Philosophen" im „Mangel an historischem Sinn":

> „Alles aber ist geworden; es gibt k e i n e e w i g e n T a t s a c h e n : so wie es keine absoluten Wahrheiten gibt. — Demnach ist das h i s t o r i s c h e P h i l o - s o p h i e r e n von jetzt ab nötig und mit ihm die Tugend der Bescheidung." (I, 448)

Im bisher für ihn selbst definitiven Platonismus hingegen sieht Nietzsche d e n Irrtum der Philosophen, denen „‚der Mensch' als eine a e t e r n a v e r i t a s , als ein Gleichbleibendes in allem Strudel, als ein sicheres Maß der Dinge vor" schwebe (ebenda).

Der Fortgang der Untersuchung ist durch zwei aus dem Gesagten resultierende Fragen bestimmt, die jene Wandlung reflektieren: Als was faßt der junge Nietzsche vor „Menschliches, Allzumenschliches" den von ihm bekämpften Historismus auf? Welchen Stellenwert hat die Kategorie der Geschichtlichkeit innerhalb der Entwicklung Nietzsches vom Platonismus der frühen Periode zur Geschichtsphilosophie von ‚Menschliches, Allzumenschliches' an?

Über die Klärung der Tiefe des anscheinend vorliegenden Einschnitts in der philosophischen Entwicklung Nietzsches hinaus soll das folgende Kapitel (II, 1/2) nicht nur diesbezügliche kurrente Fehlinterpretationen korrigieren; auch das nihilistische Grundschema der Tödlichkeit der Wahrheit und damit die Dialektik der Aufklärung, die in der ambivalenten Haltung Nietzsches zur Geschichte erscheint, wird nun im Zusammenhang der lebensphilosophischen Historismuskritik Nietzsches weiter expliziert werden.

1. Die Historismuskritik des jungen Nietzsche

Schon der Titel ‚Unzeitgemäße Betrachtungen‘, deren zweites Kapitel ‚Vom Nutzen und Nachteil der Historie für das Leben‘ die in der ‚Geburt der Tragödie‘ begonnene Darstellung des Zusammenhangs zwischen aufgeklärtem, historisch gebildetem Bewußtsein und der Gefahr für die Erhaltung des Individuums und der Kultur fortführt, zeigt die Ambivalenz und innere Widersprüchlichkeit der Stellung des frühen Nietzsche zur Geschichte; unzeitgemäße Betrachtungen beziehen sich auf eine bestimmte geschichtliche Situation und sollen diese zugleich von einem übergeschichtlichen Gesichtspunkt aus erhellen, wobei dieser selbst wiederum von dem durch die historischen Wissenschaften vermittelten Wissen von einer bestimmten historischen Epoche, nämlich der griechischen Antike, abhängt:

„... daß ich nur, sofern ich Zögling älterer Zeiten, zumal der griechischen bin, über mich als ein Kind dieser jetzigen Zeit zu so unzeitgemäßen Erfahrungen komme.“ (I, 210)

Diese Distanz ermöglicht dann auch die Erkenntnis der geschichtlichen Vermittlung des historischen Bewußtseins selbst:

„Der Ursprung der historischen Bildung ... muß selbst wieder historisch erkannt werden, die Historie muß das Problem der Historie selbst auflösen, das Wissen muß seinen Stachel gegen sich selbst kehren.“ (I, 261)

Hiermit ist der Schritt aus der ersten in die zweite Phase der Aufklärung vollzogen: das durch die historische Bildung bestimmte Bewußtsein der Aufklärung wird selbst als geschichtlich vermittelte Gestalt des Bewußtseins durchschaut und dadurch dessen Prinzipien und Wertsetzungen relativiert. Das in der ‚Geburt der Tragödie‘ über die „wohltätige Macht“ des Mythos Gesagte wiederholt Nietzsche hier, um die Bedeutung des Unhistorischen für das Leben zu bestimmen:

„Das Unhistorische ist einer umhüllenden Atmosphäre ähnlich, in der sich Leben allein erzeugt, um mit der Vernichtung dieser Atmosphäre wieder zu verschwinden.“ (I, 215)

Nietzsche stellt hier die Alternative auf: entweder ahistorisches, punktuelles Leben im Augenblick, in der sinnlichen Gewißheit, oder rein historisches, kein Vergessen kennendes Bewußtseins der abstrakten Endlichkeit der historischen Faktizität:

„So lebt das Tier u n h i s t o r i s c h : denn es geht auf in der Gegenwart ... erscheint in jedem Momente ganz und gar als das, was es ist.“ (I, 211)

Wenn Nietzsche so das Dasein des Tieres als Aufgehen im Augenblick[1] bestimmt, so muß dem allerdings auch entgegengehalten werden, daß das Tier in

---

[1] Siehe hierzu Schopenhauer, ‚Die Welt als Wille und Vorstellung‘ I, 275, wo dieser den Zusammenhang von Wahnsinn und tierischem Dasein dadurch bestimmt, „daß beide auf das Gegenwärtige beschränkt“ seien.
Arnold Gehlen nimmt diesen alten Gedanken wieder auf und formuliert ihn in ‚Der Mensch‘ folgendermaßen: „Der Mensch erhält durch die Sprache, wie Schopenhauer einmal sagt, die Übersicht(!) der Vergangenheit und der Zukunft, wie auch des Ab-

jedem Augenblick unmittelbar es selbst als Besonderes und nicht es selbst, sondern
Gattungswesen ist; das Tier hat, spekulativ ausgedrückt, die Existenz des unmittelbaren Übergehens von abstrakter Einzelheit in abstrakte Allgemeinheit und umgekehrt. Den Gegensatz zu der Unmittelbarkeit des tierischen Daseins bildet die
reine Reflexion auf das dauernde Vergehen, das Historischwerden jedes Augenblicks:

> „Denkt euch das äußerste Beispiel, einen Menschen, der die Kraft zu vergessen, gar
> nicht besäße, der verurteilt wäre, überall ein Werden zu sehen: ein solcher glaubt
> nicht mehr an sein eigenes Sein, glaubt nicht mehr an sich, sieht alles in bewegte
> Punkte auseinanderfließen und verliert sich in diesem bewegten Strome des Werdens."
> (I, 212 f.)

Nietzsche überschreitet zugleich diese Alternative zwischen reinem Sein und
reiner Reflexion, um das spezifisch Menschliche durch die Vermittlung beider
Extreme, allerdings in der der Ontologie zugehörigen Kategorie des Maßes, die
das Problem eher verdunkelt, zu bestimmen:

> „Das Unhistorische und das Historische ist gleichermaßen für die Gesundheit eines
> einzelnen, eines Volkes und einer Kultur nötig ... aber in einem Übermaße von
> Historie hört der Mensch wieder auf." (I, 214 f.)

Ohne ihn begrifflich erhellen zu können, spricht Nietzsche hier den Zusammenhang von Leben und Reflexion[2] aus:

So wie das Leben überhaupt davon abhängt, daß das einzelne Lebewesen das
positiv Seiende, Anorganische assimiliert, also dessen scheinbare Selbständigkeit
aufhebt und es zum Moment seiner selbst zu machen vermag, hängt das Leben des
einzelnen Menschen, eines Volkes, einer Kultur von seiner Subjektivität ab, d. h. in
der Sprache Nietzsches, von seiner „plastischen Kraft", Fremdes, insbesondere das
dem Anorganischen analoge historische Faktum ins Bewußtsein aufnehmen, „ver-
dauen" zu können; die Größe wiederum der plastischen Kraft[3] bestimmt ihrerseits
die Grenze, die die Subjektivität sich selber ziehen muß, um sich nicht selbst zu
zerstören:

---

wesenden. Die biologische Notwendigkeit dieser Leistung für das Wesen Mensch ist
klar. Angewiesen auf die bloße Jetzt-Situation, wie das Tier, wäre es lebensunfähig.
Der Mensch muß die Fähigkeit haben, die Grenze der Situation vollständig zu sprengen, sich auf Zukünftiges zu richten und daraufhin zu handeln, sowie von jenem her
sekundär sich der Gegenwart zuzuwenden, deren Bestände einsetzend zu Mitteln für
k ü n f t i g e Sachverhalte." (S. 50).

[2] Wenn Nietzsche später die Gleichung aufstellt: „Leben ist Wille zur Macht" (III, 480),
so scheint damit der Gegensatz von Leben und Bewußtsein aufgehoben zu sein, zumal
der Wille ja nicht ohne die Reflexion begriffen werden kann, nämlich als verinnerlichte Negation aller Abhängigkeit von bestimmtem Seienden, zumindest gehört
die Reflexion in sich zur Begriffsbestimmung des Willens: „Alle Instinkte, welche sich
nicht nach außen entladen, wenden sich nach innen — dies ist das, was ich die Verinnerlichung des Menschen nenne." (II, 825) Leider präzisiert Nietzsche jene Formel
nicht, es scheint in der Bestimmung des Lebens durch den ‚Willen zur Macht' bei einem
quid pro quo, bzw. bei Beispielen, auf die Nietzsche diese Formel immer wieder auf-
pfropft, zu bleiben.

„Um diesen Grad und durch ihn dann die Grenze zu bestimmen, an der das Vergangene vergessen werden muß, wenn es nicht zum Totengräber des Gegenwärtigen
werden soll, müßte man genau wissen, wie groß die p l a s t i s c h e   K r a f t eines
Menschen, eines Volkes, einer Kultur ist; ich meine jene Kraft, aus sich heraus
eigenartig zu wachsen, Vergangenes und Fremdes umzubilden und einzuverleiben."
(I, 213)

Im Unterschied zur die Aufklärung des Bewußtseins verabsolutierenden
Reflexionsphilosophie insistiert Nietzsche, fasziniert durch ‚das Leben', dem er
auch den Menschen unterordnet, auf der Notwendigkeit der Einschränkung der erkennenden Subjektivität[4], ohne sie abstrakt zu verwerfen, da durch sie das Lebewesen Mensch sich am Leben erhält:

„Jedes Lebendige kann nur innerhalb eines Horizontes gesund, stark und fruchtbar
werden; ist es unvermögend, einen Horizont um sich zu ziehen, und zu selbstisch
wiederum, innerhalb eines fremden den eigenen Blick einzuschließen, so siecht es
matt oder überhastig zu zeitigem Untergange dahin." (I, 214)

Diese partielle Einschränkung der Subjektivität ist das, was Nietzsche den
Horizont nennt, innerhalb dessen die ‚Atmosphäre' der Reflexion den Menschen
sowohl als Individuum als auch als Volk am Leben erhält. Der mehr subjektive
Horizont des Einzelnen zwingt diesen, auch vergessen zu können, also die Aufnahme von Gegenwärtigem und Vergangenem ins Bewußtsein zu unterlassen oder
rückgängig zu machen, sich also zu bornieren. Der eher objektive Horizont eines
Volkes verlangt die Institutionalisierung des Verhaltens, die Verabsolutierung und
Fixierung geschichtlich gewordener Bahnen. Der Zusammenhang von ‚Mythos' und
‚Einheit' in der ‚Geburt der Tragödie' wird hier begreiflich: der von Mythen um-
stellte und umgrenzte Horizont ist für Nietzsche die Bedingung der Wirklichkeit
der Humanität im Sinne der großen, fruchtbaren Individualität, die — von
Hegel aus gesehen — existierende Gattung, konkrete Einheit von Einzelheit und
Allgemeinheit ist; denn sie ist nicht seiende Einheit, sondern ist sowohl als auch
erzeugt ihr Sein durch Reflexion in sich, ist also sowohl zugrunde liegende Substanz als auch sich setzendes Subjekt; diese Vermittlung ist jedoch nicht direkt
intendierbar, sondern bedarf im Horizont als Bedingung eines die wollende Subjektivität Transzendierenden; eben deshalb ist hier der Gegensatz von Subjekt und

---

3 Vgl. hiermit den Begriff der ‚Grundfigur' bei Hans Freyer, ‚Theorie des gegenwärtigen
   Zeitalters', S. 215: „Die Grundfigur des geschichtlichen Geschehens ... besteht darin, daß
   eine lebende Generation die Situation, die sie vorfindet, zu der ihren macht, sei es, daß
   sie sich ihr nur anpaßt, um zu bestehen, sei es, daß sie sie meistert und etwas aus ihr
   macht, sei es, daß sie sie zum Sprungbrett ausbaut, um über sie hinauszuspringen." Dieser Einteilung entspricht bei Nietzsche die Dreiteilung der Beziehung des Lebendigen
   zur Historie: die monumentalische, die antiquarische und die kritische Art der Historie
   (I, 219).
4 Siehe Karl Schlechta a. a. O. S. 83: „In der zweiten ‚Unzeitgemäßen' wird gezeigt, daß
   die Historie den Wissenden vom Handelnden trennt und so die Persönlichkeit, den
   eigentlichen Träger der Geschichte, schwächt; daß die Masse des einströmenden historischen Wissens den inneren Assimilierungs- und Reifungsprozeß unterbindet."

Objekt, Sein und Reflexion verlassen, wenn auch nicht begrifflich durchleuchtet, insofern die Hypostase bloß Bornierung bleibt, unwahre Funktion ‚des Lebens'.

Als konkret Allgemeines bestimmt sich das Subjekt, das das ihm Fremde in sich aufzunehmen vermag, während das Bewußtsein des Historismus ein Aggregat von Fakten bleibt, so daß die individuelle Existenz und die Allgemeinheit, besser Vielheit seines historischen Wissens durch das Fehlen einer Vermittlung nebeneinander liegen; das wiederum bedeutet das Auseinanderfallen von Sinnlichkeit und Geistigkeit, Innerlichkeit und Konvention, also die Barbarei der Wildnis des Gedankens und der Sitten, während alle Kultur als wirkliche Humanität daran hängt, daß die innere, aber als solche abstrakte Unendlichkeit des Denkens und Wissens in der äußersten Vielheit der endlichen Fakten erscheint und sich offenbart:

> „Dieser Gegensatz von innen und außen macht das Äußerliche noch barbarischer, als es sein müßte, wenn ein rohes Volk nur aus sich heraus nach seinen derben Bedürfnissen wüchse. Denn welches Mittel bleibt noch der Natur übrig, um das überreichlich sich Aufdrängende zu bewältigen? Nur das eine Mittel, es so leicht wie möglich anzunehmen, um es schnell wieder zu beseitigen und auszustoßen. Daraus entsteht eine Gewöhnung, die wirklichen Dinge nicht mehr ernst zu nehmen, daraus entsteht die ‚schwache Persönlichkeit', zufolge deren das Wirkliche, das Bestehende nur einen geringen Eindruck macht; man wird im Äußerlichen zuletzt immer läßlicher und bequemer und erweitert die bedenkliche Kluft zwischen Inhalt und Form bis zur Gefühllosigkeit für die Barbarei, wenn nur das Gedächtnis immer von neuem gereizt wird, wenn nur immer neue wissenswürdige Dinge hinzuströmen . . . das Volk, dem man eine Kultur zuspricht, soll nur in aller Wirklichkeit etwas lebendig Eines sein und nicht so elend in Inneres und Äußeres, in Inhalt und Form auseinanderfallen." (I, 233 f.)

Hinzuzufügen ist jedoch, daß der Begriff der Erscheinung und Offenbarung des Inneren im Äußeren, der für den Begriff der Kultur spezifisch ist, hier nur dann etwas sagt, wenn wir nicht innerhalb der Begrifflichkeit Nietzsches, die als solche die Grenze der Reflexionsphilosophie nicht überschreitet, bleiben, sondern sie mit den Begriffen der dialektischen Logik stützen.

Wenn der B e g r i f f der Kultur die Erscheinung des Wesens in der äußeren Existenz, die Offenbarung des Inneren impliziert, so ist damit auch behauptet, daß der kategoriale Boden der Reflexionsphilosophie, die diese dialektische Begrifflichkeit als irrelevant ablehnen muß, den Begriff der Kultur nicht trägt. Da Nietzsche aber die Dialektik der Bewegung von erkennendem Subjekt und erkannter Substanz, die im Zentrum des dialektischen Denkens steht, als Metaphysik perhorreszieren würde, bleibt seine Kritik letztlich Kulturkritik im pejorativen Sinne, da sie den kategorialen Rahmen des Kritisierten nicht sprengt.

Der frühe Nietzsche scheint dennoch in der Ortsbestimmung seiner Zeit im Zusammenhang mit dem, was er ‚das Leben' nennt, den Boden des Idealismus zu verlassen, der in der Gestalt des Historismus als Verabsolutierung des reflektierenden, gebildeten Bewußtseins auftritt; dessen Elend besteht in dem Widerspruch, daß die Wirklichkeit gerade durch ihre unmittelbare Verinnerlichung im histori-

schen Bewußtsein äußerliche Faktizität bleibt, unmittelbar absolut gesetzte Subjektivität und Verdinglichung, Positivismus sich also als untrennbar erweisen:

> „Die Form gilt uns Deutschen gemeinhin als eine Konvention, als Verkleidung und
> Verstellung und wird deshalb, wenn nicht gehaßt, so doch jedenfalls nicht geliebt;
> noch richtiger würde es sein, zu sagen, daß wir eine außerordentliche Angst vor dem
> Worte Konvention und auch wohl vor der Sache Konvention haben. In dieser Angst
> verließ der Deutsche die Schule der Franzosen: denn er wollte natürlicher und da-
> durch deutscher werden. Nun scheint er sich aber in diesem ‚Dadurch‘ verrechnet
> zu haben ... indem man zum Natürlichen zurückzufliehen glaubte, erwählte man
> nur das Sichgehenlassen, die Bequemlichkeit und das möglichst kleine Maß von
> Selbstüberwindung. Man durchwandere eine deutsche Stadt — alle Konvention ...
> zeigt sich im Negativen, alles ist farblos, abgebraucht, schlecht kopiert, nachlässig,
> jeder treibt es nach seinem Belieben, aber nicht nach einem kräftigen, gedankenreichen
> Belieben, sondern nach den Gesetzen, die einmal die allgemeine Hast und sodann die
> allgemeine Bequemlichkeitssucht vorschreiben.“ (I, 234)

Es erhebt sich jedoch die Frage, der wir nachzugehen haben, ob nicht der fundamentale Angriff des späteren Nietzsche auf die Humanität seine Wurzeln in
seiner Methode der Kritik der Aufklärung und des Historismus hat; ich glaube,
daß gezeigt werden kann, daß die Entwicklung Nietzsches ihren Grund letztlich
darin hat, daß er statt einer dialektischen Aufhebung der von ihm als Bedrohung
der Bedingungen der Wirklichkeit der Humanität durchschauten Aufklärung eine
nur im Hinblick auf die pädagogisch-politische Praxis relevante Gegenposition
entwickelte, theoretisch und begrifflich aber in der von ihm bekämpften Reflexionsstufe stehen blieb.

Während in die politisch relevanten Passagen des späten Nietzsche immer
wieder der Gedanke einer projektierten ‚Züchtung‘, sei es des ‚Übermenschen‘, sei
es bestimmter typischer ‚Menschenarten‘ hineinspielt, durchziehen nicht immer als
solche direkt erkennbare pädagogische Tendenzen die gesamten frühen Schriften
Nietzsches. Das der sachlichen Relevanz und einer klaren Begrifflichkeit abträg-
liche pädagogische Engagement des jungen Nietzsche wird deutlich in Pathos und
Zielstellung der Vorträge ‚Über die Zukunft unserer Bildungsanstalten‘ (III,
175—263).

Er folgte auch hierin als Schüler und ‚Zögling‘ der Antike dem von ihm später
so bekämpften Platon, der Sokrates in der ‚Politeia‘, als dessen ontologische Position durch Glaukons Argument der Überlegenheit nicht des Ungerecht s e i n s
— darin besteht ja die Schwäche der Argumentation des Thrasymachos im ersten
Buch der ‚Politeia‘ — sondern das Gerecht s c h e i n e n s über das Gerechtsein
erschüttert wird, eine nur praktisch relevante und pädagogisch-politisch motivierte
Antwort geben läßt: Sokrates muß ganz sophistisch, also in unbemerkter Abhängigkeit vom Gegner, nach seinem subjektiv gesetzten Zweck eine Utopie kon-
struieren, die Wirklichkeit, wenn auch nur in Gedanken und Worten, verändern,
um dem Argument des Glaukon, das damit gar nicht widerlegt ist, zu entgehen.
Während Georg Simmel in einer uns vergangenen Naivität die absolute Praxis als

Konsequenz der Reduktion des Menschen auf die Ebene des Ontischen bejaht[5], formuliert der junge Hegel gerade einen derart die Praxis herauszufordern scheinenden Gegensatz als die Aufforderung zur Philosophie, als den „Quell des Bedürfnisses der Philosophie":

> „Wenn die Macht der Vereinigung aus dem Leben der Menschen verschwindet, und die Gegensätze ihre lebendige Beziehung und Wechselwirkung verloren haben, und Selbständigkeit gewinnen, entsteht das Bedürfniß der Philosophie." (Glocknerausgabe I, 46)

Der Vertiefung der von Platon und dem frühen Nietzsche bekämpften sophistischen Position, in der sich die Verabsolutierung der Subjektivität reflektiert, im subjektiven Idealismus entspräche dann die Steigerung der Inhumanität, die schon bei Platon als Konsequenz der unmittelbaren Negation des Prinzips der Subjektivität des Einzelnen in der Ideenlehre erscheint. Im Hinblick auf Hegel gesagt: Nietzsche verläßt den Boden der Wesenslogik, nicht um in den den Antagonismus von Sein und Reflexion transzendierenden dritten Teil der Logik vorzudringen, sondern um in die Seinslogik — der Intention nach — zurückzukehren, deren letzte Kategorie das Maß ist; diese benutzt der nach eigenem Zeugnis von der Antike[6] gebildete Nietzsche nicht zufällig zur Bestimmung des Verhältnisses von Historischem und Ahistorischem, die Dialektik der gegenseitigen Vermittlung dabei umgehend.

Eine Tiergattung geht zugrunde sowohl an einem das Maß übersteigenden Wohlergehen als auch an einem das erforderliche Maß unterschreitenden Mangel an Lebensbedingungen, weil sowohl seine Umwelt als auch sein Verhalten in gewissen Grenzen festgelegt sind. Der Mensch wird als Tierart aufgefaßt, wenn das Bewußtsein der Kategorie des Maßes, das zu überschreiten den Untergang bedeute, subsumiert wird. Die Unendlichkeit des Bewußtseins als absolute Reflexion[7] in sich überschreitet die Gültigkeit der Kategorie des Maßes, und dies unterscheidet den Menschen vom Tier, da es sich hier nicht um eine endliche Fähigkeit an ihm handelt, die dann identisch mit seiner Bestimmung als Tierart wäre. Die Kategorie des

---

[5] Siehe G. Simmel a. a. O. S. 215: „Zwischen der sozialethischen und der Nietzscheschen Wertlehre aber geht die Spaltung bis auf den Grund, es fehlt das gemeinsame letzte Prinzip, dessen nachgewiesene Harmonie mit der Lehre des einen auch den anderen überzeugen würde; und darum stehen sich in ihnen nicht Gründe und Gegengründe gegenüber, nicht Meinungen, sondern Tatsachen, zwei menschliche Seinsarten, die sich nicht mehr logisch überzeugen, sondern nur noch psychologisch überreden oder praktisch überwältigen können."

[6] Zur Bedeutung der Maßkategorie in der Antike siehe z. B. die Gleichsetzung von Tugend und μεσότης in der ‚Nikomachischen Ethik‘ des Aristoteles, 1109 a 20 f.: „ὅτι μὲν οὖν ἐστὶν ἡ ἀρετὴ ἡ ἠθικὴ μεσότης, καὶ πῶς, καὶ ὅτι μεσότης δύο κακιῶν".

[7] Die Unverträglichkeit der zentralen Stellung der Maßkategorie mit der Reflexionsphilosophie schlägt sich nieder in der Substitution des Maßes durch das P r i n z i p in Kants ‚Metaphysik der Sitten‘: „Nicht das Maß der Ausübung sittlicher Maximen, sondern das objektive P r i n z i p derselben, muß als verschieden erkannt und vorgetragen werden, wenn ein Laster von der Tugend unterschieden werden soll." (A 89).

Maßes kann nicht uneingeschränkt auf den Menschen angewendet werden, weil durch die Subjektivität des Denkens die Selbständigkeit der Extreme des Maßes aufgelöst wird — wobei jenes Feststehen von Grenzen spezifisch für das Maß als ontologische Kategorie ist.

Wenn das Denken als bloße Funktion, nicht zugleich als Reflexion begriffen wird, fällt es unter die Kategorie des Maßes und Logik ist eo ipso positivistische bzw. formale Logik.

Ist die Gültigkeit der Kategorie des Maßes wiederum als Index für Ontologie zu verstehen, so wäre Ontologisierung des Denkens und seine Reduktion auf eine Funktion untrennbar, was uns noch im Zusammenhang mit Kant beschäftigen wird. Das Denken erzeugt sich durch Überschreiten des Maßes, es ist maßlos, — oder ein das Verhalten des Tieres ‚Mensch' steuerndes Organ, für das dann wie für jedes Organ die Kategorie des Maßes gilt; d. h. dann wäre die Unendlichkeit des Denkens die Erkrankung eines Organs, da die Krankheit eines Lebewesens in dem das rechte Maß überschreitenden Wachstum eines Organs besteht, von der nur durch Reduktion auf das gehörige Maß der Mensch zu heilen wäre:

> „Alles vollkommene Tun ist gerade unbewußt und nicht mehr gewollt; das Bewußtsein drückt einen unvollkommenen und oft krankhaften Personalzustand aus." (Nietzsche III, 746)

Die gegen den Nihilismus gerichtete konservative, sich human gebende Kategorie des Maßes scheint — verabsolutiert — selbst zutiefst nihilistisch zu sein. Dies entgeht durchweg den Nietzsche-Interpreten, angefangen mit Raoul Richter:

> „Erst wenn wir auf die Rangordnung zwischen Wollen und Erkennen blicken, treten Nietzsches Ausführungen in ihr volles Recht. Eine Hypertrophie des Erkenntnistriebes kann den Menschen als handelndes Wesen in seiner Lebensgestaltung lähmen, daß sein Wille verdorrt und sein Leben verblutet." (a. a. O. S. 339)

über Karl Löwith:

> „Maß und Mitte ist aber gerade das, was Nietzsches extremen Versuch zur Überwindung des Menschen von Grund aus fehlt." (a. a. O. S. 160)

bis Albert Camus[8].

Durch die Subsumtion des Bewußtseins unter die Kategorie des Maßes reduziert Nietzsche die im Begriff der Geschichtlichkeit geleistete Vermittlung der Extreme des Historischen und Ahistorischen zur Mediation — um es mit dem Terminus Kierkegaards[9] für die Vermittlung auszudrücken, der dessen letztliches Nichtbegriffenhaben der Hegelschen Dialektik offenbart. Analog reduziert Nietzsche den Geist, der nur als durch die „absolute Zerrissenheit" hindurchgehend lebt, zur

---

[8] Siehe hierzu ‚Der Mensch in der Revolte' 1953, insbesondere S. 300—Schluß, ‚Das mittelmeerische Denken' bzw. S. 325 ff. ‚Jenseits des Nihilismus'.

[9] Siehe z. B. ‚Furcht und Zittern' S. 38:
> „Jede Bewegung der Unendlichkeit geschieht durch Leidenschaft, und keine Reflexion kann eine Bewegung zustande bringen. Dies ist der fortwährende Sprung im Dasein, der die Bewegung erklärt, während die Mediation eine Chimäre ist, die bei Hegel alles erklären soll und die zugleich das einzige ist, was er nie zu erklären versucht hat."

„plastischen Kraft", die als nur endliches Vermögen nur den relativen, nicht den absoluten Widerspruch, den mit sich selbst nämlich, erträgt, die nur den Zweifel, nicht die Verzweiflung an allen Werten und Maßstäben aushält.

Eine Tierart geht durch das Überschreiten des Maßes zugrunde, das Bewußtsein dagegen kann den geistigen Tod sterben. Der Mensch verläßt eine bornierte Gestalt des Bewußtseins, wenn er ihre Irrtümer, die zugleich ihr sie begrenzendes Maß der Erkenntnis bedeuten, durchschaut, d. h. durch die Unendlichkeit d. h. Maßlosigkeit der Reflexion ihr Sein als Schein erkennt. Eine andere Frage ist es jedoch, ob die Völker, die existierenden Gestalten des Bewußtseins, die deshalb in die Geschichte fallen, den geistigen Tod, der zugleich Wiedergeburt ist, sterben, oder ob sie wie Tierarten den natürlichen Tod erleiden, weil sie ein Übermaß an Reflexion nicht ertragen, da durch diese ihre lebenserhaltenden Institutionen, d. h. hypostasierten Irrtümer zerstört werden.

In der ‚Study of history', auf die in diesem Zusammenhang stets der Schatten Spenglers fällt, unterscheidet Toynbee erstens den Menschen vom Tier durch die Fähigkeit, eine das Tierische, da durch das Maß festgelegte, zerstörende Herausforderung (challenge) durch die Erzeugung bzw. Ausbildung neuer Fähigkeiten zu beantworten (response); zugleich räumt Toynbee jedoch angesichts der gehemmten bzw. niedergegangenen und niedergebrochenen Kulturen die Herrschaft des Maßes über jene Fähigkeit zu reagieren ein; nur Herausforderungen, die ein „gewisses Maß" — diese Wendung zeigt das Tautologische der Erklärung — nicht überschreiten, können zum Prinzip der Kulturerzeugung bzw. -steigerung werden:

> „Sichern wir, wenn wir die Härte der Herausforderung ad infinitum anwachsen lassen, dadurch eine unbegrenzte Intensivierung des Anreizes und eine unbegrenzte Steigerung in der Antwort, wenn der Herausforderung erfolgreich begegnet wird? Oder erreichen wir einen Punkt, über den hinaus wachsende Härte abnehmende Erträge hervorbringt? Und erreichen wir bei Überschreitung dieses Punktes einen weiteren Punkt, an dem die Herausforderung so hart wird, daß die Möglichkeit einer erfolgreichen Antwort auf sie verschwindet? In diesem Falle wäre das Gesetz, daß ‚die anreizendste Herausforderung in einer Mitte zwischen Mangel und Übermaß an Härte zu finden ist." (‚Der Gang der Weltgeschichte' I, 139)

Hier könnte Nietzsches Theorie des Horizontes und der Subsumierbarkeit des Menschen unter ‚das Leben' zutreffen, und vom praktischen Aspekt der Lebenserhaltung aus ist dann der Platonismus der ‚Unzeitgemäßen Betrachtungen' motiviert:

> „Die Gegenmittel gegen das Historische heißen — das Unhistorische und das Überhistorische . . . Mit dem Worte ‚das Unhistorische' bezeichne ich die Kunst und Kraft

---

Kierkegaard bleibt, da er die Arbeit des Begriffs, die Vermittlung als Verwischen der Unterschiede — „Die Zeit der Unterscheidungen ist vorbei, das System hat sie überwunden" (‚Der Begriff Angst' S. 7) —, als Mediation faßt, für das, was Hegel unter dem Begriff der Vermittlung faßt, nur der ‚Sprung', der als Hypostasierung der theoretischen Aporie, also als quid pro quo aufgefaßt werden kann. Der Vorwurf Kierkegaards gegenüber Hegel ist also zurückzugeben. Kierkegaard reduziert die Dialektik durch Transformation in die Ebene der Vorstellung zur Paradoxie.

v e r g e s s e n zu können und sich in einen begrenzten Horizont einzuschließen; ‚überhistorisch‘ nenne ich die Mächte, die den Blick von dem Werden ablenken, hin zu dem, was dem Dasein den Charakter des Ewigen und Gleichbedeutenden gibt, zu Kunst und Religion.“ (I, 281)

Der Platonismus, der in der Tradition gern als wahr aber weltfremd und unrealisierbar betrachtet wurde, wird also von Nietzsche umgewertet: er ist unwahr, aber lebensnotwendig. Damit aber wäre erneut die Gleichsetzung von Wahrheit und Tod — der Individuen und der Völker —, der Ausgangspunkt dieser Untersuchung, erreicht. Durch die Reflexion auf den Weg, den wir inzwischen mit Nietzsche zurückgelegt haben, kann nun die oben als Prätension vorgetragene These, daß Nietzsches Grenze darin zu sehen ist, daß er eine undialektische, nur praktische Gegenposition zur Aufklärung bei gleichzeitigem Festhalten an ihren theoretischen Axiomen entwickelt, erstmals expliziert werden:

> „Wenn dagegen die Lehren vom souveränen Werden, von der Flüssigkeit aller Begriffe, Typen und Arten, von dem Mangel aller kardinalen Verschiedenheit zwischen Mensch und Tier — Lehren, die ich für wahr, aber tödlich halte — in der jetzt üblichen Belehrungswut noch ein Menschenalter hindurch in das Volk geschleudert werden, so soll es niemanden wundernehmen, wenn das Volk am egoistischen Kleinen und Elenden, an Verknöcherung und Selbstsucht zugrunde geht, zuerst nämlich auseinanderfällt und aufhört, Volk zu sein.“ (I, 272)

Nietzsche wendet sich also nicht gegen die Auffassung des Menschen als eines bloß natürlichen Wesens, sondern gegen die Aufklärung, durch die diese Gewißheit zur Gestalt des Bewußtseins in Form des ‚letzten Menschen‘ wird. Das Nihilistische seines eigenen pragmatischen Vorgehens bekommt Nietzsche noch gar nicht zu Gesicht, was sich auch in der Darstellungsform erkennen läßt: das Zentrum dieses Satzes, die Nennung eines metaphysischen Axioms, der Tödlichkeit der Wahrheit nämlich, erscheint in Parenthese.

Der Gegensatz von Leben und Wahrheit wird von Nietzsche nicht theoretisch durchleuchtet; das bedeutet im einzelnen, daß Nietzsche in den Kategorien ‚Vergessen‘, ‚historisches Gewordensein‘ und ‚Werden‘ überhaupt, ‚Notwendigkeit‘, ‚Atmosphäre‘, ‚das Leben‘, ‚Maß‘ nicht durch die Arbeit des Begriffs jenen Gegensatz von Leben und Wahrheit zu theoretischer Relevanz erhebt. Die ‚Notwendigkeit des Vergessenkönnens‘ ist eine Zusammenstellung von Wörtern, der, mißt man sie am Kantischen Begriff der Notwendigkeit als eo ipso begriffener Notwendigkeit — „non datur fatum“ — kein wissenschaftlicher Sinn zukommen kann; dies wäre nur dann der Fall gewesen, wenn die Kategorie des Vergessenmüssens im Zusammenhang mit der Erkenntnis, genauer der Sprachlichkeit des menschlichen Denkens reflektiert worden wäre*. Die eingesehene Unmöglichkeit der unmittel-

---

* Zur Notwendigkeit der Subreption der Funktion als Substanz im Zusammenhang der Dialektik von Entgegenständlichung und Vergegenständlichung als einem zentralen Problem der Beziehung von Sprache und Erkenntnis siehe B. Liebrucks a. a. O. I, 9: „Die befreiende Entdeckung Kants, nach der Gott als ens realissimum keine Bedeutung hat, sondern einer gewissen inzwischen berühmt gewordenen Subreption zu verdanken sei, in der wir dort, wo nur eine geradezu mathematisch zu nennende Funktion auf-

baren Erkenntnis der Wahrheit, überhaupt einer unmittelbaren Beziehung des
Menschen auf die Wirklichkeit — und die Ahnung davon steckt ja schon in den
frühen Bildern der ‚Atmosphäre' und des ‚Horizontes' — hätte Nietzsche vor den
Begriff der Geschichtlichkeit der Erfahrung des Bewußtseins gebracht, den er
jedoch zusammen mit dem des Werdens und der geschichtlichen Genese als für das
Leben, d. h. die Praxis, tödlich perhorresziert:

> „Der historische Sinn, wenn er unbedingt waltet und alle seine Konsequenzen zieht,
> entwurzelt die Zukunft, weil er die Illusionen zerstört und den bestehenden Dingen
> ihre Atmosphäre nimmt, in der sie allein leben können." (I, 252)

Die ‚Atmosphäre' wird also nicht als Erscheinung begriffen, die der Wahrheit
wesentlich sein könnte, sondern als eo ipso unwahrer Schein, so wie das Vergessen
des Gewordenseins ein sich der Wahrheit der Reflexion gegenüber bornierendes
Tun bleibt, dessen Begründung in der Praxis liegt.

Als Surrogat der in Nietzsches Theorie des Zusammenhangs von Leben und
Reflexion enthaltenen Dialektik tritt der Pragmatismus ein, der die Frage nach der
Wahrheit, die Theorie abbricht, um eindeutige Verhältnisse zu schaffen.

Das aporetische Verhältnis von Leben und Reflexion auf die geschichtliche
Genese — „ein historisches Phänomen, rein und vollständig erkannt und in ein
Erkenntnisphänomen aufgelöst, ist für den, der es erkannt hat, tot" (I, 218) — soll
durch die Kategorie des Nutzens einer eindeutigen Bestimmung nähergebracht
werden; aber gerade diese Unterordnung des geschichtlichen Bewußtseins unter das
Leben mit Hilfe der Nützlichkeitsvorstellung — die zweite ‚Unzeitgemäße Betrachtung' ist überschrieben: ‚Vom Nutzen und Nachteil der Historie für das
Leben' — stellt in ihrem Widerspruch die Dialektik dar, die es zu vermeiden gilt.
Gerade die Kategorie des Nutzens gehört nicht dem Übergeschichtlichen, Ahistorischen, das Werden Transzendierenden an, das Nietzsche dem die historische Bil-
dung verabsolutierenden Bewußtsein entgegenstellt, sondern der Reflexion, dem
Bewußtsein als unendlicher, alles Besondere zum Akzidenz herabsetzenden Sub-
jektivität. ‚Maß' und ‚Vergessenmüssen' dagegen schließen die Subjektivität als
unendliche Reflexion aus und fordern das Gegenteil der Reflexion, die Bornierung.
‚Nutzen' ist eine durch und durch der Reflexion, der Wesenslogik angehörende
Kategorie, in ihr gipfelt die reine Subjektivität, für die es nichts Festes, keinen
‚Horizont' gibt. Die Kategorie des Nutzens bildet die Brücke zwischen Idealismus
und Pragmatismus: der Pragmatismus reflektiert als die unmittelbare Negation des
Idealismus wie dieser die Herabsetzung alles Seienden zum Akzidenz, nur daß der
Pragmatismus als die höhere Stufe in der Kategorie des Nutzens auch noch die
Subjektivität, den Idealismus reflektierend, zum Moment herabsetzt. Wie derart der

weisbar sei, einen Gegenstand hypostasieren, wird schon in den Sprachanalysen auftauchen. Denn diese Subreption scheint mit der menschlichen Sprachlichkeit gegeben."
Die Erhellung des Zusammenhangs von Subreption und Transzendenz und Transzendenz und Begründung der Humanität wird eine der wichtigsten Aufgaben dieser Untersuchung sein.

Pragmatismus vermittelt ist durch den Idealismus, so die zweite, die erste bekämpfende Aufklärung, durch diese.

Wenn Nietzsche von der Lebensnotwendigkeit der Aura, der Atmosphäre und des Horizontes spricht, will er damit gegen eine Entwicklung antreten, die durch die Umwandlung alles Seienden, das erfahren wird, in Waren, d. h. in alles Selbstseins beraubte Akzidenzien eine neue und nicht nur in seinen Augen barbarische Welt geschaffen hat:

> „Aber es soll auch gar nicht, wie gesagt, das Zeitalter der fertig und reif gewordenen, der harmonischen Persönlichkeiten sein, sondern das der gemeinsamen möglichst nutzbaren Arbeit. Das heißt eben doch nur: die Menschen sollen zu den Zwecken der Zeit abgerichtet werden, um so zeitig als möglich mit Hand anzulegen, sie sollen in der Fabrik der allgemeinen Utilitäten arbeiten, bevor sie reif sind, ja damit sie gar nicht mehr reif werden." (I, 254 f.)

Dem Warencharakter alles Seienden entspricht als Bewußtseinsstufe die Verabsolutierung der Kategorie des Nutzens, so daß Nietzsches Gegenposition selbst theoretisch abhängig bleibt von der geistigen Welt, die er — damit nur praktisch, d. h. politisch-pädagogisch — überwinden will. Die undialektische Negation der Reflexionsstufe scheitert, eine Rückkehr zur Ontologie ist unmöglich.

Das Wort ‚Pragmatismus' hat sich damit vielleicht etwas dem Begrifflichen genähert: die in ihm unmittelbar ausgesprochene Unterordnung der Theorie unter eine wie auch immer gemeinte Praxis entsteht aus dem Widerspruch einer Bewußtseinsstufe, die durch die Herrschaft der Reflexion bestimmt ist und zugleich durch die Reflexion auf die Endlichkeit der unmittelbar bleibenden Reflexion sich direkt von ihr befreien will, in der Kategorie des Nutzens jedoch das undialektisch nicht aufzuhebende Elend der Reflexionsstufe demonstriert, nämlich gerade als reine Theorie atheoretisch, praktisch zu sein und in dem Sprung aus der Theorie in die Praxis der grauen Theorie nicht entrinnen zu können*.

Die hier herausgestellte Problematik Nietzsches, die Diskrepanz zwischen der politisch-pädagogisch angestrebten Rettung der Humanität und den begrifflichen Möglichkeiten des jungen Nietzsche, spitzt sich zu, wenn wir die schon beim jungen Nietzsche auftretende Polemik gegen den ‚letzten Menschen' im Zusammenhang mit dem unsere ganze Betrachtung leitenden Problem einer Begründung des Humanismus reflektieren: In ‚Also sprach Zarathustra' wird der ‚letzte Mensch', „das Verächtlichste", definiert durch das Unvermögen, von seiner Besonderheit zu abstrahieren. Er kennt nicht mehr die Sehnsucht, die den Menschen über sich hinaustreibt, über sein bloßes Sosein hinausstreben läßt; er kann nur noch sehen, was relativ auf ihn als besonderes Individuum ist, er ‚blinzelt':

> „Wehe! Es kommt die Zeit, wo der Mensch keinen Stern mehr gebären wird. Wehe! Es kommt die Zeit des verächtlichsten Menschen, der sich selber nicht mehr verachten kann.

* Siehe hierzu die Stufen ‚Die Lust und die Notwendigkeit', ‚Das Gesetz des Herzens und der Wahnsinn des Eigendünkels', ‚Die absolute Freiheit und der Schrecken' aus der ‚Phänomenologie des Geistes' und das V. Kapitel dieser Untersuchung über den Zusammenhang von reiner Wissenschaft und Pragmatismus bei Kant.

Seht! Ich zeige euch d e n l e t z t e n M e n s c h e n! ‚Was ist Liebe? Was ist
Schöpfung? Was ist Sehnsucht? Was ist Stern?‘ — so fragt der letzte Mensch und
blinzelt.“ (II, 284)

Schon in den ‚Unzeitgemäßen Betrachtungen‘ spricht Nietzsche von dem ‚letzten
Menschen‘ als demjenigen, der kein Organ mehr für das Überhistorische hat, da er
alles auf die Nützlichkeit relativiert, indem er es historisch sieht; sowohl Historismus als auch Pragmatismus reduzieren jedes Ereignis und jede Tat auf ein bloßes
Akzidenz. Das Individuum jedoch, das durch diese Reflexion in sich selbst sich als
Besonderes absolut setzt, ist zugleich abstrakt und armselig; reine Subjektivität
erweist sich als reine Verdinglichung:

> „Ein gewisses Übermaß an Historie vermag das alles, wir haben es gesehen: und
> zwar dadurch, daß sie dem Menschen durch fortwährendes Verschieben der Horizont-
> Perspektiven, durch Beseitigung einer umhüllenden Atmosphäre nicht mehr erlaubt,
> u n h i s t o r i s c h zu empfinden und zu handeln. Er zieht sich dann aus der Un-
> endlichkeit des Horizonts auf sich selbst, in den kleinsten egoistischen Bezirk zurück
> und muß darin verdorren und trocken werden: wahrscheinlich bringt er es zur
> Klugheit: nie zur Weisheit! Er läßt mit sich reden, rechnet und verträgt sich mit den
> Tatsachen, wallt nicht auf, blinzelt und versteht es, den eigenen Vorteil oder
> den seiner Partei im fremden Vorteil und Nachteil zu suchen.“ (I, 276)

Nietzsches Bild des ‚letzten Menschen‘ enthält zwar die Einsicht in die tiefere
Borniertheit des die Bornierung des unkritisch schwärmenden Bewußtseins durchschauenden aufgeklärten und in der Nützlichkeit die Reflexion verabsolutierenden
gebildeten ‚letzten Menschen‘, aber gerade das Verbleiben im Bildlichen verdeckt
die der Vorstellung unbegreifliche Identität dieser scheinbar so entgegengesetzten
Gestalten des Bewußtseins[10], so daß die Problematik Aufklärung-Humanismus
nicht zum Begriff vorangetrieben wird.

Um hier gleich die Frage anzuschließen, die vielleicht die ganze Problematik,
die Nietzsche für uns bedeutet, enthält: Was unterscheidet eigentlich den ‚Übermenschen‘, den erfüllten Traum, den der Mensch vielleicht träumt, also das Höchste, vom ‚Verächtlichsten‘, vom ‚letzten Menschen‘?

Beide weisen nicht über sich hinaus, sind in ihrem Sein festgestellt, in ihrer Art
vollkommen, also dem geistigen Tierreich angehörig; aus ihrer Beziehung zur Welt
bzw. zur Gattung ist die menschliche Geistigkeit, die Negativität, verschwunden.
Sind aber ‚Übermensch‘ und ‚letzter Mensch‘ als auch identisch zu begreifen, dann
muß der Humanismus, den Nietzsche im Übermenschen begründet wissen will,
und den er der Barbarei des ‚letzten Menschen‘ entgegensetzt, ebenfalls in Inhumanität umschlagen, nur daß die gleiche Inhumanität, die dort mit Verstand sich alles
unterwirft, hier mit Verstand rast. Im Hinblick auf den Gegensatz zwischen
monologischer und dialektischer Begründung von Humanität bedeutet dieses Umschlagen von angestrebter Humanität in Inhumanität, daß Nietzsche die Dialektik

---

[10] Vgl. hiermit Kierkegaards Entlarvung des schwärmenden Jünglings als des nicht nur
vielleicht zukünftigen, sondern des sich selbst verkennenden Spießbürgers in ‚Krankheit
zum Tode‘ I. Abschnitt, „Verzweiflung über das Irdische oder über etwas Irdisches“.

der Humanität, die in der Notwendigkeit des Hinausgehens der Individualität über sich ausgesprochen ist, wieder zur Monologik des Übermenschen reduziert, die sich als solche von der Monologik und damit Inhumanität des ‚letzten Menschen‘ nicht unterscheiden läßt. Unter Monologik verstehe ich das Denken innerhalb der Reflexionsstufe, das nichts Absolutes außer der Reflexion selbst übrigläßt und an die Stelle der Erkenntnis der Wahrheit und des Guten die theoretische und praktische Übereinstimmung des Denkens mit sich selbst als einziges Ziel der Philosophie und der menschlichen Geschichte, insbesondere der Aufklärung, setzt. Die Ablösung der Religion durch den Humanismus, der die Humanität im Menschen begründet, folgt hieraus. Nietzsches Charakterisierung des letzten Menschen als des Resultats dieser Entwicklung trifft vielleicht diese Gestalt des Humanismus in der Notwendigkeit ihres Umschlagens in die Verabsolutierung der abstrakten Individualität, des reinen, nur identischen Ich, in der Vorstellung des Nutzens, d. h. daß diese Individualität als solche abstrakt allgemein, nichtidentisch mit sich ist. — Die theoretische Verwandtschaft zwischen ‚Übermensch‘ und ‚letztem Menschen‘ hat sich dann in der gesellschaftlichen Praxis, insbesondere in Deutschland als Komplizentum von Bürokratie und Rassenkult manifestiert. — Kann nun das Zentrum des Humanismus, die Unantastbarkeit, das auch Selbstzwecksein jedes einzelnen Menschen von der Reflexionsstufe, der Monologik aus begründet werden, wo doch ihr abstrakter Allgemeinbegriff nicht bis zum Individuum zu gelangen beanspruchen kann, und andererseits alles Individuelle zum bloßen Moment herabgesetzt ist? Die Interpretation der Kantischen Begründung der Moral wird zeigen, daß trotz der monologischen Emanzipation von der theologischen, transzendenten Begründung eine Transzendenz des Menschen, nämlich zum Vernunftwesen schlechthin und die Subreption, daß das D a s e i n des Menschen nicht als Mensch, sondern als V e r n u n f t w e s e n Selbstzweck sei, unvermeidbar sind; der Nominalismus müßte letztlich also verlassen werden, insofern existierende Vernunft, also ein existierendes Allgemeines, sich als letzter Grund aller Humanität enthüllt. Damit hat die Wendung „dialektische Begründung“ ihre erste Konkretion erfahren; das Problem bleibt, Transzendenz und Reflexion zu vermitteln, eine begriffliche Erhellung von Transzendenz, ohne sie zu zerstören, zu leisten.

Zuerst ist die These von der Notwendigkeit des Umschlagens der politisch-pädagogisch relevanten Position Nietzsches aus der angestrebten Rettung der Humanität in deren Zerstörung innerhalb der zweiten ‚Unzeitgemäßen Betrachtung‘ auszuführen: Wenn Nietzsche auch in der eben angezogenen, die Lehre vom ‚letzten Menschen‘ antizipierenden Stelle gegen E. von Hartmann polemisiert — er meint Hegel, den er nur als philosophischen Begründer des von ihm bekämpften Historismus ansieht:

> „Ich glaube, daß es keine gefährliche Schwankung oder Wendung der deutschen Bildung in diesem Jahrhundert gegeben hat, die nicht durch die ungeheure, bis diesen Augenblick fortströmende Einwirkung dieser Philosophie, der Hegelschen, gefährlicher geworden ist. Wahrhaftig, lähmend und verstimmend ist der Glaube, ein

Spätling der Zeiten zu sein: furchtbar und zerstörend muß es aber erscheinen, wenn ein solcher Glaube eines Tages mit kecker Umstülpung diesen Spätling als den wahren Sinn und Zweck alles früher Geschehenen vergöttert, wenn sein wissendes Elend einer Vollendung der Weltgeschichte gleichgesetzt wird." (I, 262)

Wenn Hegel die Verantwortung für die Bewußtseinsstufe des ,letzten Menschen' angelastet werden kann, so nur deshalb, weil gerade nach — dieses ,nach' im doppelten Sinne verstanden — Hegel die unmittelbare Auffassung von Resultaten der Philosophie die gefährlichste Bornierung des Bewußtseins herbeiführen muß. Die Identifizierung der sowohl die Reflexion auf die historische Genese verabsolutierenden als auch dies als die eigene Absolutheit hypostasierende Reflexionsstufe mit der Hegelschen Philosophie zeigt Nietzsche ganz im Banne des „Bildungsphilisters" Haym — im Unterschied zu seiner späteren Bewunderung Hegels, als sich seine Stellung zur Geschichtlichkeit geändert hat.

Dabei bedarf gerade Nietzsche des dialektischen Begriffs, um theoretisch die Inhumanität der von ihm bekämpften Welt des Historismus überwinden zu können. Denn dem durch die Verabsolutierung des Warencharakters alles Erfahrbaren definierten Pragmatismus liegt der abstrakte Allgemeinbegriff der Reflexion zugrunde, so wie für das historische Bewußtsein, wie Nietzsche es sieht, jedes einzelne historische Ereignis ein bloßer Fall, ein verschwindendes Moment[11] im Strom des Werdens und Vergehens ist:

„Denn welches Mittel bleibt noch der Natur übrig, um das überreichlich sich Aufdrängende zu bewältigen? Nur das eine Mittel, es so leicht wie möglich anzunehmen, um es schnell wieder zu beseitigen und auszustoßen." (I, 233)

Wenn Nietzsche dagegen von Größe und Schönheit spricht, so setzt er, ohne es zu bemerken, den dialektischen Begriff voraus: denn groß und schön kann nur etwas sein, das als Einzelnes zugleich die Gattung darstellt, was das nur Exemplarsein transzendiert, existierende Gattung, existierender Begriff ist. Der Allgemeinbegriff der Abstraktion ist hingegen unvereinbar mit der ,Atmosphäre', ohne die wiederum „eine Religon, eine Kunst, ein Genie" zu „schnellem Verdorren" verurteilt sind (I, 254), es sei denn, diese Atmosphäre sei ein bloß subjektiver und damit unwahrer Schein des Allgemeinen, den das sich gegen die Reflexion bornierende Bewußtsein den Dingen verleiht.

Die Notwendigkeit des Mythos, um ein Volk, eine Kultur „zur Einheit abzuschließen" und die „Wildnis des Gedankens" abzuwehren (,Geburt der Tragödie'), und die Notwendigkeit einer Atmosphäre, eines abschließenden Horizonts, um das

---

[11] Auf den Wirklichkeitsverlust, die Entleerung der Gegenwart als Signatur jeder den geschichtlichen Prozeß zum Chiliasmus verabsolutierenden Bewußtseinsstufe verweist Freyer in seiner ,Theorie des gegenwärtigen Zeitalters': „Die Gegenwart verliert den Charakter eines Zustandes, in dem eigene Möglichkeiten gegeben und eigene Aufgaben gestellt sind ... Der Chiliasmus mediatisiert nicht nur die geschichtlichen Epochen, er mediatisiert auch die Grundfigur des geschichtlichen Geschehens ... Die Geschichte verharrt immer im Un-Endgültigen. Sie kann nur als weitergehend gedacht werden." (S. 216).

fernzuhalten, was nicht in die Subjektivität, die von der Konfrontation mit der abstrakten Unendlichkeit des bloß Seienden entlastet sein muß, aufgehoben werden kann (‚Vom Nutzen und Nachteil der Historie‘), können zusamengefaßt werden in der Notwendigkeit der Existenz des dialektischen Begriffs. Es zeigt sich also wiederum, daß die alles entscheidende Aufgabe im Hinblick auf die begriffliche Begründung der Humanität in dem Fortschritt aus dem Bereich der Reflexion, der Wesenslogik in den der Logik des, Sein und Gesetztsein vermittelnden, dialektischen Begriffs besteht und dies in den die Möglichkeit der Humanität begründenden Denk- und Sprachfiguren zu reflektieren ist. Die Reflexion des ‚historischen Bewußtseins‘ und die Kategorie des Nutzens verhindern eine Möglichkeit der Präsenz des Allgemeinen, das nur die unsichtbare und verborgene Macht des Kreislaufs von Werden und Vergehen, Nutzen und Genutztwerden bleibt. Die Klage über das Ende der Kultur enthält zugleich — und dadurch überschreiten Nietzsches Gedanken das bloß Kulturkritische, das innerhalb einer bestimmten historischen Gestalt verbleibt — den Hinweis auf die Bedingung von Humanität: die Vermittlung von abstrakter Unendlichkeit des inneren Wissens und abstrakter Endlichkeit des äußeren Soseins:

> „Unsere moderne Bildung ist ... gar keine wirkliche Bildung, sondern nur eine Art Wissen um die Bildung, es bleibt in ihr bei dem Bildungsgedanken, bei dem Bildungsgefühl, es wird kein Bildungsentschluß daraus ... aus uns haben wir Modernen gar nichts; nur dadurch, daß wir uns mit fremden Zeiten, Sitten, Künsten, Philosophien, Religionen, Erkenntnissen anfüllen und überfüllen, werden wir zu etwas Beachtenswertem, nämlich zu wandelnden Enzyklopädien, als welche uns vielleicht ein in unsere Zeit verschlagener Alt-Hellene ansprechen würde. Bei Enzyklopädien findet man aber allen Wert nur in dem, was darinsteht, im Inhalte, nicht in dem, was daraufsteht oder was Einband und Schale ist; und so ist die ganze moderne Bildung wesentlich innerlich: auswendig hat der Buchbinder so etwas daraufgedruckt wie ‚Handbuch innerlicher Bildung für äußerliche Barbaren.‘“ (I, 232 f.)

Dieses Zitat zeigt einerseits deutlich die Abkehr des jungen Nietzsche von der für die Reflexionsphilosophie spezifischen Trennung von Wesen und Erscheinung, Innerem und Äußerem, Gewißheit und Wirklichkeit, andererseits jedoch auch die Grenze des jungen Nietzsche: seine Einsicht in die Barbarei der rein innerlichen Bildung verdankt er seiner Erfahrung der antiken Kultur, nicht jedoch der Einsicht in die Problematik der Aufhebung der Reflexionsstufe. Deshalb ist auch hier die Gefahr einer Reduktion auf die Seinslogik, auf die Ebene der Ontologie nicht gebannt, die doch auch dem Kulturbegriff nicht gewachsen ist, da sie die Trennung von Innerlichkeit und Äußerlichkeit und damit auch deren Aufhebung in der Kultur nicht enthält. Das Problem der dialektischen Aufhebung der Reflexionsstufe bleibt bestehen.

In der Kritik des Bruchs im zeitgenössischen Bewußtsein, das meint, als historisch gebildetes die höchste Stufe der Humanität erreicht zu haben — nihil humanum mihi alienum esse puto —, und das zugleich den Einzelnen in Barbarei versinken läßt, nähert sich Nietzsche dem Widerspruch im Humanismus der Aufklä-

rung. Dieser besteht in der Diskrepanz zwischen der Menschheit und den einzelnen
Menschen, welche Diskrepanz als die Übersetzung d e r Aporie der aristotelischen Philosophie, des Chorismos zwischen allgemeinem Begriff und einzelnem
Seienden, angesehen werden kann. Der Begriff auf der Reflexionsstufe, der Allgemeinbegriff der Abstraktion vom einzelnen Exemplar, kann nur zur Behauptung
der Unvereinbarkeit der Menschheit als Gattung und des Individuums als eines
Exemplars kommen, von ihm aus muß ‚Humanismus' bzw. ‚Humanität' als sinnloses Wort, das auf nichts hindeutet, angesehen werden[12]. Wenn auch Nietzsches
Gegenposition sich nicht in die hier aufgezeigte Betrachtung einläßt, so enthält sie
diesen Gedanken darin, daß sie gegen den Evolutionismus, also gegen die Reflexion
der Reflexionsstufe auf den Chorismos zwischen ‚Menschheit' und ‚einzelner
Mensch' gerichtet ist:

> „Nein, das Ziel der Menschheit kann nicht am Ende liegen, sondern nur in ihren
> höchsten Exemplaren." (I, 270)

Die Unterordnung des Einzelnen unter das Allgemeine im Abstraktionsbegriff
der Reflexion kehrt im Evolutionismus als dem Selbstbewußtsein der Reflexionsstufe darin wieder, daß das Leben des einzelnen Menschen als bloße Stufe auf
dem Weg der Höherentwicklung der Menschheit angesehen wird. Deren Ziel kann
andererseits nach dem Selbstverständnis der Reflexionsstufe, die durch die Verabsolutierung des Sollens sich bestimmt, gar nicht erreicht werden, da der Abstand
zur Vollkommenheit immer ein unüberbrückbarer bleiben muß, — eine Aporie,
der im Zusammenhang der Auseinandersetzung mit Kant nachzugehen sein wird.

Die Unentbehrlichkeit des dialektischen Begriffs für das Begreifen der Möglich-
keit von Humanität erscheint auch in der Aporie der Marxschen Theorie im Hin-
blick auf die Stellung des Einzelnen zur Geschichte der Menschheit, nämlich in der
Unmöglichkeit, von der Marxschen Gesellschaftstheorie aus ethisch relevante[13]
Sätze zu formulieren: Entweder opfert der Einzelne das Selbstzwecksein seines
Daseins für das Glück der späteren Generationen, macht sich zum Mittel für das
Ziel der Menschheit, dann verstößt er gegen das oberste Prinzip der Humanität,
das allererst sein Opfer legitimieren könnte, nämlich das Selbstzwecksein jedes
Menschen; oder er versucht durch Anpassung an die Gesellschaft sein Glück zu
machen und hilft dadurch mit bei der Verewigung der Inhumanität. Einzelner und
Gattung stehen begrifflich in beiden Fällen im Verhältnis von Herrschaft und
Knechtschaft zu einander, woraus praktisch die Unmöglichkeit von Humanität
folgt. In der gesellschaftlichen Verwirklichung des Sozialismus scheint bisher die

---

[12] Siehe hierzu die Interpretation der französischen Revolution in der ‚Phänomenologie
des Geistes' als Übergang der abstrakten Identität von Einzelnem und Gattung in
deren abstrakte Nichtidentität als Resultat des Versuchs einer unmittelbaren Verwirklichung der Auffassung des Einzelnen als existierender Gattung.

[13] Weitere ethische Aporien des Marxismus hat K. R. Popper in ‚Falsche Propheten,
Hegel, Marx und die Folgen' (Bern 1958, S. 247 ff.) aufgewiesen, allerdings m. E. mehr
von der Ebene der äußeren Reflexion aus.

erste Seite der Alternative die Oberhand behalten zu haben. Wenn aber der Einzelne dem Fortschritt, dessen Resultat ihm ein Jenseits, wenn auch ein säkularisiertes, bleibt, geopfert wird, so reflektiert die sozialistische Gesellschaft dem Einzelnen gegenüber gerade jenes Verhältnis, das sie am Kapitalismus bekämpft: nämlich den Einzelnen zum bloßen Mittel herabzusetzen. Auf die Spitze getrieben bedeutet dies, daß eine Gesellschaft, in der die Entfremdung aufgehoben ist, sich auf alle vorangehenden Generationen als ‚Ausbeuter' bezieht, d. h. daß in ihr die Entfremdung nicht aufgehoben sein kann; bleibt diese Entfremdung verborgen, nur an sich, entsteht der ‚letzte Mensch', der „das Glück erfand" und von der Geschichte sagen kann: „Ehemals war alle Welt irre". (II, 284) Jene Problemhöhe ist aber schon erreicht in dem Satz des Mystikers: Wenn nicht alle gerettet werden, ist keiner gerettet. Dieser Gedanke kehrt bei Nietzsche wieder im Zusammenhang einer Wiederaufnahme der Theodizee:

> „Jegliches ist so mit allem verbunden, daß irgend etwas ausschließen wollen, alles ausschließen heißt. Eine verwerfliche Handlung heißt: eine verworfene Welt überhaupt." (III, 788)

Aus der Position gegen den Fortschrittsgedanken, gegen die Theorie der Evolution der Menschheit fällt nun noch einmal Licht auf die Kategorie des Horizontes: er wurde interpretiert als Bild für die Reflexion des lebendigen Subjekts aus dem Strom der Geschichte, innerhalb dessen es sich nur als etwas Unwesentliches verstehen kann, in sich selbst; diese Reflexion geschieht sowohl innerlich, als Einschränkung des Bewußtseins auf das, was es in seine Erfahrung aufnehmen kann, ohne als Bewußtseinsstufe zugrunde zu gehen, als auch äußerlich durch Schaffung einer Welt, einer Kultur. Im Horizont sichert sich der Einzelne gegen das Bewußtsein und die Folgen des tödlichen Abgrunds zwischen dem Allgemeinbegriff und der einzelnen faktischen Existenz ab, er entlastet sich vom Aufgehen in der abstrakten Unendlichkeit des nur gebildeten Bewußtseins.

Aber wiederum zeigt sich, daß der Reflexionsstufe gegenüber eine in Bildern sich verschließende Dialektik ohnmächtig bleibt, ja, daß eine Theorie, die der Reflexionsstufe nicht gerecht wird, sie abstrakt verneint, also theoretisch nicht aufzuheben vermag, in der Konsequenz hinter sie zurückfällt und dann in die Frühgeschichte sich zurückgezogen fühlt:

> „Sättigt eure Seelen an Plutarch und wagt es, an euch selbst zu glauben, indem ihr an seine Helden glaubt. Mit einem Hundert solcher unmodern erzogener, das heißt reif gewordener und an das Heroische gewöhnter Mensch ist jetzt die ganze lärmende Afterbildung dieser Zeit zum ewigen Schweigen zu bringen." (I, 251)
>
> und: „Irgendwann einmal mag es erlaubt sein ... nun, als den edelsten Lohn, uns die noch gewaltigere Aufgabe stellen zu dürfen, hinter diese alexandrinische Welt zurück und über sie hinauszustreben, und unsere Vorbilder mutigen Blicks in der altgriechischen Urwelt des Großen, Natürlichen und Menschlichen zu suchen. Dort aber finden wir auch die Wirklichkeit einer wesentlich unhistorischen Bildung und einer trotz oder vielmehr deswegen unsäglich reichen und lebensvollen Bildung." (I, 261 f.)

Angesichts solcher Sentenzen kann man verstehen, daß Horkheimer und Adorno im Hinblick auf die Homerinterpretation von Wilamowitz von der „Verschränkung von Barbarei und Kultur" sprechen, die „auf dem Grunde des neueren Philhellenismus" liege (‚Dialektik der Aufklärung', S. 98 Anm.). Der indirekten und sublimen Inhumanität der Reflexionsstufe stellt Nietzsche wiederum nur eine praktische, politisch-pädagogische Gegenposition gegenüber: an die Stelle der Evolution der Menschheit setzt er die wenigen „höchsten Exemplare", die aus dem Strom der Geschichte, ihr Sinn und Rechtfertigung verleihend, hervorragen, während die „Massen" bestenfalls zum Werkzeug jener ‚großen Männer' dienen:

> „Das Ziel der Menschheit kann nicht am Ende liegen, sondern nur in ihren höchsten Exemplaren... Die Massen scheinen mir nur in dreierlei Hinsicht einen Blick zu verdienen: einmal als verschwimmende Kopien der großen Männer, auf schlechtem Papier und mit abgenutzten Platten hergestellt, sodann als Widerstand gegen die Großen, und endlich als Werkzeug der Großen;" (I, 270 ff.)

Dem monologischen Humanismus der Aufklärung stellt der frühe Nietzsche, und dadurch erreicht er nicht den beide Extreme übersteigenden dialektischen Begriff des Menschen, die scheinbar entgegengesetzte Forderung entgegen, der Einzelne solle sich als ein Wesen auffassen, das — wie die Menschheit überhaupt — über sich hinausweist. Dadurch aber wird ebenfalls die Menschheit nur als Art, d. h. als Tierart vorgestellt, weswegen Nietzsche ja auch von „Exemplaren" spricht:

> „Eigentlich ist es leicht zu begreifen, daß dort, wo eine Art an ihre Grenze und an ihren Übergang in eine höhere Art gelangt, das Ziel ihrer Entwicklung liegt, nicht aber in der Masse der Exemplare und deren Wohlbefinden." (I, 327)

Diese praktische Gegenposition, die ihre politische Verwirklichung — im dialektischen Sinne als Verwirklichung und Untergang — im 20. Jahrhundert erfuhr, verbleibt jedoch kategorial im Bann der Reflexionsstufe, ja geht zum Platonismus[14] der Seinslogik zurück; diese Gegenposition aber, so unwahr sie in ihrer Einseitigkeit ist, könnte vielleicht zusammen mit ihrem Gegenteil, dem Pragmatismus der Reflexionsstufe, den dialektischen Begriff des Menschen evozieren, nämlich daß der Mensch in seinem Hinausgehen über sich selbst als unmittelbar Seienden nicht sich nur verliert, sondern zu seiner Erfüllung kommt. Dies gilt sowohl für die Menschheit, die erst dann wirklich wird, wenn sie über sich als Art hinausgeht, aber nicht in eine höhere Art, die als Art wiederum vom Einzelnen abstrahieren würde, sondern zum wirklichen Selbstzwecksein des Einzelnen, — als auch für den

---

[14] Man denke an den Gegensatz des Einen und Vielen bei Platon; im dritten Kapitel der ‚Unzeitgemäßen Betrachtungen' wird die Aufgabe der Philosophie darin gesehen, „Gesetzgeber für Maß, Münze und Gewicht der Dinge zu sein." (I, 307) und: „Das Rätsel, welches der Mensch lösen soll, kann er nur aus dem Sein lösen, im So- und nicht-Anders-sein, im Unvergänglichen." (I, 319) Dagegen verteidigt der spätere Nietzsche „gegen den Wert des Ewig-Gleichbleibenden den Wert des Kürzesten und Vergänglichsten, das verführerische Goldaufblitzen am Bauch der Schlange vita." (III, 559).

einzelnen Menschen. Er bleibt im Hinausgehen über seine unmittelbare Besonderheit zur Gattung, zum Vernunftwesen, nicht mehr nur Exemplar, d. h. in seiner Borniertheit auf die Individualität dem Artgesetz folgendes d. h. abstrakt allgemeines Lebewesen, sondern kann Monade, existierende Gattung sein.

Bei Nietzsche wird die Diskrepanz zwischen Gattung und Individuum zum Abgrund zwischen den vielen „wertlosen" und den wenigen „großen" Exemplaren — wobei das Wort „Exemplar" schon alles verrät. Die Rückkehr zu einer Moral der Vornehmheit[15], die Nietzsche intendiert, impliziert die abstrakte Negation der Vermittlung — der Arbeit und Unterdrückung der Vielen — zugunsten der Kultur als des Resultates, dessen unwahre Unmittelbarkeit mit Gewalt festgehalten werden muß. Simmel erkannte, daß die Aristokratie der Denkstruktur nach in die Ontologie, in die Seinslogik gehört:

> „Dieser Struktur des Vornehmheitsideals entspricht es, daß nicht die Betätigung nach außen hin, sondern das in sich geschlossene Sein des Menschen seinen Rang bestimmt. Hier tritt wieder der unversöhnliche Gegensatz gegen alle sozialen Anschauungsweisen hervor. Der Gesellschaft liegt ausschließlich an dem, was das Individuum t u t ; sein S e i n interessiert sie nur, insofern es die Garantie dafür ist, daß sein Tun immer in einer bestimmten Richtung verlaufen wird." (a. a. O. S. 236)

Zum Vornehmheitsideal gehört die Negation der Vermittlung, d. h. der Versuch, die Ebene der Wesenslogik, der reinen Vermittlung zu verlassen. M. E. besteht einer der tiefsten Widersprüche Nietzsches in dem Versuch, die Vermittlung, den Anteil der Vielen an der Genese der Kultur zu unterdrücken, wo doch andererseits ohne die Erscheinung und Existenz des Wesens, der Vermittlung im Resultat, der Begriff der Kultur jenes wesentlichen Elements der Vermittlung von Innerem und Äußerem entraten müßte, was gerade für Nietzsche, der ja diese Dialektik für den Begriff der Kultur gesehen hat, undenkbar ist.

Das theoretische Problem des Humanismus der Aufklärung, das der Vermittlung von Gattung und Einzelnem, ist damit also nicht gelöst, sondern die Gewichte sind nur umgekehrt worden: an die Stelle des Vorrangs der Menschheit vor dem Individuum tritt der Vorrang des ‚großen Einzelnen' vor der als Masse aufgefaßten Menschheit. Aber der Begriff des Horizonts ist nicht, dazu ist er der Dialektik zu nahe, mit dem Vorrang der wenigen Großen vor den Vielen zu vereinbaren: denn gerade als Besonderes, als Lebewesen borniert sich nach Nietzsche der Einzelne, um leben zu können, gegen die Forderungen und Aufgaben der ‚Großen', die wiederum von der Unterwerfung der Vielen abhängig sind. Gerade der ‚letzte Mensch', nach Nietzsche der schlimmste Feind der ‚Großen' und der Kultur, folgt dem Gesetz der Horizontbildung, wenn er sich borniert und den Nutzen zum

---

[15] Siehe Simmel a. a. O. S. 241:
> „Es ist die äußerste Steigerung des Vornehmheitsprinzips, daß der objektive Wert der Menschheit ausschließlich an ihren höchsten Exemplaren hafte, daß dem Leiden, der Unterdrücktheit und Unentwickeltheit der großen Masse, insoweit sie der Preis und der Unterbau jener Erhebungen sind, überhaupt nicht nachgefragt wird."

Kriterium macht. Nietzsche weicht dieser theoretischen Aporie aus, die im Bild des Horizontes, sofern es zur Institution verfestigt werden soll, steckt, und gibt eine nur praktisch relevante Antwort[16], damit wieder der ‚Politeia‘ folgend: die Menschen müßten so erzogen werden, daß sie ihre Ehre und ihr Selbstbewußtsein darein setzen, sich zu Werkzeugen der Großen zu machen:

> „Denn die Frage lautet doch so: wie erhält dein, des einzelnen Leben den höchsten Wert, die tiefste Bedeutung? Wie ist es am wenigsten verschwendet? Gewiß nur dadurch, daß du zum Vorteile der seltensten und wertvollsten Exemplare lebst, nicht aber zum Vorteile der meisten, das heißt der, einzeln genommen, wertlosesten Exemplare. Und gerade diese Gesinnung sollte in einem jungen Menschen gepflanzt und angebaut werden, daß er sich selbst gleichsam als ein mißlungenes Werk der Natur versteht, aber zugleich als ein Zeugnis der größten und wunderbarsten Absichten dieser Künstlerin." (I, 328)

Der Grad der Inhumanität dieser Forderung entspricht ihrer theoretischen Gewaltsamkeit: ein Lebewesen, das als solches sich in der Verabsolutierung seiner Besonderheit borniert, kann doch nur dadurch sich von der abstrakten Individualität, die ja zugleich allgemeines Naturgesetz ist, befreien, daß es denkt, d. h. der absoluten Reflexion, der absoluten Abstraktion, auch vom eigenen Dasein, fähig ist. Nur von einem wirklich freien Individuum kann ich erwarten, daß es von seiner Individualität auch abstrahieren kann. Nietzsche muß hier demnach die absolute Reflexion voraussetzen, die abzuschaffen bzw. dem Leben unterzuordnen und damit in der Kategorie des Maßes zu relativieren sein Ziel ist, was wiederum nur möglich ist durch das Weiterbestehen dessen, was hier eliminiert werden soll. Hier fällt Nietzsche weit zurück hinter Kant, der zeigen konnte, daß ein unbedingter Imperativ nur dann an den Menschen gerichtet werden kann, wenn dieser zugleich als Selbstzweck betrachtet wird, daß also die Forderung, ein Mensch solle sich nur als Werkzeug betrachten, als Forderung unsinnig ist, da sie das Prinzip aller Imperative zerstört. Ein nur endliches Wesen versteht kein Imperativ, da es mit seiner Beschaffenheit identisch ist, das Sollen aber das Hinausgehen über das Sosein antizipiert; Nietzsche gesteht dies in seiner Beschreibung des ‚letzten Menschen‘ an sich auch ein. Es bleibt also nur die praktische ‚Lösung‘.

Am Schluß der zweiten ‚Unzeitgemäßen Betrachtung‘ fordert Nietzsche deshalb zugleich Entfesselung des Lebens, der Jugend u n d Bindung an das Überhistorische:

> „Kein Gott und kein Mensch: nur ihre eigene J u g e n d : entfesselt diese und ihr werdet mit ihr das Leben befreit haben ... Aber es ist krank, dieses entfesselte Leben, und muß geheilt werden ... es leidet, was uns hier vornehmlich angeht, an der historischen Krankheit ... die Gegenmittel gegen das Historische heißen — das Unhistorische und das Überhistorische." (I, 281)

---

[16] Die Schwäche einer nur politisch-praktischen, pädagogisch motivierten Gegenposition scheint Nietzsche später selbst gesehen zu haben, spricht er doch in der späteren Einleitung zur ‚Geburt der Tragödie‘ von der „fehlerhaften Nutzanwendung auf Gegenwärtigstes, mit dem ich mir damals mein erstes Buch verdarb." (I, 17).

Unmittelbarer Subjektivismus und Platonismus, Nihilismus und Konservatismus treten so beim jungen Nietzsche gegen seine Intention als Korrelate auf, weil er die Reflexionsstufe abstrakt verneint und dadurch in ihrem Bann bleibt. Das erscheint darin, daß er den Begriff des Lebens, der durchaus die Kraft besitzt, die Verabsolutierung der historischen Reflexion aufzuheben, nicht denkt, sondern eine begrifflose Vorstellung ,des Lebens' institutionalisieren, unmittelbar in Praxis überführen will; gerade diese Intention aber entspringt der ,lebensfremden' Auffassung vom Wesen der Geschichte, die er seinen Gegnern unterstellt. Rückblickend sagte Nietzsche dann auch über seine frühe Periode:

> „Hinter meiner ersten Periode grinst das Gesicht des Jesuitismus, ich meine: das bewußte Festhalten an der Illusion und zwangsweise Einverleibung derselben als Basis der Kultur." (,Die Unschuld des Werdens' Kröner I, 347)

2. Historismus und Geschichtlichkeit

Die aufgezeigten Schwächen in der Polemik des jungen Nietzsche gegen den Historismus als Gestalt der Reflexionsstufe und des aufgeklärten Bewußtseins, welche Schwächen als theoretische Abhängigkeit von der Reflexionsstufe, also als Widerspruch zwischen Theorie und Praxis auf höherer Stufe, bestimmt wurden, haben ihr Zentrum in der von Nietzsche nicht bemerkten Zusammengehörigkeit des Historismus mit der diesem von Nietzsche entgegengesetzten Lebensphilosophie. Diese Zusammengehörigkeit kann als weiterer Index für die schon oben behauptete Geringfügigkeit der mit ,Menschliches, Allzumenschliches' vollzogenen Wandlung in der Entwicklung Nietzsches angesehen werden. Damit ist auch der Grund für das Umschlagen von angestrebter Humanität in die praktische Inhumanität des Kultus der ,Großen' sichtbar geworden; wenn Historismus und Lebensphilosophie zwei nur scheinbar entgegengesetzte Gestalten des Bewußtseins sind, kann eine auf der Lebensphilosophie aufbauende Begründung der Humanität nicht die Grenzen des Historismus überschreiten. Dieser behauptete Zusammenhang von Historismus und Lebensphilosophie, der dann im Werk Oswald Spenglers zur Untrennbarkeit gesteigert zutage trat, besteht allgemein in der Stellung, die der Einzelne sowohl hier wie dort der Gattung gegenüber einnimmt: er wird als bloßes Akzidens, als Exemplar einer Gattung von Lebewesen bzw. Moment der Geschichte bestimmt. Näher bestimmt sich dieses Verhältnis im Hinblick auf die Stellung des Denkens, das in beiden Theorien auf Ideologie reduziert wird — nämlich zum Überbau bzw. zur Funktion der historischen Situation oder des Lebens —, worin sich der gerade behauptete Chorismos zwischen Einzelnen und Gattung, Mensch und Menschheit reflektiert. Der junge Nietzsche[17] sieht das

---

[17] Auch der spätere Nietzsche verneint, indem er den „Wert des Lebens" als unabschätzbar behauptet, worin die Unendlichkeit des Lebens gesehen wird, die Möglichkeit der absoluten Reflexion, d. h. eines Denkens, das den Bereich des Ideologischen, des nur

Problem der Beziehung von Leben und Erkenntnis als schlanke Alternative und verbleibt in der Darstellung zugleich in Bildern von eindeutigen Fundierungsverhältnissen:

> „Soll nun das Leben über das Erkennen, über die Wissenschaft, soll das Erkennen über das Leben herrschen? Welche von beiden Gewalten ist die höhere und entscheidende? Niemand wird zweifeln: das Leben ist die höhere, die herrschende Gewalt, denn ein Erkennen, welches das Leben vernichtet, würde sich selbst mit vernichtet haben. Das Erkennen setzt das Leben voraus." (I, 282)

Diese Antwort überrascht dann nicht, wobei die Frage, wieweit das — menschliche — Leben wiederum das Erkennen voraussetzt, ob also die von Nietzsche aufgestellte Alternative wahr ist, übersehen wird. Der Verstoß gegen die Priorität des Lebens, den das Denken, das nicht nur Funktion des Lebenswillens zu sein beansprucht, begeht, ist dann wie jedes sich Aufspreizen einer Funktion zum Selbstzweck krankhaft:

> „Jetzt regiert nicht mehr allein das Leben und bändigt das Wissen um die Vergangenheit: sondern alle Grenzpfähle sind umgerissen und alles, was einmal war, stürzt auf den Menschen zu. So weit zurück es ein Werden gab, soweit zurück, ins Unendliche hinein, sind auch alle Perspektiven verschoben. Ein solches unüberschaubares Schauspiel sah noch kein Geschlecht, wie es jetzt die Wissenschaft des universalen Werdens, die Historie, zeigt; freilich aber zeigt sie es mit der gefährlichen Kühnheit ihres Wahlspruches: fiat veritas pereat vita." (I, 231)

Für Spengler ist a priori der ideologische[18] Charakter alles Denkens gewiß, was er an zahlreichen Stellen[19] seines ‚Untergangs des Abendlandes‘ ausspricht:

> „Ein Denker ist ein Mensch, dem es bestimmt war, durch das eigene Schauen und Verstehen die Zeit symbolisch darzustellen. Er hat keine Wahl. Er denkt, wie er denken muß, und wahr ist zuletzt für ihn, was als Bild seiner Welt mit ihm geboren wurde. Es ist das, was er nicht erfindet, sondern in sich entdeckt. Es ist er selbst noch einmal, sein Wesen in Worte gefaßt, der Sinn seiner Persönlichkeit als Lehre geformt, unveränderlich für sein Leben, weil es mit seinem Leben identisch ist." (a. a. O. S. VII)

Dabei subsumiert Spengler, reflektiert wie er ist, sich selbst unter diesen Relativismus, ohne den daraus resultierenden Widerspruch zu den historischen Gesetzen, deren Gültigkeit für alle Kulturen er behauptet, zu sehen:

Funktion Seins transzendiert: „Man muß durchaus seine Finger danach ausstrecken und den Versuch machen, diese erstaunliche finesse zu fassen, daß der Wert des Lebens nicht abgeschätzt werden kann." (II, 952) Diese Leugnung der absoluten Reflexion in der Erkenntnis bedeutet in eins die Hypostasierung der absoluten Reflexion als „das Leben", dessen Bewegung im Prozeß der Erzeugung und Vernichtung der besonderen Lebewesen besteht.

[18] In diesem Punkt scheinen auch die sich so antagonistisch gebenden Pole der Gesellschaftsformen des 20. Jahrhunderts übereinzustimmen: während in der Psychoanalyse der westlichen Welt das Bewußtsein des Einzelnen auf seine abstrakte Besonderheit, sein Triebschicksal zurückgeführt wird, geschieht das Nämliche im Marxismus, wo die Reduktion in Richtung auf den Unterbau der Produktionsverhältnisse erfolgt, nach dem Marxschen Diktum: „Es ist nicht das Bewußtsein der Menschen, das ihr Sein, sondern umgekehrt ihr gesellschaftliches Sein, das ihr Bewußtsein bestimmt." (‚Zur Kritik der politischen Ökonomie‘, Lieber Ausgabe VI, 839).

[19] Siehe a. a. O. S. 57 f., 126 f., 467, 568, 573, 887.

„Die Morphologie der Weltgeschichte wird notwendig zu einer universellen Symbolik. Damit fällt auch der Anspruch des höheren Denkens, allgemeine und ewige Wahrheiten zu besitzen. Wahrheiten gibt es nur in bezug auf ein bestimmtes Menschentum. Meine Philosophie selbst würde demnach Ausdruck und Spiegelung n u r der abendländischen Seele, im Unterschied etwa von der antiken und indischen, und zwar nur in deren heutigem zivilisierten Stadium sein, womit ihr Gehalt als Weltanschauung, ihre praktische Tragweite und ihr Geltungsbereich bestimmt sind." (a. a. O. S. 64)

Das Problem des Historismus als Relativismus, das noch der junge Nietzsche pathetisch folgendermaßen formulierte:

„Der junge Mensch ist heimatlos geworden und zweifelt an allen Sitten und Begriffen. Jetzt weiß er es: in allen Zeiten war es anders, es kommt nicht darauf an, wie du bist." (I, 255),

gehört heute zu den schlafenden Hunden, die man nicht wecken soll, d. h. es hat, statt einer Lösung näher gebracht worden zu sein, was auch wohl nur auf dem Umweg über eine neue Bestimmung des Wahrheitsbegriffes möglich gewesen wäre, das Schicksal des Vergessenwerdens erlitten; es wurde langweilig. Außerdem wurde es durch ein quid pro quo im Existenzialismus zum Moment der Kategorie der ‚Entscheidung', der unbedingten Entscheidung stilisiert, zu der ein letztliches Scheitern der Erkenntnis gehört, da sonst dem ‚Primat der praktischen Vernunft', als dessen lebensphilosophische Variante der Existenzialismus aufgefaßt werden kann, der Boden entzogen wäre.

Andererseits ist dem Historismusproblem durch seine Metamorphose zum Thema der Geschichtlichkeit und zur Methode der Hermeneutik eben durch den Existenzialismus die Spitze genommen worden. Im folgenden soll deshalb eine Klärung dieser Kategorien mit Hilfe zeitgenössischer Literatur versucht werden; die damit verbundene scheinbare Entfernung vom Nietzschetext, die ein solches Verfahren als bedenklich erscheinen lassen könnte, rechtfertigt sich aus der Notwendigkeit einer distanzierten Interpretation, insofern eine unmittelbare Zuwendung zum Nietzschetext kaum eine Chance hat, der Faszination seiner Bilder zu entgehen und gleichzeitig auf der Höhe seiner Gedanken zu bleiben. Auch der weiter unten vorgenommene Exkurs in die Kantische Philosophie und die ständig mitzuführende Folie der Hegelschen Dialektik sind dadurch motiviert, ganz abgesehen von der Berücksichtigung der durch die Thematik vorgegebenen systematischen und historischen Zusammenhänge, die ein derartiges Vorgehen erfordern.

Hans Barth wies in ‚Wahrheit und Ideologie'[20] darauf hin, daß das nihilistische Moment, das für den Historismus charakteristisch wurde und durch dessen Hervortreten der Übergang von der ersten zur zweiten Stufe der Aufklärung zustande kam, in seinen Anfängen fehlte:

„Die Relativität der Wahrheit, die das letzte Wort des Historismus ist, bildet den Untergrund einer tragischen Gemütsverfassung, die ... der Konsequenz der wissenschaftlich offenbar geforderten Relativierung der Wahrheit und der sittlich-recht-

[20] Hans Barth, ‚Wahrheit und Ideologie', Manesse Zürich, 1945.

lichen Normen auf das geschichtliche Leben gerade um der Redlichkeit des wissenschaftlichen Bewußtseins willen nicht ausweichen wollte ... Es muß auffallen, daß
die Ausbildung des historischen Weltbildes, die seit der Mitte des neunzehnten Jahrhunderts einsetzte, zu einer Lebensstimmung der Resignation führte, während doch
ganz offensichtlich die Anfänge des Historismus von derartige Anwandlungen
vollkommen frei gewesen waren." (S. 290 f.)

Die Erklärung für dieses Phänomen sieht Barth im Verschwinden des „christlichen Weltbildes", was nicht unproblematisch ist, da der Historismus als Konsequenz des aufgeklärten Humanismus von Hause aus dem Christentum gegenüber
neutral war:

> „Die Begründung des Historismus entfaltete sich im Rahmen des intakten christlichen
> Weltbildes. Was das historische Bewußtsein des neunzehnten und des beginnenden
> zwanzigsten Jahrhunderts kennzeichnet, ist eben dies, daß dieser geglaubte Rahmen
> dahinfällt." (a. a. O. S. 291)

Die Bedeutung eines „intakten christlichen Weltbildes" für die Historie als
Disziplin sieht Barth in der Funktion der transzendenten Einheit, die der Vielfalt
der geschichtlichen Ereignisse und Entwicklungen, die die Geschichtswissenschaft
aufdeckt, ihren Sinn verleiht:

> „Was den Historismus des späten neunzehnten Jahrhunderts radikal abhebt von
> seinen Vorläufern, ist der Verlust der Beziehung auf eine transzendente Einheit.
> Das ist der Sinn von Diltheys Satz: „Hinter das Leben kann das Denken nicht
> zurückgehen". Die ‚Aufhebung der Transzendenz der Subjektivität' bedeutet: ‚wir
> wissen von keinem erlebbaren oder erfahrbaren Träger des Lebens' ... Von diesen
> Voraussetzungen einer radikal diesseitigen Lebensphilosophie aus verliert die Ge-
> schichte den Charakter eines Geschehens, in dem sich ein göttlicher Plan oder die
> Vernunft des Mensch verwirklicht. Die Finalität des historischen Prozesses, die
> denkbar ist, sofern Natur und Mensch durch das gemeinsame Band der Geschöpf-
> lichkeit auf Gott zurückweisen, fällt dahin." (a. a. O. S. 292 f.)

Die Bewußtseinsstufe, die diesem rein in der Immanenz verharrenden historischen Denken zugrunde liegt, das monologische Denken sowohl der Lebensphilosophie als auch des Historismus, zerstört die Voraussetzungen des traditionellen Wahrheitsbegriffs:

> „Erst auf dem geistesgeschichtlichen Hintergrunde, der sich zusammen mit der biolo-
> gisch-soziologischen Vernunftkritik Nietzsches und der Unterbau-Überbau-Lehre von
> Marx durch die Amalgamierung von Motiven des neueren Historismus und der
> Lebensphilosophie gebildet hat, werden die Probleme, die mit dem Begriff der Ideolo-
> gie in der Gegenwart entstehen, in ihrem Umfang und in ihrer Tragweite verständ-
> lich." (a. a. O. S. 294)

Wenn Barth so dem Historismus als auch der Lebensphilosophie die Zerstörung
der Transzendenz anlasten kann, womit das nihilistische Moment beider Gestalten
des Bewußtseins angedeutet wird, die als Verabsolutierung der Immanenz und
der Ideologie, also der Identifizierung des Denkens mit einer Funktion, zusam-
mengehören, darf doch eines nicht übersehen werden; es ist gerade das vom Historismus streng zu scheidende Bewußtsein von der immanenten Transzendenz des
Geschichtlichen, das heißt des zugleich zeitlich Gewordenen und überzeitlich Gültigen, das ein Einhausen des Menschen in der reinen Immanenz des Gegenwärtigen

zumindest erschwert. Das geschichtliche Bewußtsein enthält also im Unterschied zum Historismus ein Moment befreiender Transzendenz, was Hans Freyer in seiner Analyse des gegenwärtigen Zeitalters dargestellt hat; er charakterisiert die modernen Gesellschaften, insbesondere die direkt und offen totalitären, als „sekundäre Systeme", die er durch das versuchte Abschneiden des Menschen von aller Transzendenz, insbesondere der geschichtlichen, definiert:

> „Sie sind wesentlich ‚voraussetzungslos', das heißt sie setzen ihre Voraussetzungen und Elemente selbst und können daher keinen Grund brauchen, der sie nach unten hin transzendiert. Das ist die Absage an das Erbe und sozusagen der Entschluß zur Bodenlosigkeit. In dem Maße, wie die sekundären Systeme der Tendenz zum Totalitären nachgeben oder erliegen, prägt sich dieser Zug stärker aus." (‚Theorie des gegenwärtigen Zeitalters' S. 180)

Die primitivste Form der Durchführung dieses Versuches, den Menschen von der Geschichte abzuschneiden, besteht wohl in der von George Orwell in seiner negativen Utopie ‚1984' beschriebenen Tätigkeit eines ‚Wahrheitsministeriums', in dem fortlaufend die gesamte Geschichte auf die Gegenwart reduziert und zu deren Moment herabgesetzt und dadurch verfälscht wird. Alles Geschichtliche droht ja durch seinen Widerspruch zur gängigen Ideologie diese zu transzendieren, wodurch der Einzelne in die Gefahr der Möglichkeit der Rebellion, nämlich der Distanzierung vom herrschenden System gerät.

Eine realistischere und wirksamere, auch wohl nicht direkt intendierbare Variante stellt die Historisierung der Geschichte dar — hier zeigt sich die Differenz von Historismus und Geschichtlichkeit —, die Regression der geschichtlichen Erfahrungen, zumal der der Kunst auf ein Konsumverhältnis, das den ‚großen geistigen Werken' den Stachel der Verpflichtung nimmt:

> „Ganz wird sich freilich das Erbe der Geschichte aus der menschlichen Welt nicht austilgen lassen. Aber es kann ihm ein ähnliches Schicksal bereitet werden wie dem Widerstand. Wie dieser heroisiert wird, so wird das Erbe historisiert... Aber es kann dem Erbe der Geschichte sehr schlecht gehen, auch wenn es ihm äußerlich glänzend geht, und es ist durchaus möglich, daß es um so machtloser wird, je öfter es gesendet wird. Die ganze Fragwürdigkeit der Begriffe Kultur und Bildung enthüllt sich hier ..." (Freyer, a. a. O. S. 181, 183)

Günther Anders führt dieses Thema im Zusammenhang der Verwandlung der Welt in ‚Phantom und Matrize' durch Rundfunk und Fernsehen in der ‚Antiquiertheit des Menschen' breit aus; die entscheidenden Phänomene der ‚Neutralisierung' der Welt und Geschichte beschreibt er als ‚Verbiederung', ‚Warencharakter alles Seienden' und ‚Distanzlosigkeit', also als gleichfalls auf Eliminierung alles die Alltäglichkeit und Immanenz des Faktischen Transzendierenden gerichtete Tendenzen:

> „Andere empfinden... die Figuren der Geschichte geradezu als komische Figuren, nämlich als Provinzler der Zeit, als Wesen, die nicht in der Hauptstadt: im Jetzt, großgeworden sind, und die sich deshalb als Dorftrottel der Geschichte oder als abergläubische Hinterwäldler benehmen... *als* Geschichte ist die auf eine einzige Ebene der Kumpanenhaftigkeit projizierte Vergangenheit abgeschafft." (a. a. O. S. 119 f.)

Die ‚sekundären Systeme' verfolgen mit der Neutralisierung der Geschichte zur Historie den Zweck, den möglichen imperativischen Charakter aller Erfahrung von Geschichte zu zerstören:

> „Die Vergangenheit darf keine Macht haben, keine Hemmungen auferlegen, keine Direktiven geben, keinen Widerstand leisten. Vor allem darf sie nicht das tun, was nun freilich ein echtes Erbe ganz wesentlich tut und worin sogar sein bestes Teil besteht: mit stillem Nachdruck eine Norm in Erinnerung halten." (Freyer, a. a. O. S. 184)

Dem Protest und der Empörung über die Wiederkehr des Barbarischen in der Zivilisation haftet deshalb heute etwas Provinzielles an, wenn man ‚Provinz' mit einer sich an den in der Geschichte erscheinenden und sie transzendierenden Maßstäben von Humanität orientierenden Gestalt des Bewußtseins gleichsetzt:

> „Die Übermacht des Seienden, das den Geist dazu verhält, es ihm gleichzutun, ist so überwältigend, daß selbst die unassimilierte Äußerung des Protests ihr gegenüber etwas Handgewebtes, Unorientiertes, Ungewitzigtes annimmt und an jene Provinzialität gemahnt, die einmal prophetisch das Moderne der Rückständigkeit verdächtigte." (Adorno, ‚Minima Moralia', Frankfurt/M. 1962, S. 292)

In der ‚Hauptstadt', in der das gebildete Bewußtsein seinen Stolz darein setzt, über nichts mehr sich zu wundern — in den Wochenzeitschriften gibt es längst keine Ausrufungszeichen mehr —, weiß man, daß alles möglich ist, und daß ein Festhalten an tradierten Normen komisch ist. Dieses verwirrende Phänomen eines „quid pro quo von Fortschritt und Reaktion' (ebenda S. 293) verdankt sich m. E. der überholten Unterscheidung zwischen Hauptstadt und Provinz, was ja heute schon mit den Augen wahrnehmbar ist, zwischen fortschrittlichem und zurückgebliebenem Bewußtsein:

> „Die Moderne ist wirklich unmodern geworden. Modernität ist eine qualitative Kategorie, keine chronologische." (a. a. O. S. 292)

Die Relevanz der Freyerschen These von den ‚sekundären Systemen' erhellt aus solchen Koinzidenzen mit Texten von Autoren, deren ‚Position' eine sonst grundsätzlich andere ist. Wenn Max Horkheimer von der „Welt ohne Unterschlupf", ohne Asyl[21] spricht, so weist auch er auf d a s specificum aller totalitären bzw. wie Freyer sich ausdrückt: sekundären Systeme hin, nämlich den Einzelnen völlig in seine geschichtliche Situation zu ‚integrieren', also jede Transzendenz, die ihn erst vor diese seine geschichtliche Situation bringen könnte, abzuschneiden.

Nun bedürfen gerade die ‚sekundären Systeme' als Voraussetzungen und immanenter Momente der Eigenschaften, die nur in dem Boden entstehen, den die sekundären Systeme zerstören. Damit ist der Bereich des Weltanschaulichen, der der Diskussion um progressiv oder reaktionär, nämlich der der subjektiven Stellungnahme für oder gegen diese modernen Gesellschaftsformen verlassen, da es

---

[21] Max Horkheimer ‚Zur Kritik der instrumentellen Vernunft', Fischer Verlag Frankfurt/M., 1967, S. 225.

sich hierbei um die Bedingungen der Wirklichkeit dieser Systeme zu gehen erweist:

> „Die amerikanischen Industriepsychologen um Elton Mayo und F. Roethlisberger haben ... bei ihren Experimenten und Befragungen herausgefunden, daß gerade die ganz großen, zur äußersten Rationalität durchkonstruierten Betriebe im Grunde beständig an menschliche Eigenschaften appellieren, die in ihnen selbst nicht gebildet, nicht einmal fortgebildet werden ... sie stammen aus den Familien, aus den Nachbarschaften, aus den Heimaten ..." (a. a. O. S. 189).

In dieser Abhängigkeit von ihrem Gegenteil erscheint die Endlichkeit und Unwahrheit der sekundären Systeme:

> „Diese Wunderwerke der Organisation sind also gar nicht so autark und selbstgesetzlich, wie sie scheinen. Sie würden keinen Tag lang funktionieren, wenn sie sich nicht auf sehr viel Vorgegebenes und Mitgebrachtes verlassen könnten: auf ein beträchtliches Maß an genereller Bereitwilligkeit und Selbstdisziplin in den arbeitenden Menschen, auf viel Hilfsbereitschaft, Kameradschaft, sogar Selbstlosigkeit und Opfersinn." (Freyer, a. a. O. S. 189)

Ein rein immanentes, in seinem Sein aufgehendes Wesen ist der Abstraktion von seiner Individualität nicht fähig, deshalb bedeutet die Zerstörung der Transzendenz die Zerstörung der Bedingung der Möglichkeit von Freiheit, die nur angesichts des Transzendierens des Faktischen, bloß Seienden möglich ist. Vom ‚letzten Menschen' kann man keine sozialen Tugenden mehr erwarten, eine Gesellschaft, die sich nur aus seinesgleichen zusammensetzte, würde keinen Tag die Wirklichkeit aushalten.

Den Zusammenhang zwischen dem Scheitern der „absoluten Revolution" und der Reduktion des Menschen auf die Historizität stellt Altert Camus in ‚Der Mensch in der Revolte' als auf der Ignorierung der die Geschichte transzendierenden Natur des Menschen beruhend dar:

> „Die absolute Revolution setzte tatsächlich die absolute Formbarkeit der menschlichen Natur voraus, ihre mögliche Rückbildung auf den Stand einer Geschichtskraft. Aber die Revolte ist die Weigerung des Menschen, als Ding behandelt und auf die bloße Geschichte zurückgeführt zu werden. Sie ist die Bekräftigung einer allen Menschen gemeinsamen Natur, die sich der Welt der Macht entzieht ... Der Mensch setzt in seiner Revolte seinerseits der Geschichte eine Grenze. An dieser Grenze steigt das Versprechen eines Werts auf." (a. a. O. S. 269)

Die Problematik jedoch, der Camus hilflos[22] gegenübersteht, ist die wohl nur dialektisch zu lösende Aufgabe der Darstellung des in der Geschichte immanent Werdens der die Geschichte auch transzendierenden menschlichen Natur, denn eine Abtrennung des Wesens des Menschen von der Geschichte eliminiert andererseits die Bedingungen der Möglichkeit der Verwirklichung der Idee der Humanität, legt nämlich den Menschen auf eine unveränderliche Natur fest. Die Krisen in der Geschichte der Menschheit, insbesondere den Nihilismus sieht Camus als zurücknehmende Irrwege an, denen er die Besinnung auf „jenes dunkle Sein, das man

---

[22] Siehe auch die oben angeführte Abhängigkeit Camus' von der Kategorie des Maßes, die einerseits seine letzte Antwort auf die Krise des Humanismus darstellt, andererseits dem Nihilismus und der freien Subjektivität nicht gewachsen ist.

schon in der Bewegung des Aufstandes entdeckt" (a. a. O. S. 271), gegenüberstellt.
Die Dialektik der Geschichtlichkeit sieht Camus — und dort liegt seine Stärke —
in der Kunst und ihrer Interpretation realisiert:

> „Dies Gesetz ist weder formal noch der Geschichte unterworfen; das können wir
> verdeutlichen, wenn wir es im Reinzustand in der künstlerischen Schöpfung finden."
> (ebenda)

Die Möglichkeit der Genese einer immanenten Transzendenz in der Geschichte
scheint Camus — und auch Freyer — zu bestreiten, für beide ist die Überwindung
des historischen Relativismus und seiner nihilistischen Konsequenzen nur möglich
auf Grund einer nur übergeschichtlichen Natur des Menschen; sie verbleiben im
Eleatismus:

> „Die Geschichte liefert durch ihre eigene Bewegung keinen einzigen Wert... Ein
> rein geschichtliches Denken ist also nihilistisch: es nimmt das Böse ohne Einschrän-
> kung hin und steht damit im Gegensatz zur Revolte. Es kann lange zur Kompen-
> sierung die vollständige Vernünftigkeit der Geschichte versichern, diese geschicht-
> liche Vernunft wird erst am Ende der Geschichte vollendet sein." (Camus, a. a. O.
> S. 310)

> „Es war die Grenze der Aufklärung, daß sie die ‚Vernunft' den nur naturhaften
> Trieben und den nur geschichtlich bedingten Motivationen als ein anderes entgegen-
> setzte, doch es war ihre große Einsicht, daß der Mensch auch im säkularen Raum
> schlechterdings nicht als Mensch gedacht werden kann, ohne daß ihm die Autonomie
> der Vernunft als Wesenskern und als verpflichtende Anlage zugeschrieben wird. Die
> Freiheit und Selbstbestimmungskraft des Menschen ist kein Produkt der Geschichte."
> (Freyer, ‚Schwelle der Zeiten', S. 329)

Jürgen Habermas hat in der Schrift ‚Naturrecht und Revolution' gezeigt, wie
das übergeschichtliche Naturrecht und die geschichtliche Bewegung der Revolution,
deren Vermittlung, nämlich die „Positivierung des Naturrechts als Verwirklichung
der Philosophie"[23], im Zentrum der Aufklärungsphilosophie stand, seit Marx zu
sich scheinbar selbständig gegenüberstehenden Positionen geworden sind, zu
Extremen, deren Vermittlung allererst das Naturrecht verwirklichen und die Revolution legitimieren würde:

> „Marx hat... mit der Ideologiekritik am bürgerlichen Rechtsstaat die Idee der
> Rechtlichkeit selbst und, mit der soziologischen Auflösung der Basis natürlicher
> Rechte, die Intention des Naturrechts als solche für den Marxismus so nachhaltig
> diskreditiert, daß sich seitdem die Klammer um Naturrecht u n d Revolution gelöst
> hat. Die Parteien eines internationalisierten Bürgerkrieges haben den Nachlaß ver-
> hängnisvoll eindeutig aufgeteilt." (a. a. O. Seite 82)

Die beiden Momente, deren Dialektik den Begriff der Geschichtlichkeit bestimmt, definieren m. E. die beiden Gestalten der Aufklärung, die erste und die
zweite Aufklärung; Georg Lukács, — von dem meines Wissens die kritische
Kategorie der ‚zweiten Aufklärung' stammt — hält an dem für die erste Aufklärung, — oder wenn man so will, für die erste Phase der Aufklärung spezifischen
Gedanken des Fortschritts der Menschheit als Wesensbestimmung der Geschichte
fest; die zweite Aufklärung dagegen, die Synthesis von Lebensphilosophie und
Historismus, eliminiert eben jenen Evolutionsgedanken und identifiziert statt des-

---

[23] ‚Theorie und Praxis', Band 11 der ‚Politica', 2. Aufl. 1967, S. 52.

sen Geschichte mit dem Schicksal der aufblühenden und dahinwelkenden Kulturen, die kein Subjekt — wie es der Fortschritt der Menschheit wäre — über sich haben, sondern selbst die letzten Subjekte sein sollen:

> „Chamberlain und Spengler zogen nur am konsequentesten die Folgerungen aus dieser Lage: die Konzeption des gesellschaftlich-geschichtlichen Fortschritts kann nur dann wirksam bekämpft werden, wenn die Einheitlichkeit und Gesetzmäßigkeit des Geschichtsablaufs, der Entwicklung der Menschheit überhaupt geleugnet wird." (Lukács, a. a. O. S. 156)

Zweifellos bestreitet Spengler, für den die Kulturen nicht Stufen des Fortschritts sind, sondern umgekehrt der Fortschrittsglaube eine bestimmte Phase jeder Kultur darstellt, ein Ziel der Geschichte im Sinne der Aufklärung, wobei er rein nominalistisch verfährt:

> „Aber ‚die Menschheit‘ hat kein Ziel, keine Idee, keinen Plan, so wenig wie die Gattung der Schmetterlinge oder der Orchideen ein Ziel hat. ‚Die Menschheit‘ ist ein zoologischer Begriff oder ein leeres Wort. (‚Die Menschheit? das ist ein Abstraktum, es hat von jeher nur Menschen gegeben und wird nur Menschen geben‘, Goethe zu Luden). Man lasse dieses Phantom schwinden und man wird einen überraschenden Reichtum w i r k l i c h e r Formen auftauchen sehen. Hier ist eine unermeßliche Fülle, Tiefe und Bewegtheit des Lebendigen." (Spengler, a. a. O. S. 28 f.)

Wie Nietzsche substituiert er ‚die Menschheit‘ durch die ‚großen Individuen‘ bzw. die großen Kulturen:

> „Eine Staatengeschichte ... hat nicht zu zeigen, wie ‚die Menschheit‘ allmählich zur Eroberung ihrer ewigen Rechte, zu Freiheit und Gleichheit und der Entwicklung des weisesten und gerechtesten Staates fortschreitet, sondern die in der Tatsachenwelt wirklich vorhandenen politischen Einheiten zu beschreiben, wie sie aufblühen, reifen und welken, ohne je etwas anderes zu sein als wirkliches Leben in Form." (Spengler, a. a. O. S. 1018)

Wie Nietzsche insistiert Spengler gegenüber dem Naturrecht auf der Mannigfaltigkeit der geschichtlich gewordenen Sitten, oder mit Nietzsche der ‚Moralen‘:

> „Es gibt so viele Moralen, als es Kulturen gibt ... Es ist ein großer Irrtum, wenn man glaubt, daß es ein gleichsam über den Dingen schwebendes, von politisch-wirtschaftlichen Interessen ganz unabhängiges Recht überhaupt geben könne ... Jedes Recht enthält in abgezogener Form das Weltbild seiner Urheber." (ebenda S. 403, 630)

Wenn es keine ‚Menschheit‘ gibt, dann auch kein ‚Ziel der Menschheit‘, kein ‚Ziel der Geschichte‘, kein ‚Recht des Menschen‘:

> „Ich protestiere hier gegen zwei Annahmen, die alles historische Denken bis jetzt verdorben haben: gegen die Annahme eines Endziels der gesamten Menschheit und gegen die Leugnung von Endzielen überhaupt. Das Leben h a t ein Ziel." (ebenda S. 613)

Spengler reflektiert in dieser Anwendung des Nominalismus auf die Geschichte den Widerspruch der ersten Aufklärung, die sich einerseits von der Religion als Fundament der Humanität emanzipierte, andererseits begrifflich an deren nun nicht mehr erhelltem Universalismus festhalten mußte, um sowohl vom Recht d e s Menschen als auch dem Ziel der Geschichte, überhaupt von d e r Geschichte reden zu können[24].

Aber Spengler hat mit der Inaugurierung dieses kruden Nominalismus zugleich seine eigenen Voraussetzungen negiert; erstens engt er den Begriff der Geschichte auf den Geltungsbereich des Lebens ein: ungeschichtlich lebe eo ipso die Menschheit als Gattung außerhalb der relativ kurzen Kulturepochen:

> „Der ‚historische Mensch‘, wie ich das Wort verstehe und wie es alle großen Histori-
> ker immer gemeint haben, ist der Mensch einer in Vollendung begriffenen Kultur.
> Vorher, nachher und außerhalb ist er g e s c h i c h t s l o s . “ (Spengler, a. a. O.
> S. 613)

Aber auch der ‚historische Mensch‘ transzendiert nicht ‚das Leben‘, er ist eine Art, eine Stufe des Lebensprozesses, nicht eines Individuums, sondern einer ‚Kulturseele‘ — wohl eine Reminiszenz an den ‚objektiven Geist‘. In Widersprüche gerät Spengler auch angesichts des Moments der Reflexion in der Geschichte als Geschichte, — als h i s t o r i a rerum gestarum — wenn er sein Werk selbst dem Lebensprozeß subsumiert; wenn geschichtliches Verstehen eine Funktion des Lebensprozesses ist, — „Wir verstehen heute, was um die Ermordung des Ti. Gracchus und des Clodius in furchtbaren Spannungen und Entladungen vor sich ging. 1700 konnten wir es noch nicht und 2200 werden wir es nicht mehr verstehen.“ (Spengler S. 616), — ist der Titel ‚Morphologie der Weltgeschichte‘ eine unsinnige Anmaßung. Die Subsumtion des Menschen unter den Lebensprozeß zerstört also die Voraussetzungen des Begriffs der Geschichte sowohl als h i s t o r i a rerum gestarum als auch als historia r e r u m g e s t a r u m , d. h. Spengler kann sein eigenes Werk begrifflich nicht begründen, er negiert im Gegenteil selbst die Bedingungen der Möglichkeit seiner Gültigkeit und seines Sinnes.

Das Leben wird generell von der Geschichtlichkeit des Menschen unter Berufung auf seine Natur als Kreislauf unterschieden:

> „Weil der Mensch (im Vergleich zu den Tieren) brüchig ist, kann er durch Freiheit
> in den Gang eines geistigen Sichverwandelns eintreten zu unabsehbarer Steigerung.
> Er wurde, statt wie Tiere nur den natürlichen Kreislauf des Lebens ins Endlose
> gleichbleibend zu wiederholen, fähig zur Geschichte.“ (Karl Jaspers, ‚Vom Ursprung
> und Ziel der Geschichte‘, S. 46)

---

[24] Über den dialektischen Zusammenhang zwischen Aufklärung und Nominalismus siehe Th. W. Adorno ‚Negative Dialektik‘, 1966 Frankfurt/M. S. 56 Anmerkung: „Hegels Restitution des Begriffsrealismus, bis zur provokativen Verteidigung des ontologischen Gottesbeweises, war nach den Spielregeln unreflektierter Aufklärung reaktionär. Unterdessen hat der Gang der Geschichte seine antinominalistische Intention gerechtfertigt. Im Gegensatz zum groben Schema der Schelerschen Wissenssoziologie ging der Nominalismus seinerseits in Ideologie über, die des augenzwinkernden Das gibt es doch gar nicht, dessen die offizielle Wissenschaft gern sich bedient, sobald peinliche Entitäten wie Klasse, Ideologie, neuerdings überhaupt Gesellschaft erwähnt werden. Das Verhältnis genuin kritischer Philosophie zum Nominalismus ist nicht invariant, es wechselt geschichtlich mit der Funktion der Skepsis.“

Aber das Leben ist auch nicht ganz vom Bereich des Geschichtlichen zu trennen: es enthält zumindest in der Entwicklung der Arten[25], die wiederum als Antworten auf veränderte Umweltbedingungen aufgefaßt werden können, das Moment des Geschichtlichen:

> „Offene Systeme stützen sich also nicht auf ihr Fundament, sondern zehren aus ihm. Sie bauen sich nicht a u f ihm, sonder a u s ihm auf, und der Widerstand gegen den Absturz der Form in die Gestaltlosigkeit liegt in ihnen selbst. Damit weisen sie freilich in eine andere Ferne und Tiefe — nicht in die des Raumes, sondern in die der Zeit. Leben hat seine Geschichte ... Es trägt sein Erbe in sich, nicht als Festlegung auf eine unwandelbare Form und auf vorbestimmtes Schicksal, doch als einen Fonds von Antrieben und Widerständen, der in allen Neubildungen unterirdisch mitwirkt, zuweilen auch offen hervortritt. Sogar der Zufall und die plötzlich aufspringende Neuerung fehlen in der Geschichte des Lebens nicht." (Freyer, ,Theorie des gegenwärtigen Zeitalters', S. 155 f.)

Als spezifische Differenz zwischen ,Lebendigem' und ,Mensch' genügt also nicht der Begriff der Geschichtlichkeit überhaupt; Toynbees die Geschichtlichkeit definierende Katgorien ,challenge' und ,response' z. B. gelten nach ihm auch für die Tiere und deren ,Geschichte':

> „Und wenn wir jetzt zurück in die vormenschlichen Abschnitte der Geschichte des Lebens auf diesem Planeten spähen, finden wir uns anderen Beispielen desselben Gesetzes gegenüber." (a. a. O. I, 322)

Ohne das geschichtliche Moment alles Lebendigen hätte Spenglers Position überhaupt keine Relevanz; aber sein Versuch, den Menschen sowohl der Geschichte als auch dem Leben, bzw. die Geschichte dem Leben zu subsumieren, hat sein Wahrheitsmoment an der Zusammengehörigkeit von Leben und Geschichtlichkeit. Sie wird bei Spengler dann — und darin besteht das Weltanschauliche seines Werkes — zu unmittelbarer Einheit von Lebensphilosophie und Historismus.

Die unhaltbare Subsumierung der Kulturen, die sich im Verlauf der Geschichte gebildet haben, unter die Kategorie des Lebens zeigt andererseits ungewollt die Richtung an, in der wir die spezifische Differenz zwischen der Geschichtlichkeit des Lebens und der des Menschen zu suchen haben. Wenn der einzelne Mensch nur als ein immanentes Moment der Geschichte, auch einer, die in Gestalt des Fortschritts aufgefaßt wird, angesehen wird, fällt jener Unterschied zwischen der Geschichtlichkeit des Menschen und der des Lebens dahin; wenn es eine spezifisch menschliche Geschichtlichkeit geben können soll, muß der einzelne Mensch nicht nur immanentes Moment der Geschichte — dies ist seine Lebendigkeit — sein, sondern sie auch transzendieren können:

[25] In der ,fröhlichen Wissenschaft' stellt Nietzsche Hegel als den Begründer sowohl der Geschichtsphilosophie als auch des Darwinismus dar: „Nehmen wir ... den erstaunlichen Griff Hegels, der damit durch alle logischen Gewohnheiten und Verwöhnungen durchgriff, als er zu lehren wagte, daß die Artbegriffe sich auseinander entwickeln: mit welchem Satze die Geister in Europa zur letzten großen wissenschaftlichen Bewegung präformiert wurden, zum Darwinismus — denn ohne Hegel kein Darwin. Ist an dieser Hegelschen Neuerung, die erst den entscheidenden Begriff ,Entwicklung' in die Wissenschaft gebracht hat, etwas Deutsches?" (II, 226).

So vage die Rede von der Transzendenz hier auch sein mag, so deutet sie aber doch eine Erklärung für das Phänomen an, daß die menschliche Geschichte im Unterschied zu der des Lebens nicht nur historia r e r u m g e s t a r u m ist, — was man dem Leben auch zubilligen könnte, — sondern zugleich h i s t o r i a rerum gestarum. Wesentlich ist dabei, daß die h i s t o r i a rerum gestarum und die historia r e r u m g e s t a r u m in Wechselwirkung stehen und sich gegenseitig bestimmen; denn was in die Geschichte eingeht, wird durch das geschichtliche Bewußtsein mitbestimmt, das geschichtliche Bewußtsein wiederum ist auch vermittelt durch die geschichtlichen Ereignisse. Das Bewußt-Sein zeigt sich hier wiederum in seinem Doppelcharakter als Funktion u n d Reflexion. Wäre Bewußtsein dies nicht, so wäre keine menschliche Geschichte möglich, d. h. Reflexion — hier auf die Geschichte — setzt deren Transzendiertwerden durch das Bewußt-Sein voraus.

Das Problematische an der Rede von dem Transzendieren der Geschichte durch den Menschen, der als lebendiges Wesen zugleich deren immanentes Moment ist, besteht in der Schwierigkeit einer begrifflichen Erfassung dieses Phänomens. Dies bestimmt m. E. auch die Grenze der ersten Aufklärung und aller auf ihr fußender Theorien, wie z. B. die des Marxismus. Hier liegt die Schwäche der sonst durchaus relevanten Kritik Georg Lukács' an Spengler verborgen; denn mit der Emanzipation des Humanismus der Aufklärung von der Religion wird die Kategorie der Transzendenz und damit die des Unbedingten blind. Ihre einfache Übernahme ist ideologisch, was wiederum die zweite Aufklärung reflektiert, und diese Reflexion des Scheiterns der ersten Aufklärung im Hinblick auf eine begriffliche Begründung der Humanität — auf die gerade die Aufklärung nicht verzichten kann — ist das Wahrheitsmoment der zweiten Aufklärung[26]. Von hier aus werden wir im V. Kapitel Kant interpretieren, der eine philosophische, begriffliche Begründung des Humanismus vortrug und damit die erste Antwort auf dieses Problem gab.

Eine weitere, weithin unbekannte Antwort auf dieses Problem gab dann Hegel, welche Antwort pointiert in der Vorrede zur ‚Phänomenologie des Geistes' in der Sprache der alten Metaphysik als Einheit von ‚Substanz' und ‚Subjekt' folgendermaßen ausgesprochen ist:

> „Es kommt nach meiner Einsicht, welche sich nur durch die Darstellung des Systems selbst rechtfertigen muß, alles darauf an, das Wahre nicht als S u b s t a n z , sondern eben so sehr als S u b j e k t aufzufassen und auszudrücken." (‚Phänomenologie des Geistes' S. 19)

---

[26] Damit hängt zusammen, daß Spengler, der hier stellvertretend für die zweite Aufklärung steht, immer wieder gegenüber dem Evolutionismus der Aufklärung, die jedes geschichtliche Ereignis zu einem immanenten Moment eines Prozesses zu reduzieren neigt, auf dem ‚Eigentümlichen' jeder Kultur, jeder geschichtlichen Besonderheit insistiert. (Siehe z. B. die Ablehnung der klassischen Einteilung der Geschichte in Altertum, Mittelalter und Neuzeit a. a. O. S. 21 ff.).

Im Kontext dieses Abschnitts unserer Untersuchung ist dieser Satz freilich schwer verständlich und bedarf einer Erläuterung; daß er für das Werk Hegels zentral[27] sein soll, bedeutet nicht, daß er ein Grundsatz ist; daß Grundsätze in der dialektischen Philosophie unmöglich sind, spricht auch der Nebensatz „welche sich nur durch die Darstellung des Systems selbst rechtfertigen muß" aus. — Jener Satz bedeutet m. E. im engeren Sinne die Einheit der erkannten Substanz und des erkennenden Subjekts so, daß da nicht nur eine ontische Wahrheit sei, der das Erkennen durch das Subjekt äußerlich und unwesentlich ist, sondern daß das Erkanntwerden der zugrunde liegenden Substanz durch das erkennende Subjekt zum Begriff der Substanz selbst gehört; anders ausgedrückt: das Wesen muß erscheinen. Damit wird zwar nicht die strenge Synonymität der Begriffspaare Substanz-Subjekt und Wesen-Erscheinung behauptet, wohl aber ihre Untrennbarkeit; das Wesen, zuerst nur an sich, Inneres gegenüber dem Äußeren, ist für den Standpunkt der Reflexionsphilosophie, für die die Reflexion ins Subjekt fällt, gleichgültig gegen seine Erscheinung, sein für Anderes Sein. Der Schritt in die Dialektik besteht in der Einsicht, daß das Wesen, indem es erscheint, für Anderes ist, damit auch für sich wird, was es an sich ist:

> „Das innre Entstehen oder das Werden der Substanz ist ungetrennt Übergehen in das Äußere oder in das Dasein, Sein für anderes, und umgekehrt ist das Werden des Daseins das sich Zurücknehmen ins Wesen." (‚Phänomenologie des Geistes' S. 36)

Zum Wesen selbst, das zuerst nur an sich seiend, gleichgültige Substanz ist, gehört also die Erscheinung, da es in ihr nicht nur für Anderes, sondern auch für sich oder in sich reflektiert ist: das Wesen zeigt sich also, nur an sich Substanz, in Wahrheit jedoch Subjekt zu sein; diese in sich reflektierte Bewegung von Substanz und Subjekt versucht Hegel, an der Grenze des sprachlich Artikulierbaren, als „Sichselbstwerden" (a. a. O. S. 21) zu formulieren.

Hegel gibt vorwegnehmend die Antwort auf das von Barth aufgezeigte Problem der Eliminierung der transzendenten Wahrheit durch den historischen Relativismus. Er löst diese Aporie durch das Begreifen der Geschichtlichkeit der Erfahrung des Bewußtseins und der Wahrheit selbst; diese Antwort wiederum wäre ohne jene „sich wiederherstellende" Einheit von Substanz und Subjekt bloße Metaphysik — im vorkantischen Sinne:

> „Es ist von dem Absoluten zu sagen, daß es wesentlich Resultat, daß es erst am Ende das ist, was es in Wahrheit ist; und hierin eben besteht seine Natur, Wirkliches, Subjekt, oder Sichselbstwerden zu sein." (a. a. O. S. 21)

In diesem Zitat, das das Absolute in die Geschichte einbezieht, wird — und deshalb bestreite ich eine in ihm implizierte Rückkehr zur vorkantischen Meta-

---

[27] Diese Behauptung kann sich auch darauf stützen, daß Hegel in der Vorrede zur ‚Phänomenologie des Geistes' mehrfach direkt oder indirekt auf diesen Satz zurückverweist; diese Rückverweise können hier nicht ausführlich zitiert und interpretiert werden, sie seien nur genannt: S. 20, Zeile 5—19; S. 21, Zeile 3—8; S. 22 unten; S. 24, Zeile 7—21; S. 30, Zeile 1—15; S. 32, Zeile 2 von unten bis S. 33, Zeile 2; S. 36, Zeile 8—11; S. 45, Zeile 21—32; S. 49, Zeile 5 von unten bis S. 50, Zeile 4.

physik — der Schritt über den das Geschichtliche vom Absoluten oder das Absolute vom Geschichtlichen trennenden Platonismus getan durch die Aufnahme
gerade der Kantischen Reflexionsphilosophie: das Absolute muß als geschichtlich,
als es selbst werdend begriffen werden, nicht weil es einem an sich seienden und
dann metaphysischen Prozeß unterworfen ist, sondern eben weil die Reflexion
zum Absoluten selbst gehört, nämlich das Absolute — als Subjekt — erst zu dem
sich machen läßt, was es an sich — als Substanz — ist:

> „Es ist daher ein Verkennen der Vernunft, wenn die Reflexion aus dem Wahren
> ausgeschlossen und nicht als positives Moment des Absoluten erfaßt wird. Sie ist es,
> die das Wahre zum Resultate macht." (a. a. O. S. 21)

Interpretieren wir jenen Satz Hegels von der ‚Einheit' von Substanz und Subjekt im Hinblick auf die Geschichtlichkeit des Menschen, so bedeutet er in einer
vorläufigen Alternative entweder, daß die menschliche Geschichte eine Stufe in der
Geschichte des Absoluten darstellt, womit die Geschichtlichkeit des Lebens und
schon der anorganischen Natur aufgenommen würde; oder daß die Idee des Menschen, der konkreten Humanität die Substanz der Geschichte ist und der Mensch
zugleich das Subjekt dieser Geschichte als Verwirklichung jener Idee ist, so daß ‚der
Mensch' sowohl Substanz als auch Subjekt der Geschichte zu sein sich erwiese. Die
erste Auffassung wäre metaphysisch zu nennen, die zweite monologisch. Dieser
Alternative dürfte Hegel entgangen sein, da seine dialogische Philosophie die
Genese des Menschen als untrennbar von der Genese und Erscheinung des Absoluten begreift:

> „Die Bildung in dieser Rücksicht besteht, von der Seite des Individuums aus be-
> trachtet, darin, daß es dies Vorhandene erwerbe, seine unorganische Natur in sich
> zehre und für sich in Besitz nehme. Dies ist aber von der Seite des allgemeinen
> Geistes als der Substanz nichts anderes, als daß diese sich ihr Selbstbewußtsein gibt,
> ihr Werden und ihre Reflexion in sich hervorbringt." (a. a. O. S. 27)

Eine Explikation dieser meiner These kann im zusammenfassenden Rückblick
auf das in diesem Kapitel Vorgetragene vorgenommen werden:

Der Begriff der Geschichtlichkeit[28], dessen Verwendung wegen seiner Verbreitung im populär-existenzialistischen Vokabular Bedenken entgegenstehen, ist im
Zusammenhang des Historismusproblems und im weiteren Sinn des Nihilismusproblems deshalb so bedeutsam, weil er recht verstanden die Auflösung des
Historismusproblems zumindest in nuce enthält.

Der Historismus ging von der Frontstellung zu einem trivialisierten Hegel-
verständnis, das alles Individuelle einem durch die ‚List der Vernunft' gelenkten
Geschichtsprozeß subsumierte, aus und versuchte im an sich dialektischen Begriff
des „individuellen Gesetzes"[29] das Eigenrecht des Individuellen, das Transzendie-

---

[28] Zur Begriffsgeschichte dieses Terminus siehe Leonhard von Renthe-Fink ‚Geschichtlichkeit', Abhandlungen der Akademie der Wissenschaften in Göttingen, Philologisch-
Historische Klasse, Dritte Folge Nr. 59, Göttingen 1964.
[29] Friedrich Meinecke Werke, Band IV, ‚Zur Theorie und Philosophie der Geschichte',
2. Aufl., Stuttgart 1965, S. 374.

ren des Geschichtsprozesses zu retten; Meinecke sagte von dem Rankewort „jede Epoche ist unmittelbar zu Gott, und ihr Wert beruht gar nicht auf dem, was aus ihr hervorgeht, sondern in ihrer Existenz selbst, in ihrem eigenen Selbst":

> „Ich habe diese Worte gleich … in mich aufgenommen und seitdem durch ein halbes Jahrhundert mit mir herumgetragen, oft verwendet und sie eigentlich als das höchste Vermächtnis des Rankeschen Geistes an alle, die in der Geschichte mehr suchen als den Ablauf von Ursachen und Wirkungen, angesehen." (Friedrich Meinecke, a. a. O. S. 117)

Das Rankewort wurde jedoch nicht in den philosophischen Begriff übersetzt; die Eigengesetzlichkeit der Entwicklung des Historismus führte gerade zum scheinbaren Gegenteil seines Ausgangspunktes, zum Relativismus, der jedoch nur die Kehrseite jenes begrifflosen Beharrens auf der Eigentümlichkeit der historischen Gebilde darstellt:

> „Alles entwickelt sich ‚nach dem Gesetz, wonach du angetreten'. Und dies Gesetz ist kein allgemeines Gesetz, das Gleichartiges hervorruft, sondern ein jeweils individuelles Gesetz, das Besonderes hervorruft. Damit kommt man … aus dem antiken Substanzmonismus in den von Leibniz einst angebahnten echten Pluralismus … Aber dieser unendliche Pluralismus der individuellen Werte, den wir überall entdecken, ist es ja eben, um an die Eingangsbetrachtungen nun wieder anzuknüpfen, der uns auch wieder und zumal jetzt in unsrer umdüsterten Lage in Verwirrung bringen und ratlos machen kann. Alles ist Individualität nach eigenem Gesetz, alles hat sein Lebensrecht, alles ist relativ, alles fließt — gib mir den Punkt, wo ich stehe. Wie kommen wir aus dieser Anarchie der Werte heraus? Wie gelangt man von dem Historismus wieder zu einer Wertlehre?" (Meinecke, a. a. O. S. 374 f.)

Der Historismus kann ja auch schon deshalb zu keinem anderen Resultat führen als der Relativierung und damit Aufhebung alles Individuellen, weil keine Wissenschaft, auch die historische nicht, bei einem autonomen Gebilde stehen bleiben kann, sondern versuchen muß, es in Bedingungs- bzw. Motivationsreihen aufzulösen. Das an sich dialektische Bild des individuellen Gesetzes verdeckt nur die Dialektik von Allgemeinem und Besonderem, an der der Historismus zum Relativismus wird. Der Lebensphilosophie, die wie der Historismus ihren Ausgang von dem Versuch nimmt, den Relativismus des Historismus durch die These vom Leben als dem selbst übergeschichtlichen Subjekt der Geschichte aufzuheben, konnte es nicht besser gelingen; ‚das Leben' ist ja nichts weiter als der reine Immanenzzusammenhang alles Lebendigen, die hypostasierte Reflexion des Lebendigen, das dadurch zu einem bloßen Akzidenz herabgesetzt ist, in sich, so wie das geschichtliche Bewußtsein des Historikers im Idealfall alle historischen Gebilde ‚verstehend' reflektiert.

Im Zusammenhang mit dem Thema einer philosophischen Begründung des Humanismus erscheint in dieser Aporie von Historismus und Lebensphilosophie, den beiden Gestalten der zweiten Aufklärung, das ungelöste Problem der ersten Aufklärung: die Verwirklichung des überzeitlichen Wesens des Menschen in der Geschichte, die Überwindung des Gegensatzes zwischen dem strukturellen Prinzip und der genetischen Betrachtung.

Albert Camus' Einspruch gegen den Verrat der Aufklärung sowohl durch die
Lebensphilosophie als auch den historischen Materialismus, der schon bei Marx
beginnt, das Naturrecht zusammen mit dem positiven Recht dem Geschichtsprozeß
zu subsumieren und durch die Reduktion auf die Stellung eines bloßen Überbaus
seiner Würde zu berauben, nennt den wunden Punkt, die Unmöglichkeit einer
abstrakten Emanzipation des Humanismus von der Religon:

> „Die Revolution der Prinzipien tötet Gott in der Person seines Stellvertreters. Die
> Revolution des 20. Jahrhunderts tötet, was von Gott noch in den Prinzipien selbst
> übrigbleibt, und besiegelt den historischen Nihilismus." (a. a. O. S. 264)

> „Die Revolution des 20. Jahrhunderts glaubt den Nihilismus zu vermeiden und der
> wahren Revolte treu zu sein, indem sie Gott durch die Geschichte ersetzt. Sie stärkt
> in Wirklichkeit den ersteren und verrät die letztere." (a. a. O. S. 310)

Wenn auch die Kategorie der Transzendenz durch den Existenzialismus seiner
Verve fast ganz beraubt wurde, so darf sie deshalb nicht einem bloßen Abwehr-
mechanismus zum Opfer fallen; es ist Max Horkheimer zu danken, daß er hier
die Größenordnung zurechtgerückt und darauf verwiesen hat, daß der Protest
gegen den Verrat am Humanismus der Aufklärung nicht so billig zu haben ist,
sondern die kritische Reflexion der Aufklärung selbst, sofern sie allzu naiv sich
zum Atheismus schlägt, einschließt:

> „Wahrheit als emphatische, menschlichen Irrtum überdauernde, läßt aber vom Theis-
> mus sich nicht schlechthin trennen. Sonst gilt der Positivismus, mit dem die neueste
> Theologie bei allem Widerspruch verbunden ist. Nach ihm heißt Wahrheit Funk-
> tionieren von Berechnungen, Gedanken sind Organe, Bewußtsein wird jeweils so
> weit überflüssig, wie die zweckmäßigen Verhaltensweisen, die durch es vermittelt war,
> im Kollektiv sich einschleifen. Einen unbedingten Sinn zu retten ohne Gott, ist
> eitel." (‚Kritik der instrumentellen Vernunft' S. 227)

Gegenüber der Naivität, die Religon auf den Kehrichthaufen der Geschichte
werfen und gleichzeitig am alle Revolutionen legitimierenden Naturrecht festhalten zu wollen, ist die Anstrengung des Begriffs auf sich zu nehmen, d. h. das, was
die Religion Gott nennt, begrifflich zu erhellen. Das Absolute begreifen können wir
heute jedoch nicht mehr als Platoniker, ein Rückzug auf rein übergeschichtliche
Formen ist unmöglich, das Begreifen des Übergeschichtlichen kann dieses nur als
in der Geschichte erscheinend fassen; ein an der Hegelschen Dialektik sich orien-
tierender Begriff der Geschichtlichkeit der Erfahrung des Bewußtseins stellt vielleicht das Prinzip und die Methode bereit, die Aporie eines in der Geschichte erscheinenden Absoluten aufzulösen. Dann kann jedoch das absolute Wesen, das
in der Geschichte erscheint, nicht als reine Form aufgefaßt werden, der die Erscheinung unwesentlich ist, sondern das Absolute muß dann selbst als geschichtlich
sich entwickelnd angenommen werden, womit wiederum die Untrennbarkeit der
Hegelschen Logik von seiner Geschichtsphilosophie hervortritt.

Trenne ich beide Wege, so wird die Erscheinung des Absoluten, der dann
reinen, nur übergeschichtlichen Idee in der Zeit zum Paradoxon, zum „Sprung"
Kierkegaards und der Existenzphilosophie. Der Einwand, hier werde Metaphysik

rehabilitiert, ist vorwegnehmend zu bejahen; ohne die Überzeugung, die Substanz müsse ebenso als Subjekt begriffen werden, d. h. ohne die Überzeugung, daß das Werden des Absoluten und die Erfahrung des Bewußtseins untrennbar sind, dürfte eine philosophische Begründung des Humanismus nicht gelingen. Genau auf diese gegenseitige Verschränkung von Logik und Geschichtsphilosophie jedoch geht der Begriff der Geschichtlichkeit; erst in seinem Zerfall bildet sich der Gegensatz von Lebensphilosophie, die sich auf eine bleibende Substanz borniert und des Historismus, der sein sinnfreies Spiel mit den zu bloßen Akzidenzen eines hintergrundlosen Geschehensprozesses herabgesunkenen historischen Fakten treibt. Sowohl Historismus wie Lebensphilosophie leugnen das Erscheinen des Absoluten in der Geschichte, nicht zuletzt darin koinzidieren sie.

Ohne diesen historischen und systematischen Hintergrund, den wir durch die Interpretation des Hegelschen Satzes von der Substanz, die ebensosehr als Subjekt begriffen werden muß, zu erstellen versuchten, wird es wohl unmöglich sein, Nietzsches Stellung zur Geschichte bzw. Geschichtlichkeit zu bestimmen. Seine Antwort auf das Thema ‚Geschichtlichkeit‘ sei hier antizipierend gegeben, die detaillierte Interpretation wird in den folgenden Kapiteln dieser Untersuchung vorgetragen: ‚Der Mensch‘ ist kein übergeschichtliches Wesen, sondern erzeugte sich in einer langen Geschichte von Irrtümern, die aber notwendig waren, so daß seine in die Geschichte fallende Selbsterzeugung zugleich das Gegenteil zu sein sich erweist, nämlich Erzeugtwerden durch die von ihm begangenen Irrtümer, da diese Selbsterzeugung ohne Irrtümer, d. h. als bewußte Herstellung unmöglich gewesen wäre:

> „Der Mensch ist durch seine Irrtümer erzogen worden: er sah sich erstens immer nur unvollständig, zweitens legte er sich erdichtete Eigenschaften bei, drittens fühlte er sich in einer falschen Rangordnung zu Tier und Natur, viertens erfand er immer neue Gütertafeln und nahm sie eine Zeitlang als ewig und unbedingt, so daß bald dieser bald jener menschliche Trieb und Zustand an der ersten Stelle stand und infolge dieser Schätzung veredelt wurde. Rechnet man die Wirkung dieser vier Irrtümer weg, so hat man auch Humanität, Menschlichkeit und ‚Menschenwürde‘ hinweggerechnet." (II, 121)

Nietzsche scheint sich damit durchaus in der Richtung zu bewegen, die durch Hegel gewiesen wurde: die Erfahrung des Bewußtseins u n d die Genese des Menschen sind geschichtlich — durch die Notwendigkeit der metaphysischen, religiösen und moralischen ‚Irrtümer‘ über die ‚ersten und letzten Dinge‘, — und übergeschichtlich, strukturell zugleich; denn am Ende der Erfahrung des Bewußtseins steht die Einsicht in die Notwendigkeit jenes Umwegs, den diese ‚Irrtümer‘, gemessen an einem — unmöglichen — direkten Weg zur Wahrheit und zum Wesen des Menschen, darstellen.

III.
GESCHICHTLICHKEIT UND SPRACHLICHKEIT

Oswald Spengler stellt in seinem ‚Untergang des Abendlandes' der Frage nach dem Sinn der Geschichte die Frage nach dem Subjekt voran, für das es Geschichte gibt; damit reflektiert er die Sinnfrage, nämlich setzt sie, indem er sie aus dem Bereich des unmittelbar Weltanschaulichen hebt, in Relation zu dem Geschichte erfahrenden Menschen:

> „Fragen wir also im folgenden nach dem Sinn aller Geschichte, so ist zuerst eine Frage zu lösen, die bisher nie gestellt worden ist. F ü r w e n gibt es Geschichte?"
> (a. a. O. S. 10)

Dieser Frage scheinen mehrere Antworten mit entsprechenden Implikationen gegeben werden zu können: wenn nur Gott die Geschichte als solche überschaut, scheint für den einzelnen Menschen die Rolle der Marionette Gottes unvermeidlich zu sein — wobei hier unbestimmt bleibt, welchen Gottes — und alle vermeintliche Freiheit und Spontaneität des Menschen verdankte sich in Wahrheit einer ‚List der Vernunft', da die Ziele und Zwecke des Menschen von jenem allwissenden Wesen als bloße Mittel zu höheren Zwecken durchschaut werden.

Wenn es aber diesen Gott nicht gibt, dann wäre ‚die Geschichte' in vollem Wortsinn nur für ‚die Menschheit', unmittelbar nur für die letzte Generation, für die letzten Menschen; wäre in diesem Falle die Macht der ‚List der Vernunft' gebrochen? Wohl nicht, da dem Menschen dann die zukünftige Geschichte unbekannt bleibt und damit die Rolle, die seine — vermeinte — Spontaneität in ihr spielt; in der Geschichte wirkt alles auch rückwärts, wie in der Sprache: so wie ich am Ende eines Satzes erst die Bedeutung seiner ersten Wörter ganz verstehe, so auch ist die Bedeutung geschichtlicher Ereignisse erst am Ende der Geschichte erkennbar: für den letzten Überlebenden eines Atomkrieges stellt sich Galileis Leben ganz anders dar als für eine von Hunger und Not durch die Technik befreite Menschheit.

Der List einer von der Religion emanzipierten Vernunft ist also nicht unmittelbar zu entrinnen, denn selbst der Versuch einer Emanzipation von der Geschichte überhaupt durch Planung der Art, daß der Zukunft lediglich die Bedeutung einer Zeit der Realisierung zweckrational gesetzter Ziele zukommt, fällt in die Geschichte; denn die Menschen könnten eines schönen Tages jene Auffassung revidieren, so wie spätere Generationen die mit der Hoffnung auf Wiederbelebung Eingefrorenen ganz schlicht um diese Hoffnung betrügen können.

Solange der Mensch nicht allmächtig ist, und die Furcht oder Hoffnung, daß er es je werde, ist nicht sehr hoch zu veranschlagen[1], bleibt er ein geschichtliches Wesen, d. h. auch seine Auffassung der Geschichte als Zeit der bloßen Realisierung technischer Möglichkeiten fällt in die Geschichte im Sinne der Erfahrung des Bewußtseins, die immer offen ist für prinzipiell Neues: das geschichtsfeindliche Bewußtsein ist selber geworden, also geschichtlich, und damit an sich das, was es für sich abstreitet. Die Kategorie der Geschichtlichkeit lebt von der Transparenz des historischen Geschehens der Art, daß in der Faktizität ein diese transzendierender Sinn erkennbar wird; — vom Sinn der Geschichte sprechen ist insofern tautologisch, als ein sinnloses, dem Faktischen immanent bleibendes Geschehen nicht Geschichte genannt werden kann; zur Geschichte gehört eo ipso der Begriff eines erscheinenden Sinnes. —

Die Wendung ,List der Vernunft' zielt auf das Verhältnis des geschichtlichen Sinnes zu seiner Verwirklichung vermittelst seiner Verborgenheit für die ihn realisierenden Völker und Individuen; die ihr so oft unterstellte Inhumanität trifft die ,List der Vernunft' insofern nicht, als sie nicht nur die Realisierung der dann abstrakten — die Genese und die Vermittlung eliminierenden — Idee auf Kosten der Individuen enthält, sondern ebenso zugleich die Verwirklichung der Ansprüche der Besonderheit, wodurch sie selbst erst konkret und wirklich sein kann:

> „Daß aber jene Lebendigkeiten der Individuen und Völker, indem sie das Ihrige suchen und befriedigen, zugleich die Mittel und Werkzeuge eines Höheren und Weiteren sind, von dem sie nichts wissen, das sie bewußtlos vollbringen, das ist es, was zur Frage gemacht werden könnte." (Hegel, ,Philosophie der Geschichte', Glockneraugsabe Band XI, S. 54)

Es bleibt bei Hegel jedoch bei der Notwendigkeit der Verborgenheit des geschichtlichen Sinnes, die ausgeweitet wird zu der spekulativen These, daß alles Werden des Guten vermittelt ist durch die Täuschung, die die Idee — das Subjekt der Geschichte — sich selber macht; damit erfaßt andererseits die Dialektik der Geschichtlichkeit auch das Absolute, das sonst nicht in die Geschichte fallen würde;[2] in dieser Gestalt einer Theorie der Notwendigkeit des Irrtums als eines wesent-

---

[1] Nach neueren Berichten setzen die Astronomen einen Zyklus von 80 Milliarden Jahren an, innerhalb dessen das System der Galaxien entsteht und vergeht. Hier dürfte sich die äußerste Grenze der Technik abzuzeichnen beginnen, da eine Veränderung des Rhythmus des Kosmos den archimedischen Punkt überhaupt voraussetzt. — Aber vielleicht ist auch dies nicht die äußerste Grenze des Menschen. —

[2] Siehe hierzu die Paragraphen 233 bis 241 der Hegelschen ,Enzyklopädie' von 1830, in deren Zentrum die dialektische Konzeption der Theodizee steht, daß durch den Irrtum, das Gute geschehe nicht ohne Zutun des Menschen, das Gute geschieht, so nämlich, daß dieser Irrtum ein Moment der Realisierung des Guten darstellt.

lichen Moments der Geschichtlichkeit begegnet uns die Dialektik der Aufklärung
und die Beziehung von Humanität und Dialektik bei Nietzsche. Auf den ersten
Blick, mit dem sich die Nietzscheinterpreten generell begnügten, scheint Nietzsche
mit ‚Menschliches, Allzumenschliches‘ eine Loslösung aus der antihistoristischen
Position der ‚Geburt der Tragödie‘ und der ‚Unzeitgemäßen Betrachtungen‘ vollzogen zu haben, so, daß die Geschichtlichkeit erst die Aufklärung über die Genese
aller Werte aus menschlich, allzumenschlichen Antworten auf geschichtliche Situationen ermöglicht; Untertitel wie ‚Zur Geschichte der moralischen Empfindungen‘
scheinen diese Auffassung zu rechtfertigen:

> „‚Vertraue deinem Gefühle!‘ — Aber Gefühle sind nichts Letztes, Ursprüngliches,
> hinter den Gefühlen stehen Urteile und Wertschätzungen, welche in der Form von
> Gefühlen (Neigungen, Abneigungen) uns vererbt sind . . . Seinem Gefühle vertrauen
> — das heißt seinem Großvater und seiner Großmutter und deren Großeltern mehr
> gehorchen als den Göttern, die in u n s sind: unserer Vernunft und unserer Er-
> fahrung.“ (I, 1037)

Die die Vermitteltheit alles Unmittelbaren durchschauende kritische Darstellung
der Macht der Werte[3] als Hypostasen[4] eben jener Antworten zu ewigen Maximen
füllt jedoch nicht den ganzen geistigen Raum der Beziehungen Nietzsches zur
Geschichtlichkeit. Die Bedeutung der Werte als hypostasierter Erhaltungs/Steige-
rungsbedingungen lebt von der Vereinigung zweier Momente: von der Vereinigung
der Hypostase mit der Selbsterzeugung des Menschen durch eben jene Hypostasen.
Die Darstellung der Bedeutung der Hypostasierung bestimmter, auf historische
Situationen bezogener Antworten als ewiger Werte wäre nicht so hoch zu veranschlagen, wenn Nietzsche dem Platonismus seiner ersten Periode treu geblieben
wäre; dann nämlich wäre die Kraft der hypostasierten ‚ersten und letzten Dinge‘
— der moralischen, religiösen und metaphysischen Irrtümer[5] — irrelevant für die
Geschichtlichkeit des Menschen gewesen, d. h. sie wäre eingeschränkt geblieben auf
den Bereich des Historischen, da die ontologische Auffassung des Menschen als
bestimmt durch seine bleibende Substanz den Begriff der Geschichtlichkeit über-

---

[3] Siehe I, 1028: „Die Sitte repräsentiert die Erfahrungen früherer Menschen über das
vermeintlich Nützliche und Schädliche, — aber d a s G e f ü h l f ü r d i e S i t t e
(Sittlichkeit) bezieht sich nicht auf jene Erfahrungen als solche, sondern auf das Alter,
die Heiligkeit, die Indiskutabilität der Sitte.“ und III, 625: „Das Wertgefühl ist immer
r ü c k s t ä n d i g , es drückt Erhaltungs-, Wachstums-Bedingungen einer viel früheren
Zeit aus“.

[4] Siehe I, 897: „Die Rechte gehen zunächst auf H e r k o m m e n zurück, das Her-
kommen auf ein einmaliges A b k o m m e n . Man war irgendwann einmal beiderseitig
mit den Folgen des getroffenen Abkommens zufrieden und wiederum zu träge, um es
förmlich zu erneuern; so lebte man fort, wie wenn es immer erneuert worden wäre, und
allmählich, als die Vergessenheit ihre Nebel über den Ursprung breitete, glaubte man
einen heiligen, unverrückbaren Zustand zu haben, auf dem jedes Geschlecht weiterbauen
müsse.

[5] Siehe I, 1006: „Dem Menschen sind viele Ketten angelegt worden, . . . diese Ketten
aber sind . . . jene schweren und sinnvollen Irrtümer der moralischen, der religiösen, der
metaphysischen Vorstellungen.“

flüssig macht. Mit dem Abschied Nietzsches vom Platonismus, der sich insbesondere in dem Gedanken des Werdens des Vollkommenen[6] ausdrückt, werden die metaphysischen etc. Irrtümer zu vorausgesetzten, d. h. an sich von ihm selbst gesetzten, für ihn jedoch zu an sich seienden Bedingungen der Möglichkeit der Selbsterzeugung des Menschen.

Der scheinbar so tiefe Bruch zwischen der antihistoristischen ersten Periode Nietzsches und ‚Menschliches, Allzumenschliches‘ scheint einer Fehlinterpretation insofern zu verdanken zu sein, als er sich im Hinblick auf den Begriff der Geschichtlichkeit vielmehr als ein Unterschied zweier Stufen darstellt, in deren höherer die Gegensätze der tieferen zu Momenten herabgesetzt sind. Nietzsche verbindet von ‚Menschliches, Allzumenschliches‘ an die Kategorie des Historismus mit der bisher hierzu gegensätzlichen These von der Notwendigkeit eines Horizontes, der Einschränkung der Aufklärung durch ‚das Leben‘; sowohl der Historismus allein als auch das von der Absolutsetzung des Lebens inspirierte Insistieren auf ‚Horizont‘ und ‚Atmosphäre‘ allein lassen Geschichte nicht begreiflich werden. Ihre Vermittlung im Begriff der notwendigen Hypostase als der Bedingung der Möglichkeit der nicht direkt intendierbaren Selbsterzeugung des Menschen erst konstituiert Geschichtlichkeit, innerhalb deren Historismus und Lebensphilosophie nur Momente sind: der Historismus ist erhalten in der Einsicht in das Gewordensein aller Werte, aller moralischen, religiösen und metaphysischen ‚Irrtümer‘, die Lebensphilosophie in der Notwendigkeit der Abblendung der Aufklärung über die Natur der Hypostasen, durch die der Mensch zum Menschen wurde. Die Erhellung der Geschichtlichkeit des Menschen ist also, wenn die Notwendigkeit der Subreption ein Moment der Sprachlichkeit ausmacht[*], gleichbedeutend mit der Erhellung des Zusammenhangs von Sprachlichkeit und Geschichtlichkeit des Menschen; soweit diese Aufgabe

---

[6] Wenn Nietzsche hier auch den Abschied des jungen Hegel, der diesen zur Dialektik führte, von der Prinzipienphilosophie und prima philosophia (siehe ‚Differenzschrift‘ S. 60 ff. der Glocknerausgabe, Band I) wiederholt, so scheint er doch nicht die philosophischen Gewichte, die an solchen grundlegenden Gedanken hängen, zu sehen; er scheint den Evolutionsgedanken lediglich psychologisch-genetisch zu reflektieren und dabei auf dessen Unvereinbarkeit mit der prima philosophia zu stoßen:
„Das Vollkommene soll nicht geworden sein. — Wir sind gewöhnt, bei allem Vollkommenen die Frage nach dem Werden zu unterlassen: sondern uns des Gegenwärtigen zu freuen, wie als ob es auf einen Zauberschlag aus dem Boden aufgestiegen sei. Wahrscheinlich stehen wir hier noch unter der Nachwirkung einer uralten mythologischen Empfindung.“ (I, 545) und: „Die Entstehung verherrlichen — das ist der metaphysische Nachtrieb, welcher bei der Betrachtung der Historie wieder ausschlägt und durchaus meinen macht, am Anfang aller Dinge stehe das Wertvollste und Wesentlichste.“ (I, 873).

[*] Siehe Bruno Liebrucks a. a. O. I, 15: „Das strukturbildende Movens aller menschlichen Erkenntnis heißt Sprache. Diese hat ihre Bewegung in dem, was Kant Subreption, Erschleichung genannt hat ... Jede höhere Einsicht bedarf eines Irrtums, auf den sie sich stützt, um es überhaupt zu wagen, aus der Höhle ans Tageslicht zu kommen.“

durch eine Interpretation des Nietzscheschen Werkes einer Lösung näher gebracht
werden kann, sei dies im folgenden versucht[7].

Das erste Hauptstück aus ‚Menschliches, Allzumenschliches‘, ‚Von den ersten
und letzten Dingen‘, beginnt mit dem Satz:

> „Die philosophischen Probleme nehmen jetzt wieder fast in allen Stücken dieselbe
> Form der Frage an wie vor zweitausend Jahren: wie kann etwas aus seinem Gegen-
> satz entstehen, zum Beispiel Vernünftiges aus Vernunftlosem, Empfindendes aus
> Totem, Logik aus Unlogik, interesseloses Anschauen aus begehrlichem Wollen, Leben
> für Andere aus Egoismus, Wahrheit aus Irrtümern?“ (I, 447) und, wie wir im Hin-
> blick auf Nietzsche hinzufügen können, Humanität aus Inhumanität?

Das monologische Denken der Reflexionsstufe, das den Duktus Nietzsches von
‚Menschliches, Allzumenschliches‘ an bestimmt, — denn jene Notwendigkeit der
Horizontbildung durchschaut Nietzsche als relativ nur auf die Genese des Menschen — droht zugleich zur Eliminierung dieser vorkantischen Realdialektik durch
eine den Naturwissenschaften analoge ‚historische Philosophie‘ zu führen. Ihr als
‚Chemie der Vorstellungen‘ soll gelingen, die dialektische Entwicklung aus Gegen-
sätzen auf eine quantitative Differenzierung zu reduzieren (I, 447).

Wenn der geschichtliche Prozeß der „Sublimierungen, bei denen das Grund-
element fast verflüchtigt erscheint, und nur noch für die feinste Beobachtung sich als
vorhanden erweist“ (ebenda), ein rein gegenständlicher ist, verdankt sich die Subjektivität des Menschen dem alten Irrtum, der in jener „populären oder metaphysischen Auffassung“ nachwirkt, die den Unterschied des Menschen vom Tier
und vom bloß Faktischen überhaupt zu einem Gegensatz aufbläht. So definiert der
zentrale Aphorismus:

> „Ohne die Irrtümer, welche in den Annahmen der Moral liegen, wäre der Mensch
> Tier geblieben. So aber hat er sich als etwas Höheres genommen und sich strengere
> Gesetze auferlegt.“ (I, 481)

den Menschen als den Baron Münchhausen, der sich an den eigenen Haaren — den
metaphysischen etc. Hypostasen — aus dem Sumpf — des Aufgehens in einer

---

[7] Hier ist noch einmal auf A. C. Danto hinzuweisen, der in seinem Nietzschebuch sprach-
analytischen Untersuchungen breiten Raum gibt, ohne den Anspruch auf eine erschöpfende Darstellung zu erheben:
„This is a singular analysis, and a detailed explication would require more space and
subtlety than would deserve to be given it in a book of this sort. There is, I think it
fair to say, little in the preceeding literature of philosophical psychology to match it,
either in penetration or in refinement, and it is only since the epochal work of Wittgen-
stein that philosophers have come at all near to analyzing mental concepts with a
comparable finesse.“ (a. a. O. S. 114).
Für Nietzsche waren allerdings — und dies gesteht auch Danto zu: „Nietzsche’s arguments will prove very analytical at their best, but it would represent him and his view
of philosophy badly to think of him merely as an analyst.“ (a. a. O. S. 76) — sprachanalytische Untersuchungen lediglich ein Aspekt seiner Philosophie, die ich unter dem
Thema ‚Dialektik der Aufklärung‘ zu interpretieren versuche; innerhalb meiner Fragestellung muß der Schwerpunkt der Untersuchung auf dem Zusammenhang zwischen der
Sprachlichkeit des Bewußtseins u n d der Genese des Menschen, bzw. Aufklärung und
Nihilismus als dem unmittelbaren Resultat der Reflexion auf die Sprachlichkeit und
deren Bedeutung für das Selbstverständnis des Menschen liegen.

Tierart — zieht bzw. gezogen hat. Dabei sollte der Wahrheitsgehalt dieses Bildes, dessen Grenze noch zu zeigen sein wird, nicht voreilig übersehen* werden. Nach den Gesetzen der Mechanik benötige ich einen festen Punkt außerhalb des Systems der Kraftanwendung, einen ‚Aufhänger‘, um diesen Vorgang zu ermöglichen. Diesen ‚Aufhänger‘, der es dem Menschen in seiner Geschichte möglich machte, sich vom Tierischen zu lösen — und seine Geschichte ist dieser Prozeß —, sieht der Psychologe Nietzsche in den Hypostasen, die er in ‚Menschliches, Allzumenschliches‘ aufzudecken versucht.

Das Bild des ‚Aufhängers‘ ist darin falsch, daß es das Moment der bewußten Zwecktätigkeit zu sehr betont, während es als Begriff drei Aspekte vereinigen soll:

1. soll die Hypostase gesetzt sein, was analytisch zum Begriff der Hypostase gehört,

2. soll das Hypostasierte als an sich seiend, als nicht gesetzt gesetzt sein, oder es soll nur an sich gesetzt sein; ohne dieses Moment fällt die Differenz zwischen Hypostase und Fiktion;

3. wirkt die Hypostase, als ob sie wahr wäre, der ‚Aufhänger‘ funktioniert, als ob er fest angebracht sei.

Für die Vereinigung dieser drei Momente werde ich statt des mißverständlichen Bildes eines ‚Aufhängers‘ den Terminus „an sich gesetzter Grund“, bzw. kürzer „gesetzter Grund“ verwenden. Ich könnte statt „gesetzt“ auch den Terminus „vorausgesetzt“ in der Bedeutung verwenden, die er in Hegels ‚Wissenschaft der Logik‘ hat, nämlich als „Aufheben des Setzens in ihrem Setzen“ (II, 15), womit also die Vereinigung der ersten beiden Momente, des „An sich“ und des „Gesetztseins“ bezeichnet wäre; da jedoch diese Bedeutung spezifisch nur für Hegels ‚Logik‘, nicht aber den sonstigen Sprachgebrauch ist und in diesem das Moment des V o r a u s -gesetzten, zugrunde Liegenden überwiegt, bleibe ich bei dem Terminus „gesetzter Grund“. Der zweite Teil dieses Terminus, der „Grund“, nimmt einmal das zweite Moment des An sich Seins auf, zum anderen enthält er das dritte Moment, als Ausgangspunkt und Halt einer Bewegung zu dienen. — ‚Grund‘ kann auch in der Bedeutung der Hegelschen ‚Logik‘ als „reale Vermittlung des Wesens mit sich“ (II, 64) gelesen werden: meine These lautet ja, daß d e r Mensch, also der Mensch als übergeschichtliches Wesen, sich in der Geschichte auf dem Umweg über die Hypostasen der ‚ersten und letzten Dinge‘ erst hervorgebracht, sein Wesen mit seiner Wirklichkeit vermittelt hat. —

Ein solcher gesetzter Grund ist eo ipso nicht gleichgültig gegen die Reflexion, sondern wird durch diese, wenn sie auf dem Moment des Gesetztseins an ihm

---

* Th. W. Adorno verteidigt jenes Bild im Zusammenhang des Versuches, die philosophische Erkenntnis als den Gegensatz von empirischem Protokollsatz und idealistischer Konstruktion transzendierend zu bestimmen: „Der Gestus Münchhausens, der sich an dem Zopf aus dem Sumpf zieht, wird zum Schema einer jeden Erkenntnis, die mehr sein will als entweder Feststellung oder Entwurf.“ (‚Minima Moralia‘, S. 91)

insistiert, zerstört[8]. Wenn der Mensch nur über den Umweg des Irrtums einer hypostasierten Transzendenz Kultur als wirkliche Humanität erzeugen konnte, bedeutet dann die Aufklärung als Bewußtseinsstufe nicht die Negation der Bedingungen der Möglichkeit der Wirklichkeit von Humanität, der Kultur, so daß wieder die Tödlichkeit der Wahrheit als d a s philosophische Axiom Nietzsches, in dem der Antagonismus zwischen Aufklärung und Humanismus verabsolutiert ist, auftaucht?

> „Wahrheit als Circe. — Der Irrtum hat aus Tieren Menschen gemacht; sollte die Wahrheit imstande sein, aus dem Menschen wieder ein Tier zu machen?" (I, 698)

Jene Natur der Hypostasen würde dann auch die bewußte Zweckrationalität aus der Genese der Kultur als mit dieser unvereinbar verbannen und dem direkt Intendierbaren und damit der technologischen Geschichtsauffassung eine Grenze ziehen, eine Grenze der direkten Intendierbarkeit nämlich.

Nietzsche dürfte also nicht so unmittelbar von der „Kenntnis der Bedingungen der Kultur, als wissenschaftlicher Maßstab für ökumenische Ziele" (I, 466) reden, sagt er doch selbst:

> „Ein wesentlicher Nachteil, welchen das Aufhören metaphysischer Ansichten mit sich bringt, liegt darin, daß das Individuum zu streng seine kurze Lebenszeit ins Auge faßt und keine stärkeren Antriebe empfängt, an dauerhaften, für Jahrhunderte angelegten Institutionen zu bauen; es will die Frucht selbst vom Baume pflücken, den es pflanzt." (I, 463)

Die schon beim frühen Nietzsche herausgestellte Tödlichkeit der Wahrheit als dessen metaphysisches Axiom, die erste Definition des Nihilismus, erscheint hier in der speziellen Gestalt des Antagonismus von Aufklärung und Sprachlichkeit: wenn Kultur als wirkliche Humanität nur vermittelt durch Institutionen, deren Geltung an hypostasierter Transzendenz hängt, erzeugt werden kann, dann zerstört die Einsicht in diesen Zusammenhang von Unwahrheit und Kultur den Boden der Kultur und damit auch den der Humanität, sofern Kultur als existierende Humanität begriffen wird. Das theoretische und das praktische Zentrum des monologischen Bewußtseins der Aufklärung, der kritische Erkenntnisbegriff und das Ideal der wirklichen Humanität, scheinen sich demnach bei Nietzsche gegenseitig auszuschließen. Dialektik der Aufklärung heißt hier: Aufklärung und Geschichtlichkeit widerstreiten einander, da Aufklärung die Geschichtlichkeit zur bloßen Historizität macht. Ein — weiter unten explizit abzuhandelnder — Ausweg aus dieser Schwierigkeit wäre die bewußte Erzeugung einer Kultur, von der wir allerdings noch keine Erfahrung haben, so daß diese Antwort utopisch, d. h. atheoretisch ist, zumal die Frage, ob eine derartige bewußte Erzeugung der Kultur nicht gleichfalls schon neue Hypostasen impliziert, von Nietzsche an dieser Stelle gar nicht gestellt wird:

---

[8] Nietzsche gebraucht einmal das Bild vom schmelzenden Eis als dem Grund, auf dem er noch stehen könne, aber nach ihm niemand mehr: „... ist das Eis, das uns noch trägt, so dünn geworden: wir fühlen alle den warmen unheimlichen Atem des Tauwindes — wo wir noch gehen, da wird bald niemand mehr gehen können!" (III, 433).

„Aber die Menschen können mit B e w u ß t s e i n beschließen, sich zu einer neuen Kultur fortzuentwickeln, während sie sich früher unbewußt und zufällig entwickelten: sie können jetzt bessere Bedingungen für die Entstehung der Menschen, ihre Ernährung, Erziehung, Unterrichtung schaffen, die Erde als Ganzes ökonomisch verwalten, die Kräfte der Menschen überhaupt gegeneinander abwägen und einsetzen." (I, 465)

Die mit Nietzsche entstandene und schon im Zusammenhang der Bedeutung der Kategorie des Maßes beim frühen Nietzsche aufgewiesene Problematik einer der Intention nach unmittelbaren Wiederanknüpfung an die Antike steckt hinter solchen Sätzen, die sich im Umkreis des Platonischen ‚Politikos' bewegen. In ihm wird die Aufgabe der Politik in Analogie zum Handwerk des Webens gesehen und damit die Subjektivität und Freiheit des Menschen schon unmittelbar eliminiert, insofern in dieser Verdinglichung der Mensch als bloßes Akzidenz der politischen Praxis konzipiert ist.

Das Problem des Nihilismus, der Tödlichkeit der Erkenntnis, der Unversöhnbarkeit von Leben und Wahrheit, und das der Notwendigkeit der Hypostasen reflektiert sich meiner Ansicht nach in drei Fragen, die in der folgenden Untersuchung von ‚Menschliches, Allzumenschliches' und der übrigen Schriften Nietzsches, sofern sie diese Problematik weiterführen, beantwortet werden müssen:

1. Als was muß die Hypostase begriffen werden, durch die der Mensch sich über das Tier erhob?
2. Kann oder muß der Mensch in Zukunft auf derartige Hypostasen verzichten, d. h. ist deren Notwendigkeit nur relativ auf das inzwischen historisch gewordene Stadium der Abtrennung des Menschen vom Tier? (siehe Kapitel IV)
3. Kann eine Hypostase, wenn sie sich als für die Existenz des Menschen unabdingbar zu sein erweist, hergestellt werden, und wäre dies die ‚Überwindung des Nihilismus', der aus der Aufklärung über die Genese der Hypostase entsteht? (siehe Kapitel VI)

Aus methodischen Gründen kann die erste Frage wiederum in vier Unterfragen eingeteilt werden; zu untersuchen ist:

a) Als was stellt Nietzsche die Hypostase dar?
b) Was ist das Objekt der Hypostase?
c) Was ist das Subjekt der Hypostase?
d) Worin besteht der Grund der Hypostase?

Eine detaillierte, systematische Erkenntnistheorie der Hypostase hat der ‚Psychologe' Nietzsche nicht vorgetragen; der Schwerpunkt der Untersuchung liegt bei ihm auf dem versteckten Motiv der Hypostase, das er vor dem Hintergrund der These vom Willen zur Macht zu entlarven sucht. Seine Darstellung des Grundvorgangs des Irrtums der Hypostasierung beschreibt er als ‚Verwechslung' von Substanz und Prozeß:

> „... während die ganze wissenschaftliche Prozedur aber die Aufgabe verfolgt hat, alles Dingartige (Stoffliche) in Bewegungen aufzulösen ..." (I, 461),

von Mittel und Zweck:

> „Man vergißt über der Reise gemeinhin deren Ziel. Fast jeder Beruf wird als Mittel zu einem Zwecke gewählt und begonnen, aber als letzter Zweck fortgeführt. Das Vergessen der Absichten ist die häufigste Dummheit, die gemacht wird." (I, 957),

als Vergessen der Genese:

> „Zuerst nennt man einzelne Handlungen gut oder böse ohne alle Rücksicht auf deren Motive, sondern allein der nützlichen oder schädlichen Folgen wegen. Bald aber vergißt man die Herkunft dieser Bezeichnungen und wähnt, daß den Handlungen an sich, ohne Rücksicht auf deren Folgen, die Eigenschaft ‚gut‘ oder ‚böse‘ innewohnt" (I, 479),

das wiederum zur Eliminierung des Werdens zugunsten des Seins[9] führt. Er scheint dabei nicht über den durch die Reflexionsphilosophie erreichten Stand des Wissens hinaus zu gelangen, erreicht sie im Gegenteil nicht einmal im Hinblick auf deren Begrifflichkeit und Stringenz.

Einer Einschränkung seines Begriffs der Hypostase auf die Metaphysik redet Nietzsche nicht das Wort; Logik und Mathematik erlaubten lediglich eine praktisch relevante Systematisierung ihrer hypostasierten Zeichenwelt und verdankten ihre Entstehung nur dieser Hypostasierung:

> „Auch die Logik beruht auf Voraussetzungen, denen nichts in der wirklichen Welt entspricht, zum Beispiel auf der Voraussetzung der Gleichheit von Dingen, der Identität desselben Dings in verschiedenen Punkten der Zeit ... Ebenso steht es mit der Mathematik, welche gewiß nicht entstanden wäre, wenn man von Anfang an gewußt hätte, daß es in der Natur keine exakt gerade Linie, keinen wirklichen Kreis, kein absolutes Größenmaß gebe." (I, 453)[10]

Kann also zusammenfassend Nietzsches ‚Entlarvung‘ der hypostasierten ‚ersten und letzten Dinge‘ als menschlich/allzumenschlicher Irrtümer der für die Aufklärung spezifischen Bewegung von der Ontologie zur Reflexionsstufe zugerechnet werden, so kann man dabei nicht stehen bleiben; dann würde nämlich die Schlüsselstellung der Sprache, deren Zusammenhang mit der metaphysischen Hypostase Nietzsche von seinen frühen Schriften an zu erhellen sucht, übersehen:

> „In der Tat, nichts hat bisher eine naivere Überredungskraft gehabt als der Irrtum vom Sein, wie er zum Beispiel von den Eleaten formuliert wurde: er hat ja jedes Wort für sich, jeden Satz für sich, den wir sprechen! — Auch die Gegner der Eleaten unterlagen noch der Verführung ihres Seins-Begriffs: Demokrit unter anderen, als er sein Atom erfand ... Die ‚Vernunft‘ in der Sprache: O was für eine alte betrügerische Weibsperson! Ich fürchte, wir werden Gott nicht los, weil wir noch an die Grammatik glauben ..." (II, 960)

---

[9] Siehe ‚Götzendämmerung‘ II, 957: „Sie fragen mich, was alles Idiosynkrasie bei den Philosophen ist? ... Zum Beispiel ihr Mangel an historischem Sinn, ihr Haß gegen die Vorstellung selbst des Werdens, ihr Ägyptizismus ... Der Tod, der Wandel, das Alter ebensogut als Zeugung und Wachstum sind für sie Einwände — Widerlegungen sogar. Was ist, w i r d nicht; was wird, i s t nicht ... Nun glauben sie alle, mit Verzweiflung sogar, ans Seiende."

[10] Siehe auch III, 476; III, 539; III, 958.

Bevor wir uns dem für Nietzsches Auffassung der Sprache — wobei wie auch bei manchem seiner Vorgänger seine direkte Bestimmung der Sprache und die direkt nicht artikulierte und vielleicht nicht artikulierbare Bedeutung der Sprachlichkeit innerhalb seiner Philosophie nicht gleichzusetzen sind — bevor wir uns also dem elften Abschnitt aus ‚Von den ersten und letzten Dingen' zuwenden, nennen wir vorher die Grenze, innerhalb derer Nietzsches Verständnis der Sprache blieb: sie besteht in einer Vorstellung von der Wahrheit, die Nietzsche letztlich in der Sprache nur ein Zeichensystem erblicken läßt:

> „Worte sind Tonzeichen für Begriffe; Begriffe aber sind mehr oder weniger bestimmte Bildzeichen für . . . Empfindungsgruppen." (II, 740)

Sprache sei spezifisch Gesetzgebung, sei d i e Gesetzgebung, wobei Nietzsche sich auf den Zirkel, daß alle Gesetzgebung Sprache voraussetzt, nicht einläßt:

> „Jetzt wird nämlich das fixiert, was von nun an ‚Wahrheit' sein soll, das heißt, es wird eine gleichmäßig gültige und verbindliche Bezeichnung der Dinge erfunden, und die Gesetzgebung der Sprache gibt auch die ersten Gesetze der Wahrheit." (III, 311)

Die Problematik einzelnes Seiendes — allgemeiner Begriff ist dabei für Nietzsche unmittelbar im Sinne des Nominalismus entschieden:

> „Denken wir besonders noch an die Bildung der Begriffe. Jedes Wort wird sofort dadurch Begriff, daß es eben nicht für das einmalige ganz und gar individualisierte Urerlebnis, dem es sein Entstehen verdankt, etwa als Erinnerung dienen soll, sondern zugleich für zahllose, mehr oder weniger ähnliche, das heißt streng genommen niemals gleiche, also auf lauter ungleiche Fälle passen muß. Jeder Begriff entsteht durch Gleichsetzen des Nichtgleichen." (III, 313)

Hebt Nietzsche davon das Wort als Metapher ab, so macht es ihm seine im Zusammenhang der Sprache in diesem Stadium seiner philosophischen Entwicklung unreflektierte Vorstellung von Wahrheit unmöglich, in der Metaphorik der Sprache mehr als nur pure Unwahrheit[11] zu sehen:

> „Wir glauben etwas von den Dingen selbst zu wissen, wenn wir von Bäumen, Farben, Schnee und Blumen reden, und besitzen doch nichts als Metaphern der Dinge, die den ursprünglichen Wesenheiten ganz und gar nicht entsprechen." (III, 312 f.)

Ich nenne diese nominalistische Auffassung der Sprache unreflektiert, weil die unmittelbare Gleichsetzung der Sprache mit einem Zeichensystem sich selbst aufhebt dadurch, daß sie selbst nicht mehr als eine Zusammenstellung von Zeichen zu sein beanspruchen kann, anders ausgedrückt, daß sie selbst nicht wahr sein kann.

Der Begriff der Erscheinung ist für Nietzsche unvereinbar mit den Begriffen „Erkenntnis" und „Wahrheit", obwohl seine Philosophie der Kunst und sein Begriff der Kultur, wie gezeigt wurde, die Offenbarung des Inneren im Äußeren,

---

[11] Siehe hierzu au III, 312 und III, 314, wo die Wahrheit definiert wird als „ein bewegliches Heer von Metaphern, Metonymien, Anthropomorphismen, kurz eine Summe von menschlichen Relationen, die, poetisch und rhetorisch gesteigert, übertragen, geschmückt wurden, und die nach langem Gebrauch einem Volk fest, kanonisch und verbindlich dünken: die Wahrheiten sind Illusionen, von denen man vergessen hat, daß sie welche sind . . ."

des Wesens in der Erscheinung voraussetzt. Die Metaphern der Sprache sind für Nietzsche im Gegenteil mit dem Makel behaftet, unterhalb der übersinnlichen Welt des Begriffs zu verbleiben, da sie der Anschauung zu sehr verhaftet seien:

> „Alles, was den Menschen gegen das Tier abhebt, hängt von dieser Fähigkeit ab, die anschaulichen Metaphern zu einem Schema zu verflüchtigen, also ein Bild in einen Begriff aufzulösen. Im Bereich jener Schemata nämlich ist etwas möglich, was niemals unter den anschaulichen ersten Eindrücken gelingen möchte: eine pyramidale Ordnung nach Kasten und Graden aufzubauen, eine neue Welt von Gesetzen, Privilegien, Unterordnungen, Grenzbestimmungen zu schaffen, die nun der andern anschaulichen Welt der ersten Eindrücke gegenübertritt als das Festere, Allgemeinere, Bekanntere, Menschlichere und daher als das Regulierende und Imperativische." (III, 314 f.)

Das Resultat dieser nur in der Sprache möglichen Distanzierung kann in Anlehnung an Hegels ‚Phänomenologie des Geistes' die erste übersinnliche Welt genannt werden, eine Welt der Gesetze, des Außenhalts für Verhaltensformen, die dem Wechsel der Situationen und Motivationen entnommen ist, nicht aber eine wahre Welt. Nichtsdestoweniger ist es diese hypostasierte Welt von allgemeinen Begriffen und Gesetzen, die es dem Menschen ermöglicht, sich selbst von dem Situationsdruck und der unmittelbaren Abhängigkeit vom Natürlichen zu befreien[12], sich also an dem ‚Aufhänger' der hypostasierten übersinnlichen Welt aus dem Sumpf des Aufgehens im Natürlichen zu ziehen.

Die eigentliche Theorie der Hypostase und der Sprachlichkeit des Menschen bei Nietzsche besteht nun gerade in der Gleichsetzung der Sprache mit der vorausgesetzten Bedingung der Selbstbefreiung des Menschen aus dem Aufgehen im Natürlichen; die Sprache erscheint als der ‚gesetzte Grund' der Genese des Menschen und damit als Bedingung der Möglichkeit *und* Wirklichkeit seiner Geschichtlichkeit; in der und mit der Sprache erschafft der Mensch sich eine ‚zweite Welt', in der als bleibender und gegliederter er zu leben vermag:

> „Die Bedeutung der Sprache für die Entwicklung der Kultur liegt darin, daß in ihr der Mensch eine eigene Welt neben die andere stellte, einen Ort, welchen er für so fest hielt, um von ihm aus die übrige Welt aus den Angeln zu heben und sich zum Herrn derselben zu machen. Insofern der Mensch an die Begriffe und Namen der Dinge als an aeternae veritates durch lange Zeitstrecken hindurch geglaubt hat, hat er sich jenen Stolz angeeignet, mit dem er sich über das Tier erhob: er meinte wirklich in der Sprache die Erkenntnis der Welt zu haben." (‚Von den ersten und letzten Dingen', I, 453)

Sprache ist also nicht eine Hypostase unter anderen, sondern die Hypostase schlechthin, die eine Welt entstehen läßt, innerhalb derer dann weitere Hypostasen wie die der Logik und Mathematik möglich sind.

Nietzsche hält hier jedoch an dem Unterschied zweier Welten, der an sich seienden und der sprachlichen fest, d. h. er stellt nicht mehr die Frage, ob der

---

[12] Siehe hierzu die Auseinandersetzung von B. Liebrucks mit A. Gehlen in ‚Sprache und Bewußtsein' I, 79—169.

Mensch von einer Welt je Erfahrung hätte ohne Sprache, oder anders ausgedrückt, ob das Reden von einer Welt unabhängig von der durch Sprache erzeugten Welt nicht selbst sinnvoll ist nur innerhalb dieser sprachlichen Welt. Dabei müßte er selbst einräumen, daß diese Differenz der „Logik der Sprache" entspringt, insbesondere die Behauptung, die an sich seiende Welt bringe in Wechselwirkung mit dem Perzeptionsvermögen des Menschen die sprachliche Welt hervor. Dies wäre für den späteren Nietzsche nichts als „Volks-" bzw. „Sprachmetaphysik" (II, 959), d. h. ein Denken in den Strukturen der Sprache ohne Bewußtsein über das Determiniertsein des Denkens eben durch die Sprache, insbesondere durch die Syntax. „Metaphysisch" in diesem pejorativen Sinne ist dann nicht nur der Satz „der Blitz leuchtet" (III, 502), sondern auch der Satz „die Welt erzeugt in Wechselwirkung mit den menschlichen Wahrnehmungsorganen die sprachliche Welt des Menschen, die er für die einzig wahre hält." Beide Sätze „erklären" die Wirklichkeit durch Verdopplung und Hypostasierung des Satzsubjekts als an sich zugrunde liegender Substanz und Hypostasierung der Verbform als eines Kausalverhältnisses. Wenn aber die Unterscheidung von ‚Welt an sich' und ‚durch Sprache geschaffene Welt' selbst wiederum nur durch Sprache möglich ist, dann kann die sprachliche Welt nicht wie ein Gegenstand von der an sich seienden Welt unterschieden werden.

Die Reduktion des Menschen auf eine Tierart und die These des in der Welt Seins auch der Tiere gehen Hand in Hand insbesondere in der von Nietzsche selbst nicht veröffentlichten Schrift von 1873 ‚Über Wahrheit und Lüge im außermoralischen Sinn'. Nietzsche spricht vom Menschen als dem klugen Tier, das das Erkennen erfand (III, 309), und unterstellt zugleich, daß auch jede Mücke „mit diesem Pathos durch die Luft schwimmt und in sich das fliegende Zentrum dieser Welt fühlt." Einige Seiten weiter spricht er zwar von der Mühe, die es den Menschen kostet, „sich einzugestehen, wie das Insekt oder der Vogel eine ganz andere Welt perzipieren als der Mensch, und daß die Frage, welche von beiden Weltperzeptionen richtiger ist, eine ganz sinnlose ist" (III, 316); aber abgesehen davon, daß das Sprechen von Perspektiven die Abstraktion d. h. die Freiheit von ihnen voraussetzt, stellt er erst gar nicht die Frage, ob nicht, abgesehen von dem Festgestelltsein der Tiere, das höchstens das Wort ‚Umwelt' rechtfertigt, dieses spezifische Vermögen des Menschen, das Nietzsche selbst demonstriert, indem er es leugnet, nämlich nach dem Weltbewußtsein und der Welt anderer Wesen zu fragen, das deutlichste Zeichen dafür ist, daß der Mensch allein von Welt sprechen kann, insofern er von ihr abstrahieren bzw. ihre Relativität auf seine Perspektive sich vergegenständlichen kann. Während ich über Handlungen nicht handeln kann, kann ich über die Sprache bzw. das Sprechen sprechen; während die Handlung ihre Perspektive, ihre Gesetzmäßigkeit nie reflektiert und deshalb an sie gebunden bleibt, überwindet die Sprache ihre perspektivische Gebundenheit — jede besondere Sprache ist eine ‚Weltansicht' — innerhalb ihrer, indem sie die Reflexion auf sich und ihre Perspektive, die damit an sich schon aufgehoben ist, leistet. Anders ausgedrückt heißt dies, daß die Sprache die Situationsenthobenheit durch Hereinnahme der Situation erreicht:

> „Wir werden ... sehen, daß gerade das situationsenthobene Sprechen durch den dialektischen Akt geschieht, der die Situation in die Sprache hineinnimmt und dadurch die Situation verlassen hat." (Liebrucks, a. a. O. S. I, 99)

Ein rein mundanes Wesen könnte das Wort ,Welt' nicht verstehen, schon das Sprechen von Welt setzt eine weitere Welt voraus, in der der Mensch und die Welt Momente sind, und diese zweite Welt ist die von Sprache und Bewußtsein.

Die sprachliche Welt übergreift diesen Gegensatz von Welt an sich und sprachlich geschaffener Welt, ist Ganzes und Teil ihrer selbst, so wie sie den erkenntnistheoretischen Gegensatz Funktion — Reflexion transzendiert, insofern „die Alltagssprache als ihre eigene Metasprache verwendet wird"[13]. Diese ihre philosophische Tugend, nämlich Funktion u n d Reflexion zu sein, wird ihr heute als wissenschaftliche Untugend vorgeworfen.

Erst in der sprachlichen Welt erschafft der Mensch die die Umwelt der Fakten transzendierende Welt, von der aus er dann das Besondere als solches wahrnehmen kann[14].

Die Sprachlichkeit bleibt Nietzsche also im Rücken, seine sie aufs Gegenständliche reduzierende Sicht läßt gerade seine unreflektierte Abhängigkeit von ihr zutage treten.

Allgemein können die Aporien, in die Nietzsche im Verlauf seiner Sprachanalysen gerät, als Folge der Einengung der Philosophie der Sprache auf eine Theorie der Sprache als eines Zeichensystems für Gegenstände begriffen werden; Philosophie der Sprache, die nicht zugleich Philosophie von der Sprache her ist[15], also nicht sprachlich Sprache zu reflektieren sucht, kann letztlich in der Sprache nur ein Zeichensystem erblicken, und dieses wiederum, sofern es als solches nicht bewußt geworden ist, was wohl in genere für den Menschen gilt, als Vorurteilsstruktur und damit als durch die Aufklärung zu eliminierend ansehen. Da aber die sich so verstehende Sprachtheorie immer wieder in den Zirkel gerät, sich dieses dialektischen, weil Funktion und Reflexion, Metasprache und Objektsprache vereinigenden ,Zeichensystems' zu bedienen, obwohl Zeichensysteme andererseits eindeutig

---

[13] Stegmüller, ,Hauptströmungen der Gegenwartsphilosophie', 3. Aufl. 1965, S. 418; siehe auch Habermas, ,Erkenntnis und Interesse', 1968, S. 213: „Das Spezifische der Umgangssprache liegt in dieser Reflexivität; vom Gesichtspunkt der Formalsprache aus können wir auch sagen, daß die Umgangssprache ihre eigene Metasprache ist."

[14] Zur Stellung der Sprache bei der Konstituierung der Objektivität und der Fähigkeit zur Abstraktion vom Chaos der auf den Menschen eindringenden Mannigfaltigkeiten der Wahrnehmung — die menschliche Wahrnehmung ist ja definiert durch einen ,Phantasieüberschuß' (Scheler) — siehe B. Liebrucks a. a. O., I. Band, Kapitel I, 4—6 und Kapitel II.

[15] Siehe B. Liebrucks a. a. O. I, 3: „Um Sprachlichkeit zu denken, bedarf es einer Philosophie, die von der Sprache herkommt, die also keine eigenen Kategorien mitbringt, bevor sie Sprache befragt."

sein sollen, bietet sich als Ausweg immer wieder der Versuch an, hinter die Sprache auf vorsprachliche logische Strukturen zurückzugehen, was ohne Sprache wiederum nicht möglich ist; ja selbst, wenn es gelänge, so wären diese logischen Strukturen an sich vermittelt durch Sprache, und ihre Hypostasierung als reine Formen resultierte dann gerade aus dem, was man vermeiden möchte, aus d e r sprachlichen Funktion der Hypostasierung nämlich, bewiese also die unbewußte Macht der Sprachlichkeit des Bewußtseins da, wo man ihr entflohen zu sein glaubt. Die letztlich sich durchhaltende Einschränkung der Sprache auf ein Zeichensystem läßt ferner Nietzsches Geschichtsphilosophie nicht über doch innerhalb eines nicht mehr reflektierten Pragmatismus verbleibende Ansätze, die um die Sprache als Hypostase, d. h. als gesetzten Grund der Genese des Menschen, kreisen, hinausgelangen. Da Nietzsche nämlich mit der Wendung vom antihistoristischen Platonismus der Frühschriften zum „historischen Philosophieren" trotzdem an der Zeichentheorie festhält, bleibt er im Prinzip doch dem Eleatismus verpflichtet, auch wenn er den platonischen Primat des Ewigen vor dem Vergänglichen, der Einheit vor der Mannigfaltigkeit umkehrt. Die Auffassung der Sprache als eines Zeichensystems ist insofern eleatisch[16], als sie die Annahme einer an sich seienden und unveränderlichen Bedeutung impliziert, die von ihrem veränderlichen Gebrauch strikt zu trennen ist — wie die Idee des Guten vom Einzelguten bei Platon bzw. Urteilsinhalt und Urteilsakt beim Husserl der ‚Prolegomena'.

Eine Auffassung der Sprache als eines Systems von Zeichen für überzeitliche Bedeutungen muß jede Geschichtsphilosophie im Ansatz negieren, da diese auch die mit der Sprache gegebenen „Denkstrukturen", ja die Logik als sich entwickelnd darstellen muß, will sie sich nicht selbst auf den Bereich der historia *rerum gestarum* und damit auf Sekundärphänomene beschränken.

Das die Geschichtlichkeit in nuce enthaltende dialektische Phänomen, daß „der Mensch" nur durch die sprachliche Hypostasierung der metaphysischen, religiösen und moralischen „Irrtümer" als der ersten und letzten Prinzipien sich w i r k l i c h „über das Tier erhob", wird bei Nietzsche zum Paradoxon, daß „der Irrtum aus Tieren Menschen gemacht" habe (I, 698); die Dialektik der geschichtlichen Genese des Menschen wird zum Paradoxon dadurch, daß Nietzsche einerseits am dialektischen Phänomen der Geschichtlichkeit festhaltend andererseits den eleatischen logischen Ansatz, nämlich die Invarianz von Wahrheit und Irrtum gegenüber jeder Entwicklung und Geschichte nicht aufgeben will. Die Unvereinbarkeit beider Ansätze führt zum pragmatisch gefärbten, nämlich das Resultat pointierenden Paradoxon, dessen adäquate Darstellungsform der die begriffliche Explikation übergehende Aphorismus — „Wahrheit als Circe" (I, 698) — ist. Dieser erhellt

---

[16] Siehe hierzu Parmenides, Fragment 8, 38 ff.: „Darum wird alles bloßer Name sein, was die Sterblichen in ihrer Sprache festgesetzt haben, überzeugt, es sei wahr: Werden sowohl als Vergehen, Sein sowohl als Nichtsein, Verändern des Ortes und Wechseln der leuchtenden Farbe."

deshalb nicht das Phänomen, sondern stilisiert es zum Faszinosum durch das Verharren vor dem in ihm erscheinenden ungelösten Widerspruch zwischen dem dialektischen und dem eleatischen Ansatz.

Der Unvereinbarkeit von Geschichtsphilosophie bzw. Geschichtlichkeit und der
Reduktion der Sprache auf ihren Aspekt als Zeichensystem hatte vor Nietzsche
schon W. von Humboldt erkannt, was hier nicht in extenso vorgeführt werden
kann[17]; der Unbestimmtheitscharakter jedes Wortes in semantischer Hinsicht, die
Einbeziehung der Bedeutung in die Geschichte als Bedeutungswandel und die Herausarbeitung des überzeichenmäßigen Charakters der Sprache sind bei Humboldt
nur verschiedene Aspekte der einen These, daß die Sprache nicht nur „Ergon", sondern auch „Energeia" ist[18].

In der Schrift ,Über Wahrheit und Lüge im außermoralischen Sinn' gelingt
Nietzsche allerdings ein großartiges Bild der Sprache, in dem die sonst bei ihm
häufig anzutreffende Verabsolutierung des durch die Zeichentheorie ausgesprochenen gegenständlichen Aspekts der Sprache vermieden und die Übergegenständlich-
keit des Horizonts ,Sprache' in großer Nähe zu Humboldt[19] dargestellt wird:

> „Man darf hier den Menschen wohl bewundern als ein gewaltiges Baugenie, dem auf
> beweglichen Fundamenten und gleichsam auf fließendem Wasser das Auftürmen eines
> unendlich komplizierten Begriffsdomes gelingt — freilich, um auf solchen Funda-
> menten Halt zu finden, muß es ein Bau wie aus Spinnfäden sein, so zart, um von
> der Welle mit fortgetragen, so fest, um nicht von jedem Winde auseinandergeblasen
> zu werden. Als Baugenie hebt sich solchermaßen der Mensch weit über die Biene:
> diese baut aus Wachs, das sie aus der Natur zusammenholt, er aus dem weit zarteren
> Stoff der Begriffe, die er erst aus sich fabrizieren muß." (III, 315)

Das Gebäude der Sprache ist nicht nur aus dem feinsten Stoff, der schwingen-
den Luft aufgebaut, es steht auch nur dadurch fest, daß alle Bauelemente dauernd
vergehen; denn nur durch das Verschwinden der Wörter, in ihrem Verklingen ist
der bleibende Sinn aussprechbar.

Damit — denn auch in dem gerade angezogenen Zitat verbleibt Nietzsche im
Bildlichen, d. h. Gegenständlichen, wenn das Bild auch über sich hinauszuweisen
scheint — dürfte die Grenze der Auffassung Nietzsches von der Sprache sichtbar
geworden sein, so daß wir uns der Interpretation der Bedeutung der Sprachlichkeit
im Hinblick auf die menschlichen, allzumenschlichen Hypostasen zuwenden
können.

Um dem Begriff der Hypostase näher zu kommen, greifen wir auf die oben
definierte Kategorie des Horizontes zurück; das Tier findet seinen Horizont in

---

[17] Siehe hierzu B. Liebrucks a. a. O. II, 238 ff.
[18] Diese These hat bei Hegel ihr Analogon in dem schon mehrfach angeführten ,Grund-
satz' von der ,Einheit' von Substanz und Subjekt.
[19] Siehe z. B. Humboldt VII, 60: „Durch denselben Act, vermöge dessen er die Sprache
aus sich herausspinnt, spinnt er sich in dieselbe ein, und jede zieht um das Volk, welchem
sie angehört, einen Kreis, aus dem es nur insofern hinauszugehen möglich ist, als man
zugleich in den Kreis einer andren hinübertritt."

Gestalt seiner ererbten Eigenschaften und einer entsprechenden Umwelt vor, es ist durch ihn also theoretisch und praktisch — außerhalb desselben geht es ja zugrunde — definiert. — Hegel verweist in der ‚Phänomenologie des Geistes‘ auf die Identität der Definition der Tiere mit den Bestimmungen, durch die sie sich am Leben erhalten, von den anderen Tieren ‚definieren‘:

> „Die Unterscheidungsmerkmale der Tiere z. B. sind von den Klauen und Zähnen genommen; denn in der Tat unterscheidet nicht nur das Erkennen dadurch ein Tier von dem andern; sondern das Tier scheidet sich dadurch selbst ab; durch diese Waffen erhält es sich für sich und gesondert von dem Allgemeinen.“ (S. 187)

Der Mensch dagegen als das ‚nicht festgestellte Tier‘, also das Tier ohne gegebenen Horizont muß ihn — als tension stabilisée z. B. — setzen; d. h. dieser Horizont, der beim Tier ein seiender ist, als Bestimmtheit an ihm ist, ist beim Menschen ein gesetzter, nur scheinbarer, dessen Grenzen innerhalb der Geschichte, die die Folge dieses Gesetztseins des menschlichen Horizontes ist, immer wieder neu gesetzt werden müssen, was insbesondere seit der technischen Revolution unübersehbar geworden ist:

> „Im Polytheismus lag die Freigeisterei und Vielgeisterei des Menschen vorgebildet: die Kraft, sich neue und eigne Augen zu schaffen und immer wieder neue und noch eigenere: so daß es für den Menschen allein unter allen Tieren keine ewigen Horizonte und Perspektiven gibt.“ (II, 135)

Während also, gemessen am Tier, das wegen des Festgelegtseins seines Horizontes unter die Kategorie des Maßes fällt, das Schein-Sein des menschlichen Horizontes ein Surrogat zu sein scheint, dem man nur den Aufstieg in den Bereich des Seins wünschen könne[20], erweist sich in Wahrheit der Modus des Schein-Seins als für den Horizont des Menschen unentbehrlich; denn nur ein gesetzter, aber als nicht gesetzter, d. h. an sich seiend gesetzter, d. h. hypostasierter Grund erhält den Menschen, auch als Lebewesen:

> „Durch Irrtümer über ihre Herkunft, ihre Einzigkeit, ihre Bestimmung, und durch Anforderungen, die auf Grund dieser Irrtümer gestellt wurden, hat sich die Menschheit hoch gehoben und sich immer wieder ‚selber übertroffen‘“ (I, 1220)

und:

> „Sehr nachträglich — jetzt erst — dämmert es den Menschen auf, daß sie einen ungeheuren Irrtum in ihrem Glauben an die Sprache propagiert haben. Glücklicherweise ist es zu spät, als daß es die Entwicklung der Vernunft, die auf jenem Glauben beruht, wieder rückgängig machen könnte.“ (I, 453)

Die weitreichende Bedeutung der These von den zur Selbsterzeugung des Menschen erforderlichen Hypostasen erhellt daraus, daß Nietzsche ihre Gültigkeit auf die individuelle Genese ausdehnt:

> „Trügerisch und doch haltbar. — Wie man, um an einem Abgrund vorbeizugehen oder einen tiefen Bach auf einem Balken zu überschreiten, eines Geländers bedarf,

---

[20] Der spätere Versuch Nietzsches, über die Kritik an der Inferiorität des Bewußtseins — verglichen mit allem Seienden — den Menschen theoretisch wieder zum Übermenschen festzustellen, wird in der zweiten Hauptfrage nach der Möglichkeit einer zukünftigen Ablösung von einem ‚gesetzten Grund‘ in Gestalt jener metaphysischen, religiösen und moralischen Hypostasen besprochen werden.

nicht um sich daran festzuhalten — denn es würde sofort mit einem zusammen-
brechen — sondern um die Vorstellung der Sicherheit für das Auge zu erwecken,
so bedarf man als Jüngling solcher Personen, welche uns unbewußt den Dienst jenes
Geländers erweisen. Es ist wahr, sie würden uns nicht helfen, wenn wir uns wirklich
in großer Gefahr auf sie stützen wollten, aber sie geben die beruhigende Empfindung
des Schutzes in der Nähe." (I, 712 f.)

Die Einteilung der ersten Hauptfrage nach dem Wesen der metaphysischen
Hypostasen, die als gesetzter Grund die Voraussetzung der Menschwerdung bildeten, in die vier Unterfragen wurde als methodisch erforderlich begründet. Nun
sind zwar die zweite und die dritte Unterfrage, die nach dem ‚Objekt‘ und die
nach dem ‚Subjekt‘ der Hypostase, untrennbar, aber gerade deshalb muß diese
Trennung versuchsweise vorgenommen werden, damit der Kern der Nietzscheschen
Darstellung der Sprache als Angelpunkt der Hypostase, in welcher Darstellung
eben jene Differenzierung aufgehoben ist, hervortritt.

Spezifisch für die Hypostasen, die als gesetzter Grund für die Menschwerdung
angesehen werden, ist deren intendiertes Transzendieren des Prozesses von Werden
und Vergehen, dem der Mensch als animalisches Wesen unterworfen ist:

> „Der Wert im Glauben an übermenschliche Leidenschaften. — ... Alle Institutionen,
> welche einer Leidenschaft Glauben an ihre Dauer und Verantwortlichkeit der Dauer
> zugestehen, wider das Wesen der Leidenschaft, haben ihr einen neuen Rang ge-
> geben ... Man denke an Institutionen und Sitten, welche aus der feurigen Hingebung
> des Augenblicks die ewige Treue geschaffen haben, aus dem Gelüst des Zornes die
> ewige Rache, aus Verzweiflung die ewige Trauer, aus dem plötzlichen und einmali-
> gen Worte die ewige Verbindlichkeit. Jedesmal ist sehr viel Heuchelei und Lüge
> durch eine solche Umschaffung in die Welt gekommen: jedesmal auch, und um
> diesen Preis, ein neuer übermenschlicher, den Menschen hebender Begriff." (I, 1032 f.)

Das Institutionenproblem, das später im Zusammenhang der zweiten Hauptfrage im Rahmen der Untersuchung des Begriffs der Verbindlichkeit dargestellt
werden wird, reduziert jedoch schon das hier zur Diskussion stehende Phänomen;
denn Nietzsche sieht, daß die Hypostase schon mit der Gegenständlichkeit überhaupt einsetzt:

> „Erkenne dich selbst‘ ist die ganze Wissenschaft. — Erst am Ende der Erkenntnis
> aller Dinge wird der Mensch sich selber erkannt haben. Denn die Dinge sind nur die
> Grenzen des Menschen." (I, 1045)

Die Aufgabe der Wissenschaft sieht Nietzsche dann auch in dem Prozeß, „alles
Dingartige (Stoffliche) in Bewegungen aufzulösen" (I, 461).

Die Genese der Gegenständlichkeit, der Hypostase überhaupt stellt Nietzsche
in mehreren Stufen dar, deren wichtigste der ‚Platonismus‘ des Lebewesens
schlechthin und die Sprache als dessen Artikulation zu sein scheinen; — dabei wird
auf die Bedeutung des Grund-Folge Verhältnisses zwischen der Perspektivität, die
für das Perzeptionsvermögen des Menschen als eines Lebewesens spezifisch ist,
einerseits und der mit den Sprachstrukturen gegebenen Perspektivität andererseits
noch einzugehen sein.

> „Aus der Periode der niederen Organismen ist dem Menschen der Glaube vererbt,
> daß es g l e i c h e Dinge gibt ... Der Glaube an die Freiheit des Willens ist ein

ursprünglicher Irrtum alles Organischen, so alt, als die Regungen des Logischen in ihm existieren; der Glaube an unbedingte Substanzen und an gleiche Dinge ist ebenfalls ein ursprünglicher, ebenso alter Irrtum alles Organischen." (I, 460 f.)

Die Zusammengehörigkeit der Frage nach dem ‚Objekt‘ und der nach dem ‚Subjekt‘ der Subreptionen der Sprache stellt Nietzsche nun in ‚Menschliches, Allzumenschliches‘ so dar, daß die Ungeteiltheit des Aktes, in dem die Gegenständlichkeit, und des Aktes, in dem Ich für sich konstituiert wird, zumindest angedeutet wird:

„In Wahrheit aber ist all unser Handeln und Erkennen keine Folge von Fakten und leeren Zwischenräumen, sondern ein beständiger Fluß. Nun ist aber der Glaube an die Freiheit des Willens gerade mit der Vorstellung eines beständigen, einartigen, ungeteilten, unteilbaren Fließens unverträglich ... Das Wort und der Begriff sind der sichtbarste Grund, weshalb wir an diese Isolation von Handlungs-Gruppen glauben: mit ihnen bezeichnen wir nicht nur die Dinge, wir meinen ursprünglich durch sie das Wahre derselben zu erfassen. Durch Worte und Begriffe werden wir jetzt noch fortwährend verführt, die Dinge uns einfacher zu denken, als sie sind, getrennt voneinander, unteilbar, jedes an und für sich seiend ... Der Glaube an die Freiheit des Willens, das heißt der gleichen Fakten und der isolierten Fakten, — hat in der Sprache seinen beständigen Evangelisten und Anwalt." (I, 878 f.)

Nietzsche folgt hier, vielleicht ohne es zu bemerken, Kant, der in der Thesis der 2. und 3. Antinomie in der ‚Kritik der reinen Vernunft‘ die metaphysische Position durch die Behauptung des gegebenen Unbedingten in Gestalt eines letzten Unteilbaren bzw. einer absoluten Spontaneität zu bestimmen versucht, ohne jedoch im Unterschied zu Nietzsche als Erklärung für die Thesis der Unteilbarkeit — d. h. auch Unsterblichkeit — und Freiheit auf die Sprache zu reflektieren.

Die Subreption der ‚metaphysischen Grundirrtümer‘ wird dadurch zum gesetzten Grund der Menschwerdung, daß die sprachlich erzeugte Transzendenz — gemessen am ewigen Fluß des Werdens und Vergehens — des Objekts und des Subjekts nicht ohne Relevanz im Hinblick auf die Wirklichkeit ist, sondern diese in Richtung auf das durch den ‚Irrtum‘ Intendierte zu verändern vermag, wodurch der Irrtum zur ‚Wahrheit‘ wird:

„Das sogenannte ‚Ich‘. — Die Sprache und die Vorurteile, auf denen die Sprache aufgebaut ist, sind uns vielfach in der Ergründung innerer Vorgänge und Triebe hinderlich: zum Beispiel dadurch, daß eigentlich Worte allein für superlativische Grade dieser Vorgänge und Triebe da sind —; nun aber sind wir gewohnt, dort, wo uns Worte fehlen, nicht mehr genau zu beobachten, weil es peinlich ist, dort noch genau zu denken; ja ehedem schloß man unwillkürlich, wo das Reich der Worte aufhöre, höre auch das Reich des Daseins auf ... Wir sind alle nicht das, als was wir nach den Zuständen erscheinen, für die wir allein Bewußtsein und Worte haben ... *Unsere Meinung über uns aber, die wir auf diesem falschen Wege gefunden haben, das sogenannte ‚Ich‘, arbeitet fürderhin mit an unserem Charakter und Schicksal.*" (I, 1090)

Die Darstellung Nietzsches zeigt also nicht nur die Untrennbarkeit[21] des Hypostasierens gleicher Dinge und des sich selbst gleichen Ich, sondern auch die ‚Wechsel-

[21] B. Liebrucks formuliert diese verborgene Dialektik der Sprache in ‚Sprache und Bewußtsein‘, I, 96 folgendermaßen: „Der Mensch versteht sich niemals von sich selbst her, sondern von seinen Herstellungen ... Die Reflexion auf diese seine Lage ist die Reflexion auf seine Sprachlichkeit."

wirkung' zwischen dem hypostasierten und dem ,wirklichen' Ich; während die
Erkenntnis von Naturvorgängen — zumindest außerhalb des Gültigkeitsbereichs
der Heisenbergschen Unsicherheitsrelation — als solche diese selbst unverändert
läßt, enthält insbesondere die sprachlich artikulierte Erkenntnis von geschichtlichen
Vorgängen eine Selbstimplikation, d. h. die Möglichkeit der Vermeidung scheinbar
mechanisch ablaufender Geschichtsvorgänge eben auf Grund ihres Ausgesprochenwerdens in einer Theorie[22].

Anders ausgedrückt bedeutet die Einsicht in die ,Wechselwirkung' zwischen
dem hypostasierten und dem wirklichen Ich das Verlassen der Ontologie als möglicher Basis, den Begriff des Menschen zu formulieren. Ein Wesen, das sich über
seine Hypostasen versteht u n d bestimmt, kann nicht in einem Urteil wie „der
Mensch ist ein vernünftiges Lebewesen" definiert werden, sondern höchstens in
einem Satz[23] wie „der Mensch s e t z t sich als handelndes Wesen"; denn Sein und
Bewußtheit sind im menschlichen Bewußtsein derart untrennbar verbunden, daß
eine Definition des Menschen ihn nicht wie einen positiven Gegenstand gleichgültig
läßt, sondern ihn zu verändern vermag.

Nietzsche würde also selbst die von ihm kritisierte sprachliche Subreption begehen, wenn er das Subjekt der Hypostase als ein zugrunde Liegendes, als Substanz darzustellen versuchte. Unfaßbar für die Vorstellung, die z. B. von einer
Schichtentheorie aus eine Anthropologie begründen möchte, ist die Genese des Ich
deshalb, weil sie als die Reflexion begriffen werden muß, als „werden im Wesen
... die Bewegung von Nichts zu Nichts und dadurch zu sich selbst zurück" (Hegel,
,Wissenschaft der Logik' II, 13).

Das Werden des Ich kann, da dieser Bewegung keine Substanz untergeschoben
werden darf, — wie dies in der Philosophie von Aristoteles bis zum Schematismus-
kapitel bei Kant, wenn auch hier bewußt, geschah — nur die Bewegung der
Reflexion sein, „die, indem sie die Rückkehr ist, erst darin das ist, das anfängt oder
das zurückkehrt." (ebenda S. 15)

Was das Begreifen der Reflexion so erschwert, ist das Fehlen einmal eines
zugrunde Liegenden, das dann in sich reflektiert würde, zum anderen das Fehlen
inhaltlicher Bestimmtheiten, an denen die Vorstellung sich festhalten kann. Schon
der Begriff des Werdens, stellt man die Reflexion, das „Werden im Wesen" vorerst
zurück, enthält diese Schwierigkeit darin, daß seine Bedeutung am „absoluten

---

[22] Siehe hierzu J. Habermas' Kritik an den Marxschen Prognosen im Hinblick auf den
Mangel an Reflexion über den Unterschied zwischen natürlichen und gesellschaftlich-
geschichtlichen Vorgängen: „Eine immanente Kritik des Marxismus ... könnte ... an
Überlegungen derart anknüpfen, daß Marx bei seinen wissenschaftlichen Prognosen ...
die Folgen ihres Ausgesprochenwerdens nicht hinlänglich bedacht, daß er die Selbstimplikationen seiner Lehre nicht zureichend berechnet hat." (,Theorie und Praxis', S. 330).
[23] Hegel ,Wissenschaft der Logik' (Meiner), Band II, S. 25: „Den Reflexionsbestimmungen
dagegen als in sich reflektiertem Gesetztsein liegt die Form des Satzes selbst nahe."

Unterschied" hängt. Das Werden, Übergehen in die Einheit[24] des Seins und des Nichts, beruht nicht auf einem bestimmten Unterschied, den es zwischen Sein und Nichts gar nicht geben kann, sondern auf der reinen Unterschiedenheit, dem absoluten Unterschied, der zugleich Identität ist. Das Wort ‚Werden' hat einen Sinn dann und nur dann, wenn Sein und Nichts unterschieden u n d dieser Unterschied unmittelbar aufgehoben ist, indem er gesetzt ist; genau dies meint der Terminus ‚absoluter Unterschied'. Die zentrale Bedeutung des ‚absoluten Unterschieds' ist nicht auf das einfache Werden eingeschränkt, sondern begegnet immer wieder im Zusammenhang des bestimmten, reflektierten Werdens und der Bewegung bzw. Selbstbewegung[25]. Das Selbstbewußtsein kann ohne das unmittelbare Aufgehobensein des absoluten Unterschiedes in seinem Gesetztsein nicht begriffen werden:

> „Ich unterscheide mich von mir selbst, und es ist darin unmittelbar für mich, daß dies Unterschiedene nicht unterschieden ist. Ich, das Gleichnamige, stoße mich von mir selbst ab; aber dies Unterschiedene, ungleich Gesetzte ist unmittelbar, indem es unterschieden ist, kein Unterschied für mich." (‚Phänomenologie des Geistes', S. 128)

Wie das einfache Werden die Bewegung des absoluten Unterschiedes ist, so die Reflexion die in sich zurückkehrende Bewegung des absoluten Unterschiedes, „die Bewegung von Nichts zu Nichts und dadurch zu sich selbst zurück." (‚Wissenschaft der Logik' II, 13)

Es könnte hier der Vorwurf der Überinterpretation erhoben werden. — Walter Kaufmann schließt seine Nietzscheinterpretation, in der die ambivalente Stellung Nietzsches gegenüber Sokrates eine große Rolle spielt, mit dem Satz:

> "He adressed his works primarily to the few — as an educator. And like Socrates he did not wish to convert them to any metaphysics of his own, but said in essence: ‚ B e c o m e w h o y o u a r e '." (a. a. O. S. 359)

Walter Kaufmann scheint hier auf den Zusammenhang zwischen dem „gnothi seauton" und dem Pindar-Nietzschewort „Werde, der du bist" (II, 479) anzuspielen; das Dialektische beider Wendungen, die die Bewegung der Reflexion artikulieren, tritt bei der Formulierung Nietzsches stärker hervor, zumal das „gnothi seauton" in einer langen Tradition idealistisch abgeschliffen worden ist: die Aufforderung „werde, der du bist" hat nur dann einen Sinn, wenn das Sein von Ich nicht im Ansichsein aufgeht, sondern wenn es zum Sein von Ich gehört, es

---

[24] Zur notwendigen Vorläufigkeit dieser Formulierungen siehe ‚Wissenschaft der Logik' I, S. 75—78.

[25] Siehe ‚Phänomenologie des Geistes', S. 121, wo Hegel vom „Sich von sich Selbst Abstoßen des Gleichen" als dem ‚Prinzip' der ‚zweiten übersinnlichen Welt', der des Selbstbewußtseins, spricht: „Er stellt sich hiermit als Unterschied der Sache selbst, oder als absoluter Unterschied dar, und dieser Unterschied der Sache ist also nichts anderes als das Gleichnamige, das sich von sich abgestoßen hat, und daher nur einen Gegensatz setzt, der keiner ist." Das Bild des sich von sich Abstoßens der durch den absoluten Unterschied hervorgerufenen Bewegung, — die absolute Bewegung des Selbst in sich — als der Bewegung der Reflexion verwendet Hegel durchgehend terminologisch, so z. B. ‚Wissenschaft der Logik' II, 27 unten und S. 15 f.; (auch S. 33 und 204 ebenda).

selbst erst zu werden, ‚für sich' zu werden, was es ‚an sich' schon immer war, sein
Sein sich also als ‚Selbstwerden' bestimmt.

Ohne den dialektischen Begriff der Reflexion dürfte das Bild des „Aufhängers'
nicht in den Begriff des ‚gesetzten Grundes' übersetzbar sein; und ohne diesen
wiederum wird das von Nietzsche immer wieder genannte Phänomen nicht zu
begreifen sein, daß der Mensch auf dem Umweg über die — als solche von ihm
nicht durchschauten — Hypostasen sich über das Tier erhob, sich also an den eigenen Haaren aus dem Sumpf des Aufgehens im Leben zog. Mit ontologischen Kategorien wiederum, z. B. der Vorstellung einer zugrunde liegenden Substanz ist die
Bewegung des Sichselbstsetzens nicht zu fassen, so daß Nietzsche, dessen Grenze
in seiner begrifflichen Schwäche liegt, immer in Schwierigkeiten gerät, sobald er die
Bewegung der Reflexion, der Selbsterzeugung gegenständlich beschreiben will; auf
sie als Phänomen stößt er insbesondere in polemischen Zusammenhängen, so bei der
Darstellung der Genese des Christentums bzw. der Moral, soweit sie in der geschichtlichen Einwirkung auf den Menschen diesen so verändert haben, daß sie
nachträglich ‚wahr' geworden sind:

> „Ein gefährlicher Entschluß. — Der christliche Entschluß, die Welt häßlich und
> schlecht zu finden, hat die Welt häßlich und schlecht gemacht." (II, 130)

Hier hilft dann die Berufung auf die ursprünglich ‚gesunde' Natur des Menschen, die als ontologische Substanz der Reflexion widerstehen müßte, offensichtlich
wenig, weshalb Nietzsche sich auf eine genauere Untersuchung dieses Problems
nicht einläßt. Im folgenden und im Zusammenhang mit der ‚Theodizee des Mundanen' wird uns jedoch diese Aporie wieder begegnen.

Die vierte Unterfrage nach dem Grund der Subreption, nach der Notwendigkeit der metaphysischen ‚Irrtümer' als gesetztem Grund der Genese des Menschen
leitet von der ersten Hauptfrage nach dem Begriff der Hypostase zur zweiten
Hauptfrage nach der Möglichkeit der Humanität ohne diese Irrtümer bzw. ohne
einen gesetzten Grund über.

Es wäre denkbar, daß im Raum der Nietzscheschen Lebensphilosophie eine
‚Seinsnotwendigkeit' gegen eine Kantische Denknotwendigkeit ausgespielt werden
könnte, der Art, daß die Notwendigkeit einer Vorstellung für die Existenz des
Menschen die „Wahrheit" dieser Vorstellung erweise:

> „Wahrheit ist die Art von Irrtum, ohne welche eine bestimmte Art von lebendigen
> Wesen nicht leben könnte. Der Wert für das Leben entscheidet zuletzt." (III, 844)

Doch so wie hier die Unwahrheit der ‚Lebenswahrheit' nicht verschwiegen
wird, so erst recht nicht in der im eigentlichen Sinne kritischen Phase Nietzsches, in
‚Menschliches, Allzumenschliches' bzw. der ‚Morgenröte':

> „Wie viele schließen immer noch: ‚es wäre das Leben nicht auszuhalten, wenn es
> keinen Gott gäbe' (oder, wie es in den Kreisen der Idealisten heißt: ‚Es wäre das
> Leben nicht auszuhalten, wenn ihm die ethische Bedeutsamkeit seines Grundes
> fehlte') — folglich m u s s e es einen Gott (oder eine ethische Bedeutsamkeit des
> Daseins) geben! In Wahrheit steht es nur so, daß, wer sich an diese Vorstellungen
> gewöhnt hat, ein Leben ohne sie nicht wünscht: daß es also für ihn und seine Erhal-

tung notwendige Vorstellungen sein mögen, — aber welche Anmaßung, zu dekre-
tieren, daß alles, was für meine Erhaltung notwendig ist, auch wirklich d a   s e i n
müsse! Als ob meine Erhaltung etwas Notwendiges sei!" (I, 1071)

Wenn selbst Kant auf der Notwendigkeit der Existenz des Vernunftwesens als
Postulat insistierte, insofern er das Selbstzwecksein jedes Menschen als Prinzip der
Verbindlichkeit von Moral überhaupt behauptete, bleibt bei Nietzsche, der hier
dem Pragmatismus gegenüber puristischer als Kant zu sein scheint — warum soll
es Vernunftwesen geben? —, offen, von wo aus er überhaupt solche Aussagen über
‚das Leben‘ bzw. die Unfähigkeit des Lebewesens Mensch machen kann, von seiner
perspektivischen Gebundenheit zu abstrahieren. Auf das alte Argument gegen den
unreflektierten Skeptizismus läßt er sich erst gar nicht ein, geschweige, daß er es
entkräftet. Es scheint auf den ersten Blick befremdlich, daß Nietzsche in der angezogenen Stelle: „Wahrheit ist die Art von Irrtum, ohne die eine bestimmte Art
von lebendigen Wesen nicht leben könnte" das Wort ‚Wahrheit‘ nicht in Anfüh-
rungszeichen setzt, wie es dem reflektierten Gebrauch dieses Wortes bei Nietzsche
durchaus entsprechen würde. Dies darf er jedoch deshalb nicht, da er sonst einen
Standpunkt antizipieren würde, der es durch die Einsicht in die ‚Wahrheit an sich‘
ermöglicht, Erkenntnis als perspektivische Täuschung zu ‚entlarven‘. Nietzsche
jedoch reflektiert diesen Satz auf sich selbst, subsumiert ihn unter die intendierte
Aussage und verbietet sich damit eine Distanzierung. Er hält damit genau die
Grenze ein, die dem Skeptiker durch sich selbst gezogen ist. Ein solcher Satz scheint
mir ein Äußerstes an Präzision zu sein, jede weitere Präzisierung, die die unbestreitbare Doppeldeutigkeit des Satzes zu eliminieren suchte, beraubt ihn seiner
Wahrheit, die gerade in seiner evokatorischen Selbstbegrenzung liegt. Wenn nun
Nietzsche gegen die Religion lapidar formuliert, — dabei scheinbar noch kritischer
als Kant, der immerhin noch gewissen Postulaten in der ‚Kritik der praktischen
Vernunft‘ einen Platz einräumte, wobei Nietzsche die Differenz zwischen Wunsch-
vorstellung und Vernunftforderung abstrakt einzieht, — wenn Nietzsche also
pointiert behauptet „Der Hunger beweist nicht, daß es zu seiner Sättigung eine
Speise gibt" (I, 531), so bleibt damit doch die unbestrittene Tatsache des Hungers
unbegriffen. Dieser Hunger, ohne den die Notwendigkeit der Hypostasen und der
metaphysischen ‚Irrtümer‘ unbegreiflich wäre, das ‚metaphysische Bedürfnis‘, ist
die ‚Krankheit‘ des Menschen, es ist die metaphysische Krankheit, ohne die Metaphysik und Religion undenkbar wären:

> „Der Mensch ist kränker, unsicherer, wechselnder, unfestgestellter als irgendein Tier
> sonst, daran ist kein Zweifel er ist d a s kranke Tier." (II, 862)

Diese metaphysische Krankheit ist eine doppelte: erstens ist sie die metaphysische K r a n k h e i t, ein Defekt des Menschen als Lebewesen, sein nicht Festgestelltsein:

> „Die gelungenen Fälle sind auch beim Menschen immer die Ausnahme und sogar in
> Hinsicht darauf, daß der Mensch das n o c h   n i c h t   f e s t g e s t e l l t e   T i e r
> ist, die spärliche Ausnahme." (II, 623)

Zweitens ist sie die Krankheit der M e t a p h y s i k , die m e t a p h y s i
s c h e Krankheit, d. h. die Erfindung einer an sich seienden Welt, der gegenüber
die ‚wirkliche Welt‘ zur unwahren Erscheinung absinkt. Diese beiden Krankheiten
sind in Wahrheit jedoch eine einzige, und zwar nicht eine seiende, sondern eine
reflektierte, gesetzte Krankheit, die Nietzsche als „die größte und unheimlichste
Erkrankung" bezeichnet, „von welcher die Menschheit bis heute nicht genesen ist,
das Leiden des Menschen a m Menschen, a n s i c h " (II, 825 f.), — also als eine
nicht relative, sondern absolute Krankheit: Der Mensch ist krank, nicht innerhalb
eines Horizonts von Bedingungen und Fähigkeiten festgestellt, weil er sich angesichts einer hypostasierten Transzendenz selbst als einen das Aufgehen im Mundanen, bloß Seienden Transzendierenden auffaßt, und umgekehrt ‚erfindet‘ er eine
Transzendenz, träumt er eine ansichseiende Welt, weil er nicht festgestellt ist.
Will man diese beiden Momente der Krankheit des Menschen in ein eindeutiges
Verhältnis bringen, so ergibt sich ein regressus in infinitum, da ja der Mensch als
krankes Tier nur überleben konnte, weil er schon immer in den ‚metaphysischen
Irrtümern‘ den Grund erzeugt haben mußte, auf den gestützt er die spezifischen,
ihn erhaltenden Fähigkeiten entwickeln konnte.

Dem dialektischen Begriff des Geistes und des Grundes als vorausgesetztem
Grund begegnet Nietzsche in den zahlreichen dem Positivismus[26] verpflichteten
Passagen seines Werkes mit einer Antwort, die vielleicht seinen größten Irrtum
darstellt; sie scheint nämlich viele seiner größten Einsichten wie die vom Werden
des Vollkommenen aus dem Unvollkommenen[27] zurückzunehmen, und gibt zu-

---

[26] Dies gilt nicht für das gesamte Werk Nietzsches; hier sei nur auf zwei Sentenzen hingewiesen, die den Positivismus der Begründung alles Werdens aus dem ‚Stärkeren‘ zurücknehmen: „Die Schwachen haben mehr Geist ... Man muß Geist nötig haben, um
Geist zu bekommen — man verliert ihn, wenn man ihn nicht mehr nötig hat." (II,
999).
„Erster Grundsatz: man muß es nötig haben, stark zu sein: sonst wird man's nie."
(II, 1015) Die Stärke ist also nicht unmittelbar, positiv, sondern vermittelt durch ihr sie
bedingendes Gegenteil, die Schwäche. (siehe auch I, 860; II, 13, 58).

[27] „Das Vollkommene soll nicht geworden sein! — Wir sind gewöhnt, bei allem Vollkommenen die Frage nach dem Werden zu unterlassen ... Wahrscheinlich stehen wir
hier noch unter der Nachwirkung einer uralten mythologischen Empfindung." (I, 545)
Dieser mythologischen Empfindung, daß das Frühere das Bessere, Vollkommenere sei
„dem metaphysischen Nachtrieb, welcher ... meinen macht, am Anfang aller Dinge
stehe das Wertvollste und Wesentlichste" (I, 873), scheint Nietzsche bei der Apotheose
des gesunden Geistes selbst nachzugeben. Er folgt damit gerade der von ihm bekämpften
Metaphysik, für die fast insgesamt der Satz von der Höherwertigkeit der Ursache
gilt, wie für Descartes, bei dem dieses Prinzip als unbezweifeltes Axiom den Angelpunkt
der Beweisführung in den ‚Meditationes‘ bildet:
„Iam vero lumine naturali manifestum est tantumdem ad minimum esse debere in causa
efficiente et totali, quantum in ejusdem causae effectu ... hinc autem sequitur, nec
posse aliquid a nihilo fieri, nec etiam id quo magis perfectum est, hoc est, quod plus
realitatis in se continet, ab eo quod minus"
(‚Meditationes de prima philosophia‘, Meiner 1956, S. 68 f.).

gleich den Schlüssel zur Apologie der Inhumanität ab, der er in seinen späteren Schriften unverhüllt das Wort zu reden scheint: Nietzsche unterscheidet im Hinblick auf die Spontaneität und Subjektivität eine gesunde von einer kranken Subjektivität; er statuiert einen fundamentalen Gegensatz* zwischen gesundem und krankem Geist**, ohne darauf zu reflektieren, daß alle geistige ‚Gesundheit‘ zugleich — am Natürlichen gemessen — zutiefst krankhaft ist; denn „es gibt keine unmittelbare Gesundheit des Geistes" (Kierkegaard, ‚Die Krankheit zum Tode‘, IV, 24).

Die angezogenen Sentenzen zeigen, wenn man sie mit dem Begriff des Lebens bei Nietzsche vergleicht —

„In der Natur herrscht nicht die Notlage, sondern der Überfluß, die Verschwendung, sogar bis ins Unsinnige. Der Kampf ums Dasein ist nur eine Ausnahme, eine zeitweilige Restriktion des Lebenswillens; der große und kleine Kampf dreht sich allenthalben ums Übergewicht, um Wachstum und Ausbreitung, um Macht, gemäß dem Willen zur Macht, der eben der Wille des Lebens ist" (II, 215) —,

daß er die Subjektivität des Menschen zur bloßen Naturkraft reduziert, ohne daß dabei einsehbar ist, wie eine bloß mundane, nicht als an sich seiender Geist aufgefaßte Natur durch die Kategorie des Willens, der sich doch — als erste Stufe der Abstraktion[28] — der Extramundanität verdankt, begriffen werden soll. Hier offenbart sich m. E. eine fundamentale theoretische und begriffliche Schwäche Nietzsches: während er in den früheren Schriften die Kategorie des Maßes in den

---

* Siehe z. B. ‚Aus dem Nachlaß der Achtzigerjahre‘ III, 494: „Tiefste Unterscheidung: ob der Hunger oder Überfluß schöpferisch wird? Ersterer erzeugt die Ideale der Romantik."
** Und zwar sowohl in der P h i l o s o p h i e :
„Bei dem einen sind es seine Mängel, welche philosophieren, bei dem anderen seine Reichtümer und Kräfte. Ersterer hat seine Philosophie n ö t i g , sei es als Halt, Beruhigung ... bei dem letzteren ist sie nur ein schöner Luxus, im besten Falle die Wollust einer triumphierenden Dankbarkeit." (II, 10),
in der K u n s t :
„Sehr verschieden von den Griechen, welche in ihrer Kunst das Aus- und Überströmen ihres eignen Wohl- und Gesundseins empfanden und es liebten, ihre eigene Vollkommenheit noch einmal außer sich zu sehen: — sie führte der Selbstgenuß zur Kunst, diese unsere Zeitgenossen — der Selbstverdruß." (I, Seite 799),
in der E t h i k :
„Unter welchen Bedingungen erfand sich der Mensch jene Werturteile gut und böse? und welchen Wert haben sie selbst? Hemmten oder förderten sie bisher das menschliche Gedeihen? Sind sie ein Zeichen von Notstand, von Verarmung, von Entartung des Lebens? Oder umgekehrt, verrät sich in ihnen die Fülle, die Kraft, der Wille des Lebens, sein Mut, seine Zuversicht, seine Zukunft?" (II, 765)
als auch in der L i e b e :
„Nur die ganzesten Personen können lieben ..." (III, 520)
und schließlich im N i h i l i s m u s :
„Nihilismus. Er ist zweideutig: A. Nihilismus als Zeichen der gesteigerten Macht des Geistes: der aktive Nihilismus. B. Nihilismus als Niedergang und Rückgang der Macht des Geistes: der passive Nihilismus." (III, 557)
[28] Siehe hierzu die Paragraphen 5 und 6 der Hegelschen ‚Grundlinien der Philosophie des Rechts‘.

Mittelpunkt stellt, versucht er nun, die Wirklichkeit mit dem Begriff des Willens — zur Macht — zu erfassen, ohne dabei zu bedenken, daß der Wille als Reflexion in sich die Kategorie des Maßes durchaus sprengt; alles Wollen, alles abstrakte Denken ist spezifisch maßlos.

Anders ausgedrückt: während der frühere Nietzsche durch die Verabsolutierung des Maßes zur Ontologie zurückzukehren versucht, ist der Nietzsche des Willens zur Macht Reflexionsphilosoph par excellence, ohne daß dieser entscheidende Bruch als solcher reflektiert wird; dann hätte auch bemerkt werden müssen, daß eine Spontaneität aus Schwäche und eine aus Stärke sich gar nicht unterscheiden dadurch, daß beide maßlos sind. Ein Zuviel an Kraft und ein Zuwenig an Kraft verletzen die Gültigkeit der Kategorie des Maßes gleichermaßen, so daß diese Unterscheidung — erst recht im Hinblick auf ihren wertenden Charakter — rein weltanschaulich ist. Die Begrifflosigkeit der Wendung des ‚zuviel an Kraft‘ liegt wohl darin begründet, daß jede Kraft schon ein ‚Zuviel an Sein‘ ist, so daß ein naives Reden von einem ‚Zuviel an Kraft‘ nicht weiß, was es sagt.

— Während in der antiken Philosophie die ontologische Kategorie der Substanz die Definition des primär Wirklichen bestimmt, markiert die Leibnizische Monadologie die Wendung zur Subjektivität; an die Stelle der seienden Substanz tritt die Monade als Reflexion des Seienden in sich, als Kraft, die — als die erste Gestalt der Subjektivität — ontologisch nicht gefaßt werden kann, da zu ihrem Begriff[29] die Aufhebung des Seienden, der wahrgenommenen Dinge gehört.

Das Weltanschauliche und Blind-Magische teilt die Vorstellung des ‚Zuviel an Kraft‘ mit der Wendung ‚Wille zur Macht‘; als ob Nietzsche auch nur die Möglichkeit eines Willens zur Ohnmacht eingeräumt hätte, es sei denn als versteckte Form des Willens zur Macht! Wenn aber ein Wille zur Ohnmacht nicht denkbar ist, dann ist die Wendung ‚Wille zur Macht‘ eo ipso eine Tautologie, ein hendiadioin. Das Überschreiten aller gegenständlichen Schranken durch den ‚Willen zur Macht‘ liegt begrifflich schon im Willen selbst, der als Reflexion die ontologische Kategorie des Maßes negiert, eo ipso maßlos, unendlich ist, — oder eine Fiktion, welche Auslegung sich bei Nietzsche auch findet:

> „Es gibt weder ‚Geist‘, noch ‚Vernunft‘, noch Denken, noch Bewußtsein, noch Seele, noch Wille, noch Wahrheit: alles Fiktionen, die unbrauchbar sind.“ (III, 751)

---

[29] Siehe ‚Phänomenologie des Geistes‘, S. 105 ff.:
> „Die selbständig gesetzten (Unterschiede) gehen unmittelbar in ihre Einheit, und ihre Einheit unmittelbar in die Entfaltung über, und diese wieder zurück in die Reduktion. Diese Bewegung ist aber dasjenige, was K r a f t genannt wird ... Die Bewegung (der Wahrnehmung) ... hat also hier die gegenständliche Form und ist Bewegung der Kraft, als deren Resultat das unbedingt Allgemeine als U n g e g e n s t ä n d l i c h e s oder als I n n r e s der Dinge hervorgeht ... Sie (die Momente der Kraft, alle Anmerkungen von mir H. R.) haben hiemit in der Tat keine eignen Substanzen, welche sie trügen und erhielten. Der Begriff der Kraft erhält sich vielmehr als das Wesen in seiner Wirklichkeit selbst; die Kraft als wirkliche ist schlechthin nur in der Äußerung, welche zugleich nichts anders als ein Sichselbstaufheben ist ...“

Die Inhumanität seines Positivismus und des Versuches eines unmittelbaren
Rückgangs zur Antike zeigt sich in der Antwort Nietzsches auf die für ihn aporetische Tatsache, daß der Mensch ein ‚krankes Tier‘ ist; er kann prinzipiell, von der
Eliminierung aller Metaphysik, aller ‚Hinterweltlerei‘, also von seiner die Extramundanität und das Transzendieren über das Seiende abstrakt verneinenden ontologischen Position aus, nicht begreiflich machen, wie das Kranke, das ‚Böse‘, das
Negative schlechthin in die Welt gekommen sein kann:

> „Problem: wie kamen die Erschöpften dazu, die Gesetze der Werte zu machen?
> Anders gefragt: wie kamen die zur Macht, die die Letzten sind? ... Wie kam der
> Instinkt des Tieres Mensch auf den Kopf zu stehen?“ (III, 827 f.)

Ihm bleibt dann nur eine Möglichkeit, das Ausweichen in eine nur praktisch
relevante Antwort, in die Propagierung des Primats der Praxis; die Frage, wie es
innerhalb des Mundanen den Traum vom Extramundanen geben kann, wie die
‚Unnatur‘ in die Natur kommen konnte, gerät Nietzsche angesichts der christlichen[30] Religion zu einem Zirkel —

> „Ein gefährlicher Entschluß. — Der christliche Entschluß, die Welt häßlich und
> schlecht zu finden, hat die Welt häßlich und schlecht gemacht.“ (II, 130) —

den man zugespitzt folgendermaßen formulieren kann:

Weil der einzelne Mensch zu wichtig genommen wird, werden auch die ‚mißratenen Exemplare‘ geschont und dadurch ein Zustand herbeigeführt, der die Welt
als ‚Jammertal‘ empfinden läßt und deshalb zur Annahme einer ‚höheren Welt‘
nötigt; diese Annahme wiederum fördert jenen Typus des ‚Mißratenen‘, da seine
Mißratenheit durch eben jene Annahme gerechtfertigt wird etc.

Abgesehen davon, daß Nietzsche nicht erklären kann, wie dieser Zirkel entstehen konnte, denn das Wort ‚Decadance‘ versteckt das Problem ja nur, weil dann
gefragt werden muß: was ist Decadance und wie ist sie möglich?, bleibt Nietzsche
auch hier nur eine praktische Antwort; — der Theodizee, der philosophischen
Antwort Nietzsches auf diese Aporie, werden wir uns später zuwenden —:

> „Sind wir nicht eben damit dem Argwohne eines Gegensatzes verfallen, eines
> Gegensatzes der Welt, in der wir bisher mit unsren Verehrungen zu Hause waren —
> um deren willen wir vielleicht zu leben a u s h i e l t e n —, und einer andren Welt,
> die wir selber sind: einem unerbittlichen, gründlichen, untersten Argwohn über uns
> selbst, der uns Europäer immer mehr, immer schlimmer in Gewalt bekommt und

---

[30] Siehe ‚Menschliches, Allzumenschliches‘ I,541:
„Und doch ist dieses Leiden am Natürlichen in der Realität der Dinge völlig unbegründet: es ist nur die Folge von Meinungen ü b e r die Dinge ... Es ist der Kunstgriff
der Religion und jener Metaphysiker, welche den Menschen als böse und sündhaft von
Natur wollen, ihm die Natur zu verdächtigen und so ihn selber schlecht zu m a c h e n :
denn so lernt er sich als schlecht empfinden, da er das Kleid der Natur nicht ausziehen
kann. Allmählich fühlt er sich, bei einem langen Leben im Natürlichen, von einer solchen
Last von Sünden bedrückt, daß übernatürliche Mächte nötig werden, um diese Last
heben zu können; und damit ist das schon besprochene Erlösungsbedürfnis auf den
Schauplatz getreten, welches gar keiner wirklichen, sondern nur einer eingebildeten
Sündhaftigkeit entspricht.“

leicht die kommenden Geschlechter vor das furchtbare Entweder — Oder stellen
könnte: ‚entweder schafft eure Verehrungen ab oder e u c h   s e l b s t !‘ Das letztere
wäre der Nihilismus; aber wäre nicht auch das erstere — der Nihilismus? Dies
ist u n s e r Fragezeichen.“ (II, 211 f.)

Damit jenem Argument der ‚höheren Welt‘ als Rechtfertigung für das Jammertal der Boden entzogen wird, müßte die Decadance durch Auslese und Züchtung
rückgängig gemacht werden, d. h. die ‚Mißratenen‘ müßten beseitigt werden. Mit
jenem Argument wiederum verschwindet jener Typus Mensch, und dadurch wiederum sei jenem Glauben an eine höhere Welt auch der Boden und das Motiv entzogen. So befürwortet Nietzsche auch den Freitod:

> „Auf eine stolze Art sterben, wenn es nicht mehr möglich ist, auf eine stolze Art
> zu leben … Man soll es dem Christentume nie vergessen, daß es die Schwäche des
> Sterbenden zu Gewissens-Notzucht, daß es die Art des Todes selbst zu Wert-Urtei-
> len über Mensch und Vergangenheit gemißbraucht hat!“ (II, 1010 f.)

Die Fragestellung nach dem Grund der Subreption eines gesetzten Grundes ist
als solche aufgehoben, da Grund und Begründetes, Selbstbewußtsein und Bewußtsein der Transzendenz dasselbe zu sein sich erweisen. Um zu unserem anfänglichen
Bild des Aufhängers, durch den der Mensch sich aus dem Sumpf des Tierischen
herausgezogen hat, zurückzukehren: die Erfahrung des Sumpfes als Sumpf und die
Erzeugung des Aufhängers, durch den der Mensch sich aus ihm herauszog, sind,
und deshalb ist das Bild als Bild falsch, da dies in ihm nicht darstellbar ist, e i n
Vorgang. Dies bedarf noch der Ausführung: Oben wurde die Untrennbarkeit der
Frage nach dem Subjekt von der nach dem Objekt der metaphysischen Hypostasen
aufgewiesen; sie hat ihren Grund darin, daß der Mensch nicht nur ein metaphysisches Ansich in Gestalt des Absoluten hypostasiert, sondern zugleich auch sich
selbst als mit sich Identisches, das Aufgehen in der Mundanität transzendierendes,
freies Ich:

> „Wir kommen in ein grobes Fetischwesen hinein, wenn wir uns die Grundvoraus-
> setzungen der Sprach-Metaphysik, auf deutsch der Vernunft, zum Bewußtsein brin-
> gen. Das sieht überall Täter und Tun: das glaubt an Willen als Ursache überhaupt;
> das glaubt ans ‚Ich‘, ans Ich als Sein, ans Ich als Substanz und projiziert den Glau-
> ben an die Ich-Substanz auf alle Dinge — es schafft erst damit den Begriff ‚Ding‘ …
> Das Sein wird überall als Ursache hineingedacht, untergeschoben; aus der Konzep-
> tion ‚Ich‘ folgt erst, als abgeleitet, der Begriff ‚Sein‘“ (II, 959 f.)

Kompliziert wird die Genese des Ich als eines — zumindest für das Bewußtsein — auch Extramundanen, Transzendenten dadurch, daß die Subreption der
menschlich-allzumenschlichen Irrtümer über ‚die ersten und letzten Dinge‘ als
metaphysischer Wahrheiten und der praktische Platonismus der Institutionen auch
eine Herabsetzung des Individuums zu einem bloßen Mittel einschließen; dazu ist
der Mensch jedoch nur fähig angesichts das Gegenwärtige auch transzendierender
Gestalten der Welt und des Bewußtseins:

> „Unglaube an das ‚monumentum aere perennius‘. — Ein wesentlicher Nachteil,
> welchen das Aufhören metaphysischer Ansichten mit sich bringt, liegt darin, daß
> das Individuum zu streng seine kurze Lebenszeit ins Auge faßt und keine stärkeren
> Antriebe empfängt, an dauerhaften, für Jahrhunderte angelegten Institutionen zu

bauen; es will die Frucht selbst vom Baume pflücken, den es pflanzt, und deshalb mag es jene Bäume nicht mehr pflanzen, welche eine jahrhundertlange gleichmäßige Pflege erfordern und welche lange Reihenfolgen von Geschlechtern zu überschatten bestimmt sind." (I, 463)

Ohne jetzt auf das Problem der vielleicht unvermeidlichen Inhumanität — im Sinne der Moral als bloßer Gewißheit der Humanität — als Voraussetzung der Kultur — der wirklichen Humanität — einzugehen, was in der Beantwortung der zweiten und dritten Hauptfrage im vierten und sechsten Kapitel geschehen wird, muß der Schluß abgewehrt werden, daß die Subreption der Transzendenz eines außermenschlichen Absoluten und die Transzendenz, d. h. das Transzendieren des bloß Seienden durch den Menschen selbst sich ausschließen. Zwar gehört es zur ,verkehrten' sprachlichen Welt des Menschen, daß er, der ,Erzeuger' des Göttlichen und der Institutionen, sich diesen seinen Erzeugnissen, die dies nur sein konnten dadurch, daß sie es nur an sich, nicht für ihn waren, unterwirft und deren Genese als ihr Gegenteil, nämlich als Ansichsein behauptet und auffaßt; aber dabei bleibt es nicht, denn der Mensch kann sich jetzt auf dem Umweg über die Transzendenz des außermenschlichen Absoluten selbst als seine Faktizität transzendierend begreifen, er empfängt, wie Nietzsche sich ausdrückt, ,stärkere Antriebe'.

Wenn der Mensch sich nur über seine Herstellungen begreifen kann, deren höchste die Sprache, ohne darin aufzugehen, ist, dann kann er sich als auch die Mundanität transzendierend begreifen nur angesichts der von ihm gesetzten Transzendenz, die als nur an sich, nicht für ihn gesetzte, vorausgesetzt ist. Sie wurde in der alten Kunst, — daher auch ihre Bedeutung für das Selbstverständnis des Menschen — auch dargestellt[31]. Daher kann deren Untergang nicht ohne Folgen bleiben:

> „Das Jenseits in der Kunst. — Nicht ohne tiefen Schmerz gesteht man sich ein, daß die Künstler aller Zeiten in ihrem höchsten Aufschwunge gerade jene Vorstellungen zu einer himmlischen Verklärung hinaufgetragen haben, welche wir jetzt als falsch erkennen: sie sind die Verherrlicher der religiösen und philosophischen Irrtümer der Menschheit, und sie hätten dies nicht sein können ohne den Glauben an die absolute Wahrheit desselben. Nimmt nun der Glaube an eine solche Wahrheit überhaupt ab, verblassen die Regenbogenfarben um die äußersten Enden des menschlichen Erkennens und Wähnens: so kann jene Gattung von Kunst nie wieder aufblühen, welche ... auch eine metaphysische Bedeutung der Kunstobjekte voraussetzt." (I, 577)

Damit sind wir schon in den Umkreis der zweiten Hauptfrage nach der Notwendigkeit der metaphysischen etc. Irrtümer eingetreten; das Thema Sprachlichkeit und Geschichtlichkeit, das mit dem bisher Vorgetragenen nicht erschöpft ist, wird allerdings auch in den folgenden Kapiteln — wenn auch nicht immer expli-

---

[31] Hans Freyer charakterisiert die Rückwirkung des die ,Transzendenz ins Diesseits' darstellenden und ausdrückenden ,triumphierenden Gegenstandes' in der Kunst folgendermaßen (,Schwelle der Zeiten', S. 89): „Die Werke der hohen Kulturen sind überdies auch dazu prädestiniert, in Zeitaltern, die mit ihrer primären Gültigkeit nichts mehr zu tun haben, zu Wahrzeichen einer möglichen Größe und Menschlichkeit, zu Mustern der Schönheit schlechthin zu werden."

zit — den Gegenstand der Untersuchung bilden, wobei die einzelnen Themen, die
in diesem Kapitel im Zusammenhang der ‚Notwendigkeit der Hypostase' entwickelt wurden, detailliert ausgeführt werden sollen.

Resumieren wir abschließend die Interpretation des Zusammenhangs von
Sprachlichkeit und Geschichtlichkeit, wie er sich aus der Analyse der sprachlichen
Hypostasen in ‚Menschliches, Allzumenschliches' ergibt, so sind folgende Resultate
zu nennen:

Während der junge Nietzsche in seiner Polemik gegen die Aufklärung und den
Historismus zugleich damit die Aufklärung des Menschen über seine Genese, also
über den Prozeß der Vermittlung der Kultur als seiner unmittelbaren Wirklichkeit
zu unterdrücken tendiert, damit ineins auch eine Rückkehr zu einer ungeschichtlichen und unwahren Unmittelbarkeit zu intendieren scheint, bedeutet seine Wendung zum ‚historischen Philosophieren' eine Revision sowohl seiner quasiontologi-
schen als auch seiner lebensphilosophischen Position, falls unsere Interpretation der
Notwendigkeit der sprachlichen Hypostasen als an sich gesetzten Grundes der
Menschwerdung zutrifft. Wenn nämlich der Mensch erst auf dem Umweg über die
metaphysischen, religiösen und moralischen Irrtümer, die sich der Sprachlichkeit
verdanken, dem Aufgehen im tierischen Dasein zu entrinnen vermochte, dann ist
weder die These von dem lebensphilosophischen Fundierungsverhältnis zwischen
Leben und Bewußtsein haltbar, — da erst durch die Geschichte der Erfahrung des
Bewußtseins das Lebewesen Mensch zu dem wurde, was es ist, sein Lebewesen Sein
also vermittelt ist durch das Bewußtsein — noch die ontologische Position, für die
der Mensch durch sein Sein, seine Natur bestimmt ist, — der Mensch ist, was er
ist — denn das ‚falsche Bewußtsein', das Aufgehen im Tierischen zu transzendieren,
hat auf Grund seiner Selbstimplikationen den Menschen wirklich über das Tier
hinausgehoben, ihn wirklich zu etwas Anderem gemacht, als er ist. Sein Sein erwies
sich als Unmittelbarkeit, die aufgehobene Vermittlung, Gesetztsein ist.

Damit ist das Verhältnis Nietzsches zur Aufklärung ein wesentlich differenzier-
teres geworden. An die Stelle der Polemik gegen sie tritt die Frage nach der
Möglichkeit einer Vermittlung von Sprachlichkeit und Aufklärung; die Bedenken
des jungen Nietzsche gegen die Folgen der Aufklärung sind durch jene Entwicklung zu einer differenzierteren Auffassung der Aufklärung jedoch nicht verflogen;
im Gegenteil: gerade angesichts der herausgearbeiteten Bedeutung der Sprachlichkeit und der Geschichtlichkeit für die Struktur des Bewußtseins bekommt Nietzsche
die Gefahr, die in der Dialektik der Aufklärung lauert, den Nihilismus, der als das
unvermeidliche Resultat eines Scheiterns der Versöhnung von Aufklärung und
Sprachlichkeit zu entstehen droht, zu Gesicht.

Das Thema unserer Untersuchung, die Dialektik der Aufklärung im Werk
Nietzsches, ist damit in seiner zentralen Gestalt hervorgetreten:

> „Einige Sprossen zurück. — Die eine, gewiß sehr hohe Stufe der Bildung ist erreicht,
> wenn der Mensch über abergläubische und religiöse Begriffe und Ängste hinauskommt

und zum Beispiel nicht mehr an die lieben Englein oder die Erbsünde glaubt, auch vom Heil der Seelen zu reden verlernt hat: ist er auf dieser Stufe der Befreiung, so hat er auch noch mit höchster Anspannung seiner Besonnenheit die Metaphysik zu überwinden. D a n n aber ist eine r ü c k l ä u f i g e B e w e g u n g nötig: er muß die historische Berechtigung, ebenso die psychologische in solchen Vorstellungen begreifen, er muß erkennen, wie die größte Förderung der Menschheit von dorther gekommen sei und wie man sich, ohne eine solche rückläufige Bewegung, der besten Ergebnisse der bisherigen Menschheit berauben würde. — In betreff der philosophischen Metaphysik sehe ich jetzt immer mehrere, welche an das negative Ziel (daß jede positive Metaphysik Irrtum ist) gelangt sind, aber noch wenige, welche einige Sprossen rückwärts steigen; man soll nämlich über die letzte Sprosse der Leiter wohl hinausschauen, aber nicht auf ihr stehen wollen. Die Aufgeklärtesten bringen es nur soweit, sich von der Metaphysik zu befreien und mit Überlegenheit auf sie zurückzusehen: während es doch auch hier, wie im Hippodrom, nottut, um das Ende der Bahn herumzubiegen." (‚Von den ersten und letzten Dingen' I, 462)

IV.
DIE AUFGABE EINER VERMITTLUNG
VON AUFKLÄRUNG UND SPRACHLICHKEIT
UND DAS PROBLEM DES NIHILISMUS

Die zweite der im letzten Kapitel entwickelten Hauptfragen, die den Gegenstand dieses Kapitels bildet, geht auf die Notwendigkeit der mit der Sprachlichkeit
gegebenen Hypostasen: kann oder muß der Mensch in Zukunft auf die durch die
Sprachlichkeit bedingten Hypostasen verzichten, d. h. ist deren Notwendigkeit nur
relativ auf das inzwischen historisch gewordene Stadium der Loslösung des Menschen vom Tier? Dann fiele die Dialektik der Aufklärung auseinander in die zeitliche Abfolge zweier geschichtlicher Stadien, nämlich das des Mythos und das der
Aufklärung. Zuerst sei die Problematik umrissen: Nietzsche selbst beantwortet
diese Frage verschieden: in den drei Perioden, die sich in seinem Werk aufweisen
lassen, finden sich zwei Antworten, die Nietzsches Stellung zum Zusammenhang
von Aufklärung und Humanismus ausdrücken:

Der Nietzsche der ‚Unzeitgemäßen Betrachtungen' und der späte Nietzsche der
Werke nach ‚Also sprach Zarathustra' verneint — und das ist spezifisch für die
sogenannte zweite Aufklärung — diese Frage unter Berufung auf den Vorrang des
Lebens; es könne nur in einer schützenden ‚Atmosphäre' von Hypostasen gedeihen
(I, 252), die durch die Verabsolutierung der Aufklärung in Gestalt des alles zu
verstehen glaubenden Historismus zerstört wird; der Gegensatz Leben — Erkenntnis würde demnach, immun gegen jede geschichtliche Entwicklung, die Verewigung
des Antagonismus Aufklärung — Sprachlichkeit implizieren. In dieser Entwicklungsphase Nietzsches ist die Kunst die einzige Macht, die diesen Antagonismus
zu übersteigen vermag:

> „Nur wenn die Historie es erträgt, zum Kunstwerk umgebildet, also reines Kunst-
> gebilde zu werden, kann sie vielleicht Instinkte erhalten oder sogar wecken."
> (I, 252)

Der Nietzsche von ‚Menschliches, Allzumenschliches' dagegen wiederholt dem
Sinn nach den Marxschen Einwand gegen die Religion als Opium fürs Volk, nun
gegen die Kunst gewendet:

> „Dichter als Erleichterer des Lebens. — ... Sie sind eigentlich immer und notwendig
> Epigonen. Es ist freilich von ihren Mitteln zur Erleichterung des Lebens einiges
> Ungünstige zu sagen: sie beschwichtigen und heilen nur vorläufig, nur für den

Augenblick; sie halten sogar die Menschen ab, an einer wirklichen Verbesserung ihrer Zustände zu arbeiten, indem sie gerade die Leidenschaft der Unbefriedigten, welche zur Tat drängen, aufheben und palliativisch entladen." (I, 546 f.)[1]

Die rücksichtslose Erkenntnis[2], die in der mittleren Phase Nietzsches die ‚ersten und letzten Dinge' der Metaphysik und des nicht aufgeklärten Bewußtseins als menschlich, allzumenschliche Irrtümer entlarvt, wird beim späten Nietzsche wieder eingeschränkt; und zwar erstens durch die Einsicht darin, daß sie, die Redlichkeit, die höchste Spitze und damit die Selbstaufhebung der Moral ist:

> „‚Die Erkenntnis um ihrer selbst willen' — das ist der letzte Fallstrick, den die Moral legt: damit verwickelt man sich noch einmal völlig in sie." (II, 625),

zweitens durch die Wiederaufnahme des aus den frühen Schriften bekannten Themas der Unterordnung der Wahrheit unter das Leben, jetzt variiert, — d. h. nur geringfügig variiert, da für Nietzsche Werte nichts anderes als Erhaltungs/Steigerungsbedingungen des Lebens sind, — durch die Einführung der Wertkategorie:

> „Was in uns will eigentlich ‚zur Wahrheit'? ... Wir fragten nach dem W e r t e dieses Willens. Gesetzt, wir wollen Wahrheit: warum nicht lieber Unwahrheit? Und Ungewißheit? Selbst Unwissenheit? — Das Problem vom Werte der Wahrheit trat vor uns hin ..." (II, 567)

Die These von der Notwendigkeit der Atmosphäre und des Primats der Kunst taucht beim späteren Nietzsche ebenfalls wieder auf. In ‚Nietzsche contra Wagner' streift Nietzsche — leider streift er es eben nur, was andererseits dem Gesagten zufolge auch wieder konsequent ist — im Vorübergehen das Thema der Dialektik, das des Scheins und der Notwendigkeit der Erscheinung für das Wesen und die Wahrheit:

> „Nein, dieser schlechte Geschmack, dieser Wille zur Wahrheit, zur ‚Wahrheit um jeden Preis', dieser Jünglings-Wahnsinn in der Liebe zur Wahrheit — ist uns verleidet: dazu sind wir zu erfahren, zu ernst, zu lustig, zu gebrannt, zu tief ... Wir glauben nicht mehr daran, daß Wahrheit noch Wahrheit bleibt, wenn man ihr die Schleier abzieht ... O diese Griechen! Sie verstanden sich darauf, zu leben! Dazu tut es not, tapfer bei der Oberfläche, der Falte, der Haut stehnzubleiben, den Schein anzubeten, an Formen, an Töne, an Worte, an den ganzen Olymp des Scheins zu glauben! Diese Griechen waren oberflächlich — aus Tiefe ... und kommen wir nicht eben darauf zurück?" (II, 1061)

In diesen Sätzen verbirgt und enthüllt sich m. E. das ganze Problem, das Nietzsche für die Philosophie bedeutet; der Leser muß sie, allerdings gemäß der in ihnen ausgesprochenen Warnungen, behutsam abhören. Sie zeigen das Umschlagen des unmittelbaren Wahrheitspathos — siehe die Frühschrift Nietzsches! — in die

---

[1] Zur Gleichwertigkeit von Kunst und Religion in diesem Zusammenhang siehe I, 547: „Der zum Strome angewachsene Reichtum des religiösen Gefühls bricht immer wieder aus und will sich neue Reiche erobern: aber die wachsende Aufklärung hat die Dogmen der Religion erschüttert und ein gründliches Mißtrauen eingeflößt: so wirft sich das Gefühl, durch die Aufklärung aus der religiösen Sphäre hinausgedrängt, in die Kunst."

[2] Siehe ‚Menschliches, Allzumenschliches' I, 553: „Auch die Segnungen und Beseligungen einer Philosophie, einer Religion beweisen für die Wahrheit nichts; ebensowenig, als das Glück, welches der Irrsinnige von seiner fixen Idee her genießt, etwas für die Vernünftigkeit dieser Idee beweist."

Skepsis der Reflexionsstufe u n d zugleich das Bewußtsein der Sprachlichkeit der Erkenntnis an; nicht dem unmittelbaren Zugriff öffnet sich die Wirklichkeit, sie tritt dem derart sie abstrakt Vorstellenden als abstrakte und sich hinter dieser Abstraktion verbergende gegenüber, sondern auf langen Umwegen, auf denen der Mensch seine unmittelbare Intention, sich der Wirklichkeit zu bemächtigen, vergessen muß. Diese Notwendigkeit des Absehens vom unmittelbaren Wahrheitspathos hypostasiert Nietzsche, damit wiederum an der Unmittelbarkeit festhaltend, als Negation der Intendierbarkeit überhaupt von Wahrheit; diese Hypostase wiederum tritt bei ihm auf als Hypostasierung der Erscheinung als Schein, bei dem stehen zu bleiben er fordert, ohne dabei zu bemerken, daß sowohl Wahrheit als auch Schein direkt nicht intendierbar sind; ein intendiertes Stehenbleiben beim Schein als Schein ist dadurch unmöglich, daß der Schein als Schein nur relativ auf die Wahrheit ist. Die Dialektik der Geschichtlichkeit des Zutagetretens der Wahrheit hypostasiert er also als Paradoxon einer „Oberfläche aus Tiefe"; auf sie können wir eben nicht zurückkommen, da hilft alle ‚Tapferkeit' nichts, da es eine Grenze der direkten Intendierbarkeit gibt.

Dem Prinzip der ersten Aufklärung, die auf rationale Erhellung alles menschlich Relevanten dringt, stimmt Nietzsche in ‚Menschliches, Allzumenschliches' zu, wobei zugleich die Notwendigkeit des Gegenteils, der Borniertheit für die frühere Geschichte und für die Genese des Menschen ausdrücklich eingeräumt wird; der Gegensatz Mythos — Aufklärung scheint also prinzipiell gelöst zu sein durch die Aufklärung des aufgeklärten Bewußtseins über seine Genese aus dem mythischen:

> „Die goldene Losung. — Dem Menschen sind viele Ketten angelegt worden, damit er es verlerne, sich wie ein Tier zu gebärden: und wirklich, er ist milder, geistiger, freudiger, besonnener geworden, als alle Tiere sind. Nun aber leidet er noch daran, daß er so lange seine Ketten trug, daß es ihm so lange an reiner Luft und freier Bewegung fehlte: — diese Ketten sind, ich wiederhole es immer und immer wieder, jene schweren und sinnvollen Irrtümer der moralischen, der religiösen, der metaphysischen Vorstellungen. Erst wenn auch die Kettenkrankheit überwunden ist, ist das erste große Ziel ganz erreicht: die Abtrennung des Menschen von den Tieren. Nun stehen wir mitten in unserer Arbeit, die Ketten abzunehmen, und haben dabei die höchste Vorsicht nötig. Nur dem veredelten Menschen darf die Freiheit des Geistes gegeben werden; ... in jedem anderen Munde wäre sein Wahlspruch gefährlich: Frieden um mich und ein Wohlgefallen an allen nächsten Dingen."
> (I, 1006)[3]

Nietzsches Antipode Karl Marx benutzt im gleichen Zusammenhang ebenfalls das Bild von den Ketten, nämlich in seiner Schrift ‚Zur Kritik der Hegelschen Rechtsphilosophie':

> „Die Kritik hat die imaginären Blumen an der Kette zerpflückt, nicht damit der **Mensch die** phantasielose, trostlose Kette trage, sondern damit er die Kette abwerfe und die lebendige Blume breche. Die Kritik der Religion enttäuscht den Menschen,

---

[3] Zum biographischen Hintergrund dieser zentralen Sentenz siehe den Brief vom August 1882 an Lou von Salomé: „Erst hat man Not, sich von seinen *Ketten* zu emanzipieren, und schließlich muß man sich noch von dieser Emanzipation *emanzipieren*!" (III, 1187).

damit er denke, handle, seine Wirklichkeit gestalte wie ein enttäuschter, zu Verstande gekommener Mensch, damit er sich um sich selbst und damit um seine wirkliche Sonne bewege." (Eine umgekehrte kopernikanische Wende also, was jedoch im nächsten Satz ziemlich gewaltsam verschleiert wird): „Die Religion ist nur die illusorische Sonne, die sich um den Menschen bewegt, solange er sich nicht um sich selbst bewegt." (Werke I, 489)

Zu fragen bleibt hier nur nach der Dialektik der Aufklärung, danach, ob mit den Ketten nicht die Blumen verschwinden, ob die Verwirklichung der Freiheit, das Brechen der Blume, nicht zu deren Vernichtung wird. Hier sah Hegel, wie die Geschichte der Revolutionen gezeigt hat, viel weiter, wenn er die unmittelbare V e r w i r k l i c h u n g einer Vorstellung als ihr Verwirktwerden begriff, was einer Philosophie der reinen Formen natürlich unbegreiflich bleiben muß[4].

Die Ketten sind ein Bild, wie der ‚Aufhänger'. Abgenommen können sie wohl nur werden, wenn sie im Gegenteil nicht abgenommen, sondern durch Verinnerlichung mit dem Menschen so identisch werden, daß sie keine Ketten mehr sind, sondern beflügelnde Bahnen (Humboldt), und darauf wiederum deutet doch das Ende des Zitates hin:

> „Der Moralität geht der Z w a n g voraus, ja sie selber ist noch eine Zeitlang Zwang, dem man sich, zur Vermeidung der Unlust, fügt. Später wird sie Sitte, noch später freier Gehorsam, endlich beinahe Instinkt: dann ist sie wie alles lang Gewöhnte und Natürliche mit Lust verknüpft — und heißt nun T u g e n d." (I, 507)

Um das Bild des Aufhängers noch einmal aufzunehmen: wenn durch ihn der Mensch sich aus dem Sumpf des Tierischen auf das feste Land des Übermenschen gezogen hat, wird der Aufhänger überflüssig, die Ketten können fallen; die ‚Abtrennung' des Menschen von den Tieren als genanntes Ziel deutet in diese Richtung; aber wird der Mensch nicht gerade dann in ein Tier zurückverwandelt, wenn er in seinem S e i n zu etwas A n d e r e m als das Tier wird? Heißt das nur anders als die Tiere Sein nicht „ein anderes Tier Sein"? Das Bild der Kette verführt als Bild dazu, sich den Vorgang der Menschwerdung als einen gegenständlichen, seienden vorzustellen; und in der gegenständlichen Vorstellung ist es nicht möglich, die Befreiung von Ketten anders als deren Abnehmen aufzufassen. Für die Vorstellung ist die Stellung der Vermittlung zum Resultat eo ipso identisch mit deren Negation, so wie das instrumentelle Denken dadurch bestimmt ist, daß am Ende das Werkzeug vom fertigen Produkt entfernt wird.

Unsere Interpretation ließ den nicht-ontischen Modus sowohl des gesetzten Grundes als auch von dessen Subjekt und Objekt hervortreten. Dieser Modus ist durch den dialektischen Begriff der Reflexion bestimmt, die Beziehung dieser drei ist die des Voraussetzens im Sinne des Setzens — Voraus s e t z e n — als auch zugleich des Aufgehobenseins dieses Setzens, des Gesetztseins dieses Setzens —

---

[4] Siehe hierzu insbesondere die Stufen des ‚geistigen Tierreichs' in der ‚Phänomenologie des Geistes', z. B. die ‚Lust und die Notwendigkeit' und die ‚Absolute Freiheit und der Schrecken'.

v o r a u s setzen. Wenn nun die Ketten nicht dem Bereich des Seins, sondern dem
der Reflexion, des Gesetztseins angehören, dann können sie nicht wie gegenständliche Dinge abgenommen werden, sondern nur durch die Erkenntnis im Sinne des
Durchschauens der Unwahrheit, aber auch Notwendigkeit der metaphysischen
Hypostasen:

> „Sehr nachträglich — jetzt erst — dämmert es den Menschen auf, daß sie einen
> ungeheuren Irrtum in ihrem Glauben an die Sprache propagiert haben. Glücklicher-
> weise ist es zu spät, als daß es die Entwicklung der Vernunft, die auf jenem Glauben
> beruht, wieder rückgängig machen könnte." (I, 453)

Die Spannweite der zweiten Hauptfrage reicht von diesem Zitat aus dem für
die Nietzschesche Auffassung der Sprachlichkeit zentralen Passus 11 aus ‚Von den
ersten und letzten Dingen‘ bis zu dem letzten Passus 350 von ‚Menschliches, Allzumenschliches‘, in dem die Emanzipation von der Sprachlichkeit als einer nur für
eine bestimmte Stufe notwendige Gestalt der Geschichte postuliert wird:

> „Erst wenn auch die Kettenkrankheit überwunden ist, ist das erste große Ziel ganz
> erreicht: die Abtrennung des Menschen von den Tieren." (I, 1006)

Der Problematik, ja Gefährlichkeit dieses Vorgangs ist Nietzsche sich durchaus
bewußt, wenn er fortfährt:

> „Nun stehen wir mitten in unserer Arbeit, die Ketten abzunehmen und haben dabei
> die höchste Vorsicht nötig."

Nietzsche nennt die Gefahr nicht direkt, sondern deutet sie nur an:

> „Nur dem veredelten Menschen darf die Freiheit des Geistes gegeben werden; ihm
> allein naht die Erleichterung des Lebens und salbt seine Wunden aus; er zuerst darf
> sagen, daß er um der Freudigkeit willen lebe und um keines weiteren Zieles willen;
> und in jedem andern Munde wäre sein Wahlspruch gefährlich: Frieden um mich
> und ein Wohlgefallen an allen nächsten Dingen." (ebenda)

Die Gefahr liegt in dem Abnehmen der Ketten, die den Menschen zum Menschen gemacht haben, da dann, wenn diese nur äußerliche Zwangs- und Zuchtmittel
waren, nach ihrer Entfernung der vormenschliche Mensch wieder hervorbricht.
Anders ausgedrückt: nur wenn die Ketten verinnerlicht werden, als Ketten also
überflüssig werden, wenn der Mensch seine Geschichte, die er auch den Ketten verdankt, ins Bewußtsein aufgenommen hat, kann er frei sein für eine Unmittelbarkeit als aufgehobene Vermittlung, während der noch nicht ‚veredelte Mensch‘ in
eine Unmittelbarkeit qua Negation der Vermittlung, in einen Naturalismus zurückfällt.

> — „Stets hat liberale Zivilisation sich darin bestätigt, Unterordnung frei zu ihrer
> eigenen Form zu machen. Je natürlicher und tiefer die gebrochene, transponierte
> Ehrerbietung der Feudalzeit in den bürgerlichen Schichten fortbestand, desto verbrei-
> teter war unter Bürgern innere Unabhängigkeit, desto ferner Führertum und Barba-
> rei." (Horkheimer, a. a. O. S. 326) —

Damit wird auch klar, daß in diesem Passus das Thema des Nihilismus verborgen am Werke ist. Denn der Nihilismus — hier nur als Übergangsphänomen —
droht gerade in der geschichtlichen Situation, in der dem Menschen die Ketten
abgenommen werden; sie sind ja zugleich die ‚Werte‘, durch deren Hypostasierung

die Ketten erst zum gesetzten Grund seiner Geschichte wurden — „In den Wertschätzungen drücken sich Erhaltungs- und Wachstumsbedingungen aus" (III, 556):

> „Was bedeutet Nihilismus? — Daß die obersten Werte sich entwerten. Es fehlt das
> Ziel. Es fehlt die Antwort auf das ‚Wozu?' ... Der Nihilismus stellt einen patholo-
> gischen Zwischenzustand dar." (III, 557)

Wenn Nietzsche nun in jenem Passus (I, 1006) wiederum die entscheidende
Wendung den Bildern entlehnt, so resultiert daraus die Verharmlosung der Krise
des Humanismus, die an sich im Zentrum dieses Abschnittes steht; das Bild vom
‚veredelten' Menschen als demjenigen, der reif zum Ablegen der Ketten ist, eliminiert den Ernst einer solchen Krise des Bewußtseins; es stellt nämlich jenen Übergang zu einer neuen Unmittelbarkeit, die in Wahrheit nur aufgehobene Vermittlung sein kann, als bloß äußerliche Kultivierung, unter Beibehaltung der Substanz,
also als Eliminierung natürlicher Akzidenzen, nicht als Revolutionierung des Bewußtseins dar. Ferner: das Bild des Abnehmens der Ketten eliminiert das kritische
Moment jenes Übergangs, in dessen Zentrum doch die Reflexion, das Durchschauen
des Subreptionscharakters der ‚ersten und letzten Dinge', der bisher höchsten
Werte steht; nun insistiert gerade Nietzsche auf der Lebensfeindlichkeit der Erkenntnis, des Durchschauens der lebensfördernden Irrtümer:

> „Der Irrtum hat den Menschen so tief, so zart, so erfinderisch gemacht, eine solche
> Blüte, wie Religionen und Künste, herauszutreiben. Das reine Erkennen wäre dazu
> außerstande gewesen. Wer uns das Wesen der Welt enthüllte, würde uns allen die
> unangenehmste Enttäuschung machen. Nicht die Welt als Ding an sich, sondern die
> Welt als Vorstellung (als Irrtum) ist so bedeutungsreich, tief, wundervoll, Glück und
> Unglück im Schoße tragend. Dies Resultat führt zu einer Philosophie der logischen
> Weltverneinung: welche übrigens sich mit einer praktischen Weltbejahung ebensogut
> wie mit deren Gegenteile vereinigen läßt." (I, 469)

Gerade für Nietzsche kann also das Durchschauen der metaphysischen, religiösen und moralischen Irrtümer nicht identisch mit der Gegenstandserkenntnis im
traditionellen Sinne sein, nämlich mit einem folgenlosen Betrachten eines Ansich,
einer durch das Erkanntwerden nicht tangierten Substanz. Hier zumindest muß
Nietzsche die Trennung von seiender Substanz und erkennendem Subjekt aufgeben:

> „Unsere Gegenrechnung ist die, daß wir den Menschen den guten Mut zu den als
> egoistisch verschrienen Handlungen zurückgeben und den Wert derselben wiederher-
> stellen, — wir rauben diesen das böse Gewissen! Und da diese bisher weit die
> häufigsten waren und in alle Zukunft es sein werden, so nehmen wir dem ganzen
> Bilde der Handlungen und des Lebens seinen bösen Anschein! Dies ist ein sehr hohes
> Ergebnis! Wenn der Mensch sich nicht mehr für böse hält, hört er auf, es zu sein!"
> (I, 1117)

Wenn der Mensch sich als Tier erkennt, dann heißt dies erstens:

Er i s t nicht mehr derjenige, der auf Grund eines metaphysischen Irrtums sich
als die Tierheit transzendierend glaubte, da ja dieser Glaube keine bloß innerliche
Gewißheit war, sondern als gesetzter Grund der Erzeugung der menschlichen Welt
ihn wirklich veränderte.

Zweitens erscheint es als zweifelhaft, ob die Reflexion des Menschen auf sein Tiersein ihn nicht gerade viel mehr „von den Tieren abtrennt" als jede noch so wesentliche Qualität. Der Unterschied zwischen Mensch und Tier kann eben nicht auf der Ebene der Ontologie, der seienden Qualitäten gefunden werden. Zumindest bleibt es völlig dunkel, wie ein Wesen, das in seinem Sein als Tierart aufgeht, dieses sein Sein theoretisch erfassen kann. Dies wäre doch nur möglich vermittelst jenes gesetzten Grundes, mit dessen Verschwinden dieser Reflexion die Bedingung ihrer Möglichkeit genommen wäre. Die Notwendigkeit der metaphysischen Irrtümer bedeutet im Hinblick auf die Reflexion des Bewußtseins in Gestalt der Aufklärung, die diese Irrtümer als Hypostasen durchschaut, daß der Mensch — zumindest in der Epoche, in der er durch die Sprache in seinem Welt- und Selbstverständnis geleitet war — nur dadurch an sich Subjekt war, daß er es für sich nicht war. Anders ausgedrückt: der gesetzte Grund, durch den der Mensch sich zum Menschen machen konnte, trug nur so lange, als er nicht als solcher erkannt war; der Antagonismus von Reflexion und Funktion, Erkenntnis und Leben hat hier seinen Grund als Antagonismus.

Weil er eben nicht ein seiender, sondern ein gesetzter zu sein sich erwies, wird der gesetzte Grund durch die Reflexion zerstört, was einem seienden Grund wohl nicht zustoßen kann. Die Erkenntnis einer Stufe der Erfahrung des Bewußtseins bedeutet den Abschied von ihr:

> „Die Vorstellung eines Gottes beunruhigt und demütigt so lange, als sie geglaubt wird, aber wie sie e n t s t a n d e n ist, darüber kann bei dem jetzigen Stande der völkervergleichenden Wissenschaft kein Zweifel mehr sein; und mit der Einsicht in diese Entstehung fällt jener Glaube dahin... Gelingt es dem Menschen zuletzt noch, die philosophische Überzeugung von der unbedingten Notwendigkeit aller Handlungen und ihrer völligen Unverantwortlichkeit zu gewinnen und in Fleisch und Blut aufzunehmen, so verschwindet auch jener Rest von Gewissensbissen." (I, 534)

Das in dieser Untersuchung immer wiederkehrende Thema der Tragfähigkeit der Kategorien der durch die Reflexion geleiteten Monologik im Hinblick auf den Begriff des Humanismus nach dem ‚Ende der Metaphysik' tritt mit der zweiten Hauptfrage nach der Möglichkeit eines Verzichts auf den gesetzten Grund der metaphysischen etc. Irrtümer in die entscheidende Phase. Diese Frage erscheint zuerst als Frage nach dem Begriff der Negation des unwahren, aber notwendigen Irrtums — im Bilde gesprochen: nach dem Modus der Befreiung von den Ketten. In dieser Frage ist zugleich nach dem Begriff der Geschichtlichkeit gefragt, denn sollte diese Frage derart beantwortet werden, daß die Dialogik nur für ein inzwischen historisch gewordenes Übergangsstadium der durch den Mythos ermöglichten Genese des Menschen unentbehrlich war, so müßte doch weiter gefragt werden: wie soll einsehbar sein, daß ein Wesen, das nur auf dem Umweg über einen Irrtum seine Abhängigkeit aufheben konnte, — in welcher Notwendigkeit eben jene Abhängigkeit sich reflektiert, nicht aber negiert ist — zu einem Wesen werden kann, das diese Abhängigkeit auch in seiner reflektierten Gestalt ganz und gar negieren können soll.

Wenn Aufklärung einerseits und Sprache bzw. Mythos andererseits als glatte Alternative sich lediglich ausschlössen, wäre die Wendung ‚Dialektik der Aufklärung‘, die auf die Identität der Identität und Nichtidentität von Aufklärung und Mythos weist, sinnlos.

Dann wäre auch das Verhältnis der Aufklärung zur Geschichte, soweit diese durch Sprache und Mythos geleitet ist, eindeutig: nämlich das der zu leistenden Negation aller geschichtlichen Elemente, die ihren Ursprung im Mythischen haben. Nun aber ist erstens Aufklärung selbst ein Moment der sprachlich geleisteten Erhellung der Welt und Geschichte durch den Mythos — „schon der Mythos ist Aufklärung"[5] — so wie die Sprache nie nur von Gegenständen handelt, sondern im Sprechen über das Sprechen das Prinzip der Reflexion und damit das der Aufklärung erst zutage treten läßt. Zweitens erscheint die der Dialektik der Aufklärung zugrunde liegende Identität von Aufklärung und Mythos darin, daß „Aufklärung ... in Mythologie zurück"schlägt[6], wenn sie sich als bloßes Gegenteil des Mythos begreift; hier nehmen Horkheimer und Adorno die Dialektik von Positivität und Negativität, eine der Grundfiguren der Hegelschen Logik, auf[7]; sie besagt, daß die reine Abstraktion, die reine Negation von etwas in die reine Bejahung desselben umschlägt, daß die reine Negation etwas zu einem Selbständigen, Positiven macht. Die These, die sich absolut setzende[8] und von der Genese im Mythos abstrahierende Aufklärung schlage selbst in schlechte Mythologie zurück, welche These auch von der Dialektik des Fortschritts gelten dürfte, behauptet, jene logische Grundfigur damit in ein Interpretationsschema geschichtlicher Erfahrung transformierend, die Identität der totalen Aufklärung mit der Verdunklung aller Rationalität; der Nihilismus erweist sich dann als das Resultat des Scheiterns der Vermittlung der Dialektik der Aufklärung bzw. des Übersehens oder Perhorreszierens der Dialektik der Aufklärung.

Außerdem enthält jene Frage nach der Möglichkeit eines Überflüssigwerdens des gesetzten Grundes die zwar als Antithese zur Metaphysik formulierte, aber nichtsdestoweniger metaphysische These, daß etwas notwendig aber unwahr sein könne, oder anders ausgedrückt die metaphysische These des Chorismos zwischen Wesen und Notwendigkeit, Begriff und Existenz.

---

[5] ‚Dialektik der Aufklärung‘, S. 10.

[6] ‚Dialektik der Aufklärung‘, S. 10; vgl. ebenda S. 113 f.

[7] Die Sprachlichkeit dieser logischen Grundfigur tritt zutage in der Leistung der Sprache, durch Hereinnahme der Situation — also durch Bejahung der Abhängigkeit von ihr — von der Situation unabhängig zu werden — die Abhängigkeit von der Situation zu negieren —, während eine die Abhängigkeit von der Situation negierende, unmittelbar selbständig auftretende Rede wie „es regnet" abhängig von der Situation bleibt — die Situation also zu einem Positiven, für sich Bestehenden macht —. (vgl. Liebrucks, a. a. O. I, 99).

[8] Siehe hierzu B. Liebrucks a. a. O. I, 252:
„Das in aller Philosophie unwiderrufliche Moment der Aufklärung schlägt in sein Gegenteil um, sobald es sich verabsolutiert."

Die Behauptung des Chorismos[9] zwischen dem Subjekt der Erkenntnis und der erkannten Substanz ist nicht weniger ‚metaphysisch' als die Aussage der Spekulation, es sei dem Wesen wesentlich, zu erscheinen, für das Seiende notwendig, durch das Fürsichwerden in der Erkenntnis an und für sich zu werden; Hegel kehrt in der Kritik der kritischen Philosophie, die zur „natürliche(n) Vorstellung" (‚Phänomenologie des Geistes', S. 63) und damit dogmatisch geworden sei, den Spieß um und stellt das Unkritische des Reflexionsstandpunktes selbst folgendermaßen dar, die unausgesprochenen Voraussetzungen desselben nennend:

> „...so ist nicht abzusehen, warum nicht umgekehrt ein Mißtrauen in dies Mißtrauen gesetzt und besorgt werden soll, daß diese Furcht zu irren schon der Irrtum selbst ist. In der Tat setzt sie etwas und zwar manches als Wahrheit voraus und stützt darauf ihre Bedenklichkeit und Konsequenzen, was selbst vorher zu prüfen ist, ob es Wahrheit sei. Sie setzt nämlich V o r s t e l l u n g e n von dem E r k e n n e n als einem W e r k z e u g e und M e d i u m, auch einen U n t e r s c h i e d u n s e r e r s e l b s t v o n d i e s e m E r k e n n e n voraus; vorzüglich aber dies, daß das Absolute a u f e i n e r S e i t e s t e h e u n d d a s E r k e n n e n a u f d e r a n d e r n S e i t e für sich und getrennt von dem Absoluten doch etwas Reelles, oder hiemit, daß das Erkennen, welches, indem es außer dem Absoluten, wohl auch außer der Wahrheit ist, doch wahrhaft sei, eine Annahme, wodurch das, was sich Furcht vor dem Irrtum nennt, sich eher als Furcht vor der Wahrheit zu erkennen gibt." (ebenda S. 64 f.)

In der Kantischen Philosophie wird, wie gezeigt werden wird, die Frage nach der Wahrheit ersetzt durch die nach der Übereinstimmung des Denkens mit sich selbst; Nietzsche, der in ‚Menschliches, Allzumenschliches' sich wie Kant in der Stufe der Monologik eingehaust hat, hält jedoch — und dies zeigt seine logische Schwäche gegenüber Kant — an der Frage nach der Wahrheit fest, — was in diesem unmittelbaren Sinne nicht für den späteren Nietzsche gilt — und zwar so, daß die Wahrheit die einzige wirkliche Transzendenz gegenüber den als Subreptionen durchschauten Transzendenzen der Metaphysik bleibt:

> „Inwiefern der Denker seinen Feind liebt. — Nie etwas zurückhalten oder dir verschweigen, was gegen deinen Gedanken gedacht werden kann! Gelobe es dir! Es gehört zur ersten Redlichkeit des Denkens. Du mußt jeden Tag auch deinen Feldzug gegen dich selbst führen. Ein Sieg und eine eroberte Schanze sind nicht mehr deine Angelegenheit, sondern die der Wahrheit, — aber auch deine Niederlage ist nicht mehr deine Angelegenheit." (I, 1208)

Klammern wir vorerst die direkte Artikulation des Nihilismus als negative Transzendenz — die meiner Ansicht nach im Zentrum z. B. der Stücke Kafkas und Becketts steht[10], ein, so stellt sich zuerst die Frage nach der Grenze der direkten

---

9 „Die Wahrheit hat die Macht nötig. A n s i c h ist die Wahrheit durchaus keine Macht — was auch immer des Gegenteils der schöntuerische Aufklärer zu sagen gewohnt sein mag! — Sie muß vielmehr die Macht auf ihre Seite ziehen oder sich auf die Seite der Macht schlagen, sonst wird sie immer wieder zugrunde gehen! Dies ist nun genug und übergenug bewiesen." (I, 1258).

10 Gemeint ist das unmittelbare und leere Zurückschlagen der Transzendenz in sich selbst dadurch, daß sie nichts weiter als die Unwahrheit der Immanenz ist, die unwahr erst dadurch wird, daß der Mensch im Hinausstreben über sie sie als solche erzeugt.

Intendierbarkeit, die als die Frage nach der Wahrheit des monologischen Denkens den Kern sowohl der zweiten als auch der dritten Hauptfrage bildet.

Schon von der Wahrheit muß Nietzsche einräumen, daß sie den Bereich des direkt Intendierbaren überschreitet:

> „Letzte Skepsis. — Was sind denn zuletzt die Wahrheiten des Menschen? — Es sind die u n w i d e r l e g b a r e n Irrtümer des Menschen." (II, 159)

Wenn zur Wirklichkeit des Absoluten nicht das Erkanntwerden gehört, wenn das Wesen nicht erscheinen, die Substanz nicht als Subjekt begriffen werden muß, bleibt als höchster Maßstab für die Wahrheit der Erkenntnis die Unwiderlegbarkeit, oder, wie Kant es ausgedrückt hat, die Übereinstimmung der Vorstellungen mit sich, so, daß sie als in einem Bewußtsein vereinigt gedacht werden können.

Was ist nun unter der Behauptung zu verstehen, daß die Frage nach der Grenze der direkten Intendierbarkeit im Zentrum der zweiten und dritten Hauptfrage steht? Wenn die Subjektivität und Spontaneität des Menschen abhängig ist von dem Bewußtsein des Transzendierens des Natürlichen, dann kann erstens nicht auf den gesetzten Grund der metaphysischen etc. Irrtümer verzichtet werden. Zweitens kann auch nicht ein derartiger Grund manipuliert werden, da hierzu als einem Akt der Spontaneität ein weiterer gesetzter Grund erforderlich wäre, somit eine Aporie analog zum ,tritos anthropos' eintreten würde;

> „Aber wird so unsere Philosophie nicht zur Tragödie? Wird die Wahrheit nicht dem Leben, dem Besseren feindlich? Eine Frage scheint uns die Zunge zu beschweren und doch nicht laut werden zu wollen: ob man bewußt in der Unwahrheit bleiben k ö n n e ? oder, wenn man dies m ü s s e , ob da nicht der Tod vorzuziehen sei? Denn ein Sollen gibt es nicht mehr; die Moral, insofern sie ein Sollen war, ist ja durch unsere Betrachtungsart ebenso vernichtet wie die Religion ... Ist es wahr, bliebe einzig noch eine Denkweise übrig, welche als persönliches Ergebnis die Verzweiflung, als theoretisches eine Philosophie der Zerstörung nach sich zöge?" (I, 472)

Neben dieser, das erste Kapitel ,Von den ersten und letzten Dingen' aus ,Menschliches, Allzumenschliches' abschließenden Formulierung des Nihilismus als der Wahrheit des die ,ersten und letzten Dinge' als Hypostasen durchschauenden aufgeklärten Bewußtseins tritt einer der Grundgedanken Nietzsches auf: die im Hinblick auf den Zusammenhang von Monologik und Willensmetaphysik bedeutsame Folgerung einer Steigerung der menschlichen Spontaneität im Großen aus dem Tod der metaphysischen Irrtümer und der Religion, womit eine wesentliche Form der Befreiung von den ,Ketten' erscheint:

> „In Hinsicht auf die Z u k u n f t erschließt sich uns zum ersten Male in der Geschichte der ungeheure Weitblick menschlich-ökumenischer, die ganze bewohnte Erde umspannender Ziele. Zugleich fühlen wir uns der Kräfte bewußt, diese neue Aufgabe ohne Anmaßung selber in die Hand nehmen zu dürfen, ohne übernatürlicher Beistände zu bedürfen; ja, möge unser Unternehmen ausfallen, wie es wolle, mögen wir unsere Kräfte überschätzt haben, jedenfalls gibt es niemanden, dem wir Rechen-

schaft schuldeten als uns selbst: die Menschheit kann von nun an durchaus mit sich anfangen, was sie will." (I, 807 f.)[12]

Alle im Bewußtsein begründete Spontaneität jedoch setzt ein Sollen voraus, das Bewußtsein eines Widerspruches zwischen dem Bestehenden und einem Ideal; das Bewußtsein dieses Widerspruches als Sollen und das Bewußtsein des Seienden als bloß Seienden ist aber nur möglich durch das Bewußtsein des Menschen, das Aufgehen in der Mundanität zu transzendieren; und dieses Bewußtsein ist vielleicht nur angesichts eines über den Menschen hinausweisenden Transzendenten möglich, wobei bei Nietzsche unausgemacht ist, ob dieses nicht-menschliche Transzendente sich nicht einer Subreption verdankt. Versteht der Mensch sich hingegen als bloß mundan und natürlich — welches Selbstverständnis wiederum nur als Übergangsphänomen denkbar ist, das in der seienden Identität verloren geht — dann fällt die Bedingung der Möglichkeit aller Spontaneität dahin, so daß gerade jene Befreiung von dem Transzendenten zur Versklavung unter das Faktische, Immanente wird. Die schon explizierte Dialektik des Selbstverständnisses des Menschen auf dem Umweg über seine Projektionen und Herstellungen stellt sich im Zusammenhang mit dem Begriff des ‚letzten Menschen‘, der den Gedanken der Transzendenz ganz durch die Kategorie des Nutzens, die Vulgärform des Idealismus, ersetzt hat, folgendermaßen dar: nur angesichts einer das Mundane auch transzendierenden Idee kann der Mensch sich zum Moment machen, sich verdinglichen, um dann ein die ‚Transzendenz ins Diesseits‘ präsentierendes Werk zu schaffen[13], angesichts dessen er sich wiederum seines Ich als auch Transzendentem bewußt werden kann. Die Herabsetzung ist hier zugleich Erhöhung, während umgekehrt die Erhöhung des Menschen zum autonomen Herrn der Welt vielleicht eine eben so große Erniedrigung bedeutet; ohne sich dieses Hintergrunds bewußt zu sein, spricht Nietzsche in seiner Charakterisierung des „letzten Menschen" eben diese Dialektik aus: der „letzte Mensch", „das Verächtlichste" — weil er sich selbst nicht mehr verachten kann — hat dennoch zugleich das Bewußtsein, die Spitze der Geschichte und der Mittelpunkt der Welt zu sein; er ist klein, ein ‚Erdfloh‘, weil er sich nicht mehr klein zu machen die Kraft hat; er erfährt sich nicht mehr als die Besonderheit des Mundanen transzendierend, weil es für ihn nichts mehr gibt, das den Immanenzzusammenhang des Nutzens transzendiert. Gerade er ist aber, zumindest für Nietzsche, ungewollt dadurch, daß er rein immanent sein will, sich selbst rein „transzendent" im Sinne des Außersichseins; Ansichsein und Fürsichsein widersprechen sich in ihm unmittelbar.

Wenden wir uns nach diesem antizipierenden Abstecken des Problemfeldes der expliziten Durchführung der zweiten Hauptfrage nach der Notwendigkeit der „metaphysischen Irrtümer" zu. Wenn wir als Resultat des bisher Vorgetragenen

---

[12] Siehe auch I, 465 f; I, 597 f.; I, 983; I, 1061; I, 1248.
[13] Siehe den schon zitierten Aphorismus Nr. 22 ‚Unglaube an das monumentum aere perennius‘ aus ‚Menschliches, Allzumenschliches‘, erstes Hauptstück, ‚Von den ersten und letzten Dingen‘.

den Nihilismus als die Gestalt des aufgeklärten Bewußtseins bestimmen, die durch den Gegensatz zur Sprachlichkeit als Folge der Reflexion[14] auf sie aus der Geschichte der Erfahrung des Bewußtseins herausgefallen ist, so scheint eine vorgängige Reflexion unumgänglich zu sein:

Wie ist eigentlich das Durchschauen der metaphysischen, religiösen und moralischen Vorstellungen des nicht aufgeklärten Bewußtseins der ‚ersten und letzten Dinge‘, welches Durchschauen Nietzsche schon mit dem Titel ‚Menschliches, Allzumenschliches‘ antizipiert, selbst möglich?

Nietzsche gerät angesichts dieser Frage nämlich in nicht unbeträchtliche Schwierigkeiten, wenn man methodologisch und erkenntnistheoretisch relevante Fragen an ihn stellt. Steril bliebe das Nachweisen von Widersprüchen; dagegen geht es hier um die Erhellung des Zusammenhangs der geschichtsphilosophischen Thesen Nietzsches mit seinen erkenntnistheoretischen Axiomen, der kurz gesagt, in der Tendenz zur Eliminierung der Subjektivität auf beiden Ebenen, ja so gar schon der Reflexion überhaupt besteht, obwohl Nietzsche von ‚Menschliches, Allzumenschliches‘ an den Standpunkt der Reflexion bezieht.

Wenn Nietzsche nicht als Philosoph[15], d. h. seine Lehre vom „Willen zur Macht" nicht als Lehre, als Allgemeines vorträgt, dann kehrt sich der Ideologieverdacht, der sich in seiner Theorie des Ressentiments ausdrückt, gegen ihn selbst: wenn nur der Gesunde über Gesundheit, nur der Mächtige über Macht reden darf — „Jedwedes Wort gehört auch nicht in jedes Maul" (II, 524) — dann ist seine Lehre vom Willen zur Macht Ausdruck des Ressentiments des einsamen und sich ohnmächtig wissenden Kranken[16]. Dieser Einwand, der die These Nietzsches vom Aufgehen des Menschen in der Mundanität im Hinblick auf das Werk Nietzsches selbst reflektiert[17], erhebt sich bei der Interpretation seiner Schriften auf allen

---

[14] Die erkannten gesetzten Gründe sind durch die Reflexion auf ihre Genese zerstört: „Mit der Einsicht in diese Entstehung fällt jener Glaube dahin." (I, 534).

[15] Siehe Hegels ‚Logik‘, I, 145:
„Der Satz, daß das Endliche wesentlich ideell ist, macht den Idealismus aus ... Jede Philosophie ist wesentlich Idealismus ... Der Gegensatz von idealistischer und realistischer Philosophie ist daher ohne Bedeutung. Eine Philosophie, welche dem endlichen Dasein als solchem wahrhaftes, letztes, absolutes Sein zuschriebe, verdiente den Namen Philosophie nicht;" Zur Einsicht in die Relevanz dieses Satzes kann an die Darstellung der ersten Stufen der ‚Phänomenologie des Geistes‘, insbesondere die ‚Sinnliche Gewißheit; oder das Diese und das Meinen‘ verwiesen werden.

[16] Bedeutsam scheint mir in diesem Zusammenhang folgende biographische Notiz zu sein: „Man hat gut reden von aller Art Immoralität: aber sie aushalten können! Zum Beispiel ich würde ein gebrochenes Wort oder gar einen Mord nicht a u s h a l t e n : — langes oder kürzeres Siechtum und Untergang wäre mein Los." (‚Die Unschuld des Werdens‘, I, 356).

[17] Das Problem einer Frage nach den Bedingungen der Möglichkeit der Untersuchung der Bedingungen der Möglichkeit stellt sich auch bei Kant, dessen Unfähigkeit, den Inhalt der ‚Kritik der reinen Vernunft‘ mit ihrer Tatsache in Einklang zu bringen, wir als Folge des sich Beschränkens auf die erste Reflexion, die das Denken nur als Funktion, nicht als Reflexion, also nicht sich selbst als kritisches erblickt, interpretieren werden.

Ebenen: wenn der Mensch definiert ist durch seine Abhängigkeit von Horizonten und Perspektiven, wenn er zum klugen Tier reduziert wird, wenn die Möglichkeit der Reflexion als eines von allem gegenständlichen Erkennen prinzipiell unterschiedenen Denkens geleugnet wird,

> „man müßte wissen, was Sein ist, um zu entscheiden, ob dies und jenes real ist ... Da wir das aber nicht wissen, so ist eine Kritik des Erkenntnisvermögens unsinnig: wie sollte das Werkzeug sich selbst kritisieren können, wenn es eben nur sich zur Kritik gebrauchen kann? Es kann nicht einmal sich selbst definieren!" (III, 499)

dann bleibt dieser Gedanke selbst unerklärlich und sinnlos. Wenn es keine Reflexion gibt, dann dürfte es auch nicht die Reflexion auf die Unmöglichkeit der Reflexion geben, d. h. die These von der Unmöglichkeit der Reflexion hebt sich auf. Wenn die Reflexion nur möglich ist durch die Reflexion auf die Reflexion, oder anders ausgedrückt dadurch, daß „das Bewußtsein vom Dinge nur für ein Selbstbewußtsein möglich ist" (‚Phänomenologie des Geistes‘, S. 128), dann muß Nietzsche schon den Erkenntnisbegriff, der irgendeinen Bezug auf Wahrheit haben soll, für unsinnig erklären:

> „Wir haben eben gar kein Organ für das E r k e n n e n , für die ‚Wahrheit‘" (II, 222).

Damit zieht Nietzsche genau die letzte skeptische Konsequenz, die nach Hegel das Resultat der Reflexionsphilosophie ausmacht:

> „Diese Besorgnis muß sich wohl sogar in die Überzeugung verwandeln, daß das ganze Beginnen, dasjenige, was an sich ist, durch das Erkennen dem Bewußtsein zu erwerben, in seinem Begriffe widersinnig sei und zwischen das Erkennen und das Absolute eine sie schlechthin scheidende Grenze falle." (‚Phänomenologie des Geistes‘ S. 63)

Ein rein mundanes Wesen — aber auch ein rein extramundanes, nur reflektierendes — kann nicht erkennen, kann die Anforderung der Erkenntnis, ihren Sinn, ihr intendiertes Transzendieren der Bewußtseinsimmanenz, nicht verstehen, es verbleibt in seiner Perspektive, und kann dies nicht einmal sehen:

> „Im Gefängnis. — Mein Auge, wie stark oder schwach es nun ist, sieht nur ein Stück weit, und in diesem Stück webe und lebe ich, diese Horizont-Linie ist mein nächstes großes und kleines Verhängnis, dem ich nicht entlaufen kann. Um jedes Wesen legt sich ein konzentrischer Kreis, der einen Mittelpunkt hat und der ihm eigentümlich ist ... es gibt durchaus kein Entrinnen, keine Schlupf- und Schleichwege in die w i r k l i c h e W e l t ! Wir sind in unserem Netze, wir Spinnen, und was wir auch darin fangen, wir können gar nichts fangen, als was sich eben in u n s e r e m Netze fangen läßt." (I, 1092 f.) und:

> „Es gibt n u r ein perspektivisches Sehen, n u r ein perspektivisches ‚Erkennen‘" (II, 861)

Erklärt Nietzsche so das Erkennen als identisch mit der Funktion eines Organs, das dann eo ipso nicht ‚um die Ecke sehen‘ kann, also prinzipiell auf Gegenständliches beschränkt bleibt, kann diesem Organ ebenfalls nicht die Fähigkeit zugesprochen werden, sich selbst zu sehen. Ganz im Sinne jenes alten Satzes muß dann geurteilt werden, der Seher des Sehens könne sich nicht sehen. Schon der Versuch, die perspektivische Gebundenheit zu durchbrechen, muß dann als lebensfeindlich, als Krankheitssymptom perhorresziert werden:

„„Weisheit' als Versuch, über die perspektivischen Schätzungen (d. h. über den ,Willen zur Macht') h i n w e g zukommen: ein lebensfeindliches und auflösendes Prinzip, Symptom wie bei den Indern usw., S c h w ä c h u n g der Aneignungskraft." (III, 862)

Die Reduktion des Denkens auf eine Organfunktion ist eben unvermeidlich, wenn der Mensch, oder allgemeiner das erkennende Subjekt, dem Mundanen restlos subsumiert wird; für ein rein mundanes Wesen gibt es ,die Welt' nicht, gibt es „keine Schlupf- und Schleichwege in die wirkliche Welt". Anders ausgedrückt heißt dies: das rein Mundane als solches ist an sich extramundan. — Der reine Monismus ist erkenntnistheoretisch immer Skeptizismus, ethisch Nihilismus. — Sinnvoll von Erkenntnis sprechen kann Nietzsche nur da, wo er ein — wie auch immer beschaffenes — Transzendieren des Perspektivischen einräumt:

„Der Wanderer' redet. — Um unserer europäischen Moralität einmal aus der Ferne ansichtig zu werden, um sie an anderen, früheren oder kommenden, Moralitäten zu messen, dazu muß man es machen, wie es ein Wanderer macht, der wissen will, wie hoch die Türme einer Stadt sind: dazu v e r l ä ß t er die Stadt. ,Gedanken über moralische Vorurteile', falls sie nicht Vorurteile über Vorurteile sein sollen, setzen eine Stellung a u ß e r h a l b der Moral voraus, irgendein Jenseits von Gut und Böse . . ." (II, 255)

In ,Menschliches, Allzumenschliches' wird der Zusammenhang von Erkenntnis und sich Verabschieden von dem Erkannten so dargestellt:

„Von dem, was du erkennen und messen willst, mußt du Abschied nehmen, wenigstens auf eine Zeit. Erst wenn du die Stadt verlassen hast, siehst du, wie hoch sich ihre Türme über die Häuser erheben." (I, 996)

In der Vorrede zur ,fröhlichen Wissenschaft' nimmt Nietzsche den dialektischen Gedanken des untrennbaren Zusammenhangs von Schmerz, Tod, Negation des unmittelbar dem Leben und der durch es bedingten Perspektive Verhaftetseins und der diese Gebundenheit transzendierenden freien Geistigkeit folgendermaßen auf:

„Erst der große Schmerz ist der letzte Befreier des Geistes, als der Lehrmeister des großen Verdachtes, der aus jedem U ein X macht, ein echtes, rechtes X, das heißt den vorletzten Buchstaben vor dem letzten . . . Erst der große Schmerz, jener lange langsame Schmerz, der sich Zeit nimmt, in dem wir gleichsam wie mit grünem Holze verbrannt werden, zwingt uns Philosophen, in unsere letzte Tiefe zu steigen und alles Vertrauen, alles Gutmütige, Verschleiernde, Milde, Mittlere, wohinein wir vielleicht vordem unsre Menschlichkeit gesetzt haben, von uns zu tun . . . man kommt aus solchen langen gefährlichen Übungen der Herrschaft über sich als ein anderer Mensch heraus, mit einigen Fragezeichen mehr, vor allem mit dem Willen, fürderhin mehr, tiefer, strenger, härter, böser, stiller zu fragen, als man bis dahin gefragt hatte. Das Vertrauen zum Leben ist dahin: das Leben selbst wurde zum P r o b l e m." (II, 13)

Nun transzendiert die Kategorie ,Welt' — bei Kant eine Idee, die die Erkenntnis bzw. das Verstandesurteil übersteigt, da sie auf den uneinholbaren Begriff der Totalität der Reihe der sich bedingenden Einzelurteile deutet, — die Kategorie der ,Umwelt', der das perspektivisch gebundene ,Erkennen' durch das Lebewesen ,Mensch' zugeordnet ist. Wenn Erkenntnis nur durch Distanzierung möglich ist, dann kann es für ein nur mundanes Wesen ,die Welt', ,das Leben' nicht geben, da es den archimedischen Punkt hierfür nicht geben kann:

> „Urteile, Werturteile über das Leben, für oder wider, können zuletzt niemals wahr
> sein: sie haben nur Wert als Symptome, sie kommen nur als Symptome in Betracht —
> an sich sind solche Urteile Dummheiten. Man muß durchaus seine Finger danach
> ausstrecken und den Versuch machen, diese erstaunliche f i n e s s e zu fassen,
> d a ß d e r W e r t d e s L e b e n s n i c h t a b g e s c h ä t z t w e r d e n k a n n.“
> (II, 951 f.)
> „Wir haben den Begriff ‚Zweck‘ erfunden: in der Realität fehlt der Zweck... Man
> ist notwendig... man gehört zum Ganzen, man ist im Ganzen, — es gibt nichts,
> was unser Sein richten, messen, vergleichen, verurteilen könnte, denn das hieße das
> Ganze richten, messen, vergleichen, verurteilen... Aber es gibt nichts außer dem
> Ganzen!“ (II, 978)

Nietzsche erfährt hier — ungleich stärker als der junge Goethe angesichts der
Philosophie Spinozas, deus sive natura — die ungeheure Faszination, die das vorchristliche Weltbild, so wie es sich dem durch den christlichen Dualismus Hindurch-
gegangenen darstellt, als „die große Befreiung“ (ebenda) ausübt. Er bemerkt nicht,
daß es ein Zurück nicht geben kann, schon deshalb nicht, weil diese Geborgenheit in
der Welt dem Menschen nie gegeben war, dem sie sich nur so, vermittelt durch die
Geschichte, darbietet. Das Zurück ist ja gerade die Vermittlung, der jenes Zurück
zur Unmittelbarkeit ausweichen will. Diese Unmittelbarkeit und das Zurück zu
ihr läßt sich deshalb auch nicht begreifen und begrifflich darstellen, sondern nur
meinen. Dies ist die crux Nietzsches, sein Hängenbleiben in der Reflexionsstufe,
die er rückwärts in Richtung Ontologie unmittelbar verlassen möchte, aber die
wohl nur durch die Logik des Sein und Gesetztsein vermittelnden dialektischen
Begriffs aufgehoben und verlassen werden kann. — Was politisch-gesellschaftlich
reaktionär an Nietzsches Schriften ist, hat seinen letzten Grund hier, in dem begrifflichen Zurückfallen hinter das Reflexionsniveau der Philosophie der Aufklärung von Kant bis Hegel. —

Die Reflexion kann nur begriffen werden als Transzendenz innerhalb des
Mundanen, der das reflektierende Subjekt ja zugleich immanent bleibt, und durch
die „die Welt“ erst wird, da es für ein nur mundanes Wesen „die Welt“ nicht
geben kann. Ohne dieses Zugeständnis redet kein Mensch sinnvoll von „der Welt“,
auch nicht vom Unvermögen des Menschen, „die Welt“ zu erkennen. Dieses un-
ausgesprochene Zugeständnis bildet eine aporetische Stelle des Werks Nietzsches
sowohl in Hinblick auf die Erkenntnistheorie als auch die Ethik, um sich dieser
Bezeichnungen für philosophische Disziplinen zu bedienen. Verneinung der absoluten Reflexion und der Freiheit und des Ich gehen bei Nietzsche Hand in Hand:

> „Was den Aberglauben der Logiker betrifft: so will ich nicht müde werden, eine
> kleine kurze Tatsache immer wieder zu unterstreichen, ... nämlich, daß ein Gedanke
> kommt, wenn ‚er‘ will, und nicht wenn ‚ich‘ will; so daß es eine Fälschung des Tat-
> bestandes ist zu sagen: das Subjekt ‚ich‘ ist die Bedingung des Prädikats ‚denke‘.
> E s denkt: aber daß dies ‚es‘ gerade jenes alte berühmte ‚Ich‘ sei, ist, milde geredet,
> nur eine Annahme, eine Behauptung.“ (II, 580)[18]

---

[18] Vgl. I, 1083: „Während ‚wir‘ uns also über die Heftigkeit eines Triebes zu beklagen
meinen, ist es im Grunde ein Trieb, welcher über einen anderen klagt.“

Polemisiert Nietzsche hier vielleicht zu Recht gegen die Ontologisierung des ego cogito, so verfällt er selbst einer Ontologisierung, indem er den Gedanken, der komme, wenn er wolle, und ein denkendes E S als Substanz zu hypostasieren scheint. Kant dagegen trifft sein Argument gar nicht, da dieser ja gerade den Prinzipiencharakter des „Ich denke" herausarbeitete und zum Angelpunkt der Kritik des Paralogismus vom Prinzip „ich denke" auf die denkende Substanz machte.

D i e erkenntnistheoretische Aporie für Nietzsche entsteht aus dem Widerspruch zwischen dem erkannten Funktionscharakter des Denkens — das als Funktion des Organismus, des Lebens, also perspektivisch begriffen wird — und der Reflexion auf den nicht funktionalen, sondern Reflexionscharakter dieser Erkenntnis selbst:

> „Wir sind von vornherein unlogische und daher ungerechte Wesen und k ö n n e n
> d i e s e r k e n n e n : dies ist eine der größten und unauflösbarsten Disharmonien des
> Daseins." (I, 471)

Wenn Nietzsche aber die erkenntnistheoretische Relevanz der Reflexion dadurch ad absurdum zu führen sucht, daß er „als Virtuose einer sich selbst verleugnenden Reflexion" (Habermas, ‚Erkenntnis und Interesse', S. 364) sie auf die Spitze treibt, so vermag er das nur, weil er sich der Substitution von Wahrheit durch Gewißheit versagt; eine solche Position freilich ist ein Äußerstes, die „nicht durch Argumente aufzulösen, sondern nur durch Beschwörungen zu beschwichtigen" zu sein scheint. (ebenda S. 363)

Nietzsche konstatiert in der Tat die Aporie des Wahrheitsbegriffs, die sich aus der Ablösung seiner ontologischen Fassung durch die Kategorie der ‚Gewißheit' in den idealistischen Richtungen ergibt:

Einerseits ist eine Rückkehr zu einem ontologischen Wahrheitsbegriff unmöglich, die Reflexion hat im Aufweis des Anteils der Subjektivität an der Erkenntnis zugleich das gegen seine Intention Perspektivische jedes sich unmittelbar verstehenden Erkenntnisbegriffs enthüllt; unmittelbar ist Wahrheit nicht zu finden und darzustellen; aber auch die auf der Gewißheit insistierende Reflexionsstufe verwickelt sich in Widersprüche, aus denen sie sich zu befreien scheinen kann nur, wenn sie ihre eigene Relativität noch einmal reflektiert: Reflexion erscheint als lediglich sublimere Form der perspektivischen Gebundenheit der Erfahrung, befreit jedoch nicht von ihr. Das traditionelle Argument gegen den sich verabsolutierenden Skeptizismus, das auf die Selbstimplikation des Wahrheitsanspruches in jeder skeptischen Leugnung von Erkenntnis zielt, und auf die Vermittlung der beiden Momente von Erkenntnis, Funktion und Reflexion geht, nämlich die funktionale Erklärung der Erkenntnis an deren Definition als bloße Funktion z. B. des Lebenwillens anlegt und damit reflektiert, wird also von Nietzsche nicht umgangen oder gar widerlegt. Es wird aufgenommen, aber so, daß er vor ihm als einem letzten Gegebenen kapituliert, obwohl es doch im Gegenteil das Resultat der sich reflektierenden Reflexionsstufe ist:

„Wir sind von vornherein unlogische und daher ungerechte Wesen und k ö n n e n
d i e s   e r k e n n e n : dies ist eine der größten und unauflösbarsten Disharmonien
des Daseins." (I, 471)

Hier, im 31. Abschnitt des ersten Hauptstückes aus ‚Menschliches, Allzumenschliches', ‚Von den ersten und letzten Dingen' wird also direkt die Diskrepanz
zwischen der eingeräumten Tatsache der Reflexion und der behaupteten Perspektivität des Bewußtseins ausgesprochen. Sonst versucht Nietzsche diese Schwierigkeit
zu umgehen, sei es, daß er jede philosophische Theorie als verkappte Biographie
darstellt, —

„Der Mensch mag sich noch so weit mit seiner Erkenntnis ausrecken, sich selber noch
so objektiv vorkommen: zuletzt trägt er doch nichts davon als seine eigene Biographie." (I, 697)[19]

ohne auf die Bedingungen der Möglichkeit dieses Satzes, der Erkenntnis auf
Ideologie, ja Idiosynkrasie des individuellen Lebens reduziert, zu reflektieren, sei
es, daß er, in schlechte Metaphysik verfallend, diese Reflexion selbst noch einmal
dem Mundanen zu subsumieren versucht:

„Alles ist Notwendigkeit — so sagt die neue Erkenntnis; und diese Erkenntnis selber
ist Notwendigkeit." (I, 514)
„In Wahrheit ist jeder Mensch selber ein Stück Fatum; wenn er in der angegebenen
Weise dem Fatum zu widerstreben meint, so vollzieht sich eben darin auch das
Fatum; der Kampf ist eine Einbildung, aber ebenso jene Resignation in das Fatum;
alle diese Einbildungen sind im Fatum eingeschlossen ... auch jene Angst vor dem
Glauben an das Fatum ist Fatum." (I, 905 f.)

Die Erkenntnis der Notwendigkeit des Geschehens kann doch nicht im gleichen
Sinne Erkenntnis sein wie die Erkenntnis der Notwendigkeit dieser Erkenntnis von
der Notwendigkeit des Geschehens; die Reflexion wird so ersetzt durch die Iteration ontischer Vorgänge. Hier rächt sich Nietzsches Überspringen des Idealismus.
Deswegen reicht seine Kritik der kritischen Philosophie zwar an diese heran, aber
ohne daß der — Pyrrhonische — Gedanke, der nur hingeworfen wird, zur Entfaltung gelangt:

„Oh wie falsch ist ... jene verhängnisvolle Antwort Kants ... War es nicht etwas
sonderbar, zu verlangen, daß ein Werkzeug seine eigene Trefflichkeit und Tauglich-
keit kritisieren solle? daß der Intellekt selbst seinen Wert, seine Kraft, seine
Grenzen ‚erkennen' solle?" (I, 1013)

Nietzsche stellt seine Auffassung der Bedingungen der Grenze des Durchschauens der ‚metaphysischen, religiösen und moralischen Irrtümer' am klarsten dar
in der ‚fröhlichen Wissenschaft':

---

[19] Siehe auch I, 750 und II, 571; im ‚Zarathustra' subsumiert Nietzsche ebenfalls Erkenntnis der Wahrheit ganz dem lebensphilosophischen Kontext: „Jedwedes Wort
gehört auch nicht in jedes Maul." (II, 524) und in der Schrift ‚Zur Genealogie der
Moral' verbürgt lediglich das doch andererseits von Nietzsche als hypostasiert durchschaute Subjekt die Relevanz des Gesagten: „Die Römer waren ja die Starken und
Vornehmen, wie sie stärker und vornehmer bisher auf Erden nie dagewesen, selbst
niemals geträumt worden sind; jeder Überrest von ihnen, jede Inschrift entzückt, gesetzt daß man errät, w a s da schreibt." (II, 795).

„Wie weit der perspektivische Charakter des Daseins reicht oder gar ob es irgendeinen andren Charakter noch hat, ob nicht ein Dasein ohne Auslegung, ohne ‚Sinn‘
eben zum ‚Unsinn‘ wird, ob, andrerseits, nicht alles Dasein essentiell ein a u s l e -
g e n d e s Dasein ist — das kann, wie billig, auch durch die fleißigste und peinlich-
gewissenhafteste Analysis und Selbstprüfung des Intellekts nicht ausgemacht werden:
da der menschliche Intellekt nicht umhin kann, sich selbst unter seinen perspektivischen Formen zu sehn und n u r in ihnen zu sehn. Wir können nicht um unsre
Ecke sehn: es ist eine hoffnungslose Neugierde, wissen zu wollen, was es noch für
andre Arten Intellekt und Perspektive geben k ö n n t e.“ (II, 249 f.)

Dagegen muß eingewendet werden: wenn „Welt“ nur eine Auslegung der Welt
ist, alle Auslegungen aber Funktion des „Willen zur Macht“ sind, dann ist dieses
Durchschauen der Auslegung als Ausdruck des Willen zur Macht keine neue Auslegung, sondern deren Reflexion, d. h. auch der Abschied von ihr[20] und nicht die
bloß verbale Iteration in infinitum, bei der dann nichts mehr gedacht wird. Hier
gerät Nietzsche in Aporien, ohne es zu bemerken: wie soll er das Verhältnis von
„Wille zur Macht“ und „Leben“ und „Sein“ begrifflich bestimmen? Spricht er vom
„Willen zur Macht“ als dem „innersten Wesen des Seins“ (III, 778), oder davon,
daß „alle Zwecke, Ziele, Sinne nur Ausdrucksweisen und Metamorphosen des
e i n e n Willens, der allem Geschehen inhäriert: des Willens zur Macht“ (III, 679)
sind, gebraucht er Kategorien wie „Ausgestaltung und Verzweigung“ (II, 601), so
treibt er ‚Metaphysik‘, dichtet eine wahre übersinnliche Welt hinter der unwahren
der Sinne. Damit verfällt er also selbst dem von ihm befehdeten Platonismus und
dem mit den sprachlichen Formen gegebenen Zwang „der Sprache (und der in ihr
versteinerten Grundirrtümer der Vernunft), welche alles Wirken als bedingt durch
ein Wirkendes, durch ein ‚Subjekt‘ versteht und mißversteht“ (II, 789); alle Auslegung ist doch sprachlich, da sie auf die ‚Verdopplung‘ der Wirklichkeit durch die
Sprache zurückgeht:

„Wenn ich sage ‚der Blitz leuchtet‘, so habe ich das Leuchten einmal als Tätigkeit
und das andere Mal als Subjekt gesetzt: also zum Geschehen ein Sein supponiert,
welches mit dem Geschehen nicht eins ist, vielmehr bleibt, ist und nicht ‚wird‘. —
Das Geschehen als Wirken anzusetzen: und die Wirkung als Sein: das ist der
doppelte Irrtum, oder Interpretation, deren wir uns schuldig machen.“ (III, 502)

Die Reflexion der Selbstimplikationen der Kritik Nietzsches am Erkenntnisbegriff, sofern er von der unbemerkten Sprachstruktur abhängt, fördert eine
Aporie zutage, die schon angedeutet wurde. Wenn Nietzsche sonst die Perspektivität des menschlichen Perzeptionsvermögens, die zur Hypostasierung gleicher Dinge
als den Erscheinungen zugrunde liegender Substanzen führt, auf einen „Irrtum
alles Organischen“ (I, 461) zurückführt, so müßte er diese „materialistische“ Deu-

---

[20] Siehe Jaspers ‚Nietzsche‘ S. 299: „Die Auslegung Nietzsches ist in der Tat eine Aus-
legung des Auslegens und dadurch für ihn von allen früheren, damit verglichen naiven
Auslegungen, die nicht das Selbstbewußtsein ihres Auslegens hatten, geschieden.“
Jaspers überschätzt hier allerdings — von Nietzsche aus gesehen — die Bedeutung der
Reflexion, darin der idealistischen Tradition folgend bzw. Nietzsche vor deren Hinter-
grund auslegend.

tung jetzt an sich widerrufen. Er hypostasiert ja mit dieser These ein Kausalver-
hältnis zwischen der Perspektivität der menschlichen Erkenntnis, die mit der Natur
des Menschen als Lebewesen gegeben sei, und der durch die Sprache bedingten
Perspektivität der Erkenntnis.

Die Behauptung eines solchen Kausalverhältnisses jedoch entspringt dem
Nietzsche der subtilen Sprachkritik zufolge selbst der „Sprachmetaphysik" bzw.
der „Volksmetaphysik", denn jene Behauptung hypostasiert ja ein Satzsubjekt als
zugrunde liegende Natur des Organischen, durch die die Perspektivität auch des
menschlichen Perzeptionsvermögens bedingt sei.

Eine Umkehrung jener Grund-Folge Beziehung zwischen den beiden Formen
der Perspektivität ist wiederum ausgeschlossen, da das Urübel der Herrschaft der
Sprachstruktur über das Denken so nur perpetuiert wird; „die Sprache" würde
hypostasiert wie vorher „die Natur des Organischen".

Ferner würde Nietzsche, entfernt davon, auf Grund einer solchen Umkehrung
mit der Autonomie der Sprache die Möglichkeit zu einer Selbstaufhebung der
Voruteilsstrukturen der Sprache durch diese selbst auf dem Weg der sprachlich
vermittelten Reflexion einzuräumen, im Gegenteil auf dem Zirkel insistieren, der
sich aus der sprachlichen Auslegung des an der Sprache orientierten Erkenntnisbegriffs zu ergeben scheint. Reflexion der Sprache durch Sprache würde er als bloße
Iteration ansehen, die aus dem hermeneutischen Zirkel nicht befreit, sondern uns
nur tiefer in ihn verstrickt. Damit in diesen labyrinthischen Reflexionen überhaupt
noch etwas sinnvoll gesagt werden kann, scheint ein Denken vorausgesetzt werden
zu müssen, das hinter die sprachlich strukturierte Erfahrung zurückgehen kann;
und weiter:

Wenn Nietzsche die durch die Sprachlichkeit vermittelte Erfahrung als nur
unwahr kritisiert, setzt er damit die Denkbarkeit einer Unmittelbarkeit voraus, die
unsprachlich bzw. übersprachlich sein müßte:

> „Es gibt kein ‚Sein' hinter dem Tun, Wirken, Werden; ‚der Täter' ist zum Tun bloß
> hinzugedichtet — das Tun ist alles." (II, 790)

Dieser Versuch eines Rückganges hinter die Sprache reflektiert sich dann aber in
Nietzsches Unfähigkeit, seine Sprachkritik zu artikulieren, d. h. widerspruchsfrei
sprachlich zu artikulieren, denn der Satz „Aller Sinn ist Wille zur Macht" (III,
503) fällt ja selbst unter das Verdikt, aus einem Phänomen zwei zu machen, falls
er nicht eine Tautologie und damit nichtssagend ist; das Problemniveau, auf dem
sich Hegel im Zusammenhang seiner Ausführungen zum spekulativen Satz be-
wegte, wird nicht annähernd erreicht. Begnügt er sich mit der Kopula „ist", mit
dem sprachlich unartikulierbaren Hinweis auf eine unsprachliche Unmittelbarkeit,
so wird damit gar nichts geklärt. Wie so oft bei erkenntnistheoretischen und
sprachkritischen Überlegungen Nietzsches wird die Reflexion allerdings auf eine
Spitze getrieben, in der sie sich aufhebt, aber nicht in einer höheren Stufe, sondern
in ein Paradoxon umkippt: so auch in der Bestimmung des sprachlichen Vermittelt-

seins aller Erfahrung; die Sprachkritik als Entlarvung der metaphysischen Voraussetzungen der „Auslegung" als des „Wesens" der Erfahrung reflektiert sich selbst und hebt sich darin auf:

> „Es ist alles subjektiv' sagt ihr: aber schon das ist Auslegung. Das ‚Subjekt' ist nichts Gegebenes, sondern etwas Hinzu-Erdichtetes, Dahinter-Gestecktes. — Ist es zuletzt nötig, den Interpreten noch hinter die Interpretation zu setzen? Schon das ist Dichtung, Hypothese." (III, 903)

Die von Nietzsche geleistete Kritik der sprachlich vermittelten Erkenntnis als Auslegung durchschaut sich am Schluß selbst als — Auslegung, aber so, daß in dieser Reflexion der Zirkel der perspektivischen Gebundenheit eben nicht gebrochen ist. Hier scheint ein Sichverkennen der Reflexion als das Fernste und Dunkelste da, wo sie sich am nächsten ist, vorzuliegen: die Reflexivität der Sprache wird verkannt als perspektivisches Gefangensein des Zirkels der Auslegung in sich. Gegen dieses sich Verrennen der Reflexion in sich selbst hilft nur die Besinnung auf die immanente Transzendenz, die die Sprachlichkeit als untrennbare Einheit von Funktion und Reflexion in jedem Akt des Sprechens zuwege bringt: so wie „das situationsenthobene Sprechen durch den dialektischen Akt geschieht, der die Situation in die Sprache hineinnimmt und dadurch die Situation verlassen hat" (Liebrucks, a. a. O. I, 99), so ermöglicht die sprachliche Artikulation der Perspektivität aller sprachlichen Auslegung der Wirklichkeit das Verlassen eben dieser perspektivischen Gebundenheit. Wäre das Reflexions„vermögen" ein zweites, „höheres" über dem Funktionscharakter des Denkens, dann entstände der schlechte, weil begifflose Prozeß nicht der Reflexion, sondern der Iteration des Arguments, daß dieses „höhere Vermögen" der Reflexion selbst wiederum in einer höheren Reflexion auf seinen Wahrheitsgehalt, nämlich seine Adäquatheit an das Funktionsmoment hin, ausgelegt werden müßte. Im Sprechen über die Sprache dagegen sind der Reflexions- und der Funktionscharakter der Erkenntnis unmittelbar eins, so daß jener schlechte unendliche Regreß der iterierenden Abwechslung von Reflexion und Funktion in sich zurückgebogen ist als immanente Transzendenz, als Unendlichkeit des sprachlichen Bewußtseins.

Diese Unendlichkeit der sprachlichen Reflexion bzw. des Reflexionscharakters der Sprache mißversteht Nietzsche als perspektivisches Gefangensein des sprachlichen Bewußtseins in sich; das nicht Hinausgehenmüssen, das in jener Vereinigung von Reflexion und Funktion durch die Sprachlichkeit des Bewußtseins impliziert ist, insofern hiermit das immer schon Hinausgegangensein des Bewußtseins über sich geleistet ist, verkehrt Nietzsche in ein nicht Hinausgehenkönnen, in ein in sich Verfangensein der Reflexion:

> „Wir hören auf zu denken, wenn wir es nicht in dem sprachlichen Zwange tun wollen, wir langen gerade noch bei dem Zweifel an, hier eine Grenze als Grenze zu sehn. Das vernünftige Denken ist ein Interpretieren nach einem Schema, welches wir nicht abwerfen können." (III, 862)

Indem er aber diese „Auslegung" der hermeneutischen Struktur der Sprache sprachlich artikuliert, hebt er unmittelbar seine Intention auf und demonstriert die

Wahrheit dessen, was er anzweifelt: die Unendlichkeit der Sprache, durch Sprechen über Sprache, also durch innersprachliche Zuwendung zur perspektivischen Gebundenheit den perspektivischen Zirkel der sprachlichen Auslegung brechen zu können, indem er ihn durch Sprache ins Bewußtsein hebt. Ist mit dem Satz: „Die Auslegung der Sprache als Auslegung ist selbst nur eine Auslegung" nicht der Anspruch verknüpft, daß gerade in ihm der Zirkel der Auslegung gebrochen ist, so sagt er nichts, weist auf nichts mehr hin und zerstört sich unmittelbar selbst. Hier, in allernächster Nähe der Lösung des Knotens bleibt Nietzsche stehen: er bringt die beiden Gedanken ‚Sprache ist A u s l e g u n g' und ‚Sprache i s t Auslegung', d. h. Auslegung der Sprache als Auslegung ist zugleich das Verlassen des Zirkels der Auslegung, nicht zusammen, sondern hypostasiert die sprachliche Dialektik von Funktion und Reflexion als letzte, unübersteigbare Paradoxie, vor der das Intendieren von Wahrheit, der Erkenntnisanspruch allen Sinn verliert:

> „Es liegt im Wesen einer Sprache, eines Ausdrucksmittels, eine bloße Relation auszudrücken ... Der Begriff ‚Wahrheit' ist widersinnig." (III, 751)

Man würde Nietzsches Reflexionsniveau beträchtlich unterschätzen, unterstellte man ihm die Generalisierung seiner skeptischen Einwände zu einer erkenntnistheoretischen Position; ist auch die Gleichsetzung von Wahrheit und unwiderlegbarem Irrtum, von Reflexion und sprachlicher Iteration argumentativ nicht zu widerlegen, so ist sie andererseits auch nicht selbst als Position zu formulieren. In dem Augenblick, in dem dies versucht würde, gilt das Gesetz der Selbstaufhebung des verabsolutierten Skeptizismus, da dann gerade die sprachliche Logik in Anspruch genommen wird, deren Perspektivität und Unwahrheit Nietzsche selbst behauptet. Deshalb spricht Nietzsche wohl auch nur von einer Grenze, die wir gerade noch s e h e n , mit den Fingern f a s s e n , jedoch nicht mehr sprachlich übersteigen können, wobei die Problematik der Selbstimplikation des skeptischen Einwandes selbst noch als Einwand gegen den Wahrheitsbegriff gelte. Nietzsche weiß also, daß sein Angriff auf den idealistischen Reflexionsbegriff, der das Erkennen der Grenze mit deren Überwindung gleichsetzt, keine Gegenposition sein kann, sondern höchstens ein skeptischer Einwand, der sich auch auf sich selbst bezieht und sich damit relativiert.

Damit, daß Nietzsches Skeptizismus selbst keine erkenntnistheoretische Position sein kann, hängt zusammen, daß seine skeptischen Argumente als Moment einer übergreifenden Thematik innerhalb seines Werkes zu nehmen sind:

Die von der erkenntnistheoretischen Leugnung der Reflexion als Befreiung aus der Perspektivität untrennbaren geschichtsphilosophischen Aspekte der Ontologisierung des Bewußtseins durch Nietzsche erwachsen aus der Ausweitung der These vom instrumentalen Charakter des Denkens zu einer Naturgeschichte überhaupt des Bewußtseins, innerhalb derer die Entstehung des Bewußtseins eine unvollkommene Übergangssituation markiert:

> „In allem Bewußtwerden drückt sich ein Unbehagen des Organismus aus; es soll etwas Neues versucht werden, es ist nichts genügend zurecht dafür, es gibt Mühsal,

Spannung, Überreiz — das alles i s t eben Bewußtwerden... Das Genie sitzt im
Instinkt; die Güte ebenfalls. Man handelt nur vollkommen, sofern man instinktiv
handelt." (III, 824)

Die ‚Seinsschwäche' des Denkens, seine Reduktion auf eine unvollkommene
Funktion[21] des Organismus dringt bei Nietzsche bis in die Formulierung vor, wenn
er von Bewußt h e i t statt Bewußtsein spricht und dieses damit zu einer Qualität,
einem Attribut herabsetzt:

> „Die Bewußtheit ist die letzte und späteste Entwicklung des Organischen und folg-
> lich auch das Unfertigste und Unkräftigste daran." (II, 44)

Die Skepsis gegen die Reflexion weitet sich aus zur Ablehnung jeder Philosophie des Geistes und führt letztlich zur Leugnung der Relevanz des Zweckbegriffs:

> „Der Grundfehler steckt nur darin, daß wir die Bewußtheit — statt sie als Werkzeug
> und Einzelheit im Gesamt-Leben zu verstehen — als Maßstab, als höchsten Wert-
> zustand des Lebens ansetzen: es ist die fehlerhafte Perspektive des a parte ad totum,
> — weshalb instinktiv alle Philosophen darauf aus sind, ein Gesamtbewußtsein, ein
> bewußtes Mitleben und Mitwollen alles dessen, was geschieht, einen ‚Geist', ‚Gott'
> zu imaginieren. Man muß ihnen aber sagen, daß eben damit... das Dasein verurteilt
> werden müßte... Gerade daß wir das zweck- und mittelsetzende Gesamtbewußt-
> sein eliminiert haben: das ist unsre große Erleichterung, — damit hören wir auf,
> Pessimisten sein zu müssen... Unser größter Vorwurf gegen das Dasein war die
> Existenz Gottes" (III, 587 f.).

Der Zusammenhang zwischen Nietzsches erkenntnistheoretischen, anthropolo-
gischen und metaphysischen Ausführungen tritt in solchen Passagen zutage[22]; die
Leugnung der absoluten Reflexion, der Autonomie des Bewußtseins, der Möglichkeit des Nichtaufgehens des Denkens in einer Funktion des Lebens und die ‚Theodizee' des Kosmischen, Mundanen, das Abwehren aller Sinnfragen, die ja die
Immanenz des Lebenszusammenhangs transzendieren würden, können als Varia-
tionen *eines* Gedankens begriffen werden: des Versuchs nämlich, eine reine Unmittelbarkeit, ein Aufgehen des Einzelnen im „Leben" wiederherzustellen. Diesen
salto mortale im Versuch, das Ich zu retten durch Mimikry, Angleichung ans bloß
Seiende, Natürliche werden wir im VI. Kapitel im Zusammenhang des Themas der
Theodizee im Werk Nietzsches zu explizieren suchen.

Aber eben die Reduktion des Bewußtseins auf die Bewußtheit als bloße Qualität, die ihn das Wahrheitsmoment des Idealismus übersehen läßt, führt ihn — und
dieses Zusammen von Wahrheit und Irrtum gilt ja so oft bei Nietzsche — vor die

---

[21] Siehe auch III, 742 und III, 746; aber andererseits III, 576: „Alle Instinkt-Urteile sind
kurzsichtig in Hinsicht auf die Kette der Folgen: sie raten an, was zunächst zu tun ist.
Der Verstand ist wesentlich ein Hemmungsapparat gegen das Sofort-Reagieren auf das
Instinkt-Urteil: er hält auf, er überlegt weiter, er sieht die Folgenkette ferner und
länger."

[22] Der ‚Wille zur Macht' in seiner ‚anorganischen' Gestalt als Kraft, im ‚Organischen' als
Wille zum Wachstum und in der Erkenntnistheorie als Perspektivität scheint nur den
einen Gedanken der Relativität als der obersten — skeptischen — Kategorie zu
variieren.

Geschichtlichkeit des Bewußtseins, und zwar eben in dem oben angezogenen Aphorismus:

> „Man denkt, hier sei der K e r n des Menschen; sein Bleibendes, Ewiges, Letztes, Ursprünglichstes! Man hält die Bewußtheit für eine feste gegebene Größe! Leugnet ihr Wachstum, ihre Intermittenzen" (II, 44).

In dieser Wendung zur Geschichtlichkeit des Bewußtseins — des Bewußt s e i n s allerdings, denn wie sollte Bewußt h e i t geschichtlich begriffen werden können, — dürfte die für Nietzsche allein noch denkbare Lösungsmöglichkeit seiner erkenntnistheoretischen Aporien beschlossen sein:

> „Die unmittelbare Selbstbeobachtung reicht lange nicht aus, um sich kennen zu lernen: wir brauchen Geschichte, denn die Vergangenheit strömt in hundert Wellen in uns fort." (I, 823)

Fasse ich Bewußtsein nur als Bewußt s e i n , d. h. ontologisch, so ist Geschichtlichkeit undenkbar, da nur durch die Reflexion auf das historische Geschehen dieses zur Geschichte werden kann; eliminiere ich das ontologische Moment dagegen völlig, reduziere ich Bewußtsein auf Bewußt h e i t , so reduziere ich es zum reinen Prinzip, das eo ipso ungeschichtlich ist. Geschichtlich ist nur Bewußt-Sein (Bruno Liebrucks) als die Einheit von Bewußtseiendem und Bewußtheit.

Gibt es keine Stufen der Erfahrung des Bewußtseins, so daß die höhere Stufe als durchschautes Moment enthält, was den ganzen Umfang der tieferen ausfüllt, so kann es eine Rückwendung auf das Bewußtsein selbst nicht geben; Erkenntnistheorie und Kritik setzen also, obwohl ihre Borniertheit in der Leugnung gerade dieser Voraussetzung besteht, die Geschichtlichkeit der Erfahrung des Bewußtseins voraus. Der Pragmatismus bedeutet gegenüber einem Idealismus, dem die Geschichtlichkeit im Rücken bleibt, die höhere Stufe, da in ihm der Platonismus und die idealistische Verabsolutierung der Wissenschaftlichkeit zum Moment herabgesunken sind:

> „Es ist endlich an der Zeit, die Kantische Frage ‚wie sind synthetische Urteile a priori möglich?' durch eine andre Frage zu ersetzen ‚warum ist der Glaube an solche Urteile n ö t i g ? ' — nämlich zu begreifen, daß zum Zweck der Erhaltung von Wesen unserer Art solche Urteile als wahr geglaubt werden müssen;" (II, 576).

Nietzsche bleibt dabei fern aller unreflektierten Aufklärung, da er weiß, daß durch die Aufhebung einer Bewußtseinsstufe der Mensch nicht einfach aus der Erfahrung des Bewußtseins, zu der immer neue Hypostasierungen gehören, hinausspaziert, sondern daß die Bornierung in der neuen Stufe und das Verlassen der früheren untrennbar sind:

> „Damit ein Heiligtum aufgerichtet werden kann, muß ein Heiligtum zerbrochen werden." (II, 835)[23] und:

> „Was wäre das für ein Narr, der da meinte, es genüge, auf diesen Ursprung und diese Nebelhülle des Wahns hinzuweisen, um die als wesenhaft geltende Welt, die sogenannte ‚Wirklichkeit' zu vernichten! Nur als Schaffende können wir vernichten!
> — Aber vergessen wir auch dies nicht: es genügt, neue Namen und Schätzungen und

---

[23] Siehe hierzu auch I, 462; I, 594; I, 810.

Wahrscheinlichkeiten zu schaffen, um auf die Länge hin neue ‚Dinge‘ zu schaffen."
(II, 78)[24]

Wäre Ich nur eine bleibende Substanz, so würde die Reflexion im Sinne einer
Introspektion zur Erkenntnis von Ich ausreichen; da aber das Bewußtsein vermittelt durch seine eigene Geschichte und die des Bewußtseins überhaupt ist, gibt es
ohne Geschichte als Historie keine Erkenntnis des geschichtlichen Wesens „Mensch":

> „Die unmittelbare Selbstbeobachtung reicht lange nicht aus, um sich kennen zu
> lernen: wir brauchen Geschichte, denn die Vergangenheit strömt in hundert Wellen in
> uns fort;" (I, 823).

Nietzsches Reflexion auf die Geschichtlichkeit des Menschen bleibt jedoch nicht
beim Aufweis eines bloßen Wandlungsprozesses des Bewußtseins stehen, sondern
er sieht in der Geschichte eine „List der Vernunft" am Werk, die eine Reihenfolge
bestimmter Stufen[25] vorschreibt:

> „Alles auf dem Gebiete der Moral ist geworden, wandelbar, schwankend, alles ist im
> Flusse, es ist wahr: — aber alles ist auch im Strome: nach einem Ziele hin." (I, 514)

Ohne den Irrtum der naiv sprachlichen Stufe wäre der Mensch nie zur wissenschaftlichen gelangt:

> „Der Sprachbildner war nicht so bescheiden zu glauben, daß er den Dingen eben nur
> Bezeichnungen gebe, er drückte vielmehr, wie er wähnte, das höchste Wissen über die
> Dinge mit den Worten aus; ... sehr nachträglich — jetzt erst — dämmert es den
> Menschen auf, daß sie einen ungeheuren Irrtum in ihrem Glauben an die Sprache
> propagiert haben. Glücklicherweise ist es zu spät, als daß es die Entwicklung der
> Vernunft, die auf jenem Glauben beruht, wieder rückgängig machen könnte."
> (I, 453)

Parallel zur Ablösung der Sprache durch Mathematik deutet Nietzsche die
Ablösung der Kunst und Religion durch die Wissenschaft als einen Vorgang, der
nur durch die Kunst selbst möglich gewesen sei, die den Menschen am Leben erhielt, als die Erkenntnis der Wahrheit tödlich gewesen wäre:

> „Jene Voraussetzungen" (die metaphysischen und Religiösen ‚Irrtümer‘ des Men-
> schen) „sind aber falsch: welche Stellung bleibt nach dieser Erkenntnis jetzt noch der
> Kunst? Vor allem hat sie durch Jahrtausende gelehrt, mit Interesse und Lust auf
> das Leben in jeder Gestalt zu sehen und unsere Empfindung so weit zu bringen, daß
> wir endlich rufen: ‚wie es auch sei, das Leben, es ist gut!‘ ... Man könnte die Kunst
> aufgeben, würde aber damit nicht die von ihr gelernte Fähigkeit einbüßen: ebenso
> wie man die Religion aufgegeben hat, nicht aber die durch sie erworbenen Gemüts-
> Steigerungen und Erhebungen ... Der wissenschaftliche Mensch ist die Weiterent-
> wicklung des künstlerischen." (I, 581 f.)

---

[24] Siehe auch I, 230 und II, 900, wo noch das Ende aller Hypostasen, aler Gestalten des
Bewußtseins selbst noch hypostasiert wird: „Lieber will noch der Mensch d a s
N i c h t s wollen als n i c h t wollen ..."

[25] Siehe Aphorismus Nr. 44 der zweiten Abteilung des zweiten Bandes von ‚Menschliches,
Allzumenschliches‘, „Stufen der Moral", dessen letzter Satz lautet:
„Dann kommt eine Moral der Neigung, des Geschmacks, endlich der der Einsicht —
welche über alle illusionären Motive der Moral hinaus ist, aber sich klargemacht hat,
wie die Menschheit lange Zeiten hindurch keine anderen haben durfte." (I, 900).

Die Untrennbarkeit von Objektivierung, Reflexion und Sichverabschieden innerhalb der Geschichtlichkeit drückt Nietzsche in seiner Darstellung des Untergangs der europäischen Kunst folgendermaßen aus:

> „Und so bewegt sich die Kunst ihrer A u f l ö s u n g entgegen und streit dabei ... alle Phasen ihrer Anfänge, ihrer Kindheit, ihrer Unvollkommenheit, ihrer einstmaligen Wagnisse und Ausschreitungen: sie interpretiert, im Zu-Grunde-Gehen, ihre Entstehung, ihr Werden." (I, 580)

Die Untrennbarkeit von Pragmatismus — zumindest als Moment — und geschichtlicher Auffassung des Menschen tritt dann in den Mittelpunkt, wenn Nietzsche sich seinem Hauptthema, der Geschichte der Moral zuwendet. Kant, der auf dem Begriff der Verbindlichkeit insistierte, mußte sowohl die Einbeziehung der Geschichte als auch die Vorstellung einer Mannigfaltigkeit von ‚Moralen' — eine gewaltsame Wortbildung Nietzsches, denn nicht zufällig lassen sich in der deutschen Sprache keine Pluralformen von vielen philosophischen Kategorien bilden — als irrelevant für die metaphysische Begründung der Moral zurückweisen, da hier die „Erfahrung die Mutter des Scheins" sei; Nietzsche als Gegenpol Kants dagegen sieht nur die geschichtlichen Erscheinungsformen der Moral als Entfaltung der Moralen, kann sie aber dafür im Zusammenhang der Erfahrung des Bewußtseins reflektieren. Er verfaßte eine ‚Naturgeschichte der Moral', eine Schrift ‚Zur Genealogie der Moral', und schon in ‚Menschliches, Allzumenschliches' heißt das zweite Hauptstück des ersten Bandes ‚Zur Geschichte der moralischen Empfindungen'. Moralischen ‚Empfindungen' hätte Kant allerdings die Geschichtlichkeit auch nicht bestritten. Nietzsches Grenze gegenüber Kant besteht m. E. darin, daß er den Standpunkt des Historikers verabsolutiert und deshalb jede ‚einzelne Moral' als durch die Illusion der Freiheit, die selbst — die Illusion — als conditio sine qua non der geschichtlichen Stufen der Moral notwendig ist, bedingt zum ideologischen Überbau bestimmter Lebewesen reduzieren muß. Die letzte Stufe, die Einsicht in die Unfreiheit des Menschen, hebt die Moral als solche auf, bedeutet den Abschied von ihr, insofern die Unmittelbarkeit der Freiheit, die Willkür, als aufgehobene Vermittlung durchschaut wird:

> „So macht man der Reihe nach den Menschen für seine Wirkungen, dann für seine Handlungen, dann für seine Motive und endlich für sein Wesen verantwortlich. Nun entdeckt man schließlich, daß auch dieses Wesen nicht verantwortlich sein kann, insofern es ganz und gar notwendige Folge ist und aus den Elementen und Einflüssen vergangener und gegenwärtiger Dinge konkresziert; ... damit ist man zur Erkenntnis gelangt, daß die Geschichte der moralischen Empfindungen die Geschichte eines Irrtums, des Irrtums von der Verantwortlichkeit ist: als welcher auf dem Irrtum von der Freiheit des Willens ruht." (I, 479 f.)

Wieder wäre die Frage nach den Bedingungen der Möglichkeit dieser Selbsterkenntnis, die ein Sich-außerhalb-des-Lebens-Stellen voraussetzt, zu stellen, doch Nietzsche gibt hier eine Antwort, insofern er, diese Frage antizipierend, daraufhinweist, wie „die Gewalt der moralischen Vorurteile ... tief in die geistigste, in die anscheinend kälteste und voraussetzungsloseste Welt eingedrungen ist" (II,

587); die letzte Tugend des desillusionierten Menschen, des „freien Geistes", die Redlichkeit, die nur nach der Wahrheit fragt, sie ist die letzte und sublimste Gestalt in der Reihe der Stufen der Moral; — die Interpretation der sich der Intention nach von aller perspektivischen Gebundenheit befreienden Wahrheitsfrage als moralisches Phänomen realisiert den Momentcharakter der skeptischen Einwände Nietzsches gegen den Wahrheitsbegriff als eines widersinnigen Gedankens; die Redlichkeit wird die Selbstaufhebung der Moral einleiten:

> „Alle großen Dinge gehen durch sich selbst zugrunde, durch einen Akt der Selbst-
> aufhebung... Nachdem die christliche Wahrhaftigkeit einen Schluß nach dem an-
> dern gezogen hat, zieht sie am Ende ihren stärksten Schluß, ihren Schluß gegen sich
> selbst; dies aber geschieht, wenn sie die Frage stellt ‚was bedeutet aller Wille zur
> Wahrheit?' ... An diesem Sichbewußtwerden des Willens zur Wahrheit geht von
> nun an — daran ist kein Zweifel — die Moral zugrunde: jenes große Schauspiel in
> hundert Akten, das den nächsten zwei Jahrhunderten Europas aufgespart bleibt."
> (II, 898 f.)

Diese Selbstaufhebung der Moral, deren Spitze und Untergang die unbedingte Wahrhaftigkeit, die Redlichkeit sei, diese Selbstaufhebung der Moral, die Nietzsche als das movens der gegenwärtigen Geschichte begreift, ist zugleich die Heraufkunft des Nihilismus:

> „Was ich erzähle, ist die Geschichte der nächsten zwei Jahrhunderte. Ich beschreibe,
> was kommt, was nicht mehr anders kommen kann: d i e H e r a u f k u n f t d e s
> N i h i l i s m u s. Diese Geschichte kann jetzt schon erzählt werden: denn die Not-
> wendigkeit selbst ist hier am Werke." (III, 634)*

Die Selbstaufhebung der Moral, das letzte Stadium der Geschichte der ‚moralischen Empfindungen', bedeutet nicht deshalb die Heraufkunft des Nihilismus, weil mit der Befreiung zu einem Standpunkt „Jenseits von Gut und Böse" alle tradierten Wertvorstellungen als Irrtümer durchschaut sind, sondern weil die konsequente Durchführung der These des „Jenseits von Gut und Böse" im Übersteigen des Gegensatzes wahr — unwahr kulminiert. Die Redlichkeit, die als Standpunkt „Jenseits von Gut und Böse" die Geschichte der Moral als „Geschichte eines Irrtums" entlarvt, zerstört sich am Schluß durch die Reflexion ihrer selbst, durch die Anwendung ihrer Maxime, der totalen Aufklärung, auf sich selbst; diese Selbstreflexion läßt das Denken seine letzten Schranken transzendieren, treibt in der Selbstaufhebung der Redlichkeit, der Tugend des „freien Geistes", das Denken von „Jenseits von Gut und Böse" fort zum „Jenseits von Wahr und Unwahr". Diese Identität von „Jenseits von Gut und Böse" und „Jenseits von Wahr und Unwahr" definiert erst den Nihilismus:

„Nichts ist wahr, alles ist erlaubt." (II, 889)

Dies ist zu explizieren.

---

* Die heute schwer erträgliche Schlüsselattitüde begleitet hier einen Text, in dem von Sprachkritik und Skepsis gegenüber hypostasierten Denkstrukturen wenig zu bemerken ist. Die Zurückhaltung gegenüber den späten Texten Nietzsches hat ihre sachliche Relevanz.

Um das jetzt angeschlagene Thema des Nihilismus dreht sich die zweite Hauptfrage nach der Möglichkeit für den aufgeklärten Menschen, ohne „metaphysische Irrtümer" oder ein ebenfalls als gesetzter Grund funktionierendes Surrogat leben zu können. Dieses Thema, das hier in der Gestalt des Aufweises des Zusammenhangs eines Scheiterns der Vermittlung der Aufklärung mit der Sprachlichkeit und dem Nihilismus als des Resultats dieses Scheiterns vorgetragen werden soll, läßt sich von der von mir bisher vorgenommenen Interpretation aus folgendermaßen umreißen:

Der Nihilismus, der in der akademischen Philosophie[26] stets nur am Rande erwähnt wurde, wobei dieses Perhorreszieren als Weltanschauungsphilosophie lediglich die Ohnmacht dieses Denkens manifestiert, trat im 19. Jahrhundert ins allgemeine Bewußtsein durch die Romane Dostojewskys, insbesondere in der Gestalt des Iwan in den ‚Brüdern Karamasoff‘; Nietzsche definiert parallel zu Dostojewsky den Nihilismus — und das, was er zugleich für dessen Überwindung hielt — in der Schrift ‚Zur Genealogie der Moral‘ als die Identität des erkenntnistheoretischen und des ethischen Skeptizismus:

> „‚Nichts ist wahr, alles ist erlaubt‘... Wohlan, das war Freiheit des Geistes, damit war der Wahrheit selbst der Glaube gekündigt... Hat wohl je schon ein europäischer, ein christlicher Freigeist sich in diesen Satz und seine labyrinthischen Folgerungen verirrt?" (II, 889)

Die erste Hälfte des entscheidenden Satzes „Nichts ist wahr" definiert den Nihilismus als Identität von Wahrheit und Tod — im Sinne des Untergangs aller Gestalten der Erfahrung des Bewußtseins, die zugleich Stufen der Geschichte der Moral sind —, die zweite Hälfte die scheinbare Überwindung des Nihilismus als behauptete absolute Befreiung — „alles ist erlaubt".

Der ganze Satz spricht somit die Befreiung von der Moral und die Befreiung von der Pflicht zur Erkenntnis, vom „Willen zur Wahrheit", als eine, als d i e Befreiung aus; und hier liegt der Bruch des Gedankens: wenn nichts wahr ist, wenn die Gebundenheit des Erkennenden an die Perspektive, der er als Lebewesen unterliegt, total ist, wenn also alle Extramundanität und Extravitalität verneint wird,

---

[26] In Albert Camus' ‚Der Mensch in der Revolte‘ fehlen fast alle Repräsentanten der akademischen Philosophie. Das Auseinanderfallen der Philosophie in Schulphilosophie und Weltanschauungsphilosophie scheint selbst zur Signatur des Nihilismus insofern zu gehören, als durch diesen Bruch die begriffliche Erhellung des Nihilismus erschwert wird.
Kant dagegen, dessen Interpretation einen großen Teil der Aufgaben der Schulphilosophie ausmacht, hatte noch die philosophische Größe, auch die Schulphilosophie als ein Moment anzusehen: sein Werk lebt von der Spannung zwischen Wissenschaft und Metaphysik, sein Problem war das der Versöhnung von Wissenschaft (Notwendigkeit) und Moral (Freiheit). Nicht zufällig versuchte die sich Kants bemächtigende Schulphilosophie immer wieder, das ‚Ding an sich‘, das im Mittelpunkt jener Vermittlung steht, als ein unkritisches Relikt zu eliminieren, ohne zu bemerken, daß damit das philosophische Werk Kants im Kern verändert wird, nämlich seiner Spannweite ‚Kritik der reinen Vernunft‘ — ‚Grundlegung zur Metaphysik der Sitten‘ beraubt und auf das eine Moment der Wissenschaftstheorie reduziert wird.

dann muß der zweite Satz lauten: „Nichts ist erlaubt, alles ist notwendig, alles ist der Immanenz des Mundanen verfallen"; und selbst dieser Satz zielt noch ins Leere, da er innerhalb des Mundanen nicht aussagbar ist. Die Verneinung der Extramundanität durch den ersten Satz macht die Bejahung der reinen, abstrakten Subjektivität d. h. Extramundanität als intendierter in der zweiten Satzhälfte unmöglich.

Wenn oben der Übergang vom Standpunkt „Jenseits von Gut und Böse" zum „Jenseits von Wahr und Unwahr" als die Genese des Nihilismus, des letzten Stadiums der Geschichte der Selbstaufhebung der Moral interpretiert wurde, so muß jetzt differenziert werden: die Einbeziehung des „Willens zur Wahrheit" in die Moral hat ihre Grenze in dem von Nietzsche schon in den frühen Schriften — vielleicht in Anlehnung an die griechische Sprache, in der Pseudos für Lüge und Irrtum steht, — eliminierten Differenz zwischen Wahrheit und Wahrhaftigkeit; — jene schon zitierte frühe Schrift trägt die Überschrift ‚Über Wahrheit und Lüge im außermoralischen Sinn', obwohl die Antithese lauten müßte: ‚Über Wahrheit und Unwahrheit', bzw. ‚Über Redlichkeit und Lüge'.

Wenn auch der Standpunkt „Jenseits von Wahrhaftig und Unwahrhaftig" die Spitze des „Jenseits von Gut und Böse" darstellt, — ein „Jenseits von Wahr und Unwahr" ist damit nicht erreicht und ist wohl auch nicht artikulierbar; denn die Leugnung der Nichttranszendierbarkeit der Wahrheit, also die Behauptung eines Standpunktes jenseits von Wahrheit und Irrtum ist identisch mit der Verabsolutierung eines Immanenzzusammenhangs, z. B. des Lebens; dieser aber setzt als solcher das Gegenteil seiner selbst voraus, um ausgesprochen werden zu können, wie im Zusammenhang der Aporien gezeigt wurde, die sich für Nietzsche aus der lebensphilosophischen Leugnung der absoluten Reflexion ergeben.

Die Problematik der Wendung „Jenseits von Gut und Böse" tritt zutage, wenn wir uns der Bedeutung der Perspektive im Zusammenhang der erkenntnistheoretischen Ausführungen Nietzsches entsinnen: so wie der frühe Nietzsche von der Unübersteigbarkeit der Horizonte sprach, so der spätere Nietzsche von der Perspektivität der „Erkenntnis", wobei „Perspektive" als die subjektive, reflektierte Form des „Horizonts" aufgefaßt werden kann; jede Perspektive hat ihren Horizont in den für sie gültigen Werten. Die Relativität der Werte auf die zugeordnete Perspektive soll nun gelten sowohl für die Ethik als auch die Erkenntnistheorie; die Genese aller Werte stellt sich für Nietzsche als perspektivische Auslegung der Welt nach Gut und Böse, Wahr und Falsch dar, so daß die sprachlichen Bezeichnungen, die allgemeine Begriffe zu sein beanspruchen, nominalistisch als bloß relativ sei es auf das einzelne Subjekt, sei es auf die Gattung — die es ja dann eigentlich nicht geben kann — bestimmt werden. In direktem Gegensatz zur nominalistischen Perspektivität, die die Relativität aller Erkenntnis auf das Erkenntnissubjekt impliziert, steht nun die Intention einer Philosophie „Jenseits von Gut und Böse". Wäre die Perspektivität eingeschränkt auf die „praktische Vernunft", dann wäre ein Denken jenseits von Gut und Böse durchaus intendierbar; da Nietzsche aber die Genese der Perspektivität sowohl der „theoretischen" wie der „praktischen" Vernunft als ein und dieselbe, nämlich als in den sprachlichen Strukturen begründet darstellt, wäre ein „Jenseits von Gut und Böse" zugleich ein „Jenseits von Wahr und Unwahr", ein Transzendieren der Perspektivität schlechthin. — Wenn dies auch keine befriedigende Deutung darstellt, so könnte das „Jenseits von ..." vielleicht eher als ein „Diesseits von ...", als eine skeptische ἐποχή von allen Wertschätzungen und Urteilen über das Ansichsein aufgefaßt werden, um den Widerspruch zwischen der uneingeschränkten Perspektivität und dem durch das „Jenseits von ..." antizipierten Transzendieren eben der Perspektivität zu mildern. —

Der Satz „Nichts ist wahr, alles ist erlaubt" enthält, genau besehen, zwei Formen des Nihilismus: er enthält die Antizipation erstens eines Denkens jenseits von Gut und Böse, — „alles ist erlaubt" — und zweitens eines Denkens jenseits von Wahr und Unwahr — „nichts ist wahr"; beide Formen sind in der sprachlichen Darstellung des Gedankens so verbunden, daß eine logische Abhängigkeit beider Sätze — z. B. in Form eines hypothetischen Urteils, die vielleicht bewußt von Nietzsche vermieden wurde, weil sein Gedanke auch auf die Aufhebung der Gültigkeit der Logik zielt, — zwar nicht ausgesprochen, aber doch der Anschein einer solchen erweckt wird, so daß die Zerstörung aller ethischen Verbindlichkeit als solcher die Konsequenz des reinen Skeptizismus des ‚nichts ist wahr' darstelle.

Blicken wir zurück auf Nietzsches Stellung zum Wahrheitsbegriff in den bisher interpretierten Schriften, so sehen wir den frühen Nietzsche zwar die Tödlichkeit, zumindest Lebensfeindlichkeit der Erkenntnis immer wieder hervorheben, doch zugleich behaupten: „Die Welt braucht ewig die Wahrheit." (III, 270), wenn diese Wahrheit auch nur in der Erkenntnis besteht, „ewig zur Unwahrheit verdammt zu sein" und sich deshalb mit der „erreichbare(n) Wahrheit", der „zutrauensvoll sich nahenden Illusion" (III, 271) begnügen zu müssen. Der spätere Nietzsche glaubt sein früheres Insistieren auf „Wahrheit um jeden Preis" als Jünglingsschwärmerei durchschaut zu haben:

> „Nein, dieser schlechte Geschmack, dieser Wille zur Wahrheit, zur ‚Wahrheit um jeden Preis', dieser Jünglings-Wahnsinn in der Liebe zur Wahrheit — ist uns tief verleidet ... Wir glauben nicht mehr daran, daß Wahrheit noch Wahrheit bleibt, wenn man ihr die Schleier abzieht ..." (II, 14 f.).

Nietzsche enthüllt damit nachträglich den Impetus rigoroser Wahrhaftigkeit, der, von mir als versteckter Nihilismus interpretiert, seine frühen Schriften durchzieht, als bloß ästhetisch relevantes Phänomen, ja als Frage des Geschmacks; das ist ja auch wiederum konsequent, wenn Nietzsche das Streben nach Erkenntnis um jeden Preis selbst wiederum als moralisches Phänomen durchschaut zu haben glaubt und damit die Erkenntnis der Wahrheit zu einem relativen und abhängigen Moment des Lebenswillens herabsetzt.

Die hier zitierte — von Nietzsche selbst nicht veröffentlichte — frühe Schrift über Heraklit von 1872 trägt den Titel ‚Vom Pathos der Wahrheit‘, und in ihr wird nur ein Gedanke vorgetragen: die Philosophie als tödliches Leiden (Pathos) an der Wahrheit. Das unmittelbare Wahrheitspathos schlägt angesichts der Reflexion auf den Chorismos von Wesen und Erscheinung — in der These von der Unaufhebbarkeit der perspektivischen Relativität alles Erkennens — um in die Verzweiflung an der Wahrheit; die Lebensphilosophie, gegen den historistischen Skeptizismus herbeigerufen, erweist sich als erkenntnistheoretischer Nihilismus, da innerhalb der Lebensphilosophie „Erkenntnis" und „Wahrheit" nicht nur unerreichbar, sondern sogar unsinnig werden:

> „Wir haben eben gar kein Organ für das E r k e n n e n , für die ‚Wahrheit‘: wir ‚wissen‘ (oder glauben oder bilden uns ein) gerade so viel, als es im Interesse der Menschen-Herde, der Gattung n ü t z l i c h sein mag." (II, 222)

Die Gewißheit, die höchste Kategorie des monologischen Denkens und der kritischen Philosophie, durch die sie die ‚dogmatische Vorstellung‘ der Wahrheit substituiert, sei es nun Bewußtsein der Notwendigkeit, durch das unsere Vorstellungen begleitet werden müssen, sofern sie a priori gewiß sein sollen, sei es Evidenz, diese subjektive Gewißheit, im Besitze der Wahrheit zu sein, — dies alles durchschaut Nietzsche, als Philosoph am „naiven" Wahrheitsbegriff festhaltend, als Surrogate, die vielleicht gerade auf die tiefste Verstrickung in die Unwahrheit hindeuten:

> „Letzte Skepsis. — Was sind denn zuletzt die Wahrheiten des Menschen? — Es sind die u n w i d e r l e g b a r e n Irrtümer des Menschen." (II, 159)

Diese wahrhaft letzte Skepsis ist wissenschaftlich immanent, kritisch und monologisch unaufhebbar; Übereinstimmung des Denkens mit sich, Apriorität, Evidenz, Wissenschaftlichkeit etc. erkennt Nietzsche also als durchaus verträglich mit Unwahrheit. H i e r liegt die Begründung für die nihilistische Charakterisierung der Wissenschaft durch Nietzsche[27]. Vor diesem Hintergrund der Verzweiflung an der Wahrheit und der Erkenntnis als etwas in sich Widersinnigem ist der Versuch Nietzsches zu sehen, jene Verzweiflung durch Herabsetzung der Erkenntnis der Wahrheit zu einem Moment zu überwinden; während der Nihilismus an der Einsicht in die Unmöglichkeit weil Widersinnigkeit von Wahrheit festhält[28],

---

[27] Siehe III, 491 und III, 882: „Nihilistischer Zug a) In den Naturwissenschaften (‚Sinnlosigkeit‘ —); Kausalismus, Mechanismus..." „Die nihilistischen Konsequenzen der jetzigen Naturwissenschaft... Aus ihrem Betriebe folgt endlich eine Selbstzersetzung... Seit Kopernikus rollt der Mensch aus dem Zentrum ins x". Siehe hierzu auch Schlechta, a. a. O. S. 82: „Nihilismus ist überall dort, wo kein Sinn mehr ist. Ich darf einfügen, daß nicht Nietzsche allein, daß auch Dostojewsky und Kierkegaard ‚Wissenschaft‘, ‚Naturwissenschaft‘ unter diesem Aspekt gesehen haben."

[28] Zur Hypostasierung des Skeptizismus, der aus der Vergegenständlichung der Erfahrung des Bewußtseins entsteht, siehe Hegels ‚Phänomenologie des Geistes‘, S. 68: „Sie ist nämlich der Skeptizismus, der in dem Resultate nur immer das r e i n e N i c h t s sieht und davon abstrahiert, daß dies Nichts bestimmt das Nichts dessen ist, w o r a u s e s r e s u l t i e r t . "

versucht der Nietzsche des den Nihilismus überwinden wollenden „Willens zur
Macht" die unbedingte Wahrhaftigkeit zur höchsten Stufe der christlichen Moral
zu relativieren:

> „Die Erkenntnis um ihrer selbst willen' — das ist der letzte Fallstrick, den die
> Moral legt: damit verwickelt man sich noch einmal völlig in sie." (II, 625)

Wenn diese Relativierung auch die Interpretation von der Wertkategorie aus
ermöglicht, — „gesetzt, wir wollen Wahrheit: warum nicht lieber Unwahrheit?
Und Ungewißheit? Selbst Unwissenheit? — Das Problem vom Werte der Wahrheit trat vor uns hin" (II, 567), — so ist diese Reflexion doch eine mißglückte von
vornherein: Wahrhaftigkeit als Tugend mag zum Moment relativiert werden
können, doch ist das nicht zu verwechseln mit der Reduktion von Wahrheit selbst
zu einem pros ti; die Möglichkeit der Frage nach der Wahrheit jeder die Wahrheit
relativierenden Reflexion — das gilt auch für die Frage nach der Wahrheit eines
Kriteriums von Wahrheit, hier ergibt sich der gleiche regressus in infinitum —
zeigt die Unmöglichkeit der Herabsetzung der Erkenntnis der Wahrheit zu einem
Moment. Die im Zuge der „Überwindung des Nihilismus" durch den Willen zur
Macht vorgenommene Relativierung der Erkenntnis der Wahrheit auf eine der
Wertfrage unterworfene Verhaltensweise scheint deshalb unvollendeter, nämlich
nicht erkannter Nihilismus zu sein.

Dem gegenüber stellt die Einsicht in die Widersinnigkeit des Wahrheitsbegriffs
die höhere Stufe dar:

> „Daß es k e i n e Wahrheit gibt; daß es keine absolute Beschaffenheit der Dinge,
> kein ‚Ding an sich' gibt. Dies ist selbst nur Nihilismus, und zwar der extremste."
> (III, 557)

Den Grund für diese den Begriff des Nihilismus evozierende Verzweiflung an
der Wahrheit gibt die Sprachlichkeit der menschlichen Erkenntnis ab, so daß der
Nihilismus letztlich aus dem Scheitern der Vermittlung von Aufklärung und
Sprachlichkeit, die durch die Reflexion als nur widersinnig durchschaut werde, zu
entspringen scheint:

> „Es liegt im Wesen einer Sprache, eines Ausdrucksmittels, eine bloße Relation aus-
> zudrücken... Der Begriff ‚Wahrheit' ist w i d e r s i n n i g. Das ganze Reich von
> ‚wahr-falsch' bezieht sich nur auf Relationen zwischen Wesen, nicht auf das ‚An
> sich'... Es gibt kein ‚Wesen an sich' (die Relationen konstituieren erst Wesen —)
> so wenig es eine ‚Erkenntnis an sich' geben kann." (III, 751 f.)

Nietzsche kritisiert wie Hegel den Reflexionsstandpunkt einer abstrakten
Scheidung von Ding an sich und Erscheinung, aber nicht, um wie Hegel zum
Begriff der Offenbarung des Wesens in der Erscheinung fortzugehen, sondern um
jenen Reflexionsstandpunkt abstrakt zu negieren:

> „Sobald aber der Mensch dahinterkommt, wie nur aus psychologischen Bedürfnissen
> diese Welt gezimmert ist und wie er dazu ganz und gar kein Recht hat, so entsteht
> die letzte Form des Nihilismus, welche den U n g l a u b e n a n e i n e m e t a-
> p h y s i s c h e W e l t in sich schließt, — welche sich den Glauben an eine w a h r e
> Welt verbietet. Auf diesem Standpunkt gibt man die Realität des Werdens als
> einzige Realität zu, verbietet sich jede Art Schleichweg zu Hinterwelten und falschen
> Göttlichkeiten." (III, 677 f.)

Wenn es keine Erscheinung mehr gibt, verliert auch die Kategorie des Wesens ihre Bedeutung — das Wesen muß erscheinen —, es bleibt nur ein Weg noch offen: die Entsprachlichung der Erkenntnis zugunsten des dem Willen zur Macht dienenden Manipulierens von Fiktionen; damit hätte Nietzsche vor dem Positivismus p h i l o s o p h i s c h kapituliert, er verbliebe im Banne des Nihilismus; denn es gibt kein Zurück zu einem unmittelbaren, d. h. ungebrochenen — im Hinblick auf jene Trennung von Wesen und Erscheinung — Verhältnis zu den Dingen; eine Wiederholung, vorausgesetzt, es habe je eine solche unmittelbare Beziehung des Menschen zu den Dingen gegeben, eine Wiederholung der Unmittelbarkeit ergäbe eine Unmittelbarkeit, die in Wahrheit aufgehobene Vermittlung wäre und diese ihre Genese an sich trüge. Der Mensch kann sich nicht unmittelbar zum Seienden verhalten, er ist in seiner Beziehung immer auch über es hinaus, auch sich selbst kann er nicht als bloß Seiendes fassen:

> „Was auf ein natürliches Leben beschränkt ist, vermag durch sich selbst nicht über sein unmittelbares Dasein hinauszugehen; aber es wird durch ein anderes darüber hinausgetrieben, und dies Hinausgerissenwerden ist sein Tod. Das Bewußtsein aber ist für sich selbst sein Begriff, dadurch unmittelbar das Hinausgehen über das Beschränkte und, da ihm dies Beschränkte angehört, über sich selbst; mit dem Einzelnen ist ihm zugleich das Jenseits gesetzt, wäre es auch nur, wie im räumlichen Anschauen, neben dem Beschränkten." (‚Phänomenologie des Geistes', S. 69)

Nun ist dieses ,mehr als', diese Transzendenz, die sich, wie das Hegelzitat zeigt, selbst in der Wahrnehmung aufweisen läßt, als Bewußtsein des Transzendierens über das Mundane, bloß Seiende hinaus für das „nachchristliche" Bewußtsein eine Leerstelle, eine blinde Transzendenz[29], die nur ein leeres Hinausweisen über sich auf nichts ist. Die Abkehr von ihr zu einer reinen Immanenz ist dann nur die Reflexion dieser leeren Transzendenz, keine Unmittelbarkeit, um die es doch zu

---

[29] Bei Gelegenheit der Wendung ,negative Transzendenz' verwies ich zugleich auf Kafkas Dichtung; dies war so zu verstehen: Kafkas Chiffren — negative Symbole — als Allegorien oder Parabeln ohne Schlüssel stellen genau den unendlichen Prozeß des Umschlagens von Identität in abstrakte Verschiedenheit von Einzelnem und Allgemeinem und umgekehrt dar, der das Grundgesetz der von Kafka erzählten Welt ist: die Chiffren weisen den Leser von sich weg auf einen ganz anderen, allgemeinen Sinn und zerstören durch ihre Blindheit diese Bewegung zugleich, so daß die Chiffre alle Allgemeinheit von sich abstößt für nur als sie selbst genommen werden will, und zugleich auf etwas ganz anderes hinzudeuten scheint, darin ihre Einzelheit negierend. Die Extramundanität des Einzelnen, sein Nicht-Aufgehen in seinem puren Sosein, ist nur noch als Gewißheit vorhanden, dem die Wirklichkeit entgegensteht; diese Bewegung des Hinausgehens über die isolierte Individualität und das Zurückfallen in sie durch das Fehlen des konkret Allgemeinen stellt die Kafkasche Chiffre als Parabel ohne Schlüssel dar: das Moment des Hinausgehens über die Einzelheit als Parabel, die von der einzelnen Begebenheit auf den diese in ein Allgemeines aufhebenden Begriff verweist, der den erfüllenden Hintergrund ausmacht; das Zurückfallen in die Besonderheit durch das Fehlen des Schlüssels der Parabel; das Verwiesensein auf die Wortwörtlichkeit stellt das Zurückgeworfensein, die isolierte hintergrundlose Individualität dar. Die Chiffre ist Symbol des Scheitern u n d scheiterndes Symbol.

tun war, sondern ein Verharren vor den Erscheinungen, in denen nichts erscheint und nichts verborgen ist:

> „Es gibt kein ‚Sein‘ hinter dem Tun, Wirken, Werden; ‚der Täter‘ ist zum Tun bloß hinzugedichtet — das Tun ist alles." (II, 790)

Wenn das Transzendente nicht ist, wird das Nichts das Transzendente: die Notwendigkeit in der Erfahrung des Bewußtseins, daß die spätere Stufe die Erfahrung der früheren als neuen Gegenstand hypostasiert, stellt Nietzsche am Beispiel des Willens zum Nichts dar:

> „Dieser Haß gegen das Menschliche ... dieses Verlangen hinweg aus allem Schein, Wechsel, Werden, Tod, Wunsch, Verlangen selbst — das alles bedeutet, wagen wir es, dies zu begreifen, einen W i l l e n z u m N i c h t s , einen Widerwillen gegen das Leben, eine Auflehnung gegen die grundsätzlichsten Voraussetzungen des Lebens, aber es ist und bleibt ein W i l l e ! ... Und, um es noch zum Schluß zu sagen, was ich anfangs sagte: lieber will noch der Mensch d a s N i c h t s wollen, als n i c h t wollen." (II, 900)

Diese von Nietzsche intendierte Reduktion der Dialektik von Wesen und Erscheinung ist im größeren Zusammenhang des für Nietzsche und sein „Zurück zur Antike" spezifischen Versuchs zu sehen, die Reflexionsstufe, das Reich der Wesenslogik nicht zur Dialektik hin zu verlassen, sondern durch abstrakte Negation der Reflexionsbestimmungen zu einer reinen Unmittelbarkeit zurückzukehren und damit die ‚Unschuld des Werdens‘ wiederherzustellen. Nicht nur die ‚wahre‘, auch die ‚scheinbare Welt‘, nicht nur das Wesen, auch die Erscheinung, ja diese ganzen Differenzierungen des reflektierenden Denkens sollen zurückgenommen werden; aber dann bliebe nur das reine Geschehen. Die Unschuld des Werdens ist nihilistisch — die detaillierte Ausführung dieses Themas wird das VI. Kapitel dieser Untersuchung bringen.

Resumieren wir das zur Krise des Wahrheitsbegriffs bei Nietzsche Vorgetragene, so scheint das wichtigste Resultat das Hervortreten des Zusammenhangs von Nihilismus und Entsprachlichung im Sinne eines Scheiterns der Vermittlung von Aufklärung und Sprachlichkeit zu sein; mit der Einsicht in den moralischen, d. h. alle Verbindlichkeit begründenden Modus des unbedingten Glaubens an die Absolutheit der Wahrheit spricht Nietzsche aus, was jenseits aller besonderen „Richtungen" das tragende Fundament der geistigen Geschichte Europas ausmacht:

> „Auch wir Erkennenden von heute, wir Gottlosen und Antimetaphysiker, auch wir nehmen unser Feuer noch von jenem Brande, den ein jahrtausendealter Glaube entzündet hat, jener Christenglaube, der auch der Glaube Platos war, daß Gott die Wahrheit ist, daß die Wahrheit göttlich ist." (II, 890 f.)

Der im Hinblick auf die Religion nihilistische Satz: „Gott ist tot" bedeutet demnach philosophisch, daß die Wahrheit ihrer Absolutheit und Transzendenz, die sie der Sprachlichkeit verdankt, verlustig geht[30]. Das sich Verabschiedenwollen von

---

[30] Zum Verhältnis von Wahrheit und Sprachlichkeit siehe B. Liebrucks ‚Sprache und Bewußtseins‘, Band III, S. 1 ff. und S. 298 ff.

der Wahrheit bedeutet also das sich Verabschiedenwollen von der Sprache und umgekehrt; Entsprachlichung ist Nihilismus, totale Aufklärung und Sprachlichkeit scheinen unvereinbar zu sein.

Einfacher scheint die Einsicht in den nihilistischen Charakter der Entsprachlichung im Hinblick auf den zweiten Satz: „alles ist erlaubt" zu sein; die logische Abhängigkeit dieses Satzes vom ersten: „nichts ist wahr" scheint nach dem Gesagten erwiesen; wenn der Satz „nichts ist wahr" die Eliminierung aller Transzendenz und die Reduktion des Menschen auf die Mundanität impliziert, dann ist allem Sollen der theoretische Boden entzogen; der bejahende Satz „alles ist erlaubt" müßte nach dem bisher Gesagten allerdings lauten: „Nichts ist wahr, nichts ist verboten". „Nichts ist verboten" und „alles ist erlaubt" unterscheiden sich — und hier liegt der Grund für den gedanklichen Bruch — durch die Antizipation der Freiheit in dem Satz „alles ist erlaubt", während der erstere lediglich das Ende des Sollens, nicht das der Herrschaft der Notwendigkeit aussagt. In der Nietzscheschen Folgerung „nichts ist wahr, nichts ist verboten, alles ist erlaubt" verdankt sich der entscheidende Fehler dem Überspringen des philosophischen Idealismus bzw. der idealistischen Philosophie, bei dem Nietzsche die Untrennbarkeit von Freiheit und Notwendigkeit hätte lernen können:

> „Die absolute Notwendigkeit ganz von Zwecken zu befreien: sonst dürfen wir auch nicht versuchen, uns zu opfern und gehen zu lassen! Erst die Unschuld des Werdens gibt uns den größten Mut und die größte Freiheit." (III, 891)

Die Eliminierung der Notwendigkeit, eines die Vielheit des Besonderen transzendierenden Allgemeinen ermöglicht durchaus nicht die Genese des konkreten, freien Individuums, sondern resultiert in einer „schiefen" Identität des Besonderen mit dem abstrakt Allgemeinen, in einer abstrakten Freiheit, die zugleich im reinen Subsumiertsein unter die Mechanismen der Gesellschaft aufgeht[31]; Nietzsche nimmt in dem Wechsel zwischen der These vom „Willen zur Macht" als dem Absoluten und der völligen Eliminierung alles Willentlichen, Zweckrationalen zugunsten der „Unschuld des Werdens" die Enthüllung der reinen Subjektivität als reiner Verdinglichung, den nahtlosen Übergang beider Extreme vorweg.

Wenn das Phänomen des Nihilismus, von dem Nietzsche behauptet, er sei „dieser unheimlichste aller Gäste", nur auf dem Umweg über die Entsprachlichung als des Resultats des unvermittelten Antagonismus zwischen Aufklärung und Sprachlichkeit begriffen werden kann, muß eine Begriffsbestimmung des Nihilismus die erneute Darstellung der Sprachlichkeit im Zusammenhang mit der Notwendigkeit der Hypostasierung und deren Leistung im Hinblick auf den gesetzten

---

[31] Siehe hierzu ‚Dialektik der Aufklärung', S. 241:
„Das auf die Spitze getriebene Mißverständnis zwischen dem Kollektiv und den Einzelnen vernichtet die Spannung, aber der ungetrübte Einklang zwischen Allmacht und Ohnmacht ist selber der unvermittelte Widerspruch, der absolute Gegensatz von Versöhnung."

Grund der Selbsterzeugung des Menschen implizieren. Die Kategorie der Entsprachlichung[32] ist hier im Zusammenhang mit der Notwendigkeit der Hypostasierung von Transzendentem zu verstehen, die die Sprachlichkeit im allgemeinsten
Sinn definiert, ohne daß hierbei das Moment der Entgegenständlichung eliminiert
werden darf. Angesichts der expliziten Darstellung des Themas Sprache und Bewußtsein durch Bruno Liebrucks ist auf den eingeschränkten Modus der Untersuchung hier, im Zusammenhang mit dem Thema des Nihilismus, zu achten. Dem
Verfasser dieser Untersuchung über Nietzsches Stellung zum Zusammenhang
Sprachlichkeit — Aufklärung ist dabei die Problematik bewußt, die in der von ihm
gewählten Methode liegt, ein Moment — wenn auch ein bedeutendes, das der
Subreption — der Sprache aus dem ganzen Komplex „Sprache und Bewußtsein"
herauszuheben, um den Begriff des Nihilismus zu erhellen.

Die Untersuchung der Schriften Nietzsches im Hinblick auf das Thema der
Sprachlichkeit des Bewußtseins bezieht erstens die direkt auf die Bedeutung der
Sprachlichkeit abzielenden Passagen ein, erstreckt sich aber auch nach dem Ge-
sagten auf den Begriff der Hypostase bei Nietzsche überhaupt.

Wir setzen hier die im III. Kapitel begonnene Untersuchung des Zusammenhangs von Sprache und hypostasierter Transzendenz im Werk Nietzsches fort,
denn sollte die dort vertretene These von der Selbsterzeugung des Menschen vermittelst der sprachlichen Hypostasen relevant sein, so muß die Untersuchung der
Frage nach den Konsequenzen der Aufklärung und des sich Verabschiedens von der
Sprachlichkeit den Begriff des Nihilismus zutage fördern, wenn er mehr sein soll
als ein bloß weltanschauliches Übergangsphänomen.

Die am meisten explizite Darstellung des Zusammenhangs von Sprache und
Bewußtsein bei Nietzsche findet sich im fünften Buch der ‚fröhlichen Wissenschaft'
im Abschnitt 354, in dessen Zentrum der Satz steht:

> „Kurz gesagt, die Entwicklung der Sprache und die Entwicklung des Bewußtseins
> (nicht der Vernunft, sondern allein des Sichbewußtwerdens der Vernunft) gehen
> Hand in Hand." (II, 221)

Die Voraussetzung der Sprachlichkeit, die Notwendigkeit, sich mitzuteilen, um
am Leben zu bleiben, sieht Nietzsche begründet in der unnatürlichen Natur des
Menschen, der „als das gefährdetste Tier, Hilfe, Schutz" (II, 220) brauchte, und
zwar von seinesgleichen. Sozialität und Sprachlichkeit werden also von Nietzsche
zusammengesehen:

---

[32] Der Begriff der Sprachlichkeit wird hier in der Bedeutung verstanden, die in ‚Sprache
und Bewußtsein' von Bruno Liebrucks vorgetragen wird: „Die befreiende Entdeckung
Kants, nach der Gott als ens realissimum ... einer gewissen inzwischen berühmt gewordenen Subreption zu verdanken sei, in der wir dort, wo nur eine geradezu mathematisch zu nennende Funktion aufweisbar sei, einen Gegenstand hypostasieren, wird
schon in den Sprachanalysen auftauchen. Denn diese Subreption scheint mit der menschlichen Sprachlichkeit gegeben." (a. a. O. I, 9) und: „Das strukturbildende Movens aller
menschlichen Erkenntnis heißt Sprache. Diese hat ihre Bewegung in dem, was Kant
Subreption, Erschleichung, genannt hat." (I, 15).

„Gesetzt, diese Beobachtung ist richtig, so darf ich zu der Vermutung weitergehen, daß Bewußtsein überhaupt sich nur unter dem Druck des Mitteilungsbedürfnisses entwickelt hat — daß es von vornherein nur zwischen Mensch und Mensch (zwischen Befehlenden und Gehorchenden) nötig war." (II, 220)

Hinzu tritt die Notwendigkeit des Sichbewußtwerdens:

„Er brauchte seinesgleichen, er mußte seine Not ausdrücken, sich verständlich zu machen wissen — und zu dem allen hatte er zuerst ‚Bewußtsein' nötig, also selbst zu ‚wissen', was ihm fehlt, zu ‚wissen', wie es ihm zumute ist, zu ‚wissen', was er denkt." (II, 220 f.)

Das Festhalten am bloßen Zeichencharakter der Sprache, — „dieses bewußte Denken geschieht in Worten, das heißt in Mitteilungszeichen" (II, 221) — bewirkt jedoch nicht, daß Nietzsche dem Phänomen der Untrennbarkeit von Sprache und Bewußtsein ausweicht, sieht er doch die Untrennbarkeit von Lebensnotwendigkeit u n d Erkenntnisnotwendigkeit der Sprache, durch die der Mensch sich am Leben erhielt u n d seiner bewußt wurde:

„Der Zeichenerfindende Mensch ist zugleich der immer schärfer seiner selbst bewußte Mensch; erst als soziales Tier lernte der Mensch seiner selbst bewußt werden — er tut es noch, er tut es immer mehr." (II, 221)

Diese These dehnt er dann auch noch aus auf die Sprachlichkeit der Gebärde:

„Man nehme hinzu, daß nicht nur die Sprache zur Brücke zwischen Mensch und Mensch dient, sondern auch der Blick, der Druck, die Gebärde." (ebenda)

Ziehen wir noch andere Passagen zur Interpretation der Bedeutung der Sprachlichkeit bei Nietzsche hinzu, so wäre zuerst auf den Abschnitt 11 der zweiten Abteilung des zweiten Bandes von ‚Menschliches, Allzumenschliches' zu verweisen, wo die Subreption von Substanzen, Atomen, des Willens und die Sprache zusammen gesehen und dieser Zusammenhang folgendermaßen dargestellt wird:

„Es liegt eine philosophische Mythologie in der Sprache versteckt, welche alle Augenblicke wieder herausbricht, so vorsichtig man sonst auch sein mag. Der Glaube an die Freiheit des Willens, das heißt der gleichen Fakten und der isolierten Fakten, — hat in der Sprache seinen beständigen Evangelisten und Anwalt." (I, 879)

In der Schrift ‚Zur Genealogie der Moral' wiederholt er diesen Gedanken in zugespitzter Form; die Subjekt-Prädikatgestalt des Satzes „der Blitz schlägt ein" und die Hypostasierung des freien Subjekts der Handlung in dem Satz „der Mensch tut dies und das" werden von Nietzsche[33] als ein und derselbe ‚Irrtum'[34] aufgefaßt:

---

[33] W. von Humboldt hat diese Beobachtung im ‚Kawiwerk' vorweggenommen; wir zitieren den betreffenden Passus zusammen mit einer Zusatzbemerkung über die Rolle des Verbum in diesem Zusammenhang nach Cassirer, ‚Philosophie der symbolischen Formen':

„„Durch einen und denselben synthetischen Akt knüpft es durch das Sein das Prädikat mit dem Subjekt zusammen, allein so, daß das Sein, welches mit einem energischen Prädikate in ein Handeln übergeht, dem Subjekte selbst beigelegt, also das bloß als verknüpfbar Gedachte zum Vorhandenen oder Vorgange in der Wirklichkeit wird. Man denkt nicht bloß den einschlagenden Blitz, sondern der Blitz ist es selbst, der herniederfährt ... Der Gedanke, wenn man sich so sinnlich ausdrücken könnte, verläßt

„Ebenso nämlich wie das Volk den Blitz von seinem Leuchten trennt und letzteres als T u n , als Wirkung eines Subjekts nimmt, das Blitz heißt, so trennt die Volksmoral auch die Stärke von den Äußerungen der Stärke ab, wie als ob es hinter dem Starken ein indifferentes Substrat gäbe, dem es freistünde, Stärke zu äußern oder nicht. Aber es gibt kein solches Substrat; es gibt kein ‚Sein' hinter dem Tun, Wirken, Werden; ‚der Täter' ist zum Tun bloß hinzugedichtet — das Tun ist alles. Das Volk verdoppelt im Grunde das Tun, wenn es den Blitz leuchten läßt, das ist ein Tun-Tun: es setzt dasselbe Geschehen einmal als Ursache und dann noch einmal als deren Wirkung." (II, 789 f.) und:

„Es ist, wie man errät, nicht der Gegensatz von Subjekt und Objekt, der mich hier angeht: diese Unterscheidung überlasse ich den Erkenntnistheoretikern, welche in den Schlingen der Grammatik (der Volks-Metaphysik) hängengeblieben sind." (II, 222)

Wenn sich das Subjekt der Handlung dem durch die sprachlichen Strukturen gegebenen Satzsubjekt, d. h. dessen Hypostasierung zur zugrunde liegenden Substanz verdankt, so ist zu folgern, daß mit diesem jenes fällt; d. h. der Freiheitsbegriff wird mit der Entsprachlichung, mit dem sich Verabschieden des Bewußtseins von den Bahnen der Sprache sinnlos, womit dann unsere Definition des Nihilismus als des Resultats der Entsprachlichung erhärtet würde.

In der Tat läßt sich zeigen, daß die Leugnung der Freiheit in der Konsequenz eine unabsehbare Reduktion der Sprache bedeutet: ich nenne hier nur die Differenz „Möglichkeit-Wirklichkeit" und damit weite Bereiche der Sprache, die mit dem Freiheitsbegriff fallen würden, da es in einer Welt reinen Geschehens unsinnig ist, von Möglichem, aber nicht Wirklichem zu reden, erst recht nicht, wenn alles determiniert ist. Die Verben und aktivischen Substantiva müßten ebenfalls aus der Sprache verschwinden, da sie eine Tätigkeit behaupten, die es nicht geben kann;

durch das Verbum seine innere Wohnstätte und tritt in die Wirklichkeit über.' (Einl. zum Kawiwerk, W. VII, 1, *S. 214*). Auf der anderen Seite betont z. B. Hermann Paul, daß schon die sprachliche Form des Verbums als solche ein Moment der Naturbelebung in sich schließe, das der mythischen ‚Beseelung' des Universums verwandt sei: in der Verwendung des Verbums überhaupt liege schon ‚ein gewisser Grad von Personifikation des Subjekts' (Prinzipien der Sprachgeschichte³, S. 89)." (Cassirer, a. a. O. I, 256 Anm.).

34 Wenn Nietzsche die unreflektierte Herrschaft der Sprachformen über die Naturwissenschaft seiner Zeit aufzuweisen können glaubt: „Die Naturforscher machen es nicht besser, wenn sie sagen ‚die Kraft bewegt, die Kraft verursacht' und dergleichen — unsre ganze Wissenschaft steht noch ... unter der Verführung der Sprache und ist die untergeschobenen Wechselbälge, die ‚Subjekte' nicht losgeworden (das Atom ist zum Beispiel ein solcher Wechselbalg) ... (II, 790), so ist an eine Parallelstelle aus der ‚Phänomenologie des Geistes' zu erinnern, in der Hegel in seiner Bestimmung des ‚Erklärens' mit Hilfe der Kausalität diesen Einwand Nietzsches vorwegnimmt:

„Diese Notwendigkeit, die nur im Worte liegt, ist hiemit die Hererzählung der Momente, die den Kreis derselben ausmachen; sie werden zwar unterschieden, ihr Unterschied aber zugleich, kein Unterschied der Sache selbst zu sein, ausgedrückt und daher selbst sogleich wieder aufgehoben; diese Bewegung heißt Erklären ... Die einzelne Begebenheit des Blitzes z. B. wird als Allgemeines aufgefaßt und dies Allgemeine als das Gesetz der Elektrizität ausgesprochen: die Erklärung faßt alsdann das Gesetz in die Kraft zusammen, als das Wesen des Gesetzes" (‚Phänomenologie des Geistes', S. 119); gerade dieses ‚Doppelsehen' aber ist spezifisch für die zweite übersinnliche Welt des Selbstbewußtseins (siehe ebenda S. 120).

denn eine Tätigkeit ohne Täter ist nicht denkbar, sie ist reines Geschehen. Zumindest müßte zuerst einmal der Unterschied zwischen reinem Tun, also Tun ohne Täter, und bloßem Geschehen aufgewiesen werden. Es blieben also nur die Urteile des Schemas „A ist B" bzw. eine Formelsprache, die eine gewisse Berechenbarkeit von Zustandsquerschnitten ermöglicht:

> „Es gibt weder ‚Geist', noch Vernunft, noch Denken, noch Bewußtsein, noch Seele, noch Wille, noch Wahrheit; alles Fiktionen, die unbrauchbar sind. Es handelt sich nicht um ‚Subjekt und Objekt', sondern um eine bestimmte Tierart, welche nur unter einer gewissen relativen Richtigkeit, vor allem Regelmäßigkeit ihrer Wahrnehmungen (so daß sie Erfahrung kapitalisieren kann) gedeiht." (III, 751)

Diese Reduktion von Sprache und Bewußtsein reicht so weit, daß es Nietzsche letztlich unmöglich wird, seine Polemik gegen den Freiheitsbegriff[35] überhaupt vorzutragen, ohne ihn fortwährend selbst vorauszusetzen; wenn er z. B. unterstellt:

> „Die Lehre vom Willen ist wesentlich erfunden zum Zweck der Strafe, das heißt des Schuldig-finden-wollens." (II, 977),

so beansprucht er das, was er leugnet, den Willen und die Tätigkeit des „Erfindens". Es wird, wenn die Freiheit geleugnet wird, unsinnig, sich über die Ungerechtigkeit des Strafens — das ja zur Voraussetzung die Verantwortlichkeit und die Freiheit hat — zu empören, da diese Ungerechtigkeit ja dann selbst nicht das Resultat eines unbarmherzigen Willens, sondern notwendiges Geschehen ist. Nicht nur der Richter tut dem Verurteilten Unrecht, auch der Verurteilte dem Richter, denn beide sind unter diesen Voraussetzungen unfrei. Ferner wäre es dann wieder unsinnig, sich über die Ungerechtigkeit dieser Empörung über etwas vorgeblich Ungerechtes, tatsächlich aber Unvermeidliches zu empören etc. Wie aber will man die Entstehung der Strafvorstellung — denn eine Strafe als Tätigkeit gibt es ja nicht, nur ein Geschehen, das man „fälschlich" Strafen nennt — und des Freiheitsbegriffs erklären, ohne auf Verben und aktivische Substantiva zurückzugreifen? Nietzsche selbst scheint manchmal diese Konsequenz zu ahnen, er bricht den Gedanken aber vorher ab:

> „In Wahrheit ist jeder Mensch selber ein Stück Fatum; wenn er in der angegebenen Weise dem Fatum zu widerstreben meint, so vollzieht sich eben darin auch das Fatum; der Kampf ist eine Einbildung, aber ebenso jene Resignation in das Fatum; alle diese Einbildungen sind im Fatum eingeschlossen ... Du selber, armer Ängstlicher, bist die unbezwingliche Moira ... es hilft dir nichts, wenn dir vor dir selber graut." (I, 905 f.)

Die ‚Lehre' von der Unfreiheit widerspricht sich als Lehre unmittelbar; solange die Determiniertheit alles Geschehens nicht bis ins letzte erkannt ist, ist die Lehre von der Unfreiheit nur als Resultat eines vielleicht nur vermeinten Willensaktes zu verstehen. In dem angezogenen Passus ist also der Vorwurf, „das Volk verdoppelt im Grunde das Tun" Nietzsche zurückzugeben; er selbst begeht den „Fehler" —

---

[35] Nietzsche artikuliert seine Leugnung der Freiheit zumeist indirekt in der Polemik gegen die Strafe, so z. B. I, 1022; I, 512; I, 1150.

und auch ich, indem ich dies formuliere —, den er unterstellt. Es bedarf wohl keiner weiteren Explikation, um die These von der Untrennbarkeit des Freiheitsbegriffs und der Sprachlichkeit des Bewußtseins zu begründen, so daß auch die Unvereinbarkeit von Humanismus und Entsprachlichung nicht zu bestreiten sein dürfte.

In der Sprache, in der Grammatik, in der eine „philosophische Mythologie" (I, 879) versteckt sei, sieht Nietzsche den Grund für alle metaphysischen, religiösen und moralischen Hypostasen, die das Faktische zu transzendieren streben und dadurch zum bloßen Akzidenz, zur Erscheinung werden lassen. Die erkenntnistheoretische Frage nach der Wahrheit und die metaphysische nach dem Sinn werden *als* Fragen attackiert, da sie auf eine Transzendenz gehen, die durch die sprachliche Struktur des menschlichen Weltumgangs erst erzeugt wird. Die Sprache hypostasiere Ordnungsschemata des Denkens zu bleibenden Substanzen hinter dem Strom des Werdens und Vergehens, Subjekte hinter den Handlungen und dadurch entstehe die Frage nach der Wahrheit, die ohne die Trennung des Erfahrenen in Wesen und Erscheinung gar nicht denkbar ist. Auch die Frage nach dem Sinn des Geschehens überhaupt kann erst innerhalb dieser Trennung gestellt werden; mit der Aufklärung über und der Befreiung von der Macht der sprachlichen Denkstrukturen würden die Fragen nach der Wahrheit von Erkenntnis und dem Sinn des Geschehens gegenstandslos.

Damit scheint vorerst die Erörterung des Zusammenhangs von Nihilismus und Entsprachlichung des Bewußtseins abgeschlossen zu sein. —

Nietzsche sieht durchaus, daß die Behauptung jeder noch so unbedeutenden Handlung einen Gottesbeweis impliziert:

> „Das Verlangen nach ‚Freiheit des Willens' ... ist nämlich nichts Geringeres, als eben jene c a u s a   s u i zu sein und, mit einer mehr als Münchhausenschen Verwegenheit, sich selbst aus dem Sumpf des Nichts an den Haaren ins Dasein zu ziehen." (II, 584)

Dies alles darf es nicht geben; aber hat Nietzsche nicht auch eingeräumt, daß das „sogenannte Ich", auch wenn es ontisch nicht faßbar ist, doch wirklich im Sinne des Wirkens sein kann? — „Unsere Meinung über uns aber, die wir auf diesem falschen Wege gefunden haben, das sogenannte ‚Ich', arbeitet fürderhin mit an unserem Charakter und Schicksal." (I, 1090) Es ist ja gerade die philosophische Stärke Nietzsches, daß er sich mit den traditionellen eleatischen Vorstellungen über Sein und Schein, Wirklichkeit und Fiktion, „Quasiwirklichkeit" nicht begnügt, sondern einen Blick für das Phänomen der Wirklichkeit des Scheins und seine Wirksamkeit, der allem Eleatismus und in der Ontologie verbleibenden Vorstellen unbegreiflichen Macht des Irrtums hat:

> „Durch Irrtümer über ihre Herkunft, ihre Einzigkeit, ihre Bestimmung, und durch Anforderungen, die auf Grund dieser Irrtümer gestellt wurden, hat sich die Menschheit hoch gehoben und sich immer wieder ‚selber übertroffen'". (I, 1220)

Im Abschnitt 11 des ersten Hauptstückes ,Von den ersten und letzten Dingen' aus ,Menschliches, Allzumenschliches' wird die Menschwerdung auf dem Umweg über die verkehrte und Transzendenz hypostasierende Welt der Sprache skizziert. Auch dort schränkt Nietzsche die Notwendigkeit der metaphysischen Subreptionen auf eine bestimmte historische Epoche ein. Nietzsche weiß, daß gerade der Scheincharakter alles Sprachlichen dessen Macht bedeutet, daß Veränderungen im Bereich der Sprache Veränderungen der Wirklichkeit implizieren:

> „Dies hat mir die größte Mühe gemacht und macht mir noch immerfort die größte Mühe: einzusehen, daß unsäglich mehr daran liegt, wie die Dinge heißen, als was sie sind ... Der Schein von Anbeginn wird zuletzt fast immer zum Wesen und w i r k t als Wesen! ... Es genügt, neue Namen und Schätzungen und Wahrscheinlichkeiten zu schaffen, um auf die Länge hin neue ,Dinge' zu schaffen." (II, 77 f.)

Über Reflexionsbestimmungen wie die Trennung von Innerem und Äußerem, Wesen und Erscheinung ist Nietzsche an sich hinaus, wenn er den Zusammenhang von Gestaltung des sprachlichen Ausdrucks und Hemmung der Antriebe erkennt:

> „Wenn man sich anhaltend den Ausdruck der Leidenschaften verbietet, wie als etwas den ,Gemeinen', den gröberen, bürgerlichen, bäuerlichen Naturen zu Überlassendes — also nicht die Leidenschaften selber unterdrücken will, sondern nur ihre Sprache und Gebärde: so erreicht man nichtsdestoweniger eben das m i t, was man nicht will: die Unterdrückung der Leidenschaften selber." (II, 69)[36]

Nehmen wir die Betrachtung des Abschnitts 354 aus der ,fröhlichen Wissenschaft' wieder auf, so scheint noch von besonderer Bedeutung die Einsicht in den Zusammenhang von Gesellschaftlichkeit, Sprachlichkeit und Bewußtsein zu sein:

> „Bewußtsein ist eigentlich nur ein Verbindungsnetz zwischen Mensch und Mensch — nur als solches hat es sich entwickeln müssen: der einsiedlerische und raubtierhafte Mensch hätte seiner nicht bedurft." (II, 220)

Hier scheint Nietzsche auf die Grundfigur der Sprache, die Dreistrahligkeit der semantischen Relationen zu stoßen[37]. Nietzsche holt damit zugleich die Dialektik der Anerkennung, daß Ich nur als anerkanntes ist, ein. Der ganze Gedankengang

---

[36] Siehe hierzu I, 611: „Aber darin liegt der Wert (des Gymnasiums, Anm. von mir, H. R.), der gewöhnlich verkannt wird — daß diese Lehrer die abstrakte Sprache der höheren Kultur reden, schwerfällig und schwer zum Verstehen, wie sie ist, aber eine hohe Gymnastik des Kopfes; daß Begriffe, Kunstausdrücke, Methoden, Anspielungen in ihrer Sprache fortwährend vorkommen, welche die jungen Leute im Gespräche ihrer Angehörigen und auf der Gasse fast nie hören. Wenn die Schüler nur hören, so wird ihr Intellekt zu einer wissenschaftlichen Betrachtungsweise unwillkürlich präformiert." und II, 111:
„Die Gewohnheit an bestimmte Klänge greift tief in den Charakter — man hat bald die Worte und Wendungen und schließlich auch die Gedanken, welche eben zu diesem Klange passen" ferner: „Mit einer sehr lauten Stimme im Halse, ist man fast außerstande, feine Sachen zu denken." (II, 151).

[37] Zur Dreistrahligkeit der semantischen Relationen siehe B. Liebrucks, a. a. O. I, 3: „Sollte Erkenntnis selbst sprachlich sein, so ist in den Gedanken aufzunehmen, daß ein Subjekt dem andern Subjekt in der Sprache etwas über die Dinge mitteilt. Die Subjekt-Objektbeziehung zeigt sich hier, nur Moment innerhalb des ganzen Erkenntnisprozesses wie seiner Resultate zu sein."

jedoch, den er in diesem Abschnitt vorträgt, steht unter dem Titel ‚Vom Genius der Gattung'. Die so weitreichenden Einsichten in die Sprachlichkeit des Bewußtseins unterläuft Nietzsche selbst durch den Versuch, Sprachlichkeit und Bewußtsein dem abstrakten Allgemeinbegriff zu subsumieren, dem einzigen, den Nietzsche kennt. — Immer wieder erscheint die Grenze Nietzsches da, wo er weitreichende Erfahrungen, die er sprachlich unnachahmlich darzustellen versteht, nicht auf das Niveau des philosophischen, Bild und Reflexion vermittelnden Begriffs zu heben vermag, da dieser für ihn mit dem abstrakt allgemeinen zusammenfällt. Aber diese Schwäche Nietzsches ist wohl untrennbar von seiner Stärke, dem Blick für Phänomene, die der an der traditionellen Philosophie Orientierte und Geschulte so gar nicht zu Gesicht bekommt. — Wenn Nietzsche behauptet,

> „daß das Bewußtsein nicht eigentlich zur Individualexistenz des Menschen gehört, vielmehr zu dem, was an ihm Gemeinschafts- und Herden-Natur ist; daß es, wie daraus folgt, auch nur in bezug auf Gemeinschafts- und Herden-Nützlichkeit fein entwickelt ist, und folglich jeder von uns, beim besten Willen, sich selbst so individuell wie möglich zu verstehen, ‚sich selbst zu kennen', doch immer nur gerade das Nicht-Individuelle an sich zum Bewußtsein bringen wird, sein ‚Durchschnittliches'" (II, 221),

so hat er das ja selbst schon dadurch widerlegt, daß er die Notwendigkeit für das „gefährdetste Tier", Sprache und Bewußtsein zu entwickeln, um am Leben zu bleiben, aufgewiesen hat. Wenn die Existenz d. h. die Individualexistenz an der Sprachlichkeit des Bewußtseins hängt, kann diese doch nicht dem abstrakt Allgemeinen subsumiert werden. Die Sätze: „Der Mensch ist das nicht festgestellte Tier" und „Die Natur des tierischen Bewußtseins bringt es mit sich, daß die Welt, deren wir bewußt werden können, nur eine Oberflächen- und Zeichenwelt ist, eine verallgemeinerte, eine vergemeinerte Welt" (II, 221) sind also nicht miteinander zu vereinbaren.

Reflektiert man den ganzen Abschnitt im Hinblick auf die Begriffsbestimmung des Nihilismus, so tritt der von Nietzsche antizipierte Zusammenhang zwischen der Einsicht in die Sprachlichkeit des Bewußtseins und dem Abschied von ihr hervor:

> „Das Problem des Bewußtseins (richtiger: des Sich-bewußt-Werdens) tritt erst dann vor uns hin, wenn wir zu begreifen anfangen, inwiefern wir seiner entraten könnten: und an diesen Anfang des Begreifens stellt uns jetzt Physiologie und Tiergeschichte." (II, 219)

Hier ist sogleich die Frage zu stellen: wie soll die Reflexion auf die Sprachlichkeit des Bewußtseins ohne Sprache oder außerhalb der Sprache möglich sein, wenn schon die erste Reflexion, das unmittelbare Selbstbewußtsein, nur durch Sprache möglich ist? Die ‚Phänomenologie des Geistes', allgemein jede Theorie, die die Geschichtlichkeit der Erfahrung des Bewußtseins erhellen will, bedarf einer Grundgestalt des Bewußtseins, die sich durchhält, und durch die der Tod der jeweiligen Stufe nicht zum natürlichen Tod, zur bloßen Negation wird: durch die Sprache vermag der Mensch den Tod der Stufen, die er in Abbreviaturen durchlaufen muß, zu überstehen. Ferner geraten alle idealistischen Versuche, die Entstehung des

Selbstbewußtseins, des Ich zu erklären, in die Aporie, das zu Erklärende schon voraussetzen zu müssen, da Ich nicht als Seiendes verstanden werden kann, sondern nur als sich selbst setzende Bewegung des Werdens seiner selbst. Auch hier könnte das Phänomen der Sprache, genauer des artikulierten Lautes, erhellend wirken: das Wort ‚Ich‘ bzw. ‚Du‘ läßt als Laut die reine Reflexion, die in sich kreist, zum Realen transzendieren, im Wort „Ich" tritt das Selbstbewußtsein in die Existenz:

> „Wir sehen hiemit wieder die S p r a c h e als das Dasein des Geistes. Sie ist das
> f ü r a n d r e seiende Selbstbewußtsein, welches unmittelbar als s o l c h e s v o r -
> h a n d e n und als d i e s e s allgemeines ist. Sie ist das sich von sich selbst ab-
> trennende Selbst, das als reines Ich = Ich sich gegenständlich wird, in dieser Gegen-
> ständlichkeit sich ebenso als d i e s e s Selbst erhält, wie es unmittelbar mit den
> anderen zusammenfließt und i h r Selbstbewußtsein ist; es vernimmt ebenso sich,
> als es von den Andern vernommen wird, und das Vernehmen ist eben das z u m
> S e l b s t g e w o r d e n e D a s e i n." (‚Phänomenologie des Geistes‘, S. 458)

Es wiederholt sich auch hier wie so oft bei Nietzsche das intendierte Umschlagen der zweiten Reflexion, der Reflexion auf die Reflexion, in eine Reduktion des Denkens auf eine bloße Funktion des Organismus, in ein „unbewußtes Denken" — Nietzsche führt hier Leibniz an:

> „Wir könnten nämlich denken, fühlen, wollen, uns erinnern, wir könnten ebenfalls
> ‚handeln‘ in jedem Sinne des Wortes: und trotzdem brauchte das alles nicht in uns
> ‚ins Bewußtsein zu treten‘ (wie man im Bilde sagt). Das ganze Leben wäre möglich,
> ohne daß es sich gleichsam im Spiegel sähe." (II, 219)

Nietzsche sieht selbst die Gefahren, die in der Entsprachlichung als Zurücknahme der den Dingen verliehenen sprachlichen Subreptionen liegt, wenn er sie auch nicht in ihrem ganzen Ausmaß zu erkennen scheint; wenn er in der ‚Morgenröte‘ davor warnt, daß wir mit dem Verlust der „Fähigkeit zum Verleihen" „zugleich reicher und geiziger"[38] werden, so ist dem hinzuzufügen, daß der Mensch durch die Zurücknahme seiner Geschenke ärmer zu werden droht. In der Sprache gilt vielleicht nicht die Eindeutigkeit des „Gebens gleich Ärmerwerdens" — „Nehmen gleich Reicherwerden", sondern Romeos „the more I give to thee, the more I have, for both are infinite"[39].

Diese Dialektik der sprachlichen Hypostasen, nämlich daß der Mensch erst auf dem Umweg über die Vergegenständlichung seiner Subjektivität in mythischen Gestalten diese seine Subjektivität möglich macht, übersieht Nietzsche allerdings häufig zugunsten eines Reflexionsschrittes, der jene sprachlichen Hypostasen zurücknimmt, ohne daß Nietzsche dabei bedenkt, ob jene reine Subjektivität als solche überhaupt möglich oder direkt intendierbar ist:

---

[38] „Wir haben die Prädikate der Dinge wieder zurückgenommen, oder wenigstens uns daran
erinnert, daß wir sie ihnen geliehen haben: — sehen wir zu, daß wir bei dieser Einsicht die Fähigkeit zum Verleihen nicht verlieren, und daß wir nicht zugleich r e i c h e r
u n d g e i z i g e r geworden sind." (I, 1161).
Siehe auch B. Liebrucks, a. a. O. I, 23: „Der Mensch gelangt zur Welt nicht durch ein
Drittes, die Brücke, die zwischen ihn und der Wirklichkeit aufgespannt würde. Vielmehr muß er zuerst Wirklichkeit mit dem Seinigen beschenken."

[39] Shakespeare ‚Romeo und Julia‘, Akt II, Szene 2.

> „All die Schönheit und Erhabenheit, die wir den wirklichen und eingebildeten Din-
> gen geliehen haben, will ich zurückfordern als Eigentum und Erzeugnis des Men-
> schen: als seine schönste Apologie. Der Mensch als Dichter, als Denker, als Gott, als
> Liebe, als Macht: o über seine königliche Freigebigkeit, mit der er die Dinge beschenkt
> hat, um sich zu v e r a r m e n und s i c h elend zu fühlen! Das war bisher seine
> größte Selbstlosigkeit, daß er bewunderte und anbetete und sich zu verbergen wußte,
> daß e r es war, der das geschaffen hat, was er bewunderte.“ (III, 680)

Die von Nietzsche antizipierte Entsprachlichung des menschlichen Bewußtseins
bedeutet nach dem Gesagten:

Der Mensch soll wieder festgestellt werden, die Dialektik von Funktion und
Reflexion, durch die der Mensch sich vom Tier unterscheidet, soll zurückgenommen
werden zugunsten der Eindeutigkeit eines bloß funktionierendn Denkens. Die
Zurücknahme der sprachlichen Hypostasen würde alles Handeln auf reines Geschehen, nicht auf reines Tun, reduzieren:

> „Der Handelnde selbst steckt freilich in der Illusion der Willkür; wenn in einem
> Augenblick das Rad der Welt still stände und ein allwissender, rechnender Verstand
> da wäre, um diese Pause zu benützen, so könnte er bis in die fernsten Zeiten die
> Zukunft jedes Wesens weitererzählen und jede Spur bezeichnen, auf der jenes Rad
> noch rollen wird. Die Täuschung des Handelnden über sich, die Annahme des freien
> Willens, gehört mit hinein in diesen auszurechnenden Mechanismus.“ (I, 512)

Damit entwerten sich jedoch nicht nur die obersten Werte, — dies eine von
Nietzsches Definitionen des Nihilismus (III, 557) — sondern das ganze Katego-
riengefüge, das ein Reden von Nihilismus und seiner Überwindung voraussetzt,
verliert seinen Sinn. Die Entsprachlichung, Feststellung des Menschen und seine
Reduktion auf einen Teil des Geschehens scheinen demnach nihilistisch schlechthin
zu sein, weil sie die Welt des Menschen auf einen rein ontischen Bereich ein-
schränken, in dem die — diese Immanenz des Aufgehens im Sosein — transzendierenden Fragen nach der Wahrheit, Wirklichkeit und dem Sinn selbst sinn- und
bedeutungslos werden. Nachdem im III. Kapitel gezeigt wurde, daß es „Welt“,
d. h. die Voraussetzung der K o s m o l o g i e nur für ein sprachliches Wesen gibt,
ergab die Untersuchung der Bedeutung der Sprachlichkeit im IV. Kapitel, daß
Nietzsches Sprachanalyse als Resultat einen unaufhebbaren Antagonismus zwischen Aufklärung und Sprachlichkeit insofern zutage treten ließ, als die Voraussetzung der traditionellen P s y c h o l o g i e und E r k e n n t n i s t h e o r i e,
die Begriffe „Ich“ und „Wahrheit“ in ihrer Relevanz destruiert, d. h. als sprachliche Hypostasen „durchschaut“ wurden; zugleich mit dem Begriff eines auch
autonomen Ich fällt der „freie Wille“ und damit das Prinzip der philosophischen
E t h i k. — Nietzsches Versuch einer kritischen Reflexion des Begriffs des Absoluten,
die Voraussetzung der T h e o l o g i e, bildet den Gegenstand des letzten Teils
dieses Kapitels und den des VI. Kapitels. — Die im ersten Hauptstück von
‚Menschliches, Allzumenschliches‘ angekündigte Versöhnung zwischen Aufklärung
und Sprachlichkeit scheint also gescheitert zu sein. Die Reflexion zerstört das sich
an sich über die sprachlichen Denkstrukturen verstehende Bewußtsein, wenn

Nietzsches sprachanalytische Untersuchungen relevant sind. Daß Nietzsche selbst dieses Resultat so interpretiert, zeigt seine These über den Nihilismus als das Resultat der Aufklärung des Menschen über seine durch die Sprachlichkeit vermittelte Genese.

Ausgehend von der Nietzscheschen Definition des Nihilismus als der Entwertung der obersten Werte (III, 557) werden wir nun Nietzsches Schriften noch auf den Zusammenhang zwischen der Sprachlichkeit und der Verbindlichkeit von Recht und Sittlichkeit hin untersuchen, um die These von der Identität von Nihilismus und Entsprachlichung im Hinblick auf die praktischen Konsequenzen des Antagonismus von Aufklärung und Sprachlichkeit weiter auszuführen. Das ist insofern erforderlich, als die Interpretation des ethischen Nihilismus bislang eingeschränkt war auf den Zusammenhang des Satzes „Nichts ist wahr, alles ist erlaubt".

Die Formel, die den Nihilismus als Entwertung der obersten Werte zu bestimmen sucht, ist nicht frei von einer Zweideutigkeit, hinter der sich auch die Differenz von Pessimismus und Nihilismus auftut; drei Stadien des Nihilismus lassen sich unterscheiden: das erste Stadium ist definiert durch den Gegensatz zwischen Leben bzw. Lebenswille und Moral; diese erste Stufe, als deren historischer Repräsentant bei Nietzsche Schopenhauer fungiert, kann man den Pessimismus nennen:

> „Wer, gleich mir, mit irgendeiner rätselhaften Begierde sich lange darum bemüht hat, den Pessimismus in die Tiefe zu denken und aus der halb christlichen, halb deutschen Enge und Einfalt zu lösen, mit der er sich diesem Jahrhundert zuletzt dargestellt hat, nämlich in Gestalt der Schopenhauerschen Philosophie; wer wirklich einmal mit einem asiatischen und überasiatischen Auge in die weltverneinendste aller möglichen Denkweisen hinein- und hinuntergeblickt hat — jenseits von Gut und Böse, und nicht mehr, wie Buddha und Schopenhauer, im Bann und Wahne der Moral…" (II, 617)

Der junge Nietzsche fuhr dort fort, wo Schopenhauer schloß, lautet doch der letzte Satz von ‚Die Welt als Wille und Vorstellung':

> „Wir bekennen es vielmehr frei: was nach gänzlicher Aufhebung des Willens übrigbleibt, ist für alle die, welche noch des Willens voll sind, allerdings nichts. Aber auch umgekehrt ist denen, in welchen der Wille sich gewendet und verneint hat, diese unsere so sehr reale Welt mit allen ihren Sonnen und Milchstraßen — nichts." (Löhneysenausg. I, 558)

Da Schopenhauer infolge seiner Kantischen Trennung von Wesen und Erscheinung die Geschichtlichkeit als inferiore Kategorie eliminierte, zeigt sein Ausweichen vor dem Nihilismus als der letzten Konsequenz seiner Position zugleich die Grenze an, die dann nicht er, sondern erst Nietzsche überschritt. Hier scheint ein kurzer Exkurs über die Stellung Schopenhauers zwischen Kant und Nietzsche erforderlich zu sein:

Schopenhauer verstand sich als Nachfolger und Vollender Kants, wobei er die philosophischen Antworten auf Kant durch Fichte, Schelling und Hegel als ‚Gali-

mathias' abtat und deren Wirkung auf das zeitgenössische Bewußtsein als ‚Hanst-
wurstiade' bezeichnete, wozu Martin Heidegger bemerkt: „Inhaltlich lebt Schopenhauer von denen, die er beschimpft, von Schelling und Hegel. Wen er nicht
beschimpft, ist Kant; aber stattdessen mißversteht er Kant von Grund aus."
(‚Nietzsche' I, 127):

> „Sosehr ich demnach von dem ausgehe, was der große Kant geleistet hat; so hat
> dennoch eben das ernstliche Studium seiner Schriften mich bedeutende Fehler in
> denselben entdecken lassen, welche ich aussondern und als verwerflich darstellen
> mußte, um das Wahre und Vortreffliche seiner Lehre rein davon und geläutert
> voraussetzen und anwenden zu können." (Schopenhauer, I, 10 f.)

Erwartet man allerdings als Resultat dieses „ernstlichen Studiums" eine Kant
noch überbietende Zuspitzung des kritischen Gedankens, was die Wörter „aus-
sondern", „rein" und „geläutert" zu antizipieren scheinen, so sieht man sich ge-
täuscht; Schopenhauer ist nicht vom Schlage der Kantianer, die kritischer als Kant
sein wollen. Vielmehr scheint der Fortschritt über Kant hinaus, der Schopenhauer
in der Entwicklung einiger Gedanken Kants gelungen ist, bei ihm verbunden gewesen zu sein mit einer Vergröberung[40] der Transzendentalphilosophie zu einer
Art transzendentaler Ontologie; diese Vergröberung geht so weit, daß auf prinzi-
pielles Mißverstehen — oder, wenn man so will, auf Mißverstehen des Prinzipien-
gedankens Kants — auf Seiten Schopenhauers geschlossen werden muß. Man
bedenke nur den Versuch der Synthesis des gegen den Subjektivismus der Sophisten
entwickelten Platonischen Idealismus mit dem transzendentalen Kants. Aller
Idealismus der Neuzeit verbleibt, — man denke an das Umgriffenwerden der
Objektivität und der empirischen Subjektivität durch die prinzipielle Subjektivität
bei Kant — innerhalb der Subjektivität, zumindest von Plato aus gesehen. Die
Wiederaufnahme Platons mußte den prinzipiellen Ansatz Kants reduzieren, d. h.
hier ontologisieren:

> „§ 1 ‚Die Welt ist meine Vorstellung' — dies ist eine Wahrheit, welche in Beziehung
> auf jedes lebende und erkennende Wesen gilt; wiewohl der Mensch allein sie in
> das reflektierte, abstrakte Bewußtsein bringen kann: und tut er dies wirklich; so ist
> die philosophische Besonnenheit bei ihm eingetreten. Es wird ihm dann deutlich
> und gewiß, daß er keine Sonne kennt und keine Erde; sondern immer nur ein
> Auge, das eine Sonne sieht, eine Hand, die eine Erde fühlt; daß die Welt, welche
> iln umgibt, nur als Vorstellung da ist, d. h. durchweg nur in Beziehung auf ein
> anderes, das Vorstellende, welches er selbst ist." (I, 31)

Die Frage nach den Bedingungen der Möglichkeit von Erkenntnis, die Trennung von Prinzip und Tatsache, die Kategorie der Notwendigkeit als Angelpunkt
der ‚kopernikanischen Wende' Kants fehlen wie auch dessen Darstellungsniveau;
an die Stelle der auf Prinzipien gegründeten Transzendentalphilosophie tritt bei
Schopenhauer eine Ontologie der Subjektivität, an die Stelle des Kantischen „muß

---

[40] Siehe hierzu Heidegger, a. a. O. S. 182: „Wir wissen, wie sehr Schopenhauer die
Kantische Philosophie mißdeutet und vergröbert hat. Dasselbe geschah mit der Philosophie Platons."

gedacht werden" das dogmatische „ist". Wenn Kant mit Hilfe der prinzipiellen Methode das Metaphysische aller ontologischen Begründung als dogmatische Subreption durchschaut, begeht Schopenhauer die Sünde wider den Geist der Kantischen Kritik, das subjektive Prinzip wiederum als Seiendes zu hypostasieren; er kehrt zu den U r s a c h e n , bei ihm Wille genannt, zurück[41]. Im angezogenen Passus werden zwei Seiende, „Sonne" und „Erde" durch zwei andere Seiende, „Auge" und „Hand" ersetzt. Es nimmt nicht Wunder, wenn von Kant nur der Agnostizismus, die Trennung von „Ding an sich" und „Erscheinung" übrigbleibt, von welchem als empirisch-psychologischer Behauptung die transzendentale Position prinzipiell zu unterscheiden gerade Kants Bestreben doch war:

> „Kants größtes Verdienst ist die Unterscheidung der Erscheinung vom Dinge an sich — auf Grund der Nachweisung, daß zwischen den Dingen und uns immer noch der Intellekt steht, weshalb sie nicht nach dem, was sie an sich selbst sein mögen, erkannt werden könnten ... Also hatte Locke vom Dinge an sich den Anteil, welchen die Sinnesorgane an der Erscheinung desselben haben, abgezogen; Kant aber zog nun noch den Anteil der Gehirnfunktionen" (sic!) „(wiewohl nicht unter diesem Namen) ab;" (Schopenhauer I, 564 f.)

Diese Vergröberung der Philosophie der reinen Subjektivität zur Ontologie gipfelt in der Hypostasierung der Subjektivität, die bei Kant Prinzip und dadurch Objektivität konstituierend ist, als Willen, der das „Ding an sich" sein soll:

> „Erscheinung heißt Vorstellung, und weiter nichts: alle Vorstellung, welcher Art sie auch sei, alles Objekt ist Erscheinung. Ding an sich aber ist allein der Wille." (Schopenhauer I, 170)

Schon bei Kant[42] ist der Zusammenhang zwischen Skeptizismus und Pragmatismus — in Form des Primats der „praktischen Vernunft" — erkennbar; aber der Wille ist bei Kant praktische V e r n u n f t , d. h. das Atheoretische hat bei Kant letztlich noch nicht die Herrschaft angetreten; der gröbere und dogmatische Schopenhauer beseitigt nun die Schranken, die Kants Theorie der „praktischen Vernunft" von einer Metaphysik des Willens trennen: der Wille, bei Kant als guter noch der vernünftige Wille, wird zu blinder Funktion, zur K r a f t :

> „Der Wille, welcher, rein an sich betrachtet, erkenntnislos und nur ein blinder, unaufhaltsamer Drang ist ..." (I, 380).

Das Erkennen wird zum Werkzeug dieser Urkraft:

> „Die Erkenntnis überhaupt ... geht also ursprünglich aus dem Willen selbst hervor, gehört zum Wesen der höhern Stufen seiner Objektivation als eine bloße mechané, ein Mittel zur Erhaltung des Individuums und der Art so gut wie jedes Organ des Leibes." (I, 225)

Mit dieser Reduktion des Denkens auf die Stellung eines Werkzeugs gibt Schopenhauer das Zentrum der Kantischen Philosophie, die metaphysische Idee der Absolutheit der Existenz vernünftiger Wesen, das einzige Absolute, das Kant

---

[41] Vgl. I, 31; I, 66; I, 69; I, 71; I, 182; I, 185; I, 188; I, 190; I, 247.
[42] Siehe hierzu und zu dem ganzen Schopenhauerexkurs Kapitel V, von dem hier einiges antizipiert werden mußte.

nicht umhin konnte zu hypostasieren, auf. Vor der letzten, nihilistischen Konsequenz, die dann Nietzsche zog, bleibt allerdings auch Schopenhauer stehen; während für ihn der Asket und der Heilige den Typus Mensch darstellen, der die Knechtschaft unter dem Lebenswillen besiegt hat, gehört es zu den wichtigsten Einsichten des Psychologen Nietzsche, daß gerade dieser Typus im sublimeren Sinne den Willen zur Macht verkörpert. Die Polemik gegen David Strauß in der ersten ‚Unzeitgemäßen Betrachtung‘, die in dem Vorwurf der Inkonsequenz des Festhaltens an einer überkommenen Morallehre angesichts der Auffassung des Menschen als eines bloßen Naturwesens gipfelt, könnte gleichfalls auf Schopenhauer gemünzt sein:

> „Mit einem gewissen rauhen Wohlbehagen hüllt er sich in das zottige Gewand unserer Affengenealogen und preist Darwin als einen der größten Wohltäter der Menschheit, — aber mit Beschämung sehen wir, daß seine Ethik ganz losgelöst von der Frage: ‚wie begreifen wir die Welt?‘ sich aufbaut. Hier war Gelegenheit, natürlichen Mut zu zeigen: denn hier hätte er seinem ‚Wir‘ den Rücken kehren müssen und kühnlich aus dem bellum omnium contra omnes und dem Vorrechte des Stärkeren Moralvorschriften für das Leben ableiten können ... Woher erschallt dieser Imperativ? Wie kann ihn der Mensch in sich selbst haben, da er doch, nach Darwin, eben durchaus ein Naturwesen ist?“ (Nietzsche I, 167 ff.)

Als Surrogat jener Kantischen Idee der Vereinigung von Wille und Vernunft zur „praktischen Vernunft“ tritt bei Schopenhauer das asketische Ideal der Negation des Willens auf, der säkularisierte Buddhismus:

> „Wahres Heil, Erlösung vom Leben und Leiden ist ohne gänzliche Verneinung des Willens nicht zu denken.“ (I, 540)

Dabei kann Schopenhauer diese geforderte Negation des Willens durch die Vernunft, die doch nur ein Instrument[43] des Dings an sich, des Willens sein soll, nicht begreiflich machen[44]. In unmittelbarem Widerspruch zu Platon, dessen Bestimmung der Idee er andererseits gegen Kant verteidigt, treibt Schopenhauer die Relativierung des Guten auf den Willen, die Kant begonnen hatte, durch die Begründung aus dem neuen Absoluten, der praktischen Vernunft, jedoch aufgehalten hatte, auf die Spitze:

> „Dem Obigen zufolge ist das G u t e seinem Begriffe nach τῶν πρὸς τί, also jedes Gute wesentlich relativ; denn es hat sein Wesen nur in seinem Verhältnis zu einem begehrenden Willen. A b s o l u t e s G u t ist demnach ein Widerspruch.“ (Schopenhauer I, 493)

---

[43] Siehe ‚Welt als Wille und Vorstellung‘ I, 403: „Der Wille ist das Erste und Ursprüngliche, die Erkenntnis bloß hinzugekommen, zur Erscheinung des Willens als ein Werkzeug derselben gehörig.“

[44] Georg Simmel wies in diesem Zusammenhang daraufhin, daß Schopenhauer gegen den Selbstmord als die radikalste Form der Verneinung des Willens nichts anzuführen habe: „Und die Brüchigkeit seiner Argumentation, das Totschweigen der Tatsache, daß die dem Selbstmord freilich allein gelingende symptomatische Kur des Lebensleides, weil sie radikal ist, genau dasselbe leistet wie die Abtötung des Lebenswillens von innen her ...“ (a. a. O. S. 190).

Mit diesem Übergreifen der Relationskategorie über d i e Idee, das Gute selbst, ist der moralische Skeptizismus vollendet. Worin aber besteht dann noch die schon eben genannte Schranke, die Schopenhauer vom Nihilismus trennt?

In nichts anderem als in der metaphysischen — weil ontologisch, nicht prinzipiell vorgetragenen — Trennung von Ding an sich und Erscheinung, Wesen und Existenz, Wille als Ding an sich und Individuum als Erscheinung dieses Wesens. Nietzsche bemerkt hierzu in seiner aphoristischen Geschichte des Zusammenhangs von Moral und Aufspaltung der Welt in sinnliche und übersinnliche Welt:

> „3. Die wahre Welt, unerreichbar, unbeweisbar, unversprechbar, aber schon als gedacht ein Trost, eine Verpflichtung, ein Imperativ. (Die alte Sonne im Grunde, aber durch Nebel und Skepsis hindurch; die Idee sublim geworden, bleich nordisch, königsbergisch.)
> 4. Die wahre Welt — unerreichbar? Jedenfalls unerreicht. Und als unerreicht auch unbekannt. Folglich auch nicht tröstend, erlösend, verpflichtend: wozu könnte uns etwas Unbekanntes verpflichten? ... (Grauer Morgen, Erstes Gähnen der Vernunft. Hahnenschrei des Positivismus.)“ (‚Götzendämmerung‘, ‚Wie die ‚Wahre Welt‘ endlich zur Fabel wurde‘, II, 963)

Hier vollendet Schopenhauer Kant: Kant, der ja die Trennung von „Ding an sich“ und „Erscheinung“ zur theoretischen Rettung der Freiheit und damit der Möglichkeit von Moral vorgenommen hatte, geriet in die Aporie, entweder dieses Prinzip zurückzunehmen oder zuzugeben, daß es das Gegenteil dessen bewirkt, was sein Sinn ist, nämlich unbegreiflich macht, wie Vernunft praktisch werden könnte; diese Aporie läuft also auf die Aufgabe der dialektischen Vermittlung von Wesen und Erscheinung, Phänomenalität und Noumenalität als einzig möglicher Lösung hinaus. Schopenhauer dagegen bleibt konsequent und schließt die Möglichkeit der Vermittlung aus, so daß für die Beziehung von Wille und Vernunft nur die Negation des Willens übrig bleibt, wenn man von der bei Schopenhauer für den Menschen in genere gültigen Herrschaft des Willens zum Leben absieht, wobei jene Negation nicht im Hinblick auf ihre Bedingungen erhellt ist:

> „Noch im Hintergrunde der letztgekommenen Philosophie, der Schopenhauerschen, steht, beinahe als das Problem an sich, dieses schauerliche Fragezeichen der religiösen Krisis und Erweckung. Wie ist Willensverneinung m ö g l i c h ? wie ist der Heilige möglich? — das scheint wirklich die Frage gewesen zu sein, bei der Schopenhauer zum Philosophen wurde und anfing.“ (Nietzsche II, 611)

An einigen Stellen seines Werkes überschreitet auch schon Schopenhauer die Grenze zum Pragmatismus, so in der Definition des Begriffs der Strafe durch ihren Zweck, die Abschreckung, — eine für Kant unannehmbare, weil sein Prinzip der Moralität negierende Definition, da die Person des Täters in ihr die Stellung eines bloßen Mittels hat:

> „Der einzige Zweck des Gesetzes aber ist Abschreckung von Beeinträchtigung fremder Rechte.“ (Schopenhauer I, 475)

Die Wahrheit, die Schopenhauer durch seine Inkonsequenz zutage fördert, besteht jedoch in der Darstellung des eleatischen Wesens der Trennung von „Ding an sich“ und „Erscheinung“; mit der abstrakten Trennung von „Ding an sich“ und

„Erscheinung" ist der Begriff der Geschichtlichkeit nämlich unvereinbar, da er auf der dialektischen Vermittlung von innerem Wesen und äußerer Erscheinung beruht:

> „Denn wir sind der Meinung, daß jeder noch himmelweit von einer philosophischen Erkenntnis der Welt entfernt ist, der vermeint, das Wesen derselben ... h i s t o r i s c h fassen zu können; welches aber der Fall ist, sobald in seiner Ansicht des Wesens an sich der Welt irgendein W e r d e n oder Gewordensein oder Werdenwerden sich vorfindet." (Schopenhauer I, 378)[45]

Gänzlich inkonsequent allerdings wird Schopenhauer, wenn er zwischen Wille als Ding an sich und Erscheinung desselben in den Individuen, wobei beide streng getrennt sein sollen, die Ideen als eine übersinnliche Welt von Gesetzen konstruiert. Der von ihm befehdete Hegel, auf dessen Seite hier der antiplatonische Zeitgenosse Schopenhauers, Darwin steht, für den die Arten keine ewigen Formen, sondern Gestalten, die sich entwickelt haben sind, kann von einer Objektivation, Erscheinung des Wesens in Stufen sprechen, nicht der antidialektische Schopenhauer. Bei ihm bleiben die Ideen, die zugleich Vielheit und Einheit, platonische Wesen und Erscheinung des Willens, allgemein und einzeln anschaubar sein müßten, eine Systemkonstruktion, die allerdings diesen ihren Modus nicht verbergen kann[46].

Philosophisch stärker ist Schopenhauer dort, wo er den Zusammenhang von Platonismus und Pragmatismus ausspricht:

> „Daher erkennt denn auch die dem Willen dienende Erkenntnis von den Objekten eigentlich nichts weiter als ihre Relationen ... Wir dürfen auch nicht verhehlen, daß das, was die Wissenschaften an den Dingen betrachten, im wesentlichen gleichfalls nichts anderes als alles jenes ist, nämlich ihre Relationen." (Schopenhauer I, 255)

Daß die Kantische Substitution der philosophischen Erkenntnis der Wahrheit durch reine Wissenschaft, deren Kriterien strenge Notwendigkeit und Allgemeingültigkeit sind, in Wahrheit auch schon Pragmatismus ist, spricht Schopenhauer, dem die Metaphysik des Willens als des „Dinges an sich" das Aufspüren derartiger Zusammenhänge auch dort, wo sie traditionell nicht beachtet wurden, ermöglicht, unbefangen aus:

> „Schon das Wesen aller Wissenschaft besteht darin, daß wir das endlos Mannigfaltige der anschaulichen Erscheinungen unter komparativ wenige abstrakte Begriffe

---

[45] Im Unterschied zu der anfänglichen Abhängigkeit von ihm kritisiert Nietzsche Schopenhauers Antihistorismus in ‚Jenseits von Gut und Böse' (II, 664):
„Dergestalt scheint mir zum Beispiel die Nachwirkung Schopenhauers auf das neueste Deutschland zu sein — er hat es mit seiner unintelligenten Wut auf Hegel dahin gebracht, die ganze letzte Generation von Deutschen aus dem Zusammenhang mit der deutschen Kultur herauszubrechen, welche Kultur, alles wohl erwogen, eine Höhe und divinatorische Feinheit des h i s t o r i s c h e n S i n n s gewesen ist: aber Schopenhauer selbst war gerade an dieser Stelle bis zur Genialität arm, unempfänglich."

[46] Siehe Georg Simmel, a. a. O. S. 114: „Die Ideen bilden so ein gewisses Mittleres zwischen dem transcendentalen Willen und den empirischen Gegenständen, ein drittes Reich, dessen Realitätsgrad Schopenhauer undeutlich läßt — wie überhaupt erkenntnistheoretische Klarheit nicht seine Stärke ist."

zusammenfassen, aus denen wir ein System ordnen, von welchem aus wir alle jene Erscheinungen völlig in der Gewalt unserer Erkenntnis haben, das Geschehene erklären und das Künftige bestimmen können." (,Die Welt als Wille...', Anhang, ,Kritik der Kantischen Philosophie', I, 610)

Und auch der pragmatische Charakter der Eliminierung des Werdens, die in den von Schopenhauer wieder aufgenommenen Platonischen Ideen gipfelt, wird in einem Nietzsche vorwegnehmenden Satz eingestanden, ohne daß ausdrücklich die Geltung dieses Satzes, der auf die Wissenschaft eingeschränkt sein soll, auf die Ideen bezogen wird; dabei ist an die schon erwähnte Inkonsequenz zu erinnern, die in der für die Systematik notwendigen Stellung der Ideen sich vor der letzten Konsequenz der Trennung von Wesen und Erscheinung sperrt:

> „Denn alles sichere Aufbewahren, alle Mitteilbarkeit und alle sichere und weit-
> reichende Anwendung der Erkenntnis auf das Praktische hängt davon ab, daß sie
> ein Wissen, eine abstrakte Erkenntnis geworden sei... Jede anhaltende, zusammen-
> gesetzte, planmäßige Tätigkeit muß daher von Grundsätzen... ausgehen und da-
> nach geleitet werden." (Schopenhauer I, 97)

Resumiert man diesen kurzen Aufriß der im Zusammenhang mit Nietzsche wesentlichsten Motive des Schopenhauerschen Werkes, so scheint die These von der Stellung des Pessimismus Schopenhauers als der Vorstufe zum Nihilismus gerechtfertigt: Erstens enthält der Pessimismus in der Leugnung der Freiheit, welche Leugnung in der Identifizierung des „Dinges an sich" mit einer blinden Macht, dem Lebenswillen enthalten zu sein scheint, die Eliminierung der Möglichkeit der absoluten Reflexion des Denkens in sich und damit die Subsumtion des Denkens unter den Monismus des Aufgehens im Mundanen und unter bloße Ideologie.

Zweitens verbirgt sich eben diese Eliminierung der absoluten Reflexion im Pragmatismus, zu dem Schopenhauer den Skeptizismus vorantreibt; Denken wird zur Funktion des Lebenswillens. Das ausdrücklich zum pros ti erklärte Gut und Böse wie auch die zugunsten des Pragmatismus geopferte Erkenntnis von Wahr und Unwahr werden also schon von Schopenhauer auf die Stellung reduziert, die dann im Nihilismus Nietzsches offen hervortritt; sie sind bloße Momente, die ein „Transzendieren" zu einem Jenseits von Gut und Böse, Wahr und Unwahr ermöglichen sollen. Der Schopenhauersche Pessimismus als erste Stufe des Nihilismus reflektiert in dem Antagonismus von Lebenswille und Moral den Gegensatz von Natürlichkeit und Humanität, ohne, wie gezeigt wurde, ihn zu vermitteln, noch eine Seite zu opfern; Schopenhauers Resignation ist ein Signum des unaufhebbaren Antagonismus[47], aus dem in sich und in die Askese zurückzuziehen der einzige und zudem noch begrifflich ungesicherte Ausweg bleibt.

---

[47] Siehe hierzu A. Gehlens Definition der Genese des Relativismusproblems, das hier als Vorstufe des Nihilismus aufgefaßt wird: „Solange nun die metaphysische und die empirische Bewußtseinsstruktur im eigenen Bewußtsein interferieren, entsteht eine Aporie, eine Verlegenheit, deren Ausdruck das Relativismusproblem ist." (,Der Mensch', S. 390 f.).

Die zweite Stufe, der Nihilismus als Entwertung der obersten Werte, wird erreicht durch den zweiten Reflexionsschritt von der Reflexion auf den Antagonismus zwischen wirklicher Natürlichkeit und innerer Gewißheit der Extramundanität zur Auflösung dieses Antagonismus durch Eliminierung der Seite der Gewißheit, der übersinnlichen Welt der Moral als der Gewißheit der Humanität:

> „4. Die wahre Welt — unerreichbar? Jedenfalls unerreicht. Und als unerreicht auch unbekannt. Folglich auch nicht tröstend, erlösend, verpflichtend: wozu könnte uns etwas Unbekanntes verpflichten?... (Grauer Morgen. Erstes Gähnen der Vernunft. Hahnenschrei des Positivismus.)
> 5. Die ‚wahre Welt‘ — eine Idee, die zu nichts mehr nütz ist, nicht einmal verpflichtend — eine unnütz, eine überflüssig gewordene Idee, folglich eine widerlegte Idee: schaffen wir sie ab! (Heller Tag; Frühstück; Rückkehr des bon sens und der Heiterkeit; Schamröte Platos; Teufelslärm aller freien Geister.)" (Nietzsche II, 963)

Diese Stufe bezeichne ich ebenfalls noch als Vorform des Nihilismus, da sie durch die U m wertung aller Werte bestimmt ist, d. h. sich nur auf den inhaltlichen Niedergang der Gültigkeit der alten Werte erstreckt, die Form jedoch, den Wertcharakter der Werte selbst, nicht tangiert.

Hier tut sich der zwar bekannteste, aber m. E. auch schwächste Bereich des Nietzscheschen Werkes auf, seine Apologie der aristokratischen Werte[48], sein Versuch einer unmittelbaren Rückkehr zur Antike[49], nämlich der bloßen Negation der ersten, der christlichen Umwertung der Werte, insbesondere in dem späten Werk ‚Der Antichrist — Fluch auf das Christentum‘ — kurz gesagt, hier begegnet uns der Nietzsche der Formel ‚Umwertung der Werte — Wille zur Macht‘:

> „Ich verweise dafür auf ein Werk, das ich vorbereite: Der Wille zur Macht. Versuch einer Umwertung aller Werte." (II, 897)

Der gegen die erste Stufe des Nihilismus gerichtete Satz Nietzsches:

---

[48] Siehe z. B. III, 444 ff.: „Was ist vornehm?", wo Verhaltensweisen als bloß subjektive über den Untergang der aristokratischen Welt hinübergerettet werden sollen und so, getrennt von ihrem Unterbau und den feudalen Institutionen, zu einem Arrangement von Gesten absinken, denen die Abhängigkeit vom Bürgertum nur zu sichtbar abzulesen ist, nämlich von der sich unmittelbar gegenständlich werdenden Innerlichkeit. Nietzsche kommt hier um die gerade von ihm ausgesprochene Einheit von Erkenntnis und Untergang des Erkannten bzw. dem sich Verabschieden vom Erkannten nicht herum: er kann die humanen Momente der aristokratischen Welt noch einmal aussprechen, aber nicht mehr als Werte intendieren, er i s t nicht mehr Aristokrat.

[49] Siehe den Schluß des ‚Antichrist‘, II, 1235:
„Ich heiße das Christentum den *einen* großen Fluch, die *eine* große innerlichste Verdorbenheit, den *einen* großen Instinkt der Rache, dem kein Mittel giftig, heimlich, unterirdisch, *klein* genug ist — ich heiße es den *einen* unsterblichen Schandfleck der Menschheit ... Und man rechnet die Zeit nach dem *dies nefastus*, mit dem dies Verhängnis anhob — nach dem *ersten* Tag des Christentums! — Warum nicht lieber nach seinem letzten? — Nach heute? — Umwertung aller Werte!"
Die reine Negation des Christentums läßt nur eine Rückkehr zum Zeitpunkt seiner Genese, zur Spätantike übrig. Von einer Vermittlung von christlicher Moral und antiker Sitte zur freien Sittlichkeit wie bei Hegel ist nicht die Rede, auch nicht von der — nur temporären — Notwendigkeit der religiösen Irrtümer als gesetzten Grundes der Selbsterzeugung des Menschen.

„Der unvollständige Nihilismus, seine Formen: wir leben mitten darin. Die Versuche, dem Nihilismus zu entgehn, ohne die bisherigen Werte umzuwerten: bringen
das Gegenteil hervor, verschärfen das Problem." (III, 621)

greift selbst noch zu kurz; gerade der Versuch einer Aufhebung des Nihilismus
durch Umwertung aller Werte, ohne den Nihilismus zu Ende zu denken, ver-
schärft ihn, welcher Zusammenhang dieses schwächsten Bereiches Nietzsches mit
einer unmittelbaren Rezeption durch Politik und weltanschaulich[50] borniertes
Bewußtsein in diesem Jahrhundert sich manifestiert hat.

Ich nenne hier als Beispiel zwei Themenbereiche, in denen die These vom
Nietzsche der Umwertung aller Werte als des philosophisch schwachen Nietzsche
unmittelbar ihre Relevanz zeigt:

Der Nietzsche der Umwertung aller Werte kehrt zum Platonismus der frühen
Stufe zurück; so wie in der dritten ‚Unzeitgemäßen Betrachtung' die „Aufgabe des
Philosophen" darin gesehen wird, „Gesetzgeber für Maß, Münze und Gewicht
der Dinge zu sein" (I, 307), bestimmt der späte Nietzsche den Zusammenhang von
Philosophie, Wertsetzung und Wille zur Macht folgendermaßen:

„Die eigentlichen Philosophen aber sind Befehlende und Gesetzgeber: sie sagen ‚so
soll es sein!', sie bestimmen erst das Wohin? und Wozu? des Menschen... Ihr
,Erkennen' ist Schaffen, ihr Schaffen ist eine Gesetzgebung, ihr Wille zur Wahrheit
ist — Wille zur Macht." (II, 676 f.)

Dagegen verteidigt der philosophisch große Nietzsche gegen die ganze Tradition des Platonismus, „gegen den Wert des Ewig-Gleichbleibenden ... den Wert
des Kürzesten und Vergänglichsten, das verführerische Goldaufblitzen am Bauch
der Schlange vita" (III, 559). Diesem Insistieren auf dem Wahrheitsmoment der
Nuance, des Vergehenden, die den Philosophen Nietzsche ausmacht, entspricht
zweitens auf der Ebene der Darstellung die Bedeutung der sprachlichen Artikulation; deshalb ist es von sachlicher Relevanz, wenn der spätere Nietzsche sprachlich
gröber und undifferenzierter wird, welcher Zusammenhang zwischen Inhalt und
Darstellung stellenweise direkt hervortritt:

„...alles verjüdelt oder verchristlicht oder verpöbelt sich zusehends (was liegt an
Worten!)" (II, 781)

Der Begriff des Nihilismus tritt erst ganz hervor in der Reflexion des Wert-
begriffs selbst, in der Erschütterung der tradierten Werte nicht im Hinblick auf
ihren Inhalt allein, sondern auf ihre imperativische Kraft als Sollensprinzipien.
Nietzsche beendet das für unsere Untersuchung zentrale Kapitel ‚Von den ersten

---

[50] Karl Schlechta wies im Nachwort seiner Nietzscheausgabe auf die zunehmende Vergröberung in Sprache und Denken des späten Nietzsche (des Nietzsche des ‚Willens zur
Macht', den Schlechta als ‚Aus dem Nachlaß der Achtzigerjahre' edierte), hin: „Ja,
ein vehementeres Hervorrücken des Nachlasses scheint mir insofern geradezu gefährlich,
als dieser die feineren Akzente in der Gedankenführung verwischt... Der Nachlaß
vergröbert also — nicht von ungefähr hat er die Nietzsche-Enthusiasten immer so sehr
angezogen." (III, 1433) Was Nuancierung gerade bei Nietzsche philosophisch bedeutet,
habe ich zu zeigen versucht.

und letzten Dingen' aus ,Menschliches, Allzumenschliches' mit dem Hinweis auf
den Zusammenhang von kritischer Reflexion und Zerstörung aller Imperative:

> „Aber wird so unsere Philosophie nicht zur Tragödie? Wird die Wahrheit nicht dem
> Leben, dem Besseren feindlich? Eine Frage scheint uns die Zunge zu beschweren und
> doch nicht laut werden zu wollen: ob man bewußt in der Unwahrheit bleiben
> könne? oder, wenn man dies müsse, ob da nicht der Tod vorzuziehen sei? Denn ein
> Sollen gibt es nicht mehr; die Moral, insofern sie ein Sollen war, ist ja durch unsere
> Betrachtungsart ebenso vernichtet wie die Religion." (I, 472)

Wenn nun die Subreption von gesellschaftlichen Funktionsmomenten zu ewigen
Werten sich der Sprachlichkeit des Menschen verdankt — wobei nie vergessen
werden darf, daß die Vergegenständlichung in der Sprache immer zugleich auch
Entgegenständlichung[51] ist, Subreption und Aufklärung in ihr immer verbunden
sind — muß eine kritische Reflexion, die in ihrer Auffassung der Sprachlichkeit
n u r das Moment der Subreption erblickt, in ihrer für sie spezifischen Intention
als Aufklärung, alle Vergegenständlichung aufzulösen und auf verborgene Spontaneität des menschlichen Subjekts zurückzuführen, jene Subreption und damit alle
durch diese getragenen Imperative bzw. imperativischen Institutionen negieren. So
muß ein Antagonismus von Reflexion und tradierter Sitte, d. h. von Aufklärung
und Sprachlichkeit in ethisch-praktischer Hinsicht entstehen, dessen Resultat die
Zerstörung des Bewußtseins, daß die Institutionen ihre Macht und Legitimität im
Transzendieren des Gesellschaftlichen haben, ist:

> „Die Aufklärung ist, kurz gesagt, die Emanzipation des Geistes von den Institu-
> tionen ... Sie löst die Treuepflicht zu außerrationalen Werten auf, hebt die Bin-
> dungen durch Kritik ins Bewußtsein, wo sie zerarbeitet und verdampft werden,
> und stellt Formeln bereit, die Angriffspotential, aber keine konstruktive Kraft
> haben, wie in der Rede vom ,neuen Menschen' oder von der Unmenschlichkeit der
> Herrschaft." (A. Gehlen, ,Moral und Hypermoral' 1969, S. 102)

Der enge Zusammenhang zwischen der Verbindlichkeit eines Wertes oder einer
Institution mit der Subreption bei Nietzsche ergibt sich indirekt aus dem von ihm
immer wieder[52] hervorgehobenen Bewußtsein der Erleichterung und Befreiung als
Folge der Einsicht in das Allzumenschliche der metaphysischen, religiösen und
moralischen Hypostasen — also durchaus keine pessimistische oder gar nihilistische
Befindlichkeit:

> „Wir sind um ein Interesse ärmer geworden: das ,Nach-dem-Tode' geht uns nichts
> mehr an! — eine unsägliche Wohltat, welche nur noch zu jung ist, um als solche
> weit- und breithin empfunden zu werden." (I, 1061)

---

[51] Zu der Behauptung, daß die Hypostase in der Sprachlichkeit nie gleichzusetzen ist mit
dem Gerinnen zur Positivität eines fremden Objekts, siehe W. v. Humboldts Kawiwerk, Akademieausgabe VI, S. 155, 160 f., 180 und besonders 181:
„Die beiden hier angeregten, einander entgegengesetzten Ansichten, daß die Sprache der
Seele fremd und ihr angehörend, von ihr unabhängig und abhängig ist, verbinden sich
wirklich in ihr, und machen die Eigenthümlichkeit ihres Wesens aus. Es muß dieser
Widerstreit auch nicht so gelöst werden, daß sie zum Theil fremd und unabhängig und
zum Theil beides nicht sey. Die Sprache ist gerade insofern Object und selbständig, als
sie Subject und abhängig ist."

[52] Vgl. I, 1248; II, 831; II, 963; II, 978.

In einem gewissen Kontrast hierzu — wenn auch nicht auf den ersten Blick erkennbar — scheint folgende Stelle aus dem ‚Antichrist‘ zu stehen, in der gerade das Transzendiertwerden der „irdischen Welt" durch eine Verlagerung des Schwergewichts in eine jenseitige Welt als ein Vorgang dargestellt wird, der dem Leben seinen Ernst und seine Tiefe nehme, während doch in der gerade angezogenen Stelle der umgekehrte Vorgang als Entlastung interpretiert wurde:

> „Wenn man das Schwergewicht des Lebens nicht ins Leben, sondern ins ‚Jenseits‘ verlegt — ins Nichts —, so hat man dem Leben überhaupt das Schwergewicht genommen." (II, 1205)

Gegen diese Behauptung spricht die unleugbare Tatsache, daß mit der Verbreitung des Christentums die Angst vor dem Tode nicht — wie unmittelbar vielleicht zu erwarten gewesen wäre — abgenommen hat, sondern sich gerade deshalb gesteigert hat, weil in dem — als solchem unwesentlichen — irdischen Leben die Entscheidung über die ewige Seligkeit fiel. Das Leben gewann nun jenen ungeheuren Ernst, den der vorchristliche, mehr dem Fatalismus zuneigende Mensch wohl nicht gekannt haben dürfte. Das Leben des Einzelnen war für ihn ein Moment des kosmischen Kreislaufs, und das ängstliche Bemühen um das „Heil der Seele" des Einzelnen hätte auf ihn wohl eher komisch gewirkt, was gerade Nietzsche an anderer Stelle, ja auch unmittelbar im Anschluß an die gerade herangezogene Stelle, aus dem ‚Antichrist‘ zum Ausdruck bringt:

> „Daß kleine Mucker und Dreiviertels-Verrückte sich einbilden dürfen, daß um ihretwillen die Gesetze der Natur beständig durchbrochen werden — eine solche Steigerung jeder Art Selbstsucht ins Unendliche, ins Unverschämte kann man nicht mit genug Verachtung brandmarken." (II, 1205)

Wenn die Verheißung des ewigen Lebens das höchste Versprechen ist oder war, das dem Menschen gegeben werden kann, dann ist mit der Einsicht in die Unwahrheit jenes Versprechens der höchste Ernst dahin; die Verheißung der Ideologien, die seit der Aufklärung gerade als Ersatzreligionen ihre Macht ausüben,

> —„Die moderne Wissenschaft hat als Ziel: so wenig Schmerz wie möglich, so lange leben wie möglich — also eine Art von ewiger Seligkeit, freilich eine sehr bescheidene im Vergleich mit den Verheißungen der Religionen" (I, 530) —

ist und bleibt ein Surrogat und dem Nihilismus gegenüber kein ernstzunehmender Gegner, da sie im Gegenteil nur als seine Folge zu begreifen sind:

> „Der unvollständige Nihilismus, seine Formen: wir leben mittendrin. Die Versuche, dem Nihilismus zu entgehn, ohne die bisherigen Werte umzuwerten: bringen das Gegenteil hervor, verschärfen das Problem." (III, 621)

Nietzsche versucht in der Lehre von der ewigen Wiederkunft des Gleichen beide Momente zu vereinigen: die Ernsthaftigkeit, die das Irdische erst vor der Transzendenz erhält — dies begründet die Macht des Christentums — sucht er auf das Mundane als solche zu lenken, das für das Christentum eben nur eine Durchgangsstufe darstellt; aber eine Theorie, die von der reinen Mundanität des Menschen ausgeht, kann weder das Wissen des Menschen vom Tode noch dessen Einstufung begreifen:

„Es gibt unter den Menschen keine größere Banalität als den Tod; zu zweit im
Range steht die Geburt ... dann folgt die Heirat." (I, 904)

Die Endgültigkeit des Todes, von der Hegel und Kierkegaard sagten, daß
dessen Bewußtsein als „unendliche Trauer" den tiefsten Grund der antiken Seele
bilde[53], — auch Nietzsche spricht vom tragischen Lebensgefühl als dem höchsten
Bewußtsein — soll durch die Lehre von der ewigen Wiederkehr eliminiert werden;
zugleich aber soll auch der Ernst der absoluten, alle Relativität auf das Besondere
transzendierenden Subjektivität, die sich erst auf dem Umweg über die Transzendenz intendierenden „metaphysischen Irrtümer" erzeugte, die Trivialität des reinen
Aufgehens in der Immanenz zur heroischen Bejahung verklären. Aber Verleugnung des Ernstes des Todes und Verleugnung der Individualität scheinen nicht von
einander zu trennen zu sein: dem Tod wird der Schrecken genommen, wenn er als
ein bloß mundanes Geschehen angesehen wird; wenn der Tod nichts weiter ist als
die Veränderung in der Konstellation bestimmter Atome bzw. Moleküle, ist er
nichts Schreckliches. Aber dann ist auch die Individualität Schein, bloß subjektiver
Anspruch auf Verantwortung für eine zufällige oder notwendige Konstellation
von Gegenständen. Die Lehre von der ewigen Wiederkehr des Gleichen scheint
demnach — vorausgesetzt, in Kosmologie und Psychologie sei sie als metaphysisches Prinzip sinnvoll — mit der Ethik unverträglich zu sein, da sie den Ernst der
Entscheidung, der sich der Individualität als existierender Unendlichkeit verdankt,
aufhebt. Der tragische Grundton der Lehre von der ewigen Wiederkehr des
Gleichen, der es lediglich erlaubt, sie zu einer ästhetizistischen Theodizee auszu-
bauen, ist von Nietzsche selbst ausgesprochen worden (in der ‚Geburt der Tragödie'). Der Schrecken des Todes und der Tod selbst ist nur für ein Individuum, das
die Lehre von der ewigen Wiederkehr eben nicht als Erlösung vom Tode, sondern
nur als perennierenden Tod, als verabsolutierte Endlichkeit ansehen kann. Diese
Reaktion auf den zutiefst nihilistischen Charakter der Lehre von der ewigen
Wiederkehr — „Das ist die extremste Form des Nihilismus: das Nichts (das ‚Sinnlose') ewig" (III, 853) — kann Nietzsche nicht widerlegen oder theoretisch aufheben, er kann sie nur als eine Reaktion der Decadance polemisch attackieren, also
wieder nur eine bloß praktisch relevante Antwort geben. Die gleiche Ambivalenz,
die sich bei der Interpretation der Auffassung des Zusammenhangs von Transzendenz und Spontaneität durch Nietzsche herausstellte, ergibt sich auch bei der
Interpretation des Zusammenhangs zwischen der Transzendenz in der Genese und
den Legitimationsprinzipien und der Verbindlichkeit einer Institution überhaupt:
in der schon angezogenen Stelle aus dem ‚Antichrist' spricht Nietzsche von der
Gefahr des Christentums für die Gesellschaft und Politik:

[53] ‚Der Begriff Angst', S. 61: „Deshalb gibt es eine Sorglosigkeit in der griechischen
Schönheit, weil der Geist ausgeschlossen ist, aber deshalb gibt es da auch eine unerklärte
tiefe Trauer" (siehe auch ebenda S. 86 Anmerkung).
Auch Nietzsche scheint dies anzudeuten: „Der erste Musiker würde mir der sein, welcher
nur die Traurigkeit des tiefsten Glücks kennt, und sonst keine Traurigkeit: einen
solchen gab es bisher nicht." (II, 145).

„Und unterschätzen wir das Verhängnis nicht, das vom Christentum aus sich bis in
die Politik eingeschlichen hat! Niemand hat heute mehr den Mut zu Sonderrechten,
zu Herrschaftsrechten, zu ... einem Pathos der Distanz ... Unsere Politik ist krank
an diesem Mangel an Mut." (II, 1205 f.)

Andererseits weiß gerade Nietzsche, daß mit dem Ende des Glaubens an die
„metaphysischen Irrtümer" der Mensch die Kraft verliert, die er vielleicht nur
angesichts von Transzendentem hat, sich zum Moment zu machen, ohne welche
Herabsetzung der Individualität die allgemeinste Bedingung der Institutionen-
bildung fehlt:

„Der Mut, auf lange Fernen hin Pläne zu machen, wird entmutigt; die organisato-
rischen Genies fangen an zu fehlen — wer wagt es nunmehr noch, Werke zu unternehmen, zu deren Vollendung man auf Jahrtausende rechnen müßte? Es stirbt eben
jener Grundglaube aus, auf welchen hin einer dergestalt rechnen, versprechen, die
Zukunft im Plane vorwegnehmen, einem Plane zum Opfer bringen kann, daß nämlich der Mensch nur insofern Wert hat, Sinn hat, als er ein Stein in einem großen Baue
ist ... Wir alle sind kein Material mehr für eine Gesellschaft: das ist eine Wahrheit,
die an der Zeit ist!" (II, 225)

Nietzsche sieht den Begriff der Verbindlichkeit im Unterschied zu Kant nie
prinzipiell, also immer sub specie der wirklichen Gesellschaft und der Geschichte;
deshalb steht im Mittelpunkt seiner Darstellung der Verbindlichkeit und der
Institution nicht wie bei Kant die die subjektive Willkür transzendierende Kategorie der Notwendigkeit, sondern die der Dauer, des Transzendierens des Zeitlichen,
auf der Subjektseite nicht die Einheit der transzendentalen Apperzeption, sondern
die empirische Identität, die Fähigkeit zu versprechen:

„Ein Tier heranzüchten, das v e r s p r e c h e n darf — ist das nicht gerade jene
paradoxe Aufgabe selbst, welche sich die Natur in Hinblick auf den Menschen gestellt hat? Ist es nicht das eigentliche Problem vom Menschen? ... Eben das ist die
lange Geschichte von der Herkunft der V e r a n t w o r t l i c h k e i t." (II, 799 f.)

Sobald die prinzipielle Fragestellung nach den Bedingungen der Möglichkeit
verlassen wird, sobald nicht nur von der r e i n e n Einheit des Bewußtseins die
Rede ist, wird die Dialektik unvermeidlich: so wie in den frühen Schriften Nietz-
sches die Einheit der Seele, der Bewußtseinswelt die Selbstbegrenzung durch einen
„Horizont", also die Teilung der Welt voraussetzt, so auch die Identität des
Bewußtseins das Vergessen, d. h. die Aufhebung eben dieser reinen Identität:

„Vergeßlichkeit ist keine bloße vis inertiae ... sie ist vielmehr ein aktives, im
strengsten Sinne positives Hemmungsvermögen ... womit sofort abzusehen ist, inwiefern es kein Glück, keine Heiterkeit, keine Hoffnung, keinen Stolz, keine
G e g e n w a r t geben könnte ohne Vergeßlichkeit. Der Mensch, in dem dieser
Hemmungsapparat beschädigt wird und aussetzt, ist einem Dyspeptiker zu vergleichen (und nicht nur zu vergleichen) — er wird mit nichts ‚fertig'." (II, 799)

Wenn die Identität eines Menschen auch das Vergessenkönnen — oder Ver-
drängenkönnen, wie Freud[54] es später formulierte — voraussetzt, dann fordert die

---

[54] Zum Zusammenhang der Genese von Institutionen mit der Neurosenbildung beim
Individuum siehe Habermas ‚Erkenntnis und Interesse', S. 335: „Dieselben Konstellationen, die den Einzelnen in die Neurose treiben, bewegen die Gesellschaft zur Errichtung von Institutionen."

Einheit der Apperzeption ihre Negation, um Einheit zu bleiben, denn es ist ja gerade die reine Einheit des Bewußtseins, die im Vergessen die Aufhebung der empirischen voraussetzt, um Einheit zu sein.

Wie aber wurde das Transzendieren des Aufgehens in der bestimmten Situation und der Lebendigkeit überhaupt möglich? Wie wurde das Vergessen „ausgehängt", jene Fähigkeit, durch die der Mensch als animalisches Wesen sich am Leben erhielt? Nietzsches Antwort: „Der Mensch wurde mit Hilfe der Sittlichkeit der Sitte und der sozialen Zwangsjacke wirklich berechenbar g e m a c h t " (II, 800), enthält einen Zirkel; denn wie erklärt er jene Sittlichkeit der Sitte, also ihre Verbindlichkeit?

> „Sittlichkeit ist nichts anderes (also namentlich n i c h t m e h r !) als Gehorsam gegen Sitten, welcher Art diese auch sein mögen; Sitten aber sind die h e r k ö m m - l i c h e Art zu handeln und abzuschätzen ... Der freie Mensch ist unsittlich, weil er in allem von sich und nicht einem Herkommen abhängen w i l l " (I, 1019).

Nietzsche, der hier wie Hegel die Moral von der Sittlichkeit unterscheidet — allerdings im Unterschied zu Hegel es bei der schlanken Gegenüberstellung von Autonomie und Heteronomie beläßt[55] —, erklärt also die Entstehung eines verantwortlichen Subjekts, also eines Wesens, das über den Augenblick hinaus wollen kann, aus der Institution; diese aber kann doch gerade Nietzsche nicht hypostasieren, wie das als solche borniert sittliche Bewußtsein, das ja durch die Abwehr aller Fragen nach Herkunft und Berechtigung der Sitte bestimmt ist, weshalb es auch durch die Reflexion zerstört wird:

> „Alle Staaten und Ordnungen der Gesellschaft: die Stände, die Ehe, die Erziehung, das Recht, alles dies hat seine Kraft und Dauer allein in dem Glauben der gebundenen Geister an sie — also in der Abwesenheit der Gründe, mindestens in der Abwehr des Fragens nach Gründen." (I, 586)

Die Macht der Institutionen kann Nietzsche dann nicht mehr erklären:

> „Was ist das Herkommen? Eine höhere Autorität, welcher man gehorcht, nicht weil sie das uns N ü t z l i c h e befiehlt, sondern weil sie b e f i e h l t." (I, 1019)

Nietzsche borniert sich damit selbst auf die Tautologie, die als Unmittelbarkeit zwar jeder Institution eigentümlich ist, aber welche Unmittelbarkeit aufgehobene Vermittlung ist, was der reflektierende, aber nicht gehorchende Nietzsche zu explizieren hätte. Statt dessen schlägt er sich auf die Seite der Betroffenen, obwohl gerade er weiß, daß es ein Gehorchen um des Gehorchens willen, ein reines Gehorchen also, nicht geben kann; alles Gehorchen muß auch das Gegenteil, Spontaneität, oder wie Nietzsche es ausdrückt, eine bestimmte Erscheinung des Willens zur Macht sein.

In der ‚Götzendämmerung' führt Nietzsche den Niedergang der Institutionen auf die Dekadenz, also eine Beschaffenheit des Einzelnen zurück, was nichts er-

---

[55] Vgl. I, 899: „Pflicht ist ein zwingendes, zur Tat drängendes Gefühl, das wir gut nennen und für undiskutierbar halten ... der Denker hält aber alles für geworden und alles Gewordene für diskutierbar, ist also der Mann ohne Pflicht."

klärt, da es doch gerade zum Wesen der Institution gehört, ungeachtet der Beschaffenheit des Einzelnen jene Kontinuität im Leben des Menschen zu schaffen,
deren Nachlassen also keine Erklärung abgibt für den Niedergang der Institution:

> „Diese Organisation (das imperium romanum, Anm. von mir, H. R.) war fest genug,
> schlechte Kaiser auszuhalten: der Zufall von Personen darf nichts in solchen Dingen
> zu tun haben — e r s t e s Prinzip aller großen Architektur." (II, 1229)

Der ganze Passus über den Zusammenhang von Dekadenz und Niedergang der
Institutionen lautet:

> „Unsere Institutionen taugen nichts mehr: darüber ist man einmütig. Aber das liegt
> nicht an ihnen, sondern an uns. Nachdem uns alle Instinkte abhanden gekommen
> sind, aus denen Institutionen wachsen, kommen uns Institutionen überhaupt ab-
> handen, weil w i r nicht mehr zu ihnen taugen. Demokratismus war jederzeit die
> Niedergangsform der organisierenden Kraft ... Damit es Institutionen gibt, muß es
> eine Art Wille, Instinkt, Imperativ geben, antiliberal bis zur Bosheit: den Willen
> zur Tradition, zur Autorität, zur Verantwortlichkeit auf Jahrhunderte hinaus,
> zur Solidarität von Geschlechterketten vorwärts und rückwärts in infinitum." (II,
> 1015 f.)

Als Erklärung für die Institution springt hier wieder „eine Art Wille, Instinkt"
ein, womit sich der Kreis schließt: Die Verantwortlichkeit des Menschen wird
durch die Institution, diese wiederum durch den Willen erklärt; der Nihilismus
wird so zu einem bloß biologischen Phänomen reduziert, ohne daß das Wort
Dekadenz[56] hier etwas erhellt, zumal Nietzsche selbst[57] nur selten die Dialektik
leugnet, die in ihr steckt, räumt er doch ein, daß der Fortschritt immer seinen Weg
über die ‚Schwachen' nimmt, — hier Hegels Wende im Herrschaft-Knechtschafts-
kapitel der ‚Phänomenologie des Geistes' folgend:

> „Jedem Fortschritt im großen muß eine teilweise Schwächung vorhergehen. Die
> stärksten Naturen halten den Typus fest, die schwächeren helfen ihn fortbilden. —
> Etwas Ähnliches ergibt sich für den einzelnen Menschen; selten ist eine Entartung,
> eine Verstümmelung, selbst ein Laster und überhaupt eine körperliche oder sittliche
> Einbuße ohne einen Vorteil auf einer andern Seite." (I, 583)

In der oben angezogenen Stelle identifiziert Nietzsche den „Demokratismus"
mit dem Niedergang der „organisierenden Kraft", dem Niedergang der Institution
überhaupt; Demokratie und Sozialismus[58] stellen demnach als säkularisiertes, „ver-
natürlichtes Christentum" (III, 608) die Erscheinungsformen des Nihilismus in der
Gesellschaft dar:

---

[56] Platon, der in der Politeia — achtes Buch, 546 c, d — für den Niedergang des idealen
Staates, der an sich unerklärlich ist, da alle Mängel des Individuums ja durch die
entsprechend konstruierten Institutionen paralysiert werden, subjektive Fehler Einzelner
verantwortlich macht, sieht diese merkwürdigerweise ebenfalls in einem Verstoß gegen
die Eugenik, eine genaue Parallele zu Nietzsches ‚Dekadenz' also.

[57] Siehe auch Nietzsche über sich selbst, II, 1070: „Ich habe für die Zeichen von Aufgang
und Niedergang eine feinere Witterung als je ein Mensch gehabt, ich bin der Lehrer
par excellence hierfür — ich kenne beides, ich bin beides."

[58] Siehe III, 633, wo Nietzsche von dem „sozialistischen Ideal" als „dem Residuum des
Christentums und Rousseaus in der entchristlichten Welt" spricht.

„Ursachen des Nihilismus: 1. es fehlt die höhere Spezies... 2. die niedere Spezies („Herde', ,Masse', ,Gesellschaft') verlernt die Bescheidenheit und bauscht ihre Bedürfnisse zu kosmischen und metaphysischen Werten auf. Dadurch wrd das ganze Dasein vulgarisiert: insofern nämlich die Masse herrscht, tyrannisiert sie die Ausnahmen, so daß diese den Glauben an sich verlieren und Nihilisten werden." (III, 553)

Wenn Nietzsche den Sozialismus als die „Gesamt-Entartung des Menschen ... zum Zwergtiere der gleichen Rechte und Ansprüche" (II, 662) apostrophiert, so stellt sich uns damit die Frage nach dem Zusammenhang von „Humanismus", „Gesellschaft" und dialektischem Begriff; zum Verständnis dieser Behauptung und ihres Sinnes ist ein weiteres Ausholen unumgänglich, zumal eine unmittelbare Antwort auf Nietzsches Polemik gegen „Demokratie und Sozialismus" den Bereich des Weltanschaulichen wohl nicht überschreiten würde.

Die Hegelsche Antwort auf die französische Revolution gipfelt in ihrer negativen Seite in der Darstellung der absoluten Freiheit als der tödlichen Identität von abstrakter Einzelheit und Allgemeinheit, oder anders ausgedrückt in der Darstellung des sich selbst Aufhebens des Versuchs, den Einzelnen u n m i t t e l b a r als Gattung existieren zu lassen, die Nichtidentität von Mensch, „dieser Mensch da" und Gattung, Menschheit, unmittelbar zu negieren. Sowohl die unmittelbare Identität Einzelner-Gattung als auch die abstrakte Negation, die den Einzelnen in seinem Dasein als Exemplar aufgehen läßt, reduzieren den Menschen zum Tier; vormenschlich ist die Barbarei, in der jeder Alles tut, was wohl dem zoon politikon auch nie möglich war, da schon die primitivste Gesellschaft irgendeine Art von Arbeitsteilung kennt.

Andererseits trifft der Satz von Karl Marx: „Das Geheimnis des Adels ist die Zoologie" (Werke I, 397) wohl eine Gesellschaft, die zum Tierreich zurückkehrt, wenn die Arbeitsteilung und ständische Gliederung, durch die für Hegel Mensch und Menschheit vermittelt werden, total wird, so daß der Einzelne mit seiner Rolle, die ja dann keine mehr ist, identisch wird. Die Vermittlung beider Extreme, die den Einzelnen vermittelt als existierende Gattung begreifen läßt, leisten nach Hegel die Sittlichkeit des Staates u n d die Religion, wobei dann wiederum deren Vermittlung — die von Staat und Religion — nicht geleistet scheint.

Hegels Rechtsphilosophie krankt m. E. daran, daß nach Hegel selbst die Erkenntnis einer Gestalt des Bewußtseins und ihrer Welt den Abschied von ihr bedeutet, während die Rechtsphilosophie von 1821 trotz der Anspielung auf die Eule der Minerva den Eindruck erwecken mußte, als sei der in den ,Grundlinien der Philosophie des Rechts' dargestellte Begriff des Staates der Geschichte transzendent. Konkret bedeutet dies, daß Hegel den Staat nur als Organismus darstellen kann, in dem das Gattungsein des Einzelnen lediglich erscheint. Die Positivität der Gliederung des Staates ist seine Endlichkeit. Eine überstaatliche Gestalt, die Religion, fügt jenes Moment der existierenden Unendlichkeit des Einzelnen, sein Gattungsein, das im Staat als solches nicht wirklich sein kann, hinzu. Deshalb ist

die Macht der Institutionen bei Hegel die christliche Religion, sie trägt als Grund
— im dialektischen Sinne als Grund und Aufhebung des Staates — den Staat, weil
in ihr als absolutem Geist der Mensch die Freiheit gewinnt, die der Staat als nur
objektiver Geist nicht gewähren kann.

Die begriffliche Aporie, der sich Hegel gegenübersah, nämlich die Unmöglichkeit der Vermittlung von Staat und Religion, erscheint als das Problem der Epoche
am Schluß der Religionsphilosophie Hegels: dort sieht er keine Möglichkeit für das
Fortbestehen der alten bäuerlichen Gesellschaft, da die Religion durch die Aufklärung ihre Macht über die Menschen verliert, andererseits der Schritt von der
Aufklärung qua Reflexionsstufe zur Philosophie als der Gestalt des Bewußtseins,
die die Religion aufbewahrt, dem Menschen in genere unmöglich ist; die Philosophie, die die Religion bestehen lassen kann, ist esoterisch[59], während die zer-
störenden Momente der Philosophie exoterisch sind. Wenn Hegel erstens die Notwendigkeit der Aufklärung bejaht, zweitens aber zugleich an der Esoterik der die
Aufklärung zu Ende denkenden Philosophie qua Philosophie festhalten muß,
ergeben sich aus dieser Aporie folgende Konsequenzen für die Beziehung zwischen
Einzelnem und Gattung:

Eine vollendete Philosophie — angenommen, es gäbe sie — ist, solange sie
esoterisch ist, nicht vollendet, da sie den Chorismos zwischen Begriff und Existenz
des Menschen, zwischen Mensch und Menschheit nur an sich, nicht an und für sich,
d. h. nicht wirklich vermitteln kann; dies gegen den jungen Marx, der von der
vollendeten Philosophie spricht, die es nun noch zu verwirklichen gelte. Eine vollendete Philosophie erwiese sich als solche erst dadurch, daß sie über sich hinausgeht, allgemeines Bewußtsein des Menschen wird; die Spaltung in esoterisch
aufgeklärtes und allgemein borniertes Bewußtsein reflektiert sich innerhalb der
Philosophie selbst als unvollendete Aufklärung. Vollendete Philosophie würde die
Aufklärung einholen, während unreflektierte Metaphysik einen Inhalt jenseits des
allgemeinen menschlichen Bewußtseins unterstellt. Diese sich gegen die Aufklärung
bornierende Gestalt der Philosophie reflektiert jenen Chorismos von philosophischem und allgemeinem Bewußtsein heute konsequent in der Forderung gerade der
Logistik, die menschliche Sprache soweit wie möglich aus dem Bereich der „For-
schung" zu eliminieren; Hegel dagegen hebt in der ‚Wissenschaft der Logik' her-

---

[59] Siehe den Schluß der ‚Philosophie der Religion', insbesondere S. 355 f.:
„Der Zweck dieser Vorlesungen war eben, die Vernunft mit der Religion zu versöhnen,
diese in ihren mannigfaltigen Gestaltungen als nothwendig zu erkennen und in der
offenbaren Religion die Wahrheit und die Idee wiederzufinden. Aber diese Versöhnung
ist selbst nur eine partielle ohne äußere Allgemeinheit, die Philosophie ist in dieser
Beziehung ein abgesondertes Heiligthum und ihre Diener bilden einen isolirten Priester-
stand, der mit der Welt nicht zusammengehen darf und das Besitzthum der Wahrheit
zu hüten hat. Wie sich die zeitliche, empirische Gegenwart aus ihrem Zwiespalt heraus-
finde, wie sie sich gestalte, ist ihr zu überlassen und ist nicht die u n m i t t e l b a r
praktische Sache und Angelegenheit der Philosophie."

vor, daß „die Philosophie ... überhaupt keiner besonderen Terminologie" bedarf (I, 10).

Wenn Kant in der ‚Transzendentalen Methodenlehre' die esoterische Auffassung von Philosophie mit dem Impetus der Aufklärung abwehrt:

— „Ist das aber alles, wird man sagen, was reine Vernunft ausrichtet ... soviel hätte auch wohl der gemeine Verstand, ohne darüber den Philosophen zu Rate zu ziehen, ausrichten können! ... Aber verlangt ihr denn, daß ein Erkenntnis, welches alle Menschen angeht, den gemeinen Verstand übersteigen, und euch nur von Philosophen entdeckt werden solle? Eben das, was ihr tadelt, ist die beste Bestätigung von der Richtigkeit der bisherigen Behauptungen, da es das, was man anfangs nicht vorhersehen konnte, entdeckt, nämlich, daß die Natur, in dem, was Menschen ohne Unterschied angelegen ist, keiner parteiischen Austeilung ihrer Gaben zu beschuldigen sei und die höchste Philosophie in Ansehung der wesentlichen Zwecke der menschlichen Natur es nicht weiter bringen könne, als die Leitung, welche sie auch dem gemeinsten Verstande hat angedeihen lassen." (‚, Kr. d. r. V.', B 858 f.) —

so erfaßt Nietzsche diesen zentralen Aspekt sofort, aber seine vom Mißtrauen gegen die Aufklärung als Aufklärung des Menschen in genere inspirierte ironische Formulierung verdeckt das Problem genau so schnell, wie es dies aufblitzen läßt:

„Kants Witz. — Kant wollte auf eine ‚alle Welt' vor den Kopf stoßende Art beweisen, daß ‚alle Welt' recht habe — das war der heimliche Witz dieser Seele. Er schrieb gegen die Gelehrten zugunsten des Volks-Vorurteils, aber für Gelehrte und nicht für das Volk." (II, 147)

Dieser „Witz" liegt in der Natur des Problems der Aufklärung, das es bis heute geblieben ist; für den Marxismus hat es die Gestalt des „falschen Bewußtseins" gerade der Menschen angenommen, an die die marxistische Lehre zuerst addressiert zu sein schien:

„In dieser geistesgeschichtlichen Kontroverse spiegelt sich ein theoretisches Dilemma. Kann das proletarische Klassenbewußtsein in seiner Funktion und seiner Dialektik, wie der Historische Materialismus es vorgibt, zureichend ausgewiesen und begründet werden? ... Die Vollendung des Selbstbewußtseins der Menschheit in den Köpfen der erniedrigsten, ausgehungertsten und dumpfesten Individuen ist fragwürdig: läßt sich die Vernunft in Parolen umsetzen und durch Parolen verwirklichen?" (Habermas', ‚Theorie und Praxis', S. 331 ff.)

Halten wir fest: Hegel, dessen Stellung zur französischen Revolution hier in einem wesentlichen Aspekt resumiert wurde, um vorurteilsfreier die Polemik Nietzsches gegen moderne Gesellschaftsformen beurteilen zu können, stellt die Unmöglichkeit des Begreifens und der Wirklichkeit von Humanität ohne den dialektischen Begriff dar; die Gesellschaft aber, in der er den Begriff des Menschen verwirklicht sah, geht gerade zu dieser Zeit zugrunde, was Hegel, der ja weiß, daß Erkenntnis und Verlassen einer Bewußtseinsstufe untrennbar sind, selbst in seinen Schriften vorweggenommen hatte.

Für Nietzsche gehört die ständische Gesellschaft von vornherein der Vergangenheit an. Wenn ich das am Anfang dieses Kapitels interpretierte Bild der „Kettenkrankheit" aufnehme, mit dem Nietzsche die Problematik von Aufklärung und Sprachlichkeit zu skizzieren versucht, so bedeutet es im Hinblick auf die gesellschaftlich-politischen Konsequenzen eine Absage an alle „Reaktion" und allen

Konservativismus. Denn sollte die „Kettenkrankheit" unheilbar sein, der Gegensatz Aufklärung—Sprachlichkeit, d. h. hier der von Reflexion und Institution, unversöhnbar sein, dann gäbe es trotzdem keine Lösung durch den Weg zurück; nachdem einmal die Ketten, die als gesetzter Grund der Genese des Menschen dienten, als solche erkannt, ihr Sein als Funktion-, Gesetztsein durchschaut ist, ist ihre Substanzialität, durch die als hypostasierte sie zum gesetzten Grund der Genese des Menschen wurden, auf immer zerstört. Nietzsche drückt dies in einem anderen Bild unmißverständlich aus:

> „Wir haben das Land verlassen und sind zu Schiff gegangen! Wir haben die Brücke hinter uns — mehr noch, wir haben das Land hinter uns abgebrochen! ... Wehe, wenn das Land-Heimweh dich befällt, als ob dort mehr Freiheit gewesen wäre — und es gibt kein ‚Land' mehr!" (II, 126)

Gegenwart und Zukunft drehen sich für ihn um den Nihilismus in Gestalt der Nivellierung aller Unterschiede, wobei eine Rückkehr zum Feudalismus als undenkbar erscheint; in der ‚Fröhlichen Wissenschaft' bezeichnet Nietzsche die Konservativen als die „Hinzulügner", als solche, die nicht-rationale Verhältnisse nachträglich rationalisieren:

> „So macht man es innerhalb jeder herrschenden Moral und Religion und hat es von jeher gemacht: die Gründe und die Absichten hinter der Gewohnheit werden immer zu ihr erst hinzugelogen, wenn einige anfangen, die Gewohnheit zu bestreiten und nach Gründen und Absichten zu f r a g e n. Hier steckt die große Unehrlichkeit der Konservativen aller Zeiten — es sind die Hinzu-Lügner." (II, 60)

Der Konservative widerspricht sich dadurch, daß er theoretisch im Lager des Gegners steht, nämlich argumentiert und reflektiert, statt bei der Sittlichkeit der Sitte, nämlich der Abwehr der Kasuistik, aller Argumentationen aus Gründen zu bleiben. Während Marx die Hegelsche Dialektik in Richtung auf die Identität von Einzelnem und Gattung verläßt — der Einzelne soll in der sozialistischen Gesellschaft einst alles tun können, alle Rollen übernehmen können, ohne sich mit ihnen identifizieren zu müssen — also zur ersten Aufklärung zurückkehrt und die Unmenschlichkeit in der Arbeitsteilung und Gliederung der Gesellschaft überhaupt sieht, geht Nietzsche den entgegengesetzten Weg der zweiten Aufklärung, die die erste unmittelbar reflektiert und dadurch abstrakt verneint; der Mensch würde zum Tier — zum „Herdentier" — wenn die Menschheit jedes Einzelnen zum Anlaß genommen wird, alle Herrschaft implizierenden Ränge abzuschaffen, alle Spannungen abzubauen. Wenn aber Nietzsche so d a s Problem des Humanismus, das der Vermittlung der Menschheit mit dem Individuum, des Begriffs mit der Existenz „löst", indem er den Knoten durchschlägt, —

> „Wert ist das höchste Quantum Macht, das der Mensch sich einzuverleiben vermag — der Mensch: n i c h t die Menschheit! Die Menschheit ist viel eher noch ein Mittel, als ein Ziel. Es handelt sich um den Typus: die Menschheit ist bloß das Versuchsmaterial, der ungeheure Überschuß des Mißratenen: ein Trümmerfeld." (III, 793), —

so hat er auch seinem Ideal, dem großen Menschen, den Boden entzogen; denn setzt die Größe die Abstraktion von der Menschheit, der Allgemeinheit voraus, so wird der große Mensch zum Monstrum, Gott oder Tier, während er in Wahrheit der „existierenden Menschheit" am nächsten kommt[60].

Der „Aristokratismus" Nietzsches ist von der Formel des „Willens zur Macht" nicht zu trennen, so wie bei Hegel, wie gezeigt wurde, der dialektische Begriff des Begriffs, der die der Demokratie zugrunde liegende These von der unmittelbaren Identität des Einzelnen und Allgemeinen aufhebt, die „Gliederung" der Gesellschaft als existierende Vermittlung erfordert; denn die unmittelbare Identität von Einzelnem und Allgemeinem schlägt in die abstrakte Nichtidentität, die absolute Freiheit in den absoluten Schrecken, den reinen Tod des Einzelnen um. Wenn der Wille zur Macht zum letzten Seins- und Erklärungsprinzip erhoben wird, wird damit zugleich die Möglichkeit der Eliminierung der Herrschaft von Menschen über Menschen bestritten. Wenn aber eine herrschaftsfreie Gesellschaft undenkbar ist, dann ist das gesellschaftliche Ziel nicht die substanzielle Veränderung der Gesellschaft, die Abschaffung von Herrschaft überhaupt, sondern die modale, die Entwicklung einer Herrschafts f o r m , die die humanste ist:

> „Den Fabrikanten und Groß-Unternehmern des Handels fehlten bisher wahrscheinlich allzusehr alle jene Formen und Abzeichen der h ö h e r e n Rassen, welche erst die P e r s o n e n interessant werden lassen; hätten sie die Vornehmheit des Geburts-Adels im Blick und in der Gebärde, so gäbe es vielleicht keinen Sozialismus der Massen ... Der gemeinste Mann fühlt, daß die Vornehmheit nicht zu improvisieren ist und daß er in ihr die Frucht langer Zeit zu ehren hat — aber die Abwesenheit der höheren Form und die berüchtigte Fabrikanten-Vulgarität mit roten feisten Händen bringen ihn auf den Gedanken, daß nur Zufall und Glück hier den einen über den andern erhoben haben: wohlan, so schließt er, versuchen w i r einmal den Zufall und das Glück! Werfen wir einmal die Würfel! — und der Sozialismus beginnt." (II, 65 f.)

Für Nietzsche kann die humanste Form der Herrschaft nur die der Besten, die aristokratische sein; Herrschaft würde dann human, wenn die „Herren bei den ihnen Unterworfenen nicht S c h a m erregen" (I, 1154); dies sei jedoch nur dann der Fall, wenn der Herrschende vom Gehorchenden nicht verachtet wird. Aber widerspricht diese Darstellung der Rolle der Aristokratie bei Nietzsche nicht der eben behaupteten Distanz Nietzsches zum Konservativismus, sagt er doch auch „den Konservativen ins Ohr: Was man früher nicht wußte, was man heute weiß, wissen könnte —, eine Rückbildung, eine Umkehr in irgendwelchem Sinn und Grade ist gar nicht möglich. Wir Physiologen wenigstens wissen das" (II, 1018 f.) — was wohl sachlich einfach nicht stimmen dürfte, Rückkreuzungen sind durchaus gelungen. —

Es geht Nietzsche eben nicht um ein Für oder Wider geschichtlicher Tendenzen, sondern um die wirkliche Entwicklung hinter den ideologischen Rationalisierungen: daß nämlich die Entwicklung zur Demokratie im Sinne der weitgehenden

---

[60] Vgl. Jacob Burckhardts ‚Weltgeschichtliche Betrachtungen'
„Diese großen Individuen sind die Koinzidenz des Allgemeinen und des Besondern, des Verharrenden und der Bewegung in Einer Persönlichkeit." (S.174).

Gleichheit aller in möglichst allen Lebensbereichen zugleich das Gegenteil ihrer selbst ist, die ungewollte Entwicklung des Extrems der Oligarchie, der Despotie nämlich:

> „Während also die Demokratisierung Europas auf die Erzeugung eines zur S k l a -
> v e r e i im feinsten Sinne vorbereiteten Typus hinausläuft: wird, im Einzel- und
> Ausnahmefall, der s t a r k e Mensch stärker und reicher geraten müssen, als er
> vielleicht jemals bisher geraten ist — dank der Vorurteilslosigkeit seiner Schulung,
> dank der ungeheuren Vielfältigkeit von Übung, Kunst und Maske. Ich wollte
> sagen: die Demokratisierung Europas ist zugleich eine unfreiwillige Veranstaltung
> zur Züchtung von T y r a n n e n — das Wort in jedem Sinne verstanden, auch im
> geistigsten." (II, 708)

Diese auf Plato zurückgehende These, deren Relevanz, wie unser Jahrhundert gezeigt hat, außer allem Zweifel steht, muß gleichfalls vor dem Hintergrund des „Willens zur Macht" gesehen werden; wenn die Demokratisierung ein Resultat des nicht mehr zu bändigenden Willens zur Macht der Vielen ist, wenn also die Demokratie nicht das Gegenteil des Herrschaftsprinzips darstellt, sondern im Willen zur Macht ihre Genese und ihr antreibendes Prinzip hat, muß dieses Prinzip, muß diese Genese auch als Resultat erscheinen, und diese Erscheinung des inneren Prinzips der Demokratie als Wille zur Macht ist dann der Despot:

> „Der Sozialismus ist der phantastische jüngere Bruder des fast abgelebten Despotis-
> mus, den er beerben will; seine Bestrebungen sind also im tiefsten Verstande reak-
> tionär. Denn er begehrt eine Fülle der Staatsgewalt, wie sie nur je der Despotismus
> gehabt hat, ja er überbietet alles Vergangene dadurch, daß er die förmliche Ver-
> nichtung des Individuums anstrebt." (I, 683)

So weit die Interpretation jenes Nietzschezitats; problematisch erscheint mir Nietzsches These, so sehr sie auch durch die geschichtlichen Ereignisse selber bestätigt zu sein scheint, im Hinblick auf die einschränkende Bestimmung des die Herrschaft vermenschlichenden Prinzips der Form. Zuzustimmen ist Nietzsche, wenn er in der „vornehmen Form" eine Möglichkeit sieht, die unmittelbare Gewalt aus der Gesellschaft hinauszuschieben; aber er greift zu kurz, und darin ist seine Auffassung der Politik ästhetizistisch, wenn er nur der „vornehmen Form" die vermittelnde und distanzierende Kraft zuschreibt, die den Einzelnen vor der unmittelbaren Konfrontation mit der Gewalt bewahrt; denn um diese Vermittlung dreht sich die Humanisierung des Gesellschaftlichen. Aber es ist keine vollständige Disjunktion, die dem diskursiven Schluß zugrunde liegt, in den sich Nietzsches Apologie der Form zusammenfassen läßt, sondern es sind viele Formen denkbar, die sich vielleicht letztlich auf die Sprachlichkeit gründen. Nietzsche wäre also zu entgegnen: Zwar leistet die „vornehme Form" die Vermittlung der Extreme der Herrschaft und damit die Humanisierung der Macht, aber sie tut dies auf Grund der Sprachlichkeit des menschlichen Verhaltens, von der sie ein Moment ist; und deshalb sind die übrigen Möglichkeiten — denn Sprachlichkeit geht ja nicht in der „vornehmen Form" auf —, die Nietzsche übersieht, zu bedenken, und zwar auch, weil die vornehme Form kein adäquates Mittel der Bändigung der durch die

technische Revolution freigewordenen Mächte sein dürfte. Hier hilft, anders ausgedrückt, nicht ein M o m e n t der Sprachlichkeit, die Form, sondern nur diese
selbst, die Sprachlichkeit nämlich. Sie ist ja einerseits nicht esoterisch und kommt
damit der Demokratie entgegen, andererseits aber fähig, als Sprache die feinsten
Spannungen des Machtwillens noch aufzunehmen u n d darzustellen und damit
durchsichtig zu machen; sie allein vermag die Extreme der Herrschaft, den absoluten Unterschied des Machtwillens von sich selbst — daß der Wille zur Macht
nämlich in die vielen sich Bekämpfenden, weil im Machtwillen Identischen, auseinanderfällt — zu vermitteln; die Form hingegen als solche, die als „vornehme
Form" geronnene Vermittlung ist, die nur an sich Vermittlung der Extreme der
Gesellschaft ist, geht für sich und das Bewußtsein aber in der bloßen Unmittelbarkeit des nach Idiosynkrasie anmutenden Soseins auf, ja muß alle Reflexionen
auf ihre Genese als Reflexion auf ihre Nützlichkeit perhorreszieren. An dieser
Schwäche leidet die Sprache selbst nicht, sie ist lebendiger Geist, wirkliche Vermittlung an u n d für sich. — Eine ausführliche Darstellung dieses Themas übersteigt allerdings den Rahmen unserer Nietzscheinterpretation, so daß es bei diesen
Andeutungen bleiben muß, die lediglich die Grenze Nietzsches zeigen sollten. —
Bevor wir die im Zentrum des Nihilismus stehende, weil die höchste Hypostase
als solche reflektierende These „Gott ist tot" untersuchen, fassen wir die Ausführungen über den Nihilismus und den Niedergang der Institutionen als immanenter Transzendenz zusammen:
Die Verbindlichkeit von Institutionen und die Sittlichkeit der Sitte sind nicht
direkt intendierbar, entziehen sich den Kategorien des zwecktätigen Handelns; den
Zusammenhang zwischen der Verbindlichkeit von Institutionen und dem Transzendieren des rein Gesellschaftlichen und Zweckrationalen stellt Nietzsche schon in
,Menschliches, Allzumenschliches' im Passus 472 ,Religion und Regierung' folgendermaßen dar:

> „Das Interesse der vormundschaftlichen Regierung und das Interesse der Religion
> gehen miteinander Hand in Hand, so daß, wenn letztere abzusterben beginnt, auch
> die Grundlage des Staates erschüttert wird. Der Glaube an eine göttliche Ordnung
> der politischen Dinge, an ein Mysterium in der Existenz des Staates ist religiösen
> Ursprungs: schwindet die Religion, so wird der Staat unvermeidlich seinen alten
> Isisschleier verlieren und keine Ehrfurcht mehr erwecken. Die Souveränität des
> Volkes, in der Nähe gesehen, dient dazu, auch den letzten Zauber und Aberglauben
> auf dem Gebiete dieser Empfindungen zu verscheuchen; die moderne Demokratie
> ist die historische Form vom V e r f a l l d e s S t a a t e s." (I, 682)

— Arnold Gehlen behauptet in ,Urmensch und Spätkultur' von der Hemmung
der unmittelbaren Begierde: „Diese Disziplinierung kann eigentlich auch hier nur
die Kraft eines Tabu geleistet haben." (S. 192) Die Institutionalisierung der
Bedürfnisbefriedigung und damit auch der Bedürfnisse selbst, das „auf Dauer
Stellen" der Mittel erklärt Gehlen nach Hahn als sekundären Erfolg der kultischen
Hegung des Tieres, und dasselbe gilt wohl auch von der Kultivierung der Ge-
treidepflanzen (a. a. O. .S 190 ff.); generell kann demnach vermutet werden, erst

der Glaube an eine das Mundane transzendierende Ordnung verleihe dem Menschen die Kraft zur Askese und zur Erzeugung einer Kultur; Fatalismus als Bewußtsein der Determiniertheit und Freiheit scheinen sich also nicht auszuschließen, sondern auch zu fördern.

Die These von der Grenze der direkten Intendierbarkeit im Zusammenhang einer bewußten, zweckrational durchdachten Herstellung von Institutionen ist nicht als Plädoyer für eine irrationale Genese derselben aufzufassen; die Schwierigkeit der These, daß Institutionen, die durchaus sich als zweckmäßig erweisen, andererseits nicht zweckrational konstruiert, hergestellt werden können, entsteht durch die nachträgliche Reflexion, die die Einsicht, daß Institutionen nicht direkt intendierbar sind, als Unverträglichkeit der Institution als solcher mit Zweckmäßigkeit überhaupt hypostasiert:

> „Was ist Herkommen? Eine höhere Autorität, welcher man gehorcht, nicht weil sie das uns Nützliche befiehlt, sondern weil sie befiehlt." (I, 1019)

Daß Nietzsche nun die Gültigkeit der These von der Nichtintendierbarkeit der Verbindlichkeit und Institutionalisierung auf jenes vergangene, inzwischen historisch gewordene Stadium der Genese des Menschen einschränkt, geht nicht nur aus dem gerade teilweise zitierten Passus 472 hervor[61], sondern auch aus der ‚Morgenröte‘, in der er die Bedeutung des Umweges über die Religion für die Gegenwart ad absurdum zu führen meint:

> „Ehemals glaubte man, der Erfolg einer Tat sei nicht eine Folge, sondern eine freie Zutat — nämlich Gottes. Ist eine größere Verwirrung denkbar? Man mußte sich um die Tat und um den Erfolg besonders bemühen, mit ganz verschiedenen Mitteln und Praktiken." (I, 1022)[62]

In der ‚fröhlichen Wissenschaft‘ nennt Nietzsche die Wissenschaft als den Bereich möglicher zweckrationaler Institution:

> „...so träte die heikeligste aller Fragen in den Vordergrund: ob die Wissenschaft imstande sei, Ziele des Handelns zu geben, nachdem sie bewiesen hat, daß sie solche nehmen und vernichten kann ... Bisher hat die Wissenschaft ihre Zyklopen-Bauten noch nicht gebaut; auch dafür wird die Zeit kommen." (II, 42)

In ‚Jenseits von Gut und Böse‘ liegt die Betonung auf der Unmöglichkeit eines monologischen Humanismus, aber wenn Nietzsche auch — an dem Antagonismus Aufklärung-Sprachlichkeit festhaltend, — beim Gegensatz Wahrheit-Sprachlichkeit stehen bleibt, so sieht er doch die Naivität eines unmittelbar von der Religion sich emanzipierenden Humanismus:

---

[61] Die Fortsetzung der angezogenen Stelle lautet nämlich: „Die Aussicht, welche sich durch diesen sichern Verfall ergibt, ist aber nicht in jedem Betracht eine unglückselige: die Klugheit und der Eigennutz der Menschen sind von allen ihren Eigenschaften am besten ausgebildet; wenn den Anforderungen dieser Kräfte der Staat nicht mehr entspricht, so wird am wenigsten das Chaos eintreten, sondern eine noch zweckmäßigere Erfindung, als der Staat es war, zum Siege über den Staat kommen." (I, 682 f.).

[62] Siehe auch ‚Morgenröte‘, Erstes Buch, Nr. 33: ‚Die Verachtung der Ursachen, der Folgen und der Wirklichkeit.‘ (I, 1036).

> „Den Menschen zu lieben um Gottes willen — das war bis jetzt das vornehmste und entlegenste Gefühl, das unter Menschen erreicht worden ist. Daß die Liebe zum Menschen ohne irgend eine heiligende Hinterabsicht eine Dummheit und Tierheit mehr ist, daß der Hang zu dieser Menschenliebe erst von einem höheren Hange sein Maß, seine Feinheit, sein Körnchen Salz und Stäubchen Ambra zu bekommen hat — welcher Mensch es auch war, der dies zuerst empfunden und ‚erlebt‘ hat, ... er bleibe uns in alle Zeiten heilig und verehrenswert, als der Mensch, der am höchsten bisher geflogen und am schönsten sich verirrt hat." (II, 620 f.)

Hier hätte Nietzsche seine These „Sozialismus = säkularisiertes Christentum"[63] korrigieren bzw. differenzieren können; denn es ist doch gerade das Christentum gewesen, daß dem einzelnen Menschen einen ungeheuren, ja unendlichen Rang verliehen hat, was Nietzsche selbst durch seine ironische Polemik gegen es eingesteht; jene behauptete Nivellierung des Menschen durch den Sozialismus wäre also, falls die These „Sozialismus = säkularisiertes Christentum" relevant ist, der Säkularisierung zuzuschreiben. Eine sich auf das Ethos des Wohlwollens beschränkende Rezeption des Christentums durch den Sozialismus erwiese sich deshalb als unmöglich, weil dieses ethische Moment vom religiösen nicht abstrakt zu trennen ist:

> „Naivität, als ob Moral übrigbliebe, wenn der sanktionierende G o t t fehlt! Das ‚Jenseits‘ absolut notwendig, wenn der Glaube an Moral aufrechterhalten werden soll." (III, 484)
> „Man glaubt mit einem Moralismus ohne religiösen Hintergrund auszukommen: aber damit ist der Weg zum Nihilismus notwendig." (III, 881)

Die philosophische Stärke Nietzsches erscheint m. E. also da, wo er die Unmöglichkeit darstellt, Humanität, wirkliche Freiheit, Fruchtbarkeit — insbesondere in der Kunst — direkt, „ohne Umweg" zu erzeugen; hier tritt dann auch die Untrennbarkeit von Sprachlichkeit und Geschichtlichkeit des Menschen im Hinblick auf die Genese und Wirklichkeit von Institutionen hervor:

> „Das Wesentliche und Unschätzbare an jeder Moral ist, daß sie ein langer Zwang ist ... Der wunderliche Tatbestand ist aber, daß alles, was es von Freiheit, Feinheit, Kühnheit, Tanz und meisterlicher Sicherheit auf Erden gibt oder gegeben hat, sei es nun in dem Denken selbst, oder im Regieren, oder im Reden und Überreden, in den Künsten ebenso wie in den Sittlichkeiten, sich erst vermöge der ‚Tyrannei solcher Willkürgesetze‘ entwickelt hat ... Das Wesentliche ‚im Himmel und auf Erden‘, wie es scheint, ist, nochmals gesagt, daß lange und in einer Richtung gehorcht werde: dabei kommt und kam auf die Dauer immer etwas heraus, dessentwillen es sich lohnt, auf Erden zu leben ..." (II, 645 f.).

Im Hinblick auf das Nietzsche-Bild der Kettenkrankheiten bedeutet dieser Passus ein Abrücken von dem früher geforderten Abnehmen der Ketten, da Nietzsche nun im Gegenteil auf der Bedeutung der Verinnerlichung für die Freiheit und Spontaneität insistiert. Hiermit scheint innerhalb der Ebene Nietzsches eine erste Antwort auf die zweite Hauptfrage nach der Notwendigkeit des gesetzten Grundes als notwendiger aber unwahrer, weil hypostasierter Transzendenz her-

---

[63] Siehe z. B. III, 696: „Deshalb ist die französische Revolution die Tochter und Fortsetzerin des Christentums ... sie hat den Instinkt gegen die Kaste, gegen die Vornehmen, gegen die letzten Privilegien."

vorzutreten; ohne die „langen Zwänge", ohne den Platonismus der Institutionen, die das Leben und das Bewußtsein des Einzelnen transzendieren, wäre Freiheit und Fruchtbarkeit, Kultur als Wirklichkeit der Humanität unmöglich gewesen, und auch in Zukunft sind die Folgen des ‚Unglaubens an das monumentum aere perennius':

> „Ein wesentlicher Nachteil, welchen das Aufhören metaphysischer Ansichten mit sich bringt, liegt darin, daß das Individuum zu streng seine kurze Lebenszeit ins Auge faßt und keine stärkeren Antriebe empfängt, an dauerhaften, für Jahrhunderte angelegten Institutionen zu bauen . . ." (I, 463).

Dem zeitgenössischen Bewußtsein allerdings ist, wie Nietzsche schon sah, ein Reden von der Notwendigkeit des auch sich selbst zum Moment Herabsetzens des Einzelnen als Umweg zur Konstituierung der immanenten Transzendenz eines freien Subjekts äußerst suspekt und als „autoritäre Ideologie" unerträglich. Arnold Gehlen spricht provokativ[64] vom „Sich von einer Aufgabe konsumieren" Lassen als dem „einzigen jedermann zugänglichen Weg zur Würde" (‚Urmensch und Spätkultur' S. 97). Jene Abwehrreaktion hat Nietzsche im wesentlichen vorausgesehen:

> „Die Subordination, welche im Militär- und Beamtenstaat so hoch geschätzt wird, wird uns bald ebenso unglaublich werden, wie die geschlossene Taktik der Jesuiten es bereits geworden ist; und wenn diese Subordination nicht mehr möglich ist, läßt sich eine Menge der erstaunlichsten Wirkungen nicht mehr erreichen, und die Welt wird ärmer sein. Sie muß schwinden, denn ihr Fundament schwindet: der Glaube an die unbedingte Autorität, an die endgültige Wahrheit." (I, 667)

Wenn nun jene Forderung an den Einzelnen, seine Besonderheit zu einem Moment herabzusetzen, durch das zeitgenössische Bewußtsein perhorresziert wird, so sollte aber nicht übersehen werden, daß gerade das Festhalten an der starren Identität des Ich genau so reaktionär ist, daß also die Problematik gerade in der Überwindung des abstrakten Gegensatzes Identität—Nichtidentität besteht. Die Dialektik der Genese des freien Ich besteht wohl darin, daß das freie Ich, das als Nichtidentisches, als Anerkanntes im Sinne des Gesetztseins durch Anderes, wirklich identisch ist, diese seine Identität nicht als natürliche, unmittelbare vorfindet, sondern erzeugt, und zwar wohl nur auf dem Weg über die Herabsetzung zur Nichtidentität. Ob dann, und darin besteht die Wahrheit des zeitgenössischen Urteils über alle Autorität, die Stufe der Nichtidentität selbst sich verabsolutiert oder nicht, darin steckt das Problem. Das Unwahre an der Formulierung Gehlens — und entsprechend der Nietzsches — steckt in der Wendung „sich von einer Aufgabe k o n s u m i e r e n" zu lassen; Konsumiertwerden bedeutet das andere Extrem zur starren Identität, die ebenso abstrakte Nichtidentität, das bloße Akzidenzwerden des Menschen, der zum Anhängsel seiner Aufgabe, die damit nicht mehr

---

[61] Gehlen folgt hier wieder ganz Nietzsche; vgl. z. B. II, 225: „Es stirbt eben jener Grundglaube aus, auf welchen hin einer dergestalt rechnen, versprechen, die Zukunft im Plane vorwegnehmen, seinem Plane zum Opfer bringen kann, daß nämlich der Mensch nur insofern Wert hat, Sinn hat, als er e i n S t e i n i n e i n e m g r o ß e n B a u e ist."

seine Aufgabe ist, und seiner Rolle wird. Scylla und Charybdis, die es bei der
Genese der immanenten Transzendenz eines freien Individuums, dessen Identität
mit sich zugleich Nichtidentität ist, zu umschiffen gilt, dürften damit in Sichtweite
gerückt sein. Damit könnten wir uns eigentlich dem Bereich der dritten Hauptfrage
nach der „Überwindung des Nihilismus", soweit Nietzsche sie antizipiert oder
Möglichkeiten dazu vorgetragen hat, zuwenden. Die zweite Hauptfrage nach den
Folgen der durch die Aufklärung bedingten Zerstörung der sprachlichen Hypostasen der Moral, Religion und Metaphysik — „Mit der Einsicht in diese Entstehung fällt jener Glaube dahin" (I, 534) — führte vor den Nihilismus als der
diesen geschichtlichen Vorgang reflektierenden Gestalt des modernen Bewußtseins.
Wenn die bisherige Untersuchung den Begriff des Nihilismus nicht direkt, sondern
auf Umwegen über das Verhältnis Aufklärung—Sprachlichkeit im menschlichen
Weltumgang vorgetragen hat, so liegt dies in der Natur der Sache; Begreifen und
Überwinden des Nihilismus könnten sich als untrennbar erweisen, so daß eine nur
methodisch begründete Trennung in Aufstellen einer Definition des Nihilismus und
Aufweisen der Möglichkeit seiner Überwindung durch den inhaltlichen Gang der
Untersuchung aufgehoben würde.

Diesen Zusammenhang zwischen der zweiten und der dritten Hauptfrage
spricht Nietzsche selbst mit aller wünschenswerten Klarheit aus in der These, die
den Tod Gottes — der Subreption schlechthin, an der alle Werte hängen, des gesetzten Grundes schlechthin also — und die Genese des „Übermenschen" zusammenfaßt:

> „Nun kreißt der Berg der Menschenzukunft. Gott starb: nun wollen wir — daß der
> Übermensch lebe." (II, 523)[65]

Das Moment der Sprachlichkeit, das in dieser Untersuchung stellvertretend für
die Sprachlichkeit überhaupt steht, da die Thematik unserer Nietzscheinterpretation in der Dialektik von Sprachlichkeit und Aufklärung besteht, die Hypostasierung von Subjekten zur Erklärung alles Geschehenes überhaupt — „unter der Verführung der Sprache . . ., welche alles Wirken als bedingt durch ein Wirkendes,
durch ein ‚Subjekt' versteht und mißversteht" (II, 789) — kulminiert in der Subreption Gottes als des Subjekts schlechthin. Gott erscheint so als der gesetzte
Grund schlechthin, als Subreption der Subreption, so, daß die sonst unterbelichtete
Reflexion auf das Gesetztsein der Hypostasen in der Bedeutung des Wortes „Gott"
selbst noch einmal hypostasiert wird. Hier müßte also das Thema „Nihilismus und
Entsprachlichung"[66] an sein Zentrum gelangen:

Der die metaphysischen, religiösen und moralischen „letzten Dinge" als Hypostasen durchschauende Mensch versteht sich nämlich nicht mehr — was zur Sprach-

---

[65] Vgl. II, 127; II, 340.

[66] Nietzsche gibt im ‚Zarathustra' das Bild des „häßlichsten Menschen", der Gott getötet
und dabei die Sprache verloren hat; Zarathustra nennt ihn den „Unaussprechlichen"
(II, 505).

lichkeit des Bewußtseins gehörte — auf dem Umweg über Gott und göttliche Gestalten, sondern scheinbar als Naturwesen, unmittelbar; dabei ist diese Unmittelbarkeit aufgehobene Vermittlung, was zuerst verborgen bleibt, im Absolutheitsanspruch der zweckrationalen Praxis aber zutage tritt.

Wenn Nietzsche vom Beginn der Neuzeit sagt:

> „Ist nicht gerade die Selbstverkleinerung des Menschen, sein Wille zur Selbstverkleinerung seit Kopernikus in einem unaufhaltsamen Fortschritte? Ach, der Glaube an seine Würde, Einzigkeit, Unersetzlichkeit in der Rangfolge der Wesen ist dahin — er ist Tier geworden, Tier, ohne Gleichnis, Abzug und Vorbehalt, er, der in seinem früheren Glauben beinahe Gott (,Kind Gottes', ,Gottmensch') war ... seit Kopernikus scheint der Mensch auf eine schiefe Ebene geraten — er rollt immer schneller nunmehr aus dem Mittelpunkte weg — wohin? ins Nichts?" (II, 893),

so spricht er damit das Problem des Humanismus aus: es ist die crux aller u n -r e f l e k t i e r t e n , sich unmittelbar von der Religion emanzipieren wollenden Aufklärung, den untrennbaren Zusammenhang von „Gottesbeweis" und „Menschenbeweis" zu übersehen; dieser Zusammenhang reflektiert sich in der These: der Mensch hat sich an Gott gebildet, den er aus sich gebildet hat, was er wiederum nur konnte, weil er sein Tun n i c h t als Hypostasierung durchschaute; auf eine eindeutige Beziehung zwischen Mensch und Gott im Sinne einer Grund-Folge Beziehung ist das dialektische Verhältnis Gott-Mensch nicht zu bringen. Es läßt sich wohl nur mit dem dialektischen Begriff des Voraussetzens als „Aufheben des Setzens in ihrem Setzen" (,Logik' II, 15), als Einheit von Setzen und Rezeptivität beschreiben, wenn die immanente Transzendenz angemessen ausgedrückt und nicht zugunsten einer irrationalen „positiven" Transzendenz einerseits oder einer pragmatisch motivierten Fiktion andererseits reduziert werden soll.

Das Problem einer philosophischen Begründung des Humanismus scheint von dem alten Thema der Theodizee nicht zu trennen zu sein; diese Behauptung ist zu explizieren[67] und zu begründen:

Der Aphorismus Nr. 93 der ,Morgenröte' lautet:

> „Was ist Wahrheit? — Wer wird sich den Schluß der Gläubigen nicht gefallen lassen, welchen sie gern machen: ,die Wissenschaft kann nicht wahr sein, denn sie leugnet Gott. Folglich ist sie nicht aus Gott; folglich ist sie nicht wahr — denn Gott ist die Wahrheit.' Nicht der Schluß, sondern die Voraussetzung enthält den Fehler: wie, wenn Gott eben nicht die Wahrheit wäre, und eben dies bewiesen würde? wenn er die Eitelkeit, das Machtgelüst, die Ungeduld, der Schrecken, der entzückte und entsetzte Wahn der Menschen wäre?" (I, 1073)

Bemerkenswert ist, daß Nietzsche vom Wahn d e r Menschen und nicht d e s Menschen spricht: denn es sind ja nicht die einzelnen Menschen, die als solche ihre Eitelkeit etc. als Attribute des Absoluten hypostasieren. Zur Einsicht in die Relevanz dieses scheinbar geringfügigen Unterschiedes kann ein kleiner Exkurs in

---

[67] Breiter ausgeführt wird das Thema der Theodizee bei Nietzsche im VI. Kapitel meiner Untersuchung.

Feuerbachs ‚Wesen des Christentums' dienen: Es hört sich noch einfach an, wenn
Feuerbach das Prinzip der Aufklärung folgendermaßen artikuliert:

> „Wir haben das außerweltliche, übernatürliche und übermenschliche Wesen Gottes
> reduziert auf die Bestandteile des menschlichen Wesens als seine Grundbestand-
> teile."[68]

Wenn Feuerbach also davon spricht, „daß das Geheimnis der Theologie die
Anthropologie ist"[69], so enthüllt sich die philosophische Naivität der ersten Auf-
klärung, wenn man fragt, was hierbei unter „dem Menschen" zu verstehen ist. Wir
erfahren dann, daß „der Mensch ... der Anfang der Religion, der Mensch der
Mittelpunkt der Religion, der Mensch das Ende der Religion"[70] sei, „daß das
Original ihres (der Religion, Anm. H. R.) Götzenbildes der Mensch"[71] ist.

Feuerbachs Kritik hat zu ihrem Prinzip „das wahre ens realissimum: *den
Menschen*"[72]. Wenn Gott durch „den Menschen" oder „die Menschheit" ersetzt
wird, so tritt an die Stelle einer Hypostase eine andere, was bei der Wendung „die
Menschheit" vielleicht deutlicher hervortritt. Spricht Feuerbach von „dem Menschen", so ändert dies nichts an der Aporie, die er erst gar nicht zu Gesicht bekommt: „d e n Menschen" kann es für den Nominalisten Feuerbach gerade so
wenig geben wie „die Menschheit" oder „Gott". Es war ja gerade das Problem
des existierenden Begriffs, der seienden Gattung, das Aristoteles im Buch lambda
der ‚Metaphysik' den ersten Gottesbeweis führen ließ; der Nominalist[73] Feuerbach
weiß nicht, was er sagt, wenn er von d e m Menschen als dem Wesen der Religion
spricht. Dabei steht dieses Problem an sich im Mittelpunkt der philosophischen
Begründung der Ethik: wenn es d i e Menschheit, d e n Menschen nicht gibt,
kann dann der Humanismus die Humanität begründen?

Die Lösung der Aufgabe einer Begründung der Ethik scheint demnach an der
Einsehbarkeit des dialektischen Begriffs der Menschen zu hängen, eines Begriffs
also, der „den Menschen" sowohl als seienden Einzelnen als auch als gedachtes
Prinzip zu denken ermöglicht.

Feuerbach ist allerdings genug Hegelianer, um die Notwendigkeit der Religion
für die Geschichte des Bewußtseins nicht zu bestreiten:

> „Gott ist das o f f e n b a r e Innere, das a u s g e s p r o c h e n e Selbst des Men-
> schen ... Die Religion ist das erste und zwar i n d i r e k t e S e l b s t b e w u ß t -
> s e i n des Menschen. Die Religion geht daher überall der Philosophie voran, wie in
> der Geschichte der Menschheit, so auch in der Geschichte des Einzelnen." (a. a. O.
> S. 51 f.)

---

[68] ‚Das Wesen des Christentums', 1956, Akademieverlag Berlin, S. 287.
[69] A. a. O. S. 6.
[70] A. a. O. S. 287.
[71] A. a. O. S. 10.
[72] A. a. O. S. 17 f.
[73] Siehe z. B. a. a. O. S. 35:
„Die Wissenschaft ist das Bewußtsein der Gattungen. Im Leben verkehren wir mit
Individuen, in der Wissenschaft mit Gattungen." Siehe auch a. a. O. S. 17, wo Feuerbach
postuliert, „nicht den Gedanken der Sache mit der Sache selbst" zu verwechseln.

Ist so die Religion „das kindliche Wesen der Menschheit" (ebenda), und endet die Stufenfolge der Religionen mit dem „Denker, dem die Religion G e g e n - s t a n d ist, was sich selbst die Religion nicht sein kann" (a. a. O. S. 52), so ist damit noch nichts geklärt im Hinblick auf die Gefahr, daß am Ende dieser Ent- wicklung durch die Aufklärung des Menschen über diesen Irrtum die Eliminierung des Gottesbegriffs zur Eliminierung „des Menschen" würde. Wenn Feuerbach die Aufgabe der Aufklärung des Menschen über die Religion darin sieht,

> „nachzuweisen, daß der Gegensatz des Göttlichen und Menschlichen ein illusorischer,
> d. h. daß er nichts andres ist als der Gegensatz zwischen dem menschlichen Wesen
> und dem menschlichen Individuum, daß folglich auch der Gegenstand und Inhalt
> der christlichen Religion ein durchaus menschlicher ist" (a. a. O. S. 52 f.),

so stecken in diesem Satz zwei für Feuerbach unlösbare Aporien:

Erstens gilt für den Menschen im Unterschied zu Gott, der nur als existierende Gattung gedacht werden kann, eben nicht, daß Wesen und Individualität, Begriff und Existenz zusammenfallen; die Rede von d e m Menschen deutet also u n - m i t t e l b a r auf nichts hin.

Zweitens verschwindet durch die Eliminierung der Vorstellung Gottes als des Wesens, das mit seiner Existenz identisch ist, die Vorstellung des Menschen als existierender Gattung, als Selbstzweck, insofern die Vorstellung eines existierenden Absoluten überhaupt verschwindet. Die undialektische Identität von Gattung und Individuum, die Feuerbach intendiert, fällt auseinander in den Chorismos zwischen der — inzwischen zur ideologischen Phrase reduzierten — „Menschheit" und dem einzelnen „Exemplar":

> „Die ganze Attitüde ,Mensch g e g e n Welt... wir lachen schon, wenn wir
> Mensch u n d Welt' nebeneinandergestellt finden, getrennt durch die sublime An-
> maßung des Wörtchens ,und' (II, 211) und:
> „Wir sind keine Humanitarier; wir würden uns nie erlauben, von unserer ,Liebe
> zur Menschheit' zu reden — dazu ist unsereins nicht Schauspieler genug ... Nein,
> wir lieben die Menschheit nicht" (II, 252 f.).

Schließen sich bei Feuerbach Gottesbeweis und „Menschenbeweis" letztlich aus, so ist festzuhalten, daß mit der Existenz Gottes, der als hypostasiertes Wesen des Menschen durchschaut wird, die mögliche Existenz d e s Menschen und damit die Möglichkeit, den Menschen als existierende Gattung zu begreifen, eliminiert ist; damit ist der Humanität, dem auch Selbstzweck-Sein des Einzelnen der Boden entzogen.

Die Aufklärung als Gestalt des Bewußtseins, die skeptisch auf der subjektiven Genese des Begriffs insistiert, folgt der nominalistischen Verneinung des existieren- den Begriffs und scheint sich damit aller Möglichkeiten zu begeben, sowohl die Verbindlichkeit eines sittlichen Gebots als auch die Geltung einer Institution begrifflich begründen und damit dem Nihilismus theoretisch begegnen zu können; denn wie soll allgemeine Verbindlichkeit möglich sein, wenn das Allgemeine n u r relativ auf das Einzelne ist? Transzendentale, d. h. allgemeine Verbindlichkeit begründende Funktion kann doch nur etwas haben, das die Relativität auf das Besondere auch transzendiert, also nicht in der Relativität auf den Einzelnen aufgeht.

Mit der Behauptung, der Nominalismus eliminiere mit dem existierenden Allgemeinen den Begriff der Verbindlichkeit, nämlich der existierenden Norm, ist das Thema der nominalistischen Begründung der Ethik durch Kant angeschlagen, der m. E. in einer Untersuchung über den dialektischen Zusammenhang von Humanismus und Aufklärung immer als Folie mitgeführt werden muß; denn er formuliert, auf der Spitze der Aufklärung stehend, den philosophischen Begriff der Humanität und hält zugleich nicht nur am Prinzip der begrifflichen Erhellung fest, sondern sucht auch, das nihilistische Moment der neuzeitlichen Wissenschaft erkennend, Freiheit und Wissenschaft zu vermitteln; diese Spannweite macht die philosophische Größe seines Werkes aus.

In einem Exkurs in die Kantische Philosophie, der relativ geschlossen sein muß, da die Stringenz der Kantischen Philosophie eine lose Vermengung von aus dem Kontext abstrahierter Textstellen Kants einerseits und Nietzsches andererseits verbietet, werde ich zu zeigen versuchen, wie sich bei Kant, der hier als Repräsentant der „ersten Aufklärung" das Pendant zu Nietzsche als der Spitze der „zweiten Aufklärung" bildet, die großen Themen Nietzsches darstellen:

Die ‚Kritik der reinen Vernunft' als Moment der Selbstaufhebung der Metaphysik und der Moral, der Zusammenhang von Monologik und Praxis, die Unvereinbarkeit von Theodizee und Begründung der Humanität, die Notwendigkeit der Subreption und die Dialektik der Aufklärung.

V.

EXKURS: AUFKLÄRUNG UND HUMANISMUS BEI KANT

„Verzweiflung an der Wahrheit.
Diese Gefahr begleitet jeden
Denker, welcher von der Kantischen
Philosophie aus seinen Weg nimmt."
(Nietzsche I, 302)

1. Kants Begriff der Notwendigkeit und der Skeptizismus

Die zentrale Stellung des Notwendigkeitsbegriffs bei Kant sowohl in der
‚Kritik der reinen Vernunft' als auch in seiner kritischen und metaphysischen Begründung der Ethik ist bekannt und von ihm selbst mit Nachdruck betont worden:

„Jedermann muß eingestehen, daß ein Gesetz, wenn es moralisch, d. i. als Grund
einer Verbindlichkeit, gelten soll, absolute Notwendigkeit bei sich führen müsse."
(‚Gr. z. M. d. S.', A VIII)

Nicht erkannt jedoch sind die Implikationen und Konsequenzen des transzendentalen Ansatzes, die offenbar werden, wenn man auf die Einschränkung auf rein
immanente, d. h. philologische Untersuchungen verzichtet, was ja ohnehin durch
den Charakter dieses Kapitels als eines Exkurses zur Erstellung einer Folie zur
Nietzscheinterpretation bedingt ist.

Durch die Erhebung der Kategorie der Notwendigkeit zum Maßstab von
Erkenntnis überhaupt wird die erkenntnistheoretische Fragestellung auf die Untersuchung einer Möglichkeit der Umwandlung von Metaphysik in reine Wissenschaft,
deren Kriterium die Apriorität ist, zugespitzt; dabei ist diese Umwandlung in der
Fragestellung und im Ansatz der Methode gegen den Skeptizismus der empiristi-
schen Theorien, und zwar gegen den Skeptizismus der Metaphysik u n d Wissenschaft gegenüber gerichtet.

Die traditionelle metaphysische Begründung der Erkenntniskraft, die Rationa-
lisierung des Vertrauens darauf, „daß durch das Nachdenken die Wahrheit erkannt, das, was die Objekte wahrhaft sind, vor das Bewußtsein gebracht werde"
(Hegel, ‚Enzyklopädie' 1830, § 26), weist Kant nicht nur zurück, sondern er
durchschaut, am Notwendigkeitsbegriff als am entscheidenden Kriterium fest-

haltend, diese scheinbare Gegenposition[1] des Skeptizismus als dessen Komplement, als sich selbst verborgenen Skeptizismus:

> „Wollte jemand zwischen den zwei genannten einzigen Wegen noch einen Mittelweg vorschlagen, nämlich, daß sie (die Kategorien, Zusatz von mir, H. R.) ... subjektive, uns mit unserer Existenz zugleich eingepflanzte Anlagen zum Denken wären, die von unserem Urheber so eingerichtet worden, daß ihr Gebrauch mit den Gesetzen der Natur ... genau stimmte ... so würde ... das wider gedachten Mittelweg entscheidend sein: daß in solchem Falle den Kategorien die ‚N o t w e n d i g k e i t‘ mangeln würde ... welches gerade das ist, was der Skeptiker am meisten wünscht." (‚Kr. d. r. V.‘, B 167 f.)

Die metaphysischen Lösungsversuche durch die prästabilierte Harmonie und den psycho-physischen Parallelismus reichten nicht an das Niveau des Problems heran, da sie das voraussetzten, was in Frage gestellt war, nämlich ein den Chorismos zwischen Bewußtsein und Seiendem transzendierendes Subjekt. Im Grunde hypostasierten sie die Aporie als Lösung, das Wort ‚Gott‘ wurde in der Philosophie endgültig zum deus ex machina. Die Relativität der Erkenntnis auf die Beschaffenheit des erkennenden Subjekts, das Argument des Protagoras, des modernsten Griechen, die in der Theorie vom psycho-physischen Parallelismus eingestanden wird, in dem: „wir sind so eingerichtet" — bereitete den Skeptizismus des Empirismus vor. Kants Lösung dieser durch Descartes' Scheidung des Kosmos in die res extensa und die res cogitans hervorgerufene Aporie der Möglichkeit von Erkenntnis ist jedoch nicht die Widerlegung des Skeptizismus, wie Kant behauptete. Sie ist seine Reflexion, sein Hervortreten aus metaphysischen Theorien, in denen er verborgen und als solcher nicht zu erkennen war, da die Metaphysik als Theologie ihn, wenn auch nicht philosophisch, eliminierte. Kants Kritik ist insofern als Stadium in der Geschichte der ‚Selbstaufhebung der Moral'* anzusehen, als seine Redlichkeit — als Gestalt des Skeptizismus bei Nietzsche zur letzten Stufe** der Moral vor ihrer Selbstaufhebung geworden — ihn zur Kritik der tradierten Metaphysik zwingt[2] und ihm die Behauptung der Beweisbarkeit

---

[1] Siehe hierzu Leibniz ‚Metaphysische Abhandlung‘ § 28 und § 33; „Also kann man sagen, Gott sei der einzige unmittelbare Gegenstand außer uns, und wir sähen alle Dinge durch ihn; wenn wir z. B. die Sonne und die Sterne sehen, dann ist es Gott, der uns die Ideen davon gegeben hat und erhält, und der uns durch seine gewöhnliche Mitwirkung bestimmt, dann wirklich daran zu denken, wenn unsere Sinne, gemäß den Gesetzen, die er aufgestellt hat, in einer bestimmten Weise disponiert sind." (§ 28).

* Siehe Vorrede zur ‚Morgenröte‘ I, 1015: „In ihm (dem Buch ‚Morgenröte‘ Anm. von mir, H. R.) wird der Moral das Vertrauen gekündigt — warum doch? Aus Moralität! ... Allein als Menschen dieses Gewissens fühlen wir uns noch verwandt mit der deutschen Rechtschaffenheit und Frömmigkeit von Jahrtausenden ... als deren Erben, als Vollstrecker ihres innersten Willens, eines pessimistischen Willens ... in uns vollzieht sich, gesetzt daß ihr eine Formel wollt, — die S e l b s t a u f h e b u n g d e r M o r a l."

** Siehe II, 690: „Redlichkeit — gesetzt, daß dies unsre Tugend ist, von der wir nicht loskönnen, wir freien Geister — nun, wir wollen mit aller Bosheit und Liebe an ihr arbeiten und nicht müde werden, uns in unsrer Tugend, die allein uns übrig blieb, zu ‚vervollkommnen‘."

Gottes, der Freiheit und der Unsterblichkeit, der ‚ersten und letzten Dinge‘ also verbietet.

Diese Beurteilung Kants ist nicht so sehr aus der unmittelbaren Aufnahme der ‚kopernikanischen Wende‘ als vielmehr aus dem ihr noch zugrunde liegenden Begriff der Notwendigkeit in der ‚Kritik der reinen Vernunft‘ zu verstehen. Entscheidend für die Kantische Begründung der Wissenschaftlichkeit einer Erkenntnis ist der korrelative Gebrauch von ‚Notwendigkeit‘ und ‚Apriorität‘ durch Kant:

> „Notwendigkeit und strenge Allgemeinheit sind also sichere Kennzeichen einer Erkenntnis a priori, und gehören auch unzertrennlich zu einander." (‚Kr. d. r. V.‘, B 4)

Der Ansatz Kants, aus dem dann alles Weitere folgt, besteht in der von ihm selbst nicht mehr reflektierten Alternative zwischen der Herrschaft des Begriffs über den Gegenstand und der Knechtschaft des Begriffs unter dem Gegenstand, durch welche Alternative das einzige Telos der Philosophie, nämlich die Erkenntnis der Wahrheit, eliminiert wird:

> „Nun sind nur zwei Wege, auf welchen eine n o t w e n d i g e Übereinstimmung der Erfahrung mit den Begriffen von ihren Gegenständen gedacht werden kann: entweder die Erfahrung macht diese Begriffe, oder diese Begriffe machen die Erfahrung möglich." (‚Kr. d. r. V.‘, B 166)

Die Bestimmung des Begriffs der Notwendigkeit nimmt Kant primär durch das Absehen von der bestimmten, besonderen Erfahrung vor:

> „Erfahrung gibt niemals ihren Urteilen wahre oder strenge, sondern nur angenommene und komparative Allgemeinheit (durch Induktion)." (‚Kr. d. r. V.‘, B 3)

Notwendigkeit ist für Kant eine Kategorie der von allem Inhalt abstrahierenden und nur die Form des Gedankens betreffenden Modalität, sie ist eine nur dem Gedanken innerliche, der Sache äußerliche Notwendigkeit:

> „Die unbedingte Notwendigkeit der Urteile aber ist nicht eine absolute Notwendigkeit der Sachen." (‚Kr. d. r. V.‘, A 593)

Dieser skeptische Grundsatz steht im Zentrum der Aufhebung der Metaphysik.

Die Kantische Alternative zwischen Apriorität und Aposteriorität eliminiert mit der Möglichkeit der immanenten Notwendigkeit einer Erfahrung, die in der Wechselwirkung von Begriff und Gegenstand besteht, die Möglichkeit der Erkenntnis der Wahrheit, die adaequatio rei et intellectus, durch die der dialektische Begriff der Erfahrung bestimmt ist:

> „Diese dialektische Bewegung, welche das Bewußtsein an ihm selbst, sowohl an seinem Wissen als an seinem Gegenstande ausübt, insofern ihm der neue wahre Gegenstand daraus entspringt, ist eigentlich dasjenige, was Erfahrung genannt wird." (‚Phänomenologie des Geistes‘, S. 73)

---

² Siehe die Schlußanmerkung Kants zu ‚Über das Mißlingen aller philosophischen Versuche in der Theodizee‘, A. 218:
„Die Theodizee hat es ... nicht sowohl mit einer Aufgabe zum Vorteil der Wissenschaft, als vielmehr mit einer Glaubenssache zu tun ... Daß es in solchen Dingen nicht so viel aufs Vernünfteln ankomme, als auf A u f r i c h t i g k e i t in Bemerkung des Unvermögens unserer Vernunft, und auf die R e d l i c h k e i t, seine Gedanken nicht in der Aussage zu verfälschen, geschehe dies auch in noch so frommer Absicht als es immer wolle."

Wenn die Übereinstimmung von Gegenstand und Begriff im Hinblick auf Kants
Begriff der Notwendigkeit also keine irgendwie durch die ‚Materie‘ des Gegenstandes und durch die wirkliche Erfahrung vermittelte sein darf, da dann die Vorstellung der absoluten d. i. unbedingten Gültigkeit von Erkenntnis überhaupt weg-
fiele, muß sie unmittelbare, d. h. alles nur mögliche Anderssein des Gegenstandes
negierende Identität sein. Unmittelbare Identität jedoch negiert mit der Andersheit
dessen, mit dem etwas, hier die Vorstellung des Gegenstandes, identisch ist, sich
selbst und wird zur unmittelbaren Verschiedenheit; die unmittelbare Identität von
Form der Vorstellung und Form des Gegenstandes, die aus dem Kantischen Begriff
der Apriorität und der Notwendigkeit folgt, wird zur unmittelbaren Verschiedenheit von ‚Ding an sich‘ und ‚Erscheinung‘, die als unmittelbare wegen des Fehlens
einer inhaltlichen Bestimmung dieses Unterschiedes auch wieder unmittelbare
Identität ist; eine inhaltliche Definition des Unterschiedes von ‚Ding an sich‘ und
‚Erscheinung‘ ist nicht möglich:

> „Wenn ich von den Dingen an sich nichts weiß, weiß ich auch nicht, ob sie anders
> sind als die Erscheinungen." (Liebrucks a. a. O. IV, 389)

Die beiden Momente, die den Kantischen Begriff der Notwendigkeit ausmachen, die Apriorität und die unbedingte, strenge Allgemeingültigkeit, sind nicht
mit der Erkenntnis von Wirklichkeit zu vereinen, und an die Stelle der Übereinstimmung von Vorstellung und Wirklichkeit tritt die Übereinstimmung des syste-
matisierten Vorstellens mit sich selbst; damit ist der Skeptizismus zum System
erhoben, was er auch in der Konsequenz ausspricht, daß wissenschaftliche Erkenntnis, also ein Urteil, gedacht mit dem Modus der Notwendigkeit im Sinne Kants,
nicht mit dem Anspruch auftreten kann, Erkenntnis der Wirklichkeit zu sein; die
Aufgabe der Wissenschaft ist vielmehr, „Erscheinungen nach synthetischer Einheit
zu buchstabieren" (‚Kr. d. r. V.‘, A 314).

Den Kantischen Begriff der Logik der Wissenschaft könnte man also als Monologik bezeichnen im Unterschied zur dialektischen Logik, die insofern die Voraussetzung der Monologik darstellt, als die Übereinstimmung des Denkens mit sich
selbst nie unmittelbar, sondern nur auf dem Umweg über die Übereinstimmung
des Denkens mit der Wirklichkeit und dem anderen Menschen möglich ist.

Dieser Begründungszusammenhang von dialektischer und monologischer Logik
erscheint — als zugrunde Gehen der Monologik — innerhalb der Monologik als
die Unendlichkeit der Reihe der Bedingungen, in der die Übereinstimmung des
Denkens mit sich selbst zustande gebracht werden soll:

> „Die Vernunftidee wird also nur der regressiven Synthesis in der Reihe der Bedin-
> gungen eine Regel vorschreiben, nach welcher sie vom Bedingten, vermittelst aller
> einander untergeordneten Bedingungen, zum Unbedingten fortgeht, obgleich dieses
> niemals erreicht wird. Denn das Schlechthinunbedingte wird in der Erfahrung gar
> nicht angetroffen." (‚Kr. d. r. V.‘, A 510)

In der p r i n z i p i e l l e n Unvollständigkeit der Reihe der Bedingungen
erweist sich der Versuch, Übereinstimmung des Erkennens mit sich selbst innerhalb

seiner selbst, innerhalb der durch die Subjektivität konstituierten Erscheinungen, zustande zu bringen, als unmöglich. Dieses Scheitern des monologischen Versuches, die an die Stelle der Übereinstimmung des Denkens mit der Wirklichkeit getretene Übereinstimmung mit sich selbst zustande zu bringen, kann begriffen werden als die Erscheinung der Wahrheit der dialektischen Logik innerhalb der monologischen Logik; die in sich kreisende Subjektivität verwandelt die konkrete Unendlichkeit jeder Erkenntnis als Wechselwirkung von Begriff und Gegenstand, das Moment der Geschichtlichkeit von Erkenntnis, in die abstrakte Unendlichkeit der Reihe der Bedingungen, in der sich jede einzelne Bedingung als das Gegenteil ihrer selbst, nämlich als bedingt durch eine andere, die selbst wiederum bedingt ist usf. erweist. Gerade das reine, von der Zufälligkeit der unmittelbaren Erfahrung abstrahierende System der Wissenschaft muß Fragment bleiben; das Unbedingte, die vollendete Übereinstimmung des Denkens mit sich — und die Vollendung gehört zum Begriff dieser Übereinstimmung, da erst die vollendete[3] Übereinstimmung den Anspruch der absoluten Notwendigkeit erfüllt — kann nämlich innerhalb der ‚theoretischen Vernunft‘ prinzipiell nicht erreicht werden:

> „Die unbedingte Notwendigkeit, die wir, als den letzten Träger aller Dinge, so unentbehrlich bedürfen, ist der wahre Abgrund für die menschliche Vernunft.“ (‚Kr. d. r. V.‘, A 613)

Der Zusammenhang zwischen der die Wissenschaft begründenden Aufklärungsphilosophie Kants und der Metaphysik, dieser Begriff in seiner weitesten Bedeutung genommen, läßt sich im Hinblick auf das Gesagte in folgendem Gedankengang zusammenfassen und begrifflich zuspitzen:

Der Notwendigkeitsbegriff Kants, der die Trennung von „Ding an sich“ und „Erscheinung“ zur Folge hat, verbietet den denkbaren Schluß von der „Erscheinung“ auf das „Ding an sich“ dergestalt, daß in der „Erscheinung“ das „Ding an sich“ erscheine, d. h. daß sein Wesen offenbar werde; nach Kant hat ein solcher Satz keinen wissenschaftlich relevanten Sinn, die Frage nach seiner Wahrheit wird erst gar nicht zugelassen. Der bekannte Einwand Jacobis, daß das „Ding an sich“, als Ursache der Empfindungen, von Kant hypostasiert werden muß, obwohl dadurch das Prinzip der Einschränkung des Gebrauchs der Kategorien auf Erscheinungen verletzt wird, läßt sich, zumindest innerhalb der ‚Kritik der reinen Vernunft‘, durch die Beachtung der Termini ‚transzendentes‘ — ‚transzendentales Objekt‘ entkräften. Bruno Liebrucks vertritt in diesem Zusammenhang die Auffassung, man müsse Kant zubilligen, „daß die Forderung der Unerkennbarkeit des transzendenten Objekts gerade die transzendentale Forderung ist, weshalb dieses ‚Objekt‘ oft das ‚transzendentale Objekt‘ genannt wird.“ (a. a. O. IV, 318)

---

[3] Siehe ‚Kr. d. r. V.‘, A 573: „Der Satz: alles Existierende ist durchgängig bestimmt, ... will so viel sagen, als: um ein Ding vollständig zu erkennen, muß man alles Mögliche erkennen, und es dadurch, es sei bejahend oder verneinend, bestimmen. Die durchgängige Bestimmung ist folglich ein Begriff, den wir niemals in concreto seiner Totalität nach darstellen können ...“

Wenn die Transzendenz des „Dinges an sich" als eine Bedingung der Möglichkeit synthetischer Urteile a priori angenommen werden muß, der Begriff ‚transzendental'⁴ aber alle Elemente umfaßt, ohne die synthetische Urteile a priori unmöglich sind, dann muß das „Ding an sich" als ‚transzendentales Objekt' bezeichnet werden; die Transzendenz des „Dinges an sich" hat transzendentale Bedeutung.

Die Metaphysik Kants, die selbst nicht mehr reflektierte Voraussetzung seines Notwendigkeitsbegriffs, besteht in der Überzeugung, daß es der Welt unwesentlich ist, ob sie erkannt wird oder nicht. Die Bewegung des Erkennens schränkt Kant auf die Spontaneität des erkennenden Subjekts ein; dies scheint mir der tiefste Grund des Skeptizismus der Kantischen Philosophie, die wiederum als das philosophische Selbstbewußtsein der neuzeitlichen Wissenschaft begriffen werden kann, zu sein, **daß der Welt das Erkanntwerden durch den Menschen gleichgültig ist.** Wollte man dem gegenüber einwenden, daß Kant derartige Spekulationen gar nicht verbieten, sondern lediglich ihren Rang als Erkenntnis abstreiten würde, so ist dem zu erwidern, daß durch das Erheben des spezifisch Kantischen Notwendigkeitsbegriffs zum Kriterium für Wissenschaft und Ethik Kant eine bestimmte spekulative Voraussetzung, die selbst nicht begründet werden kann, dogmatisch seiner ganzen Philosophie, in der er durchaus nicht neutral der Spekulation gegenüber blieb, zugrunde legte. Die doch legitime, den Reflexionsstandpunkt selbst reflektierende Frage nach den Bedingungen der Möglichkeit transzendentaler Erkenntnis, also danach, ob den Sätzen, die den Inhalt der ‚Kritik der reinen Vernunft' ausmachen, überhaupt der Rang von Erkenntnissen zukommen kann, oder ob es sich bei Begriffen wie „Anschauung", „Urteil", „Verstand", „Kategorie" etc. um Begriffe handelt, die prinzipiell der nach Kant zur Erkenntnis erforderlichen Anschauung entraten müssen, also unter das „Nichts" im Sinne eines „ens rationis", d. h. eines leeren Begriffs ohne Gegenstand (‚Kr. d. r. V.', A 292) fallen, stellt Kant in der ‚Kritik der reinen Vernunft' nicht. Der einzige Passus, der als indirekte Antwort Kants aufgefaßt werden könnte, enthält lediglich die Versicherung, daß die reine spekulative Vernunft sich selbst kritisieren könne, also die Berufung auf ein Faktum, ohne daß der eigentliche Einwand, daß reine spekulative Vernunft der Erkenntnis — im Kantischen Sinne — eben nicht fähig sei, ausgeräumt wird:

> „Denn das hat die reine spekulative Vernunft Eigentümliches an sich, daß sie ihr eigen Vermögen, nach **Verschiedenheit der Art,** wie sie sich Objekte zum Denken wählt, ausmessen, und auch selbst die mancherlei Arten, sich Aufgaben vorzulegen, vollständig vorzählen, und so den ganzen Vorriß zu einem System der Metaphysik verzeichnen kann und soll;" (‚Kr. d. r. V.', B XXIII)

---

⁴ Kant weist in der ‚Kritik der reinen Vernunft' darauf hin, „daß nicht eine jede Erkenntnis a priori, sondern nur die, dadurch wir erkennen, daß und wie gewisse Vorstellungen (Anschauungen oder Begriffe) lediglich a priori angewandt werden, oder möglich sein können, transzendental (d. i. die Möglichkeit der Erkenntnis oder der Gebrauch derselben a priori) heißen müsse" (B 80).

Dieses Unvermögen Kants[5], seine kritische Transzendentalphilosophie durch den Aufweis ihrer Voraussetzungen selbst wiederum zu kritisieren und zu begründen, kann im Hinblick auf die Geschichtlichkeit des Denkens, die Kant ja zu eliminieren suchte, als Erscheinung der ersten Reflexion, die nicht auf sich selbst reflektiert, bezeichnet werden. Kant arbeitete den quasi handwerklichen, nur f u n k t i o n a l e n Charakter des wissenschaftlichen Denkens heraus, seine Reflexion kann, weil sie erste Reflexion ist, die sich selbst nicht reflektiert, das Denken nur als F u n k t i o n[*], als Verstandeshandlung, nicht als Einheit von Funktion und Reflexion begreifen und damit nicht sich selbst, die Möglichkeit der ersten Reflexion, erklären. Das leistet erst Hegel in der ‚Phänomenologie des Geistes‘, die deshalb den zweiten Reflexionsschritt darstellt, durch den das Moment der Reflexion — in jedem Übergang von einer Gestalt des Bewußtseins in die höhere — im Denken selbst reflektiert, aber zugleich als Funktion, als neue Subreption (Bruno Liebrucks) dargestellt wird.

Bei Kant erscheint der Widerspruch der ersten Reflexion, die das Denken nur als das Gegenteil ihrer selbst, nämlich nur als Funktion auffassen kann, als nicht eliminierbare Dialektik in der Darstellung der „ursprünglich-synthetischen Einheit der Apperzeption", „dem höchsten Punkt, an dem man allen Verstandesgebrauch, selbst die ganze Logik, und nach ihr, die Transzendentalphilosophie heften muß, ja dieses Vermögen ist der Verstand selbst." (,Kr. d. r. V.‘, B 134 Anm.)

Schon der Gebrauch des Begriffs der Synthesis ist schwankend: einerseits ist alle Verbindung „ein Actus der Spontaneität der Vorstellungskraft" (B 130), — Moment der Funktion — andererseits setzt Synthesis Einheit des Mannigfaltigen voraus, — Moment der Reflexion —; Kant zwingt beide Momente zusammen in dem sich m. E. paralysierenden, zirkelgleichen Satz: „Verbindung ist Vorstellung der synthetischen Einheit des Mannigfaltigen." (B 130 f.) Das Gleiche ergibt sich, wenn man auf das Verhältnis der Momente der ‚Einheit der transzendentalen Apperzeption‘ reflektiert; die a n a l y t i s c h e Einheit der Apperzeption, auf die ich reflektieren kann, setzt die Funktion der s y n t h e t i s c h e n Einheit voraus und umgekehrt, wenn die synthetische Einheit der transzendentalen Apperzeption nicht zum blinden Vermögen werden soll — analog der Einbildungskraft; das

---

[5] Dies gilt für die Reflexionsphilosophie bis zur ‚transzendentalen Phänomenologie‘ Husserls: gleich zu Beginn der zweiten der ‚Cartesianischen Meditationen‘, deren Ziel eine „Letztbegründung" der Philosophie „aus letzten selbst erzeugten Evidenzen" (S. 47) sein soll, nennt Husserl zwar die entscheidende philosophische Aufgabe, nämlich die „einer Kritik der transzendentalen Selbsterfahrung" (S. 67), also die nochmalige Reflexion der ihrerseits die Möglichkeit von Erfahrung reflektierenden Transzendentalphilosophie, aber er leistet sie nicht, sondern weicht in Deskriptionen aus. Der Fortgang der ‚Cartesianischen Meditationen‘ verdankt sich nicht einem Mehr, sondern einem Weniger an Philosophie.

[*] Hier hätte Nietzsche detailliert seine erkenntnistheoretische Kritik vortragen können; statt dessen begnügt er sich mit dem Aperçu: „Wie sollte das Werkzeug sich selbst kritisieren können, wenn es eben nur s i c h zur Kritik gebrauchen kann?" (III, 499)

würde allerdings auch nichts helfen, denn „diese Einheit des Bewußtseins wäre unmöglich, wenn nicht das Gemüt in der Erkenntnis des Mannigfaltigen sich der Identität der Funktion bewußt werden könnte, wodurch sie dasselbe synthetisch in einer Erkenntnis verbindet." (‚Kr. d. r. V.‘, A 108)

In der Fassung B heißt es:

„Diese durchgängige Identität der Apperzeption, eines in der Anschauung gegebenen Mannigfaltigen, enthält eine Synthesis der Vorstellungen und ist nur durch das Bewußtsein dieser Synthesis möglich." (‚Kr. d. r. V.‘, B 133)

Die synthetische Einheit der transzendentalen Apperzeption scheint also die analytische vorauszusetzen. Doch zwei Sätze weiter heißt es:

„Also nur dadurch, daß ich ein Mannigfaltiges gegebener Vorstellungen in e i n e m B e w u ß t s e i n v e r b i n d e n kann, ist es möglich, daß ich mir die Identität des Bewußtseins in diesen Vorstellungen selbst vorstelle, d. i. die analytische Einheit der Apperzeption ist nur unter der Voraussetzung irgend einer synthetischen möglich." (ebenda)

Die Unmöglichkeit einer eindeutigen Zuordnung steckt schon in der Wendung „Ich denke", das alle meine Vorstellungen muß begleiten können. „Ich" ist analytische, reflektierte, „denke" synthetische, funktionale Einheit. Kant formuliert die gegenseitige Abhängigkeit beider Momente in einem Satz, der die Dialektik von Einzelheit und Allgemeinheit innerhalb der transzendentalen Apperzeption enthüllt:

„Denn die mannigfaltigen Vorstellungen, die in einer gewissen Anschauung gegeben werden, würden nicht insgesamt m e i n e Vorstellungen sein, wenn sie nicht insgesamt zu e i n e m Selbstbewußtsein gehöreten, d. i. als meine Vorstellungen (ob ich mir ihrer gleich nicht als solcher bewußt bin) müssen sie doch der Bedingung notwendig gemäß sein, unter der sie allein in einem a l l g e m e i n e n Selbstbewußtsein zusammenstehen können, weil sie sonst nicht durchgängig mir angehören würden." (‚Kr. d. r. V.‘, B 132 f.)

Die analytische Einheit m e i n e s Bewußtseins, auf die ich reflektieren kann, ist also nur möglich dadurch, daß das Mannigfaltige in e i n e m Bewußtsein funktional vereinigt werden kann, aber das Zusammenstehen des Mannigfaltigen in einem a l l g e m e i n e n Selbstbewußtsein wiederum ist nur möglich dadurch, daß es m e i n e Vorstellungen sind, die von dem „Ich denke" müssen begleitet werden können. In dieser — wenn auch im Prinzipiellen verbleibenden — Dialektik der Vermittlung von besonderem und allgemeinem Bewußtsein tritt der Begründungszusammenhang zwischen Monologik und Dialogik innerhalb der Kantischen Position zutage; wenn die Übereinstimmung des monologischen Denkens mit sich nur möglich ist auf dem Weg über die Übereinstimmung mit dem Bewußtsein überhaupt und dem besonderen Bewußtsein, scheint es gerechtfertigt zu sein, die die Dialogik reflektierende, dialektische Logik als Voraussetzung der Monologik aufzufassen.

Der dialektische Begriff der Notwendigkeit hängt m. E. an der für Kant natürlich unwissenschaftlichen Voraussetzung, die nicht bewiesen werden kann, daß das

Erkanntwerden der Wirklichkeit wesentlich ist, wie dem Menschen das Erkennen, und daß nur dadurch, daß beides als untrennbar begriffen wird, Erkenntnis der Wahrheit möglich und wirklich ist. Daß diese Voraussetzung nicht Prinzip, aus dem deduziert werden könnte, sondern zugleich Resultat, nämlich des zugrunde Gehens der Monologik ist, kann hier nur angemerkt werden.

Ohne diese, natürlich im Prozeß der Erkenntnis zu erhellende Voraussetzung, die nach Kant meines Wissens nur Hegel in einem seiner am weitesten reichenden Sätze in ihrer Bedeutung erkannt und ausgesprochen hat[6], — wenn auch fast unverständlich in der Sprache der alten Metaphysik, kann Notwendigkeit, da dann das Erkanntwerden der Welt unwesentlich ist, nur eine dem Erkannten fremde, rein dem Denken angehörende, rein innerliche und deshalb äußerliche sein, d. h. Erkenntnis und Wirklichkeit stehen dann in einem äußerlichen Verhältnis, durch das der Zwangscharakter der Notwendigkeit und damit der Verzicht auf Erkenntnis der Wahrheit bedingt ist.

Der Skeptizismus Kants ist meiner Darstellung zufolge also letztlich identisch mit der Verabsolutierung der Wissenschaft und ihrer unkritischen ‚metaphysischen‘ Voraussetzung der Trennung von Substanz und Subjekt, Wesen und Erscheinung; sie reflektiert sich in der Terminologie Kants als der aus seinem Notwendigkeitsbegriff, der wiederum die Konsequenz jener kritischen Scheidung ist, resultierende Chorismos von „Ding an sich“ und „Erscheinung“.

Ohne Kant wäre jedoch die Umwandlung der alten Metaphysik, die an sich Skeptizismus wegen des Fehlens der Einsicht in die Notwendigkeit der Erkenntnis für die Welt war, in Philosophie der Geschichte, die durch das philosophische Begreifen der vorher mehr theologisch angedeuteten Einheit von Substanz und Subjekt notwendig war, unmöglich gewesen. Wenn alles darauf ankommt, „das Wahre nicht als Substanz, sondern eben so sehr als Subjekt aufzufassen und auszudrücken“, dann wird die Wahrheit von einem unabhängig vom Menschen Seienden zum Prozeß ihrer Erscheinung und Offenbarung, die nur in der und als Geschichte möglich ist.

2. Der Zusammenhang von Skeptizismus und Pragmatismus in der Philosophie Kants

Gerade die am Ideal der ‚reinen Wissenschaft‘ orientierte Philosophie Kants scheint mit nichts weniger gemein zu haben als mit der ‚unphilosophischen‘ Lehre des Pragmatismus, unter der nach dem ‚Wörterbuch der philosophischen Begriffe‘ von J. Hoffmeister (2. Aufl. 1955) folgendes zu verstehen ist:

---

[6] ‚Phänomenologie des Geistes‘ S. 19 f.: „Es kommt nach meiner Einsicht alles darauf an ...“ Dieser Satz wurde schon mehrfach in dieser Untersuchung zitiert und interpretiert.

„Pragmatismus, Neub. von C. S. Peirce (How to make our ideas clear, 1878) aus gr. pragma ‚Handlung‘, im weiteren Sinne jede Philosophie und Lebensanschauung, in der das Handeln über das Denken gestellt und die Entscheidung über die ‚Wahrheit‘ einer Theorie aus ihrer Entscheidung über die praktische Auswirkung, ihrem Nutzen für das ‚Leben‘ gewonnen wird." (S. 483)

Dieses Kapitel meiner Untersuchung geht als Exkurs nicht so sehr auf die philologische Interpretation am Leitfaden der in einer Philosophie ausgesprochenen Prinzipien und Tendenzen, sondern es soll die verborgenen Zusammenhänge scheinbar entgegengesetzter Theorien erhellen. Dies soll geschehen dadurch, daß die eingefrorenen Kategorien, durch die in der Geschichte der Philosophie als einer geisteswissenschaftlichen Disziplin die philosophischen Theorien eingeordnet werden können, verflüssigt, durchleuchtet und begriffen werden. Begriffen werden können m. E. solche Zusammenhänge nur durch die Betrachtung gerade der Begriffe und Gedankengänge, die die geisteswissenschaftliche Einordnung von der Beurteilung einer ‚Richtung‘ einer Philosophie ausschließt bzw. nur von dieser einmal ausgemachten ‚Richtung‘ her versteht. Die, zumeist auch wertenden, geisteswissenschaftlichen Definitionen, z. B. die des Pragmatismus, leben von den blinden Stellen, davon, daß Wörter wie ‚Vorrang‘, ‚Handeln‘, ‚Nutzen‘ etc. nicht durch den philosophischen Begriff erhellt werden; man gibt dem Wunsch nach Orientierung einen Halt, einen Fixpunkt, der nicht begrifflich erhellt sein darf, da er dann zu kompliziert und unhandlich wäre; dann würde nämlich z. B. die Philosophie Kants nach der obigen Definition nicht ohne weiteres vom Pragmatismus abgehoben werden können, zumal, wenn sich zeigen läßt, daß in ihr der Begriff der Erkenntnis am Muster des technischen Herstellens gewonnen wird, wenn also aufgewiesen wird, daß im Kantischen Begriff der Theorie der der Praxis schon als wesentliches Moment enthalten bzw. begriffen wird, daß „reine" Theorie reine Praxis ist.

a) Reine Wissenschaft und Pragmatismus

Der Kantische Begriff der Notwendigkeit, durch dessen Verabsolutierung meiner Darstellung zufolge der Wahrheitsbegriff aus dem Zentrum der Philosophie und Wissenschaft vertrieben und der Skeptizismus zum System erhoben wurde, verdankt seine Überzeugungskraft und Fruchtbarkeit der Zuspitzung auf eine unerhörte Lückenlosigkeit seiner Geltung:

„Erfahrung gibt niemals ihren Urteilen wahre oder strenge, sondern nur angenommene und komparative Allgemeinheit... Wird also ein Urteil in strenger Allgemeinheit gedacht, d. i. so, daß gar *keine Ausnahme als möglich* verstattet wird, so ist es nicht von der Erfahrung abgeleitet, sondern schlechterdings a priori gültig... Notwendigkeit und strenge Allgemeinheit sind also sichere Kennzeichen einer Erkenntnis a priori, und gehören unzertrennlich zu einander." (‚Kr. d. r. V.‘, B 4 f.)

Die Frage nach der Wahrheit dieser Begriffsbestimmung stellt Kant nicht, sondern er gebraucht sie als Instrument, als Kriterium für die Wissenschaftlichkeit einer Erkenntnis. Schon die Verkürzung der philosophischen Frage nach der Wahrheit zur Frage nach einem Kriterium von Wahrheit verwandelt die Theorie in eine Dienerin der Praxis, zumindest in theoretisches Tun, das sich eines eindeutig funktionierenden Instruments bedient, um einer Sache, hier der Wahrheit, habhaft zu werden. Daß an jede Antwort auf die Frage nach einem Kriterium von Wahrheit wieder die Frage nach der Wahrheit dieses Kriteriums gestellt werden kann, sich somit ein regressus in infinitum ergibt, demonstriert die theoretische Fruchtlosigkeit und Unwahrheit jener Verschiebung; Kants Verschiebung der Frage nach dem Kriterium von Wahrheit zur Frage nach dem Kriterium von Wissenschaftlichkeit bedeutet den nächsten Schritt in dieser Entwicklung, deren einzelne Stufen jeweils die niedrigere reflektieren; steht zu Beginn die Frage nach der Erkenntnis der Wirklichkeit, so reflektiert die Frage nach der Wahrheit die in der ersten Frage enthaltene Intention des Denkens auf das Seiende; die dritte Frage, die nach dem Kriterium von Wahrheit, reflektiert die Frage nach der Wahrheit, setzt sie zum Moment herab, indem sie sie auf ihre prinzipielle Entscheidbarkeit hin untersucht. Da jedoch gegenüber der Antwort auf die Frage nach einem Kriterium von Wahrheit die Frage nach der Wahrheit des Kriteriums von Wahrheit erneuert werden kann und so zwischen der zweiten und dritten Stufe ein regressus in infinitum eintritt, wird die dritte Stufe über sich hinausgetrieben; sie reflektiert sich in der vierten Stufe, der Frage nach der Wissenschaftlichkeit von Erkenntnis, die wiederum in der fünften Stufe sich als Frage nach dem Nutzen von Erkenntnis reflektiert. In ihr wird der verborgene instrumentelle Charakter der Frage nach dem Kriterium offenbar und tritt als These des Pragmatismus auf:

„Vor all diesen Sophismen sind wir so lange völlig sicher, wie wir daran denken, daß die alleinige Funktion des Denkens darin besteht, Verhaltensweisen des Handelns herzustellen." (Peirce 5.400)

Dieser Übergang kann auch als der von Kant zu Nietzsche aufgefaßt werden; zumindest sieht Nietzsche es so:

„Es ist endlich an der Zeit, die Kantische Frage ‚wie sind synthetische Urteile a priori möglich?‘ durch eine andre Frage zu ersetzen ‚warum ist der Glaube an solche Urteile nötig?‘ — nämlich zu begreifen, daß zum Zweck der Erhaltung von Wesen unsrer Art solche Urteile als wahr geglaubt werden müssen;" (Nietzsche II, 576)

— Auch Nietzsche sieht ja im Wahrheitsbegriff nur eine Form des Willens zur Macht, zumindest solange der Wahrheitsbegriff im Banne des Platonismus steht:

„Der Wille zur Wahrheit ist ein Fest- M a c h e n , ein Wahr-, Dauerhaft m a c h e n , ein Aus-dem-Auge-schaffen jenes f a l s c h e n Charakters, eine Umdeutung desselben ins S e i e n d e . ‚Wahrheit‘ ist somit nicht etwas, das da wäre und das aufzufinden, zu entdecken wäre — sondern etwas, d a s z u s c h a f f e n ist und das den Namen für einen P r o z e ß a b g i b t , mehr noch für einen Willen der Überwältigung, der an sich kein Ende hat: Wahrheit hineinlegen, als ein p r o c e s s u s i n i n f i n i t u m … es ist ein Wort für den ‚Willen zur Macht‘." (III, 541)

An sich pragmatisch ist bei Kant der mit dem Zweck der Wissenschaftsbegründung zum Kriterium erhobene, in seiner Bestimmung nicht weiter theoretisch reflektierte Begriff der Notwendigkeit; an sich pragmatisch ist ferner das Insistieren auf der unbedingten Gültigkeit, die das Wesen dieses Notwendigkeitsbegriffs ausmacht; denn es ist nicht einzusehen, weshalb die Philosophie als theoretisches Bewußtsein eine z. B. geschichtliche Relativierung einer Erkenntnis perhorreszieren sollte. Dies muß sie nur, wenn sie auf Zwang abzielt, auf totale Herrschaft des Begriffs über die Mannigfaltigkeit des Wirklichen. Die Stellung des Faktischen zum Begriff unter der Herrschaft der ‚Notwendigkeit' verbindet Kant mit dem Pragmatismus, da beide hierin bestimmt sind durch den Widerspruch zwischen Wesen und Notwendigkeit bzw. Wahrheit und Notwendigkeit; für beide ist das bestimmte Einzelne zwar notwendig, da nur bei Gelegenheit der Erfahrung die Formen der Anschauung und des Urteilens „ins Spiel gesetzt" werden, andererseits aber unwesentlich, da es nur irgendeines sein muß, gleich welches, es ist bloßes Exempel. Das Wesen fällt ausschließlich in die Erkenntnis- bzw. Erfahrungsstruktur.

Weiterhin wird noch aufzuzeigen sein, daß Kant an zentralen Stellen seines Werkes sich auf die Position des ‚als ob' zurückzieht, also eine Notwendigkeit herbeiruft, die mit Wahrheit unvereinbar, da bewußte, praktisch motivierte Unwahrheit ist.

Das Pragmatische des Kantischen Notwendigkeitsbegriffs liegt ferner in seiner Tendenz auf das Berechenbarmachen des Zukünftigen, das als durch uneingeschränkt geltende Gesetze bestimmt, schon als noch nicht wirkliches fixiert, vergangen ist; nicht die Theorie, sondern die auf Praxis abzielende Theorie, für die die Theorie ein Instrument ist, verlangt nach eindeutiger Bestimmung und lückenloser Berechnung des Zukünftigen:

> „Dieser Wahrheitsbegriff ist kein theoretischer, sondern ein technisch-praktischer ...
> daraus entsteht für uns die Alternative: entweder dialektische Theorie oder Herrschaftswissen und Eindeutigkeit, Allgemeingültigkeit und Notwendigkeit der Urteile."
> (B. Liebrucks a. a. O., III, 299 f.)

Von hier aus ist auch die „kopernikanische Wende" Kants zum subjektiven Ursprung aller notwendig gelten sollenden Bestimmungen der Welt zu verstehen; ‚reine' Erkenntnis ist gebunden an das Produzieren des zu Erkennenden durch die erkennende Subjektivität, an „die veränderte Methode der Denkungsart",

> „daß wir nämlich von den Dingen nur das a priori erkennen, was wir selbst in sie legen ... Diese dem Naturforscher nachgeahmte Methode besteht also darin, die Elemente der reinen Vernunft in dem zu suchen, was sich durch ein Experiment bestätigen oder widerlegen läßt." (‚Kr. d. r. V.', B XVIII f.)

Reine Erkenntnis ist nur möglich als reine Praxis*, wobei in den geschichtsphilosophischen Schriften Kants Vico als dessen Ahnherr erscheint:

---

* Nietzsche formuliert den Gedanken etwas gröber: „Der ‚Sinn für Wahrheit' muß, wenn die Moralität des ‚Du sollst nicht lügen' abgewiesen ist, sich vor einem anderen Forum legitimieren — als Mittel der Erhaltung von Mensch, als Macht-Wille ... Wir können nur eine Welt b e g r e i f e n , die wir selber g e m a c h t haben ..." (III, 424)

„Wie ist aber eine Geschichte a priori möglich? — Antwort: wenn der Wahrsager
die Begebenheiten selber m a c h t und veranstaltet, die er zum voraus verkündigt."
(‚Der Streit der Fakultäten‘, A 132)

Gegen diese Beurteilung könnte der Einwand erhoben werden, daß die Subjektivität doch gerade nach Kant die Objektivität der Erkenntnis begründet:

„Die Zeit ist also lediglich eine subjektive Bedingung unserer (menschlichen) Anschauung ... Nichts desto weniger ist sie in Ansehung aller Erscheinungen, mithin auch
aller Dinge, die uns in der Erscheinung vorkommen können, notwendigerweise objektiv." (‚Kr. d. r. V.‘, A 35)

Der Unterschied des Kantischen vom unmittelbaren, protagoräischen Idealismus qua subjektivem Relativismus ist bekannt; er hängt an der doppelten Bedeutung des Kantischen Begriffs der Subjektivität; Kant unterscheidet die bloß
empirische Subjektivität des Empfindens von der apriorischen Subjektivität der
Prinzipien der Erkenntnis, deren Allgemeingültigkeit die Relativität auf den
Einzelnen, die Grundthese des traditionellen Skeptizismus, transzendiert und
dadurch eine, wenn auch auf den Menschen eingeschränkte Objektivität konstituiert. Der Skeptizismus ist dadurch aber noch nicht aufgehoben, sondern nur
systematisiert; an die Stelle der Relativität der Erkenntnis auf den Einzelnen tritt
die Relativität auf die Gattung ‚Mensch‘, was im Hinblick auf die Wahrheit
keinen Unterschied macht, eher einen Rückschritt bedeutet, insofern die Möglichkeit einer Korrektur des Irrtums durch die Mannigfaltigkeit der Erfahrungen der
erkennenden Subjekte eliminiert ist. Dieser Unterschied des Skeptizismus als eines
wissenschaftlichen vom traditionellen Skeptizismus als einer sich selbst und die
Möglichkeit von Wissenschaft und Technik aufhebenden Meinung, welcher Unterschied im Notwendigkeitsbegriff seinen Angelpunkt hat, zielt, womit der Zusammenhang mit dem Pragmatismus hervortritt, auf die Eindeutigkeit eines Instruments der Orientierung und Behandlung der Natur als eines Inbegriffs von Gegenständen, die unter von der Subjektivität konstituierten Gesetzen steht:

„Kategorien sind Begriffe, welche den Erscheinungen, mithin der Natur, als dem
Inbegriffe aller Erscheinungen (natura materialiter spectata), Gesetze a priori vor-
schreiben, und nun frägt sich, da sie nicht von der Natur abgeleitet werden und sich
nach ihr als ihrem Muster richten (weil sie sonst bloß empirisch sein würden), wie es
zu begreifen sei, daß die Natur sich nach ihnen richten müsse, d. i. wie sie die Verbindung des Mannigfaltigen der Natur, ohne sie von dieser abzunehmen, a priori bestimmen können." (‚Kr. d. r. V.‘, B 163)

b) D e r   P r i m a t   d e r   ‚ p r a k t i s c h e n   V e r n u n f t ‘
u n d   d a s   V e r h ä l t n i s   v o n   S k e p t i z i s m u s
u n d   P r a g m a t i s m u s   b e i   K a n t

Der erste Satz der ‚Kritik der reinen Vernunft‘ lautet:

„Die menschliche Vernunft hat das besondere Schicksal in einer Gattung ihrer Erkenntnisse: daß sie durch Fragen belästigt wird, die sie nicht abweisen kann, denn sie

sind ihr durch die Natur der Vernunft selbst aufgegeben, die sie aber auch nicht beantworten kann, denn sie übersteigen alles Vermögen der menschlichen Vernunft." (A VII)

In diesem, das Resultat der ‚Kritik der reinen Vernunft' an sich vorwegnehmenden Satz ist schon die Verschiebung des traditionellen Primats der ‚theoretischen Vernunft' vor der praktischen Ausführung zum ‚Primat der praktischen Vernunft' enthalten; dieser ist darin begründet, daß die theoretische Vernunft ihre höchste Aufgabe nicht lösen kann, während die praktische Vernunft, der Wille[7] dadurch, daß er diese Aufgabe, wenn auch nicht theoretisch, so doch praktisch „löst", aus der sekundären Rolle eines nur ausführenden Organs heraustritt:

> „So würde man sagen können: das absolute Ganze aller Erscheinungen ist nur eine Idee, denn, da wir dergleichen niemals im Bilde entwerfen können, so bleibt es ein Problem ohne alle Auflösung. Dagegen ... kann die Idee der praktischen Vernunft jederzeit wirklich, ob zwar nur zum Teil, in concreto gegeben werden, ja sie ist die unentbehrliche Bedingung jedes praktischen Gebrauchs der Vernunft. Ihre Ausübung ist ... jederzeit unter dem Einflusse des Begriffs einer absoluten Vollständigkeit." (‚Kr. d. r. V.', A 328)

Das Unbedingte, der höchste „Gegenstand" und Begriff der von Kant aufgehobenen Metaphysik, die nach ihm auf reiner theoretischer Vernunft sich gründen wollte und deshalb am Unbedingten scheitern bzw. in die Dialektik geraten mußte, holt die praktische Vernunft in Gestalt des „guten Willens" wieder ein:

> „Es ist überall nichts in der Welt, ja überhaupt auch außer derselben zu denken möglich, was o h n e E i n s c h r ä n k u n g für gut könnte gehalten werden, als allein ein guter Wille." (‚Gr. z. M. d. S.', A 1)

Der Skeptizismus im Hinblick auf das Erkenntnisvermögen der theoretischen Vernunft und der Primat der praktischen Vernunft sind bei Kant — und nicht nur bei ihm, sondern dies gilt von Descartes bis Heidegger — untrennbar verbunden.

Oben wurde der unendliche Regreß der Reihe der Bedingungen zu einem gegebenen Bedingten als Konsequenz des Skeptizismus, dessen Begriff als Verabsolutierung des abstrakten Notwendigkeitsbegriffs bestimmt wurde, interpretiert; als praktische ‚Lösung' dieser Aporie wurde das gewaltsame Abbrechen, die Eliminierung der Dialektik der Vernunft durch praktische Fixierung angedeutet. Nun kann hinzugefügt werden: der Skeptizismus Kants, sein Perhorreszieren der Dialektik, der Primat der praktischen Vernunft und, wie zu zeigen sein wird, der Pragmatismus sind bei Kant untrennbar:

> „Nun haben aber alle synthetische Sätze aus reiner Vernunft das Eigentümliche an sich: daß, wenn der, welche die Realität gewisser Ideen behauptet, gleich niemals so viel weiß, um diesen seinen Satz gewiß zu machen, auf der anderen Seite der Gegner eben so wenig wissen kann, um das Widerspiel zu behaupten. Diese Gleichheit, des Loses der menschlichen Vernunft, begünstigt nun zwar im spekulativen

---

[7] Siehe ‚Grundlegung zur Metaphysik der Sitten' 36: „Da zur Ableitung der Handlungen von Gesetzen Vernunft erfordert wird, so ist der Wille nichts anderes, als praktische Vernunft." Die in der deutschen Sprache unklare Wendung ‚praktische Vernunft' als Definition des Willens ist wohl die Übersetzung des Aristotelischen νοῦς πρακτικός („περὶ ψυχῆς", 433 a 14).

Erkenntnisse keinen von beiden, und da ist auch der rechte Kampfplatz nimmer beizulegender Fehden. Es wird sich aber in der Folge zeigen, daß doch, in Ansehung des p r a k t i s c h e n   G e b r a u c h s , die Vernunft ein Recht habe, etwas anzunehmen, was sie auf keine Weise im Felde der bloßen Spekulation, ohne hinreichende Beweisgründe, vorauszusetzen befugt wäre; weil alle solche Voraussetzungen der Vollkommenheit der Spekulation Abbruch tun, um welche sich aber das praktische Interesse gar nicht bekümmert." (,Kr. d. r. V.', A 776)

Der Primat der praktischen Vernunft wäre erschüttert, wenn die theoretische Vernunft deren Voraussetzungen begreifen und dadurch begründen könnte, ja, die praktische Vernunft wäre dann als solche aufgehoben; für Kant jedoch bleibt dies notwendigerweise und prinzipiell unmöglich:

> „Aber alsdenn würde die Vernunft alle ihre Grenze überschreiten, wenn sie es sich zu erklären unterfinge, wie reine Vernunft praktisch sein könne, welches völlig einerlei mit der Aufgabe sein würde, zu erklären, wie Freiheit möglich sei." (,Gr. z. M. d. S.', A 120)

Im Gegenteil greift die praktische Vernunft auf das „Gebiet" der theoretischen über und verwandelt diese in ihrem höchsten Prinzip, der Idee, die zur Maxime wird, d. h. zu einem praktischen Prinzip, in praktische Vernunft, so daß sich die theoretische Vernunft bei Kant selbst im Prinzip als praktisch erweist:

> „Ich nenne alle subjektive Grundsätze, die nicht von der Beschaffenheit des Objekts, sondern dem Interesse der Vernunft, in Ansehung einer gewissen möglichen Vollkommenheit der Erkenntnis dieses Objekts, hergenommen sind, M a x i m e n der Vernunft." (,Kr. d. r. V.', A 666)

Daß der auf der skeptischen Verabsolutierung der Notwendigkeit beruhende Erkenntnisbegriff Kants pragmatisch ist, zeigt sich in der Spitze der reinen theoretischen Vernunft, wie Kant sie bestimmt; Erkenntnis, die nur als Konstituieren, als Erzeugen des Erkannten reine Erkenntnis ist, enthüllt ihre praktische Natur bei Kant in der Bestimmung der Idee der theoretischen Vernunft als eines regulativen Prinzips, das letztlich eine untheoretische Verfahrensanweisung ist:

> „Der Grundsatz der Vernunft also ist eigentlich nur eine R e g e l , welche in der Reihe der Bedingungen gegebener Erscheinungen einen Regressus gebietet, dem es niemals erlaubt ist, bei einem Schlechthinunbedingten stehen zu bleiben, ... also ein Principium der Vernunft, welches, a l s R e g e l , postuliert, was von uns im Regressus geschehen soll ... daher nenne ich es ein r e g u l a t i v e s Prinzip der Vernunft." (,Kr. d. r. V.', A 509)

Die im Wesen auf Praxis angelegte Natur des monologischen Denkens wird hier deutlich; tritt an die Stelle der Übereinstimmung des Denkens mit der Wirklichkeit die Übereinstimmung mit sich selbst, so wird Erkenntnis zur Erzeugung des zu Erkennenden — natürlich nicht im ontologischen Sinn —, zur Praxis:

> „Sie (die Naturforscher, Anm. von mir, H. R.) begriffen, daß die Vernunft nur das einsieht, was sie selbst nach ihrem Entwurfe hervorbringt." (,Kr. d. r. V.', B XIII)

Wenn der Wirklichkeit das Erkanntwerden unwesentlich ist, dann wird das Erkennen, sieht man vorerst von der „praktischen Vernunft" ab, notwendig zum Instrument für die Herstellung eines Modells, das auf Grund seiner lückenlosen Gesetzmäßigkeit ein technisches Verfahren mit der Natur ermöglicht:

> „Plato bemerkte sehr wohl, daß unsere Erkenntniskraft ein weit höheres Bedürfnis
> fühle, als bloß Erscheinungen nach synthetischer Einheit buchstabieren, um sie als
> Erfahrung lesen zu können." („Kr. d. r. V.', A 314)

Die Unwahrheit und die nur pragmatische Bestimmung der höchsten Prinzipien
der theoretischen Vernunft als regulativer Maximen enthüllt sich in der von Kant
eingestandenen Aporie, daß der Prozeß der fortschreitenden Erkenntnis nur unter
der von Kant prinzipiell unannehmbaren Antizipation, ihn als abgeschlossen zu
denken, möglich ist:

> „Das Ideal des höchsten Wesens ist nach diesen Betrachtungen nichts anderes, als
> ein r e g u l a t i v e s   P r i n z i p   d e r   V e r n u n f t, alle Verbindung in der Welt
> so anzusehen, a l s   o b   sie aus einer allgenugsamen notwendigen Ursache ent-
> spränge, um darauf die Regel einer systematischen und nach allgemeinen Gesetzen
> notwendigen Einheit in der Erfahrung derselben zu gründen." („Kr. d. r. V.', A 619)

Diese Verbindung von durchschauter Unwahrheit und praktisch notwendiger
Subreption im Hinblick auf einen zu erreichenden Zweck macht den Begriff des
Pragmatismus überhaupt aus. Kant löst die Aporie der unendlichen Reihe der
Bedingungen, die zugleich als vollendet gedacht werden muß, damit in der einzelnen Erkenntnis vollständige Einheit bewirkt ist — da Einheit im einzelnen Urteil
und Einheit, d. h. Vollständigkeit der unendlichen Reihe der diese einzelne Erkenntnis bedingende Reihe der Erkenntnisse, die das System der Wissenschaft ausmachen, sich wechselseitig voraussetzen — diese für seine die Dialektik eliminierende kritische Philosophie unlösbare Aporie löst er praktisch.

Der dem Skeptizismus Kants zugrunde liegende Chorismos zwischen Erkenntnis und Wirklichkeit wird zum quantitativen innerhalb des Systems, insofern die
Einheit aller Bedingungen, das vollständige System aller Urteile, prinzipiell unerreichbar ist, das Ideal der absoluten Vollständigkeit, das Prinzip der Erkenntnis,
von der faktischen Wissenschaft nie realisiert werden kann; absolute Stringenz, die
unwahr ist, ist auch unmöglich:

> „Wenn ich zu existierenden Dingen überhaupt etwas Notwendiges denken muß,
> kein Ding aber an sich selbst als notwendig zu denken befugt bin, so folgt daraus
> unvermeidlich, daß Notwendigkeit und Zufälligkeit nicht die Dinge selbst angehen
> und treffen müssen, weil sonst ein Widerspruch vorgehen würde; mithin keiner
> dieser beiden Grundsätze objektiv sei, sondern sie allenfalls nur subjektive Prinzipien
> der Vernunft sein können, nämlich einerseits zu allem, was als existierend gegeben
> ist, etwas zu suchen, das notwendig ist, d. i. niemals anderswo als bei einer a
> priori vollendeten Erklärung aufzuhören, andererseits aber auch diese Vollendung
> niemals zu hoffen, d. i. nichts Empirisches als unbedingt anzunehmen, und sich da-
> durch fernerer Ableitung zu überheben. In solcher Bedeutung können beide Grund-
> sätze als bloß heuristisch und   r e g u l a t i v, die nichts als das formale Interesse
> der Vernunft besorgen, ganz wohl bei einander bestehen." („Kr. d. r. V.', A 616)

Die Dialektik, die es zu eliminieren galt, kehrt wieder als Pragmatismus; die
Unwahrheit des Begriffs der Erkenntnis als Konstruktion von notwendiger Gesetz-
mäßigkeit erscheint in der Notwendigkeit der Annahme der Abgeschlossenheit des
Systems der Erkenntnis, um das, was an die Stelle der Wahrheit getreten ist, die

geschlossene Gesetzmäßigkeit eines Modells der Erscheinungswelt, zum Teil wenigstens zustande zu bringen, was ja selbst wiederum nur ein Surrogat ist.

Es wurde versucht, den Zusammenhang zwischen reiner Wissenschaft, Skeptizismus, Primat der praktischen Vernunft und Pragmatismus zu erhellen. Es bleibt nun die Aufgabe, im Zentrum der Kantischen Philosophie[8], das die ‚Grundlegung zur Metaphysik der Sitten' meiner Ansicht nach darstellt, diesen Zusammenhang ebenfalls nachzuweisen. Allen bisher vorgetragenen Argumenten könnte man von der Kantischen Position aus die Spitze nehmen dadurch, daß man sie zur Stütze der Einschränkung der Metaphysik auf die der Sitten gebraucht, und zwar so, daß die Widersprüche der theoretischen Vernunft es ja gerade seien, die die „eigentümliche Würde" der Moralphilosophie und die zentrale Stellung der praktischen Vernunft als des Orts, an dem sich die Widersprüche der theoretischen Vernunft, wenn auch nur praktisch, lösen, um so deutlicher hervortreten lassen. Verglichen mit dieser für Kant primären Aufgabe der Philosophie bestehen ja die Untersuchungen der ‚Kritik der reinen Vernunft' in der

> „auch nicht verdienstlosen Arbeit, nämlich: den Boden zu jenen majestätischen sittlichen Gebäuden eben und baufest zu machen, in welchem sich allerlei Maulwurfsgänge einer vergeblich, aber mit guter Zuversicht, auf Schätze grabenden Vernunft vorfinden, und die jenes Bauwerk unsicher machen." (‚Kr. d. r. V.', A 319)

Mit anderen Worten: wenn in der Kantischen Moralphilosophie das Scheitern der Monologik und der Pragmatismus, die sich in der ‚Kritik der reinen Vernunft' aufweisen ließen, nicht gleichfalls als unvermeidliche Implikationen der Kantischen Position nachgewiesen werden können, wäre die bisherige Untersuchung letztlich fruchtlos, da sie bei zwar störenden, aber doch sekundären Phänomenen stehen geblieben wäre.

Wie in der ‚Kritik der reinen Vernunft' ist auch in der ‚Grundlegung zur Metaphysik der Sitten' die Kategorie der Notwendigkeit der Maßstab, an dem die möglichen Prinzipien der Moral im Hinblick auf ihre Verbindlichkeit gemessen werden, analog zur ‚Kritik der reinen Vernunft', in welcher die Notwendigkeit zum Kriterium für die wissenschaftliche Gültigkeit der Erkenntnis erhoben wurde:

> „Jedermann muß eingestehen, daß ein Gesetz, wenn es moralisch, d. i. als Grund einer Verbindlichkeit, gelten soll, absolute Notwendigkeit bei sich führen müsse." (‚Gr. z. M. d. S.', A VIII)

Wie in der ‚Kritik der reinen Vernunft' aus der Verabsolutierung des abstrakten Notwendigkeitsbegriffs die Reduktion der Erkenntnis auf subjektiv Konstituiertes resultierte, so folgt in der ‚Kritik der praktischen Vernunft' die Reduktion

---

[8] Siehe hierzu z. B. ‚Der Streit der Fakultäten':
„Diese Moralität, und nicht der Verstand, ist es also, was den Menschen erst zum Menschen macht." (A 122)

der ethischen Relevanz des Handelns auf die Subjektivität der Maxime, die Gesinnung[9] als das Prinzip der Willensbestimmung:

> „Also beziehen sich praktische Gesetze allein auf den Willen, unangesehen dessen,
> was durch die Kausalität desselben ausgerichtet wird, und man kann von der
> letztern (als zur Sinnenwelt gehörig) abstrahieren, um sie rein zu haben." (‚Kr. d. pr.
> V.‘, A 38)

Der Verschiebung des Wahrheitsbegriffs aus dem Zentrum der theoretischen
Vernunft entspricht die Eliminierung eines „absolut Guten", — dessen Idee in der
Platonischen ‚Politeia‘ den Dingen sowohl das Sein und Werden als auch das
Erkanntwerden ermöglicht, weshalb alles nach ihr hinstrebt und sie alles „hos
eromenon" (Aristoteles) bewegt, — aus dem Zentrum der praktischen Vernunft
zugunsten der absoluten Verbindlichkeit eines Gesetzes:

> „Das G u t e oder B ö s e bedeutet aber jederzeit eine Beziehung auf den W i l -
> l e n , so fern dieser durchs V e r n u n f t g e s e t z bestimmt wird, sich etwas zu
> seinem Objekte zu machen; ... daß nicht der Begriff des Guten, als eines Gegenstan-
> des, das moralische Gesetz, sondern umgekehrt das moralische Gesetz allererst den
> Begriff des Guten, so fern es diesen Namen schlechthin verdient, bestimme und mög-
> lich mache." (‚Kr. d. pr. V.‘, A 105, 112)

Aber wie in der ‚Kritik der reinen Vernunft‘ soll gerade durch den Rückgang
auf die konstituierende Subjektivität die Objektivität des moralischen Gesetzes
im Sinne der Allgemeingültigkeit begründet werden:

> „Die A u t o n o m i e des Willens ist das alleinige Prinzip aller moralischen Gesetze
> und der ihnen gemäßen Pflichten; alle H e t e r o n o m i e der Willkür gründet
> dagegen nicht allein gar keine Verbindlichkeit, sondern ist vielmehr dem Prinzip
> derselben und der Sittlichkeit des Willens entgegen." (‚Kr. d. pr. V.‘, A 58)

Aber auch die völlige Ungewißheit, ob jemals in einer wirklichen moralischen
Willensentscheidung der Chorismos von Prinzip und Tatsache überwunden wird,
bleibt prinzipiell bestehen, wie die Ungewißheit in der ‚Kritik der reinen Vernunft‘, ob jemals eine reine Erkenntnis wirklich zustande kommt. Der Skeptizismus, gegen den Kant antrat, wurde also von ihm weder im Hinblick auf die theoretische noch auf die praktische Vernunft widerlegt, sondern nur reflektiert und
systematisiert:

> „In der Tat ist es schlechterdings unmöglich, durch Erfahrung einen einzigen Fall mit
> völliger Gewißheit auszumachen, da die Maxime einer sonst pflichtmäßigen Hand-
> lung lediglich auf moralischen Gründen und auf der Vorstellung seiner Pflicht
> beruhet habe." (‚Gr. z. M. d. S.‘, A 26)

Für den Menschen selbst ist letztlich also die Frage, ob seiner Willensbestimmung die Achtung vor der Pflicht oder die Willkür einer „sinnlichen Triebfeder"
zugrunde liegt, die — nach Kant — Frage aller Fragen für den Menschen, nicht zu
beantworten.

---

[9] Siehe ‚Gr. z. M. d. S.‘ A 43:
„Dieser Imperativ ist kategorisch. Er betrifft nicht die Materie der Handlung und das,
was aus ihr erfolgen soll, sondern die Form und das Prinzip, woraus sie selbst folgt,
und das Wesentlich-Gute derselben besteht in der G e s i n n u n g , der Erfolg mag
sein, welcher er wolle."

— An dieser Aporie läßt Nietzsche die dritte Stufe der Metaphysik der ‚wahren Welt' in der ‚Götzendämmerung' zugrunde gehen: „Die wahre Welt, unerreichbar, unbeweisbar, unversprechbar, aber schon als gedacht ein Trost, eine Verpflichtung, ein Imperativ. (Die alte Sonne im Grunde, aber durch Nebel und Skepsis hindurch; die Idee sublim geworden, bleich, nordisch, königsbergisch.) Die wahre Welt — unerreichbar? Jedenfalls unerreicht. Und als unerreicht auch unbekannt. Folglich auch nicht tröstend, erlösend, verpflichtend: wozu könnte uns etwas Unbekanntes verpflichten?... (Grauer Morgen. Erstes Gähnen der Vernunft. Hahnenschrei des Positivismus.) (II, 963) —

In der Zuspitzung auf diese Alternative jedoch besteht das entscheidende Argument Kants, der ja gerade durch die Einschränkung auf das Prinzip der Willensbestimmung, im Hinblick auf den Zusammenhang zwischen der Verbindlichkeit eines moralischen Gebotes und dem Notwendigkeitsbegriff, einen absolut von Willkür gereinigten guten Willen als Prinzip der Moral forderte. Kant gedachte also wie in der ‚Kritik der reinen Vernunft' durch Rückgang auf die reine Subjektivität reine Objektivität, frei von aller auf Willkür der empirischen Subjektivität beruhender Zufälligkeit, zu konstituieren.

Nun muß angesichts der von Kant eingestandenen Unmöglichkeit der Beurteilung der wirklichen Willensbestimmung die Frage gestellt werden, ob Kant den Unterschied zwischen den Extremen der reinen Pflicht und der pragmatischen Willkür überhaupt definieren kann. Der gute Wille soll das Kriterium für die Gesetzmäßigkeit nicht aus einem ‚Objekt' empfangen, sondern in der Gesetzmäßigkeit als Form erkennen:

„Also kann ein vernünftiges Wesen sich s e i n e subjektiv-praktische Prinzipien, d. i. Maximen, entweder gar nicht zugleich als allgemeine Gesetze denken, oder es muß annehmen, daß die bloße Form derselben, nach der jene s i c h z u r a l l g e - m e i n e n G e s e t z g e b u n g s c h i c k e n, sie für sich allein zum praktischen Gesetze mache." (‚Kr. d. pr. V.', A 49)

Nach der Eliminierung aller Objektivität — im traditionellen Sinne — bleibt für die Frage nach dem Maßstab für die Gesetzmäßigkeit nur diese selbst, Maßstab und Gemessenes fallen zusammen:

„So muß ein freier Wille, unabhängig von der M a t e r i e des Gesetzes, dennoch einen Bestimmungsgrund in dem Gesetz antreffen. Es ist aber, außer der Materie des Gesetzes, nichts weiter in demselben, als die gesetzgebende Form enthalten. Also ist die gesetzgebende Form, so fern sie in der Maxime enthalten ist, das einzige, was einen Bestimmungsgrund des Willens ausmachen kann." (‚Kr. d. pr. V.', A 52)

Dieser, wie man es mit einem Kantischen Ausdruck nennen kann, „Selbstbefriedigung der Vernunft" in der Willensbestimmung entspricht in der ‚Kritik der reinen Vernunft' die doppelte Bedeutung der den Inhalt konstituieren sollenden reinen Anschauung als Form der Anschauung und als formale Anschauung, was im Hinblick auf die oben ausgeführte Dialektik von Funktion und Reflexion als Ausweichen vor dieser begriffen werden kann:

„Demnach wird die reine Form sinnlicher Anschauungen überhaupt im Gemüte a priori angetroffen werden, worinnen alles Mannigfaltige der Erscheinungen in gewissen Verhältnissen angeschaut wird. Diese reine Form der Sinnlichkeit wird auch selber r e i n e A n s c h a u u n g heißen." (‚Kr. d. r. V.', A 20)

Nach der aus dem Notwendigkeitsbegriff Kants resultierenden Einschränkung der moralischen Relevanz einer Handlung auf das Prinzip der Willensbestimmung bleibt also für die Formulierung des „Grundgesetzes der reinen praktischen Vernunft" nur die Gesetzmäßigkeit selbst übrig, die Forderung der formalen Identität des einzelnen und des allgemeinen Willens:

> „Handle so, daß die Maxime deines Willens jederzeit zugleich als Prinzip einer allgemeinen Gesetzgebung gelten könne." (‚Kr. d. pr. V.‘, A 54)

Diese Formulierung des Grundgesetzes der praktischen Vernunft versteckt die eigentliche Schwierigkeit, da sie keine Willensbestimmung ermöglicht, sondern lediglich fordert, daß der Willensbestimmung das Wollen der Gesetzmäßigkeit der Willensbestimmung zugrunde liegen soll. Ein Kriterium für die Willensbestimmung kann ja nicht aus der Reflexion auf die Handlung, also die Folgen der Willensbestimmung resultieren, da dann der Forderung nach absoluter Verbindlichkeit nicht genügt würde. Außerdem würde jedes Einbeziehen inhaltlicher Momente, seien es empirische Voraussetzungen, seien es gesetzte Zwecke, in die Willensbestimmung die für die Kantische Position wesentliche Unmittelbarkeit der Bestimmung des Willens durch die Vernunft aufheben. Daraus wiederum folgt, daß der Inhalt des ‚Grundgesetzes‘ auf die Forderung der unmittelbaren Identifizierung des besonderen Willens, der Maxime, mit der Vorstellung eines allgemeinen Willens, dem Prinzip der Gesetzgebung, reduziert wird; eine Entscheidung darüber, ob diese geforderte Identität als reine Moral, nämlich als Unterwerfung des einzelnen unter den allgemeinen Willen, oder als reine Unmoral, als Verabsolutierung des besonderen Willens aufzufassen ist, ist m. E. unmöglich; die reine Identität von Maxime und Prinzip, einzelnem und allgemeinem Willen ist von ihrer reinen Verschiedenheit nicht zu unterscheiden; — das Gleiche gilt, wie noch zu zeigen sein wird, für die Differenz von absoluter Notwendigkeit und reiner Zufälligkeit.

In den ‚Grundlegung zur Metaphysik der Sitten‘ unterscheidet Kant den Widerspruch, der sich aus der Verallgemeinerung einer Maxime zum Naturgesetz ergibt, von dem Widerspruch, in den der Wille mit sich selbst gerät, sofern er eine Maxime, die durchaus als Naturgesetz g e d a c h t werden kann — nach dem Grundgesetz der praktischen Vernunft: „Handle so, daß die Maxime deines Willens jederzeit zugleich als Prinzip einer allgemeinen Gesetzgebung gelten könne" dem Kriterium der moralischen Beurteilung also genügt — im Hinblick auf seinen empirischen Willen aber nicht als allgemeines Gesetz w o l l e n kann, wobei der zweite Widerspruch das eigentliche moralische Kriterium abgibt:

> „Aber, obgleich es möglich ist, daß nach jener Maxime ein allgemeines Naturgesetz wohl bestehen könnte: so ist es doch unmöglich, zu w o l l e n, daß ein solches Prinzip als Naturgesetz allenthalben gelte. Denn ein Wille, der dieses beschlösse, würde sich selbst widerstreiten, indem der Fälle sich doch manche eräugnen können, wo er anderer Liebe und Teilnehmung bedarf, und wo er, durch ein solches aus seinem eigenen Willen entsprungenes Naturgesetz, sich selbst alle Hoffnung des Beistandes, den er sich wünscht, rauben würde ... Man muß w o l l e n k ö n n e n, daß

eine Maxime unserer Handlung ein allgemeines Gesetz werde: dies ist der Kanon der moralischen Beurteilung derselben überhaupt. Einige Handlungen sind so beschaffen, daß ihre Maxime ohne Widerspruch nicht einmal als allgemeines Naturgesetz g e - d a c h t werden kann; weit gefehlt, daß man noch w o l l e n könne, es s o l l t e ein solches werden." (Man beachte diese Differenz! In dem W o l l e n können steckt der Primat des Willens qua wirklichem, im Wollen k ö n n e n bzw. Sollen der Primat des Prinzips) „Bei andern ist zwar jene innere Unmöglichkeit nicht anzutreffen, aber es ist doch unmöglich, zu w o l l e n , daß ihre Maxime zur Allgemeinheit eines Naturgesetzes erhoben werde, weil ein solcher Wille sich selbst widersprechen würde." (‚Gr. z. M. d. S.‘, A 56)

Die Unfähigkeit des monologischen Denkens, aus sich selbst die Verbindlichkeit eines Gesetzes für den Willen zu begründen, erscheint in dieser Aporie der Beziehung von Vernunft und Wille: die reine Vernunft stellt kein Kriterium dar, da durchaus entgegengesetzte Maximen als Naturgesetze ohne Widerspruch gedacht[10] werden können, wie der zitierte Passus selbst behauptet. Deshalb nimmt Kant noch den Willen hinzu, um in dem Zusatz „man muß wollen können" das entscheidende Kriterium zu gewinnen; aber diese Verschiebung ändert nichts am Problem; denn entweder ist dieses Wollen reiner Wille, dann ist es nichts als reine praktische Vernunft, die ja als Kriterium nicht ausreicht, oder empirischer Wille, Begehrungsvermögen, also ebenfalls untauglich. Ein Kriterium der moralischen Beurteilung wäre also nur zu erwarten von der begrifflichen Vermittlung des reinen und des empirischen Willens, der prinzipiellen, die Verbindlichkeit begründenden Methode mit der pragmatischen, den bestimmten Inhalt erzeugenden bzw. gebenden, da die Folgen des Handelns bedenkenden Methode. Mit den Folgen der Handlung und der Reflexion auf sie, die Absicht, dringen in die Willensbestimmung das Empirische, die gesellschaftlichen Verhältnisse, in denen es keine strenge Verbindlichkeit zu geben scheint, ein. Absolute Notwendigkeit im Sinne Kants ist irrelevant zur Geschichte, die als der Inbegriff der Erfahrung für die Moral nur die „Mutter des Scheins" sein kann; die Verabsolutierung der Trennung von Prinzip und Tatsache, Wesen und Erscheinung verhindert, daß Geschichte als das Medium, in dem sich

---

[10] Es ist erstaunlich, daß J. Ebbinghaus in seiner Verteidigung des kategorischen Imperativs gegen den Vorwurf des Formalismus (‚Gesammelte Aufsätze, Vorträge und Reden‘ 1968 Darmstadt, Seite 80 ff. und 140 ff., besonders Seite 141 f., 156, 160) die Aporetik dieser Unterscheidung zwischen denkbarem (Natur-)Gesetz und gewolltem moralischen Gesetz innerhalb der Kantischen ‚Grundlegung zur Metaphysik der Sitten‘ zu übersehen, zumindest aber zu unterschätzen scheint: für die Willensbestimmung bleibt doch nach der Eliminierung aller ‚Materie‘, also aller bestimmten Zwecke, nur „die bloße Form des Gesetzes" (‚Kr. d. pr. V.‘, A 55) übrig; die bloße Form des Gesetzes, also die Möglichkeit, eine Maxime als Gesetz zu denken, ohne daß es zu einem Widerspruch der Vernunft mit sich selbst kommt, kann doch nie die Entscheidung zwischen „etwas als Gesetz denken" und „etwas als Gesetz wollen" herbeiführen, da sie diese Differenz transzendiert.
Jenes Plus, das den Übergang vom Denken zum Wollen — macht man, wie Kant, erst einmal diesen Unterschied —, ermöglichen soll, muß also aus einem anderen Kriterium als dem der bloßen Gesetzmäßigkeit stammen.

diese Gegensätze erzeugen, bewegen und aufheben, in dem das Wesen also erscheint, für die Moral relevant werden kann.

Die Kategorie des Sich-Entscheidens, des sich selbst bestimmenden Willens impliziert das Nominalismusproblem — transponiert in die Moderne — und kann vor dieser Folie folgendermaßen gesehen werden; der sich bestimmende Wille als abstrakt allgemeines Denken, das sich zur einzelnen Bestimmtheit macht, transzendiert den Chorismos allgemeiner Begriff — einzelnes Seiendes. Er ist, wenn er mehr sein soll als eine Fiktion, die existierende Unendlichkeit, das wirkliche Fürsichsein; deshalb legte Hegel in den ‚Grundlinien der Philosophie des Rechts‘ auch so großen Wert auf den philosophischen Begriff der Monarchie, da durch diese die als über- bzw. außermenschlich empfundene konkrete Unendlichkeit der Subjektivität aus dem Bereich der Magie institutionell in den Bereich des Menschlichen eingeholt wird:

> „Hier liegt der Ursprung des Bedürfnisses, von Orakeln, dem Dämon (beim Sokrates), aus Eingeweiden der Tiere, dem Fressen und Fluge der Vögel u. s. f. die l e t z t e   E n t s c h e i d u n g   über die großen Angelegenheiten und für die wichtigen Momente des Staats zu holen — eine Entscheidung, welche die Menschen, noch nicht die Tiefe des Selbstbewußtseins erfassend, und aus der Gediegenheit der substantiellen Einheit zu diesem Fürsichsein gekommen, noch nicht i n n e r h a l b des menschlichen Seins zu sehen die Stärke hatten." (Hegel, ‚Grundlinien der Philosophie des Rechts‘, § 279 Anm.)

Heute erscheint das Nominalismusproblem in der Macht der von Menschen hergestellten Entscheidungsmaschinen über den Hersteller. Der Computer, der letzte politische Entscheidungen trifft, bedeutet für den B e g r i f f des Staates die Rückkehr in die Zeit der Deutung des Vogelflugs. Die Macht der Computer kann so als geschichtliche Antwort auf das Ausbleiben der philosophischen Aufhebung des Nominalismus begriffen werden.

Das Problem der Vermittlung der Extreme Prinzip der Verbindlichkeit eines Imperativs und unverbindlicher, aber die Realität reflektierender Pragmatismus tritt in der ‚Grundlegung zur Metaphysik der Sitten‘ in Gestalt des Begriffs des Zwecks und dessen Stellung zum Prinzip der Willensbestimmung auf. Eine Philosophie der Moral, in deren Mittelpunkt die Selbstbestimmung des Willens steht, bedarf an sich schon des Zweckbegriffs ungleich dringender als eine Ethik, die relativ auf das Gute im Sinne der platonischen Idee ist, denn „ohne allen Zweck kann kein Wille sein" (‚Über den Gemeinspruch . . .‘ A 212 Anm.). In der Platonischen ‚Politeia‘ (509 b) bewegt die Idee des Guten als unbewegter Beweger alles Seiende dadurch, daß dieses vollkommen zu sein strebt. Die Teleologie ist hier also nicht als Zwecktätigkeit aufzufassen, da das bewegende Prinzip nicht in den Menschen bzw. die Einzeldinge fällt, sondern die Idee selbst ist. Durch Kant wird die Idee des Guten dieser ihrer alles begründenden Funktion beraubt zugunsten des allgemeinen Prinzips der Verbindlichkeit von Moral, das vom bestimmten Faktum abstrahiert, so daß der Wille die vermittelnde Macht wird, die das nur sein sollende Allgemeine realisiert, das empirische Faktum dabei als solches aufhebend. Der Wille ist so nichts anderes als die Zwecktätigkeit, d. h. der Schluß, der den allgemeinen, sein sollenden Begriff und das einzelne Faktum zusammenschließt:

> „Der Wille wird als ein Vermögen gedacht, der Vorstellung gewisser Gesetze gemäß sich selbst zum Handeln zu bestimmen. Und ein solches Vermögen kann nur in vernünftigen Wesen anzutreffen sein. Nun ist das, was dem Willen zum objektiven Grunde seiner Selbstbestimmung dient, der Zweck." (‚Gr. z. M. d. S.', A 63)

Aber gerade Kant muß das P r i n z i p der Moral vom Zweckbegriff rein erhalten[11], da durch diesen die Verabsolutierung der empirischen Subjektivität, der der Monologik Kants so nahe und deswegen durchweg perhorreszierte Pragmatismus droht:

> „Der gute Wille ist nicht durch das, was er bewirkt, oder ausrichtet, nicht durch seine Tauglichkeit zu Erreichung irgend eines vorgesetzten Zweckes, sondern allein durch das Wollen, d. i. an sich, gut." (‚Gr. z. M. d. S.', A 3)

Die Vermittlung, das Zusammenschließen von Begriff und Empirie durch den sich als Zwecktätigkeit selbstbestimmenden Willen ist mit der für Kants Moralphilosophie spezifischen Trennung von Prinzip und Tatsache, die wiederum aus dem Notwendigkeitsbegriff der ‚Kritik der reinen Vernunft' resultiert, unvereinbar; absolute Verbindlichkeit erfordert nämlich unmittelbare, nicht durch Erkenntnis der Wirklichkeit vermittelte Bestimmung des Willens:

> „Die praktische Regel ist also unbedingt, mithin, als kategorisch praktischer Satz, a priori vorgestellt, wodurch der Wille schlechterdings und unmittelbar (durch die praktische Regel selbst, die also hier Gesetz ist) objektiv bestimmt wird." (‚Kr. d. pr. V.', A 55)

Der Zweckbegriff, der nach der Ablösung des absolut Guten durch den „an sich guten Willen" als theoretischer Mittelpunkt der Ethik unentbehrlich zu sein scheint, muß also von Kant als für die Begründung der Moral untauglich zurückgewiesen werden.

Wie in der ‚Kritik der reinen Vernunft' durch die ‚kopernikanische Wende' das Problem der wissenschaftlichen Erkenntnis nicht gelöst wird, sondern die Konstruktion eindeutiger Modelle ermöglicht und gerechtfertigt wird, so würde auch in der ‚Grundlegung zur Metaphysik der Sitten' beim Festhalten an der rein prinzipiellen Methode der gordische Knoten der Ethik, dessen Enden absolute Verbind-

---

[11] Hannah Arendt stellt diese Problematik in ‚Vita activa' folgendermaßen dar:
„In der Kantischen Formulierung, daß kein Mensch je Mittel zum Zweck sein darf, daß jeder Mensch vielmehr einen Endzweck, einen Zweck an sich darstelle, hat der anthropozentrische Utilitarismus von Homo faber seinen größten und großartigsten Ausdruck gefunden ... Auch Kant konnte die Aporie des utilitaristischen Denkens nicht lösen und die Blindheit, mit der Homo faber dem Sinnproblem gegenübersteht, nicht heilen, ohne einen paradoxen Endzweck anzusetzen. Die Aporie hat ihren Grund darin, daß zwar nur das Herstellen und sein Zweck-Mittel-Denken fähig ist, eine Welt zu errichten, daß aber diese selbe Welt sofort so ‚wertlos' wird wie das zu ihrer Errichtung verwendete Material, ein bloßes Mittel für nie abreißende Zwecke, sobald man versucht, die gleichen Maßstäbe in der fertigen Welt zur Geltung zu bringen, die unerläßlich alles Tun leiten, das Weltliches erst einmal entstehen läßt." (a. a. O. S. 142 f.).

lichkeit und die durch das Bedenken der geschichtlichen Situation vermittelte Erkenntnis des Guten heißen, nicht gelöst, sondern praktisch beseitigt, nämlich durchschlagen. Aber gerade der zentrale Gegenstand der Untersuchungen Kants widerstrebt der prinzipiellen Methode, da ja gerade der Wille und das Handeln definiert sind durch das Aufheben der Beziehungslosigkeit von noumenaler und phänomenaler Welt:

> „Und so macht die Urteilskraft den Übergang vom Gebiete des Naturbegriffs zu dem des Freiheitsbegriffs möglich." (,Kritik der Urteilskraft', A LIV)

Die Untrennbarkeit von Wille und Zweck geht hervor aus der Definition des Zwecks als „Gegenstand eines Begriffs, sofern dieser als die Ursache von jenem (der reale Grund seiner Möglichkeit) angesehen wird; und die Kausalität eines Begriffs in Ansehung seines Objekts ist die Zweckmäßigkeit" (,Kritik der Urteilskraft', A 32), vergleicht man sie mit folgender Stelle aus der ,Kritik der praktischen Vernunft', durch die der Zusammenhang zwischen dem Zweckbegriff und der Aufhebung der Trennung von Prinzip und Tatsache bei Kant selbst erscheint:

> „Denn es (das praktische Gesetz, Zusatz von mir, H. R.) betrifft ... ein Erkenntnis, so fern es der Grund von der Existenz der Gegenstände selbst werden kann und die Vernunft durch dieselbe Kausalität in einem vernünftigen Wesen hat." (,Kr. d. pr. V.', A 80 f.)

Die insofern gewaltsame, als auf Eindeutigkeit ausgerichtete und deshalb die noumenal-phänomenale Konkretheit des Ethischen auf das Noumenale reduzierende Prinzipienphilosophie Kants gerät deshalb vor die Alternative, entweder die Reduktion aufs Noumenale konsequent bis zur Inhaltslosigkeit zu treiben, so daß gegen die eigene Intention die Bestimmtheit des praktischen Gesetzes, ohne die eine absolute Verbindlichkeit undenkbar ist, wegfällt, — oder den methodischen Widerspruch gegen sich selbst zu begehen, die Trennung von Prinzip und Tatsache, „Ding an sich" und „Erscheinung" aufzuheben. Die Konsequenz der ersten Seite der Alternative, nämlich die Unmöglichkeit der Unterscheidung der reinen Moral von pragmatischer Willkür, wurde aufgewiesen; außerdem entstehen durch diese Abstraktion von der Welt der Erfahrung Begriffskonstruktionen wie die eines Willens, der „allein durch das Wollen, d. i. an sich gut" (,Gr. z. M. d. S.', A 3) sein soll, obwohl doch für Kant der Wille nicht wie eine Substanz für sich, isoliert betrachtet werden kann; er weist ja seinem Wesen nach über sich hinaus auf etwas nicht Willensmäßiges, das gewollt oder nicht gewollt wird, soll nicht der gute Wille zum Willen, der sich selber will, d. h. zum Willen zur Macht werden:

> „Denn ohne alle Zweckbeziehung kann gar keine Willensbestimmung im Menschen statt finden, weil sie nicht ohne alle Wirkung sein kann, deren Vorstellung, wenn gleich nicht als Bestimmungsgrund der Willkür und als ein in der Absicht vorhergehender Zweck, doch, als Folge von ihrer Bestimmung durchs Gesetz zu einem Zwecke muß aufgenommen werden können." (,Die Religion innerhalb der Grenzen der bloßen Vernunft', A VI)

F ü r das Bewußtsein zeigt sich der Momentcharakter des ,guten Willens' in der Erfahrung von dessen Ohnmacht; die Erfahrung, daß „ohne Weltklugheit" (,Kr.

d. pr. V.', A 64) die Folgen eines nur an sich, d. h. nur die Maxime berücksichtigenden guten Willens das Intendierte ins Gegenteil verkehren können, muß doch rückwirkende Kraft auf die Willensbestimmung haben; ein weiteres Insistieren auf dem guten Willen würde dann nämlich zum bösen Willen. Kant selbst räumt in der ‚Religion innerhalb der Grenzen der bloßen Vernunft', nach behutsamem Abstecken der Grenzen des Gedankens, ein:

> „Aus der Moral geht doch ein Zweck hervor; denn es kann der Vernunft doch unmöglich gleichgültig sein, wie die Beantwortung der Frage ausfallen möge: was dann aus diesem unserm Rechthandeln herauskomme..." (a. a. O. A TI f.)

Würde Kant hier weitergehen, so müßte er die Schwelle der Erfahrung des Bewußtseins überschreiten: das moralische Bewußtsein durchschaute dann den vorher absolut gesetzten guten Willen als bloßes Moment der Willensbestimmung, reflektierte auf die Folgen seines Tuns und nähme diese in die nun konkretere Willensbestimmung hinein. Damit jedoch müßte Kant Stufen in der Erfahrung auch des sittlichen Bewußtseins und die Relevanz der Geschichtlichkeit als Inbegriff der Erfahrung einräumen; da aber damit die Dialektik[12] in die Metaphysik der Sitten eindringen würde, perhorresziert er jede Reflexion auf die empirischen Folgen und verabsolutiert die reine Willensbestimmung:

> „Nur auf die Willensbestimmung und den Bestimmungsgrund der Maxime desselben, als eines freien Willens, kommt es hier an, nicht auf den Erfolg." (‚Kr. d. pr. V.', A 79)

Der Satz: „Es ist überall nichts in der Welt, ja überhaupt auch außer derselben zu denken möglich, was ohne Einschränkung für gut könnte gehalten werden, als allein ein guter Wille" (‚Gr. z. M. d. S.', S. 1) behauptet mit dem Modus *„ohne Einschränkung"* das Gutsein von etwas, das an sich nur *durch Einschränkung*, Abstraktion von einem komplexeren Phänomen ist. Die Zweckbetrachtung muß ausgeklammert werden, da es hier um die Verbindlichkeit eines Gesetzes überhaupt geht, um die Grundlegung der Metaphysik der Sitten. In der Metaphysik der Sitten selbst, wo es um die Vielheit der Sitten, nicht um die Sittlichkeit als Prinzip allein geht, mag die Zweckbetrachtung ihren Spielraum haben:

> „Daher gibt es nur e i n e Tugendverpflichtung, aber v i e l Tugendpflichten; weil es zwar viel Objekte gibt, die für uns Zwecke sind, welche zu haben zugleich Pflicht ist, aber nur eine tugendhafte Gesinnung ... Die Ethik hingegen führt, wegen des Spielraums, den sie ihren unvollkommenen Pflichten verstattet, unvermeidlich dahin, zu Fragen, welche die Urteilskraft auffordern auszumachen, wie eine Maxime in besonderen Fällen anzuwenden sei." (‚Metaphysik der Sitten', ‚Tugendlehre' A 55 f.)

Solange die Verbindlichkeit eines Gesetzes an der Notwendigkeit und damit an der Apriorität hängt, muß natürlich jede Reflexion auf den Zweck, den bestimmten Inhalt, perhorresziert werden. Wenn aber, wie gezeigt wurde, die reine Unbestimmtheit des Grundgesetzes der reinen praktischen Vernunft, die unmittelbare Einheit von Wille und Gesetzmäßigkeit, sich nicht streng von pragmatischer Will-

---

[12] Siehe B. Liebrucks a. a. O. IV, 150 unten.

kür unterscheiden läßt, dann muß gerade um der V e r b i n d l i c h k e i t willen
der Schritt zur Existenz, zur Empirie getan werden. Es zeigte sich dann, daß eine
Trennung in die das Prinzip der Verbindlichkeit bestimmende ‚Kritik der praktischen Vernunft‘ und in die die Zwecke, den bestimmten Inhalt explizierende
Ethik unmöglich ist, weil der Inhalt zur Verbindlichkeit gehört; das Insistieren auf
der Trennung der beiden zusammengehörenden Momente beruht auf der Verabsolutierung der äußerlichen Notwendigkeit als bloßer Modalität. Sowohl in der
‚Kritik der reinen Vernunft‘ als auch in der ‚Kritik der praktischen Vernunft‘
führt die Bestimmung der Notwendigkeit als eine dem Inhalt äußere Modalität
des Urteils zur Eliminierung der Erfahrung des Bewußtseins, die jenseits der Alternative zwischen dem Primat des Gegenstands und dem des Denkens beginnt. Um
die Reinheit der Moral, ihre strenge Verbindlichkeit zu retten, müßte Kant der
Reinheit der prinzipiellen Methode entsagen. Sowohl die Hereinnahme der
Zweckkategorie als auch die Subreption des Prinzips als einer Tatsache erweisen
sich nunmehr zur Bestimmung des letzten Grundes der Moral als unvermeidbar,
und man muß, „so sehr man sich auch sträubt, einen Schritt hinaus tun, nämlich
zur Metaphysik." (‚Gr. z. M. d. S.‘, A 62)

Nachdem Kant die Zweckkategorie zur Definition des Willens herangezogen
hat, spricht er nach der Zuordnung aller bestimmten Zwecke zum hypothetischen
Imperativ die E x i s t e n z der Idee des Selbstzweckseins als oberstes Prinzip der
Metaphysik der Sitten aus:

> „Gesetzt aber, es gäbe etwas, d e s s e n D a s e i n a n s i c h s e l b s t einen abso-
> luten Wert hat, was, als Z w e c k a n s i c h s e l b s t, ein Grund bestimmter
> Gesetze sein könnte, so würde in ihm, und nur in ihm allein, der Grund eines mög-
> lichen kategorischen Imperativs, d. i. praktischen Gesetzes, liegen." (‚Gr. z. M. d. S.‘,
> S. 64)

In der Tat, hier „sehen wir nun die Philosophie auf einen mißlichen Standpunkt gestellt, der fest sein soll, unerachtet er weder im Himmel, noch auf der
Erde, an etwas gehängt, oder woran gestützt wird." (‚Gr. z. M. d. S.‘, S. 60), da
alle bestimmten Werte und Zwecke relativ auf die prinzipiell bedingte und somit
letztlich zufällige Existenz sind; deshalb können sie die unbedingte Notwendigkeit,
ohne die die Verbindlichkeit des praktischen Gesetzes ein sinnloses Wort wird,
nicht erhellen. Der einzige Ausweg, der aus dieser Aporie führt, ist die im Sinne
der ‚Kritik der reinen Vernunft‘ metaphysische Ausweitung von „Wert" und
„Zweck", die ihre Bedeutung nur im Hinblick auf mögliche Erfahrung haben, zu
Ideen. Sie, die jede mögliche Erfahrung transzendieren, sollen als a b s o l u t e r
Wert und S e l b s t z w e c k der Bedingtheit und Zufälligkeit der endlichen Werte
und Zwecke entronnen sein und als Artikulation des existierenden Unbedingten
die Unbedingtheit des kategorischen Imperativs erhellen.

Die Bedeutung des Terminus „Zweck an sich selbst" erhellt aus der Analogie
der Zweck-Mittelreihe zur Bedingungsreihe innerhalb der ‚Kritik der reinen Vernunft‘; dort ist das Unbedingte bloß Idee, denn die Bedingungsreihe, innerhalb

derer jede Bedingung selbst wiederum bedingt ist durch eine andere, diese wiederum durch eine dritte etc., ist prinzipiell nicht zu beenden, so daß das Unbedingte ein bloßes ens rationis bleibt. Alle bestimmten Zwecke bilden ebenfalls eine Reihe, in der jeder Zweck wiederum Mittel für einen höheren Zweck, dieser wiederum für einen weiteren ist etc. Behauptet Kant das D a s e i n des Vernunftwesens als Zweck an sich, so behauptet er damit im Hinblick auf die ‚Kritik der reinen Vernunft‘ die Existenz des Unbedingten, und der „Schritt hinaus zur Metaphysik" ist vollzogen.

Entscheidend für unsere Frage nach der Möglichkeit einer begrifflichen Begründung des Humanismus durch das monologische Denken Kants ist: im Zentrum der Begründung der Verbindlichkeit des praktischen Vernunftgesetzes muß der Bereich des rein Prinzipiellen verlassen und die Idee des Vernunftwesens als eines Selbstzwecks als e x i s t i e r e n d hypostasiert werden, kann also nicht wie in der ‚Kritik der reinen Vernunft‘ als bloß regulatives Prinzip angenommen werden:

> „Nun sage ich: der Mensch, und überhaupt jedes vernünftige Wesen, e x i s t i e r t als Zweck an sich selbst, n i c h t b l o ß a l s M i t t e l zum beliebigen Gebrauche für diesen oder jenen Willen, sondern muß in allen seinen, sowohl auf sich selbst, als auch auf andere vernünftige Wesen gerichteten Handlungen jederzeit z u g l e i c h als Z w e c k betrachtet werden." (‚Gr. z. M. d. S.‘, A 64 f.) und:

> „Der Grund dieses Prinzips ist: d i e v e r n ü n f t i g e N a t u r e x i s t i e r t a l s Z w e c k a n s i c h s e l b s t." (‚Gr. z. M. d. S.‘, A 66)

Mit der Aufhebung der Trennung von Prinzip und Tatsache ist nun die Aufhebung der ebenso fundamentalen Trennung von Noumenalität und Phänomenalität verbunden; denn abgesehen von der Verklammerung beider Begriffspaare verlöre das Postulat, jedes Vernunftwesen existiere als Selbstzweck, seinen die Verbindlichkeit der Moral begründenden Sinn, wenn unter Existenz hier nicht die Phänomenalität verstanden wird; wenn sich nämlich das Selbstzwecksein jedes Menschen nicht auf jeden Teil des menschlichen Leibes, nicht auf sein Eigentum etc. erstreckt, ist es wiederum völlig unbestimmt und dadurch unverbindlich; dann kann ich in meinem Verhalten gegenüber anderen Menschen diese, sofern sie mir als Phänomene begegnen, als bloße Mittel behandeln, da das Selbstzwecksein sich ja dann auf die Noumenalität, die für die Erfahrung irrelevant ist, beschränken würde und im Hinblick auf das Handeln, das ja durch den Übergang (das Übergehen) aus der noumenalen in die phänomenale Welt definiert ist, keinen Einfluß hätte.

Der Satz: „Der Mensch, und überhaupt jedes vernünftige Wesen existiert als Zweck an sich selbst" (‚Gr. z. M. d. S.‘, A 64 f.) widerspricht dem berühmten Satz aus der ‚Metaphysik der Sitten‘: „Wenn die Gerechtigkeit untergeht, so hat es keinen Wert mehr, daß Menschen auf Erden leben" (A 197) nur dann nicht, wenn „Gerechtigkeit" hier die Bedeutung von daseiender Vernünftigkeit hat. Gerechtigkeit als Prinzip kann hier nicht gemeint sein, schon deshalb nicht, weil ein Prinzip nicht untergehen kann.

Die gleiche Subreption erweist sich im Hinblick auf den Freiheitsbegriff als unvermeidlich: die Unterscheidung von „Ding an sich" und „Erscheinung", vorgenommen zur Rettung der Möglichkeit von Freiheit —

> „So behauptet die Lehre der Sittlichkeit ihren Platz, und die Naturlehre auch den ihrigen, welches aber nicht Statt gefunden hätte, wenn nicht Kritik uns zuvor von unserer unvermeidlichen Unwissenheit in Ansehung der Dinge an sich selbst belehrt, und alles, was wir theoretisch e r k e n n e n können, auf bloße Erscheinungen eingeschränkt hätte." (‚Kr. d. r. V.‘, B XXIX) —

erweist sich am Ende als Haupthindernis für die Begründung der Moral, da durch sie der Bereich des Handelns und der Willensbestimmung der Naturnotwendigkeit verfällt. Die Handlung als Erscheinung des freien Willens aufzufassen, die „eben so wohl als jede andere Naturbegebenheit, nach allgemeinen Naturgesetzen bestimmt" ist[13], ist insofern nicht adäquat, als die Handlung den Übergang aus der Welt des Noumenalen in die des Phänomenalen impliziert; denn sonst würde sie zu einem bloßen Geschehen, das seine volle Bestimmtheit in der vorausgegangenen Zeit hat und Freiheit ausschließt. Der Begriff der Handlung reflektiert die Identität von Identität und Nicht-Identität von „Ding an sich" und „Erscheinung"; wären beide ontisch getrennt, so wäre Handlung unmöglich; wären sie nur identisch, ebenfalls. Kant meint einräumen zu können, daß die Handlung qua Erscheinung als völlig bestimmt angesehen werden muß:

> „So sind alle Handlungen des Menschen in der Erscheinung aus seinem empirischen Charakter und den mitwirkenden anderen Ursachen nach der Ordnung der Natur bestimmt, und wenn wir alle Erscheinungen seiner Willkür bis auf den Grund erforschen könnten, so würde es keine einzige menschliche Handlung geben, die wir nicht mit Gewißheit vorhersagen und aus ihren vorhergehenden Bedingungen als notwendig erkennen könnten." (‚Kr. d. r. V.‘, A 549 f.)

Die Auflösung der Freiheitsantinomie durch den Nachweis der Möglichkeit, daß eine phänomenale Wirkung eine noumenale Ursache haben könnte, oder daß empirischer und intelligibler Charakter in kausalem Zusammenhang stehen könnten, ist insofern bedenklich, als nicht Ursache ein erstes und Wirkung ein zweites ist, sondern die Kategorie der Kausalität bedeutet: Zeitbestimmung nach dem Zusammenhang von Ursache und Wirkung. Da aber der intelligible Charakter ganz außerhalb der Zeit steht, kann er auch nicht in einer Zeitbestimmung nach dem Zusammenhang von Ursache und Wirkung mit dem empirischen verbunden werden. Der Sprung, auf den das Übergehen aus der noumenalen in die phänomenale Welt in der Handlung hinausläuft, ist m. E. nicht vereinbar mit der Kontinuität, die als spezifisch für die Zeit und damit für die Zeitbestimmung nach einer Regel, d. h. für die Kausalität angesehen werden muß.

Die Kantische Auflösung der Freiheitsantinomie setzt nach dem Gesagten einen Gottesbeweis voraus, da nur unter der Voraussetzung eines allmächtigen Wesens, das die Parallelität der Ereignisse in der Welt der Phänomene und der Willensbestimmungen im Bereich des Intelligiblen garantiert, sinnvoll von freien Willens-

---

[13] „Idee zu einer allgemeinen Geschichte . . .", A 385.

bestimmungen gesprochen werden kann. Aber selbst diese für Kant unannehmbare okkasionalistische Lösung erklärt nicht die Möglichkeit des Handelns, da sie ja das Übergehen, das die Handlung definiert, zugunsten eines Parallelismus negiert. Die Kantische Auflösung der Freiheitsantinomie scheint das Verlassen des in der ‚transzendentalen Analytik‘ erreichten Niveaus einzuschließen, da die dort nur erkenntniskritisch vorgetragene Unterscheidung von „Ding an sich" und „Erscheinung" hier nicht nur den Schlüssel zur Aufklärung der Freiheitsantinomie bildet[14], sondern reontologisiert[15] werden muß, um dieser Aufgabe gerecht werden zu können. Kant muß nämlich entgegen dem eigenen Verdikt[16] das Noumenon „im positiven Verstande" als causa noumenon, als „intelligibler Kausalität" fähig, annehmen:

> „Jede Handlung ... ist die unmittelbare Wirkung des intelligiblen Charakters der reinen Vernunft ... und diese ihre Freiheit kann man nicht allein negativ als Unabhängigkeit von empirischen Bedingungen ansehen (denn dadurch würde das Vernunftvermögen aufhören, eine Ursache der Erscheinungen zu sein), sondern auch positiv durch ein Vermögen bezeichnen, eine Reihe von Begebenheiten von selbst anzufangen." (‚Kr. d. r. V.‘, A 553 f.)

Mit der Frage nach dem praktisch Werden der Vernunft, das im Willen und der Handlung geschieht, ist ferner eine Verkehrung der Zeitordnung, die in der Naturkausalität eindeutig sein muß, verbunden; es wurde schon auf die Untrennbarkeit des Willens von der Zwecktätigkeit hingewiesen: der Wille will etwas, einen bestimmten Zweck realisieren oder dessen Realisierung verhindern:

> „Zweck ist ein G e g e n s t a n d der freien Willkür, dessen Vorstellung diese zu einer Handlung bestimmt, wodurch jener hervorgebracht wird." (‚Metaphysik der Sitten‘, ‚Tugendlehre‘, A 11)

Im Zweckbegriff ist also die Umkehrung[17] der Zeitordnung insofern impliziert, als die Vorstellung eines zeitlich Späteren — des realisierten Zwecks — das zeitlich Frühere, die den Zweck realisierende Handlung als Glied der Reihe der Erscheinungen betrachtet, verursacht, genauer: als realer Grund seiner Möglichkeit gedacht wird[18].

---

[14] Siehe ‚Kritik der reinen Vernunft‘, A 536: „Denn, sind Erscheinungen Dinge an sich selbst, so ist Freiheit nicht zu retten."

[15] Siehe B. Liebrucks a. a. O. IV, 160: „In dem Augenblick jedoch, in dem Kant den Blick auf das Zentrum seiner Philosophie, den praktischen Vernunftgebrauch, richtet, genügt weder die nur prinzipielle Annahme der Einheit der transzendentalen Apperzeption noch die Restriktion der Idee auf ihren Ideencharakter. Hier braucht er die Existenzbehauptung in einem massiven Sinn."

[16] Siehe ‚Kritik der reinen Vernunft‘, B 307: „Wenn wir unter Noumenon ein Ding verstehen, so fern es nicht Objekt unserer sinnlichen Anschauung ist, indem wir von unserer Anschauungsart desselben abstrahieren: so ist dieses ein Noumenon im negativen Verstande. Verstehen wir aber darunter ein Objekt einer nichtsinnlichen Anschauung, so nehmen wir eine besondere Anschauungsart an, nämlich die intellektuelle, die aber nicht die unsrige ist, von welcher wir auch die Möglichkeit nicht einsehen können, und das wäre das Noumenon in positiver Bedeutung."

[17] Siehe ‚Kritik der Urteilskraft‘, A 33: „Die Vorstellung der Wirkung ist hier der Bestimmungsgrund ihrer Ursache und geht vor der letztern vorher."

[18] Siehe ‚Kritik der Urteilskraft‘, A 32.

Liegt hierin, in der Gegenläufigkeit der Kausalreihe und der Zweckreihe, sieht man von dem dann immer noch bleibenden Stetigkeitsproblem ab, nicht eine Lösung der Freiheitsantinomie derart, daß die Zwecktätigkeit die Kausalreihe als Mittel ihrer Realisierung in sich aufhebt? Aber auch diesen Ausweg hat Kant sich selbst verschlossen dadurch, daß er den Zweckbegriff nicht der bestimmenden, sondern der reflektierenden Urteilskraft zuordnet, die ein bloß „heuristisches" Prinzip sei, also nicht zur Erklärung taugt, wie Vernunft in der wirklichen Handlung praktisch wird:

> „Würden wir dagegen der Natur absichtlich-wirkende Ursachen unterlegen... so würde der Begriff eines Naturzwecks nicht mehr für die reflektierende, sondern die bestimmende Urteilskraft gehören; alsdann aber in der Tat gar nicht der Urteilskraft eigentümlich angehören... sondern, als Vernunftbegriff, eine neue Kausalität in der Naturwissenschaft einführen". (‚Kritik der Urteilskraft' A 266)

Wieder taucht die Notwendigkeit eines Gottesbeweises zur Erklärung der Freiheit auf; ohne ihn scheint die „Möglichkeit einer solchen Vereinigung zweier ganz verschiedener Arten von Kausalität" (ebenda A 370) nicht zu begreifen zu sein.

Letztlich muß sich Kant jedoch immer wieder hinter die durch die ‚transzendentale Analytik' gesteckten Grenzen zurückziehen und die Tragweite seiner Versuche einer Auflösung der Freiheitsantinomie auf den Aufweis der bloßen Denkbarkeit, der bloßen Widerspruchsfreiheit der Möglichkeit von Freiheit beschränken[19].

Die nur negative Bestimmung der Noumenalität ermöglicht aber weder den positiven Begriff der Freiheit noch den des praktischen Gesetzes, so daß Kant am Ende die Subreption begehen muß, d. h. den durch die ‚Kritik der reinen Vernunft' verbotenen Schluß von der Notwendigkeit des Begriffs auf die Notwendigkeit der Existenz vornehmen muß:

> „Ein jedes Wesen, das nicht anders als u n t e r d e r I d e e d e r F r e i h e i t handeln kann, ist eben darum, in praktischer Rücksicht, w i r k l i c h frei, d. i. es gelten für dasselbe alle Gesetze, die mit der Freiheit unzertrennlich verbunden sind, eben so, a l s o b sein Wille auch an sich selbst, und in der theoretischen Philosophie gültig, für frei erklärt würde." (‚Gr. z. M. d. S.', A 100)

Kant scheint hier alle Bedenken zu übergehen deshalb, weil mit dem Freiheitsbegriff seine Philosophie steht und fällt; in der Idee der Autonomie des Menschen als Vernunftwesens ist die Spitze der Kantischen Philosophie erreicht. Die Monologik, die in der ‚Kritik der reinen Vernunft' als Übereinstimmung des Denkens mit sich selbst und in der Definition der Erkenntnis als Bewirken der Einheit in der Mannigfaltigkeit auftritt, hat als Autonomie in der praktischen Vernunft ihre wahre Gestalt gefunden, woraus der Primat der praktischen vor der theoretischen Vernunft resultiert. In der ‚Kritik der reinen Vernunft' bleibt ja noch innerhalb der Erfahrung ein Moment von Rezeptivität, und die theoretische Vernunft ist

---

[19] Siehe ‚Kritik der reinen Vernunft', A 558.

nicht konstitutiv, im Unterschied zur praktischen, aus der alle Erfahrung als Quelle der Heteronomie eliminiert werden soll; alles Empirische, das wegen des Nicht-genügens der Forderung der absoluten Notwendigkeit gegenüber die Reinheit der Monologik trüben würde, alles, was Kant unter dem Namen der „Glückseligkeit" zusammenfaßt, ebenfalls.

Aber gerade in ihrer reinen Gestalt treten die Grenzen der Monologik hervor, ohne daß die Möglichkeit ihrer Aufhebung bleibt, wie das der Fall im Hinblick auf die Aporien der ‚Kritik der reinen Vernunft' war, die durch den Primat der praktischen Vernunft paralysiert sein sollten. Kant muß am Schluß der ‚Grund-legung zur Metaphysik der Sitten' eingestehen, daß am höchsten Punkt seiner Philosophie sein erstes methodisches Prinzip, die Identität von absoluter Notwen-digkeit und einzusehender Begrifflichkeit — „non datur fatum" (‚Kr. d. r. V.', A 228) — versagt; dabei hängt der höchste Gedanke Kants, die Autonomie des Menschen begrifflich hieran:

> „Es ist also kein Tadel für unsere Deduktion des obersten Prinzips der Moralität ...,
> daß sie ein unbedingtes praktisches Gesetz (dergleichen der kategorische Imperativ
> sein muß) seiner absoluten Notwendigkeit nach nicht begreiflich machen kann;"
> (‚Gr. z. M. d. S.', A 128)

Damit gesteht Kant ein, daß unbedingte Notwendigkeit und reine Zufälligkeit durch das monologische Denken letztlich nicht unterschieden werden können, was die oben behauptete Unmöglichkeit einer Definition des Unterschiedes zwischen gutem Willen und pragmatischer Willkür bestätigt. Das im Hinblick auf die für die Monologik fundamentale Bedeutung der Kategorie der Notwendigkeit schwer-wiegende Eingeständnis der prinzipiellen Nichteinsehbarkeit der absoluten Not-wendigkeit, mit der andererseits der kategorische Imperativ gedacht werden muß, soll das Wort ‚Verbindlichkeit' einen Sinn haben, beruht auf dem Festhalten an der — bereits im Zusammenhang mit der Monologik als systematisiertem Skeptizismus interpretierten — Unendlichkeit des Erkenntnisprozesses. Dieser kann das Unbe-dingte prinzipiell nicht einholen, sondern nur durch Subreption der Freiheit als eines Faktums praktisch setzen, fingieren, so daß reine Prinzipienphilosophie in ihrem Zentrum in Praxis übergeht:

> „Es ist aber auch eine eben so wesentliche E i n s c h r ä n k u n g eben derselben
> Vernunft, daß sie weder die N o t w e n d i g k e i t dessen, was da ist, oder was
> geschieht, noch dessen, was geschehen soll, einsehen kann, wenn nicht eine B e d i n -
> g u n g , unter der es da ist, oder geschieht, oder geschehen soll, zum Grunde gelegt
> wird. Auf diese Weise aber wird, durch die beständige Nachfrage nach der Bedin-
> gung die Befriedigung der Vernunft nur immer weiter aufgeschoben. Daher sucht sie
> rastlos das Unbedingte, und sieht sich genötigt, es anzunehmen, ohne irgend ein Mittel,
> es sich begreiflich zu machen." (‚Gr. z. M. d. S.', A 127 f.)

Das wiederum bedeutet, wie Kant in der ‚Kritik der reinen Vernunft' auch selbst feststellt: „Alles, was geschieht, ist hypothetisch notwendig." (A 228) Genau dies macht aber den Grundsatz des Pragmatismus aus:

> „Der Pragmatismus ist das Prinzip, daß jedes theoretische Urteil, das sich in einem
> Satz in der Indikativform ausdrücken läßt, eine verworrene Form eines Gedankens

ist, dessen einzige Bedeutung, soll er überhaupt Bedeutung haben, in seiner Tendenz liegt, einer entsprechenden praktischen Maxime Geltung zu verschaffen, die als ein konditionaler Satz auszudrücken ist, dessen Nachsatz in der Imperativform steht." (Peirce V, 18, zitiert aus Habermas ‚Erkenntnis und Interesse‘, S. 154)

Genau darum aber perhorresziert Kant den hypothetischen Imperativ, denn dann gibt es nur bedingte, aber keine unbedingte Notwendigkeit. Unbedingte Notwendigkeit jedoch definiert gerade die Verbindlichkeit des praktischen Gesetzes, während hypothetische Notwendigkeit und hypothetischer Imperativ Ausdruck zweckrationaler Klugheit sind, die in ihrer Zielsetzung dem Pragmatismus entspricht. Wenn aber Kant den kategorischen Imperativ in seiner Notwendigkeit nur aus systematischen Gründen dartun kann, ohne ihn begrifflich zu erhellen, bleibt er selbst in einem wenn auch sublimen Pragmatismus stecken. Seine Position liefe nämlich auf die Forderung, d. h. den hypothetischen Imperativ hinaus: wenn es eine Verbindlichkeit von Gesetzen geben soll, d a n n muß ein kategorischer Imperativ, der den unendlichen Regreß der Bedingungen abschneidet, angenommen werden, auch wenn wir uns die Möglichkeit eines solchen nicht einsichtig machen können. — Entsprechend könnte man die Position Kants in der ‚Kritik der reinen Vernunft‘ auf den hypothetischen Imperativ bringen: willst du reine Wissenschaft, dann mußt du folgende Restriktionen der Erkenntnis hinnehmen . . .

Ein weiteres Eingeständnis der Unfähigkeit der monologischen Philosophie, absolute Übereinstimmung der Vernunft mit sich selbst nach dem Scheitern im Theoretischen wenigstens im Praktischen zu erreichen, sind die Postulate der praktischen Vernunft, in denen die traditionelle Metaphysik, wenn auch nur in „praktischer Bedeutung" wiederkehrt, — eine nur als Konstruktion verständliche Formulierung Kants.

Auch die „praktische Notwendigkeit" der Postulate macht die Autonomie, das Zentrum der Kantischen Philosophie, und das methodische Prinzip der Verbindlichkeit qua absolute Notwendigkeit im Sinne unmittelbarer Bestimmung des Willens durch die Vernunft zweideutig:

> „Diese Postulate sind nicht theoretische Dogmata, sondern V o r a u s s e t z u n g e n in notwendig praktischer Rücksicht, erweitern also zwar (nicht) das spekulative Erkenntnis, geben aber den Ideen der spekulativen Vernunft i m a l l g e m e i n e n (vermittelst ihrer Beziehung aufs Praktische) objektive Realität". (‚Kr. d. pr. V.‘, A 238)

Von der Kantischen Position aus ergibt sich für die Beurteilung der Bedeutung der Postulate die Alternative zwischen ihrer bloßen Faktizität — die aus der zufälligen Endlichkeit des Menschen resultiert, dann sind die Postulate letztlich überflüssig und bloße Hoffnungen — und ihrer Notwendigkeit als unentbehrlicher Voraussetzungen der Verbindlichkeit des praktischen Gesetzes. Dann dringt mit dem „Reich der Zwecke" die Zweckkategorie in die Moral ein, und von reiner Autonomie und Herrschaft des Prinzips kann nicht mehr die Rede sein. Diese für Kant aporetische Alternative verbirgt sich hinter der Konstruktion der „praktischen Bedeutung". Innerhalb des Systems bleibt Kant natürlich bei dem eindeutigen Primat der Moral gegenüber der Religion; unmißverständlich sagt dies der erste Satz der Vorrede in ‚Die Religion innerhalb der Grenzen der bloßen Vernunft':

> „Die Moral, so fern sie auf dem Begriffe des Menschen, als eines freien, eben darum aber auch sich selbst durch seine Vernunft an unbedingte Gesetze bindenden Wesens, gegründet ist, bedarf weder der Idee eines andern Wesens über ihm, um seine Pflicht zu erkennen, noch einer andern Triebfeder als des Gesetzes selbst, um sie zu beobachten." (A III)

Im Kommentar zu jenem Passus des Alten Testament, um den Kierkegaard ‚mit Furcht und Zittern' kreist, weist Kant auf Grund der unbedingten Gewißheit der Moralität[20] die religiöse Anfechtung zurück:

> „Abraham hätte auf diese vermeintliche göttliche Stimme antworten müssen: ,daß ich meinen guten Sohn nicht töten soll, ist ganz gewiß; daß aber du, der du mir erscheinst, Gott sei, davon bin ich nicht gewiß, und kann es auch nicht werden, wenn sie auch vom (sichtbaren) Himmel herabschallete'." (,Der Streit der Fakultäten' Erster Abschnitt, A 103 Anm.)

Nur unter Einhaltung der hier gezogenen Grenze ist die Lehre vom höchsten Gut als der Spitze der Kantischen Philosophie zu verstehen, nicht als höhere Stufe, die Moral und Religion, sie zu Momenten herabsetzend, die Moral also ihrer Autonomie beraubend, vermittelt:

> „Nach meiner Theorie ist weder die Moralität des Menschen für sich, noch die Glückseligkeit für sich allein, sondern das höchste in der Welt mögliche Gut, welches in der Vereinigung und Zusammenstimmung beider besteht, der einzige Zweck des Schöpfers." (,Über den Gemeinspruch ...', A 210)

Der einzige undialektische Ausweg aus jener Aporie bestände in ihrer Eliminierung durch die Zuspitzung zum absoluten Idealismus, in dem der Dualismus des Noumenalen und Phänomenalen durch die Unterordnung des Phänomenalen unter die Spontaneität des Noumenalen substituiert und damit die Voraussetzung jener Alternative negiert wird. Als Ansatz hierzu[21] könnte folgende Stelle aus der ‚Grundlegung zur Metaphysik der Sitten' verstanden werden:

---

[20] Siehe hierzu z. B. ‚Die Religion innerhalb ...', A 264: „Nun gibt es aber ein praktisches Gesetz, das ... auch dem einfältigsten Menschen so nahe liegt, als ob es ihm buchstäblich ins Herz geschrieben wäre ... nämlich das der Moralität."

[21] Vgl. ‚Kritik der Urteilskraft', A XIX f:
„Ob nun zwar eine unübersehbare Kluft zwischen dem Gebiete des Naturbegriffs, als dem Sinnlichen, und dem Gebiete des Freiheitsbegriffes, als dem Übersinnlichen, befestigt ist, ... gleich als ob es so viel verschiedener Welten wären, deren erste auf die zweite keinen Einfluß haben kann: so s o l l doch diese auf jene einen Einfluß haben, nämlich der Freiheitsbegriff soll den durch seine Gesetze aufgegebenen Zweck in der Sinnenwelt wirklich machen; und die Natur muß folglich auch so gedacht werden können, daß die Gesetzmäßigkeit ihrer Form wenigstens zur Möglichkeit der in ihr zu bewirkenden Zwecke nach Freiheitsgesetzen zusammenstimme. Also muß es doch einen Grund der E i n h e i t des Übersinnlichen, welches der Natur zum Grunde liegt, mit dem, was der Freiheitsbegriff praktisch enthält, geben, wovon der Begriff, wenn er gleich weder theoretisch noch praktisch zu einem Erkenntnisse desselben gelangt, mithin kein eigentümliches Gebiet hat, dennoch den Übergang von der Denkungsart nach den Prinzipien der einen, zu der nach Prinzipien der anderen, möglich macht."

> „Weil aber die Verstandeswelt den Grund der Sinneswelt, mithin auch der Gesetze
> derselben, enthält, also in Ansehung meines Willens (der ganz zur Verstandeswelt
> gehört) unmittelbar gesetzgebend ist ... So werde ich mich als Intelligenz ... der
> Autonomie des Willens unterworfen erkennen." (A 111)

Aus dem Primat der praktischen Vernunft, dem höchsten Ausdruck des monologischen Denkens Kants, resultiert demnach eine Aporie, die Kant im Zentrum
seiner Philosophie, der ‚Metaphysik der Sitten‘ bzw. der Grundlegung zu ihr, in
deren Mittelpunkt der gute Wille steht, zum Pragmatismus, dem Kantischen
Surrogat der Dialektik zwingt: der Primat der praktischen Vernunft ist identisch
mit der theoretischen Blindheit der letzten Prinzipien und der Ersetzung der theoretischen Begründung durch die sublime Tat der Subreption und die behauptete
Tatsache der Freiheit:

> „Denn wenn sie, als reine Vernunft, wirklich praktisch ist, so beweiset sie ihre und
> ihrer Begriffe Realität durch die Tat, und alles Vernünfteln wider die Möglichkeit,
> es zu tun, ist vergeblich." (‚Kr. d. pr. V.‘, A 3)

Andererseits liegt ja gerade diesem Primat der praktischen Vernunft die Verabsolutierung des Notwendigkeitsbegriffs zugrunde, der durch die strenge Trennung von Prinzip und Tatsache alle Subreptionen, alle diesen Chorismos transzendierende Metaphysik verbietet. Als Ausweg bleibt das Paradoxon einer reflektierten Subreption, das pragmatische Prinzip der praktisch notwendigen, aber als
unwahr durchschauten Subreption des ‚als ob‘:

> „Demnach muß ein jedes vernünftiges Wesen so handeln, als ob es durch seine
> Maximen jederzeit ein gesetzgebendes Glied im allgemeinen Reiche der Zwecke wäre."
> (‚Gr. z. M. d. S.‘, A 83)

Sowohl in der ‚Kritik der reinen Vernunft‘[22], in der ‚Kritik der praktischen
Vernunft‘[23], als auch in der ‚Kritik der Urteilskraft‘[24] zeigt sich das pragmatische
‚als ob‘, die bewußte Subreption, als höchstes Prinzip, das die aus der auf dem
Notwendigkeitsbegriff beruhenden Trennung von Prinzip und Tatsache resultierenden Aporien eliminieren soll.

Der durch die Herrschaft des Prinzips aus dem Zentrum der Kantischen Philosophie ausgeschlossene Zweckbegriff kehrt also in reflektierter Form zurück, so wie
die scheinbar dem Pragmatismus entgegengesetzte Prinzipienphilosophie in diesen
übergeht; die Vernunft soll mit dem Zweckbegriff zweckmäßig verfahren, sie soll
ihn als Mittel zum Zweck der Systematisierung der Erkenntnis verwenden; sie soll
verfahren, a l s   o b die Natur zweckmäßig sei; dies ist also gleichbedeutend, so
daß das Prinzip des ‚als ob‘ nichts als der reflektierte Zweckbegriff zu sein sich
erweist.

---

[22] Siehe ‚Kritik der reinen Vernunft‘, A 672 f., A 686, A 700.
[23] Siehe ‚Grundlegung zur Metaphysik der Sitten‘, A 100.
[24] Siehe ‚Kritik der Urteilskraft‘, A XXXI f.

3. Resumé: Die Dialektik des Humanismus, Kant und Nietzsche

Die Philosophie Kants bedeutet den Höhepunkt der Aufklärung insofern, als sie in der Forderung, daß das Dasein jedes Menschen als Selbstzweck betrachtet werden müsse, d. h. als die Mundanität auch transzendierend, das Prinzip des Humanismus ausspricht, ohne dabei die methodische Maxime der Aufklärung, nämlich die kritische Prüfung der überlieferten Gestalten des Bewußtseins und der Welt im Hinblick auf deren Einsehbarkeit durch die menschliche Vernunft, zu verletzen:

> „Unser Zeitalter ist das eigentliche Zeitalter der *Kritik*, der sich alles unterwerfen muß. *Religion*, durch ihre *Heiligkeit*, und *Gesetzgebung*, durch ihre *Majestät*, wollen sich gemeiniglich derselben entziehen. Aber alsdenn erregen sie gerechten Verdacht wider sich, und können auf unverstellte Achtung nicht Anspruch machen, die die Vernunft nur demjenigen bewilligt, was ihre freie und öffentliche Prüfung hat aushalten können." (,Kr. d . r . V.', A XI Anm.)

Das hier als monologisch definierte Denken innerhalb der für die Aufklärung spezifischen Reflexionsstufe erreicht seine äußerste Spitze in der Kantischen Bestimmung der Autonomie als des höchsten und einzigen Prinzips der Verbindlichkeit von Recht und Moral.

Die Problematik der Kantischen Philosophie als der Aufklärungsphilosophie par excellence besteht in dem Versuch der Begründung von Objektivität — d. h. strenger Notwendigkeit in der Wissenschaft und absoluter Verbindlichkeit in der Moral — aus der menschlichen Subjektivität durch das Prinzip der Übereinstimmung des Denkens mit sich selbst, das an die Stelle des Absoluten der traditionellen Metaphysik getreten ist. Durch diese Substitution entsteht die Gefahr des Umschlagens in die unmittelbare Verabsolutierung der Reflexionsstufe, in den die menschliche Subjektivität unmittelbar verabsolutierenden Pragmatismus.

Es demonstriert Kants Niveau, daß er diese Gefahr nicht nur sah und ihr entgegenarbeitete, sondern daß er gerade um der strengen Allgemeingültigkeit wissenschaftlicher Erkenntnis und der absoluten Verbindlichkeit des moralischen Gesetzes willen den Abschied von der traditionellen Metaphysik vollzog. Das Opfer, das er dabei bringen mußte, war die Einschränkung der Gültigkeit seiner Aussagen auf die reinen Prinzipien, auf die Bedingungen der Möglichkeit. Dabei ist, wie gezeigt wurde, am höchsten Punkt seiner Philosophie, der ,Grundlegung zur Metaphysik der Sitten', das konsequente Festhalten an der rein prinzipiellen Methode der Aufgabe einer Begründung der Moral nicht gewachsen; die für die Metaphysik spezifische, der kritischen Philosophie jedoch durch sich selbst verbotene Subreption eines Prinzips, nämlich daß die Existenz jedes Vernunftwesens als Selbstzweck gedacht werden muß, wird unvermeidlich, um die Verbindlichkeit eines Imperativs und damit die Möglichkeit von Humanität zu begründen.

Das einzige Unbedingte innerhalb der Philosophie Kants, der ,gute Wille', der die Lücke, die durch die Eliminierung des Absoluten als des höchsten ,Gegenstandes' der Metaphysik entsteht, ausfüllt, läßt sich nun, wie gezeigt wurde, nicht exakt von seinem Korrelat, dem empirischen Willen qua pragmatischer Willkür unterscheiden; im Zentrum der Schriften Nietzsches jedoch erscheint eben dieses empirische Pendant des guten Willens als der „Wille zur Macht".

Der Nähe dieser beiden Gestalten des Absoluten innerhalb der Aufklärung entspricht die scheinbare Geringfügigkeit in der Veränderung der Methode, die Kant von Nietzsche unterscheidet; Kant beschränkt im Bewußtsein der Gefahr der Relativierung aller Erkenntnis auf die zufällige Beschaffenheit des erkennenden Subjekts seine Untersuchungen auf den prinzipiellen Bereich der Bedingungen der M ö g l i c h k e i t von Erkenntnis und Gesetzgebung durch die ,praktische Vernunft', Nietzsche dagegen begibt sich in den Bereich der Geschichte[25], nämlich der Bedingungen der W i r k l i c h k e i t, die Kant abschätzig der empirischen Psychologie zuwies, während Nietzsche nicht eine ,Grundlegung zur Metaphysik der Sitten' schrieb, sondern eine ,Genealogie der Moral', er, der sich selbst als einen Psychologen bezeichnet[26]. Kant und nicht nur ihm unterstellt er eine unreflektierte Abhängigkeit vom Moralprinzip, nämlich „daß alle Philosophen unter der Verführung der Moral gebaut haben, auch Kant, — daß ihre Absicht scheinbar auf Gewißheit, auf ,Wahrheit', eigentlich aber auf ,majestätische sittliche Gebäude' ausging", (I, 1013), — eine Anspielung auf die ,Kritik der reinen Vernunft' (A 319). Diesen Vorwurf könnten wir Nietzsche im Hinblick auf den bei ihm mehrfach aufgewiesenen Primat der Praxis zurückgeben.

Zugleich mit jenem Vorwurf bestreitet Nietzsche die Relevanz der Kantischen Position, die unter dem Begriff der Noumenalität, des nicht Aufgehens des Menschen in der Mundanität, die wesentlichen Momente der Metaphysik in Gestalt der Postulate der reinen praktischen Vernunft als durchleuchtete Bedingungen der Möglichkeit der Humanität in die Aufklärung hinüberretten[27] will. Nietzsche sucht dies als metaphysischen Rest innerhalb der ansonsten aufgeklärten Gedankenwelt Kants darzustellen. Der Vorwurf des versteckten Nihilismus, den Nietzsche als das

---

[25] Wo Kant Geschichtsphilosophie vorträgt, taucht dann auch sofort die Dialektik in Gestalt des Antagonismus zwischen Gesellschaft und Individualität auf, der zudem noch das Mittel einer ,List der Vernunft' ist, den Menschen im Lauf der Geschichte vom Natur- zum Rechtszustand fortschreiten zu lassen: „Das Mittel, dessen sich die Natur bedient, die Entwicklung aller ihrer Anlagen zu Stande zu bringen, ist der Antagonism derselben in der Gesellschaft, so fern dieser doch am Ende die Ursache einer gesetzmäßigen Ordnung derselben wird." (,Idee zu einer allgemeinen Geschichte...', A 392).

[26] Siehe z. B. II, 877; II, 879; II, 947.

[27] Die Verflechtung kritischer und traditioneller, scholastischer Motive drückt sich bei Kant auch im Zusammenhang der Phänomena-Noumena Lehre in der Relation des Transzendenten und des Transzendentalen aus: so wie die Transzendenz des Dinges an sich — als „noumenon im negativen Verstande" — Bedingung der Möglichkeit synthetischer Urteile a priori, also transzendental relevant ist, so die Transzendenz der Person als noumenon „im positiven Verstande" im Hinblick auf die Begründung der Verbindlichkeit des Sittengesetzes.

Geheimnis der Geschichte durchschaut zu haben glaubt, bedeutet von der von mir vorgetragenen Interpretation Kants aus: die Substitution der im vorkantischen Sinne ,objektiven' Wahrheit und Idee des Guten durch die Monologik, d. h. die Übereinstimmung des Denkens mit sich selbst sowohl innerhalb der theoretischen als auch der praktischen Vernunft stellt die Voraussetzung dar für die Verabsolutierung der abstrakten Individualität durch den Pragmatismus, wie Nietzsche ihn auch vortrug. Anders ausgedrückt: die erste Aufklärung reißt die Schranken nieder, deren Bestehen dem Entstehen des Reiches der zweiten Aufklärung, das definiert ist durch den Nihilismus und die absolute Praxis, entgegenstand[28].

Wie sehr die Dialektik der Aufklärung, hier in Gestalt der Identität der Identität und Verschiedenheit der Kantischen Autonomie und des Willens zur Macht das Nietzsche selbst unbewußte agens seines Philosophierens war, mag folgendes Zitat demonstrieren, in dem wie bei Kant die theologische Begründung der Moral verneint wird. Während jedoch Kant gerade um der Reinheit und absoluten Verbindlichkeit des kategorischen Imperativs willen die bewiesene Existenz Gottes als nicht notwendig, ja sogar als mit der Moralität unvereinbar ansehen muß, die Beweisbarkeit der Nichtbeweisbarkeit der Existenz Gottes für die Verbindlichkeit der Moral also als notwendig dargestellt wird, folgt für Nietzsche aus dem für das aufgeklärte Bewußtsein spezifischen Atheismus der Wegfall aller Verbindlichkeit und die Aufforderung zur absoluten, uneingeschränkt autonomen Praxis:

> „In Hinsicht auf die Zukunft erschließt sich uns zum ersten Male in der Geschichte der ungeheure Weitblick menschlich-ökumenischer, die ganze bewohnte Erde umspannender Ziele. Zugleich fühlen wir uns der Kräfte bewußt, diese neue Aufgabe ohne Anmaßung selber in die Hand nehmen zu dürfen, ohne übernatürlicher Beistände zu bedürfen; ja, möge unser Unternehmen ausfallen, wie es wolle, mögen wir unsere Kräfte überschätzt haben, jedenfalls gibt es niemanden, dem wir Rechenschaft schuldeten als uns selbst: die Menschheit kann von nun an durchaus mit sich anfangen, was sie will." (I, 807 f.)

Der 25. Aphorismus des ersten Hauptstückes von ,Menschliches, Allzumenschliches' expliziert die Problematik des Zusammenhangs von Aufklärung und Humanismus, die in der angezogenen Sentenz „... die Menschheit kann von nun an durchaus mit sich anfangen, was sie will" pointiert ausgedrückt ist.

Der Aphorismus beginnt mit der Forderung der uneingeschränkten Planung der Zukunft der Menschheit als der Folgerung aus der durch die Aufklärung be-

---

[28] Ein Hinweis in eine andere Sphäre sei erlaubt:
Die Darstellung des Zusammenhangs dieser beiden Gestalten des Bewußtseins steht m. E. im Mittelpunkt der Romane des Zeitgenossen Nietzsches, Dostojewskys, insbesondere in den ,Dämonen', verkörpert in Stepan Trofimowitsch und seinem Sohn. Auch Thomas Manns ,Zauberberg' kreist im Antagonismus zwischen Settembrini und Naphta um dieses Thema; die Tatsache, daß im Zusammenhang des Nihilismusthemas immer wieder nicht der Philosophie (als Disziplin) zuzurechnende Autoren genannt werden müssen, ist der Veränderung des Begriffs der Philosophie durch den Nihilismus, bzw. dessen Selbstimplikationen immanent; — siehe auch Kapitel I dieser Untersuchung und die Gewährsmänner Camus' in ,Der Mensch in der Revolte'.

wirkten Skepsis gegenüber einem Gott als Herrn der Geschichte, also mit der
Gleichsetzung der Monologik als der Bewußtseinsstufe der Aufklärung und der
Legitimierung der absoluten Praxis:

> „Seitdem der Glaube aufgehört hat, daß ein Gott die Schicksale der Welt im großen
> leite und trotz aller anscheinenden Krümmungen im Pfade der Menschheit sie doch
> herrlich hinausführe, müssen die Menschen selber sich ökumenische, die ganze Erde
> umspannende Ziele stellen." (I, 465 f.)

Nietzsche scheint seine Abhängigkeit von der Metaphysik, die er hier souverän
zu verabschieden vorgibt, nicht zu bemerken: die Substitution der Theodizee durch
die absolute Praxis bedeutet nichts anderes als die Verinnerlichung des Prinzips der
absoluten Herrschaft; das Absolute, als Vorstellung eines allmächtigen Gottes
eliminiert, kehrt im Menschen als Totalität der weltverändernden technischen
Praxis wieder.

Die große Antwort der Aufklärung auf die Frage nach der Möglichkeit der
Begründung von Humanität durch das monologische Denken, die Kantische Begründung aller Verbindlichkeit von Recht und Moral im Prinzip der reinen Einheit
des Einzelnen und des Allgemeinen, des Menschen und der Menschheit durch den
kategorischen Imperativ, die in der Forderung kulminiert, der Einzelne habe sich
als existierende Gattung zu begreifen — diese große Antwort, die ebenfalls den
Humanismus in der Emanzipation von der Religion begründet, ist für Nietzsche
nichts weiter als ein metaphysischer Rest, da sie eine prästabilisierte Harmonie als
verborgene Macht der Geschichte und damit einen Gott, zumindest die Unfehlbar-
keit des Gewissens — „ein irrendes Gewissen ist ein Unding"[29] — voraussetzt:

> „Die ältere Moral, namentlich die Kants, verlangt vom einzelnen Handlungen,
> welche man von allen Menschen wünscht: das war eine schöne naive Sache; als ob
> ein jeder ohne weiteres wüßte, bei welcher Handlungsweise das Ganze der Mensch-
> heit wohlfahre, also welche Handlungen überhaupt wünschenswert seien; es ist eine
> Theorie wie die vom Freihandel, voraussetzend, daß die allgemeine Harmonie sich
> nach eingeborenen Gesetzen des Besserwerdens von selbst ergeben müsse." (I, 466)

Es wäre richtig, zugleich aber vergeblich, Nietzsche hier entgegenzuhalten, daß
Kant ja ausdrücklich die pragmatische Überlegung, „bei welcher Handlungsweise
das Ganze der Menschheit wohlfahre", als alle Moral im Prinzip verderbend aus
der theoretischen Grundlegung von Recht und Moral eliminieren mußte, um die
strenge   V e r b i n d l i c h k e i t[30]   eines praktischen Gesetzes begründen zu
können:

> „Empirische Prinzipien taugen überall nicht dazu, um moralische Gesetze darauf zu
> gründen. Denn die Allgemeinheit, mit der sie für alle vernünftige Wesen ohne
> Unterschied gelten sollen, die unbedingte praktische Notwendigkeit, die ihnen da-

---

[29] ‚Über das Mißlingen aller philosophischen Versuche in der Theodizee', A 219.
[30] Siehe z. B. ‚Der Streit der Fakultäten', A 148 Anmerkung: „Denn mit Freiheit begab-
ten Wesen genügt nicht der Genuß der Lebensannehmlichkeiten, die ihm auch von
anderen ... zu Teil werden kann; sondern auf das *Prinzip* kommt es an, nach welchem
es sich solche verschafft. Wohlfahrt aber hat kein Prinzip, weder für den, der sie
empfängt, noch der sie austeilt."

durch auferlegt wird, fällt weg, wenn der Grund derselben von der besonderen Einrichtung der menschlichen Natur, oder den zufälligen Umständen hergenommen wird, darin sie gesetzt ist." (‚Gr. z. M. d. S.', A 90)

Nietzsche insistiert nun gerade auf der Leerstelle, die die Kantische Methode der Reduktion der Vernunft aufs Prinzip erzeugt, nämlich auf deren Relevanz im Hinblick auf die Geschichte und den ‚wirklichen Menschen'. Und hier trifft Nietzsches Behauptung, Kant setze letztlich eine prästabilierte Harmonie, also einen im Sinne Kants selbst metaphysischen Rest voraus — was Kant selbst an Leibniz im Hinblick auf die theoretische Vernunft kritisierte[31] — insofern zu, als die Einschränkung auf das reine Bewußtsein das Problem der Vermittlung des reinen mit dem geschichtlichen Bewußtsein aufwirft. Dieses wird damit doch wiederum einem deus ex machina überlassen, was in den Postulaten der praktischen Vernunft ja auch von Kant selbst eingeräumt wird. Indem aber Nietzsche im Gegenzug zu Kant die Wirklichkeit unmittelbar einzubeziehen sucht, übersieht er den von Kant herausgearbeiteten Zusammenhang der Verbindlichkeit eines Gesetzes, der Gewißheit des Menschen, als Vernunftwesen auch Selbstzweck zu sein, mit der Notwendigkeit der Abstraktion von aller Empirie. Dadurch gerät er in den Bann eines Pragmatismus, der umgekehrt durch die Abhängigkeit von der Zweckkategorie jenes Problem der Vermittlung von empirischem und reinem Bewußtsein, von moralischem Prinzip und geschichtlicher Situation, von Gewißheit und Wirklichkeit der Humanität gar nicht erst zu Gesicht bekommt, da sonst die Naivität des Satzes unfaßbar wäre:

> „Vielleicht läßt es ein zukünftiger Überblick über die Bedürfnisse der Menschheit durchaus nicht wünschenswert erscheinen, daß alle Menschen gleich handeln, vielmehr dürften im Interesse ökumenischer Ziele für ganze Strecken der Menschheit spezielle, vielleicht unter Umständen sogar böse Aufgaben zu stellen sein." (I, 466)

Nietzsches Kritik an Kant bleibt insofern abstrakt, als sie nicht in die Stärke des Gegners eingeht, den er ja auch nur oberflächlich kannte.

Durch Nietzsches Vorstellung einer die Arbeitsteilung ethisch reflektierenden Sittlichkeit, die in der Ablehnung des „gleich Handelns" am Werk ist, wird das auch Selbstzwecksein des Menschen und damit die Moralität und damit wieder die Möglichkeit der Sittlichkeit negiert. Das Ausspielen einer das Vermitteltsein alles Gesellschaftlichen reflektierenden, die Gesellschaft ‚organisch' gliedernden Sittlichkeit gegen die alle Vermittlung negierende, nämlich die unmittelbare Identität des allgemeinen und des einzelnen Willens fordernde Moral wird sofort zur ungewollten Zerstörung der Möglichkeit von Humanität, wenn sie ihrerseits auf der bloßen Wirklichkeit der Humanität insistiert; denn dann wird mit dem Prinzip

---

[31] Siehe hierzu ‚Kritik der reinen Vernunft', B 167; die Kritik Kants an Leibniz, daß ein „Präformationssystem der reinen Vernunft" (ebenda) gegen den — im Mittelpunkt der Kantischen Kritik stehenden — Begriff der Notwendigkeit verstößt und damit dem Skeptizismus Vorschub leistet, übernimmt hier (I, 466) Nietzsche gegen Kant selbst, ohne allerdings dem begrifflichen Niveau Kants gerecht zu werden.

des Sollens, der — in dieser Form abstrakten — Unendlichkeit, das Prinzip, der
Einzelne sei auch Selbstzweck, existierende Gattung, aufgegeben, so daß der
Mensch durch die Reduktion auf das Vermitteltsein mit seiner Rolle identifiziert
und damit künstlich wieder zum Tier degradiert wird. In der verharmlosenden
Wendung „böse Aufgaben" deutet sich die für die zweite Aufklärung spezifische
Reduktion des Lebens des Einzelnen auf ein zu verplanendes Mittel zur Er-
reichung eines „höheren Zieles der Menschheit", einer „höheren Kultur" an.

Im Schlußsatz dieses Aphorismus wird dann auch das Ziel der Geschichte der
Menschheit genannt: nicht eine die Moralität mit der Geschichtlichkeit vermittelnde
Sittlichkeit, sondern die K u l t u r :

> „Jedenfalls muß, wenn die Menschheit sich nicht durch eine solche bewußte Gesamt-
> regierung zugrunde richten soll, vorher eine alle bisherigen Grade übersteigende
> K e n n t n i s d e r B e d i n g u n g e n d e r K u l t u r , als wissenschaftlicher
> Maßstab für ökumenische Ziele, gefunden sein. Hierin liegt die ungeheure Auf-
> gabe der großen Geister des nächsten Jahrhunderts." (I, 466)

Der Mangel an begrifflicher Erhellung bei aller an sich gegebenen philosophischen Relevanz der Bemerkungen Nietzsches über die Bedeutung der Kultur für
die wirkliche Humanität, welche Schwäche schon beim jungen Nietzsche sichtbar
wurde, tritt hier mit seinen Folgen zutage; Kultur, an sich Erscheinung des Wesens
der Humanität, bedarf dieses Wesens und seiner Bestimmung als Freiheit im Sinne
der für sich seienden Unendlichkeit; mit der Leugnung der übersinnlichen Welt der
Metaphysik, welche Leugnung wiederum aus der skeptischen Ablehnung der
Trennung von sinnlicher und übersinnlicher Welt resultiert, wird Kultur zur reinen
Erscheinung, zum reinen Schein, dessen Bestimmtheiten und damit auch der Einzelne die Bedeutung eines Moments ohne jeden Selbstwert haben. Damit wird
Kultur zur Erscheinung eines Unwesens, eines an sich Nichtigen und dadurch selbst
nichtig. Die Geschichte des letzten Jahrhunderts zeigte dann auch, daß eine von der
Freiheit und dem Selbstzwecksein des Menschen abstrahierende Kultur, weit entfernt davon, Mittelpunkt des Menschen zu sein, selbst zu einem Moment, nämlich
dem Anhängsel politischer und ökonomischer Praxis herabsinkt.

Die zentrale Stellung der Kultur bei Nietzsche kann nicht überraschen, denn in
der Abwehr der politischen Konsequenzen der Bestimmung des Einzelnen als un-
mittelbar existieren sollender Gattung, die seit Goethe und Hegel zu einer das
Moment der Vermittlung verabsolutierenden Auffassung der Gesellschaft als
„Organismus" führte, steckt schon der Ästhetizismus auch in der Politik, der von
Nietzsche auf die Spitze getrieben wurde[32].

> „Als ästhetisches Phänomen ist uns das Dasein immer noch erträglich." (‚Die fröh-
> liche Wissenschaft' II, 113)

Das Problem des Humanismus, die Vermittlung von erster und zweiter Aufklärung, von Kant und Nietzsche, tritt hervor, wenn das Bedürfnis der Vermitt-

---

[32] Siehe hierzu die Ausführungen über die Bedeutung der institutionalisierten Formen im
IV. Kapitel dieser Untersuchung.

lung des Prinzips der unmittelbaren Identität von Individuum und Gattung mit dem des Festhaltens an den Bedingungen der Wirklichkeit, an der vermittelnden Differenzierung, entsteht und begrifflich reflektiert wird.

Wenn Nietzsche der Moral als der bloßen Gewißheit und damit Möglichkeit der Humanität die Kultur als deren Wirklichkeit gegenüberstellt, droht die Konsequenz, daß die darin enthaltene Bestimmung des Menschen als eines — im Zusammenhang der Gattung — kulturerzeugenden Lebewesens auf die Reduktion des Menschen auf eine sublime Tierart hinausläuft; anders ausgedrückt heißt dies: die Begründung des Humanismus im Begriff der alles Sollen, nämlich alles Hinausgehen über die Wirklichkeit, verneinenden Kultur verbleibt innerhalb einer biologistischen und damit im Prinzip die Humanität negierenden Auffassung des Menschen. Die Dialektik des monologischen Humanismus hat sich damit auf den Antagonismus von Moral und Kultur zugespitzt; faßt man die Moral als das Wesen, die Kultur dagegen als die geschichtliche Erscheinung der Humanität auf, so reflektiert sich jener Antagonismus in der Sphäre des Begriffs: während die Moral von der geschichtlichen Erscheinung abstrahiert und diese damit dem Bereich des Natürlichen und Außermenschlichen überläßt, polemisiert Nietzsche gegen die metaphysischen ‚Hinterweltler‘ (I, 749), die die geschichtliche Wirklichkeit zum bloßen Moment herabsetzen, als Erscheinung eines verborgenen Wesens auffassen. Wird die Moral als die Gewißheit und bloße Möglichkeit der Humanität absolutgesetzt, so wird sie zum Wesen, dem die Erscheinung unwesentlich ist; wird dagegen die Kultur als die Wirklichkeit der Humanität verabsolutiert, so wird sie zur Erscheinung, die Erscheinung von nichts ist:

> „Was ist mir jetzt ‚Schein‘! Wahrlich nicht der Gegensatz irgendeines Wesens — was weiß ich von irgendwelchem Wesen auszusagen, als eben nur die Prädikate seines Scheins! ... Schein ist für mich das Wirkende und Lebende selber“. (II, Seite 73)

Dabei folgen beide Extreme dem Grundgesetz des monologischen Denkens, der Abwehr der Vermittlung von Substanz und Subjekt, Wesen und Erscheinung. Während die erste Aufklärung Wesen und Erscheinung scheidet, reflektiert die zweite Aufklärung den Widerspruch der Behauptung der an sich seienden Welt, die doch zugleich unerkennbar sein soll, indem sie diese Unterscheidung überhaupt verwirft und im Positivismus zur Unmittelbarkeit der vorkritischen Stufe zurückzukehren tendiert[33]. Die Frage ist nur, ob jene Rückkehr, jene Abstraktion von der Metaphysik möglich ist, also ob die Vermittlung, ohne die diese Rückkehr nicht Rückkehr ist, sich eliminieren läßt. Hier steckt das philosophische, moralische und politische Problem Nietzsches. Jedenfalls fehlen sowohl der ersten als auch der zweiten Aufklärung die theoretischen Voraussetzungen, Geschichte zu begreifen; da diese in der Spannung von Wesen und Erscheinung lebt, wird sie weder der ersten Aufklärung als Reflexionsphilosophie, denn diese trennt nur Wesen und

---

[33] Siehe ‚Götzendämmerung‘, „Wie die ‚wahre Welt‘ endlich zur Fabel wurde“, dritter Abschnitt bis Schluß (II, 963).

Erscheinung, noch der zweiten Aufklärung, denn diese negiert jenen Unterschied unmittelbar, begreifbar.

Resümieren wir abschließend die Bedeutung und geschichtliche Stellung Kants von Nietzsches Selbsteinschätzung aus, so ist noch der Anspruch Nietzsches zu bedenken, Kants Position als Vorstufe der eigenen noch einmal zu reflektieren.

In Kant — und Schopenhauer — sieht Nietzsche seine Vorläufer als kritische Aufklärer der Wahrheit der metaphysischen Prinzipien:

> „Der ungeheuren Tapferkeit und Weisheit Kants und Schopenhauers ist der schwerste Sieg gelungen, der Sieg über den im Wesen der Logik verborgen liegenden Optimismus, der wiederum der Untergrund unserer Kultur ist." (I, 101)

Doch gerade die transzendentale Fragestellung Kants, die diesen von Nietzsche gerühmten Befreiungsschritt aus der unreflektierten Herrschaft der Logik, deren Gebrauch durch Kant auf den Bereich möglicher Erfahrung eingeschränkt wurde, erst ermöglicht, versucht Nietzsche noch einmal zu relativieren, indem er ihre idealistische Apriorität in Richtung auf einen sich selbst verborgenen Pragmatismus zu reflektieren versucht:

> „Es ist endlich an der Zeit, die Kantische Frage ‚wie sind synthetische Urteile a priori möglich?' durch eine andere Frage zu ersetzen ‚warum ist der Glaube an solche Urteile n ö t i g ?'" (II, 576)

Den Wahrheitsgehalt, der in dieser beanspruchten Reflexion der Kantischen Position durch Nietzsche liegt, habe ich in dem Exkurs über Kant — insbesondere über den Zusammenhang zwischen reiner Wissenschaft und Pragmatismus — aufzuzeigen versucht. Artikuliert man Kants grundlegenden Gedanken in Form eines hypothetischen Urteils, so erscheint der Pragmatismus in der Tat als versteckte Voraussetzung der Kantischen Position; das hypothetische Urteil: „Wenn strenge Wissenschaft soll möglich sein, dann müssen folgende prinzipielle Voraussetzungen gelten" enthebt den Kantischen Gedankengang zwar der Abhängigkeit von Anthropologie und empirischer Psychologie, — der Mensch sei nun einmal so eingerichtet —; aber das hypothetische Urteil ist andererseits nur ein Moment eines es tragenden Schlusses, der die rein hypothetische, logische Stringenz mit der Wirklichkeit zusammenschließt. Nietzsche vervollständigt jenes den Kantischen Gedankengang reflektierende hypothetische Urteil in dem Schluß, in dem der Pragmatismus als die Voraussetzung der transzendentalen Position folgendermaßen zutage tritt:

> „Wenn strenge Wissenschaft soll möglich sein, müssen bestimmte prinzipielle Voraussetzungen gelten; nun aber benötigt der Mensch zum Zweck der Herrschaft über die Natur strenge Wissenschaft, also müssen diese prinzipiellen Voraussetzungen als gültig angenommen werden." Ausführlicher lautet der Schluß: „Wenn der Mensch die Natur durch Berechenbarkeit alles Geschehens beherrschen will, muß es strenge Wissenschaft geben; wenn strenge Wissenschaft möglich sein soll, müssen bestimmte prinzipielle Voraussetzungen gelten; nun aber will bzw. muß der Mensch die Natur beherrschen, also muß es strenge Wissenschaft geben, folglich

müssen bestimmte prinzipielle Voraussetzungen als gültig angenommen werden …".

Daß diese eher äußere Reflexion Nietzsches auf einen verborgenen Pragmatismus als die wahre Grundlage der Kantischen Philosophie sich auch Kantimmanent explizieren läßt, habe ich zu zeigen versucht, ohne daß damit der Anspruch erhoben wird, die ganze Kantische Philosophie diesem Aspekt subsumieren zu können.

Mit dem von Nietzsche antizipierten erkenntnistheoretischen Reflexionsschritt über Kant hinaus geht ein inhaltlicher einher, der auf das Verhältnis von Aufklärung und theoretischer Begründung der Moral zielt. Kants Philosophie gipfelt in der Metaphysik der Sitten als dem Versuch, dem — mit der Emanzipation von der Religion heraufziehenden — Nihilismus zu begegnen. Dieser, der Nihilismus, entsteht aus dem Auseinanderfallen der Momente der Dialektik der Aufklärung, die bei Kant als zu versöhnender Gegensatz von Wissenschaftslehre und Ethik, Notwendigkeit und Freiheit des agens seiner drei Kritiken bildet. Die durch ihre Verabsolutierung den Nihilismus heraufführende Aporie der Aufklärung bei der Aufgabe einer Begründung der Humanität, durch die eigene nominalistische Eliminierung des existierenden Allgemeinbegriffs daran gehindert zu sein, den B e - g r i f f der Verbindlichkeit, z. B. eines bestimmten, einzelnen Gesetzes, das trotzdem allgemeingültig sein soll, formulieren zu können, versucht Kant im Unterschied zu Nietzsche doch noch auszuräumen; Nietzsche folgt der nominalistischen und skeptischen Tradition, wenn er der Perspektivität alle Erkenntnis subsumiert; der Perspektivismus behauptet ja die Relativität des Gattungsbegriffs aufs Subjekt der Erkenntnis; der Perspektivismus Nietzsches, der nur die erkenntnistheoretische Variante des zentralen Themas vom „Willen zur Macht" darstellt, spricht im Theoretischen die nominalistische Abhängigkeit des Begriffs vom Subjekt der Erkenntnis, im Ethischen die Relativität des Guten auf die besondere Individualität oder die besondere Gattung, d. h. die Identität des Guten und des Nützlichen aus. Kant nähert sich dem Perspektivismus zwar in der Lehre von der Dialektik der reinen Vernunft als einer „natürlichen und unvermeidlichen Illusion" (‚Kr. d. r. V.‘, A 298), die er auch mit perspektivischen Täuschungen im Bereich der Wahrnehmung vergleicht (ebenda A 297), jedoch vermag der Mensch diesen Schein, wenn auch nicht ein für allemal zu vertreiben, so doch zu durchschauen, so daß Vernunft sich selbst kritisieren können muß. Ferner endet alle Perspektivität für Kant bei der reinen ‚praktischen Vernunft‘, die als Prinzip aller Gesetze und Zwecke selbst nicht als bedingt bzw. als Mittel angesehen werden kann, ohne daß sich Widersprüche ergeben, so daß die Existenz des Vernunftwesens als Zweck an sich, nicht als relativ auf eine bestimmte Perspektive angesehen werden muß:

> „Von dem Menschen nun (und so jedem vernünftigen Wesen in der Welt), als einem moralischen Wesen, kann nicht weiter gefragt werden: wozu (quem in finem) er existiere. Sein Dasein hat den höchsten Zweck selbst in sich, … und nur im Menschen, aber auch in diesem nur als Subjekte der Moralität, ist die unbedingte

Gesetzgebung in Ansehung der Zwecke anzutreffen, welche ihn also allein fähig macht, Endzweck zu sein, dem die ganze Natur teleologisch untergeordnet ist." (‚Kritik der Urteilskraft‘, A 394)

Nietzsche freilich, der die Vernunft als „alte betrügerische Weibsperson" (II, 960) verspotten zu können meint, würde gerade die Notwendigkeit, das Dasein vernünftiger Wesen als Selbstzweck anzunehmen, als Indiz für die Unwahrheit dieses obersten Postulats interpretieren, nämlich als Ausdruck der perspektivischen Blindheit der Vernunft sich selbst gegenüber, nicht als Selbstbefreiung des Menschen aus allen perspektivischen Bindungen. Gegen Kants Anspruch, in der Existenz vernünftiger Wesen als Selbstzweck den archimedischen Standpunkt gewonnen zu haben, „der fest sein soll, unerachtet er weder im Himmel, noch auf der Erde, an etwas gehängt, oder woran gestützt wird" (‚Gr. z. M. d. S.‘ A 60), gegen das Axiom also, die Existenz vernünftiger Wesen sei als die immanente Transzendenz, das aller Relativität enthobene Absolute aufzufassen, würde Nietzsche geltend machen: dieses Postulat entspringt der Logik der Sprache, der zufolge der Mensch ein letztes Subjekt hypostasieren muß, wobei diese Notwendigkeit nur den Perspektivismus jener Logik anzeige.

Gegen diesen Einwand könnte Kant geltend machen, daß nur ein Vernunftwesen, das Zwecke setzen kann, selbst der Subsumierbarkeit unter eine Mittel-Zweckreihe entnommen ist; wer wie Nietzsche das Selbstzwecksein aller Vernunftwesen bestreitet, weiß dann nicht, was er sagt bzw. sagen will, denn er muß, um sich in diese Argumentation einlassen, nämlich sie verstehen zu können, schon den Absolutheitsanspruch der Vernunft, frei von allen Bindungen an besondere Perspektiven zu sein, impliziet akzeptiert haben. Das Bestreiten jenes obersten Postulats, daß die Existenz vernünftiger Wesen Zweck an sich selbst sei, ist keine alternative Position.

Wir sehen, wie sich die Spitze von Nietzsches Antimetaphysik mit der Spitze der Reflexionsproblematik berührt; auch Nietzsches Leugnung der absoluten Reflexion, seine Gleichsetzung der Reflexion mit einer den Perspektivismus selbst nicht durchbrechenden Selbstwahrnehmung erwies sich als eine sich selbst aufhebende Position, deren Wahrheitsgehalt nur als skeptischer, sich selbst einbeziehender Zweifel aphoristisch hingeworfen, nicht jedoch als Resultat einer, logischen Prinzipien genügenden, Argumentationsreihe fixiert werden kann.

Während Kant auf der Ebene und mit den Mitteln der Aufklärung die Gefahren zu bannen sucht, die eben einen Aspekt der Aufklärung selbst bilden, — während also Kant die Verbindlichkeit, an dem Begriff der Notwendigkeit als eo ipso erkannter festhaltend — non datur fatum —, von dem Durchschauen der Hypostase des Guten für die Gültigkeit des praktischen Gesetzes abhängig macht, behauptet Nietzsche gerade umgekehrt die Untrennbarkeit von Verbindlichkeit und Subreption, also die Unaufhebbarkeit des Antagonismus von Aufklärung und Moral:

„Pflicht ist ein zwingendes, zur Tat drängendes Gefühl, das wir gut nennen und für undiskutabel halten (über Ursprung, Grenze und Berechtigung desselben wollen wir nicht reden und geredet haben.) Der Denker hält aber alles für geworden und alles Gewordene für diskutierbar, ist also der Mann ohne Pflicht, — solange er eben nur Denker ist." (I, 899)

Das Resultat der Aufklärung ist so lange ein negatives, was die Vermittlung von Aufklärung und Sprachlichkeit betrifft, als die Geschichtlichkeit ausgeklammert wird: Nietzsches Ziel, die Heilung von der ‚Kettenkrankheit‘, setzt die Geschichtlichkeit des Menschen voraus. Kant kann in dem Umkreis des Themas ‚Metaphysik der Sitten‘ der geschichtlichen Entwicklung keine entscheidende Relevanz zubilligen, weshalb eine Fragestellung wie die Nietzsches, nämlich wie der Mensch von den Ketten der metaphysischen, religiösen und moralischen Irrtümer, denen er andererseits seine Menschwerdung verdankt, befreit werden könnte, innerhalb der Kantischen Philosophie nicht gestellt werden kann. Hier bleibt als letzte Antwort das perennierende Sollen, der nicht aufzulösende, da in der noumenal-phänomenalen Natur des Menschen begründete Antagonismus Vernunft — Sinnlichkeit, gegen dessen Aufhebung, was die Antwort Kants auf Schillers Einwand deutlich machte[34], Kant intransigent kontrovers bleiben mußte. Nietzsche insistiert zwar auf der Alternative Aufklärung — Sprachlichkeit, was im Zusammenhang der Ethik zur Negation der moralischen Normen und sittlichen Institutionen führt; aber die geschichtliche Auffassung des Menschen läßt ihn einen Zustand antizipieren, der durch die Freiheit von den ‚Ketten‘, denen er seine Genese verdankt, und durch eine freie Unmittelbarkeit charakterisiert ist, die als Resultat eines langen und schmerzlichen Geschichtsprozesses den Menschen vor die unbefangene Erfahrung der ‚nächsten Dinge‘ — anstatt der ‚ersten und letzten Dinge‘ — bringt. Kants Stellung zur Moral wird von Nietzsche also nicht nur verneint, sondern — der Intention Nietzsches nach — reflektiert als notwendige Stufe eines Vermittlungsprozesses. Die Gewinnung einer neuen Unmittelbarkeit, die Befreiung vom geschichtlichen Prozeß der Menschwerdung als dessen höchste Stufe bildet nun den Gegenstand des letzten Kapitels dieser Untersuchung. In ihm sollen die in Nietzsches Philosophie enthaltenen Wege zur ‚Überwindung‘ des Nihilismusproblems, die also zur Gewinnung einer Position jenseits des Gegensatzes von Aufklärung und Sprachlichkeit führen könnten, geprüft werden.

---

[34] ‚Die Religion innerhalb der Grenzen der bloßen Vernunft‘, A 10 Anm.

VI.
DIE MÖGLICHKEITEN EINER AUFLÖSUNG
DES NIHILISMUSPROBLEMS
IM WERK NIETZSCHES

Die Bedeutung der Kultur innerhalb des Werkes Nietzsches erschöpft sich nicht im Ästhetizismus, in den Kategorien der heute so verachteten wie verbreiteten Kulturkritik[1]. Die philosophische Relevanz des Kulturbegriffs wird sichtbar, wenn sie, wie dies innerhalb der Interpretation der frühen Schriften Nietzsches in dieser Untersuchung geschah, im Zusammenhang der für die Reflexionsphilosophie spezifischen Trennung von Innerlichkeit und Äußerlichkeit, Wesen und Erscheinung, Prinzip und Faktum etc. begriffen wird[2].

Jene Trennungen weisen auf die beiden „Stämme" des neuzeitlichen Bewußtseins, der Antike und des Christentums, hin; Humanität, verstanden nur von dem einen Stamm, dem christlichen her, reduzierte sich durch die Verabsolutierung der

---

[1] Es scheint mir des Nachdenkens wert zu sein, daß sowohl vom Marxismus als auch vom Existenzialismus aus Kulturkritik als bloß ephemeres Phänomen abgetan wird, obwohl kein überzeugendes Argument vorgetragen werden kann, wieso die derart Urteilenden selbst mehr als bloße Randbemerkungen vortragen können. Wer durchschaut denn geschichtliche und gesellschaftliche Zusammenhänge bis auf den Grund? Aber erst damit wäre doch der Bereich der Kulturkritik verlassen, erst dann würde Kritik frei von den Erregungsbeständen der öffentlichen Meinung.

[2] Finks Argumentation gegen die exoterische Nietzscherezeption, die von der Kulturkritik ausgeht — „Der Philosoph Nietzsche ist durch den Kulturkritiker, den geheimnisvollen Auguren, den sprachgewaltigen Propheten verdeckt und verstellt." (a. a. O. S. 9) — schüttet das Kind mit dem Bade aus. Erstens faßt Fink Kultur in der verkürzten Bedeutung, die der Kulturkritik und der Polemik gegen sie zugrunde liegt, zweitens arbeitet Fink selbst bei aller Polemik gegen Nietzschelegenden selbst an einer neuen, an der von dem Philosophen Nietzsche, der „verborgen in seinen Schriften, verborgen in der Pracht seiner Sprache" ist (a. a. O. S. 13). Dadurch entgeht Fink die philosophische Relevanz sowohl des Darstellungsproblems, das sich hinter der Aphoristik auftut, als auch die Relevanz des Kulturbegriffs im Zusammenhang einer antizipierten Überwindung der Reflexionsphilosophie. Zugespitzt gesagt: Finks Behauptung, daß die exoterische Nietzscherezeption ihre sachliche Relevanz in der Darstellung bzw. Darstellungsart Nietzsches selbst hat, daß also Nietzsches Philosophie selbst in einen esoterischen und einen exoterischen Teil auseinanderfällt, spricht — an Nietzsches Begriff der Kultur gemessen — Nietzsche das Urteil, spricht aber vielleicht eher gegen Finks Nietzscheverständnis in diesem Punkt.

Innerlichkeit auf Moralität — dies Prinzip reflektiert Kant, dessen Begriff der Humanität hier als deren bloße Gewißheit bestimmt wurde.

Eine jenen Chorismos von Innerlichkeit und Faktizität, „Seele und Welt" negierende, an der Antike — bzw. einer historischen Projektion derselben — sich orientierende Auffassung des Humanismus dagegen reduziert Humanität auf deren bloße Wirklichkeit, auf Kultur. Hegel, dessen Entwicklung von den ‚theologischen Jugendschriften' an über die Theorie der griechischen Sittlichkeit zur Vermittlung beider Stämme in der ‚Phänomenologie des Geistes' jenen Chorismos reflektiert und transzendiert, kann deshalb als d e r europäische Philosoph bezeichnet werden. Nietzsche, der zeitlebens Goethe eben wegen dessen Stellung[3] zu Antike und Christentum verehrte, gewann von der ähnlichen[4] Bedeutung Hegels eine gewisse Ahnung, was sich in der späteren Distanzierung[5] von seiner naiven Polemik Haymschen und Schopenhauerschen Stils gegen Hegel in seinen Frühschriften ablesen läßt. Später wird Hegel für ihn zum Exponenten einer Philosophie der Weltbejahung, was im Hinblick auf Nietzsches Begriff des Nihilismus[6] bedeutet, daß er, sofern er sich als Überwinder des Nihilismus verstand, in Hegel seinen Vorläufer sah:

> „Die Bedeutung der deutschen Philosophie (Hegel): einen Pantheismus auszudenken, bei dem das Böse, der Irrtum und das Leid nicht als Argumente gegen Göttlichkeit empfunden werden. Diese grandiose Initiative ist mißbraucht worden von den vorhandenen Mächten (Staat usw.), als sei damit die Vernünftigkeit des gerade Herrschenden sanktioniert." (III, 496)

Die philosophische Bedeutung der Kultur und eines auf ihr beruhenden Humanismus tritt klarer hervor, wenn man sie im Zusammenhang mit der Aufgabe einer Überwindung des Nihilismus, der seine Wurzel in der Verabsolutierung des Chorismos Welt-Seele hat, reflektiert; dann nämlich taucht die alte metaphysische Aufgabe einer Theodizee, die untrennbar von der Begründung des Humanismus zu sein scheint, wieder auf. Eine Rückkehr zur monotheistischen Hochreligion, zur Vorstellung eines transzendenten Gottes ist dabei im Raum Nietzsches eo ipso auszuschließen, da diese Transzendenz ja den Chorismos Welt-Seele, der wiederum zum Nihilismus führte, als jener transzendente Gott „starb", heraufführte.

Die Theodizee, die sich hinter der Verabsolutierung der Kultur als der wirklichen Humanität verbirgt, zielt auf das Absolutsetzen der Welt als Kosmos, auf eine Subsumtion des sich ehemals als die Welt transzendierend glaubenden Menschen unter das Mundane; die These von der Notwendigkeit eines „Horizontes" und einer schützenden „Atmosphäre", die im Mittelpunkt der Frühschriften

---

[3] Siehe hierzu II, 1026.
[4] Siehe hierzu III, 512.
[5] Siehe hierzu II, 226 und II, 664.
[6] Zur Gleichsetzung von Nihilismus und Sollen siehe III, 549:
„Ein Nihilist ist der Mensch, welcher von der Welt, wie sie ist, urteilt, sie sollte n i c h t sein, und von der Welt, wie sie sein sollte, urteilt, sie existiert nicht."

Nietzsches steht, taucht hier als Metaphysik des Aufgehens des Menschen im ihn bergenden Kosmos wieder auf:

> „Aber es gibt nichts außer dem Ganzen! — Daß niemand mehr verantwortlich gemacht wird, daß die Art des Seins nicht auf eine causa prima zurückgeführt werden darf, daß die Welt weder als Sensorium, noch als ‚Geist‘ eine Einheit ist, dies erst ist die große Befreiung — damit erst ist die Unschuld des Werdens wieder hergestellt... Der Begriff ‚Gott‘ war bisher der größte Einwand gegen das Dasein... Wir leugnen Gott, wir leugnen die Verantwortlichkeit in Gott: damit erst erlösen wir die Welt." (II, 978)

Der Problematik einer Rückkehr zum Weltbild der Immanenz ist sich Nietzsche dabei durchaus bewußt:

> „Die wahre Welt haben wir abgeschafft: welche Welt blieb übrig? die scheinbare vielleicht?... Aber nein! mit der wahren Welt haben wir auch die scheinbare abgeschafft." (II, 963)

Nietzsche behauptet hier nichts weniger als die Selbstaufhebung des Nihilismus, der nämlich als vollbrachter mit seiner Ursache, dem Chorismos wahre — scheinbare, sinnliche — übersinnliche Welt sich selbst „abschaffe".

Die These von der Selbstaufhebung[7] des Nihilismus —

„Alle großen Dinge gehen durch sich selbst zugrunde, durch einen Akt der Selbstaufhebung" (II, 898) —

sei vor ihrer genauen Explikation in ihren Umrissen skizziert: zu fragen wäre zuerst, ob die These von der Selbstaufhebung des Nihilismus, die diesen zu einem bloßen Moment herabsetzt, nicht zu ihrer Verifizierung eine Fülle von Kategorien benötigt, die den Kontext der Philosophie Nietzsches sprengen würden, z. B. den dialektischen Begriff des Negativen als des Gegenteils seiner selbst. Wenn Heideggers These:

> „Der Nihilismus ist eine geschichtliche Bewegung, nicht irgendeine von irgendwem vertretene Ansicht und Lehre. Der Nihilismus bewegt die Geschichte nach der Art eines kaum erkannten Grundvorganges im Geschick der abendländischen Völker." (‚Holzwege‘, S. 201)

Relevanz zukommt, würde eine Selbstaufhebung des Nihilismus nur möglich sein, insofern der Begriff des Nihilismus wirklich zureichend bestimmt würde, das philosophische Bewußtsein also aus der unreflektierten Abhängigkeit aus den Denkstrukturen sich befreite, die dem Nihilismus zugrunde liegen und seine Macht bedeuten; diese theoretische Distanz billigt Heidegger Nietzsche nicht zu:

> „Nietzsche erkennt und erfährt den Nihilismus, weil er selbst nihilistisch denkt. Nietzsches Begriff des Nihilismus ist selbst ein nihilistischer Begriff." (‚Nietzsche‘ II, 54)

Von Nietzsche aus könnte dieser Vorwurf jedoch zurückgewiesen werden mit dem Hinweis darauf, daß gerade Heidegger ihn in den metaphysischen Kategorien

---

[7] Im Hinblick auf die logische Aporie einer Selbstaufhebung des Nihilismus scheint Dantos Zweifel berechtigt zu sein: „If Nihilism depends in any logical way upon this view (i. e. the doctrine of will-to-power, H. R.), then Nihilism is false or, if it is true, it entails the falsity of its own presuppositions and cannot be seriously asserted." (a. a. O. S. 80).

— wie z. B. eines „verborgenen Wesens" — vorträgt, deren in der Macht der Sprache begründete Herrschaft über den Menschen den Nihilismus erst heraufführte. Aber auch diese Replik erweist sich als Bumerang: denn muß Nietzsche nicht selbst wiederum die sprachliche Logik in Anspruch nehmen, um die These von der Selbstaufhebung des Nihilismus aussprechen zu können?

Der Einwand, die These von der Selbstaufhebung des Nihilismus setze ihrerseits die These voraus, der Nihilismus sei ein bloßes Übergangsphänomen, ein Moment einer Entwicklung, und dies sei wiederum nur sagbar von einer den Nihilismus transzendierenden Position aus, die Selbstaufhebung des Nihilismus setze also in Wahrheit das Bestehen eines umfassenden Ganzen voraus, in dem der Nihilismus nur eine Zäsur und ein antreibendes Moment der Entwicklung dieses Ganzen darstellt — diese ganze Argumentation, die ja hinter Nietzsches eigener Lehre vom Übermenschen steht, verbleibt sie nicht innerhalb der Logik der Sprache, von der sich freizumachen Nietzsches eigene Intention ist? Beruht folgender Passus, in dem Nietzsche im Zusammenhang der Selbstaufhebung des Nihilismus auf die Theodizee zurückgreift, nicht auf der Logik der Sprache?:

> „In einer verworfenen Welt würde auch das Verwerfen verwerflich sein... Und die Konsequenz einer Denkweise, welche alles verwirft, wäre eine Praxis, die alles bejaht... Wenn das Werden ein großer Ring ist, so ist jegliches gleich wert, ewig, notwendig." (III, 788)

Angesichts dieser Schwierigkeiten bestände ein Ausweg in der Kritik der Sinnfrage, deren Unbeantwortetsein und -bleiben den Nihilismus als Gestalt des Bewußtseins entstehen ließ, als Frage, — und in dem Versuch, diese Frage selbst durch ihre Interpretation als erste Konsequenz der Aufklärung über die Sprachlichkeit des Bewußtseins ad absurdum zu führen. Dann tritt an die Stelle der Theodizee als letzte Möglichkeit einer Überwindung des Nihilismus der Übergang der Theodizee in die Apotheose[8] des Menschen zum Schöpfer des Sinnes, den er nicht mehr vorfindet. Damit ist die Verschiebung zum Primat der Praxis vorgenommen, die Substitution der Definition des Menschen als primär sprachlichen Wesens durch die als eines handelnden Wesens, so, daß die Sprachlichkeit ein bloßes Moment des Handelns sei und erst verabsolutiert zu den im Nihilismus endenden Aporien führe, die also nur praktisch gelöst werden könnten:

> „Seitdem der Glaube aufgehört hat, daß ein Gott die Schicksale der Welt im großen leite und trotz aller anscheinenden Krümmungen im Pfade der Menschheit sie doch herrlich hinausführe, müssen die Menschen selber sich ökumenische, die ganze Erde umspannende Ziele stellen." (I, 465 f.)

Dies sind die beiden Antworten Nietzsches auf den Nihilismus, die sich in seinem Werk aufzeigen lassen: die theoretische der Theodizee, in der der Nihilismus des „Jenseits von Gut und Böse" als Moment enthalten ist, und die praktische, den „Übermenschen" inaugurierende, in der der Nihilismus als Antizipation eines „Jenseits von Wahr und Unwahr" auftritt. Dadurch ist die Einteilung des unsere

---

[8] Siehe hierzu Fink a. a. O. S. 157 f.

Untersuchung abschließenden Kapitels vorgezeichnet: zuerst ist die Theodizee als die theoretische Antwort mit ihren Konsequenzen für eine Begründung der Humanität darzustellen, dann die praktische Antwort, die sich auf den Fortgang der Technik in weitester Bedeutung als uneingeschränktes Setzen und Realisieren eines Sinnes, der an sich nicht vorhanden ist, stützt; — dabei ist die Frage nach den möglichen Grenzen der Intendierbarkeit, nach der Geschichtlichkeit zu stellen, innerhalb welcher Frage jene Antworten auf ihre Relevanz geprüft werden.

1. Theodizee und Humanismus bei Nietzsche

> „Eine Höhe und Vogelschau der Betrachtung
> gewinnen, wo man begreift, wie alles so,
> wie es gehen sollte, auch wirklich geht:
> wie jede Art ,Unvollkommenheit' und das
> Leiden an ihr mit hinein in die höchste
> Wünschbarkeit gehört." (III, Seite 690)

Die Untrennbarkeit von Theodizee und philosophischer Begründung der Humanität reflektiert sich in ihrer weitesten Bedeutung als der Begründungszusammenhang von Religion und Moral vermittelst der Vorstellung einer ewigen Gerechtigkeit. Alle Ereignisse in der Geschichte der Völker und des Einzelnen, die unverträglich erscheinen mit der Herrschaft Gottes über die Welt, sollen nach diesem Glauben, dessen philosophische Artikulierung schon in Platons ,Phaidon'[9] die letztliche Identität der Idee des Guten und der Wirklichkeit retten soll, ihre Aufhebung in einem Gericht am Ende der Geschichte finden. Dieses Transzendieren der profanen Geschichte durch die „Heilsgeschichte" genügt ihrer den Nihilismus aufheben sollenden Funktion nur, wenn der Einzelne die Geschichte — in ihrer weitesten Bedeutung als Zeitlichkeit — ebenfalls transzendiert, d. h. unsterblich ist. Mit dem Glauben an die Unsterblichkeit des Einzelnen fällt demnach das Vertrauen in die ewige Gerechtigkeit. Die Hegelsche Antwort, die diesen Glauben aus der Vorstellung, die die Unendlichkeit des Subjekts in die Zeit verlegt, in den Begriff hebt, nämlich die Unendlichkeit als Freiheit begreift — statt als Unsterblichkeit vorzustellen —, genügt diesem Bedürfnis des Bewußtseins nicht, denn im Tod erweist sich das Transzendieren des Mundanen durch die Freiheit als bloßes Moment; die Forderung nach einer ewigen Gerechtigkeit, die die persönliche Unsterblichkeit voraussetzt, wird nicht erfüllt. Der Nihilismus als die Konsequenz des Todes Gottes im Bewußtsein des Menschen wird so nicht widerlegt; das dem Mundanen letztlich doch subsumiert Sein — im Tode nämlich — und Sinnlosigkeit des Lebens sind angesichts des ehemals das ewige Leben versprechenden Glaubens untrennbar.

---

[9] 113 d—114 c.

Nietzsche verwirft im Unterschied zu Hegel auch den Rückzug auf die Geschichtlichkeit des Bewußtseins, auf die Relativierung der Tödlichkeit der Erkenntnis durch die Unterscheidung von Stufen der Wahrheit, wodurch jene Endgültigkeit verdeckt wird:

> „Angebliche Stufen der Wahrheit. — Einer der gewöhnlichen Fehlschlüsse ist der: weil jemand wahr und aufrichtig gegen uns ist, so sagt er die Wahrheit ... Ebenso will man nicht zugeben, daß alles jenes, was die Menschen mit Opfern an Glück und Leben in früheren Jahrhunderten verteidigt haben, nichts als Irrtümer waren: vielleicht sagt man, es seien Stufen der Wahrheit gewesen. Aber im Grunde meint man, wenn jemand ehrlich an etwas geglaubt und für seinen Glauben gekämpft hat und gestorben ist, wäre es doch gar zu unbillig, wenn eigentlich nur ein Irrtum ihn beseelt habe. So ein Vorgang scheint der ewigen Gerechtigkeit zu widersprechen; deshalb dekretiert das Herz empfindender Menschen immer wieder gegen ihren Kopf den Satz: zwischen moralischen Handlungen und intellektuellen Einsichten muß durchaus ein notwendiges Band sein. Es ist leider anders; denn es gibt keine ewige Gerechtigkeit." (I, 488)

Auf den ersten Blick scheint demnach eine Verbindung der Gedankenwelt Nietzsches mit der metaphysischen Idee der Theodizee tatsächlich auf so etwas wie das „Gerücht von der vegetarischen Bewegung unter den Königstigern" (Adorno) hinauszulaufen. Es wurde jedoch schon auf die ambivalente, von der naiven, abstrakten Negation der Metaphysik durch den Positivismus zu distanzierenden Stellung Nietzsches zur Metaphysik im Sinne einer reflektierten Antimetaphysik hingewiesen, die von den ‚ersten und letzten Dingen‘ als den Irrtümern des Menschen, durch die er aber erst Mensch wurde, handelt. Dem entsprechend kann der Begriff der Theodizee bei Nietzsche ebenfalls nur im reflektierten Sinne, also als Anti-Theodizee, gebraucht werden, wobei es allerdings nicht bleibt, sondern eine Theodizee des Mundanen sich entwickelt. Unter „Theodizee des Mundanen" verstehe ich den Versuch, im Gegenzug zur traditionellen Theodizee, die auf den Aufweis des ephemeren Charakters des Negativen und des sich Durchhaltens des Guten geht, die Wirklichkeit durch das Vergängliche, nicht Dauernde, kurz unplatonisch zu rechtfertigen:

> „Gegen den Wert des Ewig-Gleichbleibenden ... den Wert des Kürzesten und Vergänglichsten, das verführerische Goldaufblitzen am Bauch der Schlange vita". (III, 559).

Beginnen wir mit der unmittelbaren Anti-Theodizee[10], mit der Polemik gegen die traditionellen Argumente für die letztliche Ohnmacht des Negativen: sie

---

[10] Siehe hierzu die Aphorismen 515—520 aus dem ersten Band von ‚Menschliches, Allzumenschliches‘ (I, 698), wo Nietzsche thesenhaft die Diskrepanz von Vernunft und Wirklichkeit skizziert: *Aus der Erfahrung.* — Die Unvernunft einer Sache ist kein Grund gegen ihr Dasein, vielmehr eine Bedingung derselben ... *Grundeinsicht.* — Es gibt keine prästabilierte Harmonie zwischen der Förderung der Wahrheit und dem Wohle der Menschheit. *Menschenlos.* — Wer tiefer denkt, weiß, daß er immer unrecht hat, er mag handeln und urteilen, wie er will. *Wahrheit als Circe.* — Der Irrtum hat aus Tieren Menschen gemacht; sollte die Wahrheit imstande sein, aus dem Menschen wieder ein Tier zu machen? *Gefahr unserer Kultur.* — Wir gehören einer Zeit an, deren Kultur in Gefahr ist, an den Mitteln der Kultur zugrunde zu gehen."

reicht von der behaupteten Einsicht darin, „daß es in der Welt durchaus nicht göttlich zugeht, ja noch nicht einmal nach menschlichem Maße vernünftig, barmherzig oder gerecht: wir wissen es, die Welt, in der wir leben, ist ungöttlich, unmoralisch, ‚unmenschlich‘" (II, 211) über das Konstatieren eines gleichgültigen Chaos — „Der Gesamtcharakter der Welt ist dagegen in alle Ewigkeit Chaos, nicht im Sinne der fehlenden Notwendigkeit, sondern der fehlenden Ordnung, Gliederung, Form, Schönheit, Weisheit, und wie alle unsere ästhetischen Menschlichkeiten heißen." (II, 115) — bis zur Aufrichtung eines dem Christlichen diametral entgegengesetzten Gottesbildes:

> „Hat ein Gott die Welt geschaffen, so schuf er den Menschen zum A f f e n G o t t e s , als fortwährenden Anlaß zur Erheiterung in seinen allzulangen Ewigkeiten. Die Sphärenmusik um die Erde herum wäre dann wohl das Spottgelächter aller übrigen Geschöpfe um den Menschen herum. Mit dem Schmerz kitzelt jener gelangweilte Unsterbliche sein Lieblingstier, um an den tragisch-stolzen Gebärden und Auslegungen seiner Leiden, überhaupt an der geistigen Empfindsamkeit des eitelsten Geschöpfes seine Freude zu haben." (I, 880)

Während die Theodizee den Nachweis für die bloß ephemere Natur des Negativen zu führen sucht —

> „Unsere Betrachtung ist insofern eine Theodizee, eine Rechtfertigung Gottes, welche Leibniz metaphysisch auf seine Weise in noch unbestimmten, abstracten Kategorien versucht hat, so daß das Übel in der Welt begriffen, der denkende Geist mit dem Bösen versöhnt werden sollte ... Diese Aussöhnung kann nur durch die Erkenntnis des Affirmativen erreicht werden, in welchem jenes Negative zu einem Untergeordneten und Überwundenen verschwindet." (Hegel, ‚Philosophie der Geschichte‘, XI, 42) —

zeigt Nietzsche umgekehrt darauf, „wieviel Blut und Grausen ... auf dem Grunde aller ‚guten Dinge‘" (II, 804) ist.

Damit ist aber auch schon die Bedeutung der Anti-Theodizee im unmittelbaren Sinne erschöpft; sie hat keine eigene Bedeutung, sondern scheint insofern bloß polemischer Natur zu sein, als sie die traditionelle Theodizee zerstören will, um die eigene, neue Theodizee zu ermöglichen, die den Untergang eben jener christlichen voraussetzt. Der Nihilismus ist so das Purgativ, durch das das Bewußtsein frei von den überkommenen „Irrtümern" der Metaphysik und Religion wird:

> „Indem wir die christliche Interpretation dergestalt von uns stoßen und ihren ‚Sinn‘ wie eine Falschmünzerei verurteilen, kommt nun sofort auf eine furchtbare Weise die Schopenhauersche Frage zu uns: h a t d e n n d a s D a s e i n ü b e r h a u p t e i n e n S i n n ? — jene Frage, die ein paar Jahrhunderte brauchen wird, um auch nur vollständig und in alle ihre Tiefen hinein gehört zu werden." (II, 228)

Die Zerstörung der überlieferten Theodizee ist also zugleich die Genese der Sinnfrage, so daß diese als die verkürzte, nämlich subjektiv gewendete, aus dem Kosmischen ins Psychische verinnerlichte Theodizee verstanden werden müßte. Unreflektiert hat Nietzsche jedoch nie eine „Lösung" der Sinnfrage durch eine Definition dessen, was der Sinn des Daseins sei, zu eruieren versucht; im Gegenteil scheint er sie nur dadurch beantworten zu können, daß er sie als Frage ad absurdum führt.

Vergegenständlicht-kategorial zielt die Sinnfrage auf das Verhältnis Teil — Ganzes derart, daß in der Zurückführung des Teils auf das Ganze, zum Beispiel des Kreislaufs Exemplar — Gattung, die Sinnfrage zur Ruhe kommt; nach dem Sinn des Ganzen zu fragen wäre demnach logisch gesehen Unsinn; wenn nun „das Ganze" eine geschichtlich variable Größe ist, bewirkt eine Reduzierung dieser Größe die Hypostasierung der auf Grund dieser Reduzierung bedeutungslos gewordenen Sinnfrage als Sinnlosigkeit des neuen Ganzen. Wenn also „die Welt", ehedem als ens creatum nur ein Teilaspekt des Ganzen, durch die Säkularisierung zum Ganzen wird, zielt die Frage nach dem Sinn der Welt, die davor ihre Beantwortung in Gott als dem sie umfassenden Ganzen fand, nunmehr ins Leere. Das durch die Aufklärung desillusionierte Bewußtsein hypostasiert die Unmöglichkeit einer Beantwortung der Frage nach dem Sinn der Welt als Sinnlosigkeit des Ganzen, mit welcher Hypostase der Nihilismus hervortritt.

Der Kampf Nietzsches gegen die Metaphysik, gegen eine „wahre Welt" hinter der nur scheinbaren hat hier seinen letzten Grund: die Hypostasierung einer unbekannten Welt an sich antizipiert ein Ganzes, durch das „der Welt", „dem Leben" als Teil erst der Sinn gegeben würde. Wird dieses „höhere" Ganze nun zu einem leeren Transzendenten, bleibt also nur noch die Leerstelle jener „Welt an sich", so hält sich durch das Bewußtsein dieser inhaltslosen Transzendenz, das nichts anderes als das Bewußtsein der bloßen Immanenz des Weltlichen ist, die Frage nach der sinngebenden Teil — Ganzes Beziehung im Hinblick auf die Welt durch; sie findet aber keine Antwort mehr der Art, daß sich die Teil — Ganzes Beziehung konkretisieren ließe: das Resultat dieser Bewegung ist die nihilistische Behauptung der Sinnlosigkeit der Welt. Wenn „das Ganze" ein Resultat der jeweiligen Perspektive ist — Nietzsches erkenntnistheoretische Grundthese: „alles ‚Erkennen' ist perspektivisch", es gibt keine absolute Reflexion, und seine „metaphysische" Konzeption „es gibt nichts außer dem Ganzen", es gibt kein Transzendieren des Seienden, sind ja nur zwei Seiten e i n e s Gedankens — muß eine Perspektivenverschiebung zu einer Sinnerfüllung oder einer Sinnverneinung führen, je nachdem, ob „das Ganze" sich perspektivisch erweitert oder verringert.

Die Veränderung der Perspektive jedoch läßt sich nur dialektisch begreifen, da eine Verringerung der Perspektive nicht nur ein größeres Ganzes und damit den Sinnbezug zerstört, sondern zugleich ein neues Ganzes und damit einen neuen Sinnbezug konstituiert; wenn es gelingt, und dies ist Nietzsches Intention, den Menschen von der Frage nach dem die Welt transzendierenden — und sie dadurch zu einem der Teil-Ganzes Beziehung unterliegenden und damit der Sinnfrage Bedürftigen herabsetzenden — Ganzen zu befreien und ihn auf die Weltperspektive festzustellen, wird die Welt zum Ganzen und damit zum Sinn des einzelnen Daseienden.

Demnach tritt das nihilistische Stadium — die eo ipso unlösbare Frage nach dem Sinn des Ganzen entsteht durch eine perspektivische Verschiebung im Umfang

des Ganzen — durch die beginnende Zerstörung des alle Sinnbezüge tragenden
Ganzen ein; ein durchgeführter Nihilismus aber, der ja an nichts mehr angelegt
werden kann, womit verglichen er Nihilismus wäre, würde im Resultat dazu
führen, daß jene leere und unbestimmte Transzendenz, die die Frage nach dem
Sinn des Ganzen hervorruft, verschwindet, d. h. der nun bestimmten, immanenten
Transzendenz, „der Welt" Platz macht:

> „Der Nihilismus stellt einen pathologischen Zwischenzustand dar ... Voraussetzung
> dieser Hypothese: — Daß es keine Wahrheit gibt; daß es keine absolute Beschaffen-
> heit der Dinge, kein ‚Ding an sich' gibt. — Dies ist selbst nur Nihilismus, und zwar
> der extremste." (III, 557)

Mit diesem Schritt verschwindet die Sinnfrage als Frage nach dem Sinn des
Ganzen, so daß also die Explikation der Intention Nietzsches zusammengefaßt
werden kann: die Durchführung der Sinnfrage führt diese ad absurdum, die Sinnlosigkeit schlage um in reine Sinnerfüllung.

Dem Vorgang Hegels — Philosophie als sich selbst aufhebenden Skeptizismus
zu begreifen[11] — folgend versucht Nietzsche also, nach dessen dialektischem
Diktum „alle großen Dinge ... durch sich selbst zugrunde" gehen, „durch einen
Akt der Selbstaufhebung" (II, 898), den Nihilismus als Ausgangspunkt einer nicht
mehr auf einem transzendenten Gott ruhenden Theodizee zu begreifen; er sucht die
ewige Wiederkehr des Gleichen,

> — „Denken wir diesen Gedanken in seiner furchtbarsten Form: das Dasein, so wie
> es ist, ohne Sinn und Ziel, aber unvermeidlich wiederkehrend, ohne ein Finale ins
> Nichts: ‚die ewige Wiederkehr'. Das ist die extremste Form des Nihilismus: das
> Nichts (das ‚Sinnlose') ewig!" (III, 853) —

den Gedanken, den die Hochreligionen insgesamt perhorreszieren, da er identisch
ist mit der Verabsolutierung der Immanenz, des Kreislaufs des Lebens, diesen Gedanken als Chiffre der höchsten Sinnlosigkeit u n d zugleich der Überwindung
des Nihilismus darzustellen; dabei kann die Dialektik des Umschlagens von
reiner Sinnlosigkeit in reine Sinnerfülltheit, die, wie gerade gezeigt, die Angel ist,
um die sich die Selbstaufhebung des Nihilismus dreht, nicht einfach eliminiert werden; sie läßt als umgekehrte Bewegung von der reinen Sinnerfülltheit zur reinen
Sinnlosigkeit die Sinnfrage letztlich doch in der Schwebe, so daß die Antwort auf
die Sinnfrage am Ende durch den Einzelnen gegeben werden muß:

> „Das größte Schwergewicht. — Wie, wenn dir eines Tages oder Nachts ein Dämon
> in deine einsamste Einsamkeit nachschliche und dir sagte: ‚Dieses Leben, wie du es
> jetzt lebst und gelebt hast, wirst du noch einmal und unzählige Male leben müssen;
> und es wird nichts Neues daran sein ... die ewige Sanduhr des Daseins wird immer
> wieder umgedreht — und du mit ihr, Stäubchen vom Staube!' — Würdest du dich
> nicht niederwerfen und mit den Zähnen knirschen und den Dämon verfluchen, der so
> redete? Oder hast du einmal einen ungeheuren Augenblick erlebt, wo du ihm ant-
> worten würdest: ‚du bist ein Gott und nie hörte ich Göttlicheres!' Wenn jener Ge-

---

[11] Hegel formuliert genauer, nämlich die Geschichte der Erfahrung des Bewußtseins in der
Darstellung reflektierend, „Dieser sich vollbringende Skeptizismus ..." (‚Phänomenologie des Geistes', S. 67).

danke über dich Gewalt bekäme, er würde dich, wie du bist, verwandeln und vielleicht zermalmen; die Frage bei allem und jedem: ‚willst du dies noch einmal und
noch unzählige Male?‘ würde als das größte Schwergewicht auf deinem Handeln
liegen! Oder wie müßtest du dir selber und dem Leben gut werden, um nach nichts
mehr zu verlangen als nach dieser letzten ewigen Bestätigung und Besiegelung? —“
(II, 202 f.)

Dieses Umschlagen des Nihilismus als Bewußtsein des Verlustes der Transzendenz in die Bejahung der reinen Immanenz des Mundanen ist unvereinbar mit der
Vorstellung einer ewigen Natur[12] des Menschen. Wenn es nur „den Menschen“
gibt, der sein Selbstverständnis auf dem Umweg über die metaphysischen und
moralischen Irrtümer gewann, dann ist der Nihilismus die letzte Stufe des Bewußtseins; der schwache Nietzsche haust sich hier ein, der Nietzsche des „Übermenschen“; der Mensch ist danach eine Sackgasse, der Übermensch die abstrakte
Negation des Menschen[13]. Ein Verlassen dieser Stufe der Irrtümer ist nur möglich,
wenn der Mensch als ein geschichtliches Wesen begriffen wird, so, daß sein Selbstverständnis und seine Existenz untrennbar sind,

> — „Der Mensch muß von Zeit zu Zeit glauben, zu wissen, warum er existiert.“
> (II, 35) —

und daß seine Substanz von seiner Erfahrung als reflektierendes Subjekt bestimmt
wird. Gestehe ich der Reflexion diese Kraft nicht zu, so bleibt nur der Ausweg der
absoluten Praxis, der Züchtung eines neuen Typus Mensch, von dem man nicht
weiß, ob er nicht letztlich der ‚letzte Mensch‘ ist, der ebenfalls wieder, vor jeder
Transzendenz blind, im Faktischen sich eingehaust hat.

Diese fatale Nähe des von Nietzsche so heftig attackierten „letzten Menschen“
und des nihilistischen Bewußtseins, dessen Verzweiflung an der „wahren Welt“,
die sich hinter der „scheinbaren“ auftun soll, in eine unmittelbar sein wollende
Bejahung der reinen Mundanität umschlägt, begegnet häufiger in Nietzsches Werk,
ohne daß ein Unterschied aufgewiesen wird, der über das bloße Meinen hinausgeht; jene Nähe beider Gestalten, der des „letzten Menschen“ und der vom
Nihilismus durch die Rückkehr zur Unschuld des Werdens befreiten, läßt sich bis in
Einzelheiten nachweisen. So wiederholt der Nietzsche der ‚Genealogie der Moral‘
das Urteil des „letzten Menschen“ über die Religion:

> „Er (der Mensch, Anm. von mir, H. R.) wirft alles Nein, das er zu sich selbst, zur
> Natur, zur Natürlichkeit, Tatsächlichkeit seines Wesens sagt, aus sich heraus als ein
> Ja, als seiend, leibhaft, wirklich, als Gott, als Heiligkeit Gottes, als ... Ewigkeit ...

---

[12] Finks Interpretation, die Vorstellung des Christentums als einer von jeher nihilistischen
Lebenstendenz (‚Nietzsches Philosophie‘, S. 152) muß hinter die Geschichtlichkeit auf
Ontologie zurückgreifen und ein an sich nihilistisches Wesen des Christentums hypostasieren, das erst in Nietzsche zum Bewußtsein kommt; diese Interpretation jedoch
ignoriert die Notwendigkeit jener Irrtümer für die Selbsterzeugung des Menschen, die,
wie gezeigt, bei Nietzsche vermittelt ist durch eben jene ‚Irrtümer‘, die aber erst in
ihrem Durchschautwerden zu Irrtümern werden.

[13] Siehe hierzu Nr. 49 der ‚Morgenröte‘ (I, 1045 f.).

Wer es noch zu hören vermag (aber man hat heute nicht mehr die Ohren dafür! —),
wie in dieser Nacht von Marter und Widersinn der Schrei Liebe, der Schrei des
sehnsüchtigsten Entzückens, der Erlösung in der Liebe geklungen hat, der wendet
sich ab, von einem unbesieglichen Grausen erfaßt, ... Im Menschen ist so viel
Entsetzliches! ... Die Erde war zu lange schon ein Irrenhaus!" (II, 833 f.)
— „Was ist Liebe? Was ist Schöpfung? Was ist Sehnsucht? ... so fragt der letzte
Mensch und blinzelt ... ,Ehemals war alle Welt irre' — sagen die Feinsten und
blinzeln." (II, 284)

Die Reaktion des projizierten zeitgenössischen Bewußtseins im ,Zarathustra'
auf dessen Rede vom „letzten Menschen" und Zarathustras Antwort auf diese
Reaktion lassen dann noch einmal die Aporie hervortreten, mehr als einen bloß
gemeinten Unterschied zwischen „letztem Menschen" und „Übermenschen" nicht
artikulieren zu können:

> „,Gib uns diesen letzten Menschen, oh Zarathustra', — so riefen sie — ,mache uns
> zu diesen letzten Menschen! So schenken wir dir den Übermenschen!' Und alles
> Volk jubelte und schnalzte mit der Zunge. Zarathustra aber wurde traurig und
> sagte zu seinem Herzen: ,Sie verstehen mich nicht: ich bin nicht der Mund für diese
> Ohren!" (II, 285)

Deshalb soll der Hintergrund dieser Schwierigkeit, in die Nietzsche immer
wieder gerät, ausgeleuchtet werden; zunächst sei der gedankliche Umkreis von
Nietzsche aus umrissen: Der Angelpunkt, um den sich die Selbstaufhebung des
Nihilismus zu drehen scheint, ist befestigt in der Untrennbarkeit der „wahren" und
der „scheinbaren" Welt:

> „Die wahre Welt haben wir abgeschafft: welche Welt blieb übrig? die scheinbare
> vielleicht? ... Aber nein! mit der wahren haben wir auch die scheinbare abgeschafft!"
> (II, 963)

Diese Untrennbarkeit reflektiert das nihilistische Bewußtsein in der Einsicht in
die Sinnlosigkeit von Verzweiflung, Resignation, Selbstmord und Revolution, um
nur die wichtigsten Auswege aus dem Bewußtsein des Chorismos von Ideal und
Leben zu nennen; was soll z. B. der Selbstmord noch bedeuten, wenn auch er ein
Entrinnen aus der ewigen Wiederkehr des Gleichen, aus der reinen Immanenz des
Aufgehens im Mundanen nicht leistet:

> „Wir sind um ein Interesse ärmer geworden: das ,Nach-dem-Tode' geht uns nichts
> mehr an! — eine unsägliche Wohltat, welche nur noch zu jung ist, um als solche
> weit- und breithin empfunden zu werden." (I, 1061)

Der Nihilismus als Moment des Humanismus soll den Menschen zur Bejahung
der Wirklichkeit jenseits des Chorismos „wahre — scheinbare Welt" befreien:

> „Wer, gleich mir, mit irgendeiner rätselhaften Begierde sich lange darum bemüht
> hat, den Pessimismus in die Tiefe zu denken ... wer wirklich einmal mit einem
> asiatischen und überasiatischen Auge in die weltverneinendste aller möglichen
> Denkweisen hinein- und hinuntergeblickt hat — jenseits von Gut und Böse ... der hat
> vielleicht ebendamit, ohne daß er es eigentlich wollte, sich die Augen für das umge-
> kehrte Ideal aufgemacht: für das Ideal des übermütigsten, lebendigsten und welt-
> bejahendsten Menschen." (II, 617)

Eine solche Bejahung impliziert dann das Abtun alles Wertens[14], alles Wollens[15] und alles Sollens[16]. Wenn der Wille „bloß ein Wort ist" (II, 960), muß alles menschliche Tun der Kategorie des natürlichen Geschehens subsumiert werden, und erst die Eliminierung aller Finalität ermöglicht die Theodizee des Mundanen:

> „Ich suche eine Weltkonzeption, welche dieser Tatsache gerecht wird. Das Werden soll erklärt werden, ohne zu solchen finalen Absichten Zuflucht zu nehmen: das Werden muß gerechtfertigt erscheinen in jedem Augenblick." (III, 684)

Der Verlust des transzendenten Absoluten macht den Weg frei für die Erkenntnis des immanenten Absoluten, des Selbstwerts in allem Dasein, der bisher durch die Verabsolutierung des Wertens nach Gut und Böse, nach Mittel und Zweck verstellt war:

> „Das aber ist mein Segnen: über jedem Ding als sein eigener Himmel stehn, als sein rundes Dach, seine azurne Glocke und ewige Sicherheit: und selig ist, wer also segnet! Denn alle Dinge sind getauft am Borne der Ewigkeit und jenseits von Gut und Böse; ... ‚Von Ohngefähr' — das ist der älteste Adel der Welt, den gab ich allen Dingen zurück, ich erlöste sie von der Knechtschaft unter dem Zwecke." (II, 415 f.)

Hier begegnet uns der Nietzsche der vorgeblichen Überwindung des Nihilismus durch die Verkündigung einer neuen, reinen Unmittelbarkeit, die den Bereich der Zwecke, d. h. der universalen Vermittlung alles Seienden, hinter sich gelassen habe. Hier scheint auch der Bereich der Philosophie Nietzsches zu beginnen, dessen Wirkung sich nicht wie der des exoterischen der eingängigen Lehre vom Willen zur Macht verdankt, sondern der großen Faszination, die alles Unmittelbare, Unreflektierte, Unbewußte auf höchst vermittelte, reflektierte Gestalten des Bewußtseins ausübt:

> „Rien faire comme une bête, auf dem Wasser liegen und friedlich in den Himmel schauen, ‚sein, sonst nichts, ohne alle weitere Bestimmung und Erfüllung' könnte an Stelle von Prozeß, Tun, Erfüllen treten und so wahrhaft das Versprechen der dialektischen Logik einlösen, in ihren Ursprung zu münden." (Adorno, ‚Minima Moralia', S. 208)[17]

Das intendierte Heraustreten aus dem Reich der Vermittlungen in eine neue Unmittelbarkeit — „Wann werden wir anfangen dürfen, uns Menschen mit der reinen, neu gefundenen, neu erlösten Natur zu vernatürlichen!" (II, 116) — be-

---

[14] „Die völlige Unverantwortlichkeit des Menschen für sein Handeln und sein Wesen ist der bitterste Tropfen, welchen der Erkennende schlucken muß ... Alle seine Schätzungen, Auszeichnungen, Abneigungen sind dadurch entwertet und falsch geworden: ... er darf nicht mehr loben, nicht tadeln, denn es ist ungereimt, die Natur und die Notwendigkeit zu loben und zu tadeln." (I, 513).

[15] „Man hat das Werden seiner Unschuld entkleidet, wenn irgendein So-und-so-Sein auf Wille, auf Absichten, auf Akte der Verantwortlichkeit zurückgeführt wird: die Lehre vom Willen ist wesentlich erfunden zum Zweck der Strafe, das heißt des Schuldig-finden-wollens." (II, 977).

[16] „Die Moral ist gerade so ‚unmoralisch' wie jedwedes andre Ding auf Erden; die Moralität selbst ist eine Form der Unmoralität. Große B e f r e i u n g , welche diese Einsicht bringt. Der Gegensatz ist aus den Dingen entfernt, die Einartigkeit in allem Geschehen ist gerettet." (III, 527).

[17] Vgl. Nietzsche I, 937 Nr. 160, „Chopins Barcarole" und Nietzsche über Pyrrhon von Elis, III, 766 f.

deutet zugleich den Versuch des sich Verabschiedens vom Prozeß dieser Vermittlungen, der Geschichte; in dem Nietzsches Antizipation der Versöhnung von Aufklärung und Sprachlichkeit, kritischer Reflexion und Metaphysik vergegenständ-
lichenden Bild der Kettenkrankheit begegnete uns diese zentrale Intention schon
einmal: das höchste Ziel der mühevollen und durch notwendige Irrtümer vermittelten Geschichte der Menschwerdung sei die Fähigkeit der Zuwendung zu den
nächsten Dingen, die endlich erreichte Unmittelbarkeit (I, 1006).

Ich werde zunächst einige prinzipielle Reflexionen zu diesem intendierten
Schritt vortragen, um die damit verbundene begriffliche Problematik aufzuzeigen,
um dann nachzuprüfen, inwiefern Nietzsche selbst diese Antizipation einer neuen,
reinen Unmittelbarkeit im Kontext seiner Philosophie durchhalten kann.

Im Zentrum der Überlegungen über den Wahrheitsgehalt der „Theodizee des
Mundanen", der Apotheose der reinen Unmittelbarkeit, steht die These, daß auch
und gerade diese neue Unmittelbarkeit als solche aufgehobene, nicht negierte Vermittlung ist, und daß gerade die Eliminierung dieser ihrer Genese das Unter-
drückte, die Vermittlung hervortreten läßt:

Das Insistieren auf der reinen Unmittelbarkeit, dem reinen Sein perhorresziert
zugleich jede Nichtidentität, da diese als Sein für Anderes wieder das Moment der
Vermittlung hereinbringen würde; nun ist aber gerade die reine Einheit des Seins
mit sich ununterscheidbar von der reinen Reflexion in sich, der reinen Vermittlung,
Sein als Sein ist nur für die Reflexion, da der Unterschied zwischen Sein als Sein
und Sein für Anderes nur für die Reflexion ist. — Im Begriff scheint sich hier die
Ununterscheidbarkeit des „Übermenschen" vom „letzten Menschen" zu wiederholen. —

An dem Bewußtsein, dem die reine Unmittelbarkeit das Wesen ist, erscheint
dieser Übergang von reiner Unmittelbarkeit in Vermittlung als der verzweifelte
Versuch des Selbst, nicht es selbst zu sein, sondern sein Selbstsein als inferior
— gemessen an der scheinbaren Solidität des bloß Seienden — zu verwerfen.
Nietzsches Polemik gegen das Bewußtsein als „einen unvollkommenen und oft
krankhaften Personalzustand" (III, 746) ist selbst Resultat der Reflexion, die,
indem sie sich von sich abzustoßen versucht, sie selbst, Reflexion bleibt, da das
Sichvonsichselbstabstoßen, das darin bei sich selbst bleibt, die Bewegung der
Reflexion definiert. Das quid pro quo des Umschlagens der reinen Sinnlosigkeit des
bloß Mundanen in die Sinnerfülltheit des Geborgenseins in der Unschuld des
kosmischen Werdens, Seins und Vergehens, und die Rettung des gefährdeten Ich
durch Selbstverleugnung, durch Mimikry ans Seiende, Unmittelbare kommen
jedoch nicht los von dem, was sie abstrakt zu verneinen suchen. Diese Aporie zeigt
sich nicht nur in der gerade aufgewiesenen begrifflichen Dialektik des sich als
identisch-Zeigens des reinen Seins und der reinen Bewußtheit, der reinen Unmittelbarkeit und der reinen Vermittlung, sondern auch innerhalb der Kategorien und
Bilder Nietzsches selbst.

Das für Nietzsche sehr bedeutsame Bild des „letzten Menschen" läßt, wie schon gezeigt wurde, keine genaue Unterscheidung[18] von seinem anderen Extrem, dem „Übermenschen" zu; der nur noch sub specie der Nützlichkeit reflektierende „letzte Mensch" u n d der das Bewußtsein als inferior überspringende „Übermensch" sind in ihrem Sein festgestellt, in ihrer Art vollkommen:

> „Daß der ‚zahme Mensch', der Heillos-Mittelmäßige und Unerquickliche bereits sich als Ziel und Spitze, als Sinn der Geschichte, als ‚höheren Menschen' zu fühlen gelernt hat — ja daß er ein gewisses Recht darauf hat, sich so zu fühlen, insofern er sich im Abstande von der Überfülle des Mißratenen, Kränklichen, Müden, Verlebten fühlt, nach dem heute Europa zu stinken beginnt, somit als etwas wenigstens relativ Geratenes, wenigstens noch Lebensfähiges, wenigstens zum Leben Ja-Sagendes." (II, 788)

Auch Christus' Standpunkt jenseits von Gut und Böse — auch jenseits von Diesseits und Jenseits, wahrer und scheinbarer Welt — ist von dem von Nietzsche angestrebten nachnihilistischen nicht zu unterscheiden:

> „In der ganzen Psychologie des ‚Evangeliums' fehlt der Begriff Schuld und Strafe; insgleichen der Begriff Lohn. Die ‚Sünde', jedwedes Distanzverhältnis zwischen Gott und Mensch ist abgeschafft — eben das ist die ‚frohe Botschaft'. Die Seligkeit wird nicht verheißen, sie wird nicht an Bedingungen geknüpft: sie ist die einzige Realität." (II, 1195)

Die Untrennbarkeit der beiden Extreme ist als Index dafür aufzufassen, daß sowohl der „letzte Mensch" als auch der „Übermensch" nur Momente des wirklichen Menschen sind, den Nietzsche einmal als „ein Seil, geknüpft zwischen Tier und Übermensch — ein Seil über einem Abgrunde" (II, 281) bezeichnet.

Ich verstehe dieses Bild als Beschreibung des menschlichen Bewußtseins, das mehr ist als Tier und Übermensch, nämlich die Reflexion beider, beide als Momente enthaltend. Gegen Nietzsches Intention wäre der Übermensch als das Resultat der Negierung des Menschen zugleich die Zerstörung der Spannung, die der Mensch „als das Seil über dem Abgrunde" ausgebildet hat.

Die „Theodizee des Mundanen" in ihrer unmittelbaren Gestalt geht zugrunde an der Dialektik, an dem Negativen, das vom positiv Seienden sich als untrennbar erweist; der Forderung, die das subjektive Korrelat zu der Apotheose der neuen, reinen Unmittelbarkeit ist, die selbst unmittelbare, ungebrochene Beziehung zum

---

[18] Parallel zu Nietzsche läßt sich auch bei Kierkegaard die Differenz zwischen dem ‚Glaubensritter' und dem Spießbürger, d. h. dem im höchsten Maß Verzweifelten nicht angeben:
„Diejenigen . . ., die des Glaubens Kleinod tragen, enttäuschen leicht, weil ihr Äußeres eine auffallende Ähnlichkeit mit dem hat, was sowohl die unendliche Resignation als auch der Glaubende tief verachtet, — mit der Spießbürgerlichkeit." (‚Furcht und Zittern' 34, siehe überhaupt ebenda 34 ff. und ‚Der Begriff Angst', S. 86 ff., ‚Die Krankheit zum Tode', S. 22 ff., 39—45). Wieder hypostasiert Kierkegaard die theoretische Ohnmacht als salto mortale, als Sprung ins absolute Gegenteil: „So niederfallen, daß es in derselben Sekunde aussieht, als stünde und ginge man, den Sprung im Leben zu einem Gang verwandeln, absolut das Sublime im Pedestren ausdrücken, — das kann nur jener Ritter, — und dies ist das einzige Wunder." (‚Furcht und Zittern', S. 37).

Seienden zustande zu bringen, — „ich will irgendwann einmal nur noch ein Ja-sagender sein" (II, 161) — kann Nietzsche eben nicht gerecht werden. Dies demon-striert insbesondere d i e geschichtsphilosophische Aporie seiner Schriften, die Unmöglichkeit der Erklärung des Untergangs der Antike und des Sieges des Christentums über Rom, der „Schwachen" über die „Wohlgeratenen":

> „Wer von ihnen einstweilen g e s i e g t hat, Rom oder Judäa? Aber es ist ja gar kein Zweifel ... Dies ist sehr merkwürdig: Rom ist ohne allen Zweifel unterlegen." (II, 796)

Angesichts der faktischen Trümmer der Geschichte, des Untergangs gerade des Edelsten entsteht ja das Bedürfnis der Theodizee:

> „Unsere Betrachtung ist insofern eine Theodizee, eine Rechtfertigung Gottes, ... so daß das Übel in der Welt begriffen, der denkende Geist mit dem Bösen versöhnt werden sollte. In der Tat liegt nirgend eine größere Aufforderung zu solcher ver-söhnenden Erkenntnis als in der Weltgeschichte." (Hegel, ‚Philosophie der Ge-schichte', XI, 42)

Wie soll Nietzsche hier eine ungebrochene „jasagende" Beziehung aufrecht-erhalten oder gar gewinnen, zumal die geschichtlichen Katastrophen die in der „Theodizee des Mundanen" behauptete unmittelbare Identität zwischend seiend, wirklichkeitsmächtig und gut zerstören[19]?

> „Die ganze Arbeit der antiken Welt u m s o n s t : ich habe kein Wort dafür, das mein Gefühl über etwas so Ungeheures ausdrückt ... Die versteckte Rachsucht, der kleine Neid H e r r geworden! Alles Erbärmliche, An-sich-Leidende, Von-schlechten-Gefühlen-Heimgesuchte, die ganze Ghetto-Welt der Seele mit einem Male o b e n - a u f." (II, 1230 f.)

Die unmittelbare Reflexion dieses Bruches zwischen dem Ideal der Herrschaft der Vornehmen, Guten, Schönen, Glücklichen (II, 782 f.) und der wirklichen Herrschaft der „Eckensteher" ist das Sollen, die Forderung, die schlechte Wirklich-keit müsse geändert werden. Im Mittelpunkt der Erklärungsversuche Nietzsches für dieses Phänomen der Niederlage der „Herrenmoral" steht die Kategorie des „Ressentiments":

> „Der Sklavenaufstand in der Moral beginnt damit, daß das Ressentiment selbst schöpferisch wird und Werte gebiert ... während alle vornehme Moral aus einem triumphierenden Jasagen zu sich selber herauswächst, sagt die Sklaven-Moral von vornherein Nein zu einem ‚Außerhalb', zu einem ‚Anders', zu einem ‚Nicht-selbst': und d i e s Nein ist ihre schöpferische Tat." (II, 782)

Abgesehen von der philosophischen Naivität Nietzsches, die die geistlose Un-mittelbarkeit der „Herrenmoral" unreflektiert über die Geistigkeit der „Sklaven-moral", der das Prinzip der Negativität zugrunde liegt, stellt und damit den

---

[19] Auch Platon, dessen Begriff der areté im Unterschied zur Moralität das bloße Sollen in Richtung auf Tüchtigkeit, Seinsstärke zu übersteigen sucht, gerät die faktische Macht der Ungerechten zu der crux seiner Dialoge, die sich um den Staat drehen. Die Frage, wie der ideale Staat, der als Utopie eo ipso keine befriedigende Antwort auf das Pro-blem der Wirklichkeit des Guten gibt, zugrunde gehen kann, beantwortet er im Buch H der Politeia mit subjektiven Irrtümern, die durch die Institution als solche paralysiert sein müßten, deren Begründung im Zentrum der Staatsutopie stand.

Wendepunkt der menschlichen Geschichte, den Hegel im Herrschafts-Knechtschafts-
kapitel der ‚Phänomenologie des Geistes‘ markiert hat, in seiner Bedeutung gar
nicht zu Gesicht bekommt, stellt die Verwendung der Kategorie des Ressentiments,
die sonst durchaus zur Erhellung der ‚Genealogie der Moral‘ beiträgt, in diesem
Zusammenhang eine der schwächsten Stellen Nietzsches dar:

Wenn das Ressentiment definiert ist durch die Verkehrung des Nichtkönnens in
ein Nichtwollen durch diejenigen, die die Schwächeren sind, dann spricht gerade
aus Nietzsche das Ressentiment, wenn er den Sieg des „Sklavenaufstandes“ mit
der Unfähigkeit — sowohl der Kraft als dem Willen nach — der Vornehmen erklärt, die Plebejer mit deren Waffen zu bekämpfen; ebenfalls verfällt Nietzsche
selbst dem Ressentiment, wenn er die „Feinde“, die siegreichen Plebejer, diffamiert:

> „Er (der vornehme Mensch, Anm. von mir, H. R.) verlangt ja seinen Feind für sich,
> als seine Auszeichnung, er hält ja keinen andren Feind aus, als einen solchen, an dem
> nichts zu verachten und sehr viel zu ehren ist! Dagegen stelle man sich ‚den Feind‘
> vor, wie ihn der Mensch des Ressentiment konzipiert — und hier gerade ist seine
> Tat, seine Schöpfung: er hat den ‚bösen Feind‘ konzipiert, ‚den Bösen‘, und zwar
> als Grundbegriff, von dem aus er sich als Nachbild und Gegenstück nun auch noch
> einen ‚Guten‘ ausdenkt — sich selbst.“ (II, 785)

Nietzsche stellt sich doch selbst durch seine Argumentation vor die Alternative:
entweder die Stärkeren, faktisch Herrschenden stellen eo ipso den höheren Typus
„Mensch“ dar, dann wird die Polemik gegen die siegreichen Sklaven sinnlos; oder
die Gleichung mächtig = besser stimmt nicht, dann ist der Einwand der Unter-
drückten nicht einfach als Ressentiment abzutun. Nietzsche stellt sich diesen Einwand — wenn auch in abgeschwächter Form — selbst:

> „Aber was reden sie noch von vornehmeren Idealen! Fügen wir uns in die Tatsachen:
> das Volk hat gesiegt ... Die Herren sind abgetan; die Moral des gemeinen Mannes
> hat gesiegt“ (II, 781),

aber eine Antwort bleibt er schuldig:

> „Für mich nämlich gibt es an dieser Stelle viel zu schweigen“ (II, 782).

Während die Hegelsche Philosophie aus der Zuwendung zum Negativen[20]
lebt, weicht Nietzsche immer wieder da, wo er selbst — wenn auch in säkularisier-
ter Gestalt — die alte Aufgabe der Theodizee angeht, vor dem Negativen zurück,
versucht es zu überspringen, von ihm abzusehen, zu abstrahieren:

> „Ich will keinen Krieg gegen das Häßliche führen. Ich will nicht anklagen, ich will
> nicht einmal die Ankläger anklagen. W e g s e h e n sei meine einzige Verneinung!“
> (II, 161)

---

[20] „Der Tod ... ist das Furchtbarste, und das Tote festzuhalten, das, was die größte Kraft
erfordert. Die kraftlose Schönheit haßt den Verstand, weil er ihr dies zumutet, was sie
nicht vermag. Aber nicht das Leben, das sich vor dem Tode scheut und von der Ver-
wüstung rein bewahrt, sondern das ihn erträgt und in ihm sich erhält, ist das Leben
des Geistes ... Diese Macht ist er nicht als das Positive, welches von dem Negativen
wegsieht ... sondern er ist diese Macht nur, indem er dem Negativen ins Angesicht
schaut, bei ihm verweilt.“ (‚Phänomenologie des Geistes‘, S. 29 f.).

Soll der Gedanke an den Tod, vielleicht die Spitze der Negativität, verdrängt werden, —

> „Es macht mich glücklich zu sehen, daß die Menschen den Gedanken an den Tod durchaus nicht denken wollen!" (II, 163) —

so erweist sich der Lebensbegriff Nietzsches erneut als undialektisch, als sein Gegenteil ausschließend; dann erscheint auch der Antagonismus Leben — Wahrheit, der schon beim frühen Nietzsche hervortritt, in neuem Licht; nur ein undialektischer Lebensbegriff[21], der vom Negativen, Tödlichen abstrahiert, muß in ein abstraktes Gegensatzverhältnis zur Wahrheit treten, so daß das Weltanschauliche der Lebensphilosophie eben aus jener Reduktion des Lebensbegriffs auf reines Leben resultiert, das den Tod nicht als Moment aufnimmt, sondern perhorresziert[22].

Hegel hat in der ‚Phänomenologie des Geistes' im Kapitel ‚Die Lust und die Notwendigkeit' die Erfahrung des Bewußtseins, das das Leben als positiven Gegenstand „sich nimmt", als die Einsicht in die Identität d e s Lebens und der abstrakt logischen Wesenheiten, d. h. die Identität d e s Lebens — als Abstraktionsbegriff — und des Todes dargestellt:

> „Was dem Selbstbewußtsein also in der genießenden Lust als sein Wesen zum G e g e n s t a n d e wird, ist die Ausbreitung jener leeren Wesenheiten, der reinen Einheit, des reinen Unterschiedes und ihrer Beziehung; weiter hat der Gegenstand, den die Individualität als ihr W e s e n erfährt, keinen Inhalt. Er ist das, was die N o t w e n d i g k e i t genannt wird." (a. a. O. S. 264)

Das reine Leben, auf das die Lust und die Abstraktion geht, ist gerade als das nur Andere zum Tod selber nicht Leben, sondern Tod an sich; nur dadurch, daß das Lebendige sich selbst zum Moment macht, sterblich ist, das Andere seiner selbst, den Tod, als Moment — z. B. als Skelett — in sich hat, ist es mehr als die anorganische Natur, ist es im Anderen bei sich, frei vom Aufgehen im Toten, Anorganischen. Ein reines Leben, das ja dann auch unsterblich sein würde, wäre eine andere, zweite anorganische Natur, als vom Tode nur abstrahierend wäre sie mit ihm identisch.

Neigt Nietzsche einer rein ästhetischen[23] Weltbetrachtung zu, ausgehend von der „kraftlosen Schönheit", die den Verstand als das Prinzip des Negativen per-

---

[21] Während Nietzsche einerseits den Widerspruch, das Negative seiner selbst, unbedingt aus dem Lebensbegriff eliminiert wissen will: „Ein solcher Selbstwiderspruch, wie er sich im Asketen darzustellen scheint, ‚Leben gegen Leben' ist — so viel liegt zunächst auf der Hand —, physiologisch und nicht mehr psychologisch nachgerechnet, einfach Unsinn. Er kann nur scheinbar sein" (II, 861) — bestimmt er in deutlicher Nähe zu Hegel den Geist als „das Leben, das selber ins Leben schneidet". (II, 361).

[22] „Was auf ein natürliches Leben beschränkt ist, vermag durch sich selbst nicht über sein unmittelbares Dasein hinauszugehen; aber es wird durch ein anderes darüber hinausgetrieben, und dies Hinausgerissenwerden ist sein Tod. Das Bewußtsein aber ist für sich selbst sein B e g r i f f, dadurch unmittelbar das Hinausgehen über das Beschränkte und, da ihm dies Beschränkte angehört, über sich selbst; mit dem Einzelnen ist ihm zugleich das Jenseits gesetzt, wäre es auch nur, wie im räumlichen Anschauen, n e b e n dem Beschränkten." (‚Phänomenologie des Geistes', S. 69).

horresziert, so ist an die früheren Schriften Nietzsches zu erinnern, in denen die
Theodizee — „denn nur als ästhetisches Phänomen ist das Dasein und die Welt
ewig gerechtfertigt" (I, 40) — in ihrer ersten Gestalt als „artistische" Metaphysik
(III, 481) auftritt. Doch schon hier begnügt sich Nietzsche durchaus nicht mit einer
ästhetizistischen Idealisierung der Wirklichkeit, was ja auch der Kunst gar nicht
adäquat wäre, sondern deren Reduktion auf Kitsch gleichkäme, sondern auch dort
tritt die Theodizee als „tragisches Weltbild" auf, als metaphysische Konzeption:

> „Der metaphysische Trost — mit welchem, wie ich schon hier andeute, uns jede
> wahre Tragödie entläßt — daß das Leben im Grunde der Dinge, trotz allem Wechsel
> der Erscheinungen unzerstörbar mächtig und lustvoll sei, dieser Trost erscheint in
> leibhaftiger Deutlichkeit als Satyrchor, als Chor von Naturwesen, die gleichsam
> hinter aller Zivilisation unvertilgbar leben und trotz allem Wechsel der Generationen
> und der Völkergeschichte ewig dieselben bleiben." (I, 47)

Andererseits ist diese metaphysische Konzeption — entstanden in der Abhängigkeit von Schopenhauer — eben als metaphysische, d. h. auf der Trennung der
Wirklichkeit in Wesen und Erscheinung, gegründete für den mittleren und späteren
Nietzsche, der ja in eben dieser Metaphysik als Metaphysik, als „Erfindung einer
wahren Welt" hinter der „scheinbaren" den tiefsten Grund des Nihilismus erkannt
zu haben glaubt, unhaltbar. Allerdings muß bedacht werden, daß in dem lebensphilosophischen Theorem des Kreislaufs des Lebendigen, der das Einzelne von
seiner Scheinexistenz erlöst, die spätere Form der Theodizee als Lehre von der
ewigen Wiederkehr des Gleichen vorgebildet ist; jede lebensphilosophische Theorie
läuft ja auf die Verkündung der ewigen Wiederkehr des Gleichen, die Apotheose
des ewigen Kreislaufs als d e s metaphysischen Prinzips der Erklärung und Rechtfertigung des Daseins hinaus.

Halten wir fest, daß Nietzsche den Protest gegen die „schlechte Wirklichkeit",
daß er die Position des Sollens als Nihilismus durchschaut zu haben vorgibt, dann
bleiben zwei Wege, wenn er das Ziel erreichen will, ein Ja-sagender zu werden,
der „begreift, wie alles so, wie es gehen sollte, auch wirklich geht; wie jede Art
‚Unvollkommenheit' und das Leiden an ihr mit hinein in die höchste Wünschbarkeit gehört." (III, 690); entweder er relativiert alle Katastrophen der Geschichte

---

[23] Bei Nietzsche tritt später immer häufiger an die Stelle der Argumentation eine Artiku-
lation des Geschmacks, der argumentativ nicht mehr direkt begegnet werden kann:
„Die Veränderung des allgemeinen Geschmacks ist wichtiger als die der Meinungen;
Meinungen mit allen Beweisen, Widerlegungen und der ganzen intellektuellen Maske-
rade sind nur Symptome des veränderten Geschmacks..." (II, 64).
Dies tritt besonders in Nietzsches Stellung zu Pyrrho hervor; auf eine Weise, die
Nietzsche selbst nicht mehr überbieten konnte, skizziert er den Nihilismus Pyrrhos als
letztes Stadium, als das absolute Wissen der Antike:
„Die weise Müdigkeit: Pyrrho. Unter den Niedrigen leben, niedrig. Kein Stolz. Auf
die gemeine Art leben; ehren und glauben, was alle glauben. Auf der Hut gegen Wissenschaft und Geist, auch alles, was bläht... Einfach: unbeschreiblich geduldig, unbe-
kümmert, mild... Der Protest des Müden gegen den Eifer der Dialektiker; der Unglaube des Müden an die Wichtigkeit aller Dinge." (III, 766).

zu bloßen Gestaltabwandlungen, denen der Schrecken des Todes, des Endgültigen fehlt, da alles wiederkehrt, — oder er begreift das Negative, den Schmerz, den Tod, den Untergang des Edelsten als Moment der Entstehung neuer großer Gestalten des Bewußtseins und der Welt[24]; „ewige Wiederkehr des Gleichen" und Reflexion der Aporien der Theodizee des Mundanen als „Realdialektik" sind also die Wegweiser, die aus der aporetischen Dialektik der Theodizee der reinen Unmittelbarkeit hinausführen sollen.

Daß das zentrale philosophische Motiv der Lehre von der ewigen Wiederkehr des Gleichen in der Wiederaufnahme der metaphysischen Aufgabe einer Theodizee zu suchen ist, hat Nietzsche mehrfach ausgesprochen:

> „Philosophie, wie ich sie bisher verstanden habe... will den ewigen Kreislauf — dieselben Dinge, dieselbe Logik und Unlogik der Verknotung. Höchster Zustand, den ein Philosoph erreichen kann: dionysisch zum Dasein stehn: meine Formel dafür ist a m o r f a t i ." (III, 834)

Es bedarf keiner ausgedehnten Untersuchungen, um festzustellen, daß Nietzsches Versuch einer Theodizee — wenn auch nicht unter diesem Namen, sondern in Gestalt der Lehre von der ewigen Wiederkehr des Gleichen —, die andererseits das Zentrum seiner philosophischen Bemühungen um eine Überwindung des Nihilismus darstellt, gleichbedeutend ist mit der Rückkehr zur Metaphysik im vorkantischen Sinne, daß also seine Intention einer antimetaphysischen atheistischen Theodizee sich letztlich als undurchführbar zu erweisen scheint. Der Gedankengang, der den Kern der Lehre von der ewigen Wiederkehr des Gleichen bildet, wurde von Nietzsche selbst außer im Abschnitt ‚Vom Gesicht und Rätsel' des dritten Teils von ‚Also sprach Zarathustra' — und auch hier sehr verkürzt — explizit nur im Nachlaß formuliert[25].

Martin Heidegger hat ihn in seiner Nietzscheinterpretation in Form eines Schlusses zusammengefaßt:

> „1. Die Unendlichkeit der Zeit nach der Zukunfts- und der Vergangenheitsrichtung. 2. Die Wirklichkeit der Zeit, die keine ‚subjektive' Form des Anschauens ist. 3. Die Endlichkeit der Dinge und dinglichen Abläufe. Auf Grund dieser Voraussetzungen muß alles, was überhaupt sein kann, schon als Seiendes gewesen sein; denn in einer unendlichen Zeit ist der Lauf einer endlichen Welt notwendig schon vollendet." (‚Nietzsche' I, 296)

---

[24] Siehe z. B. aus dem Nachlaß der achtziger Jahre III, 738 f.: „Die Niedergangs-Instinkte sind Herr über die Aufgangs-Instinkte geworden... Der Wille zum Nichts ist Herr geworden über den Willen zum Leben! — Ist das wahr? ist nicht vielleicht eine größere Garantie des Lebens, der Gattung in diesem Sieg der Schwachen und Mittleren? — ist es vielleicht nur ein Mittel in der Gesamtbewegung des Lebens, eine Tempo-Verzögerung? eine Notwehr gegen etwas noch Schlimmeres? — Gesetzt, die Starken wären Herr, in allem, und auch in den Wertschätzungen geworden... möchten wir eigentlich eine Welt, in der die Nachwirkung der Schwachen, ihre Feinheit, Rücksicht, Geistigkeit, Biegsamkeit fehlte?"

[25] Siehe insbesondere Seite 463—479 des zweiten Bandes „Die Unschuld des Werdens", der Nachlaß ausgewählt und geordnet von Alfred Baeumler, Kröner Stuttgart 1956 und Band III, Seite 704 der Schlechta-Ausgabe.

Metaphysisch im Sinne vorkantischer Spekulation ist die dogmatische Subreption einer unendlichen Zeit, die bis zu jedem Augenblick abgelaufen sein müsse; die kantische Formulierung der Thesis der ersten Antinomie: „denn, man nehme an, die Welt habe der Zeit nach keinen Anfang: so ist bis zu jedem gegebenen Zeitpunkte eine Ewigkeit abgelaufen, und mithin eine unendliche Reihe aufeinander folgender Zustände der Dinge in der Welt verflossen" (‚Kr. d. r. V.‘, A 426), wird von Nietzsche fast wörtlich wiederholt, ohne daß er nur mit einem Wort auf die Kantische Beweisführung für die andere Seite der Antinomie, die Endlichkeit der Welt „in Ansehung der Zeit, als des Raums" (‚Kr. d. r. V.‘, A 427), bzw. den Antinomiencharakter solcher kosmologischer Behauptungen eingeht:

> „Das Maß der Allkraft ist bestimmt, nichts ‚Unendliches‘: hüten wir uns vor solchen Ausschweifungen des Begriffs! Folglich ist die Zahl der Lagen, Veränderungen, Kombinationen und Entwicklungen dieser Kraft zwar ungeheuer groß und praktisch ‚unermeßlich‘, aber jedenfalls auch bestimmt und nicht unendlich. Wohl aber ist die Zeit, in der das All seine Kraft übt, unendlich, das heißt, die Kraft ist ewig gleich und ewig tätig: — bis diesen Augenblick ist schon eine Unendlichkeit abgelaufen, das heißt alle möglichen Entwicklungen müssen schon dagewesen sein. Folglich muß die augenblickliche Entwicklung eine Wiederholung sein und so die, welche sie gebar und die, welche aus ihr entsteht und so vorwärts und rückwärts weiter. Alles ist unzählige Male dagewesen." (‚Die Unschuld des Werdens‘ II, 463)

Sieht man von den begrifflichen Schwächen[26] der die kritischen Einwände Kants übergehenden Begründung der Lehre von der ewigen Wiederkehr des Gleichen ab, so bleiben in ihr noch einige wichtige Implikationen, die für unser Thema von Bedeutung sind: wenn Nietzsche der Trauer über die Vergänglichkeit aller Dinge die Forderung der Ewigkeit entgegenhält, — „Weh spricht vergeh! Doch alle Lust will Ewigkeit —, — will tiefe, tiefe Ewigkeit!" (II, 558) —, so verfällt er doch damit nicht dem Eleatismus; denn die Lehre von der ewigen Wiederkehr des Gleichen vermittelt den Eleatismus mit dem Heraklitismus, die Einheit alles Geschehens mit der Vielfalt aller Möglichkeiten, das Sein mit dem Werden:

> „Daß alles wiederkehrt, ist die extremste Annäherung einer Welt des Werdens an die des Seins — Gipfel der Betrachtung." (III, 895)

---

[26] Die Lehre von der ewigen Wiederkehr des Gleichen kann auch als Korrelat der berühmten Zenonschen Aporie vom Achill, der die Schildkröte nicht einholen kann, aufgefaßt werden. Während Zenons Beweis auf der Unendlichkeit des Raums, d. h. dessen kontinuierlicher Teilbarkeit, bei gleichzeitigem Festhalten an der Endlichkeit der Zeit, die nicht kontinuierlich, stetig sein soll, beruht, resultiert die ewige Wiederkehr des Gleichen aus der umgekehrten Annahme der Endlichkeit des Raums, nämlich der nichtstetigen Teilbarkeit — so daß es dann nur eine endliche Zahl von Konstellationen gibt — bei vorausgesetzter Unendlichkeit der Zeit. Beide Aporien hatte an sich schon Aristoteles — ‚Physik‘ 233 a 11 f. — durch die These gelöst, Raum u n d Zeit seien — potentiell — unendlich, nämlich stetig teilbar, kontinuierlich (συνεχές). — Zur expliziten logisch — analytischen Widerlegung der Schlüssigkeit der Lehre von der ewigen Wiederkehr des Gleichen in Form eines Beweises siehe Arthur C. Danto a. a. O., S. 205—308. —

Die Intention der Verabsolutierung der reinen Unmittelbarkeit, die, wie in der Interpretation der ersten Gestalt der Theodizee des Mundanen gezeigt wurde, daran scheitert, daß es das rein Unmittelbare, das nicht das Negative, die Vermittlung enthält, gar nicht geben kann, wird mit der Lehre von der ewigen Wiederkehr weitgehend erfüllt. Sein und Werden, Unmittelbarkeit und Vermittlung sind vermittelt, soweit dies auf der ontologischen Ebene, der die Lehre von der ewigen Wiederkehr ja immanent ist, möglich ist; in der Unmöglichkeit der reinen Unmittelbarkeit erscheint die Endlichkeit des Seienden, das in die Zeit fällt, weil es die Vielheit der Bestimmtheiten und deren Veränderung an sich hat, die es nacheinander durchlaufen muß, da es sie auf einen Schlag nicht an sich haben kann. In der ewigen Wiederkehr des Gleichen können sich alle möglichen Bestimmtheiten realisieren — Moment der Vielheit der Bestimmtheiten des Seienden — und zugleich hält sich die Einheit des Unmittelbaren durch. Die ungebrochene reine Unmittelbarkeit soll also, da nicht im Augenblick möglich, als die Totalität des kosmischen Spiels der möglichen Kombinationen nicht sich ergeben, als vermitteltes Resultat, sondern sein und immer schon gewesen sein. Die Lehre von der ewigen Wiederkehr des Gleichen, die als Theodizee versucht, den Gegensatz aus der Welt zu entfernen, die Einheit alles Geschehens zu erkennen,

> „Die Moral ist gerade so ‚unmoralisch' wie jedwedes andere Ding auf Erden; die Moralität selbst ist eine Form der Unmoralität. Große Befreiung, welche diese Einsicht bringt. Der Gegensatz ist aus den Dingen entfernt, die Einartigkeit in allem Geschehen ist gerettet" (III, 527),

treibt den Monismus so weit, daß in der Konsequenz selbst der Unterschied zwischen Möglichkeit und Wirklichkeit letztlich irrelevant wird, da in einer Welt, in der alle Kombinationen durchgespielt werden, alles Mögliche irgendwann, bei irgendeiner Konstellation wirklich ist.

Mit der Differenz Möglichkeit — Wirklichkeit wird alles „Umsonst", alles Scheitern zu einem oberflächlichen Phänomen, dem der Ernst des Endgültigen fehlt, denn unendlich oft kommt alles zu seinem Recht, nichts kann verloren gehen, da alles dem ewigen Kreislauf immanent bleibt, alles Gewesene auch zukünftig ist:

> „Ich suche nach einer Ewigkeit für jegliches; dürfte man die kostbarsten Salben und Weine ins Meer gießen? — Mein Trost ist, daß alles, was war, ewig ist — das Meer spült es wieder her." (III, 680)

Die artistische Philosophie Nietzsches erreicht ihre Spitze hier, in der Konzeption alles Geschehens als eines Spiels, in der zugleich Heraklit[27], dessen Theodizee ebenfalls jenseits von Gut und Böse beginnt — „Bei Gott ist alles schön und gut und gerecht; die Menschen aber halten einiges für gerecht, anderes für ungerecht" (Fragment 102) —, als der eigentliche Ahnherr Nietzsches erscheint: „Die schönste Weltordnung ist wie ein aufs geratewohl hingeschütteter Kehrrichthaufen"

---

[27] Zum Verhältnis Nietzsches zu Heraklit siehe Kaufmann, a. a. O., S. 274 f. (besonders im Zusammenhang der ewigen Wiederkehr).

(Fragment 124) und: „Die Zeit ist ein Knabe, der spielt, hin und her die Brett-
steine setzt: Knabenregiment!" (Fragment 52).

In der Weltgestalt des Spiels[28] wiederholt sich die Untrennbarkeit von Sinn
und Sinnlosigkeit, die für die Theodizee des Mundanen spezifisch ist: alles Spielen
geschieht nach Regeln, aber ist auch sinnlos, wenn Sinn und Zweck gleichgesetzt
werden. Andererseits hat das Spiel keinen übergeordneten Zweck, sondern ist
Selbstzweck, so daß es sich von allem moralisch bzw. zweckrational orientierten
Handeln durch den Mangel an Ernst unterscheidet. Dieser Mangel an Ernst, das
Moment der Sinnlosigkeit, hat seinen Grund im Momentcharakter der Ordnung,
der Regelhaftigkeit innerhalb des Spiels; die Regelhaftigkeit ist hier eben nicht
fixiert durch einen bestimmten Zweck, der Eindeutigkeit der Regel verlangt, sondern entsteht auch „aufs geratewohl" und „von Ohngefähr" (II, 416), kann deshalb als „schönste Weltordnung" erscheinen.

Die ewige Wiederkehr des Gleichen hat eben diesen Modus des Spielerischen:
sie gibt eine Regel an, die aber das Zweckrationale und Eindeutige transzendiert.
Die verschiedenen Konstellationen, deren Gesamtheit die ewige Wiederkehr garantiert, werden durchgespielt, immer wieder variiert derart, daß Faktum und Gesetz
nicht als sinnliche und übersinnliche Welt auseinandertreten, sondern unmittelbar
eines sind, also „eine antimetaphysische Weltbetrachtung — ja, aber eine artistische" (III, 481).

Die Nähe der ewigen Wiederkehr des Gleichen zur Antike scheint allerdings
eine Rückkehr zur Ontologie, zu einer von der Negativität des Bewußtseins abstrahierenden Unmittelbarkeit zu implizieren, insofern der Ernst des Fürsichseins,
der auch das Mundane transzendierenden Reflexion übersprungen wird, oder, wie
Hegel es ausdrückt, „die Subjektivität in ihrer Tiefe" noch nicht erfaßt ist (‚Philosophie der Geschichte', S. 327).

Unbestreitbar ist die Nähe des Untertitels von ‚ecce homo', ‚Wie man wird,
was man ist' zum Fragment 119 des Heraklit: „Ethos anthropo daimon". Der
Monismus, die Monologik der reinen Weltimmanenz reflektiert sich im Leben des
Einzelnen; seine Genese, deren Ziel die Übereinstimmung mit sich sein mag — die
Entfaltung des eidos — soll eine bloße Analysis seines Wesens sein, nicht eine freie
Entwicklung, die vermittelt wäre durch die Anderen, also Übereinstimmung mit
sich durch Anerkennung, Übereinstimmung mit den Anderen wäre; deshalb auch
das Insistieren Nietzsches auf „Größe", auf Rangunterschieden. Wenn die Größe
des Einzelnen vermittelt ist durch die Vielen (hoi polloi), verliert sie ihre Faszination, die sich dem Schein des Unmittelbaren, das als an sich vermittelt geahnt wird,
verdankt.

Jener Rekurs auf Ontologie, dem sich die aus sich selbst entwickelnde große
Individualität verdankt, der die Vermittlung durch die vielen Anderen fremd ist,

---

[28] Siehe hierzu Fink a. a. O., S. 187 f.

verbindet auch den Aristokratismus Nietzsches mit der Verachtung der Arbeit in der Antike: wenn der Begriff der Arbeit — oder die Arbeit des Begriffs — darauf abzielt, den Chorismos zwischen Wesen und Erscheinung aufzuheben, muß für ein Bewußtsein, das vor oder nach der Trennung in wahre und scheinbare Welt sich angesiedelt hat, das jenen Chorismos zwischen Wesen und Erscheinung also eliminiert hat, die Arbeit zu bloß subjektiver Betätigung herabsinken. Andererseits scheint gerade ein Aristokratismus mit der Lehre von der ewigen Wiederkehr des Gleichen unvereinbar zu sein; denn wenn die jeweilige Kräftekonstellation über den Verlauf der Geschichte entscheidet, ist jedem Seienden, jedem Ereignis die die jeweilige Konstellation transzendierende Substanz entzogen. Gerade der Aristokratismus jedoch bedarf des Selbstwertseins, des intendiert Substanziellen der ontologischen Kategorien zu seiner theoretischen Begründung.

Dieser Antagonismus gilt nun nicht — und das ist m. E. sehr bedeutsam — nur für den Aristokratismus, sondern, wie gleich zu zeigen sein wird, für alle in dieser Untersuchung relevanten Kategorien, so daß von einer Dialektik der Lehre von der ewigen Wiederkehr des Gleichen gesprochen werden kann. An dieser Dialektik geht die Lehre von der ewigen Wiederkehr des Gleichen zugrunde und in die letzte Stufe der Theodizee, die auf der Realdialektik beruht, über.

Ihre Dialektik zeigen die den kategorialen Umkreis der Theodizee bildenden Begriffe „Sinn“, „Ernst“, „Wert“, „Wille“ etc., sobald sie in den Umkreis der Lehre von der ewigen Wiederkehr des Gleichen geraten deshalb, weil gerade diese Konfrontation mit der konsequentesten Gestalt des monologischen Denkens die immanente Dialektik dieser Begriffe enthüllt. Der monologischen Starre der ewigen Wiederkehr subsumiert zeigen jene Begriffe, ihre Bedeutung nur in der Spannung von Immanenz und Transzendenz, also dialogisch zu haben; zwar kann eine Welt, die dem Gegensatz von wahrer und scheinbarer Welt entzogen wird, nicht als sinnlos bezeichnet werden der Art, daß die Widersprüche der scheinbaren Welt auf jene transzendente Welt verwiesen, dort aber nicht aufgelöst werden — „Gott ist tot, alles ist sinnlos“ —; jedoch ist die Flucht aus der Spannung Welt — Seele — Gott, deren Übersteigerung den Untergang der Sinnkategorie bedeutete, in eine rein immanente Welt nicht geeignet, jenen Sinn wiederzugewinnen. Sie kann lediglich jene Frage nach dem Sinn selbst als sinnlos abtun, steigert die Sinnlosigkeit damit jedoch nur insofern, als sie nicht mehr nur die Welt als sinnlos, sondern schon diese Einsicht in die Sinnlosigkeit als sinnlos bezeichnet, zumindest die Fragestellung nach dem Sinn. Die Antwort Nietzsches auf die nihilistische Überzeugung von der Sinnlosigkeit der Welt in Gestalt der Lehre von der ewigen Wiederkehr des Gleichen reflektiert diese nur, hebt sie auf die Stufe der Reflexion, aber nicht auf.

Dasselbe, was von der Dialektik Sinn — Sinnlosigkeit im Hinblick auf die Lehre von der ewigen Wiederkehr entwickelt wurde, läßt sich von der Kategorie des Wertes sagen, und braucht nicht besonders dargestellt zu werden.

— Hegel entwickelt in seinen ‚Vorlesungen über die Beweise vom Dasein Gottes‘ die Dialektik des Pantheismus, die der absoluten Notwendigkeit, die nicht von der reinen Zufälligkeit unterschieden werden kann:

> „Aber das absolut-Notwendige ... ist es dies, ... das Hinausgehen in sich zurückzubringen und das Letzte zu gewähren; das absolut-Notwendige i s t, w e i l e s i s t ; ... die Bestimmung der Notwendigkeit, wie ihr spekulativer Begriff sich uns expliziert hat, ist überhaupt der Standpunkt, welcher P a n t h e i s m u s genannt zu werden pflegt.“ (XVI, S. 503 ff.) —

Das reine In-sich-Sein alles Seienden, vermeinter Fortschritt gegenüber einer metaphysischen Welt, in der alles transparent vor dem Sinn des Geschehens wird, diese reine Immanenz ist zugleich reine Transzendenz, reines Außersichsein, da es zur absoluten Reflexion des Ich in sich nicht mehr kommen kann; absolute Reflexion in sich ist nämlich die subjektive Form der Transzendenz, die angesichts reiner Innerweltlichkeit bloße Ideologie wäre.

Sollte nach Nietzsches Intention durch die Eliminierung alles Jenseitigen, „Metaphysischen“ dem Sollen, Signum des Nihilismus, der Boden entzogen werden, so läuft im Gegenteil die Lehre von der ewigen Wiederkehr auch auf die Verabsolutierung des Sollens hinaus; denn der Begriff jedes Wesens fällt so auseinander in die schlechte Unendlichkeit der Zeit, so daß das Faktische immer nur ein Moment des Möglichen darstellt; die Wirklichkeit wird hierdurch zu einem bloß Endlichen, Sekundären, was andererseits mit dem Ästhetizismus durchaus zu vereinbaren ist:

> „Gegen den Wert des Ewig-Gleichbleibenden ... den Wert des Kürzesten und Vergänglichsten, das verführerische Goldaufblitzen am Bauch der Schlange vita“ (III, 559),

während das Vollkommene, die existierende Gattung immer ein Jenseits bleibt. Der Standpunkt des Sollens ist so nicht überwunden, sondern — gegen die Intention Nietzsches — absolut gesetzt und der Nihilismus damit verewigt:

> „Aber von Zeit zu Zeit gönnt mir einen Blick nur auf etwas vollkommenes, zu-Ende-Geratenes, Glückliches, Mächtiges, Triumphierendes, an dem es noch etwas zu fürchten gibt! Auf einen Menschen, der d e n Menschen rechtfertigt, auf einem komplementären und erlösenden Glücksfall des Menschen um deswillen man d e n G l a u b e n a n d e n M e n s c h e n festhalten darf ... Der Anblick des Menschen macht nunmehr müde — was ist heute Nihilismus, wenn er nicht d a s ist?“ (II, 788 f.)

Gerade mit der Verabsolutierung des Augenblicks — der ja ewig wiederkehrt — ist der Augenblick entwertet, da ihm der Ernst des Endgültigen[29] fehlt. An der Kategorie des Augenblicks jedoch hängt der Begriff des Willens und der Entscheidung, und gerade hier, wo sich zu zeigen scheint, daß die Relativierung des Augenblicks durch die Lehre von der ewigen Wiederkehr des Gleichen der Entscheidung mit ihrer Endgültigkeit alle Schwere nimmt, spricht Nietzsche „vom größten Schwergewicht“:

---

[29] Siehe hierzu Martin Heideggers Existenzialanalyse des ‚Seins zum Tode‘ in ‚Sein und Zeit‘, zweiter Abschnitt, erstes Kapitel.

> „Wenn jener Gedanke über dich Gewalt bekäme, er würde dich, wie du bist, ver-
> wandeln und vielleicht zermalmen; die Frage bei allem und jedem: ‚willst du dies
> noch einmal und noch unzählige Male?‘ würde als das größte Schwergewicht auf
> deinem Handeln liegen!" (II, 202 f.)

Nietzsche ist sich selbst der Schwierigkeit, dieser Dialektik in der Lehre von der
ewigen Wiederkehr, die sich für ihn als Problem einer genauen Abgrenzung des
„Übermenschen" vom „letzten Menschen", des Tiefsten vom Trivialsten darstellt,
durchaus bewußt; er läßt im ‚Zarathustra‘ den Antipoden Zarathustras, den „Geist
der Schwere", der Lehre von der ewigen Wiederkehr, sie trivialisierend — zu-
stimmen, was Zarathustras Zorn erregt, weil die Lehre als reine Lehre trivial ist,
also als Lehre der lebendigen Erfüllung bedarf, — Zarathustra trug den Zwerg,
den „Geist der Schwere" hoch —:

> „‚Alles Gerade lügt‘, murmelte verächtlich der Zwerg. ‚Alle Wahrheit ist krumm,
> die Zeit selbst ist ein Kreis.‘ ‚Du Geist der Schwere!‘ sprach ich zürnend, ‚mache
> es dir nicht zu leicht! Oder ich lasse dich hocken, wo du hockst, Lahmfuß, — und
> ich trug dich hoch!‘" (II, 408)

Noch deutlicher tritt die Unaussprechlichkeit des Kerns der Lehre von der
ewigen Wiederkehr hervor im Gespräch des wiedergenesenden Zarathustra mit
seinen Tieren; nach nominalistisch inspirierten Polemiken gegen den Wahrheitsgehalt der Sprache und der damit vorgenommenen Einschränkung der Relevanz
der sprachlichen Artikulation eines Gedankens tragen die Tiere Zarathustras die
Lehre von der ewigen Wiederkehr vor:

> „Alles geht, alles kommt zurück; ewig rollt das Rad des Seins. Alles stirbt, alles
> blüht wieder auf, ewig läuft das Jahr des Seins ... In jedem Nu beginnt das Sein;
> um jedes Hier rollt sich die Kugel Dort. Die Mitte ist überall. Krumm ist der
> Pfad der Ewigkeit." (II, 463);

aber das Entscheidende daran läßt sich eben nicht begrifflich fassen, dann ist das
Beste dahin:

> „Und ihr — ihr machtet schon ein Leier-Lied daraus" (II, 464), entgegnet

Zarathustra. Nietzsche versucht, den Augenblick als Ewigkeit zu fassen, als immanente Transzendenz, als das Zusammen zweier Ewigkeiten, die in Wahrheit — die
Zeit sei ein Kreis — nur eine sind. Der Augenblick ist zugleich existierende Ewigkeit, die „Einheit" von Vergangenheit und Zukunft, u n d nichtig, das reine
Vergehen, ein bloßes „Dieses", das unmittelbar in ein anderes „Dieses" überge-
gangen ist, wobei beide Bedeutungen des Augenblicks untrennbar sind, der Augenblick nur als dauernd vergehender die sich bewegende Einheit von Vergangenheit
und Zukunft ist. Um diese Dialektik kreist Nietzsche, vergeblich versuchend, sie in
Bildern einzufangen, im Zentrum des ‚Zarathustra‘ (II, 408 f.). — Eine begriffliche
Fassung des Gedankens der ewigen Wiederkehr verbietet sich allein von der Perspektivität als dem Zentrum der Erkenntnistheorie Nietzsches her; sowenig ein
eindimensionales Wesen begreifen kann[30], warum, wenn es sich auf einer Kreis-

---

[30] Zumal ja auch kein Mensch die ewige Wiederkehr e r f a h r e n kann: „We find ...
that events do not and cannot recur within the span of known history" (Kaufmann
a. a. O., S. 275).

linie bewegt, alles wiederkehrt, sowenig kann auch ein rein mundanes Wesen
begreifen, daß, weil „die Zeit selbst ein Kreis" (II, 408) ist, alles sich wiederholen
muß. Hier ist die Grenze zu beachten, die, wie im Verlauf unserer Untersuchung
immer wieder zutage trat, Nietzsche sich selbst gezogen hat, indem er alle „Erkenntnis" der Perspektivität subsumierte und damit diese Reflexion zweideutig
machte, insofern es unbegreiflich werden und bleiben muß, wieso ein perspektivisch
gebundenes Wesen auf diese seine ‚Natur' reflektieren und damit ihre Gültigkeit
transzendieren können soll. In diesem Zusammenhang kann Nietzsche immer nur
eine Grenze andeuten, evokatorisch formulieren, mehr nicht.

An die Stelle einer begrifflichen Explikation der Aporien — auch der, daß der
kleine Mensch immer wiederkehrt, woran Zarathustra leidet (II, 464 f.), also der
Dialektik der ewigen Wiederkehr — treten Lyrismen ‚Von der großen Sehnsucht'
(II, 467 ff.) und das ‚Ja und Amen Lied' (II, 472 ff.); den Ü b e r g a n g von der
D i a l e k t i k der Lehre von der ewigen Wiederkehr über das Insistieren auf
einem g e m e i n t e n , aber begrifflich unartikulierbaren Inhalt zur P r a x i s
als der „Lösung" dieser Aporie stellt Nietzsche im ‚Zarathustra' direkt im Anschluß an das Gespräch Zarathustra — Geist der Schwere dar, in der jenes gemeinte Zentrum der Lehre von der ewigen Wiederkehr sich als letztlich unartiku-
lierbar erwies; — der Geist der Schwere setzt es als trivialste Bekanntheit voraus,
er redet verächtlich davon. Auf das Erschrecken vor den eigenen Gedanken folgt
dann die Szene, in der Zarathustra den Hirten von der in ihn gekrochenen
Schlange — der Verzweiflung über das nihilistische[31] Moment der Lehre von der
ewigen Wiederkehr des Gleichen, auch des Negativen, des „Mißratenen", des
„letzten Menschen" — befreit, indem er den Hirten sie zerbeißen und ausspeien
heißt. Deutlicher kann der Hinweis auf die Praxis als undialektische, da das
Negative nur negierende Lösung der Aporie nicht sein. — Diese nur praktische
Antwort auf das Scheitern der Theodizee in Gestalt der Lehre von der ewigen
Wiederkehr, die „Lehre" vom Willen zur Macht, wird im letzten Abschnitt dieser
Untersuchung interpretiert werden. — Die Dialektik, die die Theodizee des Mundanen in ihrer zweiten Stufe, der ewigen Wiederkehr des Gleichen, zugrunde gehen
läßt, entfaltet sich an dem nicht relativen, sondern absoluten Unterschied der
reinen Unmittelbarkeit von sich selbst, die deshalb auch nicht sprachlich artikuliert,
sondern nur gemeint werden kann; die Lehre von der ewigen Wiederkehr des
Gleichen ist z u g l e i c h Theodizee und „Leier-Lied", reiner Nihilismus. Die
Entscheidung über ihren Stellenwert kann, wie die Interpretation der entsprechenden Passagen des ‚Zarathustra' ergab, auch verlagert werden in das Niveau des
Subjekts; der eine, der „Geist der Schwere", macht eine Trivialität, ein Leier-Lied
daraus, der andere, Zarathustra, den Angelpunkt der Überwindung des Nihilismus; diese Ambivalenz kann als Vorgriff auf die existenzialistische Verabsolutie-

---

[31] Siehe II, 463 unten folgende.

rung der „Entscheidung"[32] und auf das existenzial-ontologische quid pro quo eines Umwertens des Seins als des Leersten, Abstraktesten ins Konkreteste und Inhaltsreichste angesehen werden. Methodologisch manifestiert jene ungewollte Dialektik die crux der den Mythos — in Gestalt der der Metaphysik, Religion und Moral zugrunde liegenden Sprachlichkeit — abstrakt negierenden Aufklärung; Nietzsches Aufklärung über das mythische Wesen der Sprachlichkeit schlägt in ihrer Spitze, der Substitution der überlieferten Theodizee durch eine „atheistische" Theodizee des Mundanen um in einen schlechten, weil unreflektierten Mythos; denn so wie die mythischen Gestalten Sisyphos und Tantalos zur ewigen Wiederholung[33] ihres fruchtlosen Tuns, das sie nicht transzendieren können, gezwungen sind, so paßt sich die Theodizee des Mundanen in Gestalt der Lehre von der ewigen Wiederkehr des Gleichen dem Faktischen, nur Seienden an, wähnend, es dadurch in seiner Sinnlosigkeit zu durchbrechen; im Gegenteil schnürt sie den Teufelskreis der Sinnlosigkeit gerade dadurch nur fester um sich.

Durch einen solchen Handstreich, durch ein unmittelbares Verkehrenwollen des Sinnlosesten — das Sinnlose ewig wiederkehrend — in die Befreiung vom Leiden an der Sinnlosigkeit des Geschehens, läßt sich der Nihilismus nicht „überwinden", der Glaube an eine solche Überwindung ist selbst im schlechten Sinne mythologisch.

— Würde man hier einwenden, daß dieses Urteil dann auch für den christlichen Mythos gilt, in dessen Nähe sich Nietzsche im ‚Zarathustra' ja auch stilistisch, bis in die Wortwahl hinein bewegt, so ist dagegen zu bedenken, daß Christus zwar auch wie die mythischen Figuren an das Kreuz des Leidens geschlagen wird, aber im Unterschied zu jenen stirbt und aufersteht, d. h. den Bannkreis der ewigen Wiederkehr durchbricht. Die der Intention nach an die Antike anknüpfende Polemik Nietzsches gegen die christlichen Tugenden Hoffnung[34], Reue[35] und Mitleiden[36] zielt auf das von Nietzsche perhorreszierte Transzendieren des Verblendungszusammenhangs der ewigen Wiederkehr des Gleichen; nicht zufällig teilt Nietzsche hier den Standpunkt aller humanistischen Ethiker, auch solcher, mit denen er sonst nichts gemein zu haben glaubt, wie Kant. Eine die christlichen Tugenden zu Stilisierungen von Sentimentalitäten mißverstehende Verkürzung spielt allerdings hier herein: die Geistigkeit und Freiheit, die sich in ihnen realisiert, hat m. E. nur Hegel[37] begriffen. —

Die dritte Stufe der Theodizee des Mundanen entsteht durch die Aufnahme der Aporetik der beiden ersten Stufen als Dialektik, und zwar in Form der Realdia-

---

[32] Siehe auch Heideggers ‚Nietzsche' I, 397 f., 445.
[33] Siehe Horkheimer Adorno ‚Dialektik der Aufklärung' 75.
[34] Siehe z. B. I, 495; I, 1039; II, 1183.
[35] Siehe z. B. III, 725 f.; III, 820.
[36] Siehe z. B. I, 485 f.; I, 1103 ff.; II, 32; II, 1075; II, 1168; III, 827.
[37] Siehe z. B. ‚Phänomenologie des Geistes', S. 471 f.

lektik, womit Nietzsche nicht auf Hegel[38], sondern Heraklit zurückzugreifen
scheint; Nietzsche artikuliert den Zusammenhang von Nihilismus, Aufhebung des
Nihilismus und Dialektik im ‚Nachlaß der achtziger Jahre' folgendermaßen:

> „Gesamteinsicht. — Tatsächlich bringt jedes große Wachstum auch ein ungeheures
> Abbröckeln und Vergehen mit sich: das Leiden, die Symptome des Niedergangs ge-
> hören in die Zeiten ungeheuren Vorwärtsgehens; jede fruchtbare und mächtige
> Bewegung der Menschheit hat zugleich eine nihilistische Bewegung mitgeschaffen.
> Es wäre unter Umständen das Anzeichen für ein einschneidendes und allerwesent-
> lichstes Wachstum, für den Übergang in neue Daseinsbedingungen, daß die extremste
> Form des Pessimismus, der eigentliche Nihilismus, zur Welt käme. Dies habe ich
> begriffen." (III, 625)

Es gehört zu den ersten Schritten in die Dialektik, zu begreifen, daß der
Nihilismus nicht durch das Absehen von ihm, durch seine Verharmlosung zur
Ideologie des sterbenden Bürgertums[39], sondern nur durch seine Selbstaufhebung
„überwunden" d. h. in die Theorie eingeholt werden kann; Inhumanität und
Humanität müssen demnach als bestimmte Negationen, d. h. als korrelative Mo-
mente begriffen und dargestellt werden.

Beginnen wir mit einem längeren Zitat, das Nietzsches Stellung zur Dialektik
deutlich macht:

> „Mein neuer Weg zum ‚Ja'. — Philosophie, wie ich sie bisher verstanden und gelebt
> habe, ist das freiwillige Aufsuchen auch der verabscheuten und verruchten Seiten
> des Daseins... ‚Wie viel Wahrheit erträgt, wie viel Wahrheit wagt ein Geist?"
> ... Eine solche Experimental-Philosophie, wie ich sie lebe, nimmt versuchsweise selbst
> die Möglichkeiten des grundsätzlichsten Nihilismus vorweg: ohne daß damit gesagt
> wäre, daß sie bei einer Negation, beim Nein, bei einem Willen zum Nein stehen
> bliebe. Sie will vielmehr bis zum Umgekehrten hindurch — bis zu einem diony-
> sischen Ja-sagen zur Welt, wie sie ist, ohne Abzug, Ausnahme und Auswahl —, sie
> will den ewigen Kreislauf — dieselben Dinge, dieselbe Logik und Unlogik der
> Verknotung. Höchster Zustand, den ein Philosoph erreichen kann: dionysisch zum
> Dasein stehen —: meine Formel dafür ist amor fati." (III, 834)

Nihilismus und Dialektik stehen demnach ganz allgemein im Verhältnis gegen-
seitiger Verneinung; Nihilismus entstände aus dem vergeblichen Versuch der
Eliminierung des Negativen (III, 727), während die Bejahung der Dialektik einer
Bejahung des Lebens gleichkäme; doch was bedeutet Dialektik bei Nietzsche? In
der Vorrede zur ‚Morgenröte' wird deutlich, daß Nietzsche die Dialektik — gemessen an Hegel — in verkürzter Form, nämlich nur als Realdialektik auffaßt:

> „Auch heute noch... wittern wir Deutschen von heute, späte Deutsche in jedem
> Betrachte — etwas von Wahrheit, von Möglichkeit der Wahrheit hinter dem berühm-
> ten r e a l d i a l e k t i s c h e n G r u n d - S a t z e, mit welchem Hegel seiner Zeit

---

[38] Zur Beurteilung Hegels durch Nietzsche in diesem Zusammenhang siehe III, 496:
„Die Bedeutung der deutschen Philosophie (Hegel): einen Pantheismus auszudenken,
bei dem das Böse, der Irrtum, und das Leid nicht als Argumente gegen Göttlichkeit
empfunden werden."

[39] Für G. Lukács z. B. gibt es das durch Nietzsche aufgeworfene Problem des Nihilismus
nicht. Die Nähe Nietzsches und Dostojewskys ist für ihn nur „frappant" (a. a. O. S. 72);
folgerichtig urteilt Lukács, „daß Nietzsche, bei all seiner geistreichen Aphoristik, im
eigentlichen Sinne des Wortes kein Philosoph gewesen ist." (a. a. O., S. 9).

dem deutschen Geiste zum Sieg über Europa verhalf — ‚Der Widerspruch bewegt die
Welt, alle Dinge sind sich selbst widersprechend' —" (I, 1014)

Die Nähe zu Heraklit[40] scheint größer als die zu Hegel zu sein, auch im Hinblick auf die Dialektik scheint Nietzsche den Schritt zurück zur Antike tun zu
wollen, auch wenn ihm dies verborgen bleibt:

> „Wir Deutsche sind Hegelianer, auch wenn es nie einen Hegel gegeben hätte, insofern
> wir (im Gegensatz zu allen Lateinern) dem Werden, der Entwicklung instinktiv einen
> tieferen Sinn und reicheren Wert zumessen als dem, was ‚ist' — wir glauben kaum
> an die Berechtigung des Begriffs ‚Sein'" (II, 226 f.)

Wenn Nietzsche von einem „realdialektischen Grundsatz" (I, 1014) spricht, so
demonstriert er mit dieser Wendung, in der die Geschichtlichkeit als Moment aller
Dialektik eliminiert[41] ist, erstens, daß Dialektik für ihn nicht sowohl Methode als
auch Resultat, sondern lediglich ein metaphysischer Satz, wenn man so will, eine
Weltanschauung ist. Zweitens ist in der Reduktion der Dialektik auf Realdialektik
die Subjektivität, die Dialektik des Ansichseins und des Fürsichseins, zugunsten
eines bloß objektiven, gegenständlichen Gegensatzes, der zudem oft als Irrtum, der
sich der Verwechslung von Quantität und Qualität verdanke, dargestellt wird[42],
ausgesperrt. Die Gestalt der Dialektik bei Nietzsche läßt sich pointiert bestimmen[43]
durch den Satz „Krieg ist aller Dinge Vater, aller Dinge König" (Heraklit, Fragment 53); in dieser Auffassung von Dialektik kulminiert die unmittelbare Rezeption der Antike durch Nietzsche, und damit wird hier die ganze Problematik einer
undistanzierten Wiederaufnahme der Antike — die schon beim „pragmatischen
Platonismus" des frühen Nietzsche auftauchte — deutlich hervortreten.

[40] W. Kaufmann, der in seinem Nietzschebuch mehrfach die geistige Verwandtschaft
zwischen Nietzsche, Hegel und Heraklit hervorhebt, nennt Nietzsche einen dialektischen Monisten: „The decisive point of Nietzsche's cosmology, insofar as it concerns
us, can be expressed in two words: Nietzsche was a dialectical monist." (a. a. O. S. 204).
Das Begriffspaar Monismus — Dualismus zielt jedoch auf grundsätzliche Positionen,
restringiert damit an sich Philosophie von vornherein auf nur innerhalb des Prinzipiellen
relevante Theorie, wodurch Dialektik zur prinzipiellen Position und damit im Ansatz
eliminiert wird, da sie sich als Explikation eines als Prinzip unwahren Grundsatzes,
gleichgültig wie er lauten mag, bestimmt und nicht als eine zusätzliche, ein neues Prinzip behauptende Grundsatzphilosophie begriffen werden kann. Die Kategorien ‚Dualismus' und ‚Monismus' haben ihre Relevanz auf ontologischer Ebene; deshalb reduziert
die Wendung ‚dialektischer Monismus' Dialektik auf Realdialektik; die Dialektik, die
in der Hegelschen Philosophie am Werke ist, ist weder nur Real- noch nur Bewußtseins-
dialektik, sondern lebt aus dem Gegensatz u n d der Untrennbarkeit beider, so daß sie
sowohl monistisch als auch dualistisch aufgefaßt werden kann, diesen Gegensatz also
transzendiert; es gibt keinen undialektischen Begriff der Dialektik.

[41] Der Dialektiker Hegel beginnt mit der Widerlegung einer Philosophie aus absoluten
Grundsätzen. Von dialektischen Grundsätzen zu sprechen, widerspricht sich unmittelbar,
eben weil Geschichtlichkeit und Dialektik untrennbar sind, d. h. hier, daß die Wahrheit
eines Grundsatzes in seiner Entwicklung, d. h. in seinem zugrunde Gehen als absolutem
Grundsatz besteht.

[42] Siehe z. B. I, 447; I, 907; II, 72 f.

[43] Siehe hierzu ‚Götzendämmerung' Aphorismus Nr. 38, ‚Mein Begriff von Freiheit', II,
1014 f.

Im Zusammenhang der Bedeutung des Krieges als der gesellschaftlichen Gestalt des Prinzips der Realdialektik könnte Nietzsche sich allerdings auf Hegel[44] berufen, der vom Naturrechtsaufsatz bis zur ‚Enzyklopädie‘[45] von der Notwendigkeit des Krieges für die Freiheit und Sittlichkeit spricht; diese Koinzidenz jedoch kann als Indiz dafür angesehen werden, daß Hegel in diesem Zusammenhang hinter seiner eigenen Philosophie zurückbleibt[46], nämlich insofern auf Realdialektik zurückfällt, als er den lebendigen Einzelnen, den existierenden Begriff als endliches Moment, die Sittlichkeit als undialektisches Gegenteil zur Moralität auffaßt und darstellt.

Nietzsches Dialektik entspringt m. E. weder primär aus logischen, erkenntnistheoretischen noch naturphilosophischen Erwägungen, sondern aus dem Interesse des Moralisten Nietzsche: „Jenseits von Gut und Böse“ ist derjenige, der diesen Gegensatz als Moment durchschaut hat; insofern scheint Nietzsche Dialektiker zu sein, und dieses Moment der Dialektik treibt er auf die Spitze, wodurch die größte Krise des Humanismus entsteht, die Einsicht darin, daß die Inhumanität als Moment der Humanität begriffen werden muß. Dies ist zu entwickeln:

„Jenseits von Gut und Böse“ befindet sich schon Hegel, wenn er von der Idealität jedes Urteils spricht, durch die es auch unwahr ist; das Urteil „diese Handlung ist böse“ ist auch unwahr, wie das Urteil „diese Handlung ist gut“. Man könnte folgern, daß Hegel mit der Erkenntnis der Idealität des Urteils einen Standpunkt nicht nur jenseits von Gut und Böse, sondern auch von Wahr und Unwahr erreicht hat. — „Jenseits von Gut und Böse“ wurde oben als Vorstufe von „Jenseits von Wahr und Unwahr“ interpretiert, so wie der ethische Nihilismus den erkenntnistheoretischen vorauszusetzen scheint: „Nichts ist wahr, alles ist erlaubt.“ — Dazu kann hier nur kurz angemerkt werden, daß die Einsicht in die Idealität des Urteils bei Hegel nicht zum Skeptizismus führt, sondern zur Darstellung des Schlusses als der sprachlichen Gestalt, in der die Momente, die das Urteil undialektisch auseinanderreißt, zusammengeschlossen werden. Dies gilt auch für den ethischen Skeptizismus des „Jenseits von Gut und Böse“: eine einzelne Handlung als solche ist gut u n d böse; nur als Moment eines Schlusses ist sie wirklich gut oder böse, d. h. die Sittlichkeit schließt die Besonderheit der Sitte mit dem Abstraktallgemeinen der Moral zum konkret Allgemeinen der Sittlichkeit zusammen. So wie der Dialektiker Hegel nicht nur die Logik nur in Gestalt einer Gliederung, einer Hierarchie

---

[44] Und auf Kant, der nicht nur eine Abhandlung ‚Zum ewigen Frieden‘ verfaßte, sondern auch im § 28 der ‚Kritik der Urteilskraft‘ zugunsten des Krieges sagte: „Da hingegen ein langer Friede den bloßen Handelsgeist, mit ihm aber den niedrigen Eigennutz, Feigheit und Weichlichkeit herrschend zu machen, und die Denkungsart des Volks zu erniedrigen pflegt.“

[45] Siehe z. B. Glockneraugabe I, 487; ‚Phänomenologie des Geistes‘, S. 324; ‚Grundlinien der Philosophie des Rechts‘, § 324; ‚Enzyklopädie‘ (1830), § 546.

[46] Ausführlich dargestellt habe ich diese These in meiner Dissertation ‚Der Begriff der Freiheit in der Philosophie Hegels‘, Frankfurt/Main 1964, S. 166—169.

von Begriffen in der ‚Wissenschaft der Logik‘, sondern auch die Rechtsphilosophie
so darstellen, Demokratie und Sozialismus als geistlos einem Tiefpunkt der Geschichte zuweisen muß, so Nietzsche, von dem Lukács sagen kann:

„Wir sehen: das philosophische Denken Nietzsches ist von Anfang an gegen
Demokratie und Sozialismus gerichtet." (a. a. O. S. 41)

Das Wahrheitsmoment der Argumentation Nietzsches gegen den Sozialismus
— auf die Lukács sich erst gar nicht einläßt — tritt besonders klar hervor im
Aphorismus Nr. 452 des ersten Bandes von ‚Menschliches, Allzumenschliches‘:

> „Besitz und Gerechtigkeit. — Wenn die Sozialisten nachweisen, daß die Eigentums-
> Verteilung in der gegenwärtigen Menschheit die Konsequenz zahlloser Ungerechtig-
> keiten und Gewaltsamkeiten ist, und in summa die Verpflichtung gegen etwas so un-
> recht Begründetes ablehnen: so sehen sie nur etwas einzelnes. Die ganze Vergangenheit
> der alten Kultur ist auf Gewalt, Sklaverei, Betrug, Irrtum aufgebaut; wir können
> aber uns selbst, die Erben aller dieser Zustände, ja die Konkreszenzen aller jener
> Vergangenheit, nicht wegdekretieren und dürfen nicht ein einzelnes Stück heraus-
> ziehen wollen. Die ungerechte Gesinnung steckt in den Seelen der Nicht-Besitzenden
> auch, sie sind nicht besser als die Besitzenden und haben kein moralisches Vorrecht,
> denn irgendwann sind ihre Vorfahren Besitzende gewesen. Nicht gewaltsame neue
> Verteilungen, sondern allmähliche Umschaffung des Sinnes tun not, die Gerechtigkeit
> muß in allen größer werden, der gewalttätige Instinkt schwächer." (I, 672)

Nietzsche folgt hier[47] Hegel, wenn er die Unmöglichkeit der undialektischen
Abstraktion von der Negativität, durch die alles „Positive" in der Geschichte vermittelt ist, ausspricht. Welche Bedeutung Nietzsches Argumentation zukommt,
wird klar, wenn man bedenkt, daß sie die Dialektik gegen Geschichtsauffassungen
kehrt, die sich selbst auf sie, die Dialektik nämlich, berufen. Jede Theorie, die den
dialektischen Gedanken der Entwicklung, ohne die die Geschichte nicht möglich
ist, zur Utopie, d. h. Behauptung der Möglichkeit einer Gesellschaft steigert, die
frei von allem Negativen ist — obwohl ihre Genese an diesem hängt und durch es
vermittelt ist — kommt einer die Dialektik eliminierenden Philosophie reiner
Formen gleich; denn wenn jene Negativität, die sich aus der Geschichte als dem
Entwicklungsprozeß jener utopischen Gesellschaft nicht eliminieren läßt, von den

---

[47] Insistiert er dagegen auf der Revolutionierung des Bewußtseins — im letzten Satz des
Zitats — so bleibt er allerdings hierbei stehen, ohne die bestimmte geschichtliche Situation
zu reflektieren, was wiederum die theoretische Stärke seines Gegenspielers Marx ausmacht. In dieser idealistischen Einschränkung auf die Veränderung des Bewußtseins
fällt Nietzsche aus der Dialektik heraus, so wie er später das Leben auf den Willen zur
Macht reduziert und damit sich in der Reflexionsstufe einhaust, deren höchste und
konsequenteste Gestalt eben der Wille zur Macht zu sein scheint:
„Leben selbst ist wesentlich Aneignung, Verletzung, Überwältigung des Fremden und
Schwächeren, Unterdrückung, Härte, Aufzwängung eigner Formen, Einverleibung und
mindestens, mildestens, Ausbeutung ... Man schwärmt jetzt überall, unter wissenschaftlichen Verkleidungen sogar, von kommenden Zuständen der Gesellschaft, denen der
‚ausbeuterische Charakter‘ abgehn soll — das klingt in meinen Ohren, als ob man ein
Leben zu erfinden verspräche, welches sich aller organischen Funktionen enthielte. Die
‚Ausbeutung‘ ... gehört ins Wesen des Lebendigen ... man sei doch so weit gegen sich
ehrlich." (II, 729).

Formen, die das Resultat jener Entwicklung sind, völlig abstrahiert werden kann, dann sind diese Formen reine Formen, die jene Entwicklung nicht reflektieren, sondern von ihnen abstrahieren[48]; dann jedoch — wenn sie die Vermittlung negieren — sind sie unmittelbar, als unmittelbar vorgestellt, d. h. ungeschichtlich, nicht in jener Entwicklung entstanden, sondern nur hervorgetreten bzw. verdunkelt worden; dann wird die Utopie zur revolutionären Vorstellung, die die Revolution — Zurückwälzung zum ursprünglichen Zustand, der durch die unverdeckte Wirklichkeit jener Formen ausgezeichnet war, — fordert.

Hiermit ist m. E. das Vorurteil, Nietzsches Auffassung der Dialektik, die eben in dem langen Zitat über die Aporie einer theoretischen Begründung des Sozialismus zum Tragen kam, sei weltanschaulich borniert, widerlegt, und die Aufgabe scheint begründet zu sein, an Hand seiner Texte die Rolle der Dialektik in Nietzsches Werk aufzuzeigen:

So wie die wirkliche Nächstenliebe vermittelt ist durch ihr Gegenteil, die „Fernstenliebe"[49], die Wissenschaft bzw. das wissenschaftliche Interesse durch unwissenschaftliche Affekte[50], die Lust durch die Unlust[51], das Glück durch das Unglück[52], die Logik durch das Unlogische[53], so das Gute durch das Böse:

„Das gute Gewissen hat als Vorstufe das böse Gewissen ... denn alles Gute ist einmal neu, folglich ungewohnt, wider die Sitte, unsittlich gewesen." (I, 771)

„Alle guten Dinge waren ehemals schlimme Dinge: aus jeder Erbsünde ist eine Erbtugend geworden." (II, 855)

Die Tugend muß als untrennbar vom Egoismus begriffen werden, denn „wenn Plato meint, die Selbstsucht werde mit der Aufhebung des Besitzes aufgehoben, so ist ihm

---

[48] Dieser Antagonismus erscheint in Max Horkheimers ‚Kritik der instrumentellen Vernunft' an den zentralen Stellen; Horkheimer läßt die Vereinbarkeit von Utopie und Dialektik teils offen[1], teils verneint[2], teils bejaht[3] er sie:

[1] A. a. O., S. 191: „Die Frage ist nur, ob in der Phase, in welche die Menschheit jetzt eintritt, die kulturellen Qualitäten der entschwindenden Epoche als veränderte Elemente in die künftige Zivilisation übergehen oder ob sie liquidiert und später wieder entdeckt werden müssen."

[2] A. a. O., S. 160: „Deshalb werden philosophische Begriffe unangemessen, leer, falsch, wenn sie von dem Prozeß abstrahiert werden, durch den sie gewonnen wurden." und a. a. O., S.: „Zu allen Zeiten hat das Gute die Spuren der Unterdrückung gezeigt, der es entsprang."

[3] A. a. O., S. 166: „Von seinem blutigen Ursprunge befreit, ist der Begriff der Würde des Individuums heute eine der Ideen, die eine humane Organisation der Gesellschaft kennzeichnen ... Immer wieder haben in der Geschichte Ideen ihre Hüllen abgestreift und sich gegen die sozialen Systeme gekehrt, die sie hervorbrachten."

[49] Aphorismus Nr. 146 der ‚Morgenröte', I, 1115 f.

[50] Siehe I, 775: „Wenn wir nicht in irgendeinem Maße unwissenschaftliche Menschen geblieben wären, was könnte uns auch nur an der Wissenschaft liegen! ... Für ein rein erkennendes Wesen wäre die Erkenntnis gleichgültig."

[51] Siehe II, 45: „Wie, wenn nun Lust und Unlust so mit einem Stricke zusammengeknüpft wären, daß, wer möglichst viel von der einen haben will, auch möglichst viel von der andern haben muß?"

[52] Siehe Aphorismus 471 von ‚Menschliches, Allzumenschliches' (I, 678 f.).

[53] Siehe Aphorismus 111 aus der ‚fröhlichen Wissenschaft' (II, 118 f.).

zu antworten, daß, nach Abzug der Selbstsucht, vom Menschen jedenfalls nicht die vier Kardinaltugenden übrigbleiben werden ... ohne Eitelkeit und Selbstsucht — was sind denn die menschlichen Tugenden?" (I, 988)

Im Gegensatz zur gesamten Tradition — mit Ausnahme Spinozas — weist Nietzsche auf das Böse als das Arterhaltende, also das das Allgemeine Verwirklichende hin, wobei das Allgemeine wohl nicht im Sinne des abstrakt-Allgemeinen verstanden werden kann, sondern als Moment, durch das dieses erst zum wirklich Allgemeinen wird:

> „Das Arterhaltende. — Die stärksten und bösesten Geister haben bis jetzt die Menschheit am meisten vorwärts gebracht; sie entzündeten immer wieder die einschlafenden Leidenschaften ... Sie weckten immer wieder den Sinn der Vergleichung, des Widerspruchs, der Lust am Neuen, Gewagten, Unerprobten, sie zwangen die Menschen, Meinungen gegen Meinungen, Musterbilder gegen Musterbilder zu stellen." (II, 38 f.)

Das Böse im traditionellen Sinn, das sich Absolutsetzen der Individualität, erweist sich also als Moment, ja als bewegendes Prinzip des Allgemeinen, der Gattung:

> „Moral des reifen Individuums. — Man hat bisher als das eigentliche Kennzeichen der moralischen Handlung das Unpersönliche angesehen; uns es ist nachgewiesen, daß zu Anfang die Rücksicht auf den allgemeinen Nutzen es war, derentwegen man alle unpersönlichen Handlungen lobte und auszeichnete. Sollte nicht eine bedeutende Umwandlung dieser Ansichten bevorstehen, jetzt, wo immer besser eingesehen wird, daß gerade in der möglichst persönlichen Rücksicht auch der Nutzen für das Allgemeine am größten ist: so daß gerade das streng persönliche Handeln dem jetzigen Begriff der Moralität (als einer allgemeinen Nützlichkeit) entspricht?" (I, 503)

Für die Genese der Kultur als der wirklichen Humanität gelte ebenfalls das Gesetz der Entstehung ‚ex enantion‘[54]:

> „Die Zyklopen der Kultur. — Wer jene zerfurchten Kessel sieht, in denen Gletscher gelagert haben, hält es kaum für möglich, daß eine Zeit kommt, wo an derselben Stelle ein Wiesen- und Waldtal mit Bächen darin sich hinzieht. So ist es auch in der Geschichte der Menschheit; die wildesten Kräfte brechen Bahn, zunächst zerstörend, aber trotzdem war ihre Tätigkeit nötig, damit später eine mildere Gesittung hier ihr Haus aufschlage. Die schrecklichen Energien — das, was man das Böse nennt — sind die zyklopischen Architekten und Wegebauer der Humanität." (I, 598)

Denn die Kultur setze die Barbarei voraus:

> „Die Stimme der Geschichte. — Im allgemeinen s c h e i n t die Geschichte über die Erzeugung des Genius folgende Belehrung zu geben: Mißhandelt und quält die Menschen — so ruft sie den Leidenschaften Neid, Haß und Wetteifer zu — treibt sie zum Äußersten, den einen wider den anderen, das Volk gegen das Volk, und zwar durch Jahrhunderte hindurch, dann flammt vielleicht, gleichsam aus einem beiseite fliegenden Funken der dadurch entzündeten furchtbaren Energie, auf einmal das Licht des Genius empor; der Wille, wie ein Roß durch den Sporn des Reiters wild gemacht, bricht dann aus und springt auf ein anderes Gebiet über. — Wer zum Bewußtsein über die Erzeugung des Genius käme und die Art, wie die Natur gewöhnlich dabei verfährt, auch praktisch durchführen wollte, würde gerade so böse

---

[54] Siehe Aristoteles ‚Metaphysik‘, 1005 a 3, 4 und Nietzsche, Aphorismus 1 aus ‚Menschliches, Allzumenschliches‘ (I, 447) und II, 567 f. ‚Von den Vorurteilen der Philosophen‘ aus ‚Jenseits von Gut und Böse‘.

und rücksichtslos wie die Natur sein müssen — Aber vielleicht haben wir uns ver-
hört." (I, 589)

Die Distanzierung, das in der Schwebe Lassen durch den letzten Satz ist nicht
zu überlesen. —

Nietzsche scheint jedoch nicht, wie die bisherigen, bewußt ausführlichen Zitate
vermuten lassen könnten, die Dialektik auf die Sphäre des „objektiven Geistes" zu
beschränken, sondern auch auf das Bewußtsein auszudehnen: Verinnerlichung setzt
den Druck der Unterdrückung, also die Veräußerlichung, Freiheit den Zwang voraus, durch dessen Verinnerlichung sie sich vermittelt und realisiert:

> „Alle Instinkte, welche sich nicht nach außen entladen, wenden sich nach innen —
> dies ist das, was ich die Verinnerlichung des Menschen nenne: damit wächst erst das
> an den Menschen heran, was man später seine ‚Seele' nennt. Die ganze innerliche
> Welt, ursprünglich wie zwischen zwei Häute eingespannt, ist in dem Maße ausein-
> ander- und aufgegangen, hat Tiefe, Breite, Höhe bekommen, als die Entladung des
> Menschen nach außen g e h e m m t worden ist." (II, 825)

Daß Freiheit und Fruchtbarkeit zumal in der Kunst „lange Zwänge" voraussetzen[55], Größe also die Herabsetzung zum Moment, haben wir schon im Zusammenhang mit der Theorie der Institution interpretiert, doch die politischen
Konsequenzen treten erst hier hervor:

> „Kultur und Kaste. — Eine höhere Kultur kann allein dort entstehen, wo es zwei
> unterschiedene Kasten der Gesellschaft gibt: die der Arbeitenden und die der
> Müßigen, zu wahrer Muße Befähigten; oder mit stärkerem Ausdruck: die Kaste der
> Zwangsarbeit und die Kaste der Frei-Arbeit. Der Gesichtspunkt der Verteilung des
> Glücks ist nicht wesentlich, wenn es sich um die Erzeugung einer höheren Kultur
> handelt; jedenfalls aber ist die Kaste der Müßigen die leidensfähigere, leidendere, ihr
> Behagen am Dasein ist geringer, ihre Aufgabe größer." (I, 666)

Die Verabsolutierung der Arbeitsteilung zur Trennung der Menschheit in Arten
— was durch die Teilung in Kasten versucht wird — reflektiert noch einmal die
Dialektik von Kultur und Barbarei, Individualität und Gattung, Humanität und
Inhumanität, Freiheit und Zwang; dabei scheut Nietzsche sich nicht, die furchtbaren Konsequenzen einer Manipulation dieser Dialektik beim Namen zu
nennen[56].

Die Inhumanität der Genese der Humanität rückt damit aus der Vorgeschichte
in die Gegenwart, denn es wäre bloßes Wunschdenken, Humanität — als reine
Form — ohne das sie vermittelnde Negative zu wollen, „Wünschbarkeit", wie
Nietzsche sich ausdrückt:

---

[55] Siehe II, 800 f.: „Der Mensch wurde mit Hilfe der Sittlichkeit der Sitte und der sozialen
Zwangsjacke wirklich berechenbar gemacht. Stellen wir uns dagegen ans Ende des ungeheuren Prozesses, dorthin, wo der Baum endlich seine Früchte zeitigt, wo die Sozietät
und ihre Sittlichkeit der Sitte endlich zutage bringt, wozu sie nur das Mittel war: so
finden wir als reifste Frucht an ihrem Baum das souveräne Individuum... das autonome übersittliche Individuum, ... kurz den Menschen des eigenen unabhängigen langen
Willens, der versprechen darf ...".
[56] Siehe den dritten Abschnitt von ‚Die Verbesserer der Menschheit', ‚Götzendämmerung'
II, 980 f.

„Was ist am typischen Menschen mittelmäßig? Daß er nicht die Kehrseite der Dinge
als notwendig versteht: daß er die Übelstände bekämpft, wie als ob man ihrer entraten könnte; daß er das eine nicht mit dem anderen hinnehmen will — daß er den
typischen Charakter eines Dinges, eines Zustandes, einer Zeit, einer Person verwischen und auslöschen möchte, indem er nur einen Teil ihrer Eigenschaften gut-
heißt und die anderen abschaffen möchte. Die ‚Wünschbarkeit‘ der Mittelmäßigen ist
das, was von uns anderen bekämpft wird: das Ideal gefaßt als etwas, an dem nichts
Schädliches, Böses, Gefährliches, Fragwürdiges, Vernichtendes übrigbleiben soll.
Unsere Einsicht ist die umgekehrte: daß mit jedem Wachstum des Menschen auch
seine Kehrseite wachsen muß, daß der höchste Mensch, gesetzt daß ein solcher Begriff
erlaubt ist, der Mensch wäre, welcher den Gegensatz-Charakter des Daseins am
stärksten darstellte als dessen Glorie und einzige Rechtfertigung ... Daß der Mensch
besser u n d böser werden muß, das ist meine Formel für diese Unvermeidlichkeit.“
(III, 595)

— Bis jetzt ließen wir Nietzsche ausführlich zu Wort kommen. Wie läßt sich
nun seine dialektische Konzeption im Zusammenhang der Theodizee reflektieren,
bzw. wie kann ihr begegnet werden, denn einfach rezipieren läßt sie sich nach den
geschichtlichen Erfahrungen dieses Jahrhunderts wohl nicht? — War nicht das
Dialektische an der Geschichtsauffassung Nietzsches ursprünglich auf die Genese
eingeschränkt, auf die These: „Alles *entsteht* aus seinem Gegenteil“?

Hier sind offensichtlich zwei Bestimmungen von Dialektik auseinanderzuhalten,
die in dem oben angezogenen Satz aus der ‚Metaphysik‘ des Aristoteles unvermittelt verknüpft sind: „Panta gar ä enantia ä ex enantion“ (‚Metaphysik‘, 1005 a
3, 4) Der Satz: „Alles entsteht — wird — aus seinem Gegenteil“ ist dabei insofern
analytisch, als das Eingeständnis, daß überhaupt etwas wird, den Übergang von
Nichtsein zu Sein einräumt und damit schon das „Werden aus dem Gegenteil“ im
Verb steckt, der Satz also analytisch ist, d. h. dem Satz vom zu vermeidenden
Widerspruch durchaus gehorcht, wenn auch die Kategorie des Werdens letztlich mit
dem Satz vom zu vermeidenden Widerspruch unvereinbar ist. Wenn aber schon
etwas entstehen können soll, dann muß es, um nicht unmittelbar dem Satz vom zu
vermeidenden Widerspruch zu widerstreiten, aus seinem Gegenteil entstehen. Diese
Übereinstimmung, so merkwürdig sie auch anmuten mag, erhellt schon daraus, daß
der Satz „Alles entsteht — wird — aus seinem Gegenteil“ ein analytischer, d. h.
auf dem Satz des zu vermeidenden Widerspruchs als dem obersten Grundsatz aller
analytischen Urteile beruhender Satz ist.

Geleugnet dagegen wird der Satz vom zu vermeidenden Widerspruch in dem
Augenblick, in dem aus dem „Alles entsteht aus seinem Gegenteil“ ein „Alles i s t
sein Gegenteil“ wird:

„Der Mensch ist das Untier und Übertier; der höhere Mensch ist der Unmensch und
Übermensch: so gehört es zusammen. Mit jedem Wachstum des Menschen in die
Größe und Höhe wächst er auch in das Tiefe und Furchtbare: man soll das eine
nicht wollen ohne das andere — oder vielmehr: je gründlicher man das eine will, um
so gründlicher erreicht man gerade das andere.“ (III, 520; siehe auch II, 464)

Der Satz „Alles ist sein Gegenteil“ fällt allerdings gerade als Gegen-Satz zum
Satz vom zu vermeidenden Widerspruch aus der Dialektik wieder heraus; denn ein

Satz, der die Gültigkeit des Satzes vom zu vermeidenden Widerspruch nur leugnet, bejaht sie damit, indem er sich der Eindeutigkeit unterwirft, deren reiner Begriff eben jener Satz vom zu vermeidenden Widerspruch ist. Erst der Satz „Alles ist es selbst und zugleich sein Gegenteil", der Satz also, der zugleich den Satz vom zu vermeidenden Widerspruch bejaht u n d verneint, hebt ihn wirklich auf.

Die Dialektik des Satzes „Alles entsteht aus seinem Gegenteil", der die Dialektik des Werdens artikuliert, enthält aber gerade diese wahre Gestalt der dialektischen Aufhebung des Satzes vom zu vermeidenden Widerspruch; denn das Werden enthält sowohl das Sein, wie das Nichtsein, die Identität und die Nichtidentität von etwas, dem Werdenden nämlich, mit sich:

> „Die Analyse des Anfangs gäbe somit den Begriff der Einheit des Seins und des Nichtseins, — oder in reflektierter Form, der Einheit des Unterschieden- und des Nichtunterschiedenseins, — oder der Identität und Nichtidentität." (Hegel, ‚Wissenschaft der Logik' I, 59)

Das Werden setzt sowohl den Satz vom zu vermeidenden Widerspruch bzw. der Identität, „Alles ist mit sich identisch" als auch den Satz „Alles ist sein Gegenteil" voraus; d. h. der Satz „Alles ist sein Gegenteil" ist bloß ein Moment des Satzes vom Werden und seine Gleichsetzung als realdialektischer „Grundsatz" mit der Dialektik schlechthin eliminiert diese, gerade indem er sie verabsolutiert.

Wenden wir uns vor der weiteren Erörterung des Begriffs der Dialektik bei Nietzsche noch einmal den praktischen Konsequenzen eben dieses Begriffs zu, so scheint sich ein Zusammenhang zwischen Lebensphilosophie, Realdialektik und der Polemik gegen neuzeitliche Gesellschaftsformen bzw. Gesellschaftstheorien aufweisen zu lassen; ein Festhalten an der Realdialektik als dem — völlig ungeschichtlich vorgestellten — Wesen des Lebens schließt nämlich jede Hoffnung auf einen Fortschritt der Humanität — gemessen an den Ideen der Aufklärung — aus:

> „Man schwärmt jetzt überall, unter wissenschaftlichen Verkleidungen sogar, von kommenden Zuständen der Gesellschaft, denen ‚der ausbeuterische Charakter' abgehn soll — das klingt in meinen Ohren, als ob man ein Leben zu erfinden verspräche, welches sich aller organischen Funktionen enthielte. Die ‚Ausbeutung' gehört nicht einer verderbten oder unvollkommenen und primitiven Gesellschaft an: sie gehört ins Wesen des Lebendigen, als organische Grundfunktion, sie ist eine Folge des eigentlichen Willens zur Macht, der eben der Wille des Lebens ist." (II, 729)

Nietzsches Polemik ist ihrerseits wiederum nicht einfach zu verwerfen; ihr Wahrheitsgehalt besteht in dem Insistieren auf der Dialektik, die evolutionäre Theorien zu schnell durch Historisierung verharmlosen. Zwischen der Scylla optimistischer Theoreme, die aus der Dialektik in eine Philosophie reiner Formen zurückfallen — und gleichzeitig dann noch am Begriff der Entwicklung festhalten wollen — und der Charybdis der die Natürlichkeit verewigenden Realdialektik Nietzsches haben wir uns hindurchzuwinden, wenn wir Dialektik als Geschichtsphilosophie und Theodizee begreifen können sollen. Dazu ist die Wiederaufnahme der Begriffsbestimmung von Dialektik im oben entwickelten Zusammenhang der

Sätze „Alles entsteht aus seinem Gegenteil" und „Alles ist sein Gegenteil" erforderlich.

Zwei sich scheinbar ausschließende Modi der Stellung der Bestimmtheit, des Unterschiedes sind für die Dialektik Hegels charakteristisch, einmal das Festhalten am Gegensatz, an der Wahrheit des Gegensatzes —

> „Man muß den alten Dialektikern die Widersprüche zugeben, die sie in der Bewegung aufzeigen; aber daraus folgt nicht, daß darum die Bewegung nicht ist, sondern vielmehr, daß die Bewegung der daseiende Widerspruch ist." (,Wissenschaft der Logik', II, 59) —

zum andern die Untrennbarkeit von Unterschied und Identität, welche Untrennbarkeit im Begriff der Aufhebung, des sich selbst Aufhebens des Gegensatzes reflektiert wird —

> „Aber in ihrer Wahrheit ist die Vernunft Geist, der höher als beides, verständige Vernunft oder vernünftiger Verstand ist. Er ist das Negative, dasjenige, welches die Qualität sowohl der dialektischen Vernunft als des Verstandes ausmacht; — er negiert das Einfache, so setzt er den bestimmten Unterschied des Verstandes; er löst ihn ebensosehr auf, so ist er dialektisch." (ebenda I, 6)

Der Begriff der Dialektik erweist sich so, selbst dialektisch zu sein; Dialektik läßt sich nicht eindeutig bestimmen, sondern vermittelt Realdialektik und Aufhebung derselben; anders ausgedrückt: im Begriff der Dialektik ist Realdialektik ein Moment, und dies ist erst die wahre Dialektik, ihr dialektischer Begriff, daß sie die Einheit ihrer selbst und ihres Gegenteils ist.

Oben wurde gezeigt, daß gerade die abstrakte Negation des Satzes vom zu vermeidenden Widerspruch dessen uneingeschränkte Gültigkeit ungewollt bestätigt; erst der Satz „Der Satz vom zu vermeidenden Widerspruch ist gültig und zugleich ungültig", der Satz also, der das Gegenteil seiner selbst als Moment enthält, transzendiert den Bereich der uneingeschränkten Gültigkeit des Grundsatzes der formalen Logik. Spannen wir nun den Bogen zurück zur Thematik dieses Kapitels: welche Bedeutung hat die Begriffsbestimmung der Dialektik für die Möglichkeit einer nachmetaphysischen, nachchristlichen Theodizee?

Dialektik im Sinne von Realdialektik scheint die Aufgabe einer Theodizee nicht erfüllen zu können; denn wenn die entscheidende Leistung jeder Theodizee darin besteht, den Nachweis zu erbringen, daß „nicht das Böse ... sich letztlich geltend gemacht habe." (Hegel, ,Philosophie der Geschichte' XI, 42), gerät eine Dialektik, die das Moment der Aufhebung des Negativen eliminiert hat und damit dem Negativen die Stellung eines Positiven einräumt, in Gegensatz zur Geschichtsphilosophie und Theodizee:

> „Jegliches ist so mit allem verbunden, daß irgendetwas ausschließen wollen, alles ausschließen heißt. Eine verwerfliche Handlung heißt: eine verworfene Welt überhaupt" (III, 788).

Realdialektik im strengen Sinn des Wortes bleibt bei dem Satz „Alles ist sein Gegenteil, hebt sich auf" stehen und kommt damit über das endlose Werden und Vergehen, die Manifestation der reinen Endlichkeit alles Bestimmten, nicht hinaus;

diese Position — die Anaximander als erster in seinem berühmten Satz artikulierte — ist noch nicht einmal Lebensphilosophie zu nennen, denn schon das Leben kennt über die Erscheinung des Chorismos von Exemplar und Gattung, den ewigen Kreislauf hinaus eine Geschichte, die der Entwicklung der Arten, antwortet somit auf seine Erfahrungen, ist an sich seiender Geist. Reine Realdialektik führte also wieder zurück zu der schon interpretierten Form der „Theodizee des rein Mundanen", des reinen Geschehens, zum quid pro quo von reiner Sinnlosigkeit und rein immanentem Sinn.

Die für die Dialektik spezifische Gestalt der Theodizee hängt also am dialektischen Begriff der Dialektik, der die Realdialektik und die des Bewußtseins, in der die realen Antagonismen zu Momenten aufgehoben werden, vermittelt. Dieser dialektische Begriff der Dialektik ermöglicht dann auch Erfahrung des Bewußtseins in Stufen, die die Realdialektik zu Gestalten bindet und damit Entwicklung, Geschichte.

Der undialektische Begriff der Dialektik, die Vorstellung einer Realdialektik, hebt sich selbst auf; an sich, weil ein bloß gegenständliches Geschehen nie dialektisch sein kann; für sich in der Reduzierung der scheinbaren Gegensätze der Realdialektik auf Hypostasierungen und Projektionen eines „metaphysisch" wertenden Bewußtseins, die durch die „historische Philosophie" (I, 447) als solche durchschaut und damit die real dialektischen Gegensätze als übersehene Übergänge erkannt werden:

> „Gewohnheit der Gegensätze. — Die allgemeine ungenaue Beobachtung sieht in der Natur überall Gegensätze (wie z. B. ‚warm und kalt'), wo keine Gegensätze, sondern nur Gradverschiedenheiten sind. Diese schlechte Gewohnheit hat uns verleitet, nun auch noch die innere Natur, die geistig-sittliche Welt, nach solchen Gegensätzen verstehen und zerlegen zu wollen. Unsäglich viel Schmerzhaftigkeit, Anmaßung, Härte, Entfremdung, Erkältung ist so in die menschliche Empfindung hineingekommen, dadurch, daß man Gegensätze an Stelle der Übergänge zu sehen meinte." (I, 907)[57]

Interpretiert man diesen Übergang der Realdialektik in eine bloß quantitative Differenzierung vom Bild des „Aufhängers" bzw. vom Begriff des „gesetzten Grundes" aus, so erhärtet sich die These von der Selbstaufhebung der Realdialektik; wenn „das Böse", Barbarische notwendig war, damit „das Gute", damit Humanität entstehen konnte, ist der Gegensatz des Guten und Bösen nicht mehr zu halten, ja das Aussprechen dieser Notwendigkeit ist nur möglich, wenn eine Position jenseits von Gut und Böse antizipiert wird, von der aus jener Gegensatz nachträglich als für die Genese der Humanität notwendig, aber zugleich als unwahr durchschaut wird. Dann, am Ende dieser Entwicklung, kann dann auch erkannt werden, daß jener vermeintliche Gegensatz nie bestand, daß die Entwicklung der Humanität in Wahrheit nur in einer Verinnerlichung und Sublimierung des ursprünglich barbarisch Bösen bestand:

---

[57] Siehe auch I, 447.

> „Fast alles, was wir ‚höhere Kultur' nennen, beruht auf der Vergeistigung und Ver-
> tiefung der G r a u s a m k e i t — dies ist mein Satz; jenes ‚wilde Tier' ist gar nicht
> abgetötet worden, es lebt, es blüht, es hat sich nur — vergöttlicht." (II, 693)

Und doch bleibt eine der leitenden Fragen Nietzsches ungelöst, wenn so die
Realdialektik von Qualitäten auf quantitative Übergänge reduziert wird: das
Problem der Erklärung des Untergangs der Antike, des Sieges der „mißratenen
Schwachen" über die „Wohlgeratenen", allgemein: der Wirklichkeit des Negativen.
Würde Nietzsche konsequent an der Substitution der Realdialektik durch Quantifi-
zierung festhalten, dann würde der Gegensatz des Großen und des Mittelmäßigen,
des Edlen und des Gemeinen, von dem aus er die Moral attackiert, auch auf einen
letztlich gleichgültigen Größenunterschied hinauslaufen; eine Umwertung der
Werte könnte auf ein solch bloß quantitativ relevantes Prinzip nicht gegründet
werden. Der Sieg der Schwachen über die Starken wäre dann kein Problem, sondern das notwendige Resultat aus dem Übergewicht, das sich aus der Summierung
der Kräfte der vielen Schwachen ergeben muß.

Aber Nietzsche spricht vom Sieg der „Kranken" über die ‚Gesunden' — wobei
unter Krankheit das Leiden an der Wirklichkeit zu verstehen ist, eine dem Anti-
metaphysiker Nietzsche nur schwerlich zuzugestehende Definition, die auch dadurch nicht weniger metaphysisch wird, daß er das Leiden an der Wirklichkeit
ganz metaphysisch-ontologisch auf eine Seinsart zurückführt:

> „... Jene ganze Fiktions-Welt hat ihre Wurzel im H a ß gegen das Natürliche
> (— die Wirklichkeit —), sie ist der Ausdruck eines tiefen Mißbehagens am Wirk-
> lichen ... Aber damit ist alles erklärt. Wer allein hat Gründe, sich wegzulügen aus
> der Wirklichkeit? Wer an ihr l e i d e t. Aber an der Wirklichkeit leiden heißt eine
> v e r u n g l ü c k t e Wirklichkeit sein." (II, 1175)

Damit ist nicht erklärt, wie es so etwas wie eine „verunglückte Wirklichkeit" in
Wirklichkeit geben kann, mit der Theodizee des Mundanen jedenfalls ist eine
solche Erklärung unvereinbar:

> „Jegliches ist so mit allem verbunden, daß irgend etwas ausschließen wollen, alles
> ausschließen heißt. Eine verwerfliche Handlung heißt: eine verworfene Welt über-
> haupt ... Und selbst dann noch: in einer verworfenen Welt würde auch das Ver-
> werfen verwerflich sein." (III, 788)

Doch damit nicht genug: der Sieg der Kranken über die Gesunden scheint
weitere Aporien in sich zu bergen, die Nietzsche zur Wiederaufnahme der Dialektik zwingen: in der Genealogie des Priesters versucht Nietzsche, den Priester als
Sieger über die Gesunden auf Grund seines dialektischen Wesens darzustellen:

> „Er (der Priester, Anm. H. R.) muß selber krank sein, er muß den Kranken und
> Schlechtweggekommenen von Grund aus verwandt sein, um sie zu verstehen — um
> sich mit ihnen zu verstehen; aber er muß auch stark sein, mehr Herr noch über sich
> als über andere, unversehrt namentlich in seinem Willen zur Macht, damit er das
> Vertrauen und die Furcht der Kranken hat." (II, 867)

Hier muß Nietzsche nun die Realdialektik verlassen, denn das zugleich Ge-
sund- und Kranksein, Stark- und Schwachsein des Priesters kann nicht mehr
realdialektisch begriffen werden, der Widerspruch wäre eliminiert dadurch, daß

das Quantum „schwach" und das Quantum „stark" sich wie + a und — a paralysieren würden, es bliebe weder Stärke noch Schwäche, sondern die tote Mitte = 0, der Antagonismus als nur realdialektischer hebt sich also auf.

Die Dialektik, ohne die die Überlegenheit des gesund-kranken, stark-schwachen Priesters über die nur Gesunden, Starken nicht begriffen werden kann, ist Dialektik des B e w u ß t s e i n s , d. h. nicht bloß Realdialektik, sondern zugleich Dialektik des Bewußtseins; der Priester ist der bewußte Mensch, darin besteht seine Überlegenheit, nämlich in der Reflexion auf die Aufnahme der ontischen Schwäche in das diese Schwäche aufhebende und zum Prinzip von „Kraft" verwandelnde Bewußtsein; für das ist alle Kraft nichts Seiendes, „Gesundes", sondern die Bewegung des Verhältnisses von Kraft und Schwäche, anders ausgedrückt von ausgebreiteter und in sich zurückgezogener Kraft:

> „Die Schwachen werden immer wieder über die Starken Herr — das macht, sie sind die große Zahl, sie sind auch klüger ... Die Schwachen haben mehr Geist ... Man muß Geist nötig haben, um Geist zu bekommen." (II, 999)

Weiter geht Nietzsche nicht, obwohl er die Ebene der Ontologie und Realdialektik mit dieser Genealogie des Priesters an sich schon verlassen hat; aber es geht ihm letztlich hier auch wohl nur um die Eliminierung der Argumente, die seiner ontologischen Wertlehre, die also die Einsicht in das Gesetztsein aller Werte perhorresziert, im Wege stehen.

Die Aufgabe einer Lösung des Nihilismusproblems scheint, resümiert man den Versuch einer „Theodizee des Mundanen" in ihrer dritten Gestalt als Realdialektik, auf diesem Weg nicht zu leisten zu sein; die Theodizee vermittels der realdialektischen Einbeziehung des Negativen müßte erkauft werden mit der Verewigung des Antagonismus von Humanität und Inhumanität im Begriff der Kultur. Kultur als wirkliche Humanität könnte nie von ihrer durch die Inhumanität vermittelten Genese befreit werden. Da Realdialektik Geschichtlichkeit in dem hier vorgetragenen Sinne nicht zuläßt, sondern nur bloße Zeitlichkeit der Abfolge der realdialektisch unversöhnbaren Extreme, behielte der Satz, den der junge Nietzsche im Rückblick auf die griechische Kultur formulierte, für immer seine Gültigkeit:

> „So sei es denn ausgesprochen, daß der Krieg für den Staat eine ebensolche Notwendigkeit ist wie der Sklave für die Gesellschaft: und wer möchte sich diesen Erkenntnissen entziehen können, wenn er sich ehrlich nach den Gründen der unerreichten griechischen Kunstvollendung fragt?" (III, 284)

Realdialektik ist letztlich mit Geschichtlichkeit unvereinbar, da es hierzu nicht bei der wechselseitigen Negierung bleiben darf, sondern der Möglichkeit der Aufbewahrung des Negierten als Moment bedarf. Dazu jedoch scheint ein sich Durchhaltendes Voraussetzung zu sein, jedoch nicht im Sinne einer zugrunde liegenden S u b s t a n z , da diese mit der Realdialektik unvereinbar wäre, sondern eines S u b j e k t s , das nur als das Fürsichsein dieses Prozesses der gegenseitigen Negation begriffen werden kann. Im Ich als dem im Gegenteil seiner selbst bei sich Bleibenden akkumulieren sich die sich wechselseitig auflösenden Momente der

Realdialektik zu einer Geschichte der Erfahrung des Bewußtseins. Es muß hier bei diesem andeutenden Hinweis auf die Hegelsche Philosophie bleiben, da eine Explikation dieses Themas die Grenzen einer Nietzscheinterpretation weit überschreiten würde. —

Es bleibt noch ein Ausweg, in dem sich die Aporien der bisher interpretierten Möglichkeiten einer Lösung des Nihilismusproblems reflektieren: eine „aufgeklärte Menschheit" muß dem Dasein, da es keinen Sinn hat, einen solchen geben. Ein solcher Versuch kann sich auf die Technik stützen, die die Gültigkeit der Realdialektik und damit die Untrennbarkeit von Kultur und Barbarei, Humanität und Inhumanität, auf die bisherige Geschichte einzuschränken erlaubt. Der Antagonismus von Theodizee und Humanismus wäre aufgehoben, insofern das Problem der Theodizee durch Sinnsetzung praktisch gelöst und zugleich die Humanität von ihrem Vermitteltsein durch die Inhumanität befreit würde.

2. Die Substitution der Theodizee durch die absolute Praxis: Der Wille zur Macht

> „In der Tat, wir Philosophen und ‚freien Geister' fühlen uns bei der Nachricht, daß der ‚alte Gott tot' ist, wie von einer neuen Morgenröte angestrahlt; unser Herz strömt dabei über von Dankbarkeit, Erstaunen, Ahnung, Erwartung — endlich erscheint uns der Horizont wieder frei, gesetzt selbst, daß er nicht hell ist, endlich dürfen unsre Schiffe wieder auslaufen, . . . jedes Wagnis des Erkennenden ist wieder erlaubt, das Meer, u n s e r Meer liegt wieder offen da, vielleicht gab es noch niemals ein so ‚offnes Meer'."
> (II, 206)

Aus mehreren Gründen sind die beiden Abschnitte des VI. Kapitels, das sich mit der Möglichkeit einer Aufhebung des Nihilismusproblems im Werk Nietzsches beschäftigt, über diese Gemeinsamkeit des Themas hinaus dicht miteinander verbunden. Es zeigte sich bei der Untersuchung der für Nietzsche spezifischen Gestalt der Theodizee des Mundanen unter Absehen von einem sinnverleihenden transzendenten Absoluten, daß diese Theodizee des Mundanen vom Nihilismus als der Reflexion auf die Sinnlosigkeit eben dieses nur Mundanen sich nicht begrifflich unterscheiden[58] läßt; der Unterschied erwies sich als einer, der, wenn nicht in der Theorie, dann nur in der absoluten Praxis hergestellt werden könnte.

---

[58] Die Vergeblichkeit des Versuchs, von der Heideggerschen Ontologie aus diesem Mangel abzuhelfen, zeigt sich m. E. in der Abhandlung von Joan Stambough: „Untersuchungen zum Problem der Zeit bei Nietzsche" (1959 Den Haag); der Versuch, durch die Unterscheidung von ‚Wiederkehr' und ‚Wiederkunft' jener Dialektik von Theodizee und Nihilismus zu entgehen, bleibt im Verbalen, in einer Versicherung stecken:
„Der Unterschied zwischen dem Gedanken der ewigen Wiederkehr in seiner furchtbarsten Form, der die extremste Form des Nihilismus ist, und dem Gedanken der ewigen Wiederkunft, der die höchste Form der Bejahung ist, liegt bei der Frage, ob etwas in

Wenn die Theodizee scheitert, also kein Sinn des Geschehens überhaupt aufgewiesen werden kann, bleibt als Ausweg nur das Setzen, das Herstellen eines
Sinnes als die Realisierung der Autonomie schlechthin; dabei würde die theoretische Unmöglichkeit dieses Versuchs nichts besagen, da es sich hier ja um a b s o -
l u t e Praxis handelt, die ihren Primat vor der Spekulation ja gerade darin zu
besitzen glaubt, daß sie theoretisch unlösbare Aporien praktisch „löst", was auch
immer das besagt. Eine theoretische Durchsichtigkeit würde gerade die a b s o -
l u t e Praxis als solche aufheben, was schon in der Interpretation des Kantischen
Primats der praktischen Vernunft ausgeführt wurde. Das „Setzen" eines Sinnes
bedeutet also, und das entgeht der Position der absoluten Praxis, nichts weiter als
die R e f l e x i o n des Scheiterns der Theodizee in ihrem Versuch, den Nihilismus
aufzulösen. Diesen Zusammenhang drückt der Abschnitt 25 aus ‚Von den ersten
und letzten Dingen' folgendermaßen aus:

> „Seitdem der Glaube aufgehört hat, daß ein Gott die Schicksale der Welt im großen
> leite und trotz aller anscheinenden Krümmungen im Pfade der Menschheit sie doch
> herrlich hinausführe, müssen die Menschen selber sich ökumenische, die ganze Erde
> umspannende Ziele stellen." (I, 465 f.)

Der sich auf die Technik stützende Verfechter der absoluten Praxis würde dem
Einwand, daß die absolute Praxis nichts anderes als die Reflexion der Theodizee
sei, — wenn er überhaupt diesen Einwand als solchen akzeptiert — antworten,
daß an sich, begrifflich-philosophisch, dieser Einwand seine Relevanz haben möge,
aber nicht für ihn. Doch diese Einschränkung des philosophischen Arguments auf
den Bereich des An sich hebt sich gerade in dem Absolutheitsanspruch der absoluten
Praxis auf: das a n s i c h Vermitteltsein der absoluten Praxis durch die Theodizee erscheint f ü r das Bewußtsein in der Notwendigkeit, wenn schon der
Praxis der Primat gegeben wird, dann sie auch absolut zu setzen, alles ihr zu
unterwerfen, weil sie nur so die Theodizee ablösen kann. In diesem Absolutsetzen
der Praxis, in ihrem Totalitätsanspruch e r s c h e i n t die Verinnerlichung der
monotheistischen Gottesvorstellung, die Reflexion seiner Allmacht und Ausschließ-
lichkeit; in ihr tritt der begriffliche Zusammenhang aus dem Ansichsein in das
Bewußtsein:

> „In Hinsicht auf die Z u k u n f t erschließt sich uns zum ersten Male in der Ge-
> schichte der ungeheure Weitblick menschlich-ökumenischer, die ganze Erde umspan-
> nender Ziele. Zugleich fühlen wir uns der Kräfte bewußt, diese neue Aufgabe ohne
> Anmaßung selber in die Hand nehmen zu dürfen ... ja, möge unser Unternehmen
> ausfallen, wie es wolle, mögen wir unsere Kräfte überschätzt haben, jedenfalls gibt es

jedem Momente erreicht wird. Es handelt sich um die Frage, die Nietzsche überall und
immer wieder stellt, wenn er von Kunst spricht, Kunst im weit möglichsten Sinne verstanden als das sich selbst gebärende Kunstwerk der Welt selbst ... Die ‚Zeit' des
Willens zur Macht ist z i e l l o s, nicht, weil er sein Ziel nicht erreichen kann, sondern
weil ihm kein ‚Ziel' aussteht, weil er nichts e n t b e h r t, weil er aus der F ü l l e
seines Wesens ‚will' ... Diese Art von ‚Zeit' ohne Ziel, die aus sich entspringt, ... läßt
sich nicht phänomenal aufweisen, aber Nietzsche versucht immer wieder, ihr einen angemessenen Ausdruck zu verleihen." (a. a. O., S. 216 ff.).

niemanden, dem wir Rechenschaft schuldeten als uns selbst; die Menschheit kann von nun an durchaus mit sich anfangen, was sie will." (I, 807 f.)[59]

Gemessen an dem Nietzsche, der eine Heilung von der „Kettenkrankheit" (I, 1006) intendiert, welche Heilung dem Menschen die Erfahrung der „nächsten Dinge" erlaubt, zeugt gerade die Totalität der absoluten Praxis von einer „Ketten-krankheit"[60]. Im Zusammenhang der „Zuwendung zu den nächsten Dingen" tritt die Korrelation zwischen absoluter Praxis und Theodizee des Mundanen ebenfalls zutage; die Theodizee des Mundanen als Befreiung des Seienden zu sich selbst, zu einem Insichseienden, —

> „Das aber ist mein Segen: über jedwedem Ding als sein eigener Himmel stehen, als sein rundes Dach, seine azurne Glocke und ewige Sicherheit: und selig ist, wer also segnet! Denn alle Dinge sind getauft am Borne der Ewigkeit und jenseits von Gut und Böse; . . . ‚Von Ohngefähr' — das ist der älteste Adel der Welt, den gab ich allen Dingen zurück, ich erlöste sie von der Knechtschaft unter dem Zwecke." (II, 415 f.) —

vergegenständlicht die Subjektivität, so wie die absolute Praxis sie mit dem Willen zur Macht unmittelbar gleichsetzt: d. h. die freie Subjektivität, die in der Theodizee des Mundanen als Insichsein, Selbstzwecksein alles Seienden als nur *an* sich seiend, vergegenständlicht auftritt, erscheint als nur *für* sich im Willen zur Macht der absoluten Praxis. Endlich führt auch das Scheitern der realdialektischen Form der Theodizee — der letzten bei Nietzsche aufgewiesenen — zur absoluten Praxis; denn durch die Realdialektik als eine Position jenseits von Gut und Böse sind all die Schranken beseitigt, die dem rein instrumentellen Denken gesetzt sein könnten. Auch hier reflektiert die absolute Praxis die theoretische Gestalt, die sie ablösen will; der zweite Teil des Abschnitts 25 aus ‚Von den ersten und letzten Dingen' lautet:

> „Die ältere Moral namentlich die Kants, verlangt vom einzelnen Handlungen, welche man von allen Menschen wünscht: das war eine schöne naive Sache; als ob ein jeder ohne weiteres wüßte, bei welcher Handlungsweise das Ganze der Mensch-heit wohlfahre, also welche Handlungen überhaupt wünschenswert seien; es ist eine Theorie wie die vom Freihandel, voraussetzend, daß die allgemeine Harmonie sich nach eingeborenen Gesetzen des Besserwerdens von selbst ergeben m u s s e. Vielleicht läßt es ein zukünftiger Überblick über die Bedürfnisse der Menschheit durchaus nicht

---

[59] Siehe auch I, 1248: „In betreff der Erkenntnis ist vielleicht die nützlichste Errungen-schaft: daß der Glaube an die unsterbliche Seele aufgegeben ist. Jetzt darf die Mensch-heit warten, . . . Wir haben den guten Mut zum Irren, Versuchen, Vorläufig-nehmen wieder erobert — es ist alles nicht so wichtig! — und gerade deshalb können Individuen und Geschlechter jetzt Aufgaben von einer Großartigkeit ins Auge fassen, welche früher-ren Zeiten als Wahnsinn und Spiel mit Himmel und Hölle erschienen sein würden. Wir dürfen mit uns selber experimentieren! Ja die Menschheit darf es mit sich!"

[60] Zu diesem Zusammenhang zwischen Totalitätsanspruch der absoluten Praxis und der Absolutheit des Gegenstandes der ihr vorausgehenden Stufe siehe die Konvergenz von unmittelbar auftretender Aufklärung und Mythologie in der ‚Dialektik der Aufklärung': „Aufklärung ist totalitär . . . Als Sein und Geschehen wird von der Aufklärung vorweg nur anerkannt, was durch Einheit sich erfassen läßt; ihr Ideal ist das System, aus dem alles und jedes folgt." (S. 16 f.).

wünschenswert erscheinen, daß alle Menschen gleich handeln, vielmehr dürften im Interesse ökumenischer Ziele für ganze Strecken der Menschheit spezielle, vielleicht unter Umständen sogar böse Aufgaben zu stellen sein." (I, 466)

Die Problematik dieser so leicht dahingeworfenen Sätze wird offenbar, wenn man sich darauf besinnt, daß die Einsicht in die Dialektik als Realdialektik den Abschied von ihr bedeutet; denn stelle ich die Realdialektik in einem Gesetz, das dann für die Genese der Kultur gültig sein soll, fest, so habe ich durch diese Feststellung die Dialektik zugunsten der Eindeutigkeit eliminiert. Die Unmöglichkeit einer solchen Feststellung der Realdialektik zu einer Gesetzmäßigkeit erscheint in dem Versuch der Anwendung dieses „Gesetzes" mit dem Ziel der Erzeugung einer Kultur:

> „Die Kultur kann die Leidenschaften, Laster und Bosheiten durchaus nicht entbehren ... Man wird noch vielerlei ... Surrogate des Krieges ausfindig machen, aber vielleicht durch sie immer mehr einsehen, daß eine solche hochkultivierte und daher notwendig matte Menschheit, wie die der jetzigen Europäer, nicht nur der Kriege, sondern der größten und furchtbarsten Kriege — also zeitweiliger Rückfälle in die Barbarei — bedarf, um nicht an den Mitteln der Kultur ihre Kultur und ihr Dasein selber einzubüßen." (I, 687 f.)

Realdialektik entzieht sich der Planung bzw. Manipulation, da ihre Antagonismen als Momente erkannt sind, wenn sie ins Bewußtsein aufgenommen wird; sie wirkt nur solange, als sie dem Menschen im Rücken[61] bleibt. — Spekulativ ausgedrückt heißt dies nichts anderes, als daß nur durch das Hinwegarbeiten des Irrtums, das Gute geschehe nicht ohne Zutun des Menschen, das Gute sich realisiert, Theodizee und „Herstellung" des an sich scheinbar fehlenden Sinnes der Geschichte sich nicht ausschließen, sondern konvergieren.

Realdialektik und „List der Vernunft" scheinen untrennbar zu sein, während die Dialektik des Bewußtseins beide vermittelt. Aber Nietzsche fürchtet gerade dies, weil er die Macht der kulturtragenden Institutionen zerstört sieht durch die Reflexion, durch das sich Verabschieden des Menschen von den metaphysischen, religiösen und moralischen „Irrtümern":

> „Ein wesentlicher Nachteil, welchen das Aufhören metaphysischer Ansichten mit sich bringt, liegt darin, daß das Individuum zu streng seine kurze Lebenszeit ins Auge faßt und keine stärkeren Antriebe empfängt, an dauerhaften, für Jahrhunderte angelegten Institutionen zu bauen; es will die Frucht selbst vom Baume pflücken, den es pflanzt, und deshalb mag es jene Bäume nicht mehr pflanzen, welche eine jahrhundertlange gleichmäßige Pflege erfordern und welche lange Reihenfolgen von Geschlechtern zu überschatten bestimmt sind ... Kann die Wissenschaft auch solchen Glauben an ihre Resultate erwecken?" (I, 463)[62]

Es zeichnen sich also Grenzen der direkten Intendierbarkeit ab, Grenzen des Willens zur Macht und damit der absoluten Praxis.

---

[61] Siehe hierzu Kapitel III, in dem der Zusammenhang von Sprachlichkeit und Notwendigkeit der Subreption dargestellt wurde.
[62] Siehe auch I, 577 (Nr. 220) und I, 681 unten folgende.

Die These von der Grenze der direkten Intendierbarkeit wurde schon oben (Kapitel IV) im Zusammenhang des Themas der Sprachlichkeit des Bewußtseins konkretisiert; hier ist speziell im Hinblick auf die Realdialektik dieses Thema noch einmal aufzunehmen: fassen wir Kultur als wirkliche Humanität auf, also als den existierenden Begriff des Menschen, so ist die Kultur als existierender Begriff bei Nietzsche vermittelt durch ihr Gegenteil, also durch die Reduktion auf eine A r t :

> „Kultur und Kaste. — Eine höhere Kultur kann allein dort entstehen, wo es zwei unterschiedene Kasten der Gesellschaft gibt: die der Arbeitenden und die der Müßigen, zu wahrer Muße Befähigten; oder mit stärkerem Ausdruck: die Kaste der Zwangs-Arbeit und die Kaste der Frei-Arbeit. Der Gesichtspunkt der Verteilung des Glücks ist nicht wesentlich, wenn es sich um die Erzeugung einer höheren Kultur handelt; jedenfalls aber ist die Kaste der Müßigen die leidensfähigere, leidendere, ihr Behagen am Dasein ist geringer, ihre Aufgabe größer." (I, 666)

Das realdialektische Moment aller Institutionen erhellt auch daraus, daß sie, obwohl gesetzt, als Setzende, als Subjekte fungieren, den Immanenzcharakter des Intendierten transzendieren; sie erzeugen Freiheit durch Zwang:

> „Aber um so schlimmer steht es schon mit den höheren Künstlern: gehen sie denn nicht fast alle an innerer Zuchtlosigkeit zugrunde? Sie werden nicht mehr von außen her, durch die absoluten Werttafeln einer Kirche oder eines Hofes, tyrannisiert: so lernen sie auch nicht mehr ihren ‚inneren Tyrannen' großziehen, ihren W i l l e n. Und was von den Künstlern gilt, gilt in einem höheren und verhängnisvolleren Sinne von den Philosophen. Wo sind denn heute freie Geister? Man zeige mir doch heute einen freien Geist!" (III, 472)[63]

Kann dieser geschichtliche Vorgang bewußt konstruiert werden, und welcher Voraussetzungen bedarf es dazu? Es zeigt sich, daß die Untrennbarkeit von „Realdialektik" und „List der Vernunft" — also der schwache Hegel — nicht eliminiert werden kann, sondern sich im pädagogischen Verhältnis des Philosophen zur Menschheit reflektiert:

> „Gesetzt, man denkt sich einen Philosophen als großen Erzieher, mächtig genug, um von einsamer Höhe herab lange Ketten von Geschlechtern zu sich hinaufzuziehen: so muß man ihm auch die unheimlichen Vorrechte des großen Erziehers zugestehen. Ein Erzieher sagt nie, was er selber denkt: sondern immer nur, was er im Verhältnis zum Nutzen dessen, den er erzieht, über eine Sache denkt ... Ein solcher Erzieher ist jenseits von Gut und Böse; aber niemand darf es wissen." (III, 469)

Der junge Nietzsche hatte von den „Bildern des Mythos" gesprochen, die die „unbemerkt allgegenwärtigen dämonischen Wächter" sein müßten, „unter deren Hut die junge Seele heranwächst" (I, 125); hier wird offenbar, daß die unmittelbare Wiederaufnahme des Mythos durch den Nietzsche des „Willens zur Macht" in dem angezogenen Passus (III, 469) die Humanität, die zu retten er sich zur Sprachlichkeit des Mythos einst zurückgewendet hatte, an der Wurzel zerstört, da er sie auf Betrug und bewußter Unwahrheit errichten muß, wenn er an die Stelle

---

[63] Siehe auch II, 645 unten folgende; I, 727.

des Mythos den Willen setzt[64]. Die theoretische Aporie der Grenze einer direkten Intendierbarkeit, die sich einer Synthese von Realdialektik und Wille zur Macht entgegenstellt, — und die kurz gesagt schon daraus resultiert, daß realdialektisch Wille nur aus Nichtwille, Zwang, nicht aus dem Willen zur Macht entsteht — kann Nietzsche nur praktisch lösen, indem er beide Seiten, die Reflexion und die Subreption, an zwei Arten des Menschen verteilt. Die Notwendigkeit eines gesetzten Grundes, einer hypostasierten Eindeutigkeit gilt für die Vielen und führt zur Duldung bzw. Förderung der „Herdenmoral"[65]; dabei ist nicht einzusehen, wie jene Moral „hergestellt" werden kann, denn sie ist ja in ihren Fundamenten durch die Aufklärung erschüttert:

> „Der Utilitarismus (der Sozialismus, der Demokratismus) kritisiert die Herkunft der moralischen Wertschätzungen, aber er glaubt an sie, ebenso wie der Christ. (Naivität, als ob Moral übrigbliebe, wenn der sanktionierende Gott fehlt! Das ‚Jenseits' absolut notwendig, wenn der Glaube an Moral aufrechterhalten werden soll.)" (III, 484)

Hier bliebe also nur die politisch-praktische Antwort, das Bewußtsein gewaltsam auf einer Stufe, d. h. in der Bornierung festzuhalten und festzustellen. Die Problematik besteht eben darin, daß die Dialektik nicht direkt intendierbar ist, nämlich nur wirklich sein kann auf dem Umweg über den Platonismus der Vielen, der wiederum nicht bewußt erzeugt werden kann, wie unsere Interpretation des Begriffs der Institution ergab.

Realdialektik geht über in Pragmatismus; die Teilung der Menschheit in wissende Herrscher und unwissende Beherrschte, die Spaltung des Bewußtseins in Reflexion und Bornierung mag den Fakten entsprechen, doch da an sich Sein und für sich Sein auseinanderfallen, ist die ganze Beziehung eindeutig, undialektisch, und, da sie ihre Begründung in ihrem Resultat hat, pragmatisch. Im Hinblick auf das Thema der Wiederaufnahme der Antike bzw. der Versöhnung von Antike und Neuzeit bedeutet dies, daß beide Momente unvermittelt bleiben, antike Seinsdialektik und Idealismus vermengen sich zum Pragmatismus. Hierin geht einmal das antike Moment verloren, da es die unmittelbare Vereinigung mit dem Prinzip der Subjektivität nicht aushält[66], so wie der Idealismus andererseits als philoso-

---

[64] Der mittlere, m. E. reifere Nietzsche trägt diese Gedanken viel behutsamer, unter Berücksichtigung einer möglichen Grenze der direkten Intendierbarkeit, vor. Siehe auch I, 589, Nr. 233, wo die häufigen ‚vielleicht' schon die Distanz erkennen lassen.

[65] Siehe III, 481: „Moral ist wesentlich das Mittel, über die einzelnen hinweg oder vielmehr durch eine Versklavung der einzelnen etwas zur Dauer zu bringen." (Ausführlicher III, 866 f.).

[66] Der Begriff der Subjektivität stellt den Unterschied der Neuzeit von der Antike dar, die nur den Begriff der Substanz kennt. Beim Studium der Antike fällt auf, daß weder die Sprache noch Erkenntnis- und Wahrnehmungsphänomene anders als gegenständlich dargestellt werden, wobei allerdings Gegenständlichkeit nicht dasselbe bedeutet wie für uns, da für uns die Bedeutung dieser Kategorie bestimmt wird durch den Gegensatz Subjekt-Objekt. (Siehe hierzu Hegel zum Begriff der Freiheit in der Antike und seit dem Christentum, und ferner Spengler zur plastischen Gestalt als Charakteristikum der Antike gegenüber der Unendlichkeit der „abendländisch-faustischen" Seele).

phische Gestalt der neuzeitlichen Subjektivität durch die undialektische Einbeziehung der Empirie in Pragmatismus übergeht. — Generell ist zur Definition der
absoluten Praxis als sich verborgener theoretischer Gestalt, nämlich als Reflexionsstufe, die die Unwahrheit einer theoretischen Gestalt, nämlich des Idealismus, ausspricht, zu sagen; die Artikulierung der absoluten Praxis, der Pragmatismus,
reflektiert den Idealismus, der ja selbst eine Reflexionsstufe — gemessen an der
Ontologie — darstellt, nämlich erkennt seine Prinzipien als geschichtliche Momente
und hält ihm vor: gerade da, wo du in reine Prinzipien dich zurückzuziehen
meinst, denkst du in Kategorien, die eine bestimmte Praxis ermöglichen. —

Um den Gegensatz zwischen antiker Ontologie und neuzeitlicher Subjektivität
kreist die Nietzschekritik der Heideggerschule:

> „Wie ist es mit dem Sein? Mit dem Sein ist es nichts. Wie, wenn darin erst das bisher
> verhüllte Wesen des Nihilismus sich ankündigte? Dann wäre das Denken in Werten
> der reine Nihilismus? Aber Nietzsche begreift doch die Metaphysik des Willens zur
> Macht gerade als die Überwindung des Nihilismus ... Wenn jedoch der Wert das
> Sein nicht das Sein sein läßt, was es als das Sein selbst ist, dann ist die vermeintliche
> Überwindung allererst die Vollendung des Nihilismus ... Ist jedoch, auf das Sein
> selbst gedacht, das Denken, das alles nach Werten denkt, Nihilismus, dann ist sogar
> schon Nietzsches Erfahrung vom Nihilismus, daß er die Entwertung der obersten
> Werte sei, eine nihilistische ... Der letzte Schlag gegen Gott und gegen die übersinn-
> liche Welt besteht darin, daß Gott, das Seiende des Seienden, zum höchsten Wert her-
> abgewürdigt wird." (Heidegger, ‚Holzwege‘, S. 239 f.)

Mir scheint hier, abgesehen davon, daß das „herabgewürdigt" im letzten Satz
selbst eine Wertung anzeigt, das eigentliche Problem unterbelichtet zu sein; es geht
nicht um ein undialektisches Pro oder Contra im Hinblick auf die Subjektivität,
sondern um eine Vermittlung mit der antiken Ontologie, welche Vermittlung erst
die Subjektivität befreit. Nietzsches Philosophie selbst bietet das beste Beispiel
dafür, daß reine Subjektivität in reine Verdinglichung und die unmittelbare Aufnahme der Antike in Pragmatismus umschlägt. Da die Dialektik bei Nietzsche
auseinanderfällt in Realdialektik, der die Vielen unterworfen sind, und bewußte
Planung durch die Wenigen, kann man hier sowohl von einem Zuviel als auch
einem Zuwenig an Subjektivität sprechen; während die Subjektivität in der Macht
der wenigen Wissenden verabsolutiert ist, wird sie in der künstlichen Bornierung
der Vielen unterdrückt. Dieser Gegensatz in der Stellung der Subjektivität erscheint zugespitzt in dem Phänomen, daß der Nietzsche des Willens zur Macht
a u c h davon spricht, daß der Wille nur eine bloße Fiktion (III, 751) sei:

> „Man hat das Werden seiner Unschuld entkleidet, wenn irgend ein So-und-So-Sein
> auf Wille, auf Absichten, auf Akte der Verantwortlichkeit zurückgeführt wird: die
> Lehre vom Willen ist wesentlich erfunden zum Zweck der Strafe, das heißt des
> Schuldig-finden-wollens." (II, 977)[67]

Die Grenzen der reinen Subjektivität, der direkten Intendierbarkeit deuten
sich damit an; gerade von der Einsicht in die Realdialektik aus kann der Nihilis-

---

[67] Siehe auch III, 696, 822, 913.

mus nicht willentlich „überwunden" werden; wenn der Wille gemäß der Real-dialektik nur aus seinem Gegenteil, dem Nichtwillen, also den „langen Zwängen" erwächst, kann dieser Prozeß nicht gewollt und geplant werden, da seine Dialektik dadurch unterlaufen und eliminiert wird.

Mit der Grenze der direkten Intendierbarkeit tritt auch die Grenze des mono-logischen Denkens hervor, d. h. die zentralen Themen Nietzsches lassen sich ohne den dialektischen Begriff der Voraussetzung — im Sinne des Setzens, das zugleich aufgehobenes Setzen, V o r a u s s e t z e n ist — nicht durchführen.

Der Nihilismus als Bewußtsein der Sinnlosigkeit der Geschichte und Natur läßt sich weder idealistisch noch ontologisch „überwinden". Weder ein nur autonom gesetzter, postulierter Sinn ist denkbar, da er sich in einem bloßen Zweck er-schöpfen würde, noch ein nur seiender, gegebener, da er auf die Erfüllung einer heteronomen Zielsetzung hinausliefe; die Kategorie des Sinnes transzendiert die des Zweckes. Sinn kann nur als vorausgesetzter begriffen werden, als sowohl vom Menschen gesetzt als auch ihm gegeben. Dies Begreifen von Sinn ist gleichbedeu-tend damit, daß „die Substanz auch als Subjekt" begriffen werden muß, daß die sprachlich-dialogische Bewegung des Menschen zur Welt die Bewegung der Welt ins Bewußtsein oder den Begriff ist.

Die schon mehrfach im Verlauf dieser Untersuchung vorgetragene These, daß das philosophische Tor zum regnum hominis erst mit dem dritten Teil der Hegel-schen ,Logik' aufgestoßen wurde, wird hier, im Zusammenhang mit der begriff-lichen Fassung der Sinnkategorie, relevant; wenn Hegel das menschliche Selbst-bewußtsein oder das Ich als Begriff bestimmt, „der als Begriff zum D a s e i n gekommen ist"[68], dann ist diese Bestimmung für unsere Untersuchung bedeutsam, weil damit das Selbstbewußtsein oder das Ich genau durch das Verhältnis von Setzen und An und für sich Sein bestimmt wird, das die Sinnkategorie auszu-zeichnen sich erwies:

> „Jene absolute Allgemeinheit, die ebenso unmittelbar absolute Vereinzelung ist, und ein An- und Fürsichsein, welches schlechthin Gesetztsein und nur dies An- und Fürsichsein durch die Einheit mit dem Gesetztsein ist, macht ebenso die Natur des Ich als des Begriffes aus; von dem einen und dem andern ist nichts zu begreifen, wenn nicht die angegebenen beiden Momente zugleich in ihrer Abstraktion und zu-gleich in ihrer vollkommenen Einheit aufgefaßt werden." (,Logik' II, 220 f.)

Sinn und Ich können nur begriffen werden, wenn die Alternative zwischen Sein und Setzen, Ontologie und Reflexionsphilosophie transzendiert wird. Erst die Vereinigung des theoretischen und des praktischen Versuchs der Überwindung des Nihilismus, erst das Verlassen der Alternative ,Theodizee oder absolute Praxis' ermöglicht eine begriffliche Auflösung des Nihilismusproblems. Anders ausgedrückt: Hegel gibt die bisher letzte Antwort auf die Sinnfrage, insofern seine Philosophie der Geschichte sowohl die alte Metaphysik — in der Identität von Theodizee und

---

[68] ,Wissenschaft der Logik', II, 220.

Geschichtsphilosophie[69] — als auch die Position der Technik enthält; er faßt das Absolute im Unterschied zu aller ‚prima philosophia' als Resultat[70], wobei diese Bestimmung nichts anderes sagt, als daß „das Wahre nicht als Substanz, sondern ebensosehr auch als Subjekt" begriffen werden muß.

Die philosophische Naivität der Verfechter der absoluten Praxis führt immer wieder dazu, daß sie die Gewichte, die an ihren Artikulationen als unerhellte Implikationen hängen, gar nicht zu Gesicht bekommen; anders ist nicht zu verstehen, mit welcher Anmaßung der sich so bescheiden gebende K. R. Popper behauptet: „Obwohl die Geschichte keinen Sinn hat, können doch wir ihr einen Sinn verleihen."[71] Die ‚offene Gesellschaft' — wieso kann eine wirklich offene Gesellschaft eigentlich noch Feinde haben, die dann noch „in die Ecke getrieben werden" (a. a. O. S. 345) — fordert:

> „Statt als Propheten zu posieren müssen wir zu Schöpfern unseres Geschicks werden. Wir müssen lernen, unsere Aufgaben zu erfüllen, so gut wir nur können, und wir müssen auch lernen, unsere Fehler aufzuspüren und einzusehen. Und wenn wir . . . nicht mehr von der Frage besessen sind, ob uns die Geschichte wohl rechtfertigen wird, dann wird es uns vielleicht eines Tages gelingen, die Macht unter unsere Kontrolle zu bekommen. In solcher Weise könnten wir sogar die Geschichte rechtfertigen. Sie hat eine solche Rechtfertigung dringend nötig." (a. a. O., S. 347)

Hinter dem Glauben an den unaufhaltsamen Fortschritt, dem credo der absoluten Praxis, stehen m. E. zwei gedankliche Schritte: der erste führt von der traditionellen Theodizee, in der das Absolute als eine allem Geschehen, es rechtfertigend, zugrunde liegende Substanz vorgestellt wird, zur Geschichtsphilosophie, die das Absolute als nicht nur substanziell, sondern als bewegendes Prinzip, als Subjekt der Geschichte zu begreifen sucht. Der zweite Schritt säkularisierte das Subjekt der Geschichte, indem er das Absolute mit „der Menschheit" gleichsetzt. Welche philosophischen Probleme hier verborgen liegen, habe ich versucht aufzuzeigen; insbesondere die Abhängigkeit der absoluten Praxis von der scheiternden Theodizee — als deren Reflexion die absolute Praxis aufgewiesen wurde — hängt an der Frage der Möglichkeit einer Philosophie reiner Formen, die von deren Genese abstrahieren kann, was nicht denkbar ist, wenn jede höhere Stufe als Negation bestimmt ist, als Resultat dessen, aus dem sie sich reflektiert. Die undialektisch sich verstehende absolute Praxis erweist sich so als metaphysisch im schlechten Sinne, als abhängig von einer Philosophie reiner Formen und als ‚prima

---

[69] Siehe ‚Philosophie der Geschichte' XI, 42: „Unsere Betrachtung ist insofern eine Theodicee, . . . In der That liegt nirgend eine größere Aufforderung zu solcher versöhnenden Erkenntnis als in der Weltgeschichte."

[70] Siehe ‚Phänomenologie des Geistes' S. 21:
„Es ist von dem Absoluten zu sagen, daß es wesentlich R e s u l t a t, daß es erst am E n d e das ist, was es in Wahrheit ist; und hierin eben besteht seine Natur, Wirkliches, Subjekt, oder Sichselbstwerden zu sein."

[71] ‚Die offene Gesellschaft und ihre Feinde' II, S. 344 der Dalpausgabe, 1958.

philosophia', die ein reines Unmittelbares, das die geschichtliche Vermittlung abgestreift, von ihr abstrahiert habe, hypostasiert.

Dieser kurze Exkurs mag die Folie abgeben, vor der das Spezifische der absoluten Praxis klarer hervortreten kann, denn eine Orientierung am Begriff des
Menschen, wie er aus der Geschichte, insbesondere der Bauernkultur[72] sich bestimmt
hat, führt wohl nicht an der Resignation und Romantik vorbei; dies demonstriert
m. E. Arnold Gehlen, wenn auch unfreiwillig, denn er bemüht sich ja — und das
meine ich ganz unpolemisch — in den Kategorien des technischen Weltbildes zu
sprechen:

Gehlen bemerkt scharfsinnig das auf der Dialektik von Funktions- und
Reflexionscharakter des Denkens beruhende Dilemma des geschichtlichen „Ver-
stehens":

> „Ebendieselben modernen Fähigkeiten und Künste des Anempfindens, Sich-vorstellen-
> könnens, der subjektiven Fühlsamkeit und der normentbundenen Beweglichkeit
> geistiger Interessen, welche den Zugang zu allen denkbaren Früh- und Fernkulturen
> eröffnen, decken zugleich alles Eigentliche, Substanzielle und Ursprüngliche ab. Der
> moderne Kulturinteressent findet, in den Schacht der Vergangenheit hinabsteigend,
> schließlich nur seinen eigenen Schatten." (‚Urmensch und Spätkultur', S. 9)

Aber ebenderselbe Autor verfaßt dann eine ‚Philosophie der Institutionen'
(ebenda); wenn nun Gehlen erklärt, „man kann nicht gleichzeitig handeln und
reflektieren" (a. a. O. S. 26 f.), so relativiert er damit sein Unternehmen auf die
Ebene der bloß subjektiven äußeren Reflexion, denn sein Gegenstand widersteht ja
im Innersten der theoretischen Erhellung durch die Reflexion:

> „Der Philosoph mit seinen Reflexionen und Vorstellungen entgeht daher dem Idea-
> lismus schwer. In der Reflexion streifen jene letzten Geltungen ihre imperativische
> Form ab, wie Jhering sagte, und sie schlagen sich zu Momenten des Begriffs nieder.
> Man hat sie also nur als Überzeugungen und Inhalte, nicht als Stil der Handlung.
> Wer hier einen anderen Weg weiß, der ist Sokrates und Asklepios in Einem." (a. a. O.,
> S. 41)

Ein Denken jedoch, das von der eigenen Ohnmacht einerseits, von dem Bewußtsein der uneinholbaren Größe des gedachten Gegenstandes andererseits bestimmt ist, — ein „Andenken" gewissermaßen — kann wohl nicht dem Vorwurf
der Resignation und Romantik entgehen, so sorgfältig es sich auch dagegen abzu-
schirmen[73] versteht.

---

[72] Siehe hierzu insbesondere Hans Freyer ‚Theorie des gegenwärtigen Zeitalters' und
‚Schwelle der Zeiten'.

[73] Sehr verräterisch in diesem Zusammenhang scheint eine Anmerkung Gehlens zur versteckten Form der Kulturkritik bei D. Riesman zu sein: „Wenn Riesman die Verbrau-
cherhaltung beschreibt, die Konsumenten-Apathie oder den ‚außengeleiteten Gleichgültigen', dann meinen wir einen Ton sehr kühler Distanzierung, der aus den Formulierungen sorgfältig abgefiltert ist, dennoch zwischen den Zeilen zu spüren. Der bedeutende
Autor läßt dann gerne die Bitterkeit Toquevilles für sich sprechen." (‚Seele im technischen Zeitalter', S. 84).
Auch Gehlen vermeidet — meistens, nicht immer — die engagierte Kulturkritik bzw.
Gesellschaftskritik, deren Komik er natürlich durchschaut (Siehe z. B. ‚Urmensch und
Spätkultur', S. 61). Aber gerade der bewußt sachliche Duktus seiner Ausführungen, der

Auch dessen ist sich Gehlen bewußt, daß

> „alles Lebende erst im Abbau, in der Dekomposition der Analyse zugänglich (wird), vielleicht weil dann das Geschehen erst wirklich und vollständig determiniert ist" (,Seele im technischen Zeitalter', S. 85),

daß Erkennen und sich Verabschieden vom Erkannten identisch sind, daß seine ,Philosophie der Institutionen' vielleicht das Ende der Substanzialität der Institutionen reflektiert; wenn er aber zugleich die Unersetzlichkeit der Institutionen für das Selbstverständnis und die Selbsterhaltung des Menschen in großem Sinne behauptet,

> „Der Mangel an stabilen Institutionen, die ja im Grunde vorgeformte und sozial eingewöhnte Entscheidungen sind, überbeansprucht die Entschlußfähigkeit, aber auch die Entschlußwilligkeit des Menschen und macht ihn, die Bastionen der Gewohnheit schleifend, schutzlos vor den zufälligen nächsten Reizen" (a. a. O., S. 59),

wenn er das genannte Buch mit dem lapidaren Satz beschließt: „Eine Persönlichkeit, das ist eine Institution in e i n e m Fall" (a. a. O., S. 118), kann der Autor dem Leser die Folgerung nicht verargen, daß das Resultat des Vorgetragenen zur Resignation führt. Arnold Gehlen gibt aber selbst auch den Hinweis, der über dieses nur negative Resultat hinausführen könnte: er verweist mehrfach auf den Zusammenhang von Institutionenzerfall und Sinnfrage:

> „Das habitualisierte Handeln in ihnen (den Institutionen, Anmerkung H. R.) hat vielmehr die rein tatsächliche Wirkung, die Sinnfrage zu suspendieren. Wer die Sinnfrage aufwirft, hat sich entweder verlaufen, oder er drückt bewußt oder unbewußt ein Bedürfnis nach anderen als den vorhandenen Institutionen aus." (,Urmensch und Spätkultur', S. 61)

Die Sinnfrage entstände danach in einer Übergangszeit und machte deren Charakteristikum aus:

> „Die gesamte ,Dekadenz' und Spätzeit-Thematik würde innerhalb dieser Vorstellungen sozusagen ,aufgehoben', nämlich in relativierter Form mitgeführt werden. Man könnte dann die Erscheinungen aus einer Art Interferenz oder gegenseitigen Durchdringung zwischen einer Zivilisationsperiode alten Stils und einer schlechthin neuartigen Epoche erklären." (,Seele im technischen Zeitalter', S. 88)

Die Sinnfrage wird damit relativiert auf Ideologie, und der einzige Weg zu ihrer Beantwortung weist dann in die Richtung der absoluten Praxis, die diese Frage als solche suspendiert, indem sie den Menschen in neuen Institutionen, über

---

oft an eine Art intellektuellen Masochismus streift, scheint aus der Nähe des Befehdeten herzurühren; sehr erhellend für dieses Phänomen dürfte folgende Sentenz Nietzsches sein: „Der Erkenntnis steht es gegenwärtig sehr im Wege, daß alle Worte durch hundertjährige Übertreibung des Gefühls dunstig und aufgeblasen worden sind ... Das Überspannte bezeichnet alle modernen Schriften; und selbst wenn sie einfach geschrieben sind, so werden die Worte in denselben noch zu exzentrisch g e f ü h l t. Strenge Überlegung, Gedrängtheit, Kälte, Schlichtheit, selbst absichtlich bis an die Grenze hinab, überhaupt An-sich-Halten des Gefühls und Schweigsamkeit — das kann allein helfen. — Übrigens ist diese kalte Schreib- und Gefühlsart, als Gegensatz, jetzt sehr reizvoll: und darin liegt freilich eine neue Gefahr. Denn die scharfe Kälte ist so gut ein Reizmittel als ein hoher Wärmegrad." (I, 565).

deren Eigenart und Zusammenhang mit den vergangenen wohl nichts a priori aus-
zumachen ist, feststellt:

> „Es wird a l l e n Ereignissen und Dingen gegenüber eine und dieselbe Verhaltens-
> weise möglich, nämlich eine sachliche, an den objektiven Merkmalen allein angrei-
> fende. Damit wird eine ganz ungeheure Ausweitung einer relativ mühelosen, sehr
> eingespielten Verhaltensweise möglich: der rationalen Theorie und Praxis. Wenn wir
> sagen: man kann dann mit Autos handeln, aber auch mit atonaler Musik oder mit
> Betriebsatmosphäre, dann klingt das zynisch. Wir erregen diesen Eindruck absicht-
> lich, um zu zeigen: daß es im langen Trend jetzt zur Hauptaufgabe der Menschheit
> wird, zu finden, auf welchen Gebieten sie definitiv diese Rationalisierung zulassen
> will, und wo nicht ... Dies ist nicht voraussagbar." (a. a. O., S. 92)

Damit scheint der Punkt erreicht zu sein, auf dem das zeitgenössische Bewußtsein — nicht in extenso, aber doch im Prinzip — angelangt ist; dies ist auch das
Stadium, in dem unsere Untersuchung steht; gemeint ist ein Übergang in der
menschlichen Geschichte, der so einschneidend ist, daß die Kategorien, die sich aus
der Reflexion auf die bisherige Geschichte ableiten, nichts mehr zu fassen scheinen,
welches Versagen sich in der angedeuteten Resignation niederschlägt.

Diesen Übergang[74] hat nun m. E. trotz seines Umfangs und seiner Tiefe Nietzsche schon erfaßt, wenn er den Abschied von der bisherigen Geschichte a l s Geschichte folgendermaßen artikuliert:

> „Glockenguß der Kultur. — Die Kultur ist entstanden wie eine Glocke, innerhalb
> eines Mantels von gröberem, gemeinerem Stoffe: Unwahrheit, Gewaltsamkeit, unbe-
> grenzte Ausdehnung aller einzelnen Ichs, aller einzelnen Völker, waren dieser Mantel.
> Ist es an der Zeit, ihn jetzt abzunehmen? Ist das Flüssige erstarrt, sind die guten,
> nützlichen Triebe, die Gewohnheiten des edleren Gemütes so sicher und allgemein
> geworden, daß es keiner Anlehnung an Metaphysik und die Irrtümer der Religionen
> mehr bedarf, keiner Härte und Gewaltsamkeiten als mächtigster Bindemittel zwi-
> schen Mensch und Mensch, Volk und Volk? — Zur Beantwortung dieser Frage ist
> kein Wink eines Gottes uns mehr hilfreich: unsre eigene Einsicht muß da entscheiden.
> Die Erdregierung des Menschen im großen hat der Mensch selber in die Hand zu
> nehmen, seine ‚Allwissenheit‘ muß über dem weiteren Schicksal der Kultur mit
> scharfem Auge wachen." (I, 597 f.)

Die Möglichkeit eines Abschieds von der Geschichte, d. h. der Geschichtlichkeit
eröffnet ganz neue Perspektiven auf eine Zukunft, in der nicht mehr die Realdialektik und die List der Vernunft aus dem Verborgenen die Geschichte regieren,
und damit auch die Inhumanität als notwendiges Moment der Humanität überflüssig würde, da diese Realdialektik sich als relevant nur für die bäuerischen
Kulturen erwiesen hätte. Aber handelt es sich hier um mehr als einen Zustand,
„über den hinaus nur noch das offene Meer unbestimmter Wünsche" (I, 666) sich
erstreckt? Reicht dieses antizipierte Verlassen der Geschichtlichkeit weiter als die
traditionellen Utopien? Aber solche Fragen und Entwürfe transzendieren selbst

---

[74] A. Gehlen spricht in ‚Urmensch und Spätkultur‘ von der „außerordentlichen Mühe der
Kategorienforschung. Als eines ihrer Ergebnisse soll noch bemerkt werden, daß es über
den Gang der Menschheitsgeschichte hinweg eine Änderung der Bewußtseinsstrukturen
selber, nicht bloß natürlich unendliche Änderungen der Inhalte des Bewußtseins gegeben hat." (a. a. O., S. 10).

nicht die gegenwärtige geschichtliche Situation, setzen vielmehr einen geistigen
Raum voraus, der durch die These von der geschichtlichen Schwelle, die unser
Bewußtsein bestimme, in seiner Geschlossenheit erschüttert ist; diese theoretische
Aporie, die vom Wandel der Bewußtseinsstrukturen herrührt, — wie Gehlen es
formuliert —, gerät Nietzsche, dessen Stellung zum Fortschritt zwischen der
Apotheose der Aufklärung und der Wissenschaft und Technik einerseits, und der
Polemik gegen die „modernen Ideen" im Bereich des Gesellschaftlichen anderer-
seits schwankt, der also die Dialektik der Aufklärung und des Fortschritts erfaßt,
zur verzweifelten Apologie der absoluten Praxis und eines „desparaten Fortschritts":

> „Unsere Zeit macht den Eindruck eines Interim-Zustandes; die alten Weltbetrachtun-
> gen, die alten Kulturen sind noch teilweise vorhanden, die neuen noch nicht sicher
> und gewohnheitsmäßig und daher noch ohne Geschlossenheit und Konsequenz. Es sieht
> aus, als ob alles chaotisch würde, das Alte verlorenginge, das Neue nichts tauge und
> immer schwächlicher werde ... Wir schwanken, aber es ist nötig, dadurch nicht ängst-
> lich zu werden und das Neu-Errungene etwa preiszugeben. Überdies k ö n n e n
> wir ins Alte nicht zurück, wir h a b e n die Schiffe verbrannt; es bleibt nur übrig,
> tapfer zu sein, mag nun dabei dies oder jenes herauskommen. — Schreiten wir nur
> zu, kommen wir nur von der Stelle." (I, 598 f.)

Auch und gerade die marxistische[75] Geschichtsphilosophie, sofern sie sich noch
als dialektische begreift, verbleibt innerhalb der Geschichtlichkeit, d. h. versucht
sowohl dem rein instrumentellen Bewußtsein der absoluten Praxis, als auch der
idealistischen Theorie, die die Erfahrung eliminiert, zu entgehen:

> „Die ihren Voraussetzungen gegenüber kritische, in Kritik überführte Philosophie
> begreift sich hingegen als Teil des Kritisierens selber, als ein Ausdruck der Ent-
> fremdung — und deren Überschreiten zumal. Erst im Maße ihrer praktischen Auf-
> hebung, die sie als ihre Verwirklichung begreifen muß, wird Philosophie sich selbst
> über die Schulter sehen können, wird Erkenntnis derart möglich sein, wie Spekula-
> tion sie immer schon zu besitzen wähnt." (Habermas, ,Theorie und Praxis', S. 350)

Hier gehört die Realisierung zum Begriff, zur Erfahrung, da das dialogische
Verhältnis von Theorie und Praxis eine Auffassung der Verwirklichung der Theorie als bloße Realisierung eines fertigen Planes verbietet.

So sehr damit auch die Untrennbarkeit des Funktions- und des Reflexionscharakters des Denkens relevant wird, das Spezifische der geschichtlichen Situation
scheint hier doch noch nicht herausgearbeitet zu sein; gerade die Reflexion auf
diese differentia specifica ist es, die die Moderne von allen rein inhaltlich ähnlichen
Situationen abhebt:

---

[75] Siehe auch Th. W. Adorno ,Negative Dialektik', S. 240 f.: „Praxis wird aufgeschoben
und kann nicht warten; daran krankt auch Theorie. Wer jedoch nichts tun kann, ohne
daß es, auch wenn es das Bessere will, zum Schlechten auszuschlagen drohte, wird zum
Denken verhalten; das ist seine Rechtfertigung und die des Glücks am Geiste ... Das
Verzweifelte, daß die Praxis, auf die es ankäme, verstellt ist, gewährt paradox die
Atempause zum Denken, die nicht zu nutzen praktischer Frevel wäre." (Siehe auch
Marcuse: ,Der eindimensionale Mensch', S. 268).

„Vielleicht ist das ganze Menschentum nur eine Entwicklungsphase einer bestimmten Tierart von begrenzter Dauer: so daß der Mensch aus dem Affen geworden ist und wieder zum Affen werden wird ... Gerade weil wir diese Perspektive ins Auge fassen können, sind wir vielleicht imstande, einem solchen Ende der Zukunft vorzubeugen." (I, 598)

Nietzsche sieht die Problematik des Gedankens, deshalb trägt er ihn auch so vorsichtig, die Antizipation eines Gesetzes abwehrend, unter Voranstellung des Wortes „vielleicht" vor; er unterstellt ja dem Menschen die Möglichkeit, sich wie weiland Münchhausen am eigenen Schopfe aus dem Sumpf, so hier aus der Geschichte und ihrem sinnlosen Kreislauf durch die Reflexion auf diese Gesetzmäßigkeit, der vor uns alle Tierarten, die „Geschichte machten", zum Opfer fielen, von dieser zu befreien, obwohl diese Befreiung, wie gezeigt wurde, eines gesetzten Grundes bedarf, der eben durch die Reflexion zerstört ist.

Das Thema einer humanistischen Begründung der Ethik tritt hier in Gestalt des Verlassens der Geschichtlichkeit zum Zweck der Rettung der Humanität auf. Beginnen wir bei dem Versuch der theoretischen Auflösung dieser Problematik der Aufhebung der Notwendigkeit des Geschichtsprozesses durch die Reflexion auf ihn mit der biologischen Sphäre, so scheinen die Aussichten, jenem Kreislauf zu entgehen, gering zu sein; es hat den Anschein, als ob „die Natur" den Menschen wie ehedem die Saurier etc. durch eben die Fähigkeiten sich zugrunde richten lassen „wollte", durch die er sich am Leben erhält; in dieser Realdialektik von Stärke und Schwäche, „Tugend" und „Laster" bestände gerade jene gleichsam tragische Fatalität des dem Gesetz des Werdens und Vergehens nicht Entrinnenkönnens[76].

Aber auch hier in der Sphäre des Biologischen, der Verhaltensforschung tritt schon jener qualitative Unterschied zutage, der in dem Transzendieren des bloßen Funktionscharakters des Denkens durch die Reflexion die These vom Verlassen bzw. Durchbrechen der Gesetzmäßigkeit der Geschichte durch Reflexion auf sie, durch geistige Zuwendung zu ihr ermöglichte. Denken erweist sich schon hier als etwas prinzipiell anderes als eine Fähigkeit, die eine Tierart am Leben erhält u n d vernichtet. Die bloße Fähigkeit, die aus einer bestimmten Beschaffenheit eines Lebewesens zusammen mit den Umweltbedingungen resultiert, richtet dieses Lebewesen auch am Ende zugrunde, und zwar sowohl das einzelne Exemplar als auch die Gattung. Die Erfindungsgabe des Menschen dagegen, die weit mehr als eine Fähigkeit ist, setzt Reflexion, Sprachlichkeit und Verantwortlichkeit voraus und

---

[76] Siehe hierzu u. a. G. Anders: ‚Die Antiquiertheit des Menschen', S. 233 ff. und Konrad Lorenz, der von der Verhaltensforschung aus zu den gleichen Resultaten gelangt wie G. Anders. K. Lorenz schreibt in dem für diesen Zusammenhang sehr wichtigen Kapitel ‚Die konstitutive Gefährdung des Menschen' (‚Über menschliches und tierisches Verhalten', II, 176—195) u. a.: „Der Mensch ist nicht böse von Jugend auf, aber knapp gut genug für die Anforderungen, die an ihn in der Urhorde gestellt wurden ... Er ist nur nicht gut genug für die Anforderungen der gewaltig vermehrten, anonymen Gemeinschaft späterer Kulturepochen, die von ihm verlangt, er müsse sich zu jedem ihm völlig unbekannten Mitmenschen ebenso verhalten, als sei er sein persönlicher Freund." (a. a. O., S. 190).

gerade damit „Fähigkeiten", die den Naturmechanismus und die realdialektische Fatalität des zugrunde Gehens an sich selbst, an seinen lebenserhaltenden Eigentümlichkeiten, zu durchbrechen ermöglicht:

> „Es sei ... hinzugesetzt, daß die Erfindung der Waffe durch ein tierisches, u n v e r a n t w o r t l i c h e s Wesen genau genommen eine Unmöglichkeit ist, die ich nur fingiert habe, um den Mechanismus der Gefährdung deutlich zu machen. Das Zustandekommen einer wirklichen Erfindung, wie die des Faustkeils, hat eine sehr hohe Differenzierung der dialogisch-forschenden Auseinandersetzung mit der Umwelt zur Voraussetzung, die schon sehr nahe an das wirkliche Stellen von Fragen und Verstehen von Antworten heranreicht. Die Fähigkeit zur Erfindung und die zur Verantwortung erwachsen aus gleichen Voraussetzungen." (Lorenz a. a. O., S. 191)

Eine wirkliche Antwort auf unsere Fragestellung läßt sich jedoch hier wohl nicht finden, zumal gerade der Verhaltensforscher auf der die Freiheit reduzierenden Macht der Verhaltensweisen insistiert, die der Mensch mit dem Tier gemein hat:

> „Der Irrtum, gegen den sich dieser Aufsatz richtet, ist die allgemeine Überschätzung des Einflusses, den die Totalität der menschlichen Gemeinschaft auf die Struktur des Individuums ausübt, bzw. die Unterschätzung des Einflusses, den starre, phyletisch-historisch überkommene Strukturen des Individuums auf Bau und Funktion der überindividuellen Sozietät ausüben." (a. a. O., S. 193)

Angesichts der Langfristigkeit im Aufbau von Verhaltensformen mußte die äußerst kurzfristige, aber sehr tiefreichende Veränderung der Situationen, auf die sie sich beziehen, durch die Technik jene Verhaltensunsicherheit heraufführen, die die permanente Krise in den hochindustrialisierten Gesellschaften hervorrief; und dies trat um so mehr dort zutage, wo diese Unsicherheit zur Flucht in vergangene Formen — der Intention nach — führte. Das Resultat ist der sachlich weitgehend irrelevante Gegensatz von „revolutionär" und „reaktionär", „progressiv" und „konservativ", dessen Verbreitung im öffentlichen Leben und Bewußtsein sich wohl der Leistung dieser Alternative verdankt, die wirkliche Problematik zu verdecken.

Diese Problematik wird in der Reflexion auf jenen hochbedeutsamen Passus Nr. 350 aus ‚Menschliches, Allzumenschliches' — er beschließt das Werk — sichtbar, in dem Nietzsche die auch so moderne Forderung eines sich Befreiens von den metaphysischen, religiösen und moralischen „Irrtümern" als den Ketten erhebt, die den Menschen zwar zum Menschen machten, heute jedoch überflüssig werden:

> „Dem Menschen sind viele Ketten angelegt worden, damit er es verlerne, sich wie ein Tier zu gebärden; ... Nun aber leidet er noch daran, daß er so lange seine Ketten trug, daß es ihm so lange an reiner Luft und freier Bewegung fehlte, ... Nun stehen wir mitten in unserer Arbeit, die Ketten abzunehmen, und haben dabei die höchste Vorsicht nötig. Nur dem veredelten Menschen darf die Freiheit des Geistes gegeben werden ... In jedem anderen Munde wäre sein Wahlspruch gefährlich: Frieden um mich und ein Wohlgefallen an allen nächsten Dingen." (I, 1006)

Wir können heute nicht nur die alten Ketten — versteht man darunter die in Jahrtausenden eingeübten Antriebsstrukturen und Verhaltensformen — abwerfen, wir müssen es sogar, aber doch wohl nicht, weil sich uns eine neue Unmittelbarkeit der Beziehung zu den „nächsten Dingen" als Resultat einer aufgehobenen geschichtlichen Vermittlung auftut, sondern im Gegenteil, weil diese Ketten zu dünn geworden sind; sie halten den größeren Belastungen nicht stand, die die technisch bestimmte Welt uns, verglichen mit der Natur, abverlangt. Nietzsches Postulat dürfte Gültigkeit besitzen in einer Epoche der autonomen Kultur, in der der Mensch selbst zum Kunstwerk geworden ist, — ein sehr fernes Ziel, dessen unmittelbare Realisierung unmöglich ist[77]. Die fürchterlichsten Verbrechen in diesem Jahrhundert wurden nicht von einem Timur Lenk, sondern von Menschen begangen, die an jenen alten Ketten hingen; und die Problematik unserer Situation besteht gerade darin, daß dieser Typus Mensch nicht ein der Vergangenheit angehörendes Relikt barbarischer Zeiten ist, die längst vergangen geglaubt wurde, sondern genau der Mensch, den das technische Zeitalter benötigt und hervorbringt:

> „Denn verstehen kann man diese Untaten erst dann, wenn man sie in ihrem Art-Zusammenhange sieht, das heißt: wenn man sich die Frage vorlegt, welchen Typ von Handlungen sie repräsentieren; nach welchem Vorbild von Tätigkeit sie funktionieren. Und die Antwort darauf lautet, daß sich die Täter, mindestens viele von ihnen, in den Situationen, in denen sie ihre Verbrechen begingen, im Prinzip nicht anders benommen haben, als sie es in ihrem Arbeitsbetrieb, der sie geprägt hatte, gewöhnt gewesen waren. (Anders a. a. O., S. 288)

Die Ketten, von denen Nietzsche sprach, die also den Menschen zum Menschen machten, sind identisch mit den Tugenden, die die menschliche Gesellschaft allererst ermöglichten. Das Festhalten an ihnen in der technischen Welt, für die der Mensch noch keine Sinne entwickelt hat, erzeugt das Unheil:

> „Das Abziehen eines Ferngeschützes oder die Auslösung eines Bombenwurfes ist so völlig ‚unpersönlich‘, daß normale Menschen, die es absolut nicht über sich bringen könnten, ihren Todfeind mit den Händen zu erwürgen, dennoch ohne weiteres imstande sind, durch einen Fingerdruck Tausende von Frauen und Kindern einem gräßlichen Tode zu überantworten.“ (Lorenz, a. a. O., S. 192)

Die Vernichtungsmaschinen bzw. Konstruktionen zur Auslösung von Naturprozessen, das extreme Resultat der Technik, können als die Erscheinung dieses Antagonismus von tradiertem Ethos und Technologie aufgefaßt werden; zu ihrer „Verwendung“ bedarf es nur eines Fingerdrucks, und derjenige, dessen Gedanke und Entschluß sich so unmittelbar in wirklichen Völkermord umsetzt, ist prinzipiell überfordert; seine Phantasie, sein Vorstellungsvermögen stehen in einem ab-

---

[77] Die Ästhetisierung des Politischen kennzeichnet, wie W. Benjamin in seiner Schrift ‚Über das Kunstwerk im Zeitalter seiner technischen Reproduzierbarkeit‘ ausführt, den Faschismus: „,Fiat ars — pereat mundus‘, sagt der Faschismus und erwartet die künstlerische Befriedigung der von der Technik veränderten Sinneswahrnehmung, wie Marinetti bekennt, vom Kriege. Das ist offenbar die Vollendung des l'art pour l'art. Die Menschheit, die einst bei Homer ein Schauobjekt für die Olympischen Götter war, ist es nun für sich selbst geworden. Ihre Selbstentfremdung hat jenen Grad erreicht, der sie ihre eigene Vernichtung als ästhetischen Genuß ersten Ranges erleben läßt. So steht es um die Ästhetisierung der Politik, welche der Faschismus betreibt. Der Kommunismus antwortet ihm mit der Politisierung der Kunst.“ (‚Illuminationen‘, 1961 Frankfurt/Main, S. 176).
Die Politisierung der Kunst scheint mir jedoch kein Fortschritt zu sein, da sie das gleiche Verhältnis, nur umgekehrt, ausdrückt; ein Beleg hierfür dürfte die Stellung der Kunst in Platons ‚Politeia‘ darstellen.

gründigen Mißverhältnis zu den Folgen seines Tuns. Der Chorismos zwischen Sinnlichkeit und Intellektualität, von dem diese Untersuchung ausging, tritt hier in der vorerst letzten Gestalt der Entwicklung auf, die mit der Abwertung des mundus sensibilis durch die ersten griechischen Wissenschaftler begann. Das nicht mehr s i n n l i c h präsent, gegenständlich Sein des Intellektuellen läßt den S i n n des Tuns vermissen bzw. als fehlend erfahren; die den Nihilismus markierende Sinnfrage beginnt also schon mit der Entsinnlichung in der Entmythologisierung. Der Abgrund zwischen dem besonderen Willen des Einzelnen und dem allgemeinen der Menschheit als Gattung, als Selbsterhaltungstrieb, ist absolut; d. h. es ist gerade der abstrakt allgemeine Lebenswille, der unmittelbar in seine eigene Vernichtung umschlägt[78], gemäß der Dialektik der Verwirklichung; der reine Begriff der absoluten, jede Frage nach dem Sinn, ja schon nach dem Zweck eliminierenden Praxis ist mit der Atombombe[79] in die Existenz getreten. Zugleich markiert dieses Resultat der technischen Revolution den qualitativen Sprung in der Geschichte; sie demonstriert die Möglichkeit der Ablösung der Geschichte durch die autonome technische Entwicklung und der unmittelbaren Anpassung des Bewußtseins an sie. Zum ersten Mal gibt es anscheinend kein Zurück mehr, so daß die Geschichte, in der es immer die Möglichkeit einer Umkehr aus einer Entwicklung — und forderte diese Rückkehr noch so viele Opfer — gab, ihre für sie spezifische Mannigfaltigkeit von Entwicklungsmöglichkeiten verliert und sich auf einen eindimensionalen Fortschritt reduziert:

> „Wir h a b e n die Schiffe verbrannt; es bleibt nur übrig, tapfer zu sein, mag nun dabei dies oder jenes herauskommen. — Schreiten wir nur zu, kommen wir nur von der Stelle." (Nietzsche I, 598 f.)

Erläutern wir zunächst die These von der Irreversibilität der technischen Entwicklung seit der Erfindung der Atombombe: diese läßt nämlich die Unterscheidung von Entdeckung und Anwendung, Möglichkeit und Wirklichkeit nicht mehr im unreflektierten Sinne zu; ihre Existenz ist nämlich zugleich Wirklichkeit, da sie wirklich nur als möglich ist, als nur wirkliche hebt sie sich auf; ihre „Anwendung" wird also nicht angedroht, sondern ihr Sein ist die permanente Drohung der universalen Vernichtung, sie ist mithin immer schon angewendet, sie hat das mensch-

---

[78] Siehe G. Anders a. a. O., S. 258:
„Da die Erpressung wesensmäßig eine Erpressung Aller ist, ist sie also zugleich auch ‚Selbst-Erpressung' ... Das hysterische ‚entweder ... oder ich bring uns um', das bisher nur in privatester Sphäre bekannt gewesen war, hat nun eine schauerlich globale Nachahmung gefunden." (Der Zukunftsforscher Cahn glaubt in dieser Selbsterpressung inzwischen das non plus ultra der Friedenssicherung gefunden zu haben.)

[79] Der erste Autor, der die philosophische Relevanz der Atombombe erkannte, angesichts derer die herkömmlichen Dingkategorien versagen, ist meines Wissens G. Anders gewesen; — siehe hierzu ‚Die Antiquiertheit des Menschen', besonders S. 247 ff. Die Atombombe ist kein Ding, sondern die Existenz des Satzes: „Die Menschheit ist als ganze ausrottbar". Dabei ist es sekundär, daß bei entsprechend entwickelter Technik numerisch eine Bombe genügt, um das Leben auf der Erde zu vernichten. Die Rede von ‚der' Bombe ist also keine Metapher.

liche Bewußtsein, ob wir das nun wahrhaben wollen oder nicht, zutiefst verdüstert. Ihre faktische Anwendung wäre ihre Aufhebung zum Naturvorgang. Ein Wesen aber, bei dem Möglichkeit und Wirklichkeit so zusammenfallen, ist nicht abzuschaffen, von ihm ist theoretisch und praktisch nicht mehr zu abstrahieren, d. h. es droht die Freiheit des Menschen aufzuheben, da Freiheit — als Moment zumindest — das Abstrahierenkönnen von allem Seienden impliziert. — Wenn der mittelalterliche Gottesbegriff nach dem ontologischen Gottesbeweis durch die Untrennbarkeit von Wesen und Sein definiert war, was bedeutet, daß von Gott auch gedanklich nicht abstrahiert, er nicht als möglicherweise nichtseiend vorgestellt werden kann, so wäre an die Stelle dieses Gottesbegriffs heute die Atombombe getreten; bei ihr können Wesen und Sein, Möglichkeit und Wirklichkeit nicht wie bei einem Ding getrennt werden, sondern konvergieren, so wie bei entsprechender Entwicklung *eine* Bombe genügt, d. h. der Unterschied zwischen Exemplar und Gattung aufgehoben wird, eine weitere Analogie zum traditionellen Gottesbegriff[80].

Im Hinblick auf die ganze Thematik der Technik, deren Dasein als aufgehobene Vermittlung sie ist, bedeutet dies, daß die Atombombe selbst dann bliebe, wenn sie faktisch abgeschafft würde, denn das zu ihrer Konstruktion erforderliche Wissen kann nicht „abgerüstet" werden, ohne die Technik abzuschaffen, von der wir heute auf Grund ihrer Selbstimplikationen so abhängig sind[81], daß ihre Abschaffung ebenfalls auf eine Katastrophe hinauslaufen würde.

Die Untrennbarkeit der nützlichen und der bedrohlichen Seiten der Technik, die Macht des Gesetzes der Realdialektik, daß alles auch sein Gegenteil ist, versperrt sich ihrer geschichtlichen Aufhebung zum Moment der Humanität, wenn Technik mehr als ein Moment der Geschichte sein will, wenn sie die Geschichte durch technischen Fortschritt ersetzt. Daß diese Tendenz jedoch der Technik immanent ist, wurde oben behauptet. Nach der Erklärung der These von der Irreversibilität der technischen Entwicklung ist also die Gefahr einer Reduktion von Geschichte auf technischen Fortschritt, bzw. die Unvereinbarkeit von Technik und Geschichte auf ihre Unaufhebbarkeit hin zu untersuchen:

Der Nachweis der ersten These von der Irreversibilität des technischen Fortschritts stellt das erste Argument dar: wenn zur Geschichte die Möglichkeit der

---

[80] Das Blasphemische der vorgetragenen Analogie zwischen Atombombe und herkömmlichem Gottesbegriff liegt wohl in der unreflektierten Macht der Atombombe, deren Absolutheitsanspruch, der zugleich der der Technik zu sein scheint, noch kaum bemerkt wurde, deshalb auch bloß fasziniert — oder der Verdrängung anheimfällt: „Oben baumelt das Damoklesschwert, deutungslos faszinierend." (Liebrucks a. a. O., I, 1).

[81] Diese Untrennbarkeit von Atombombe und Technik besteht nicht nur im Hinblick auf die ‚friedliche Nutzung' der Atomenergie, sondern auch im Hinblick auf die Untrennbarkeit z. B. der Computer von ihrer Entwicklung: von Neumanns elektronische Rechenmaschinen, die heute die zweite technische Revolution auslösen, entstanden als Hilfsmittel zur Herstellung der Wasserstoffbombe, deren Konstruktion dadurch um Jahre früher als ohne diese Rechenmaschine möglich war.

Zurücknahme von Irrwegen, das Nie-Endgültigsein gehört, bringt die Technik mit
der Irreversibilität ein Element in die Geschichte[82], das diese als solche zersetzt:

> „Um so notwendiger ist es, sich zu vergegenwärtigen, daß der Fortschritt nicht eine
> bloße Idee, ein Slogan oder eine dem Zeitalter zur Gewohnheit gewordene Denk-
> weise ist, sondern ein Modus des wirklichen Geschehens. Die Geschichte geht zur
> Zeit wirklich zum guten Teil als Fortschritt vor sich. Alle Trends, die wir bisher
> aufgewiesen haben, haben diesen Charakter des Fortschritts, sogar den der unauf-
> haltsamen Kettenreaktion. Sie setzen ihre Vollendung, mindestens als Grenzwert, mit.
> Und sie gehen zusammen zu der Zielvorstellung einer Erde, die in das Endstadium
> ihrer Geschichte eingemündet ist." (Freyer, ‚Theorie des gegenwärtigen Zeitalters‘,
> S. 77 f.)

Hinzu kommt als ein weiteres wesentliches Moment: die der Technik zugrunde
liegende Naturwissenschaft ist in ihrem methodischen Vorgehen geschichtsfeindlich;
nicht nur beansprucht die Mathematik übergeschichtliche Geltung, entscheidend ist,
daß das Experiment die Herstellung eines von der Geschichte isolierten Raumes[83]
voraussetzt; das Experiment, die Konstruktion der Hypothese, muß zu jeder Zeit
wiederholbar sein. Insofern der Einfluß der Geschichte sich dennoch bemerkbar
machen sollte, muß er seinerseits berechnet und ausgemerzt werden. Solange die
Naturwissenschaften noch verhältnismäßig harmlose Experimente vornahmen,
machte sich diese ihre Unverträglichkeit mit der Geschichte bzw. der Geschichtlichkeit der Erfahrung des Bewußtseins nicht sonderlich bemerkbar. Mit der modernen
Technik und der Untrennbarkeit der theoretischen Naturwissenschaft von der
Technik im größeren Rahmen der Technologie jedoch ist ein Punkt erreicht, von
dem ab die Alternative zwischen Stagnieren von Wissenschaft und Technik einerseits und der Anerkennung ihres uneingeschränkten Herrschaftsanspruchs andererseits sich auftut[84]: Technologie ersetzt Geschichte, nicht nur eine von deren Kom-
ponenten, z. B. die Politik, zumindest der Intention nach:

---

[82] Nietzsche stellt diesen Bruch innerhalb der Geschichte und dessen Irreversibilität einmal so dar:
„Im Horizont des Unendlichen. — Wir haben das Land verlassen und sind zu Schiff
gegangen! Wir haben die Brücke hinter uns und — mehr noch, wir haben das Land
hinter uns abgebrochen! Nun Schifflein! Sieh dich vor! Neben dir liegt der Ozean, es
ist wahr, er brüllt nicht immer, und mitunter liegt er da wie Seide und Gold und Träu-
merei der Güte. Aber es kommen Stunden, wo du erkennen wirst, daß er unendlich ist
und daß es nichts Furchtbareres gibt als Unendlichkeit. Oh des armen Vogels, der sich
frei gefühlt hat und nun an die Wände dieses Käfigs stößt! Wehe, wenn das Land-
Heimweh dich befällt, als ob dort mehr F r e i h e i t gewesen wäre — und es gibt kein
‚Land‘ mehr." (II, 126) (Man vergleiche dieses Bild mit dem, das Kant zu Beginn des
‚Phänomena-Noumena‘ Kapitels in der ‚Kritik der reinen Vernunft‘, A 235 f. gibt).

[83] Da dieses Abgeschlossensein auch zur Utopie gehört, kann diese als die erste Form des
Versuchs, Geschichte durch Technik zu substituieren, angesehen werden, abgesehen da-
von, daß Utopie und Technik darin konvergieren, daß sie eine Philosophie reiner
Formen implizieren.

[84] Siehe Freyer ‚Schwelle der Zeiten‘, S. 306:
„Eine erdumspannende industrielle Gesellschaft erscheint als das Ziel der Geschichte,
und dieses Ziel gilt als erreichbar. Die Sachgesetze der industriellen Produktionsweise
befördern, ja sie erzwingen den Fortschritt zu ihm hin. Ein so dezidierter, seines End-

„Die Vision einer fertig gewordenen, von Managern größten Formats geleiteten Welt erscheint am Horizont der Geschichte." (‚Theorie des gegenwärtigen Zeitalters', S. 78)

Der früher aus der Geschichte ausgesparte Raum des technischen Labors ist so groß geworden, daß er den geschichtlichen übergreift und so das ursprüngliche Verhältnis auf den Kopf stellt, d. h. dessen Unmittelbarkeit als Schein, als Gesetztsein erweist; es gibt keine Asyle vor dem Herrschaftsanspruch der Technologie — die Südsee, einst Asyl Gauguins, wurde zum Experimentierfeld für Wasserstoffbomben.

Von außen einwirkende und bedrohliche Kräfte[85], wie z. B. die einstige Bedrohung Europas durch die Mongolen, gibt es nicht mehr. Nietzsche begrüßt diesen Zustand als den, in dem die Fundamente des regnum hominis endlich gelegt werden und damit die Prämissen gegeben sind, deren Konklusion das technische Zeitalter ziehen würde:

„Jetzt erst ist das Zeitalter der Zyklopenbauten! Endliche Sicherheit der Fundamente, damit alle Zukunft auf ihnen ohne Gefahr bauen kann! ... Steindämme und Schutzmauern gegen Barbaren, gegen Seuchen, gegen leibliche und geistige Verknechtung ... Die Presse, die Maschine, die Eisenbahn, der Telegraph sind Prämissen, deren tausendjährige Konklusion noch niemand zu ziehen gewagt hat." (I, 981 ff.)

Daß Nietzsche das Wort „wagen" nicht zufällig gebraucht, ist schon daraus ersichtlich, „daß, während die Utopien bis etwa Bellamy allesamt das Paradies auf Erden malten, die Utopien einer fabrizierten Umwelt, einer durchorganisierten Produktion, eines vollkommen zivilisierten Menschen und einer zentral verwalteten Erde zumeist mehr einer Hölle gleichen als einem Paradies." (‚Theorie des gegenwärtigen Zeitalters', S. 78) So wie die Fortschrittsideologie längst Realität geworden ist, so hat das monologische Denken sich in der Eroberung des geschichtlichen, durch Mannigfaltigkeit ausgezeichneten Raumes, durch den einen technischen verwirklicht. Die absolute Reflexion ist gegenständlich geworden, es gibt keine Substanzen, die ihr widerstehen, — so wie es kein Volk[86] gibt, das sich, wie

ziels so gewisser Fortschrittsglaube transformiert das ganze Feld der Geschichte wie ein bewegter Leiter das Magnetfeld, in das er eingebracht wird ... In der Tat unterwirft ein solcher Fortschrittsbegriff die geschichtlichen Wirklichkeiten einem Maßstab, der nicht ihnen entnommen, sondern a priori an sie herangetragen wird ... Der Fortschrittsglaube würde sich selbst desavouieren, wenn er an einen solchen Durchbruch und an die Transformation des geschichtlichen Prozesses, die damit eintritt, nicht glauben wollte."

[85] Siehe hierzu Toynbee a. a. O. I, 457:
„Auf Anhieb werden wir vielleicht geneigt sein zu denken, daß unsere Frage eine endgültige Antwort in dem Umstand erhalten hat, daß unser Gesellschaftskörper die ganze Welt mit seinen Fangarmen umfaßt hat und daß es kein äußeres Proletariat von bemerkenswertem Umfang mehr gibt, das uns barbarisieren könnte."

[86] „Seit dem Fehlschlag des zweiten osmanischen Angriffes auf Wien im Jahre 1683 bis zur Niederlage Deutschlands im allgemeinen Kriege 1939—1945 war das Abendland der übrigen Welt so überwältigend an Macht überlegen gewesen, daß die abendländischen Mächte praktisch mit niemandem außerhalb ihres eigenen Kreises zu rechnen hatten." (Toynbee a. a. O. II, S. 147; vgl. auch ebenda S. 168 f. und 179). Der Niedergang Europas in diesem Jahrhundert ist zugleich auch sein absoluter Sieg; es sind heute außer der europäischen Kultur keine anderen autonomen Kulturen zu erblicken.

noch Japan im 18. und 19. Jahrhundert, der Technik bzw. der europäischen Welt verschließt. —

Die Verwirklichung der absoluten Reflexion ist jedoch zugleich deren Aufhebung, denn Denken, nur als Reflexion gefaßt, erweist sich als reine Funktion: die Erkenntniskritik, auf die Spitze getrieben, hebt sich zum uneinholbaren Skeptizismus[87] auf:

> „Letzte Skepsis. — Was sind denn zuletzt die Wahrheiten des Menschen? — Es sind
> die unwiderlegbaren Irrtümer des Menschen." (Nietzsche II, 159) und:
> „Wie weit der perspektivische Charakter des Daseins reicht oder gar ob es irgend-
> einen andren Charakter noch hat, ob nicht ein Dasein ohne Auslegung, ohne ‚Sinn‘
> eben zum ‚Unsinn‘ wird, ob, andrerseits, nicht alles Dasein essentiell ein auslegendes
> Dasein ist — das kann, wie billig, auch durch die fleißigste und peinlich-gewissen-
> hafteste Analysis und Selbstprüfung des Intellekts nicht ausgemacht werden: da der
> menschliche Intellekt bei dieser Analysis nicht umhin kann, sich selbst unter seinen
> perspektivischen Formen zu sehn und nur in ihnen zu sehn. Wir können nicht um
> unsre Ecke sehn: es ist eine hoffnungslose Neugierde, wissen zu wollen, was es noch
> für andre Arten Intellekt und Perspektive geben könnte." (II, 249 f.)

Die Bestimmung der Erkenntnis als Hermeneutik setzt die Reflexion zur Funktion herab, da es keine Begrenzung dieser Bestimmung gibt; sobald die Wahrheitsfrage suspendiert, als sinnlos neutralisiert ist, sinkt die Reflexion zur bloßen Qualität des Denkens und damit zur Funktion herab[88].

Die Abgrenzung der Hermeneutik z. B. als Vorstufe von der Erkenntnis der Wahrheit würde, falls sie gelänge, wieder den nächsten Reflexionsschritt und damit die Befreiung des Denkens von der Reduktion auf eine Funktion bedeuten. Aber gerade die Frage nach der Wahrheit durchbricht die absolute Reflexion, sie intendiert Transzendenz. Absolute Reflexion — daher das Mißverständliche dieser Wendung — setzt also das Gegenteil ihrer selbst voraus, nämlich daß die Wahrheit die Reflexion auch transzendiert. Anders ausgedrückt: mit der Transzendenz, die im Begriff der Wahrheit intendiert ist, steht und fällt die immanente Transzendenz der absoluten Reflexion, welche Transzendenz im nicht Aufgehen der Reflexion im Denken qua Funktion besteht; Monologik setzt Dialogik voraus:

> „Redeweisen wie ‚die Würde des Menschen‘ implizieren entweder ein dialektisches
> Fortschreiten, bei dem die Idee des göttlichen Rechts aufbewahrt und transzendiert

---

[87] Husserls Kampf gegen den Psychologismus in den ‚Prolegomena zur reinen Logik‘ war
von vornherein aussichtslos, da er im Reflexionsniveau dem Gegner unterlegen war;
dieser sein Kampf beruhte auf der Hypostasierung eines idealen Seins, das unabhängig
von der erkennenden Subjektivität und zugleich doch a priori einsehbar sein sollte;
Husserls eigene Entwicklung zur transzendentalen Phänomenologie bedeutete dann auch
die Zurücknahme des zentralen Arguments der ‚Logischen Untersuchungen‘, der Trennung von idealem Urteilsinhalt und realem Urteilsakt, der eine übergeschichtlich, der
andere zeitlich, welche Trennung der Reflexion, die schon bei Kant die Untrennbarkeit
von Genesis und Geltung demonstriert hatte, eben nicht standhielt.
[88] Siehe hierzu Max Horkheimer ‚Zur Kritik der instrumentellen Vernunft‘, S. 19:
„Die Formalisierung der Vernunft hat weitreichende theoretische und praktische Konsequenzen ... Es ist sinnlos geworden, bei praktischen, moralischen oder ästhetischen
Entscheidungen von Wahrheit zu sprechen."

wird, oder werden zu abgegriffenen Parolen, deren Leere sich offenbart, sobald jemand ihrer spezifischen Bedeutung nachfragt." (Horkheimer a. a. O., S. 40)

Für das Bewußtsein wird dieser Übergang der Verwirklichung des monologischen Denkens in der wachsenden Tabuierung, also Suspendierung der Sinnfrage bemerkbar, die gerade angesichts der möglichen Ersetzung der Geschichte durch Technologie hervortritt, aber um so entschiedener verdrängt wird; Tabuierung heißt heute Abdrängung ins Exoterische; der zeitgenössische Intellektuelle sieht die Frage nach dem Sinn als überholt an, wobei allerdings nie angegeben wird, wodurch. Philosophie aber hat, ohne Angst vor dem Schlimmsten, der Lächerlichkeit, an ihr festzuhalten, auch wenn die großen Probleme auf der Straße liegen. Das gebildete Bewußtsein pflegt sich da zu beruhigen, wo die Philosophie erst beginnt; in der Auseinandersetzung des jungen Hegel mit dem gebildeten Bewußtsein zu Beginn der Differenzschrift stehen die Sätze:

> „Entzweiung ist der Quell des Bedürfnisses der Philosophie, und als Bildung des Zeitalters die unfreie gegebene Seite der Gestalt. In der Bildung hat sich das, was Erscheinung des Absoluten ist, vom Absoluten isoliert, und als ein Selbständiges fixiert." (Glocknerausg. I, 44)

Die Verdrängung der Sinnfrage ist so nichts als der philosophische Ausdruck der Herrschaft des monologischen Denkens, das in dieser Frage nur seine eigene Absolutheit relativiert sieht; aber die Verdrängung der Sinnfrage ist nichts anderes als das Abdanken der absoluten Reflexion, die sich damit auf den Funktionscharakter beschränkt und damit das Abdanken des monologischen Denkens, das zu einem bloß instrumentellen Ausführungsorgan im Dienst des technischen Fortschritts regrediert:

> „Es ist der gemeinsame Wesenszug des instrumentellen und des historischen Bewußtseins, daß sie keine Endzwecke setzen können." (Gehlen, ‚Der Mensch‘, S. 392)

Damit scheint die Behauptung, in der Substitution der Geschichte durch Technologie geschähe die Verwirklichung der Monologik, der absoluten Reflexion, d. h. ihr Hervortreten und ihre Aufhebung zu bloß instrumentellem Denken, begründet. Die weitere historische Entwicklung[89] könnte die Eliminierung aller Bewußtseinsinhalte und -strukturen einschließen, die aus der Geschichte bzw. aus der Geschichtlichkeit der Erfahrung des Bewußtseins stammen. Weil sie nämlich ihre praktische Bedeutung mehr und mehr verlieren, so wie z. B. die klassische Kunst ihre normative Kraft eingebüßt zu haben scheint, werden sie zu ideologischen Restbeständen, die auf dem Wege der Historisierung neutralisiert werden können. Erscheint Geschichte dann nur noch als Summe von Fakten, dann ist sie zu einem immanenten Moment des technologischen Bewußtseins geworden und tangiert das Bewußtsein, das in diesem aufgeht, nicht mehr. Mit dem Abschied von der Geschichtlichkeit geht ein tiefgreifender Erfahrungsverlust einher, da mit der Mannig-

---

[89] Siehe hierzu Gehlen ‚Urmensch und Spätkultur‘, S. 263 f. und ‚Seele im technischen Zeitalter‘, S. 74 f. und 91.

faltigkeit des Geschichtlichen die Möglichkeit einer Distanzierung von der Welt verschwindet: Welt würde wieder zur Umwelt:

> „Dabei wird aber durch diese Annäherung des Wissens und Könnens an die objektive Naturwirklichkeit das gesamte beobachtbare Verhalten des Menschen in entscheidenem Sinne anthropozentrisch; wir sehen zwar die Welt nicht mehr von Wesenheiten und Geistern voll und binden unser Handeln nicht mehr an diese Vorgegebenheiten, sondern sie wird ein Feld von Fakten, deren nähere Details zu wissen und zu beherrschen Sache der Naturwissenschaftler und Techniker ist, und eben damit wird sie vorbehaltlos zum Konsumbereich.
> Die Naturwissenschaft ist eine komplizierte Vorform der Verwandlung aller ihrer Objekte in Konsumdinge oder Zerstörungswaffen." (Gehlen, ‚Urmensch und Spätkultur', S. 163)

Würde der Einwand erhoben, hier würde Kulturpessimismus getrieben, so sind derart harmlose Einfälle zurückzuweisen, da es ja nicht um etwas geht, das unserem Belieben unterworfen ist; wenn einmal Geschichte durch technischen Fortschritt ersetzt ist, könnte es sein, daß die Voraussetzung der Geschichtlichkeit der Erfahrung des Bewußtseins entfällt, nämlich eine als Irrweg erkannte Entwicklung zurücknehmen zu können. Ist erst einmal Geschichte durch technischen Fortschritt ersetzt, gelten nicht mehr die Bahnen der Geschichte, die Freiheit einräumen, sondern die Mechanismen des Sachzwangs.

Fragen wir nun nach den Möglichkeiten für eine Aufhebung des sich verabsolutierenden technischen Fortschritts durch die Geschichte, bzw. des monologischen Denkens durch die Geschichtlichkeit der Erfahrung des Bewußtseins, so tun sich zwei Wege auf: der erste besteht in der abstrakten Selbstaufhebung durch den Sachzwang selbst, durch die Katastrophe eines totalen Krieges, die als die Erscheinung der Dialektik von Positivität und Negativität im Hinblick auf das Verhältnis des technischen Fortschritts zur Geschichte aufgefaßt werden kann; technischer Fortschritt als Negation der Geschichte schlüge durch diese Katastrophe um in abstrakte Herrschaft der Geschichte, insofern nämlich Technologie als nachgeschichtlicher, autonomer Prozeß ersetzt würde durch den Rückfall in die Vorgeschichte. Gegen diese Interpretation einer vom Menschen erzeugten Katastrophe als Selbstaufhebung des technischen Fortschritts könnte geltend gemacht werden, daß es ja nicht dem technischen Fortschritt anzulasten sei, wenn eine politisch unreife, der Technik nicht gewachsene Bewußtseinsstufe diese „mißbrauche". Dem ist zu erwidern, daß die Technik durchaus nicht nur auf Grund ihrer Wertblindheit diesen Mißbrauch ermöglicht, dem Sachzwang folgend, alles, was möglich ist, irgendwann einmal zu verwirklichen:

> „Sie (die Technik, Anm. von mir, H. R.) unterbindet die natürlichen Kreisläufe und transformiert sie in Prozesse, die nach Art von Kettenreaktionen ins Unabsehbare laufen. Das sind Veränderungen, die nicht zurückgenommen werden können. Sie sind bereits so reichlich in die natürliche Erde und dabei immer auch in den Menschen selbst eingesenkt worden, daß sie nicht wieder auszulöschen sind, es sei denn durch eine Katastrophe größten Ausmaßes. Zu diesem ersten Ernst tritt sofort der zweite, der Ernst des sich potenzierenden Fortschritts. Diese Veränderungen graben sich nicht nur ein und setzen sich nicht nur fort, sie gewinnen, indem sie fortschreiten, an

Wucht. Daß ein technisches Mittel, wenn es einmal zuhanden ist, dann auch seine Anwendung nahelegt und förmlich erzwingt, galt auch schon früher, wenn auch mit Ausnahmen. Nun aber greift dieser Zwang auch auf die Zukunft aus, er bezieht auch die nächsten Schritte des Fortschritts immer schon in sich ein." (,Schwelle der Zeiten', S. 297)

Da der Technologie das Experiment immanent ist, kann sie sozusagen nicht darauf verzichten, diese Möglichkeit auch eines „Atomkrieges" irgendwann durchzuexperimentieren. — Die Pläne hierfür liegen ja auch längst vor, die Versuchsanordnung ist gewissermaßen fertig.

— In der Beurteilung der mit dem technischen Fortschritt verbundenen politischen Katastrophen scheinen sich die Geister in zwei Lager zu spalten: die positivistische Richtung, z. B. Popper, leugnet den inneren Zusammenhang zwischen diesen beiden scheinbar antagonistischen Momenten des Fortschritts und lastet die politischen Katastrophen dem zurückgebliebenen Bewußtsein an. Letztlich muß diese Position sich auf Ontologie, auf eine Philosophie reiner Formen, die gegen ihre Realisierung gleichgültig seien, zurückziehen, da sonst die Rede vom „Mißbrauch" sich nicht halten läßt. Gegenüber dieser positivistischen, einen Zusammenhang zwischen den in der Technologie gültigen Denkstrukturen und jenen politischen Katastrophen und der Reduktion der Erfahrung des Bewußtseins leugnenden Richtung insistiert die von der Geschichtlichkeit des Bewußtseins ausgehende Philosophie Heideggers, Horkheimers, Adornos und Liebrucks' auf der Verflochtenheit jener scheinbar wertneutralen „Strukturen" mit den geschichtlichen Katastrophen, die ohne die Technik zumindest in dem Ausmaß, das uns dieses Jahrhundert vor Augen geführt hat, unmöglich gewesen wären. Während Heidegger die Technologie als exoterisches Resultat der in Nietzsches „Willen zur Macht" gipfelnden „Metaphysik" der Subjektivität, „der Subiectität" (,Nietzsche', II, 382) interpretiert, beschreiben Horkheimer und Adorno jene geschichtliche Katastrophe vor der Folie der Dialektik eines sich unkritisch unmittelbar absolut setzenden und dadurch als totalitär sich selbst an das Herrschaftsprinzip verratenden Aufklärung; B. Liebrucks endlich versucht die Herrschaft der Technologie von der Entsprachlichung der Erfahrung des Bewußtseins zugunsten einer das Handlungsmoment im menschlichen Weltumgang verabsolutierenden und deshalb auf Eindeutigkeit festgelegten, sich als formal mißverstehenden Logik her zu begreifen. —

Eine — wenigstens in Aspekten — von Nietzsche ausgehende, die Priorität der Geschichte gegenüber dem technischen Fortschritt als einem bloßen Moment behauptende Position, die zur These vom Rückgang der Technologie führt, — was in Anbetracht der Selbstimplikationen des technischen Fortschritts ebenfalls einer Katastrophe gleichkäme — findet sich bei Spengler; aus seiner morphologischen Konzeption folgt die Voraussage des schließlichen Verschwindens der Technik[90]

---

[90] Spengler getraut sich folgende Voraussage zu:
„Ich sage es voraus: Noch in diesem Jahrhundert, dem des wissenschaftlich-kritischen Alexandrinismus, der großen Ernten, der endgültigen Fassungen, wird ein neuer Zug

wegen des Nachlassens der technischen Fähigkeiten, das wiederum aus dem Tod der die technischen Fähigkeiten tragenden „Kulturseele", dem Schwinden der Religion und Metaphysik resultiert:

> „Daraus ergibt sich, daß allem ‚Wissen' von der Natur, auch dem exaktesten, ein religiöser Glaube zugrunde liegt... Nun zeigt die Geschichte der hohen Kulturen, daß ‚Wissenschaft' ein spätes und vorübergehendes Schauspiel ist, dem Herbst und Winter dieser großen Lebensläufe angehörend, im antiken wie im indischen, chinesischen und arabischen Denken von der Lebensdauer weniger Jahrhunderte, innerhalb deren sich ihre Möglichkeiten erschöpfen. Die antike Wissenschaft ist zwischen den Schlachten von Cannae und Actium erloschen und hat wieder dem Weltbilde der ‚zweiten Religiösität' Platz gemacht." (‚Der Untergang des Abendlandes', S. 487 f.)

Das lebensphilosophische Prinzip von der Entelechie und prinzipiellen Abgeschlossenheit jeder Kultur nach Analogie einer Pflanze macht eine Übernahme und Fortbildung von Resultaten einer Kulturmonade durch eine andere bei Spengler unmöglich, diese andere muß nämlich jene Resultate als ihr fremd abstoßen[91], was wiederum nicht bloß eine Schwäche sei, sondern zugleich die Bedingung einer autonomen Entwicklung. Eine allgemeine Gesetzlichkeit und eine gemeinsame Gestalt gesteht Spengler nur den untergegangenen Kulturen zu — ein Gedanke, den Toynbee abgewandelt aufgenommen hat, wenn er davon spricht, daß mit dem Verfall einer Kultur deren Entwicklung mechanisch, determiniert abzulaufen beginnt[92].

Aber gesetzt selbst, Spenglers Thesen seien relevant, so schafft ihre Erkenntnis und ihr Ausgesprochenwerden eine neue Situation; das spezifisch Europäische[93], das historische Wissen auch um andere Kulturen, kennzeichnet eben nicht nur eine Gestalt unter anderen, sondern bedeutet die Reflexion dieser anderen und der eigenen Kultur bzw. deren Lebensgesetze, bedeutet den Übergang zur h i s t o r i a rerum gestarum:

> „Auch das, die Voraussicht des unabwendbaren Schicksals, gehört zur Mitgift des historischen Blicks, den n u r der faustische Geist besitzt. Auch die Antike starb, aber sie wußte nichts davon." (Spengler, a. a. O., S .547)

Transzendiert so a n s i c h das geschichtliche Bewußtsein, das selbst wieder unter die Geschichte zu subsumieren eine Äquivokation bedeuten würde, die blinde Determiniertheit geschichtlicher Prozesse, so übersteigt auch für sich das letzte Resultat dieser abendländischen Kultur, die Wissenschaft und Technik, den begrenzten Raum jeder bisher entstandenen und untergegangenen Kulturepoche:

> von Innerlichkeit den Willen zum Siege der Wissenschaft überwinden. Die exakte Wissenschaft geht der Selbstvernichtung durch Verfeinerung ihrer Fragestellungen und Methoden entgegen." (a. a. O., S. 548)

[91] Deshalb findet man auch bei Spengler immer wieder Polemiken gegen angebliche Renaissancen, die dieser Hypothese ja zuwiderlaufen würden; siehe z. B. a. a. O., S. 285, 300—308.

[92] Siehe hierzu z. B. Spengler a. a. O. S. 1107 und Toynbee II, S. 263 ff.

[93] Spengler selbst hat wohl keinen Vorläufer in anderen Kulturen; sein eigenes Werk, dessen — besserer — Untertitel ‚Umrisse einer Morphologie der Weltgeschichte' lautet, läßt sich unter dessen Resultate selbst wiederum nicht mehr subsumieren.

„Für den höheren Menschen des Barock seit 1500 wird nun zum ersten Male und im Unterschied von allen anderen Kulturen die gesamte Oberfläche des Planeten zum Schauplatz menschlicher Geschichte... Der Länderhorizont hört auf und ebenso der zeitliche durch die doppelte Unendlichkeit der Jahreszählung vor und nach Christi Geburt... In allen anderen Kulturen fallen die Aspekte Weltgeschichte und Menschengeschichte zusammen... Der faustische Hang zum Unendlichen läßt während des Barock zum ersten Male beide Begriffe auseinandertreten und macht die Menschengeschichte in einer noch nie bekannten Ausdehnung dennoch zu einer bloßen Episode in der Weltgeschichte." (a. a. O., S. 686 f.)[94]

Spengler selbst also relativiert seine Grundthesen und versperrt sich durchaus nicht den Blick auf das Spezifische — im Sinne des g r u n d s ä t z l i c h Neuen — der europäischen Geschichte.

Skeptisch im Hintergrund jedoch bleibt der Gedanke, daß vielleicht gerade das Insistieren auf der Einzigartigkeit unserer Kultur das sicherste Zeichen unserer Borniertheit und damit unseres letztlichen Unterworfenseins unter den Mechanismus des Verfalls signalisiert.

Die Schwäche der Spenglerschen Position liegt vielleicht gerade in der — von der unreflektierten Lebensphilosophie Spenglers motivierten — undialektischen Abstraktion von der Kontinuität der Geschichte überhaupt und der Möglichkeit einer durch die Technik hervorgerufenen Strukturveränderung der Geschichte. Wenn auch eine naive Verabsolutierung des technischen Fortschritts das Verlassen der Geschichte überhaupt antizipiert, so zerstört andererseits die Lebensphilosophie und die Subsumtion der Geschichte unter sie ebenfalls die Bedingungen der Möglichkeit von Geschichtlichkeit. Gehorcht die Entwicklung der Kulturen den Gesetzen des Lebens, bleibt es bei dem Kreislauf des Wachstums, der Blüte und dem Verfall, verliert das Wort „Geschichte" seinen spezifischen Sinn, daß sich nämlich im Werden und Vergehen der Völker und Kulturen eine wenn auch Rückschlägen unterworfene Entwicklung des Menschen zu immer konkreterer Freiheit offenbart, also der Gegensatz „überzeitliche Struktur" — „zeitliche Genese" durch die Geschichtlichkeit transzendiert wird.

Gerade aber die heutige Situation der Gefahr einer Eliminierung der Geschichte zugunsten eines linearen technischen Fortschritts bei gleichzeitigem Rückgang der Erfahrung des Bewußtseins kann im Gegenteil auch als eine typisch und prägnant geschichtliche Situation begriffen werden, wenn man nämlich die Dialektik dieses behaupteten Übergangs zu sehen vermag. Dieser Versuch transzendiert

---

[94] Siehe auch Spengler a. a. O., S. 1188 f.:
„Was sich nun im Laufe kaum eines Jahrhunderts entfaltet, ist ein Schauspiel von solcher Größe, daß den Menschen einer künftigen Kultur mit anderer Seele und anderen Leidenschaften das Gefühl überkommen muß, als sei damals die Natur ins Wanken geraten. Auch sonst ist die Politik über Städte und Völker hinweggeschritten; menschliche Wirtschaft hat tief in die Schicksale der Tier- und Pflanzenwelt eingegriffen, aber das rührt nur an das Leben und verwischt sich wieder. Diese Technik aber wird die Spur ihrer Tage hinterlassen, wenn alles andere verschollen und versunken ist. Diese faustische Leidenschaft hat das Bild der Erdoberfläche verändert."

den Gegensatz zwischen den beiden geschichtsfeindlichen Positionen der Verabsolutierung des technischen Fortschritts und der diese skeptisch verwerfenden Lebensphilosophie. Würde diesem Versuch mit dem Einwand begegnet, er sei sophistischer Natur, ziele nämlich auf eine die wesentlichen Unterschiede unterschlagende Anpassung des zur Diskussion stehenden Begriffs der Geschichte an eine ihm wesensfremde Wirklichkeit, so ist dem zu erwidern: die Behauptung, gerade die heutige Situation sei spezifisch geschichtlich, kann sich neben dem Hinweis auf die ebenfalls spezifisch geschichtliche Ambivalenz der Gegenwart — Katastrophe durch einen Krieg oder Befreiung von der unmittelbaren Not — u. a. darauf stützen, daß es zum Wesen der Geschichte gehört, Entwicklungen zu implizieren, die sie selbst zu transzendieren streben. Gäbe es diese Tendenz der Aufhebung von Geschichte durch die geschichtliche Entwicklung selbst[95] nicht, dann gäbe es gar keine Institutionen, die ja Übergeschichtlichkeit beanspruchen, es gäbe keine spezifisch geschichtlichen Entwicklungen wie Reformationen und Revolutionen, die doch ein die Geschichte transzendierendes Absolutes antizipieren; der Begriff der Geschichte lebt von der Dialektik, daß ein Absolutes, Übergeschichtliches, eine „Struktur" in der Geschichte sich realisiert und dadurch erst es selbst wird, so daß zum Begriff der Geschichte deren Gegenteil, die Antizipation der Vollendbarkeit und damit Aufhebung der Geschichte gehört.

— Würde nun die Gegenargumentation dahingehend spezifiziert, daß der geschichtliche Charakter dieses Übergangs zugestanden, zugleich jedoch als der letzte Akt der Geschichte anzusehen sei — wie der Tod noch ein Akt des Lebens ist — so wäre zu antworten: derjenige, der so argumentiert, spricht selber als geschichtliches Wesen, der das, was er artikulieren will, nämlich einen an und für sich nachgeschichtlichen Zustand, — der ja sowieso nur antizipiert ist, als nachgeschichtlicher nur für ein geschichtliches Wesen verständlich ist, — nur m e i n e n kann.

Diese These, daß zum Begriff der Geschichte dessen Gegenteil, so wie zum Begriff der Dialektik deren Gegenteil gehört, soll ausgehend von den Aporien, die sich im Umkreis von Nietzsches Lehre vom Übermenschen aufweisen lassen, abschließend expliziert werden.

Die Dialektik des Übergangs im Hinblick auf die Frage nach dessen Subjekt hängt mit der Geschichtlichkeit aufs engste zusammen; denn wenn Nietzsche den „Tod Gottes" und damit des Menschen, der sich von Gott aus verstand, mit der Genese des „Übermenschen"[96] verknüpft, so ist hierin das Prinzip der Geschichtlichkeit ausgesprochen, daß nämlich der Untergang einer vergangenen Stufe zu-

---

[95] Zum Phänomen der Selbstaufhebung der Geschichtlichkeit vergleiche die Interpretation des Primats der Schrift vor der gesprochenen Sprache durch B. Liebrucks als Entsprachlichung im Sinne der Selbstaufhebung der Sprachlichkeit, zu der ja die Schrift als Moment gehört, in ‚Sprache und Bewußtsein' II, 397, 400 ff., 512.

[96] Siehe II, 340: „‚Tot sind alle Götter: nun wollen wir, daß der Übermensch lebe' — dies sei einst am großen Mittag unser letzter Wille! —"

gleich die Genese einer neuen ist, daß das Durchschauen der einen Hypostase das Setzen einer neuen ist.

Unerhellt[97] bleibt an diesem Nietzschesatz die Wendung: „Nun wollen wir ...", denn die hierin behauptete Subjektivität bedarf der Begründung; verliehen dem sich von Gott her begreifenden Menschen die metaphysischen, religiösen und mora- lischen „Irrtümer" die Kraft zu wollen, lebt der Wille des Übermenschen ganz aus sich, so ist doch gerade das Übergangsstadium des Nihilismus (III, 557) dadurch steril, daß es das Nichts will, — das letzte Surrogat des Willens, der lieber noch das Nichts will, als daß er nicht mehr will (II, 900). Diese Aporie entspringt keiner Nietzsche fremden Reflexion, er selber spricht sie in den Worten des „tollen Men- schen", — der wohl als toll auch deshalb bezeichnet wird, weil es eine contradictio in adjecto, ein Verstoß gegen den Satz vom zu vermeidenden Widerspruch ist, vom Tod Gottes zu reden, — aus der ‚fröhlichen Wissenschaft' aus:

> „‚Wohin ist Gott?' rief er, ‚ich will es euch sagen! Wir haben ihn getötet — ihr und ich! Wir alle sind seine Mörder! Aber wie haben wir dies gemacht? Wie vermochten wir das Meer auszutrinken? ... Ist nicht die Größe dieser Tat zu groß für uns? Müssen wir nicht selber zu Göttern werden, um nur ihrer würdig zu erscheinen? Es gab nie eine größere Tat — und wer nur immer nach uns geboren wird, gehört um dieser Tat willen in eine höhere Geschichte, als alle Geschichte bisher war!' ... ‚Diese Tat ist ihnen immer noch ferner als die fernsten Gestirne — und doch haben sie dieselbe getan!'" (II, 127) (vgl. I, 598 unten folgende)

Wäre der Mensch ein ungeschichtliches Wesen, wäre ein solcher Übergang für ihn undenkbar und unvollziehbar; nur als ein Wesen, das innerhalb der Geschichte und von ihr bestimmt ihr Transzendiertwerdenkönnen zugleich antizipiert, also nur als geschichtliches Wesen kann der Mensch in solchen Übergangssituationen leben, ohne einem fremden Gesetz zu unterstehen:

> „Wir Kinder der Zukunft, wie vermöchten wir in diesem Heute zu Hause zu sein! Wir sind allen Idealen abgünstig, auf welche hin einer sich sogar in dieser zer- brechlichen, zerbrochenen Übergangzeit noch heimisch fühlen könnte; was aber deren ‚Realitäten' betrifft, so glauben wir nicht daran, daß sie Dauer haben. Das Eis, das heute noch trägt, ist schon sehr dünn geworden: der Tauwind weht, wir selbst, wir Heimatlosen, sind etwas, das Eis und andre allzu dünne ‚Realitäten' aufbricht." (II, 251 f.)

Die Dialektik des spezifisch geschichtlichen Übergangs läßt sich besonders dra- stisch darstellen durch die „Henne — Ei" Aporie, die für alle großen geschichtlich relevanten Gestalten gilt, sofern man sie auf ihre Genese hin befragt; die Er- klärung der Entstehung des Staates und der Institutionen aus einem Überein- kommen ergibt den gleichen Zirkel wie die Erklärung der Entstehung der Sprache[98]

---

[97] In einem anderen Passus entschärft Nietzsche die Krisis des Übergangs noch entschiede- ner, indem er ihn auf das Bild eines natürlichen Geschehens relativiert:
„Es gibt einen See, der es sich eines Tages versagte, abzufließen, und einen Damm dort aufwarf, wo er bisher abfloß: seitdem steigt dieser See immer höher ... vielleicht wird der Mensch von da an immer höher steigen, wo er nicht mehr in einen Gott ausfließt." (II, 167).

[98] Zur Unumgänglichkeit der Dialektik bei der Frage nach der Genese der Sprache siehe B. Liebrucks a. a. O. I, 55 f.

aus der Festsetzung bestimmter Laute als Zeichen für bestimmte Bedeutungen. Das Gleiche[99] gilt nicht nur für die Anfänge der Technik, sondern auch für die Übergangsphase zur Technologie; eine Kultur, — vorausgesetzt, sie sei möglich — die auf dem technischen Fortschritt basiert, setzt eine Umstrukturierung des Bewußtseins voraus, der Art, daß das Bewußtsein sowohl der Größe als auch der Gefahr der Technologie gewachsen ist; umgekehrt kann dieser Bewußtseinswandel nicht a priori konstruiert werden, sondern setzt schon die ausgebildete Technologie voraus, deren Entwicklung wiederum nur ein entsprechend fortgeschrittenes Bewußtsein leisten kann.

Eine Lösung dieses Problems überschreitet also den Gegensatz von Theorie und Praxis, zumal die Kategorie des „allmählichen Fortschritts" hier nicht weiter hilft. Diese Vermittlung von Theorie und Praxis schlägt sich in der Geschichtlichkeit des Bewußtseins nieder als das dialektische Verhältnis des Funktions- und des Reflexionsmoments der Erfahrung; ein Denken, das sich in der Funktion erschöpft, ein bloß technisches Denken also, würde der Erfahrung nicht fähig sein und einem blinden Mechanismus gehorchen müssen; ein nur reflektierendes Denken andererseits würde alles Handeln unmöglich machen[100].

Die Einsicht in die Geschichtlichkeit des Menschen bedeutet nicht den Abschied von ihr, da sie Funktion u n d Reflexion vereinigt, während innerhalb der Geschichte Einsicht und Sichverabschieden vom Erkannten untrennbar sind. Im Hinblick auf die Gefahr einer Substitution der Geschichte durch den technischen Fortschritt bedeutet die behauptete Vereinigung von Funktion und Reflexion durch die Geschichtlichkeit, daß der Sinn der Technik vielleicht eine neue, uns schwer vorstellbare Kultur sein könnte. Dieser Sinn der Technik muß dem technischen Denken selbst unbekannt bleiben, da es ohne die Verabsolutierung seiner selbst die ungeheure Leistung, die es zu vollbringen hat, nicht zustande bringen kann. In dieser Notwendigkeit meldet sich noch einmal die Grenze der direkten Intendierbarkeit und des Pragmatismus an; denn wie kann der Nutzen zum Moment herabgesetzt werden durch ein Bewußtsein, das einsieht, daß es um des Nutzens willen vom Nutzen abstrahieren müßte? Sekundäre Zweckmäßigkeit kann eben nicht gewollt und direkt intendiert werden:

> „Das instrumentelle Bewußtsein hat diese Institutionen gerade n i c h t geschaffen, es ist überhaupt, wie wir gegenwärtig eher ‚durchmachen' als wissen, unfähig zur Begründung stabiler und humanisierender Institutionen." (Gehlen, ‚Der Mensch', S. 403)

---

[99] Siehe hierzu Gehlen, ‚Urmensch und Spätkultur', Seite 11 f. besonders: „Schon die paläolithischen Werkzeuge sind daher ‚steinerne Begriffe', sie schließen die Bedürfnisse und Gedanken der Menschen mit den Sachbedingungen zusammen.", ein Satz, dessen Relevanz wohl nur vor dem Hintergrund der Hegelschen ‚Wissenschaft der Logik' ganz zu erhellen sein dürfte.

[100] Siehe hierzu z. B. ‚Vom Nutzen und Nachteil der Historie für das Leben', insbesondere I, 229 f.

Zudem definiert den Nutzen die Idealität, das Moment- oder Gesetztsein aller Inhalte; wie sollte der Nutzen also selbst zum Moment werden? Eine Position, die jenseits von Wahr und Unwahr zu sein beansprucht, kann nicht das Jenseits von Gut und Böse widerrufen, da dieses nur die Vorstufe zu jenem ist. Die Verabsolutierung des technischen Denkens kann somit als die „List der Vernunft" aufgefaßt werden, durch die die Geschichtlichkeit ihr Recht behält, ohne sich in Gegensatz zur Technologie zu setzen.

Unsere Überlegung, ob Technologie und Geschichte versöhnt werden können, setzt allerdings voraus, daß der Reflexionscharakter des Denkens nie ganz vom Funktionscharakter ersetzt werden kann; würde dies jedoch eintreten, wäre die Geschichte tatsächlich am Ende. Dieses Ereignis käme allerdings einer Mutation gleich, und dieser Terminus ist wohl noch ein sehr vorsichtiger Euphemismus.

Um diese Untersuchung mit einem kurzen Rückblick zu schließen, nehme ich noch einmal die leitende Thematik meiner Nietzscheinterpretation, das in der Dialektik der Aufklärung erscheinende Problem einer humanistischen Begründung der Ethik, auf.

Die Grenze der direkten Intendierbarkeit, die Unmöglichkeit, ohne Rückbezüglichkeit auf Transzendentes die perspektivische Gebundenheit der Antriebe zu durchbrechen, erscheint innerhalb der Schriften Nietzsches, schon pragmatisch reduziert, als die Notwendigkeit der „langen Zwänge", der institutionalisierten Verhaltensnormen.

Freiheit und Fatalismus als Bewußtsein der Determiniertheit erscheinen bei Nietzsche dabei durchaus nicht als sich ausschließend[101]; der Glaube an eine das Mundane transzendierende Ordnung verleiht im Gegenteil dem Menschen erst die Kraft sowohl zur Askese als auch zur Erzeugung der Kultur.

Dieser Zusammenhang zwischen Transzendenz — als geglaubter — und Subjektivität wurde als spezifisch sprachliches Phänomen mit Hilfe des Terminus „gesetzter Grund" interpretiert, wodurch zugleich die Ebene der Ontologie verlassen war. Die Dialektik der Aufklärung ließ sich vor diesem Hintergrund als die Tödlichkeit der Reflexion und als Antagonismus zwischen Sprachlichkeit und Aufklärung auf der erkenntnistheoretischen, ethischen und metaphysischen Ebene entwickeln.

Der Bestimmung des Nihilismus als des Resultats des Perhorreszierens der Dialektik der Aufklärung folgte nach einem Exkurs in die Kantische Philosophie als d e r Philosophie der Aufklärung die Prüfung der Auflösungsversuche des Nihilismusproblems innerhalb der Schriften Nietzsches. Die Lehre vom „Willen zur Macht" wurde als die Reflexion des Scheiterns einer Kosmodizee im Sinne einer Theodizee des Mundanen interpretiert. Anstelle einer sich auf das

---

[101] Vgl. hiermit H. Heimsoeth: ‚Metaphysische Voraussetzungen und Antriebe in Nietzsches ‚Immoralismus', 1955, S. 42 und 46 f.

Weltanschauliche unmittelbar einlassenden Untersuchung versuchte ich, die von Nietzsche noch nicht wahrzunehmenden Konsequenzen der Lehre vom „Willen zur Macht" durch eine distanzierte Darstellung der absoluten Praxis in Gestalt der uneingeschränkten Technologie darzustellen; dabei kehrte das Thema der Grenze der direkten Intendierbarkeit von Humanität in Gestalt der Tendenz der absoluten, technologisch vermittelten Praxis wieder, den Menschen von der Geschichte und damit von den Bedingungen der Möglichkeit eines Transzendierens der immanenten Sachzwänge abzuschneiden. Die Dialektik der Aufklärung erscheint nun in Gestalt des Umschlagens der uneingeschränkten Autonomie in die Heteronomie unter Sachzwängen im Verlauf der Realisierung der absoluten Praxis. Auf dieser Ebene würde sich die Einsicht in die Notwendigkeit eines sprachlichen, aber durch die Reflexion zerstörten, weil nur gesetzten Grundes auf die pragmatische Konstruktion eines fiktiven Absoluten reduzieren, eines „Aufhängers" also, dessen nihilistische Signatur aber wohl unverkennbar ist. Er dürfte der absoluten Praxis gegenüber auch wirkungslos sein, da die geistigen Kräfte, deren es zur Befreiung von den technischen Sachzwängen bedarf, eben in der Technik investiert sind und dadurch im Gegenteil die Macht der Sachzwänge reproduzieren, d. h. gerade technisch orientierte Verhaltensweisen institutionalisieren. Zur Befreiung von der Herrschaft der absoluten Praxis bedürfte es einer Askese, die wiederum nicht direkt intendierbar ist, so daß deren Propagierung bei Gehlen und Marcuse bloß kulturkritisch zu sein scheint.

VERZEICHNIS DER ZITIERTEN LITERATUR

Adorno, Th. W., und Horkheimer, M., Dialektik der Aufklärung, Amsterdam 1955.
Adorno, Th. W., Minima Moralia, Frankfurt am Main 1951.
Adorno, Th. W., Negative Dialektik, Frankfurt am Main 1966.
Anders, G., Die Antiquiertheit des Menschen, München 1956.
Arendt, H., Vita Activa, Stuttgart 1960.
Aristoteles, Metaphysik, hrg. v. W. Jaeger, Oxford 1957.
Aristoteles, Nikom. Ethik, hrg. v. I. Bywater, Oxford 1959.
Aristoteles, Physik, hrg. v. W. D. Ross, Oxford 1956.

Barth, H., Wahrheit und Ideologie, Zürich 1945.
Benjamin, W., Illuminationen, Frankfurt am Main 1961.
Burckhardt, J., Weltgeschichtliche Betrachtungen, Berlin 1960.

Camus, A., Der Mensch in der Revolte, Hamburg 1953.
Cassirer, E., Philosophie der symbolischen Formen, Darmstadt 1953.
Cassirer, E., Wesen und Wirkung des Symbolbegriffs, Darmstadt 1956.

Danto, A. C., Nietzsche as Philosopher, New York 1965.
Descartes, R., Meditationes de prima philosophia, hrg. v. E. Chr. Schröder, Hamburg 1956.

Ebbinghaus, J., Gesammelte Aufsätze, Vorträge und Reden, Darmstadt 1968.

Feuerbach, L., Das Wesen des Christentums, hrg. v. W. Schuffenhauer, Berlin (Ost) 1956.
Fink, E., Nietzsches Philosophie, Stuttgart 1960.
Freyer, H., Theorie des gegenwärtigen Zeitalters, Stuttgart 1955.
Freyer, H., Schwelle der Zeiten, Suttgart 1965.

Gehlen, A., Der Mensch, 7. Aufl., Frankfurt am Main 1962.
Gehlen, A., Urmensch und Spätkultur, 2. Aufl., Frankfurt am Main 1964.
Gehlen, A., Moral und Hypermoral, Frankfurt am Main 1969.
Gehlen, A., Die Seele im technischen Zeitalter, Hamburg 1957.
Grassi, E., Kunst und Mythos, Hamburg 1957.

Habermas, J., Theorie und Praxis, 2. Aufl., 1967, Neuwied.
Habermas, J., Erkenntnis und Interesse, Frankfurt 1968.
Hegel, G. W. F., Phänomenologie des Geistes, hrg. v. J. Hoffmeister, Hamburg 1952.
Hegel, G. W. F., Wissenschaft der Logik, hrg. v. G. Lasson, Leipzig 1951.
Hegel, G. W. F., Enzyklopädie der philosophischen Wissenschaften, 1830, hrg. v. F. Nicolin u. O. Pöggeler, Hamburg 1959.
Hegel, G. W. F., Sämtliche Werke, hrg. v. H. Glockner, 3. Aufl., Stuttgart 1958.
Heidegger, M., Holzwege, 3. Aufl., Frankfurt am Main 1957.
Heidegger, M., Nietzsche I, II, Pfullingen 1961.

Heintel, E., Nietzsches ‚System‘ in seinen Grundbegriffen, Leipzig 1939.
Heraklit, Fragmente, zitiert nach H. Diels, Die Fragmente der Vorsokratiker, 4. Aufl.,
    1. Band, Berlin 1922.
Hoffmeister, J., Wörterbuch der Philosophischen Begriffe, Hamburg 1955.
Horkheimer, M., und Adorno, Dialektik der Aufklärung, Amsterdam 1955.
Horkheimer, M., Zur Kritik der instrumentellen Vernunft, Frankfurt am Main 1967.
Humboldt, W. v., Gesammelte Schriften, Akademie-Ausgabe, hrg. v. A. Leitzmann,
    Berlin 1903 ff.
Husserl, E., Cartesianische Meditationen, Haag 1950.

Jaspers, K., Nietzsche, 3. Aufl., Berlin 1950.
Jaspers, K., Vom Ursprung und Ziel der Geschichte, Hamburg 1955.

Kant, I., Werke in sechs Bänden, hrg. v. W. Weischedel, Darmstadt 1956 ff.
Kaufmann, W., Nietzsche, Philosopher Psychologist Antichrist, 11. Aufl., Princeton 1950.
Kierkegaard, S., Werke hrg. v. L. Richter, 1960 ff.
Krüger, H., Studien über den Aphorismus als philosophische Form, Dissertation, Frankfurt
    am Main 1956.

Leibniz, G. W., Philosophische Schriften, hrg. v. H. H. Holz, Darmstadt 1959 ff.
Liebrucks, B., Sprache und Bewußtsein, Bde. 1—5, Frankfurt am Main, 1964 ff.
Loewith, K., Nietzsches Philosophie der ewigen Wiederkehr des Gleichen, Wien 1935.
Lorenz, K., Das sogenannte Böse, Wien 1963.
Lorenz, K., Über tierisches und menschliches Verhalten, München 1965.
Lukács, G., Von Nietzsche zu Hitler, Hamburg 1966.

Marcuse, H., Der eindimensionale Mensch, Neuwied und Berlin 1967.
Marx, K., Werke, hrg. v. H. J. Lieber u. P. Furth, Darmstadt 1960 ff.
Meinecke, F., Werke, 2. Aufl., Stuttgart 1965.

Nietzsche, F., Werke in drei Bänden, hrg. v. K. Schlechta, 2. Aufl., München 1960.
Nietzsche, F., Die Unschuld des Werdens, der Nachlaß hrg. v. A. Baeumler, zwei Bände,
    Stuttgart 1956.

Otto, W. F., Das Wort der Antike, hrg. v. K. v. Fritz, Stuttgart 1962.

Peirce, Ch. S., Schriften I, hrg. v. K. O. Apel, Frankfurt am Main 1967.
Plato, Opera, hrg. v. I. Burnet, Oxford 1900 ff.
Popper, K. R., Falsche Propheten, Bern 1958.
Richter, R., Friedrich Nietzsche, 3. Aufl., Leipzig 1917.
Riehl, A., Friedrich Nietzsche, Der Künstler und der Denker, Stuttgart 1897.

Schlechta, K., Der Fall Nietzsche, München 1959.
Schopenhauer, A., Sämtliche Werke, hrg. v. W. Frhr. v. Löhneysen, Darmstadt 1961 ff.
Simmel, G., Schopenhauer und Nietzsche, 2. Aufl., München 1920.
Spengler, O., Der Untergang des Abendlandes, Sonderausgabe München 1963.
Stambough, J., Untersuchungen zum Problem der Zeit bei Nietzsche, Den Haag 1959.
Stegmüller, W., Hauptströmungen der Gegenwartsphilosophie, 3. Aufl., Stuttgart 1965.

Toynbee, A. J., Der Gang der Weltgeschichte, übers. v. J. v. Kempski, 5. Aufl., Zürich
    1961.

REGISTER